utb 5994

Eine Arbeitsgemeinschaft der Verlage

Brill | Schöningh – Fink · Paderborn
Brill | Vandenhoeck & Ruprecht · Göttingen – Böhlau · Wien · Köln
Verlag Barbara Budrich · Opladen · Toronto
facultas · Wien
Haupt Verlag · Bern
Verlag Julius Klinkhardt · Bad Heilbrunn
Mohr Siebeck · Tübingen
Narr Francke Attempto Verlag – expert verlag · Tübingen
Psychiatrie Verlag · Köln
Ernst Reinhardt Verlag · München
transcript Verlag · Bielefeld
Verlag Eugen Ulmer · Stuttgart
UVK Verlag · München
Waxmann · Münster · New York
wbv Publikation · Bielefeld
Wochenschau Verlag · Frankfurt am Main

Dr. Georg Plötz war für eine amerikanische Investmentgesellschaft als Finanzberater tätig. Er ist Certified Financial Modeler und verfügt über mehr als 20 Jahre Erfahrung als Dozent und Professor.

Georg Plötz

Finanzprodukte

Analyse und Bewertung mit Excel

UVK Verlag · München

Umschlagmotiv: © Maximusnd · iStockphoto

Bibliografische Information der Deutschen Nationalbibliothek
Die Deutsche Nationalbibliothek verzeichnet diese Publikation in der Deutschen Nationalbibliografie; detaillierte bibliografische Daten sind im Internet über http://dnb.dnb.de abrufbar.

DOI: https://doi.org/10.36198/9783838559940

– ein Unternehmen der Narr Francke Attempto Verlag GmbH + Co. KG
Dischingerweg 5, D-72070 Tübingen

Internet: www.narr.de
eMail: info@narr.de

Einbandgestaltung: siegel konzeption | gestaltung
CPI books GmbH, Leck

utb-Nr. 5994
ISBN 978-3-8252-5994-5 (Print)
ISBN 978-3-8385-5994-0 (ePDF)
ISBN 978-3-8463-5994-5 (ePub)

MIX
Papier aus verantwortungsvollen Quellen
FSC
www.fsc.org
FSC® C083411

für Hui und Susanne

Vorwort

Die Internationalisierung und die damit einhergehende Deregulierung der Finanzmärkte hat eine Vielzahl vertretbarer und nicht vertretbarer Finanzprodukte (Finanzinnovationen) hervorgebracht, mit denen öffentliche Haushalte, Unternehmen und Privatpersonen ihre Liquiditäts-, Ertrags- und Risikostrukturen erheblich verbessern können. Die Funktionsweisen dieser Finanzmarktinstrumente sind jedoch mitunter sehr komplex, so dass Marktteilnehmer vom Einsatz dieser Instrumente oftmals Abstand nehmen.

Ziel dieses Buches ist es, umfassend und anwendungsorientiert in das breite Spektrum der Finanzprodukte einzuführen. Dies erfolgt jeweils in drei Schritten:

- Zunächst werden die Finanzprodukte beschrieben und charakterisiert.
- Dann werden anhand des vorhandenen finanzmathematischen Instrumentariums (mit der klassischen Finanzmathematik) die (Risiko-)Analyse und Bewertung des Finanzinstruments durchgeführt und mit einem praktischen Beispiel veranschaulicht.
- Im dritten Schritt erfolgt die Modellierung des jeweiligen Beispiels mit Microsoft Excel. Die Excel-Tabellen werden erläutert und verschaffen dem Leser einen tiefen Einblick in die einzelnen Komponenten des Finanzmarktprodukts, reduzieren die Komplexität und tragen aufgrund der ausführlichen Erläuterungen der methodischen Vorgehensweise wesentlich zum Verständnis des Finanzprodukts bei.

Inhalt

Das Augenmerk wird auf diejenigen Finanzprodukte gelegt, die sich gut mit Microsoft Excel modellieren lassen. Es sind dies insbesondere kurz-, mittel- und langfristige Kredite, Immobilieninvestitionen, nicht-börsennotierte Schuldverschreibungen, Zinsinstrumente (Anleihen), Aktien, Optionen, Forward- und Futures-Kontrakte.

Zielgruppen

Zielgruppen dieses Buches sind Studenten und Dozenten an Universitäten und Hochschulen, insbesondere der Fachrichtungen Finanzierung, BWL, Wirtschaftsmathematik und Wirtschaftsrecht, aber auch alle Personen, die beruflich mit Finanzprodukten zu tun haben, wie Finanz- und Controlling-Abteilungen, Banken und Versicherungen und Finanzdienstleister, die ihr Praxiswissen mit theoretisch fundierten Kenntnissen auffrischen und ihr Verständnis für die wichtigsten an den Finanzmärkten angebotenen Produkte verbessern wollen.

Besonderer Dank gebührt Dr. Jürgen Schechler vom UVK-Verlag, der die Buch-Idee aufgegriffen und umgesetzt hat. Vielen Dank auch an meine Tochter Susanne, die geduldig die Kapitel und Excel-Dateien in Hinblick auf etwaige Fehler überprüft hat. Da jedoch nicht nur Märkte, sondern manchmal auch Autoren unvollkommen sind, bitte ich alle Leserinnen und Leser, etwaige Fehler, Kritikpunkte und Anregungen an info@narr.de weiterzuleiten.

Begleitmaterial (die für das Buch verwendeten Excel-Dateien) zum Herunterladen finden Sie unter

https://files.narr.digital/9783825259945/material.zip

Inhalt

1 Einführung

Zur Herstellung von Gütern werden Produktionsfaktoren (Arbeit, Kapital, Boden) benötigt, die finanziert werden müssen. Durch die zeitliche Divergenz aus Kapitalbedarf und Kapitalrückfluss aus dem betrieblichen Umsatzprozess entsteht ein Finanzierungsbedarf, welcher entweder durch Eigenkapital oder durch Fremdkapital gedeckt werden muss. Finanzierung ist demnach die Beschaffung und Bereitstellung von finanziellen Mitteln.

Zum *Eigenkapital* zählt man die Einlagen der Unternehmensgründer bzw. der Gesellschafter oder Aktionäre und die im Unternehmensprozess erwirtschafteten monetären Gegenwerte.

Unter *Fremdkapital* versteht man Kapital in Form von Krediten, welches dem Unternehmer von außen zeitlich begrenzt überlassen wird.

Eigenkapital- und Fremdkapitalfinanzierung werden auch als *externe Finanzierung* bezeichnet. Gelingt es einem Unternehmen. die benötigten finanziellen Mittel aus eigener Kraft, ohne die Hilfe externer Kapitalgeber aufzubringen, spricht man von *interner Finanzierung*. Dazu zählen die Finanzierung durch die Einbehaltung von Gewinnen, die Finanzierung aus Abschreibungen und die Finanzierung durch die Einbehaltung von Rückstellungen.

Ein *Eigenkapitalgeber* erwirbt mit der Bereitstellung seiner finanziellen Mittel eine Beteiligung am Unternehmen, eine Eigentümerposition. Die Höhe der finanziellen Beteiligung im Verhältnis zu den anderen Eigenkapitalgebern drückt sich im Anteil oder in der Quote aus, die von der gesamten Eigentümerposition auf ihn entfällt. Die Entlohnung des Eigentümers einer Unternehmung ist an den Erfolg oder Misserfolg der Unternehmung geknüpft. Erwirtschaftet die Unternehmung einen Gewinn, dann ist ein Eigentümer seinem Anteil entsprechend daran beteiligt. Im Falle eines Verlustes müssen diese so lange mitgetragen werden, bis das Kapital, wenn er beschränkt haftet, aufgezehrt ist. Haftet er unbeschränkt, muss er darüber hinaus auch noch mit seinem Privatvermögen für Zahlungsverpflichtungen der Unternehmung aufkommen.

Ob ein Eigenkapitalgeber beschränkt oder unbeschränkt haftet, hängt von der Rechtsform der Unternehmung ab. Unbeschränkt haften der Eigentümer einer Einzelunternehmung, ebenso die Eigentümer von sogenannten Personengesellschaften wie der offenen Handelsgesellschaft (OHG) oder der Kommanditgesellschaft (KG), wobei in der letzteren lediglich Eigenkapitalgeber, die die Position eines Komplementärs einnehmen, mit ihrem Privatvermögen haften, während die andere Gruppe von Eigenkapitalgebern, die sogenannten Kommanditisten, nur ihre Kommanditeinlage verlieren können und somit der beschränkten Haftung unterliegen. Eine auf den Verlust der Kapitaleinlage beschränkte Haftung gilt auch für alle Eigenkapitalgeber von Kapitalgesellschaften, wie der Gesellschaft mit beschränkter Haftung (GmbH) und der Aktiengesellschaft (AG).

Mit der Beteiligung an einer Unternehmung stellt ein Eigenkapitalgeber der Unternehmung unbefristet Kapital zur Verfügung. Sein Finanzierungsverhältnis endet erst dann, wenn die Unternehmung aufgelöst wird oder er sein Beteiligungsverhältnis aufgekündigt, wie es bei Personengesellschaften möglich ist, oder wenn er seine Beteiligung an einen neuen Eigenkapitalgeber verkauft, wie es für die Eigenkapitalgeber einer AG ohne weiteres möglich ist, wenn seine Beteiligung durch eine oder mehrere Aktien verbrieft ist. In diesem Falle (bei Verkauf der Beteiligung) steht der Unternehmung das Kapital auch weiterhin unbefristet zur Verfügung.

Im Gegensatz zur Position eines Eigenkapitalgebers ist die Position eines *Fremdkapitalgebers* dadurch charakterisiert, dass er mit der Hingabe seiner finanziellen Mittel einen Anspruch auf die Rückzahlung des Nominalwertes des überlassenen Kapitals erwirbt. Da er nicht Eigner, sondern Gläubiger einer Unternehmung ist, ist die Entlohnung seiner finanziellen Leistung vom Erfolg der Unternehmung unabhängig. Der Fremdkapitalgeber hat Anspruch auf die fristgerechte Rückzahlung seines Kapitals und Anspruch auf die Zahlung der für die Kapitalüberlassung vereinbarte Verzinsung. Kann die Unternehmung den Zahlungsverpflichtungen gegenüber den Gläubigern nicht nachkommen und kommt es zum Insolvenzfall der Unternehmung, wird auch der Fremdkapitalgeber am Misserfolg der Unternehmung beteiligt. Der Gläubiger muss dann einen Ausfall von Zins- und Tilgungszahlungen hinnehmen. Da jedoch diese Beteiligung am Misserfolg den Ausnahmefall darstellt, ist der Fremdkapitalgeber – im Gegensatz zum Eigenkapitalgeber – auch nicht berechtigt, auf die Unternehmensleitung Einfluss zu nehmen.

2 Kurz- und mittelfristige Kredite

Kredite sind Gelder, die einem Unternehmen oder Privatpersonen zur zeitlich begrenzten Nutzung mit unterschiedlichen Laufzeiten zur Verfügung stehen.

Im Vorfeld einer Kreditgewährung prüfen die Gläubiger (z.B. Banken, Versicherungen) die *Kreditfähigkeit* und *Kreditwürdigkeit* potenzieller Schuldner.

Die Kreditfähigkeit besteht in der Möglichkeit, einen Kreditvertrag rechtswirksam abschließen zu können. Dazu sind unbeschränkt geschäftsfähige natürliche Personen sowie juristische Personen und Personengesellschaften imstande.

Kreditwürdig sind solche Personen und Unternehmen, von denen eine vertragsgemäße Erfüllung der eingegangenen Kreditverpflichtung zu erwarten ist. In der Regel wird der Gläubiger vom Schuldner Sicherheiten (z.B. Bürgschaften, Grundschuld, Hypothek) verlangen, um die Kreditrisiken zu reduzieren und somit die Kreditwürdigkeit zu erhöhen.

Im Folgenden wird im Rahmen der kurz- und mittelfristigen Kreditfinanzierung der Kontokorrentkredit, der Lieferantenkredit, der Diskontkredit, der Ratenkredit, der Lombardkredit, der Hersteller- und Händlerkredit und der Kundenkredit näher betrachtet und analysiert.

2.1 Kontokorrentkredit

Der *Kontokorrentkredit*, auch Überziehungskredit oder bei Privatpersonen Dispositionskredit genannt, wird Firmen bzw. Privatpersonen durch Einräumung einer Kreditlinie von Seiten eines Kreditinstituts gewährt. Dabei stellt die zugesagte Kreditlinie den Höchstbetrag dar, bis zu dem das Kontokorrentkonto überzogen werden darf.

Der Kontokorrentkredit wird in der Regel für ein Jahr oder „bis auf weiteres“ gewährt und kann bei ordnungsmäßiger Kontoführung prolongiert werden, so dass aus einem formal kurzfristigen Kredit ein mittel- oder langfristiger Kredit wird.

Die Kosten des Kontokorrentkredites setzen sich zusammen aus

- den Zinsen auf den in Anspruch genommenen Kreditbetrag,
- ggf. einem Zinszuschlag (Überziehungsprovision), falls die Kreditlinie überschritten wird
- und ggf. weiteren Kostenbestandteilen wie Bereitstellungsprovision, Kontoführungsgebühren und Bearbeitungsgebühren.

Die Höhe des Zinssatzes ist in der Regel nicht fest vereinbart, sondern variabel. Die Bank behält sich entweder eine jederzeitige Anpassung der Kreditkonditionen vor (bei Dispositionskrediten an Privatpersonen) oder der Soll-Zinssatz wird als Zuschlag zu einer anderen Zinsgröße, z.B. dem Zinssatz für kurzfristige Refinanzierungsgeschäfte bei der Zentralbank festgelegt (vor allem für Kredite an Unternehmen).

Die Soll-Zinsen werden in der Regel quartalsweise nachschüssig berechnet und zusammen mit den sonstigen Gebühren dem Kontokorrentkonto belastet. Dadurch ergibt sich ein Effektivzinssatz, der höher ist als der zugrundeliegende Soll-Zinssatz.

Bevor die Bank dem Kunden eine Kreditlinie einräumt, erfolgt die bankenübliche persönliche und materielle Kreditwürdigkeitsprüfung des potenziellen Kreditnehmers. Als Kreditsicherheiten kommen Bürgschaften, Forderungsabtretung, Sicherungsübereignung, die Abtretung von Lebensversicherungen u.a. in Betracht. Oft wird der Kreditnehmer verpflichtet, alle finanziellen Verpflichtungen über das Kreditinstitut abzuwickeln (Ausschließlichkeitserklärung), wodurch dem Kreditinstitut die laufende Überwachung der wirtschaftlichen Entwicklung des Schuldners wesentlich erleichtert wird.

Der Kontokorrentkredit kann flexibel in Anspruch genommen werden und ist nicht zweckgebunden. Für Firmen eignet er sich als kurzfristiger Betriebsmittelkredit zur Finanzierung des Umsatzprozesses, als Saisonkredit zur Finanzierung eines saisonal bedingten Kapitalbedarfs und als Überbrückungs- bzw. Dispositionskredit. Eine nicht ausgenutzte Kreditlinie steht als potenzielle Liquiditätsreserve zur Verfügung und erlaubt es dem Betrieb, geringere liquide Mittel ersten Grades zu halten.

Beispiel 2.1

Ein Kontokorrentkonto weist am 1.1.2014 einen Kontostand von 100.000 Euro auf. Während des gesamten Jahres sollen keine Ein- und Auszahlungen erfolgen. Der Soll-Zinssatz beträgt 12% p.a. Es sollen der Kontostand am Ende des Jahres und der effektive Jahreszinssatz berechnet werden.

Mit dem Quartalszinssatz von

$$\frac{i}{m} = \frac{0{,}12}{4} = 0{,}03 \text{ oder } 3\%$$

erhält man die Quartalszinsen zu $100.000 \cdot 0{,}03 = 3.000$.

Diese werden dem Kontostand nach jedem Quartal hinzugeschlagen und verzinsen sich weiter. Dabei ist der Kontostand am Ende eines jeden Quartals gleich dem Kontostand zu Beginn des folgenden Quartals.

	Kontostand zu Beginn des 1. Quartals	100.000,00
+	Zinsen für das 1. Quartal	3.000,00
=	Kontostand am Ende des 1. Quartals	103.000,00
+	Zinsen für das 2. Quartal	3.090,00
=	Kontostand am Ende des 2. Quartals	106.090,00
+	Zinsen für das 3. Quartal	3.182,70
=	Kontostand am Ende des 3. Quartals	109.272,70
+	Zinsen für das 4. Quartal	3.278,18
=	Kontostand am Ende des 4. Quartals	112.550,88

Der Kontostand am Ende des Jahres beträgt nicht etwa 112.000 Euro, sondern ist höher, da die erste Zinszahlung bereits nach drei Monaten erfolgt und darauf in der Folgezeit Zinseszinsen anfallen. Das Gleiche gilt für die zweite und dritte Zinsbelastung. Dadurch ergibt sich ein Effektivzinssatz von

$$i_e = \left(1+\frac{i}{4}\right)^4 - 1 = (1{,}03)^4 - 1 = 12{,}55\,\% .$$

Excel-Umsetzung

Die Umsetzung des Beispiels 2.1 mit Microsoft Excel erfolgt analog zur oben aufgezeigten Vorgehensweise. Zunächst werden die Input-Parameter (Kreditbetrag, Soll-Zinssatz und Zinsverrechnung) in das Excel-Arbeitsblatt eingetragen, auf die in der nachfolgenden Berechnung zurückgegriffen wird.

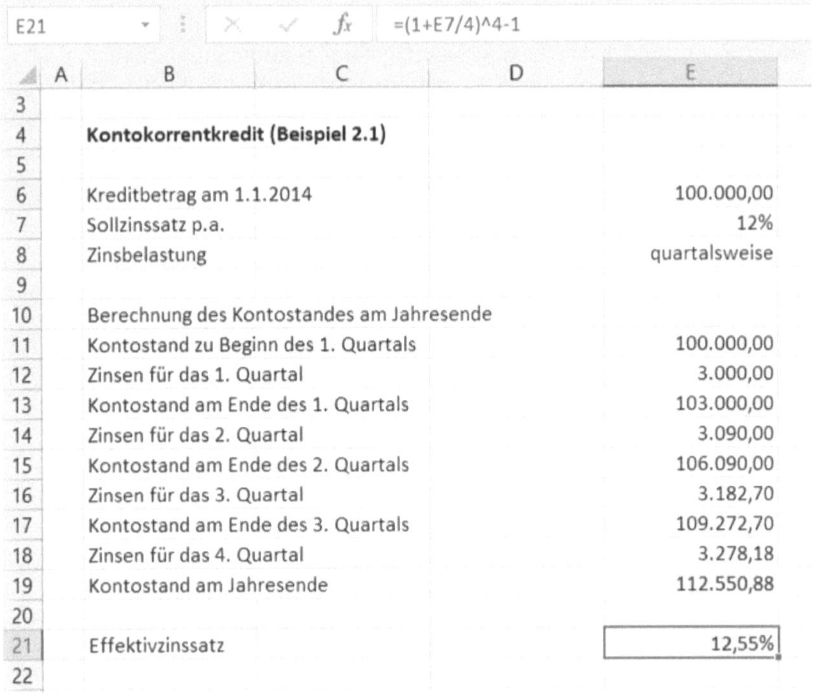

E21 =(1+E7/4)^4-1

	A	B	C	D	E
3					
4		**Kontokorrentkredit (Beispiel 2.1)**			
5					
6		Kreditbetrag am 1.1.2014			100.000,00
7		Sollzinssatz p.a.			12%
8		Zinsbelastung			quartalsweise
9					
10		Berechnung des Kontostandes am Jahresende			
11		Kontostand zu Beginn des 1. Quartals			100.000,00
12		Zinsen für das 1. Quartal			3.000,00
13		Kontostand am Ende des 1. Quartals			103.000,00
14		Zinsen für das 2. Quartal			3.090,00
15		Kontostand am Ende des 2. Quartals			106.090,00
16		Zinsen für das 3. Quartal			3.182,70
17		Kontostand am Ende des 3. Quartals			109.272,70
18		Zinsen für das 4. Quartal			3.278,18
19		Kontostand am Jahresende			112.550,88
20					
21		Effektivzinssatz			12,55%
22					

Bild 2.1 Abrechnung eines Kontokorrentkredits (Beispiel 2.1)

Die nachfolgende Tabelle zeigt die Berechnung einzelner Positionen.

Position	Inhalt	Excel-Umsetzung
E12	Zinsen 1. Quartal	=E11*E7/4
E19	Kontostand 1. Quartal	=E11+E12
E19	Kontostand Jahresende	=E17+E18
E21	effektiver Jahreszinssatz	=(1+E7/4)^4-1

Beispiel 2.2

Eine Bank rechnet das Girokonto eines Kunden ab, dem ein Überziehungskredit von 5.000 Euro eingeräumt wurde. Der Zinssatz und die sonst noch anfallenden Gebühren für Privatkonten sind dem unten aufgeführten Preisverzeichnis zu entnehmen.

Guthabenzinssatz	0,5%
Soll-Zinssatz (veränderlich)	10,5%
Zinssatz für geduldete Überziehungen	12,5%
Grundgebühr Girokonten (Euro)	5,00
Tageszählkonvention	30/360

Die folgenden Kontobewegungen wurden verbucht:

Valutatag	Geschäftsvorfall	Betrag
31.12.2013	Übertrag (Soll)	2.000,00
02.01.2014	Dauerauftrag	1.800,00
12.01.2014	Abbuchung	200,50
13.01.2014	Scheckausstellung	2.000,00
30.01.2014	Überweisungseingang	3.800,50
30.01.2014	Überweisungseingang	95,00
02.02.2014	Dauerauftrag	1.800,00
06.02.2014	Überweisungsauftrag	400,00
12.02.2014	Abbuchung	115,50
14.02.2014	Scheckeinlösung	4.500,00
28.02.2014	Überweisungseingang	3.630,20
01.03.2014	Dauerauftrag	1.800,00
07.03.2014	Überweisungseingang	960,30
12.03.2014	Abbuchung	115,50
15.03.2014	Barabhebung	2.500,00
17.03.2014	Abbuchung	80,50
23.03.2014	Barabhebung (Geldautomat)	400,90
26.03.2014	Scheckausstellung	2.630,80
30.03.2014	Überweisungseingang	3.800,20

Bild 2.2 Geschäftsvorfälle eines Girokontos (Beispiel 2.2)

Das Konto soll nach drei Monaten abgerechnet werden und es ist der Kontostand am Quartalsende zu ermitteln.

Die Zinsen werden tagegenau berechnet. Ausgehend von der Tagezählkonvention 30/360 und der Formel für einfache Zinsen erhält man für Position 1 zwei Zinstage. Der Kontostand (Übertrag) von -2.000 wird für zwei Tage mit dem Soll-Zinssatz von 12,5% verzinst. Die Zinsen Z betragen demnach

$$Z = \frac{-2.000 \cdot 0{,}105 \cdot 2}{360} = -1{,}1667.$$

Nach Abbuchung des Dauerauftrages in Höhe von 1.800 Euro beträgt der Kontostand Euro -3.800. Dieser verzinst sich 10 Tage lang und die Zinsen betragen -11,0833 Euro. Entsprechend werden die restlichen Transaktionen abgerechnet. Zu beachten ist, dass für Beträge, die über dem eingeräumten Kreditlimit von 5.000 Euro liegen (in der Rechnung Beträge, die kleiner als 5.000 Euro sind), Soll-Zinsen von 12,5% belastet werden. Ist ein positiver Saldo vorhanden (z.B. bei Position 10), dann werden Zinsen gutgeschrieben.

Abrechnung des Girokontos

Kontostand 30.03.2014	753,20
Guthabenzinsen	0,58
- Zinsen Dispokredit	- 64,24
- Überziehungszinsen	- 5,91
- Grundpreis je Quartal	- 5,00
Kontostand 31.03.2014	678,64

Position	Datum	Eingang (+) Ausgang (-)	Kontostand Saldo	Zinstage	Guthaben Zinsen	Zinsen Dispokredit	Zinsen Überziehung	Zinsen gesamt
Übertrag	31.12.2013		-2.000,00					
1	02.01.2014	-1.800,00	-3.800,00	2	0,0000	-1,1667	0,00	-1,17
2	12.01.2014	-200,50	-4.000,50	10	0,0000	-11,0833	0,00	-12,25
3	13.01.2014	-2.000,00	-6.000,50	1	0,0000	-1,1668	0,00	-13,42
4	30.01.2014	-3.800,50	-2.200,00	17	0,0000	-29,7525	-5,91	-49,08
5	30.01.2014	95,00	-2.295,00	0	0,0000	0,0000	0,00	-49,08
6	02.02.2014	-1.800,00	-4.095,00	2	0,0000	-1,3388	0,00	-50,41
7	06.02.2014	-400,00	-4.495,00	4	0,0000	-4,7775	0,00	-55,19
8	12.02.2014	-115,50	-4.610,50	6	0,0000	-7,8663	0,00	-63,06
9	14.02.2014	4.500,00	-110,50	2	0,0000	-2,6895	0,00	-65,75
10	28.02.2014	3.630,20	3.519,70	14	0,0000	-0,4512	0,00	-66,20
11	01.03.2014	-1.800,00	1.719,70	3	0,1467	0,0000	0,00	-66,05

12	07.03.2014	960,30	2.680,00	6	0,1433	0,0000	0,00	-65,91
13	12.03.2014	-115,50	2.564,50	5	0,1861	0,0000	0,00	-65,72
14	15.03.2014	-2.500,00	64,50	3	0,1069	0,0000	0,00	-65,62
15	17.03.2014	-80,50	-16,00	2	0,0018	0,0000	0,00	-65,61
16	23.03.2014	-400,00	-416,00	6	0,0000	-0,0280	0,00	-65,64
17	26.03.2014	-2.630,80	-3.046,80	3	0,0000	-0,3640	0,00	-66,01
18	30.03.2014	3.800,20	753,20	4	0,0000	-3,5546	0,00	-69,56
Quartalsende	31.03.2014		678,64					

Bild 2.3 Abrechnung eines Girokontos (Beispiel 2.2)

Excel-Umsetzung

Die Umsetzung in Excel ist in Bild 2.4 dargestellt (die Zeilen 21 bis 30 sind ausgeblendet). Nach Eingabe der Input-Daten werden zunächst die Zahlungseingänge und -ausgänge eingetragen, der Saldo berechnet und die dazugehörigen Zinstage aus dem gegebenen Datum ermittelt. Anschließend werden die Zinsen für Guthaben, die Zinsen für den Dispokredit und die Zinsen für die Überziehung des eingeräumten Kreditlimits berechnet. Die in den Zellen E18 bis J18 enthaltenen Formeln können dann nach unten kopiert werden und man erhält unmittelbar die gesuchten Daten. Anhand der gewonnenen Ergebnisse kann dann das Girokonto abgeschlossen werden.

Die Berechnung einzelner Positionen ist in nachfolgender Tabelle zusammengefasst.

Position	Inhalt	Excel-Umsetzung
E18	Kontostand Saldo	=E17+D18
F18	Zinstage	=TAGE360(C17;C18;WAHR)
G18	Guthabenzinsen	=WENN(E17>0;E17*$E$6*F18/360;0)
H18	Zinsen Dispokredit	=WENN(E17<0;E17*$E$8*F18/360;0)
I18	Zinsen Überziehung	=WENN(E17<-$E$7;(E17+$E$7)*$E$9*F18/360;0)
J18	Zinsen akkumuliert	=J17+G18+H18+I18
E36	Kontostand 31.03.2014	=E35+J35+D44
D40	Guthabenzinsen	=SUMME(G18:G35)
D41	Zinsen Dispokredit	=SUMME(H18:H35)
D42	Zinsen Überziehung	=SUMME(I18:I35)
D43	Zinsen gesamt	=SUMME(D40:D42)
D44	Grundpreis je Quartal	=-E11
D45	Kontostand 31.03.2014	=E35+D43+D44

D45 =E35+D43+D44

	A	B	C	D	E	F	G	H	I	J
3										
4		**Abrechnung Girokonto (Beispiel 2.2)**								
5										
6		Zinssatz Guthaben			0,50%					
7		Dispokredit			5.000,00					
8		Zinssatz für Dispokredit			10,50%					
9		Zinssatz für Überziehungen			12,50%					
10		Zinsmethode			30/360					
11		Grundgebühr €			5,00					
12		Abrechungszeitraum			1. Quartal 2014					
13										
14										
15		Position	Datum	Eingang (+)	Kontostand	Zinstage	Guthaben	Zinsen	Zinsen	Zinsen
16				Ausgang (-)	Saldo		Zinsen	Dispokredit	Überziehung	gesamt
17		Anfangsstand	31.12.2013		-2.000,00					
18		1	02.01.2014	-1.800,00	-3.800,00	2	0,0000	-1,1667	0,00	-1,17
19		2	12.01.2014	-200,50	-4.000,50	10	0,0000	-11,0833	0,00	-12,25
20		3	13.01.2014	-2.000,00	-6.000,50	1	0,0000	-1,1668	0,00	-13,42
31		14	15.03.2014	-2.500,00	64,50	3	0,1069	0,0000	0,00	-65,62
32		15	17.03.2014	-80,50	-16,00	2	0,0018	0,0000	0,00	-65,61
33		16	23.03.2014	-400,00	-416,00	6	0,0000	-0,0280	0,00	-65,64
34		17	26.03.2014	-2.630,80	-3.046,80	3	0,0000	-0,3640	0,00	-66,01
35		18	30.03.2014	3.800,00	753,20	4	0,0000	-3,5546	0,00	-69,56
36		Quartalsende	31.03.2014		678,64					
37										
38										
39		**Kontenabschluss**								
40		Guthabenzinsen		0,58						
41		Zinsen Dispokredit		-64,24						
42		Zinsen Überziehung		-5,91						
43		Zinsen gesamt		-69,56						
44		Grundpreis je Quartal		-5,00						
45		Kontostand 31.01.2014		678,64						
46										

Bild 2.4 Abrechnung eines Girokontos (Beispiel 2.2)

2.2 Lieferantenkredit

Der Lieferantenkredit ist ein Handelskredit, der von einem Handelspartner eines Unternehmens gewährt wird. Beim Einkauf auf Ziel gewährt der Verkäufer (Lieferant) dem Käufer ein Zahlungsziel, d.h. der Käufer muss die bezogene Ware erst zum vereinbarten Zahlungstermin begleichen. Für den Käufer ist dies eine Form der Finanzierung, da er die Ware schon bekommen hat, diese aber erst später bezahlen muss. In der Regel werden Zahlungsziele von 10 bis 90 Tagen ausgehandelt.

Als Anreiz für den Käufer, seine Rechnungen möglichst schnell und noch vor Ablauf des Zahlungsziels zu bezahlen, räumt der Lieferant häufig eine Skontofrist ein. Der *Skonto* ist ein Preisnachlass auf Rechnungen, wenn diese innerhalb der Skontofrist bezahlt werden.

Eine Skontovereinbarung kann wie folgt aussehen: Bei Zahlung innerhalb von 7 Tagen können 2% vom Rechnungsbetrag abgezogen werden, ansonsten zahlbar innerhalb von 30 Tagen ohne Abzug.

Die Inanspruchnahme eines Lieferantenkredits und der Verzicht auf die Nutzung des gewährten Skontos können beim Kunden zu einem hohen Zinsaufwand führen. Daher kann es für den Kunden von Vorteil sein, den Rechnungsbetrag unter Ausnutzung des Skontos mit einem Kontokorrentkredit zu begleichen. Als Maß für die Kosten dient der jährliche Zinssatz i, der als effektiver Jahreszinssatz interpretiert werden kann.

Aus

$$K_n = K_0 \left(1 + \frac{i \cdot t}{360}\right)$$

folgt:

$$K_n - K_0 = Z = \frac{K_0 \cdot i \cdot t}{360} \quad \text{und} \quad i = \frac{Z}{K_0} \cdot \frac{360}{t}$$

Unter Zinsbetrag *Z* muss hier der Skontobetrag verstanden werden, da dieser bezahlt werden muss, wenn der Skonto nicht ausgenutzt wird, also der Lieferantenkredit nicht in Anspruch genommen wird und am Ende des Zahlungsziels der volle Rechnungsbetrag gezahlt werden muss. Der Nettorechnungsbetrag abzüglich des Skontobetrages ist der Kreditbetrag K_0. Das Zahlungsziel abzüglich der Skontofrist kann als Kreditlaufzeit *t* interpretiert werden.

Die obige Formel kann dann wie folgt modifiziert werden:

$$i = \frac{Skontobetrag}{(Nettorechnungsbetrag - Skontobetrag)} \cdot \frac{360}{(Zahlungsziel - Skontofrist)}$$

Werden der Skontobetrag und der Nettorechnungsbetrag in Prozent ausgedrückt, erhält man:

$$i = \frac{Skontosatz\ in\ \%}{(100\% - Skontosatz)} \cdot \frac{360}{(Zahlungsziel - Skontofrist)}$$

Wenn der errechnete Zinssatz größer ist als der Zinssatz des Kontokorrentkredits, sollte der Lieferantenkredit nicht genutzt werden, stattdessen sollte die Rechnung mit Hilfe des Kontokorrentkredites beglichen werden. Ist der errechnete Zinssatz kleiner als der Zinssatz des Kontokorrentkredits, dann sollte der Lieferantenkredit in Anspruch genommen werden, um somit eine höhere Zinsbelastung durch den Kontokorrentkredit zu vermeiden.

Beispiel 2.3

Rechnungsbetrag	120.000 Euro
Skontofrist	10 Tage
Skonto bei Zahlung innerhalb von 10 Tagen	2%
Zahlungsziel (Zahlung ohne Nachlass)	30 Tage
Zinssatz Kontokorrentkredit	12% p.a.

Es ergeben sich die folgenden Rechengrößen:

Skontobetrag	$= 120.000 \cdot 0{,}02 = 2.400$
Nettorechnungsbetrag – Skontobetrag	$= 120.000 - 2.400 = 117.600$
Zahlungsziel – Skontofrist	$= 30 - 10 = 20$

$$i = \frac{2.400}{(120.000 - 2.400)} \cdot \frac{360}{(30 - 10)} = 0{,}3673 \text{ oder } 36{,}73\%$$

In diesem Falle sollte der Lieferantenkredit nicht in Anspruch genommen werden, sondern die Rechnung mit Hilfe des Kontokorrentkredits beglichen werden.

Excel-Umsetzung

Die Excel-Umsetzung des obigen Beispiels bedarf keiner weiteren Erläuterung. Die nachfolgende Tabelle zeigt die Berechnung einzelner Positionen.

Position	Inhalt	Excel-Umsetzung
D15	Skontobetrag	=D7*D10
D17	Zinsen Kontokorrentkredit	=D7*D12*(D8-D9)/D11
D18	Differenz	=D16-D17
D22	effektiver Jahreszinssatz	=D15/(D7-D15)*D11/(D8-D9)

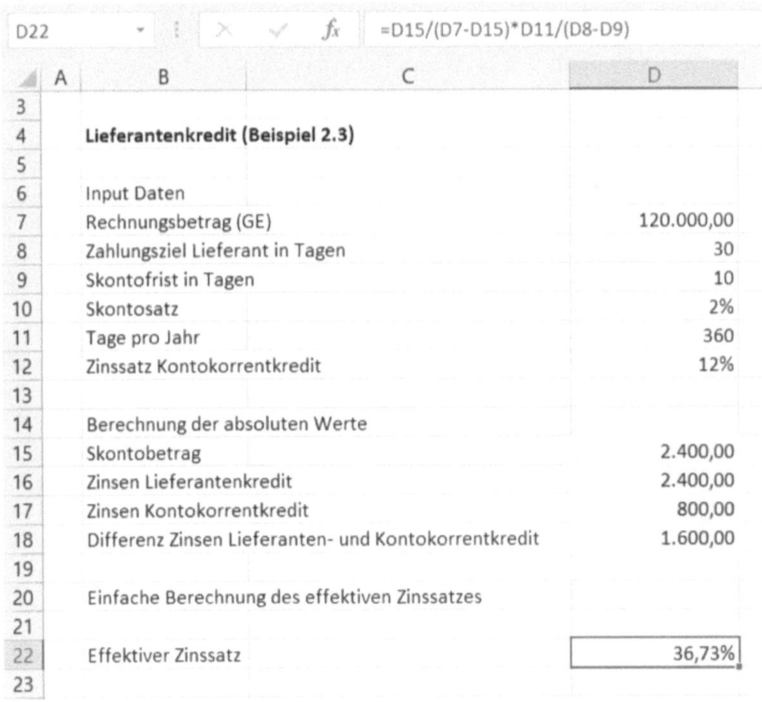
D22 =D15/(D7-D15)*D11/(D8-D9)

	A	B	C	D
3				
4		**Lieferantenkredit (Beispiel 2.3)**		
5				
6		Input Daten		
7		Rechnungsbetrag (GE)		120.000,00
8		Zahlungsziel Lieferant in Tagen		30
9		Skontofrist in Tagen		10
10		Skontosatz		2%
11		Tage pro Jahr		360
12		Zinssatz Kontokorrentkredit		12%
13				
14		Berechnung der absoluten Werte		
15		Skontobetrag		2.400,00
16		Zinsen Lieferantenkredit		2.400,00
17		Zinsen Kontokorrentkredit		800,00
18		Differenz Zinsen Lieferanten- und Kontokorrentkredit		1.600,00
19				
20		Einfache Berechnung des effektiven Zinssatzes		
21				
22		Effektiver Zinssatz		36,73%
23				

Bild 2.5 Lieferantenkredit und Effektivzinssatzberechnung (Beispiel 2.3)

Der Lieferantenkredit ist gewöhnlich teurer als ein Bankkredit, wird aber dennoch aufgrund der entfallenden Formalien häufig in Anspruch genommen. Banken sind zur Kreditprotokollierung verpflichtet und zur Hereinnahme von Sicherheiten angehalten. Lieferanten hingegen bedienen sich lediglich des Eigentumsvorbehalts, und auf eine zeit- und kostenaufwendige Protokollierung wird meist verzichtet.

Die Vorteile des Lieferantenkredits liegen demnach in der Schnelligkeit und der Formlosigkeit der Kreditgewährung, im Fehlen einer systematischen Kreditprüfung und in der Entlastung der Kreditlinie bei Banken.

Im folgenden Beispiel wird die Analyse vertieft und der effektive Jahreszinssatz wird über drei verschiedene Wege ermittelt.

Beispiel 2.4

Ein Unternehmer bekommt eine Rechnung über 100.000 Euro für gelieferte Waren. Am Ende der Rechnung befindet sich folgender Hinweis: Zahlbar innerhalb von 30 Tagen rein netto; bei Zahlung innerhalb von 8 Tagen werden von der Rechnungssumme 2% Skonto gewährt.

Der Unternehmer wird hier vor die Wahl gestellt, entweder bis zum 8. Tag nach Rechnungseingang 98.000 Euro (100.000 abzüglich 2%) zu zahlen oder am 30. Tag 100.000 Euro. Damit wird deutlich, dass die Inanspruchnahme eines Kredits von 98.000 Euro ab dem 8. bis 30. Tag Zinsen in Höhe von 2.000 Euro verursachen. Gegeben sind demnach:

Kredithöhe	98.000 Euro
Kreditlaufzeit	22 Tage
Zinsaufwand für 22 Tage	2.000 Euro
Tilgungsform	endfällig in einem Betrag

Der effektive Jahreszinssatz i_e für diesen Kredit kann auf verschiedene Art und Weise berechnet werden.

a) Überschlagsrechnung ohne Berücksichtigung von Zinseszinsen

$$i_e = \frac{2.000}{98.000} \cdot \frac{365}{22} = 33{,}86\%$$

b) Exakte Ermittlung unter Berücksichtigung des Zinseszinseffekts

Die Anzahl der unterjährigen Perioden pro Jahr mit einer Länge von 22 Tagen (Kreditlaufzeit) beträgt

$$\frac{365 \text{ Tage/Jahr}}{22 \text{ Tage/Periode}} = 16{,}59 \text{ Perioden pro Jahr}$$

Der Zinssatz für 22 Tage beträgt

$$\frac{2.000}{98.000} = 0{,}0204 \text{ oder } 2{,}04\%.$$

Die Umrechnung des Periodenzinssatzes von 2,04% in den effektiven Jahreszinssatz ergibt

$$(1{,}020408)^{16{,}59} - 1 = 0{,}3982 \text{ oder } 39{,}82\%.$$

Dasselbe Ergebnis erhält man mit

$$i_e = \left(\frac{10.000}{9.800}\right)^{16{,}59} - 1 = 0{,}3982 \text{ oder } 39{,}82\%.$$

Excel-Umsetzung

Die dafür notwendigen Eingaben in das Arbeitsblatt sind in Bild 2.6 vorgegeben (die Zeilen 32 bis 47 sind ausgeblendet). Mit Hilfe der Funktion IKV(), die mit Alt+m+i aufgerufen wird, erhält man den effektiven Tageszinssatz, da es sich bei den unterjährigen Perioden um Tage handelt. Dieser Tageszinssatz wird dann – wie oben aufgezeigt – auf ein Jahr hochgerechnet. Die folgende Tabelle zeigt die Berechnung einzelner Positionen.

Position	Inhalt	Excel-Umsetzung
C28	Rechnungsbetrag abzgl. Skonto	=F6-F6*F9
B29	Laufzeit mit Abbruchbedingungen	=WENN(B29<($F$7-$F$8);B29+1;"")
C29	Zahlungsstrom mit Abbruchbedingungen	=WENN(B29<($F$7-$F$8);0; WENN(($F$7-$F$8)=B29;-$F$6;""))
G28	effektiver Tageszinssatz	=IKV(C28:C118)
G29	effektiver Jahreszinssatz	=(1+G28)^F10-1

Im Ergebnis ist die Inanspruchnahme von Skonti hochrentabel. Die effektive Skontoverzinsung beträgt im Beispiel nahezu 40%. Unter dieser Voraussetzung wäre auch die Überziehung des Kontokorrentrahmens sinnvoll, auch wenn dann ein Zinssatz von 17% (12% Soll-Zinssatz innerhalb der Kreditlinie und zuzüglich 5% Überziehungszinsen).

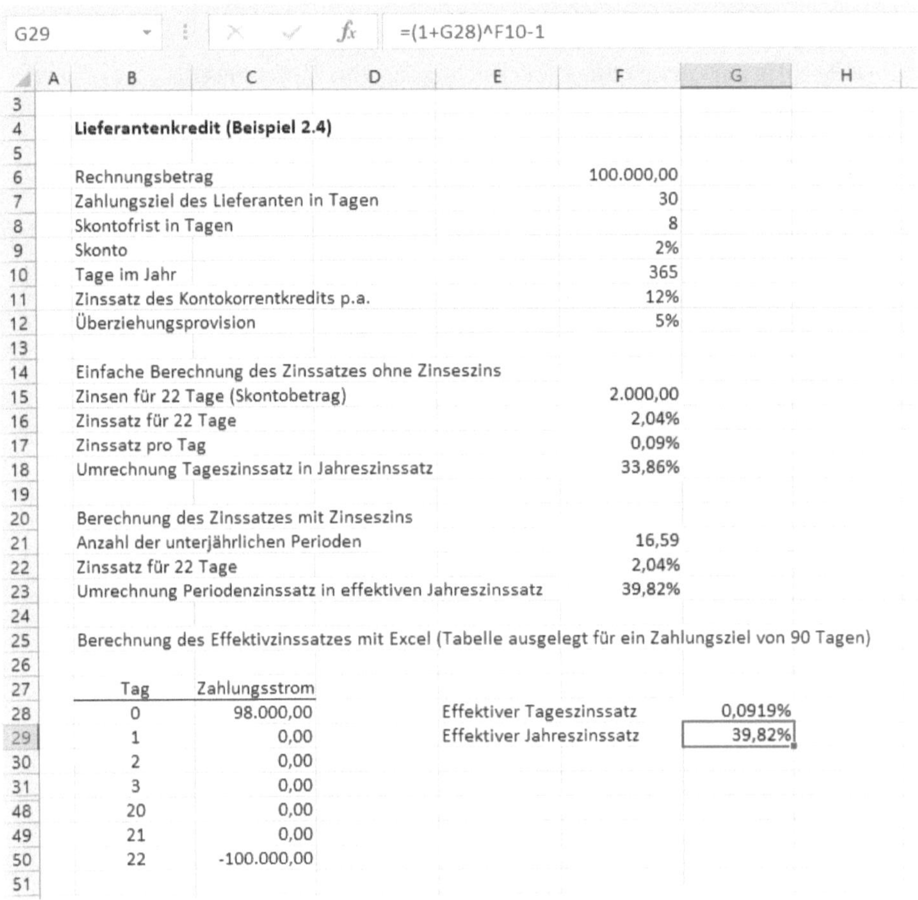

G29 =(1+G28)^F10-1

Zeile	Bezeichnung	Wert
4	**Lieferantenkredit (Beispiel 2.4)**	
6	Rechnungsbetrag	100.000,00
7	Zahlungsziel des Lieferanten in Tagen	30
8	Skontofrist in Tagen	8
9	Skonto	2%
10	Tage im Jahr	365
11	Zinssatz des Kontokorrentkredits p.a.	12%
12	Überziehungsprovision	5%
14	Einfache Berechnung des Zinssatzes ohne Zinseszins	
15	Zinsen für 22 Tage (Skontobetrag)	2.000,00
16	Zinssatz für 22 Tage	2,04%
17	Zinssatz pro Tag	0,09%
18	Umrechnung Tageszinssatz in Jahreszinssatz	33,86%
20	Berechnung des Zinssatzes mit Zinseszins	
21	Anzahl der unterjährlichen Perioden	16,59
22	Zinssatz für 22 Tage	2,04%
23	Umrechnung Periodenzinssatz in effektiven Jahreszinssatz	39,82%
25	Berechnung des Effektivzinssatzes mit Excel (Tabelle ausgelegt für ein Zahlungsziel von 90 Tagen)	

Zeile	Tag	Zahlungsstrom		
28	0	98.000,00	Effektiver Tageszinssatz	0,0919%
29	1	0,00	Effektiver Jahreszinssatz	39,82%
30	2	0,00		
31	3	0,00		
48	20	0,00		
49	21	0,00		
50	22	-100.000,00		

Bild 2.6 Lieferantenkredit und Effektivzinssatzberechnung (Beispiel 2.4)

2.3 Diskontkredit

Der Diskontkredit ist ein kurzfristiger Kredit (Wechselkredit), den ein Kreditinstitut durch den Ankauf von noch nicht fälligen *Wechseln* gewährt. Häufig wird zwischen der Bank und dem Unternehmen eine Diskontkreditlinie vereinbart, die das maximale Volumen, bis zu dem die Bank bereit ist, Wechsel mit zuvor definierten Qualitätsmerkmalen anzunehmen, festlegt. Der Wechsel ist ein Zahlungsinstrument, welches strengen, im Wechselgesetz festgelegten Formvorschriften unterliegt. Der folgende Ablauf ist typisch für einen Diskontkredit.

Ein Unternehmen (Lieferant) liefert Ware an einen Abnehmer „auf Ziel". Der Rechnungsbetrag ist demnach erst nach einer bestimmten Frist, beispielsweise nach 90 Tagen fällig. Der Lieferant stellt dann einen Wechsel in Höhe des Rechnungsbetrages aus mit der Anweisung, zum Fälligkeitstermin die geschuldete Summe zu zahlen. Man sagt, der Lieferant als „Aussteller" „zieht" einen Wechsel auf seinen Abnehmer, dem „Bezogenen". Dieser „gezogene" Wechsel (auch Tratte genannt) wird dem Bezogenen vorgelegt, der mit seiner Unterschrift die wechselrechtliche Zahlungsverpflichtung akzeptiert. Der nun auch als „Akzept" bezeichnete Wechsel wird anschließend an den Lieferanten zurückgegeben. Dieser kann den Wechsel bis zur Fälligkeit im Bestand halten oder bei der Bank zum Diskont einreichen, die ihm dann den Barwert des Wechsels zur Verfügung stellt. Der Barwert des Wechsels ist die Wechselsumme (Nominalwert) abzüglich des Diskontbetrages (Zinsen für die Laufzeit). Werden davon noch die anfallenden Diskontspesen abgezogen, erhält man den Auszahlungsbetrag.

Der Diskontbetrag und die Diskontspesen stellen die Kosten für den Kreditnehmer dar. Der Diskont ist in seiner Höhe von den Geldmarktzinssätzen abhängig, die mit unterschiedlichen Fristen am Interbankenmarkt gehandelt werden. Hinzu kommt eine Marge, deren Höhe von der Kreditwürdigkeit und der Marktmacht des Unternehmens determiniert wird. Die Diskontspesen sind relativ niedrig und fallen vor allem für das Wechselinkasso (Einzug fälliger Wechselforderungen durch die Bank) und das Einholen von Auskünften an.

Der effektive Jahreszinssatz i_e kann vereinfacht berechnet werden, indem man die Kreditkosten auf den effektiv verfügbaren Kreditbetrag (Auszahlungsbetrag) bezieht und das Ergebnis auf ein Jahr hochrechnet. Das Jahr wird mit 360 Tagen angesetzt.

$$i_e = \frac{Diskontbetrag + Diskontspesen}{Wechselbetrag - (Diskontbetrag + Diskontspesen)} \cdot \frac{360}{Wechsellaufzeit}$$

Der Wechselbetrag abzüglich des Diskontbetrages und der Diskontspesen stellt den effektiv verfügbaren Kreditbetrag dar. Die Formel berücksichtigt nicht, dass die Verzinsung unterjährig ist und der Diskont im Voraus abgezogen wird.

Beispiel 2.5

Firma A liefert am 1. Juni 2014 Waren im Wert von 100.000 Euro (Rechnungsbetrag) an die Firma B. Firma A gewährt Firma B eine Stundung der Forderung über 100.000 Euro um 90 Tage (bis zum 30. September 2014) in der Form, dass sie einen Wechsel in Höhe von 100.000 Euro auf die Firma B ausstellt, den diese akzeptiert. Firma A reicht den Wechsel anschließend bei ihrer Bank zum Diskont ein, die einen Diskontierungszinssatz von 4% p.a. und eine Marge von 5% berechnet. Zusätzlich wird eine Diskontprovision in Höhe von 0,3% der Wechselsumme in Rechnung gestellt.

Es soll der effektive Jahreszinssatz des Diskontkredits ermittelt werden.

Diskontbetrag für 90 Tage und Diskontprovision belaufen sich auf

$$100.000 \cdot 0{,}09 \cdot \frac{90}{360} + 100.000 \cdot 0{,}003 = 2.250{,}00 + 300 = 2.550{,}00\,.$$

Damit ergibt sich ein Auszahlungsbetrag von

$$100.000{,}00 - 2.550{,}00 = 97.450{,}00$$

und der effektive Jahreszinssatz beträgt

$$i_e = \frac{2.550}{97.450} \cdot \frac{360}{90} = 0{,}1047 \text{ oder } 10{,}47\%\,.$$

Die Bank legt am 30. September 2014 den Wechsel der Firma B zur Einlösung vor und bekommt von ihr 100.000 Euro.

Excel-Umsetzung

Nach Eingabe der Input-Daten werden zunächst der Diskontbetrag und der Auszahlungsbetrag berechnet. Der effektive Jahreszinssatz ergibt sich, indem der Diskontbetrag durch den Auszahlungsbetrag dividiert wird und anschließend das Ergebnis annualisiert wird.

Position	Inhalt	Excel-Umsetzung
E13	Diskontbetrag	=E6*((E7+E8)*E10/E11+E9)
E14	Auszahlungsbetrag	=E6-E13
E15	effektiver Jahreszinssatz	=E13/E14*E11/E10

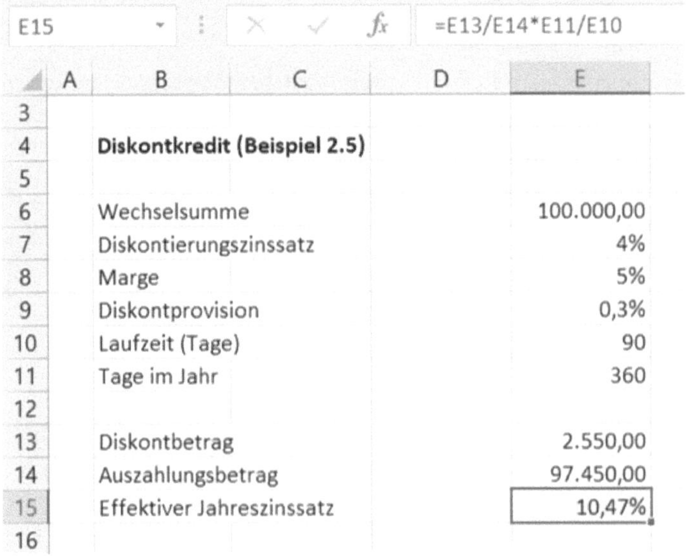
E15 =E13/E14*E11/E10

	A	B	C	D	E
3					
4		**Diskontkredit (Beispiel 2.5)**			
5					
6		Wechselsumme			100.000,00
7		Diskontierungszinssatz			4%
8		Marge			5%
9		Diskontprovision			0,3%
10		Laufzeit (Tage)			90
11		Tage im Jahr			360
12					
13		Diskontbetrag			2.550,00
14		Auszahlungsbetrag			97.450,00
15		Effektiver Jahreszinssatz			10,47%
16					

Bild 2.7 Diskontkredit und Effektivzinssatzberechnung (Beispiel 2.5)

Der Diskontkredit ist im Vergleich zum Kontokorrentkredit und Lieferantenkredit relativ kostengünstig. Nachteile ergeben sich aus den strengen wechselrechtlichen Vorschriften.

Seit Einführung der europäischen Währungsunion und der Übertragung der Geldpolitik von der Deutschen Bundesbank auf die europäische Zentralbank wurde die Rediskontpolitik als Instrument der Geldmengensteuerung aufgegeben. Dadurch entfiel die Refinanzierungsmöglichkeit von Kreditinstituten bei der Gewährung von Diskontkrediten. Aus diesem Grunde ist die Bedeutung von Diskontkrediten seit 1999 stark gesunken. Seit der Einführung des Euro werden jedoch Wechsel als Kategorie-II-Sicherheit (marktfähige Sicherheiten mit besonderer Bedeutung für nationale Finanzmärkte und Sicherheiten) vom europäischen System der Zentralbanken akzeptiert. Kreditinstitute können deshalb unter gewissen Voraussetzungen diskontierte Wechsel zur Kreditaufnahme bei den Landeszentralbanken nutzen.

2.4 Lombardkredit

Der Lombardkredit ist ein kurz- bis mittelfristiger Kredit, den ein Kreditinstitut einem Kreditnehmer gegen die Verpfändung von Vermögensgegenständen als Besicherung zur Verfügung stellt. Dabei werden die verpfändeten Gegenstände, wie Wertpapiere, Forderungen, Wechsel, Waren und Edelmetalle, nicht in der vollen Höhe ihrer Werte beliehen, die Beleihungsgrenzen sind je nach Pfandgegenstand unterschiedlich und sind im Wesentlichen abhängig von der Wertbeständigkeit, der Liquidierbarkeit und dem Risiko von Wertschwankungen während der Laufzeit.

Die Beleihungsgrenzen der verpfändeten Vermögenswerte liegen unter 100% ihrer Marktwerte und sind von Bank zu Bank verschieden. Üblich ist die Beleihung von Wertpapieren (auch als Wertpapierkredit oder Effektenkredit bezeichnet) und bereitet in der Regel keine Schwierigkeiten, zumal diese vielfach bereits vom Kreditinstitut verwahrt werden. So kann die Beleihungsgrenze festverzinslicher Wertpapiere und anderer sicherer Wertpapiere bei 80% des Marktwertes liegen, Aktien werden bis zu 50-60% beliehen. Fällt der Wert der Sicherheit unter die in Anspruch genommene Kreditsumme, dann verlangt die Bank einen entsprechenden Nachschuss, also eine Nachlieferung von Sicherheiten. Ist der Kreditnehmer dazu nicht in der Lage, kann die Bank das Wertpapierdepot ganz oder teilweise liquidieren.

Schwieriger gestaltet sich die Verpfändung von Waren. Diese müssen haltbar und marktfähig sein und die Ermittlung ihres Wertes kann schwierig sein und erfordert oft einen Sachverständigen. Die Beleihungsgrenze liegt um die 50% des ermittelten Wertes. Die Waren werden in der Regel dem Kreditinstitut nicht übergeben, sondern auf dem Namen des Kreditinstituts in einem Lagerhaus eingelagert, wobei der Lagerschein dem Kreditinstitut übergeben wird.

Der Verpfändung von Wechseln, Forderungen und Edelmetallen kommt im Geschäftsverkehr zwischen Unternehmen und Banken keine besondere Bedeutung zu.

Die Kosten des Lombardkredits orientieren sich seit der Abschaffung des Diskont- und Lombardsatzes zum 01.01.1999 am Zinssatz für Spitzenrefinanzierungsfazilitäten der Europäischen Zentralbank. Aufgeschlagen werden können kundenindividuelle, vom Risiko des Kreditnehmers abhängige Margen. Weitere Kosten können für die Bewertung und die Verwahrung und Verwaltung (Depot-, Lager- und Versicherungskosten) der Vermögensgegenstände entstehen.

Beispiel 2.6

Im Umlaufvermögen eines Unternehmens befinden sich die folgenden lombardfähigen Wertpapiere und Waren:

Kurswert Bundesanleihen	300.000 Euro
Kurswert Aktien (Rating AAA)	200.000 Euro
Marktwert Waren	500.000 Euro

Die Bundesanleihen können mit 80%, die Aktien mit 60% und die Waren mit 50% beliehen werden. Der Zinssatz für die Inanspruchnahme eines Lombardkredites beträgt 5,8%.

Es sind der Beleihungswert (maximale Kreditvolumen) und die Kreditkosten zu ermitteln, wenn 80% des Beleihungswertes für 9 Monate in Anspruch genommen werden.

Wertpapier / Waren	Kurswert / Marktwert	Beleihungsgrenze	Beleihungswert
Bundesanleihe	300.000	80%	240.000
Aktien	200.000	60%	120.000
Waren	500.000	50%	250.000
Optionsscheine	50.000	0%	0
Gesamt	1.000.000		610.000

Durch die Beleihung der Wertpapiere und Waren verschafft sich das Unternehmen eine zusätzliche Liquidität in Höhe von 610.000 Euro. Optionsscheine können nicht beliehen werden. Die Kreditkosten belaufen sich für die Inanspruchnahme von 80% des Beleihungswertes für den Zeitraum von 9 Monaten auf

$$\frac{610.000 \cdot 0{,}8 \cdot 0{,}058 \cdot 9}{12} = 21.228 \,.$$

Excel-Umsetzung

Die Excel-Umsetzung bedarf keiner weiteren Erläuterung. In der nachfolgenden Tabelle sind einzelne Berechnungen aufgeführt.

Position	Inhalt	Excel-Umsetzung
E23	Beleihungswert	=C23*D23
E27	Summe der Beleihungswerte	=SUMME(E23:E26)
C29	Zinskosten	=E27*D16*D17*D18/12

C29 =E27*D16*D17*D18

	A	B	C	D	E
3					
4		**Lombardkredit (Beispiel 2.6)**			
5					
6		Bundesanleihen		300.000	
7		Aktien (AAA)		200.000	
8		Waren		500.000	
9		Optionsscheine		50.000	
10					
11		*Beleihungsgrenzen:*			
12		Bundesanleihen		80%	
13		Aktien (AAA)		60%	
14		Waren		50%	
15		Optionsscheine		0%	
16		Kredit in % des Beleihungswertes		80%	
17		Zinssatz p.a.		5,80%	
18		Laufzeit (in Jahren)		0,75	
19					
20		*Berechnung des Beleihungswertes und der Zinskosten*			
21					
22		Wertpapier /Waren	Kurs- /Marktwert	Beleihungsgrenze	Beleihungswert
23		Bundesanleihen	300.000	80%	240.000
24		Aktien	200.000	60%	120.000
25		Waren	500.000	50%	250.000
26		Optionsscheine	50.000	0%	0
27		Gesamt			610.000
28					
29		Zinskosten	21.228		
30					

Bild 2.8 Lombardkredit (Beispiel 2.6)

2.5 Ratenkredit

Ratenkredite werden privaten Haushalten in der Regel zur Anschaffung langlebiger Gebrauchsgüter (Auto, Ausbildungsmaßnahmen, Reisen etc.) von Kreditinstituten und Kreditvermittlern zur Verfügung gestellt. Andere Bezeichnungen für Ratenkredit sind Konsumentenkredit, Anschaffungsdarlehen und Privatdarlehen.

Die *Laufzeit* liegt gewöhnlich zwischen drei und sechs Jahren. Der *Kreditbetrag* schwankt zwischen einigen tausend und einigen zehntausend, liegt aber in der Regel unter 50.000 Euro. Die *Tilgung* erfolgt meist in gleichbleibenden Monatsraten. Zum anfänglichen Schuldbetrag kommt häufig eine Bearbeitungsgebühr von ca. 2% des Nennwertes hinzu.

Die *Zinsen* werden oft als Monatsprozentsatz ausgedrückt und unabhängig von der erbrachten Tilgungsleistung auf die ursprüngliche Kreditsumme berechnet. Diese traditionelle Gestaltung hat zur Folge, dass der daraus resultierende effektive Jahreszinssatz im Gegensatz zum nominellen Jahreszinssatz entsprechend hoch ausfällt und vom Kreditnehmer häufig unterschätzt wird. Dies ergibt sich aus folgenden Tatsachen:

(1) Die Angabe des Monatszinssatzes wirkt optisch niedriger als die Angabe des zwölfmal so großen Jahreszinssatzes.
(2) Die Zinsen werden immer auf die Anfangsschuld berechnet, obwohl die verbleibende Restschuld aufgrund der Tilgung ständig abnimmt.
(3) Die Zinszahlungen sind monatlich fällig und nicht erst am Jahresende.
(4) Die ausgewiesene Bearbeitungsgebühr erhöht den effektiven Jahreszinssatz.

Das folgende Beispiel soll diesen Sachverhalt verdeutlichen.

Eine Konsumentenbank vergibt einen Kredit in Höhe von 30.000 Euro zu folgenden Konditionen:

Laufzeit	3 Jahre, d.h. 36 Monate
Tilgung	36 nachschüssige Monatsraten
Zinssatz	0.5% pro Monat der ursprünglichen Kreditsumme
Bearbeitungsgebühr	2% der Kreditsumme

Der vom Schuldner zu leistende Kapitaldienst berechnet sich wie folgt:

Kreditbetrag	30.000 Euro
Zinsen (0.5% von 30.000 x 36)	5.400 Euro
Bearbeitungsgebühr	600 Euro
Gesamtbetrag	36.000 Euro

Der monatliche Kapitaldienst beträgt dann:

$$\text{Monatszahlung} = \frac{36.000}{36} = 1.000 \text{ Euro}$$

Die moderne Variante der Abrechnung von Ratenkrediten vermeidet diese Nachteile und gestaltet Ratenkredite als Annuitätendarlehen, wie es bei Hypotheken- und Grundschulddarlehen üblich ist.

Sparkassen, Genossenschaftsbanken und zahlreiche private Kreditbanken bieten seit etlichen Jahren standardmäßig Ratenkredite an. Zudem gibt es Kreditbanken, wie beispielsweise Banktöchter von Automobilherstellern, deren Geschäftsfeld in der Vergabe von Konsumentenkrediten an Privatleute ist. Viele dieser spezialisierten Institute sind zwischenzeitlich dazu übergegangen, einerseits ihr Aktivgeschäft über die Vergabe von Ratenkrediten über private Haushalte hinaus auch Unternehmen anzubieten und andererseits zur Refinanzierung auch Spar-. Termin- und Sichteinlagen entgegenzunehmen.

Zur Besicherung von Ratenkrediten werden die Sicherungsübereignung (insbesondere bei Krediten zur Anschaffung langlebiger Gebrauchsgüter wie z.B. Autos), die sicherungsweise Abtretung von Lohn- oder Gehaltsansprüchen sowie die Mitverpflichtung anderer Personen, insbesondere Ehegatten, herangezogen. Oft erfolgt die Verknüpfung eines Ratenkredits mit einer Restschuldversicherung. In diesem Falle wird bei Eintritt des Schadensfalls, z.B. bei Erwerbslosigkeit oder im Todesfall, die vereinbarte Versicherungsleistung vom Versicherungsunternehmen an den Begünstigten (Kreditinstitut) ausgezahlt.

Beispiel 2.7

Der Kaufpreis eines Autos beträgt 24.000 Euro. Als Anzahlung sind 10% des Kaufpreises zu begleichen. Für die Restkaufsumme (nicht Restschuld!) werden monatlich 0,5% Zinsen vereinbart, zudem wird eine Bearbeitungsgebühr von 2% der Kreditsumme fällig, die dem Kreditbetrag zugeschlagen wird. Tilgung und Zinszahlung sollen in 40 gleichen Monatsraten jeweils am Ende eines jeden Monats erfolgen.

Es sind ein Tilgungsplan zu erstellen und der effektive Jahreszinssatz zu berechnen.

Kreditbetrag 24.000 abzüglich 10% Anzahlung	21.600 Euro
Bearbeitungsgebühr 2% von 21.600	432 Euro
Zinsen für 40 Monate (0,5% von 21.600) x 40	4.320 Euro
Gesamt	26.352 Euro

Die pro Monat zu leistende Zahlung beträgt demnach:

$$\text{Monatszahlung} = \frac{26.352}{40} = 658{,}80 \text{ Euro}$$

Der Tilgungsplan ist in Bild 2.9 dargestellt.

Monat	Schuldbetrag Monatsanfang	Zinsen	Tilgung	Gesamtzahlung pro Monat
1	22.032,00	108,00	550,80	658,80
2	21.481,20	108,00	550,80	658,80
...	...	...	...	...
40	550,80	108,00	550,80	658,80
Summe		4.320	22.032,00	26.352,00

Bild 2.9 Tilgungsplan eines Ratenkredits (Beispiel 2.7)

Die Zinsen berechnen sich aus dem Kreditbetrag von 21.600 Euro. Da die Bearbeitungsgebühr dem Kreditbetrag zugeschlagen wird, ergibt sich eine Anfangsschuld von 22.032 Euro, die in 40 gleichen Monatsraten getilgt wird. Der hohe Effektivzinssatz ergibt sich aus der Tatsache, dass die Zinsbelastung in Bezug auf die noch verbleibende Restschuld ständig zunimmt. Im ersten Monat werden 108 Euro Zinsen auf den Kreditbetrag von 21.600 Euro bezahlt, das sind 0,5% Monatszinsen; im vierzigsten Monat werden 108 Euro an Zinsen für eine Restschuld von 550,80 Euro bezahlt, das sind 21,6% Monatszinsen. Zum (einfachen) effektiven Jahreszinssatz gelangt man, indem man vom Mittelwert der Restschuld, also von

$$\frac{22.032 + 550{,}80}{2} = 11.291{,}40$$

ausgeht, die Kosten (Zinsen und Bearbeitungsgebühr) auf den Mittelwert bezieht und das Ergebnis auf ein Jahr hochrechnet. Damit erhält man den effektiven Jahreszinssatz zu

$$i_e = \frac{4.320 + 432}{11.291{,}40} \cdot \frac{12}{40} = 0{,}1263 \text{ oder } 12{,}63\%$$

Die exakte Berechnung des effektiven Jahreszinssatzes wird in der Excel-Umsetzung gezeigt.

Excel-Umsetzung

Nach Eingabe der Input-Daten (Zeile 6 bis 11) und den Zwischenrechnungen (Zeile 13 bis 17) wird der eigentliche Tilgungsplan (Bereich B27:H68) aufgestellt.

Zunächst wird in Zeile 27, Zelle G27, der anfängliche Schuldbetrag 22.032 Euro und in Zelle H27 der zur Auszahlung kommende (Netto-) Kreditbetrag in Höhe von 21.600 Euro eingetragen. Der Zahlungsstrom dient der Berechnung des effektiven Jahreszinssatzes.

In Spalte B soll die Nummer für den laufenden Monat erscheinen. In Zeile 28 wird deshalb durch Eingabe der Funktion =WENN($E$8<B27+1;"SUMME";B27+1 in Zelle B28 nach dem Laufzeitende gefragt; ist $t > n$, soll der Text „Summe“ eingetragen werden. Ist der Wert der vorangehenden Zelle kleiner als die Gesamtlaufzeit, soll eine 1 hinzugefügt werden.

Der Schuldbetrag am Monatsanfang (C28) entspricht dem Schuldbetrag am Monatsende des vorhergehenden Monats (G27); auf diesen Betrag werden in jedem der folgenden Monate die Zinsen (D28) berechnet. Den Tilgungsbetrag (E28) erhält man, indem der Schuldbetrag (Kreditbetrag und Bearbeitungsgebühr) durch die Laufzeit dividiert wird. Zins- und Tilgungsbetrag ergeben die monatliche Zahlung (F28). Zieht man vom Schuldbetrag am Monatsanfang die Tilgung ab, erhält man die Restschuld zum Monatsende (G28). In der Zahlungsreihe ist schließlich noch die Zahlung in Höhe der monatlichen Belastung mit negativem Vorzeichen zu berücksichtigen, da diese einen Cash-Outflow darstellt.

In Zeile 29 werden die Berechnungen zusätzlich um Abbruchbedingungen ergänzt, da die Werte in den Zellen B28:H67 nur dann ausgegeben werden sollen, wenn der Wert innerhalb der Laufzeit liegt, d.h., wenn in der Spalte B die Nummer für den laufenden Monat erscheint. Nach Eingabe aller Formeln in Zeile 29 wird diese nach unten kopiert und man erhält den in Abb. 2.10 dargestellten Tilgungsplan (die Zeilen 31 bis 64 sind ausgeblendet).

Die Berechnung einzelner Positionen ist in der folgenden Tabelle aufgezeigt.

Position	Inhalt	Excel-Umsetzung
H27	Kreditbetrag	=E13
B28	Laufzeit mit „Summe“	=WENN($E$8<B27+1;"SUMME";B27+1)
C28	Schuldbetrag Monatsanfang	=G27
D28	Berechnung der Zinsen	=WENN(B28>$E$8;"";$E$13*$E$11)
E28	Berechnung der Tilgung	=WENN(B28>$E$8;"";($E$13+$E$14)/$E$8)

F28	monatliche Zahlung	=WENN(B28>$E$8;"";D28+E28)
G28	Schuldbetrag Monatsende	=WENN(ODER(B28="SUMME";B28>$E$8);""; C28-E28)
H28	Zahlungsstrom	=WENN(ODER(B28="SUMME";B28>$E$8);"";-F28)
B29	Laufzeit mit Abbruchbedingungen	=WENN(ODER(B28="SUMME";B28="");""; WENN($E$8<B28+1;"SUMME";B28+1))
C29	Schuldbetrag	=WENN(ODER(B29="SUMME";B29="");"";G28)
D29	Berechnung der Zinsen	=WENN(B29="SUMME";SUMME($D$28:D28); WENN(B29>$E$8;"";$E$13*$E$11))
E29	Berechnung der Tilgung	=WENN(B29="SUMME";SUMME($E$28:E28); WENN(B29>$E$8;"";($E$13+$E$14)/$E$8))
F29	monatliche Zahlung	=WENN(B29="SUMME";SUMME($F$28:F28); WENN(B29>$E$8;"";D29+E29))
G29	Schuldbetrag Monatsende	=WENN(ODER(B29="SUMME";B29>$E$8);""; C29-E29)
H29	Zahlungsstrom	=WENN(ODER(B29="SUMME";B29>$E$8);"";-F29)

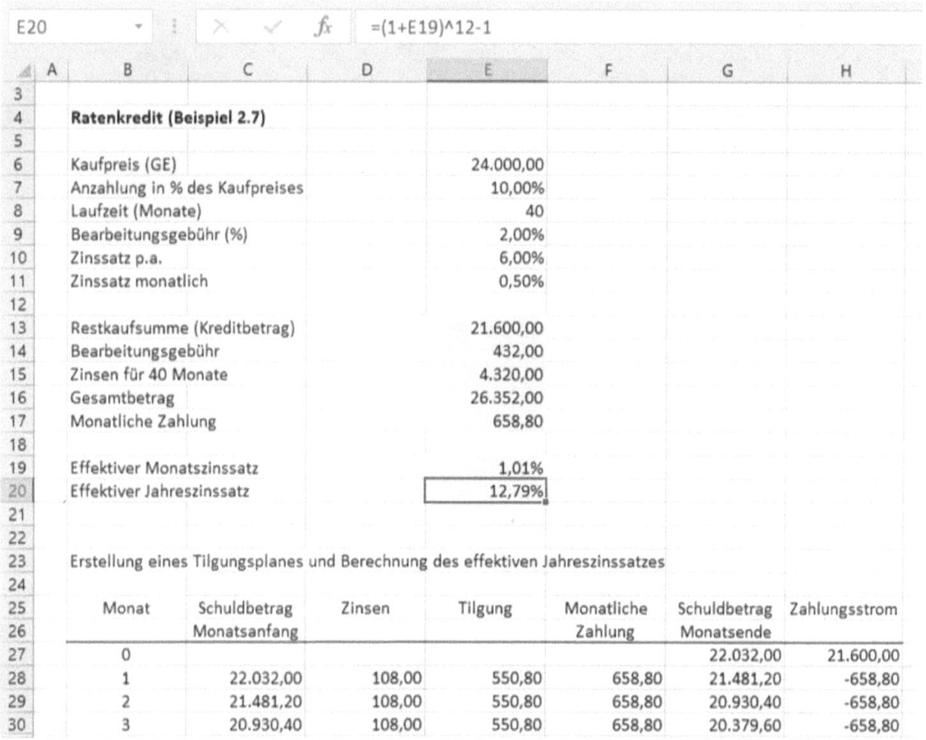
E20 =(1+E19)^12-1

Ratenkredit (Beispiel 2.7)

Kaufpreis (GE)	24.000,00
Anzahlung in % des Kaufpreises	10,00%
Laufzeit (Monate)	40
Bearbeitungsgebühr (%)	2,00%
Zinssatz p.a.	6,00%
Zinssatz monatlich	0,50%
Restkaufsumme (Kreditbetrag)	21.600,00
Bearbeitungsgebühr	432,00
Zinsen für 40 Monate	4.320,00
Gesamtbetrag	26.352,00
Monatliche Zahlung	658,80
Effektiver Monatszinssatz	1,01%
Effektiver Jahreszinssatz	12,79%

Erstellung eines Tilgungsplanes und Berechnung des effektiven Jahreszinssatzes

Monat	Schuldbetrag Monatsanfang	Zinsen	Tilgung	Monatliche Zahlung	Schuldbetrag Monatsende	Zahlungsstrom
0					22.032,00	21.600,00
1	22.032,00	108,00	550,80	658,80	21.481,20	-658,80
2	21.481,20	108,00	550,80	658,80	20.930,40	-658,80
3	20.930,40	108,00	550,80	658,80	20.379,60	-658,80

65	38	1.652,40	108,00	550,80	658,80	1.101,60	-658,80
66	39	1.101,60	108,00	550,80	658,80	550,80	-658,80
67	40	550,80	108,00	550,80	658,80	0,00	-658,80
68	SUMME		4.320,00	22.032,00	26.352,00		
69							

Bild 2.10 Tilgungsplan eines Ratenkredits (Beispiel 2.7)

2.6 Hersteller- und Händlerkredit

Händlerkredite bzw. Herstellerkredite sind klassische Ratenkredite, bei denen einzig der Kaufpreis erworbener Waren finanziert wird. Bei dieser sogenannten Händlerfinanzierung, die aus dem Bereich des PKW-Absatzes bekannt ist und mittelweile auch beim Möbelhändler, Elektronikhändler und im Modehaus genutzt werden kann, handelt es sich um Kredite, die mit sehr niedrigen effektiven Jahreszinssätzen bis hin zur 0% Finanzierung beworben werden und die vor allem der Absatzförderung dienen sollen.

Meist handelt es sich bei dem günstigen Finanzierungsangebot nur um eine andere Form des Preisnachlasses, den ein Käufer, der die Ware sofort bezahlt, in Form eines Barzahlungsrabattes bekommt. Der Nachteil der geringen Zinsen manifestiert sich in der Tatsache, dass der Käufer kaum mehr Verhandlungsspielraum beim Listenpreis hat, denn zusätzliche Preisnachlässe würden die Gewinnmarge des Herstellers bzw. Händlers noch weiter verringern. Das folgende Beispiel soll das Dilemma, in dem sich der Kunde befindet, verdeutlichen.

Beispiel 2.8

Ein Landwirt beabsichtigt den Kauf eines Traktors, der zu 80.000 Euro angeboten wird. Der Kaufpreis könnte über einen Händlerkredit mit einem effektiven Zinssatz von 3% finanziert werden. Der Kredit hat eine Laufzeit von 3 Jahren, wobei Zins und Tilgung in 36 gleichgroßen Monatsraten zu je 2.325,07 Euro zu bezahlen sind.

Da der Landwirt genügend Eigenmittel hat, möchte er auf eine Kreditfinanzierung verzichten und den Traktor bar bezahlen. Das Marktzinsniveau für Bankkredite beträgt zum Kaufzeitpunkt bei 3-jähriger Zinsfestschreibung 6%. Zu diesem Zinssatz kalkuliert auch der Traktorverkäufer.

Zunächst soll geprüft werden, ob sich bei der Kreditsumme von 80.000 Euro und den vom Händler angegebenen Monatsraten von 2.325,07 Euro ein effektiver Jahreszinssatz von 3% ergibt. Dann möchte der Landwirt wissen, welchen Rabatt er auf den Preis von 80.000 Euro erhalten muss, damit er für die Nichtinanspruchnahme des zinsgünstigen Händlerkredites angemessen entschädigt wird.

Da die Kapitaldienstraten monatlich fällig und betragsmäßig gleich groß sind, handelt es sich um ein Annuitätendarlehen (vgl. Kap. 3.2). Es muss daher geprüft werden, ob der dem effektiven Jahreszinssatz von 3% entsprechende effektive Monatszinssatz bei einer Laufzeit von 36 Monaten dem angegebenen Kapitaldienst von 2.325,07 Euro entspricht.

Der effektive Monatszinssatz berechnet sich aus:

$$i_e = (1{,}03)^{\frac{1}{12}} - 1 = 0{,}002466 \text{ oder } 0{,}2466\%$$

Die monatliche Annuität erhält man durch Multiplikation des Kreditbetrages mit dem Annuitätenfaktor:

$$A = 80.000\left[\frac{(1{,}002466)^{36}\,0{,}002466}{(1{,}002466)^{36}-1}\right] = 2.325{,}07$$

Der vom Händler angegebene effektive Jahispielreszinssatz ist demnach korrekt.

Bei der Berechnung des Rabattes kann man von folgender Überlegung ausgehen: Wenn der Händler den am Markt gültigen Kalkulationszinssatz von 6% unterstellt, dann repräsentiert der Barwert der 36 Monatsraten von 2.325,07 Euro den aus seiner Sicht ökonomisch gleichwertigen Barzahlungspreis. Die Differenz zwischen dem Barzahlungs- und dem Finanzierungspreis ergibt dann den vom Landwirt zu erzielenden Barzahlungsrabatt auf den Finanzierungspreis von 80.000 Euro.

Zunächst wird der Monatszinssatz ermittelt, der einem (effektiven) Jahreszinssatz von 6% entspricht.

$$i = (1{,}06)^{\frac{1}{12}} - 1 = 0{,}004868$$

Dann wird der (Renten-)Barwert der 36 Monatsraten von 2.325,07 Euro bestimmt.

$$R_0 = 2.325{,}07\left[\frac{(1{,}004868)^{36}-1}{0{,}004868(1{,}004868)^{36}}\right] = 76.608{,}63$$

Der zu erwartende Rabatt bei Barzahlung berechnet sich dann aus folgender Äquivalenzgleichung:

$$80.000 - \mathit{Rabatt} = 2.325{,}07\left[\frac{(1{,}004868)^{36}-1}{0{,}004868(1{,}004868)^{36}}\right] = 76.608{,}63$$

Daraus ergibt sich ein Rabatt von 80.000 − 76. 608,63 = 3.391,37 Euro.

Der Landwirt könnte unter den angegebenen Bedingungen bei Verzicht auf das angebotene Händlerdarlehen mit einem Rabatt von 3.391,37 Euro rechnen.

Excel-Umsetzung

Zur Ermittlung des effektiven Jahreszinssatzes werden zunächst die monatliche Rate mit der Excel-Funktion RMZ() bestimmt und die Zahlungsreihe für 36 Monate aufgestellt. Aus dieser wird mit Hilfe der Excel-Funktion IKV() der effektive Monatszinssatz bestimmt, der dann in bekannter Weise auf ein Jahr hochgerechnet wird (vgl. Bild 2.11; die Zeilen 20 bis 47 sind ausgeblendet).

Der mögliche Rabatt, den der Käufer des Traktors bei Nichtinanspruchnahme des zinsgünstigen Händlerdarlehens beanspruchen könnte, berechnet sich aus der Differenz zwischen dem Kaufpreis (H6) und dem Barwert der zukünftigen Cashflows (G16), der mit der Funktion NPV() bestimmt wird.

Die Berechnung der relevanten Positionen ist in nachfolgender Tabelle aufgeführt.

Position	Inhalt	Excel-Umsetzung
D10	monatlicher Zinssatz	=(1+D8)^(1/12)-1
D11	monatliche Rate	=RMZ(D10;D7;-D6;;0)

D12	monatlicher Effektivzinssatz	=IKV(C16:C52)
D13	effektiver Jahreszinssatz	=(1+D12)^12-1
G16	Barwert des Zahlungsstroms	=NBW(H11;G17:G52)

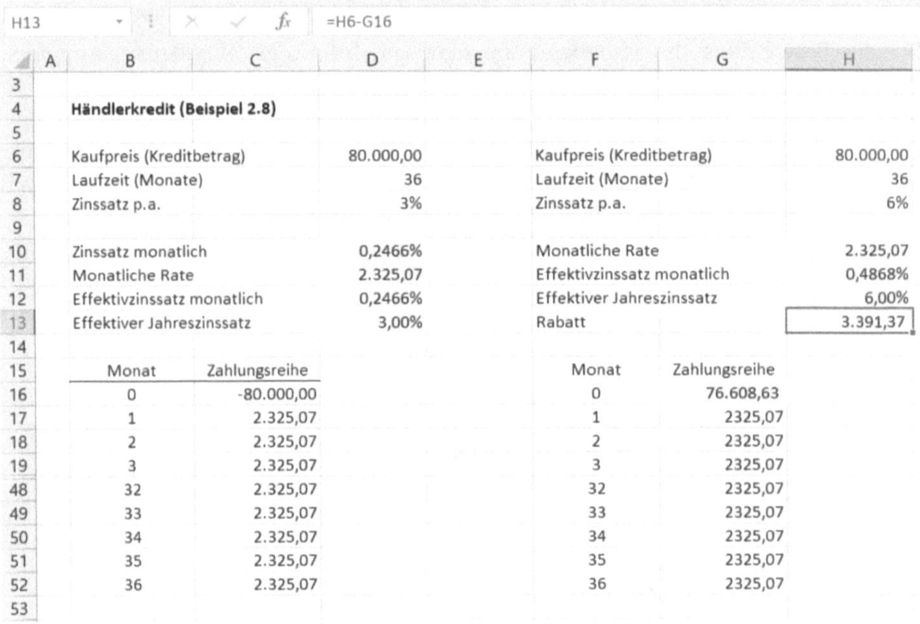

H13 =H6-G16

	A	B	C	D	E	F	G	H
3								
4		**Händlerkredit (Beispiel 2.8)**						
5								
6		Kaufpreis (Kreditbetrag)		80.000,00		Kaufpreis (Kreditbetrag)		80.000,00
7		Laufzeit (Monate)		36		Laufzeit (Monate)		36
8		Zinssatz p.a.		3%		Zinssatz p.a.		6%
9								
10		Zinssatz monatlich		0,2466%		Monatliche Rate		2.325,07
11		Monatliche Rate		2.325,07		Effektivzinssatz monatlich		0,4868%
12		Effektivzinssatz monatlich		0,2466%		Effektiver Jahreszinssatz		6,00%
13		Effektiver Jahreszinssatz		3,00%		Rabatt		3.391,37
14								
15		Monat	Zahlungsreihe			Monat	Zahlungsreihe	
16		0	-80.000,00			0	76.608,63	
17		1	2.325,07			1	2325,07	
18		2	2.325,07			2	2325,07	
19		3	2.325,07			3	2325,07	
48		32	2.325,07			32	2325,07	
49		33	2.325,07			33	2325,07	
50		34	2.325,07			34	2325,07	
51		35	2.325,07			35	2325,07	
52		36	2.325,07			36	2325,07	
53								

Bild 2.11 Händlerdarlehen (Beispiel 2.8)

2.7 Kundenkredit

Der Kundenkredit, auch Abnehmerkredit, Vorauszahlungskredit oder Kundenanzahlung genannt, ist wie der Lieferantenkredit ein Handelskredit und beinhaltet eine vertragliche Vereinbarung zwischen einem Kunden und einem Lieferanten, wobei der Kunde Kreditgeber und der Lieferant Kreditnehmer ist. Anzahlungen von Kunden sind insbesondere dann üblich, wenn zwischen Planung und Fertigstellung eines Wirtschaftsgutes erhebliche Zeit liegt und ein hoher Kapitaleinsatz erforderlich ist (z.B. im Großanlagenbau, Maschinenbau, Schiffsbau und Wohnungsbau).

Die Bereitstellung von Kundenkrediten erhöht die Liquidität des Lieferanten und gewährt eine gewisse Sicherheit dafür, dass der Kunde auch weiterhin an der Erstellung des in Auftrag gegebenen Wirtschaftsgutes interessiert ist und nach Fertigstellung abnimmt.

Die Höhe des Kundenkredites und die Zeitpunkte der Zahlungen sind unterschiedlich geregelt und hängen von der Marktstellung des Lieferanten und seiner Auftragslage ab. Auch wenn beim Kundenkredit üblicherweise keine Zinsen berechnet werden, finden diese eine kalkulatorische Berücksichtigung. Der Rechnungspreis des Lieferanten wird demnach umso höher sein, je später die Zahlungen von Seiten des Kunden erfolgen. Wird das Wirtschaftsgut erst nach der Fertigstellung bezahlt, dürfte der in Rechnung gestellte Preis am höchsten sein.

Beispiel 2.9

Ein Kunde beauftragt eine Firma mit der Herstellung einer Spezialmaschine, die innerhalb von vier Jahren erstellt werden soll. Der Preis der Maschine betrage nach Fertigstellung am Ende des vierten Jahres 1.2000.000 Euro. Zwischen Kunde und Lieferanten wird folgende Vereinbarung getroffen: Zu zahlen in vier gleichen Raten, fällig jeweils am Jahresende. Der Kalkulationszinssatz beträgt 10%.

Zur Bestimmung des Rechnungsbetrages wird zunächst die jährliche Rate A berechnet. Vergleicht man die Barwerte beider Zahlungsvarianten (Äquivalenzprinzip), erhält man aus der Gleichung

$$\frac{1.200.000}{(1,1)^4} = A\left[\frac{(1,1)^4 - 1}{0,1(1,1)^4}\right]$$

die Höhe der zu zahlenden Raten durch Multiplikation des später fälligen Betrages mit dem Restwertverteilungsfaktor:

$$A = 1.200.000\left[\frac{0,1}{(1,1)^4 - 1}\right] = 258.564,96$$

Der gesamte Rechnungsbetrag vermindert sich damit von 1.200.000 Euro auf 258.564,96 · 4 = 1.034.259,86 Euro, eine Ersparnis von 165.740,14 Euro.

Excel-Umsetzung

Nach Eintragung der Input-Werte wird zur Bestimmung des Rechnungsbetrages zunächst die jährliche Rate berechnet. Diese erhält man durch Multiplikation des am Ende des vierten Jahres fälligen Kaufpreises mit dem Restwertverteilungsfaktor. Die Summe dieser Raten ergibt den Rechnungsbetrag, in dem die Zinsen kalkulatorisch berücksichtigt werden.

Position	Inhalt	Excel-Umsetzung
E10	jährliche Rate	=$E$6*$E$8/((1+$E$8)^$E$7-1)
C19	Summe der Raten (Rechnungsbetrag)	=WENN(B19="SUMME";SUMME($C$15:C18); WENN(B19>$E$7;"";$E$10))
E12	Ersparnis	=E6-E11

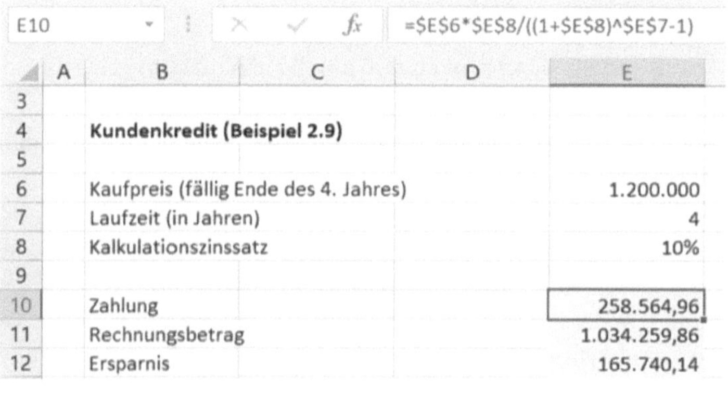

13		
14	Jahr	Zahlungen
15	1	258.564,96
16	2	258.564,96
17	3	258.564,96
18	4	258.564,96
19	SUMME	1.034.259,86
20		

Bild 2.12 Kundenkredit (Beispiel 2.9)

2.8 Leasing

2.8.1 Grundlagen

Leasing bedeutet ins Deutsche übersetzt so viel wie mieten oder pachten und stellt eine Sonderform der Fremdfinanzierung dar, weil sie ohne den Einsatz von Kredit- und Eigenmitteln Investitions- und Kapazitätserweiterungen im Betrieb ermöglicht.

Im Rahmen von Leasingverträgen verpflichtet sich der Eigentümer des Wirtschaftsgutes, der sog. Leasinggeber, diesen Gegenstand dem Leasingnehmer gegen Zahlung eines in regelmäßigen Abständen zu erbringenden Entgelts, der sog. Leasingraten, für eine bestimmte Zeitdauer zur Nutzung oder zum Gebrauch zu überlassen. Als Leasinggeber treten Hersteller von Produkten, aber auch herstellerunabhängige Leasinggesellschaften auf.

Leasingverträge existieren in unterschiedlichster Ausgestaltung. Diskriminiert man die verschiedenen Formen nach dem Verpflichtungscharakter des Leasingvertrages, dann lassen sich zwei grundsätzlich zu unterscheidende Leasingformen gegeneinander abgrenzen.

Beim *Operate-Leasing* handelt es sich um die Vermietung fungibler Güter, für die in der Regel kurzlaufende (bis zu einem Jahr), für den Leasinggeber und -nehmer beidseitig kündbare Verträge abgeschlossen werden. Der Leasinggeber wird das Gut mehrmals vermieten müssen, da ein einziger Leasingvertrag die Kosten der Anschaffung oder Herstellung, der Finanzierung und Verwaltung nicht amortisieren wird.

Das Objektrisiko, d.h. die Gefahr des zufälligen Untergangs, des Diebstahls, der Überalterung etc. trägt wie bei herkömmlichen Mietverträgen der Leasinggeber. Deshalb wird dem Leasingnehmer die Gebrauchsüberlassung oft nur in Verbindung mit einem Vertrag über Service- und Wartungsleistungen angeboten.

Die weiteren Ausführungen beschränken sich auf das Finanzierungsleasing, da es der Alternative „Kreditkauf" am nächsten kommt.

Beim *Finanzierungsleasing* erwirbt der Leasingnehmer nicht das Eigentum am Leasinggegenstand, sondern für eine längere Zeitspanne ein Nutzungsrecht. Dieser Zeitraum wird als Grundmietzeit bezeichnet und beträgt in der Regel 60 bis 80% der betriebsgewöhnlichen Nutzungsdauer, die den AfA-Tabellen der Finanzverwaltung zu entnehmen ist. Der Leasingnehmer kann während der Grundmietzeit nicht kündigen.

Die Verträge (unbeschadet der Unterscheidung in Vollamortisations- oder Teilamortisationsverträge) sind typischerweise so ausgestaltet, dass die Anschaffungs- bzw.

Herstellungskosten, die Finanzierungskosten und die Verwaltungskosten des Leasinggebers durch eine etwaige Sonderzahlung zu Vertragsbeginn, die laufenden Leasingraten und eine etwaige Abschlusszahlung zum Vertragsende (Restwert) voll amortisiert sind.

Trägt der Leasingnehmer während der Grundmietzeit das volle Investitionsrisiko, d.h., trägt er die Reparatur- und Instandhaltungskosten, das Risiko der Verschlechterung und des zufälligen Untergangs des Leasingobjektes, dann ist er auch im wirtschaftlichen Sinn Eigentümer des Objektes. Dennoch werden die Verträge aus steuerlichen Gründen so gestaltet, dass der Leasinggegenstand nicht beim Leasingnehmer, sondern beim Leasinggeber bilanziert wird. Damit stehen diesem die Abschreibungen und die durch die Anschaffung des Leasingobjektes anfallenden Zinskosten für Fremdmittel als steuerlicher Aufwand zu. Demgegenüber kann der Leasingnehmer die zu zahlenden Raten steuerlich als Aufwand geltend machen.

Zur quantitativen Analyse von Leasingverträgen, von denen eine Vielzahl von Varianten angeboten wird, muss der Zahlungsstrom eingeschätzt werden, der sich aus dem Leasingvertrag ergibt. Dazu muss festgestellt werden,

- wer zu welchen Anteilen die Anschaffungskosten des Leasingobjektes bezahlt,
- wie hoch die Leasingrate ist und in welchen Perioden sie bezahlt werden muss, und
- welche Ein- und Auszahlungen am Ende der Grundmietzeit mit der Verwertung des Leasingobjektes zu erwarten sind.

Sind diese Grundfragen geklärt, kann der Zahlungsstrom ermittelt werden, und mit Hilfe der Kapitalwertmethode oder der internen Zinssatzmethode ein Leasing mit einem Kreditkauf verglichen werden.

Manche Leasingverträge vereinbaren zu Beginn der Grundmietzeit eine einmalige *Sonderzahlung*, d.h. der Leasingnehmer finanziert die Anschaffung des Leasinggegenstandes anteilig mit. Während der Grundmietzeit sind dann vom Leasingnehmer die Leasingraten zu zahlen, wobei der Leasinggegenstand immer noch Eigentum des Leasinggebers ist. Am Ende der Grundmietzeit sehen viele Leasingverträge Rechte oder Pflichten am Restwert des Leasinggegenstandes vor, die wie folgt unterteilt werden können:

- Besteht keine Vereinbarung zum Restwert, dann geht der Leasinggegenstand an den Leasinggeber zurück und der Leasingnehmer hat keine Ansprüche am Restwert.
- Wird eine *Kaufoption* zugunsten des Leasingnehmers vereinbart, dann hat der Leasingnehmer das Recht, jedoch nicht die Verpflichtung, zu einem vertraglich festgelegten Preis den Leasinggegenstand vom Leasinggeber zu erwerben.
- Wird eine *Mietverlängerungsoption* zugunsten des Leasingnehmers getroffen, kann der Leasingnehmer das Leasingobjekt vom Leasinggeber für einen bestimmten Zeitraum nach der Grundmietzeit zu einer vertraglich festgelegten Rate weiterleasen.
- Wird ein *Restwert* festgelegt, dann hat der Leasingnehmer das Leasinggut zum vertraglich fixierten Restwert am Ende der Grundmietzeit zu übernehmen.
- Besteht ein *Andienungsrecht* zugunsten des Leasinggebers, dann hat der Leasinggeber das Recht, das Leasinggut dem Leasingnehmer am Ende der Grundmietzeit anzudienen. Übt der Leasinggeber sein Andienungsrecht aus, dann ist der Leasing-

nehmer verpflichtet, den bereits zu Vertragsbeginn fixierten Restwert zu zahlen und das Leasinggut zu kaufen. Der Leasinggeber wird immer dann von seinem Recht Gebrauch machen, wenn der Marktwert des Leasingobjektes unter den vertraglich festgelegten Andienungspreis liegt. Anderenfalls wird er es selbst am Markt zu einem höheren Preis verkaufen.

- Wird eine *Mehrerlösbeteiligung* zugunsten des Leasingnehmers vereinbart, dann wird im Vertrag ein Restwert festgelegt, den der Leasinggeber zur vollen Kostendeckung benötigt. Zudem wird vereinbart, dass der Leasingnehmer am Erlös, der über den vertraglich fixierten Restwert liegt (Mehrerlös), zu einem bestimmten Prozentsatz beteiligt wird.

Das folgende Beispiel soll die Wirkung einer Mehrerlösbeteiligung verdeutlichen. Folgende Ausgangsdaten sind gegeben:

Anschaffungskosten des Leasingobjektes	100.000 Euro
Festgelegter Restwert am Ender der Grundmietzeit	20.000 Euro
Mehrerlösbeteiligung zugunsten des Leasingnehmers (in %)	75%
Mehrerlösbeteiligung zugunsten des Leasinggebers (in %)	25%
Verkaufserlös des Leasinggutes am Ende der Grundmietzeit	32.000 Euro
Der Mehrerlös beträgt 32.000 – 20.000 =	12.000 Euro
Davon erhält der Leasingnehmer 12.000 · 0,75 =	9.000 Euro
Der Anteil des Leasinggebers beträgt 12.000 · 0,25 =	3.000 Euro

Zur *Refinanzierung* verwenden Leasinggesellschaften unter anderem Bankdarlehen, wobei die künftigen Leasingraten als Sicherheit dienen können. Eine andere Möglichkeit der Refinanzierung besteht im Verkauf der künftigen Leasingraten zu ihrem Barwert *(Forfaitierung von Leasingraten)*, dabei wird ein Diskontierungszinssatz verwendet, der wegen des von der forfaitierenden Bank übernommenen Debitorenrisikos über den Darlehenszinsen liegt. Möglich ist auch der Verkauf von großen Beständen an Leasingforderungen an eine Zweckgesellschaft, welche die erworbenen Forderungen in Form von *Asset Backed Securities (ABS)* über den Kapitalmarkt refinanziert.

2.8.2 Kalkulation und Berechnung der Leasingraten

Grundlage für die Berechnung der Leasingraten ist die Leasingraten-Bemessungsgrundlage, der folgendes Kalkulationsschema zugrunde liegt:

Anschaffungs-/Herstellungskosten
+ Anschaffungsnebenkosten
– abgezogene Rabatte/Skonti
= Anschaffungs-/Herstellungskosten netto
– erhaltene Sonderzahlungen zu Vertragsbeginn
+ Zinsaufwand für erhaltene Anzahlungen und Zwischenfinanzierungen
= Bemessungsgrundlage

Die Bemessungsgrundlage ist der Betrag an direkt dem Leasingobjekt zurechenbaren Kosten, der bei Verträgen mit Vollamortisation durch die Leasingraten in der Grundmietzeit amortisiert werden muss. Bei Teilamortisationsverträgen muss von der Bemessungsgrundlage noch der kalkulierte Barwert des Restwertes abgezogen werden.

Zur Bemessungsgrundlage wird die Leasinggesellschaft noch eine Marge zur Abdeckung der anfallenden Verwaltungs- und Betriebskosten sowie eine angemessene Gewinnmarge hinzurechnen (beides sind Kostenbestandteile, die allein die Leasinggesellschaft verursacht), die ebenfalls zu amortisieren sind. Im Ergebnis erhält man die *Leasingsumme*, auf deren Basis der Leasinggeber unter Zugrundelegung eines Kalkulationszinssatzes, der bei voller Refinanzierung mindestens dem Refinanzierungszinssatz entspricht, die Leasingrate ermitteln wird. Für den Leasingnehmer stellt die Leasingsumme die insgesamt eingegangene Verpflichtung dar, die durch die regelmäßige Zahlung der Leasingraten im Zeitablauf aufgelöst wird.

Bezeichnet man mit L die Leasingsumme, mit n die Leasingdauer (Grundmietzeit) und mit i den Kalkulationszinssatz, dann berechnen sich die nachschüssigen Leasingraten R zu

$$R = L\left[\frac{(1+i)^n i}{(1+i)^n - 1}\right]$$

und für die vorschüssigen Leasingraten R' erhält man

$$R' = L\left[\frac{(1+i)^n i}{(1+i)^n - 1}\right]\frac{1}{(1+i)} = L\left[\frac{(1+i)^{n-1} i}{(1+i)^n - 1}\right].$$

Die Leasingsumme wird hier mit dem vor- bzw. nachschüssigen Annuitätenfaktor (auch Kapitalwiedergewinnungsfaktor genannt) multipliziert, der einen heutigen Betrag unter Berücksichtigung des Zeitwertes des Geldes in uniforme und äquidistante Zahlungen umrechnet.

Die Leasingsumme kann in den Formeln je nach Gestaltung des Leasingvertrags verschiedene Werte annehmen. Einige davon sind im Folgenden aufgeführt, wobei hier auf die Einflussfaktoren abgestellt wird, die den größten Einfluss auf die Leasingrate haben.

Seien A die Netto-Anschaffungs- bzw. Herstellungskosten, G der stets einkalkulierte Gewinn, S die Sonderzahlung zu Vertragsbeginn, und RW der Restwert bzw. die Abschlusszahlung. Unterstellt man, dass keine Sonderzahlung zu Vertragsbeginn und kein Restwert am Ende der Grundmietzeit vereinbart sind, nimmt die Leasingsumme L den Wert

$$L = A + G$$

an und die nachschüssige Leasingrate R berechnet sich zu

$$R = (A + L)\left[\frac{(1+i)^n i}{(1+i)^n - 1}\right].$$

Wird zu Vertragsbeginn eine Sonderzahlung geleistet, aber kein Restwert berücksichtig, nimmt die Leasingsumme den Wert

$$L = A + G - S$$

an, und als Leasingrate erhält man

$$R=(A+G-S)\left[\frac{(1+i)^n i}{(1+i)^n-1}\right].$$

Sind eine Sonderzahlung und ein Restwert am Ende der Grundmietzeit zu berücksichtigen, beträgt die Leasingsumme

$$L=A+G-S-\frac{RW}{(1+i)^n}$$

und die Leasingrate berechnet sich zu

$$L=\left[A+G-S-\frac{RW}{(1+i)^n}\right]\left[\frac{(1+i)^n i}{(1+i)^n-1}\right].$$

Die Berechnung vorschüssiger Leasingraten erfolgt analog der aufgezeigten Vorgehensweise, es ist lediglich der nachschüssige Annuitätenfaktor durch den vorschüssigen Annuitätenfaktor zu ersetzen.

Ist eine Verlängerungsmiete M für den Zeitraum $n_2 - n_1$ zu berücksichtigen, wobei n_1 die Grundmietzeit und n_2 die Gesamtmietzeit darstellen, ergibt sich der Zeitwert der Mietzahlungen zum Zeitpunkt n_1 zu

$$M\left[\frac{(1+i)^{n_2-n_1}-1}{i(1+i)^{n_2-n_1}}\right]$$

und zum heutigen Zeitpunkt erhält man den Barwert

$$M\left[\frac{(1+i)^{n_2-n_1}-1}{i(1+i)^{n_2-n_1}}\right]\frac{1}{(1+i)^{n_1}}.$$

Für den Fall, dass die Verlängerungsmietzahlungen am Anfang des Jahres erfolgen, müssen die beiden letztgenannten Formeln noch um den Faktor $1 + i$ multipliziert werden.

Bei der Berechnung unterjährlicher Leasingraten sind der Zinssatz und die Laufzeit entsprechend anzupassen.

Beispiel 2.10

Für eine Maschine sind die folgenden Basisdaten (Geldbeträge in Euro) gegeben:

Anschaffungskosten	300.000
Anschaffungsnebenkosten	11.000
Erhaltene Rabatte	15.500
Erhaltene Sonderzahlungen zu Vertragsbeginn	50.000
Restwert (20% der Anschaffungskosten)	60.000
Gewinnspanne (8% der Anschaffungskosten)	24.000

Es soll die Leasingrate für die folgenden Fälle berechnet werden, wenn ein Kalkulationszinssatz von 9% zugrunde gelegt wird und die Raten am Monatsende gezahlt werden. Der Gewinn sei stets einkalkuliert.

a) Es soll die Leasingrate für eine Grundmietzeit von 48, 36 und 24 Monaten berechnet werden, wenn keine Sonderzahlung und kein Restwert berücksichtigt werden.
b) Es soll die Leasingrate für eine Grundmietzeit von 24 Monaten berechnet werden, wenn zu Vertragsbeginn eine Sonderzahlung von 50.000 Euro geleistet wird.
c) Es soll die Leasingrate für eine Grundmietzeit von 24 Monaten bestimmt werden, wenn am Vertragsende ein Restwert von 60.000 Euro zu berücksichtigen ist.
d) Es soll die Leasingrate für eine Grundmietzeit von 24 und 36 Monaten berechnet werden, wenn zu Vertragsbeginn eine Sonderzahlung von 50.000 Euro und am Vertragsende ein Restwert von 60.000 Euro zu berücksichtigen ist.

Die Ergebnisse sind in den beiden folgenden Tabellen zusammengefasst.

Exemplarisch soll die Leasingrate für eine Grundmietzeit von 24 Monaten berechnet werden, wenn zu Vertragsbeginn eine Sonderzahlung von 50.000 Euro und am Vertragsende ein Restwert von 60.000 Euro zu berücksichtigen sind (Fall d).

Die Leasingsumme beträgt

$$L = 300.000 + 11.000 - 15.500 + 24.000 - 50.000 - \frac{60.000}{(1{,}0075)^{24}} = 219.350{,}12$$

Damit erhält man als monatliche Leasingrate

$$L = 219.350{,}12\left[\frac{(1{,}0075)^{24}\,0{,}0075}{(1{,}0076)^{24} - 1}\right] = 10.020{,}95$$

Gewinn	Sonder-zahlung	Restwert	Grund-mietzeit	Leasing-summe	Leasing-rate
24.000	-	-	48	319.500	7.950,77
24.000	-	-	36	319.500	10.160,01
24.000	-	-	24	319.500	14.596,28
24.000	50.000	-	24	269.500	12.312,04
24.000	-	60.000	24	259.500	11.855,19
24.000	50.000	60.000	24	209.500	9.570,95
24.000	50.000	60.000	36	209.500	6.662,04

Bild 2.13 Nachschüssige Leasingraten bei verschiedenen Grundmietzeiten unter Berücksichtigung einer Sonderzahlung zu Vertragsbeginn und eines Restwertes

Gewinn	Sonder-zahlung	Restwert	Grund-mietzeit	Leasing-summe	Leasing-rate
24.000	-	-	48	319.500	7.891,58
24.000	-	-	36	319.500	10.084,38
24.000	-	-	24	319.500	14.487,62

24.000	50.000	-	24	269.000	12.220,39
24.000	-	60.000	24	259.500	11.766,94
24.000	50.000	60.000	24	209.500	9.499,71
24.000	50.000	60.000	36	209.500	6.612,45

Bild 2.14 Vorschüssige Leasingraten bei verschiedenen Grundmietzeiten unter Berücksichtigung einer Sonderzahlung zu Vertragsbeginn und eines Restwertes

Aus den Bildern 2.13 und 2.14 ist ersichtlich, dass die Leasingrate bei gegebener Leasingsumme umso niedriger ist, je länger die Laufzeit ist. Auch kann leicht nachgeprüft werden, dass die Leasingrate bei einer höheren Sonderzahlung zu Vertragsbeginn und/oder einem höheren Restwert geringer ausfällt.

Excel-Umsetzung

Nach Eingabe der Grunddaten kann die Leasingrate mit der Excel-Funktion RMZ(), die über die Tastenkombination Alt + m + i aufgerufen wird, direkt berechnet werden. Dabei ist zu beachten, dass im Funktionsassistenten der relative Zinssatz eingegeben und mittels $-Zeichen feste Zellbezüge hergestellt werden, das Funktionsargument Barwert mit negativem Vorzeichen versehen wird und das Funktionsargument Fälligkeit (F) entsprechend der Zahlungsweise (nach- oder vorschüssig) mit 0 bzw. 1 eingegeben wird. Anschließend kann die Zelle G20 nach unten kopiert werden.

Die Berechnung der vorschüssigen Leasingraten erfolgte durch Eingabe der Formel.

Die folgende Tabelle zeigt die Berechnung einzelner Positionen bei nachschüssiger Zahlungsweise.

Position	Inhalt	Excel-Umsetzung
G20	Leasingrate ohne Sonderzahlung und Restwert	=RMZ($E$14;E20;-F20;;0)
G23	Leasingrate bei Sonderzahlung zu Vertragsbeginn	=RMZ($E$14;E23;-F23;;0)
G24	Leasingrate bei Restwert	=RMZ($E$14;E24;-F24;;0)
G25	Leasingrate bei Sonderzahlung zu Vertragsbeginn und Restwert	=RMZ($E$14;E25;-F25;;0)

G23 =RMZ($E$14;E23;-F23;;0)

	A	B	C	D	E	F	G
3							
4		**Berechnung der Leasingraten (Beispiel 2.10)**					
5							
6		Anschaffungskosten			300.000		
7		Anschaffungsnebenkosten			11.000		
8		Erhaltene Rabatte			15.500		
9		Sonderzahlung Vertragsbeginn			50.000		
10		Restwert (20% der Anschaffungskosten)			60.000		
11		Gewinnspanne (8% der Annschaffungskosten)			24.000		
12		Laufzeitperioden pro Jahr			12		
13		Kalkulationszinssatz p.a.			9,00%		
14		Kalkulationszinsatz p.m.			0,75%		
15							
16							
17		*Nachschüssige Leasingraten*					
18							
19		Gewinn	Sonderzahlung	Restwert	Grundmietzeit	Leasingsumme	Leasingrate
20		24.000	-	-	48	319.500	7.950,77
21		24.000	-	-	36	319.500	10.160,01
22		24.000	-	-	24	319.500	14.596,28
23		24.000	50.000	-	24	269.500	12.312,04
24		24.000	-	60.000	24	259.500	11.855,19
25		24.000	50.000	60.000	24	209.500	9.570,95
26		24.000	50.000	60.000	36	209.500	6.662,04
27							

Bild 2.15 Berechnung von Leasingraten unter Berücksichtigung des Gewinns, einer Sonderzahlung und eines Restwertes bei nachschüssiger Zahlungsweise (Beispiel 2.10)

2.8.3 Berechnung des Effektivzinssatzes

Die aus einem Leasingvertrag resultierende Effektivverzinsung hängt im Wesentlichen von der Vertragsgestaltung ab. Vorauszahlungen, Kautionszahlungen, die Höhe des Restwertes am Ende der Grundmietzeit sowie die Zahlungsweise der Raten bestimmen unter anderem den Effektivzinssatz eines Leasingengagements. Das folgende Beispiel soll den Einfluss solcher Zahlungen auf den Effektivzinssatz demonstrieren.

Beispiel 2.11

Eine Firma benötigt eine Maschine, die wegen mangelnder Grundschuldabsicherung von der Hausbank mit einem Kredit zu einem Zinssatz von 13% finanziert werden könnte. Bestünde die Absicherung des Kredits über eine Grundschuld, könnte der Kredit nach Auskunft der Bank zu einem Zinssatz von 9% aufgenommen werden. Als der Geschäftsführer der Firma dem Maschinenhändler die Probleme mit der Kreditfinanzierung schildert, weist dieser auf die Möglichkeit des Leasings hin. Die mit ihm zusammenarbeitende Leasingfirma unterbreitet daraufhin folgendes Angebot:

Leasingobjekt	Maschine
Kaufpreis	120.000 Euro
Leasingdauer (Grundmietzeit)	36 Monate
monatliche Leasingrate (nachschüssig)	3.650 Euro
Leasingsonderzahlung zu Vertragsbeginn	12.000 Euro

Es wird folgende Restwertvereinbarung getroffen: Der Leasinggeber hat das Recht, die Maschine der Leasingnehmerin am Vertragsende zu einem Preis von 22.500 Euro (das sind 25% des Kaufpreises abzüglich der Leasingsonderzahlung) anzudienen. Macht der Leasinggeber von seinem Andienungsrecht Gebrauch, dann muss der Leasingnehmer die Maschine zu dem angegebenen Preis vom Leasinggeber kaufen. Der Leasinggeber wird natürlich nur dann von seinem Andienungsrecht Gebrauch machen, wenn der Marktwert der Maschine am Ende der Grundmietzeit nicht höher als der vertraglich festgesetzte Andienungspreis ist. Steuerliche Aspekte sind derzeit und in naher Zukunft für die anstehende Entscheidung nicht relevant, da die Firma noch mit steuerlichen Verlusten zu kämpfen hat.

a) Es soll der effektive Jahreszinssatz ohne Berücksichtigung eines Restwertes bestimmt werden.
b) Es soll der effektive Jahreszinssatz für den Fall berechnet werden, dass die Leasingnehmerin am Ende der Grundmietzeit die Maschine zum fixierten Restwert von 22.500 Euro übernimmt.
c) Es soll der effektive Jahreszinssatz ermittelt werden, wenn der Marktwert der Maschine am Ende der Grundmietzeit bei 30% bzw. 40% des Kaufpreises liegt.

Die Ergebnisse sind in Bild 2.16 zusammengefasst.

Kaufpreis	Sonder-zahlung	Restwert	Grund-mietzeit	Leasing-rate	effektiver Monats-zinssatz	effektiver Jahres-zinssatz
120.000	12.000	-	36	3.650	1,10%	14,04%
120.000	12.000	22.500	36	3.650	1,80%	23,82%
120.000	12.000	36.000	36	3.650	2,13%	28,76%
120.000	12.000	48.000	36	3.650	2,39%	32,75%

Bild 2.16 Ermittlung des effektiven Jahreszinssatzes unter Berücksichtigung einer Sonderzahlung und verschiedenen Restwerten (Beispiel 2.11)

Eine Sonderzahlung zu Vertragsbeginn hat einen höheren Effektivzinssatz zur Folge. Würden weder eine Sonderzahlung zu Vertragsbeginn geleistet noch ein Restwert in Ansatz gebracht, läge der effektive Jahreszinssatz bei 6,18%.

Im Ergebnis wird die Firma das Angebot der Bank annehmen, da der effektive Jahreszinssatz beim Leasing im günstigsten Fall bei 14,04%, wahrscheinlich aber zwischen 23 und 33% liegen wird.

Der im Gegensatz zum (abgesicherten) Bankdarlehen höhere effektive Zinssatz bei Leasing lässt sich damit begründen, dass beim Finanzierungsleasing immer ein Akteur mehr (Leasinggesellschaft) beteiligt ist als bei der Bankfinanzierung. Die Leasinggesellschaft muss ihre Kosten decken und trägt ein höheres Kreditrisiko. Sie wird deshalb in ihre Effektivverzinsung eine höhere Risikoprämie einfließen lassen, da sie als Sicherheit lediglich das Eigentum am Leasingobjekt hat.

Excel-Umsetzung

Zur Berechnung des effektiven Jahreszinssatzes wird zunächst aus dem Zahlungsstrom (vgl. Bild 2.17) mit Hilfe der Excel-Funktion IKV() der dazugehörige interne

Zinssatz berechnet. Dieser bezieht sich auf die Zeitperioden, in die der Zahlungsstrom eingeteilt ist. Da es sich hier um Monate handelt, muss dieser Monatszinssatz noch zum effektiven Jahreszinssatz hochgerechnet werden.

Die Berechnung einzelner Positionen ist in der nachfolgenden Tabelle aufgezeigt.

Position	Inhalt	Excel-Umsetzung
F26	Kaufpreis abzüglich Sonderzahlung	=F6-F9
F27	Leasingrate	=WENN(B27="";"";WENN(E26+1<$F$7;-$F$8;-($F$8+$F$10)))
F62	Leasingrate und Restwert	=WENN(B62="";"";WENN(E61+1<$F$7;-$F$8;-($F$8+$F$10)))
G16	effektiver Monatszinssatz	=IKV(C26:C62)
H16	effektiver Jahreszinssatz bei Sonderzahlung zu Vertragsbeginn	=(1+G16)^12-1
H17	effektiver Jahreszinssatz bei Sonderzahlung zu Vertragsbeginn und Restzahlung	=(1+G17)^12-1

In Bild 2.17 sind die effektiven Jahreszinssätze bei Berücksichtigung einer Leasingsonderzahlung zu Vertragsbeginn und verschiedener Restwertvereinbarungen am Ende der Grundmietzeit zusammengefasst.

G17 =IKV(F26:F62)

	A	B	C	D	E	F	G	H
3								
4		**Berechnung des effektiven Jahreszinssatzes (Beispiel 2.11)**						
5								
6		Kaufpreis				120.000		
7		Grundmietzeit (Monate)				36		
8		Leasingrate (monatlich, nachschüssig)				3.650		
9		Sonderzahlung zu Vertragsbeginn				12.000		
10		Restwert Vertragsende				22.500		
11		Marktwert Ende der Grundmietzeit (30% vom Kaufpreis)				36.000		
12		Marktwert Ende der Grundmietzeit (40% vom Kaufpreis)				48.000		
13								
14								
15		Kaufpreis	Sonder-zahlung	Restwert	Grund-mietzeit	Leasing-rate	Effektiver Montatszinssatz	Effektiver Jahreszinssatz
16		120.000	12.000	0	36	3.650	1,10%	14,04%
17		120.000	12.000	22.500	36	3.650	1,80%	23,82%
18		120.000	12.000	36.000	36	3.650	2,13%	28,76%
19		120.000	12.000	48.000	36	3.650	2,39%	32,75%
20								

Bild 2.17 Zusammenfassung effektiver Jahreszinssätze unter Berücksichtigung einer Sonderzahlung zu Vertragsbeginn und eines Restwertes (Beispiel 2.11)

In Bild 2.18 sind zwei Zahlungsströme dargestellt, aus denen der effektive Monatszinssatz und der effektive Jahreszinssatz berechnet werden. Die Zeilen 30 bis 59 sind ausgeblendet.

F27 =WENN(B27="";"";WENN(E26+1<$F$7;-$F$8;-($F$8+$F$10)))

	A	B	C	D	E	F
3						
4		**Berechnung des effektiven Jahreszinssatzes (Beispiel 2.11)**				
5						
6		Kaufpreis				120.000
7		Grundmietzeit (Monate)				36
8		Leasingrate (monatlich, nachschüssig)				3.650
9		Sonderzahlung zu Vertragsbeginn				12.000
10		Restwert Vertragsende				22.500
11		Marktwert Ende der Grundmietzeit (30% vom Kaufpreis)				36.000
12		Marktwert Ende der Grundmietzeit (40% vom Kaufpreis)				48.000
13						
21						
22		*Sonderzahlung zu*		*Sonderzahlung zu Vertragsbeginn*		
23		*Vertragsbeginn*		*und Restwert von 22.500 Euro*		
24						
25		Monat	Zahlungsstrom		Monat	Zahlungsstrom
26		0	108.000		0	108.000
27		1	-3.650		1	-3.650
28		2	-3.650		2	-3.650
29		3	-3.650		3	-3.650
60		34	-3.650		34	-3.650
61		35	-3.650		35	-3.650
62		36	-3.650		36	-26.150
63						

Bild 2.18 Darstellung des Zahlungsstroms zur Berechnung des effektiven Jahreszinssatzes unter Berücksichtigung einer Sonderzahlung zu Vertragsbeginn und eines Restwertes (Beispiel 2.11)

2.8.4 Vergleich Kreditkauf und Leasing

In diesem Abschnitt soll im Rahmen der quantitativen Analyse gezeigt werden, wie Finanzierungs-Leasing mit einer alternativ möglichen Kreditfinanzierung verglichen werden kann. Dabei werden die Zahlungsströme der Investition und der Finanzierung einerseits bei Kauf mit Kreditfinanzierung und andererseits bei Leasing einander gegenübergestellt und anhand der Kapitalwertmethode die Vorteilhaftigkeit beider Alternativen ermittelt.

Das folgende Beispiel (vgl. Zantow, 2007) demonstriert die Vorgehensweise.

Beispiel 2.12

Ein Unternehmen steht vor der Wahl, den Kauf einer Maschine über Leasing oder über Kredit zu finanzieren. Folgende Grunddaten (Geldbeträge in Euro) sind gegeben:

Anschaffungspreis	200.000
Jährliche Nettoeinzahlungen aus der Investition (ohne Abzug der Darlehens- und Leasingraten)	38.000
Betriebsgewöhnliche Nutzungsdauer (lineare Abschreibung)	5 Jahre

Rabatt für die Leasinggesellschaft aufgrund ihrer starken Marktstellung auf den Anschaffungspreis	3%
Kreditfinanzierung (Tilgungsdarlehen)	
Darlehensbetrag	200.000
Tilgungsrate (entspricht der Abschreibung)	20%
Darlehenszinssatz p.a.	10 %
Leasing	
Grundmietzeit	4 Jahre
Die Leasinggesellschaft berechnet die Leasingraten auf Annuitätenbasis und nachschüssig. Kalkulatorische Verzinsung ihres Kaufpreises (Refinanzierungszinssatz der Leasingfirma plus Risiko- und Gewinnzuschlag)	9 %
Verlängerungsmiete (Anschlussleasingrate) für 5 Jahre	12.000

Der Gewinn entspricht dem endgültigen Einzahlungsüberschuss, der mit 45% besteuert wird. Das Unternehmen rechnet mit einem Kalkulationszinssatz von 12% vor Steuer. Ein Restwert am Ende der Investitionsdauer von 9 Jahren fällt nicht an. Die der Investition zurechenbaren Einzahlungen vor Abzug der Finanzierungsraten sind über die Lebensdauer der Maschine unverändert. Zins- und Tilgungszahlungen, sowie die Zahlung der Leasingraten erfolgen nachschüssig.

Kreditfinanzierung

Aus der Kreditsumme in Höhe von 200.000 Euro ergeben sich die in Bild 2.19 aufgeführten Kapitaldienstzahlungen (Zinsen und Tilgung). Da es sich um ein Tilgungsdarlehen (vgl. Kapitel 3.3) handelt, berechnet sich die Tilgungsrate zu 40.000 Euro pro Jahr während der Grundmietzeit. Die Zinsen werden auf die jeweilige Restschuld berechnet. Die steuerlichen Wirkungen bei Kauf der Maschine über Kredit beschränken sich auf die Zinszahlungen und die Abschreibung. Werden diese mit den Einzahlungen verrechnet, ergibt sich der Gewinn bzw. Verlust vor Steuern. Wird davon die Steuer (Grenzsteuersatz 45%) abgezogen (vereinfachend wird angenommen, dass diese im gleichen Jahr auftritt), erhält man für jedes Jahr der Investitionsdauer den Gewinn/Verlust nach Steuern. Dieser wird mit dem Kalkulationszinssatz von 12% auf den gegenwärtigen Zeitpunkt diskontiert und man erhält den Kapitalwert der Investition.

Jahr	Einzahlungen netto	Kreditzinsen	Tilgung/ Abschreibung	Gewinn/ Verlust vor Steuern	Gewinn/ Verlust nach Steuern	Barwert Gewinn/ Verlust nach Steuern
0						
1	38.000	20.000	40.000	-22.000	-12.100	-10.803,57
2	38.000	16.000	40.000	-18.000	-9.900	-7.892,22
3	38.000	12.000	40.000	-14.000	-7.700	-5.480,71

4	38.000	8.000	40.000	-10.000	-5.500	-3.495,35
5	38.000	4.000	40.000	-6.000	-3.300	-1.872,51
6	38.000	0	0	38.000	20.900	10.588,59
7	38.000	0	0	38.000	20.900	9.454,10
8	38.000	0	0	38.000	20.900	8.441,16
9	38.000	0	0	38.000	20.900	7.536,75
Summe						6.476,24

Bild 2.19 Steuerwirkungen und Kapitalwert der Investition bei Kreditfinanzierung (Beispiel 2.12)

Leasingfinanzierung

Erfolgt die Finanzierung über Leasing, dann sind die Leasingraten beim Leasingnehmer steuerlich ansetzbar. Diese werden mit den Einzahlungsüberschüssen verrechnet und unter Berücksichtigung des Steuersatzes wiederum mit dem Kalkulationszinssatz von 12% abgezinst. Die Ergebnisse sind in Bild 2.20 zusammengefasst.

Jahr	Einzahlungen netto	Leasing-Raten	Gewinn/ Verlust vor Steuern	Gewinn/ Verlust nach Steuern	Barwert Gewinn/ Verlust nach Steuern
0					
1	38.000	58.647,05	-20.647,05	-11.355,88	-10.139,17
2	38.000	58.647,05	-20.647,05	-11.355,88	-9.052,83
3	38.000	58.647,05	-20.647,05	-11.355,88	-8.082,89
4	38.000	58.647,05	-20.647,05	-11.355,88	-7.216,86
5	38.000	11.800,00	26.200,00	14.410,00	8.176,62
6	38.000	11.800,00	26.200,00	14.410,00	7.300,55
7	38.000	11.800,00	26.200,00	14.410,00	6.518,35
8	38.000	11.800,00	26.200,00	14.410,00	5.819,96
9	38.000	11.800,00	26.200,00	14.410,00	5.196,39
Summe					-1.479,88

Bild 2.20 Steuerwirkungen und Kapitalwert der Investition bei Leasing (Beispiel 2.12)

Aus den Berechnungen wird ersichtlich, dass auch unter Berücksichtigung der Steuern der Kapitalwert bei Kreditfinanzierung größer ist als bei Leasing und demnach der Kreditkauf der Leasingalternative vorzuziehen ist. Da der Kapitalwert bei Leasing negativ ist, kann der Kalkulationszinssatz von 12% nicht realisiert werden. Der interne Zinssatz der Investition liegt demnach unter 12%.

Excel-Umsetzung

Die Input-Daten werden um die Berechnung die Leasingrate ergänzt, die zur Bestimmung des Kapitalwertes der Investition bei Leasing erforderlich ist. Diese wird unter der Berücksichtigung des Rabattes von 5% des Anschaffungspreises und auf Basis der Grundmietzeit entweder durch direkte Eingabe der Annuitätenformel (wie im Beispiel) oder mit der Excel-Funktion RMZ() berechnet.

Da der Kreditfinanzierung ein Tilgungsdarlehen zugrunde liegt, ergibt sich die jährliche Tilgungsrate durch Division der Darlehenssumme mit der Grundmietzeit. Die Zinsen werden auf die jeweilige Restschuld berechnet. Zur Bestimmung des Kapitalwertes wird sowohl bei der Kreditfinanzierung als auch bei Leasing der Gewinn bzw. Verlust nach Steuern mit dem Kalkulationszinssatz über die Investitionsdauer diskontiert und zum Barwert aufsummiert. Die Alternative mit dem größten Kapitalwert (hier die Kreditfinanzierung) wird realisiert.

Die Berechnung einzelner Positionen ist in der nachfolgenden Tabelle aufgeführt.

Position	Inhalt	Excel-Umsetzung
C23	Auswahlkriterium	=WENN(H38>G54;"Kreditfinanzierung"; "Leasingfinanzierung")
F21	Leasingrate	=(F6-F7)*(1+F20)^F18*F20/((1+F20)^F18-1)
C23	Ergebnis	=WENN(H38>G54;"Kreditfinanzierung"; "Leasingfinanzierung")
D29	Kreditzinsen	=WENN(ODER(B29="SUMME";B29="");""; WENN(B28<$F$15;$F$16*($F$14-SUMME($E$28:E28));0))
E29	Tilgung	=WENN(ODER(B29="SUMME";B29="");""; WENN(B28<$F$15;$F$14/$F$15;0))
F29	Gewinn/Verlust vor Steuern	=WENN(ODER(B29="SUMME";B29="");""; C29-(D29+E29))
G29	Gewinn/Verlust nach Steuern	=WENN(ODER(B29="SUMME";B29="");""; F29*(1-$F$11))
H29	Barwert Gewinn/ Verlust nach Steuern	=WENN(B29>$F$10;"";G29/(1+$F$12)^B29)

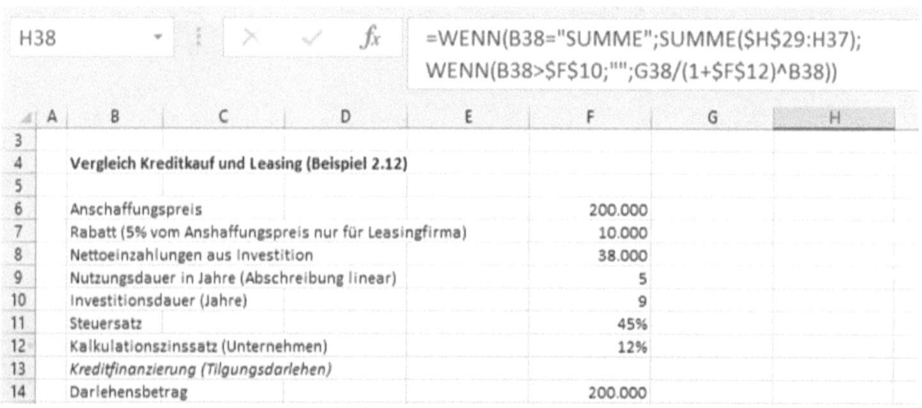

15	Laufzeit (Jahre)	5
16	Darlehenszinssatz p.a.	10%
17	*Leasing*	
18	Grundmietzeit (Jahre)	4
19	Verlängerungsmiete (für 5 Jahre)	11.800
20	Kalkulationszinssatz (Leasingfirma)	9%
21	Leasingrate (über die Zeitauer der Grundmietzeit)	58.647,05
22		
23	Ergebnis: Kreditfinanzierung	
24		
25	*Kapitalwert der Investition bei Kreditfinanzierung*	
26		

27	Jahr	Einzahlungen netto	Kreditzinsen auf Restschuld	Tilgung/ Abschreibung	Gewinn/Verlust vor Steuern	Gewinn/Verlust nach Steuern	Gewinn/ Verlust nach Steuern
28	0						
29	1	38.000	20.000	40.000	-22.000	-12.100	-10.803,57
30	2	38.000	16.000	40.000	-18.000	-9.900	-7.892,22
31	3	38.000	12.000	40.000	-14.000	-7.700	-5.480,71
32	4	38.000	8.000	40.000	-10.000	-5.500	-3.495,35
33	5	38.000	4.000	40.000	-6.000	-3.300	-1.872,51
34	6	38.000	0	0	38.000	20.900	10.588,59
35	7	38.000	0	0	38.000	20.900	9.454,10
36	8	38.000	0	0	38.000	20.900	8.441,16
37	9	38.000	0	0	38.000	20.900	7.536,75
38	SUMME						6.476,24
39							

Bild 2.21 Kapitalwert der Investition bei Kreditkauf (Beispiel 2.12)

G54 =WENN(B54="SUMME";SUMME($G$45:G53);WENN(B54="";"";F54/(1+$F$12)^B54))

	B	C	D	E	F	G
40						
41	*Kapitalwert der Investition bei Leasingfinanzierung*					
42						
43	Jahr	Einzahlungen netto	Leasing Raten	Gewinn/Verlust vor Steuern	Gewinn/Verlust nach Steuern	Barwert Gewinn/ Verlust nach Steuern
44	0					
45	1	38.000	58.647,05	-20.647,05	-11.355,88	-10.139,17
46	2	38.000	58.647,05	-20.647,05	-11.355,88	-9.052,83
47	3	38.000	58.647,05	-20.647,05	-11.355,88	-8.082,89
48	4	38.000	58.647,05	-20.647,05	-11.355,88	-7.216,86
49	5	38.000	11.800,00	26.200,00	14.410,00	8.176,62
50	6	38.000	11.800,00	26.200,00	14.410,00	7.300,55
51	7	38.000	11.800,00	26.200,00	14.410,00	6.518,35
52	8	38.000	11.800,00	26.200,00	14.410,00	5.819,96
53	9	38.000	11.800,00	26.200,00	14.410,00	5.196,39
54	SUMME					-1.479,88
55						

Bild 2.22 Kapitalwert der Investition bei Leasing (Beispiel 2.12)

Wegen der unterschiedlichen rechtlichen Rahmenbedingungen, die sowohl für Leasing als auch für den Kreditkauf gelten, und der Geschäftspolitik von Leasingfirmen und Kreditinstituten ist eine Beurteilung der Vorteilhaftigkeit auf rein quantitativer Analyse oft nicht ausreichend. Darüber hinaus ist deshalb die Analyse qualitativer Faktoren, wie die Liquiditätswirkung, Bilanzierungsaspekte und die Frage, inwieweit die Risikosituation des Investors durch die Wahl zwischen Leasing und Kreditkauf beeinflusst wird, zur Entscheidungsfindung notwendig.

2.8.5 Berechnung der Restschuld bei vorzeitiger Vertragsauflösung

Kommt es aus welchen Gründen auch immer vor Ablauf der Grundmietzeit zur Auflösung eines Leasingvertrages und ist der Kündigungsgrund von Leasingnehmer zu vertreten, dann steht dem Leasinggeber ein Schadensersatzanspruch wegen Nichterfüllung des Leasingvertrages zu. Bei Finanzierungsleasingverträgen errechnet sich dieser Anspruch aus den noch ausstehenden Leasingzahlungen (Leasingraten und Restwert, etc.), die mit dem Refinanzierungszinssatz diskontiert werden. Ein Erlös aus der Verwertung des Leasingobjektes mindert nach Abzug von Verwaltungs- und Verwertungskosten (Transportkosten, Maklerprovisionen etc.) die Schadenssumme.

Beispiel 2.13

Eine Firma least für eine Grundmietzeit von 48 Monaten ein Fahrzeug mit einem Anschaffungspreis von 76.800 Euro. Die monatlich vorschüssig zu leistende Leasingrate beträgt 1.920 Euro. Der Restwert (Abschlusszahlung) nach 48 Monaten betrage noch 25% des Anschaffungspreises.

a) Es soll zunächst der dem Leasingvertrag (Teilamortisationsvertrag) zugrundeliegende effektive Jahreszinssatz ermittelt werden.

b) Nach einem Jahr, als bereits 13 Leasingraten (wegen der vorschüssigen Zahlungsweise) gezahlt wurden, wird der Leasingvertrag wegen eines Totalschadens des Fahrzeuges zurück abgewickelt. Die Kaskoversicherung hat für das Fahrzeug einen Zeitwert von 85% festgesetzt und in dieser Höhe auch den Schaden übernommen. Es soll nun geprüft werden, ob und in welcher Höhe noch Ansprüche gegen die Leasingnehmerin bestehen. Dabei soll davon ausgegangen werden, dass die Leasingfirma für den entgehenden Gewinn und die Refinanzierungs- und Kreditausfallrisikokosten einen Zinssatz in Höhe von 4,75% p.a. ansetzt. Der Schrottwert des Fahrzeuges wurde abzüglich entstandener Verwertungskosten mit 1.500 Euro festgestellt.

Der effektive Monatszinssatz i_e^m errechnet sich aus der Äquivalenzgleichung

$$76.800 = 1.920(1 + i_e^m)\left[\frac{(1+i_e^m)^{48}-1}{i_e^m(1+i_e^m)^{48}}\right].$$

durch Anwendung eines Näherungsverfahrens zu

$$i_e^m = 0{,}81\%.$$

Wird dieser auf ein Jahr hochgerechnet, dann ergibt sich ein effektiver Jahreszinssatz von

$$i_e = (1+0{,}0081)^{12} - 1 = 0{,}1010 \text{ oder } 10{,}10\%.$$

Zur Berechnung der Ansprüche gegen die Leasingnehmerin werden zunächst der Barwert der ausstehenden Leasingraten und der Barwert des Restwertes ermittelt. Dabei wird der Zinssatz verwendet, der den entgehenden Gewinn, und die Refinanzierung- und Ausfallrisikokosten des Leasinggebers repräsentiert. Der Barwert der noch verbleibenden Leasingraten (35 Raten) beträgt nach einem Jahr

$$R_0 = 1.920\left[\frac{(1{,}005)^{35}-1}{0{,}005(1{,}005)^{35}}\right] = 61.507{,}91$$

und der Barwert der Restzahlung ist

$$R_0 = \frac{19.200}{(1{,}005)^{36}} = 16.044{,}38\,.$$

Zusammen mit den bereits gezahlten Leasingraten ergibt sich eine Vertragssumme von

$$24.960 + 77.572{,}30 = 102.512{,}30\,.$$

Werden von diesem Betrag die bereits gezahlten Raten von 24.960 Euro, die Schadensausgleichsumme von der Versicherung in Höhe von 65.280 Euro und der noch vereinnahmte Schrottwert von 1.500 Euro abgezogen, erhält man die Restausgleichszahlung der Leasingnehmerin in Höhe von 10.772,30.

Excel-Umsetzung

Der Barwert der noch ausstehenden Leasingraten kann mit der Excel-Funktion BW() oder durch Eingabe der Formel berechnet werden. Bei Verwendung der Barwert-Funktion ist zu beachten, dass die Leasingrate (F7) mit einem negativen Vorzeichen versehen wird, da sie einen Cash-Outflow darstellt. Zudem muss berücksichtigt werden, dass die Raten über 35 Monate diskontiert werden. Der effektive Monatszinssatz wird mit der Funktion ZINS() ermittelt, und dann auf ein Jahr hochgerechnet.

Position	Inhalt	Excel-Umsetzung
F17	Barwert der ausstehenden Leasingraten	=BW(F10/F11;F13-1;-F7;;0)
F19	Barwert des Restwertes	=F18/(1+F10/F11)^F13
F20	effektiver Monatszinssatz	=ZINS(F8;-F7;F6;;1)
F21	effektiver Jahreszinssatz	=(1+F20)^F11-1
F32	Restausgleichszahlung	=F26-F31

F17 =BW(F10/F11;F13-1;-F7;;0)

	B	F
3		
4	**Restschuld bei vorzeitiger Vertragsauflösung (Beispiel 2.13)**	
5		
6	Anschaffungspreis	76.800
7	Leasingrate monatlich	1.920
8	Grundmietzeit (in Monaten)	48
9	Zinssatz für entgehenden Gewinn, Refinanzierungs- und	
10	Kreditausfallrisikokosten	6,00%
11	Laufzeitperioden p.a.	12
12	Restwert (in % vom Anschaffungspreis)	25%
13	Restlaufzeit nach Vertragsauflösung (Monate)	36
14	Zeitwert (in % vom Anschaffungspreis)	85%
15	Schrottwert abzgl. Verwertungskosten	1.500
16		

17	Barwert der ausstehenden Leasingraten	61.507,91
18	Restwert (Abschlusszahlung)	19.200,00
19	Barwert des Restwertes	16.044,38
20	Effektiver Monatszinssatz	0,81%
21	Effektiver Jahreszinssatz	10,10%
22		
23	*Abrechnung*	
24	Bereits gezahlte Leasingraten	24.960,00
25	Abwicklungsbetrag	77.552,30
26	Vertragssumme	102.512,30
27		
28	Bereits gezahlte Leasingraten	24.960,00
29	Schadensausgleich von der Versicherung	65.280,00
30	Schrottwert	1.500,00
31	Zwischensumme	91.740,00
32	Restausgleichszahlung Leasingnehmerin	10.772,30
33		

Bild 2.23 Ermittlung der Restschuld bei vorzeitiger Vertragsauflösung (Beispiel 2.13)

2.9 Factoring und Forfaitierung

2.9.1 Factoring

Unter Factoring versteht man den Ankauf noch nicht fälliger Forderungen aus Lieferungen und Leistungen durch eine darauf spezialisierte Finanzinstitution, die Factoring-Gesellschaft (kurz *Factor* genannt). Dabei werden nicht einzelne Forderungen, sondern Forderungsbündel angekauft.

Beim echten Factoring (Non Recourse Factoring) übernimmt die Factoring Gesellschaft nicht nur das Inkasso der Forderungen bei Fälligkeit, sondern nach Durchführung von Bonitätsprüfungen (die im Ergebnis zur Festlegung eines Limits führt) und gegen Bezahlung auch das Forderungsausfallrisiko (Delkrederefunktion). Beim unechten Factoring (Recourse Factoring) übernimmt der Factor kein Delkredere-Risiko. Weitere Dienstleistungen, die vom Factor übernommen werden können, sind die Debitorenbuchhaltung, das Mahn- und Inkassowesen und Beratungsleistungen (Dienstleistungsfunktion).

Im Rahmen der Finanzierungsfunktion kann die Finanzierung der angekauften Forderungen kann vom Factor in zwei Formen betrieben werden. Sieht der Factoring Vertrag vor, dass der Klient erst bei Fälligkeit oder zum durchschnittlichen Fälligkeitstag der eingereichten Rechnungen Zahlung erhält, dann spricht man von Factoring ohne Vorfinanzierung (Maturity Factoring). Der Klient wird von dieser Finanzierungsform immer dann Gebrauch machen, wenn er über eine ausreichende Liquidität verfügt und die Übertragung der Dienstleistungs- und Delkrederefunktion anstrebt. Erfolgt hingegen die Finanzierung der angekauften Forderungen vor Fälligkeit oder vor dem durchschnittlichen Fälligkeitstag (Standard Factoring), dann erfolgt auch die Auszahlung des Gegenwertes nach Abzug eines Kürzungsbetrages von 10 bis 20% wenige Tage nach Einreichung der Rechnungsdurchschriften. Der Factor schreibt dem Klienten 80 bis 90% der Forderungswerte gut, der Restbetrag wird auf einem Sperrkonto gutgeschrieben und soll zum Ausgleich von Beanstandungen, Rechnungskürzungen und Warenrückgaben dienen. Der Factor kann einzelne Forderungen, die seinen Bonitätsansprüchen nicht genügen, von Ankauf ausschließen. Standardfactoring macht die eigentliche Finanzierungsfunktion des Factors aus und erhöht, wie beispielsweise eine Kreditaufnahme, die Liquidität des Unternehmens.

Factoring-Gesellschaften berechnen bei der Kreditierung der Forderungen Zinsen für die Vorfinanzierung, zudem wird für die Übernahme factoring-spezifischer Dienstleistungen eine Gebühr (Factoring-Gebühr) erhoben, die etwa 0,5% bis 3% vom Umsatz ausmacht. Die Delkredere-Gebühr, das Entgelt für das übernommene Forderungsausfallrisiko, schwankt zwischen 0,1% und 1% vom Umsatz.

Beispiel 2.14

Eine Leasingfirma verkauft zur Refinanzierung ihres Kfz-Leasinggeschäfts im Jahresdurchschnitt 1/5 ihrer gewerblichen Leasingforderungen in Höhe von 50 Mio. Euro an eine Factoring-Bank. Der Jahresumsatz (gewerbliche Leasingverträge) der Leasingfirma beträgt 250 Mio. Euro. Die Factoring-Bank bietet der Leasingfirma für den Forderungsankauf folgende Konditionen an:

Factoring-Gebühr	0,15% auf den Jahresumsatz
Soll-Zinsen	12% p.a. auf die angekauften Leasingraten
Bonitätsprüfungsgebühr	0,015% der angekauften Leasingraten
Habenzinsen auf das Bardepot	6% p.a.
Auszahlung bei Ankauf (Sperrbetrag 10%)	90% des Forderungsbetrages
Bardepot	10% des Forderungsbestandes

Es sollen der Liquiditätsgewinn für die Leasingfirma und die Factoring-Kosten ermittelt werden.

Der Liquiditätsgewinn ergibt sich aus dem Bestand des Forderungsverkaufs abzüglich des Sperrguthabens und beträgt 50.000.000 − 50.000.000 · 0,1 = 45.000.000 Euro.

Die Kosten des Factorings (in Euro) berechnen sich wie folgt:

Factoring-Gebühr	375.000
+ Soll-Zinsen	6.000.000
+ Bonitätsprüfungsgebühr	7.500
- Habenzinsen	300.000
= Kosten des Factorings	6.082.500

Die Kosten des Factorings betragen 6.082.500 Euro, das sind etwa 12,17% der Leasingforderungen von 50 Mio. Euro.

Excel-Umsetzung

Die Berechnung der Factoring-Kosten ist einfach und bedarf keiner weiteren Erläuterung.

Position	Inhalt	Excel-Umsetzung
G16	Factoring-Gebühr	=G8*G6
G17	Soll-Zinsen	=G7*G9

G18	Bonitätsprüfungsgebühr	=G7*G10
G19	Habenzinsen	=G7*G13*G11
G20	Factoring-Kosten	=SUMME(G16:G18)-G19

In Bild 2.24 ist die Berechnung der Factoring-Kosten abgebildet.

G17 — fx =G7*G9

	A	B	C	D	E	F	G
3							
4		**Berechnung der Factoring Kosten (Beispiel 2.14)**					
5							
6		Jahresumsatz an Leasingforderungen					250.000.000
7		Durchschnittliche Leasingforderungen p.a.					50.000.000
8		Factoringgebühr (in % vom Jahresumsatz)					0,15%
9		Sollzinsen (in % p.a. der angekauften Forderungen)					12%
10		Bonitätsprüfungsgebühr (in % der angekauften Forderungen)					0,015%
11		Habenzinsen p.a. auf Bardepot					6%
12		Auszahlung (in % des Forderungsbetrages)					90%
13		Bardepot (in % des Forderungsbetrages)					10%
14							
15		*Kosten des Factoring*					
16		Factoringgebühr					375.000
17		Sollzinsen					6.000.000
18		Bonitätsprüfungsgebühr					7.500
19		Habenzinsen					300.000
20		Factoring Kosten					6.082.500
21							

Bild 2.24 Berechnung der Factoring-Kosten (Beispiel 2.14)

Die Beurteilung, ob die Forderungen an einen Factor verkauft werden sollen, darf sich nicht nur an den Factor-Kosten orientieren, es müssen vielmehr auch die sich ergebenden Einsparungen berücksichtigt werden.

Beispiel 2.15

Ein Unternehmen möchte seine Liquidität erhöhen und überlegt, ob es seine Forderungen an eine Factoring-Gesellschaft verkaufen oder sie zur Sicherung eines Kredits an die Hausbank abtreten soll. Dabei sollen zunächst die Aufwendungen beim Factoring ermittelt werden, um dann zu prüfen, ob dem Unternehmen nach Einführung von Factoring bei vollständiger Forderungsübernahme ein Kostenvorteil entsteht. Es liegen folgende Unternehmensdaten vor (Beträge in Euro):

Jahresumsatz	60.000.000
Außenstände (Forderungen)	6.174.000
Forderungsausfälle	1% des Umsatzes
jährlicher Wareneinsatz	25.716.000
Skontosatz bei Wareneinkauf	3%

Kurzfristige Bankverbindlichkeiten	3.600.000
Zinssatz für Kontokorrentkredit p.a.	9%

Unter Zugrundelegung dieser Daten macht die Factoring-Gesellschaft das folgende Angebot:

Dienstleistungsgebühr bezogen auf den Jahresumsatz	1,8%
Delkredere-Gebühr bezogen auf den Jahresumsatz	1,0%
Finanzierungskosten bezogen auf die angekauften Forderungen abzüglich eines Sperrbetrages von 15%	9%

Aus der Betriebsabrechnung des Unternehmens stehen folgende Daten zur Verfügung:

Gehalt eines Debitorenbuchhalters p.a.	50.400
Gehalt einer Inkassokraft p.a.	36.000
Lohnnebenkosten (in % der Gehälter)	65%
Auskünfte und Mahnungen	10.600
Gerichts- und Anwaltskosten	8.200
Büromaterial	4.500

Das Unternehmen beabsichtigt, in Zukunft die Wareneinkäufe zu skontieren und die kurzfristige Kreditfinanzierung zu reduzieren.

Die Summe der Factoring-Kosten setzt sich aus der Dienstleistungs- und Delkrederegebühr und den Finanzierungskosten zusammen und beläuft sich auf

$60.000.000 \cdot 0{,}018 + 60.000.000 \cdot 0{,}01 + 6.174.000 \cdot (1 - 0{,}1) \cdot 0{,}09 =$ 2.300.094 Euro.

Der sich aus den Daten der Betriebsabrechnung ergebenden Einsparungen bei Forderungsankauf durch den Factor betragen lediglich 2.197.340 Euro, so dass das Unternehmen nach Einführung von Factoring keine Kostenersparnis erzielen würde.

Excel-Umsetzung

Die Modellierung in Excel stellt keine Herausforderung dar.

Die Berechnung einzelner Positionen enthält die folgende Tabelle.

Position	Inhalt	Excel-Umsetzung
F25	Summe der Factoring-Kosten	=SUMME(F22:F24)
L23	Summe der Einsparungen	=SUMME(L15:L22)
L25	Mehrkosten durch Factoring	=L24-L23

F24 =F18*F8*(1-F19)

	B	F	H	L
3				
4	**Kostenersparnis bei Forderungsübernahme durch einen Factor (Beispiel 2.15)**			
5				
6	*Unternehmensdaten*		*Daten aus der Betriebsabrechnung*	
7	Jahresumsatz	60.000.000	Gehalt Debitorenbuchhalter	50.400
8	Außenstände (Forderungen)	6.174.000	Gehalt Inkassokraft	36.000
9	Forderungsausfälle	1,50%	Lohnnebenkosten (in % der Gehälter)	65%
10	Wareneinsatz	25.716.000	Auskünfte und Mahnungen	10.600
11	Skontosatz für Wareneinkauf	3%	Greichts- und Anwaltskosten	8.200
12	Kurzfristige Bankverbindlichkeiten	3.600.000	Büromaterial	4.500
13	Zinssatz Kontokorrentkredit p.a.	10%		

14			*Jährliche Einsparungen versus Factoring Kosten*	
15	*Factoring Angebot*		Gehälter	86.400
16	Dienstleistungsgebühr (in % vom Jahresumsatz)	1,90%	Lohnnebenkosten	56.160
17	Delkrederegebühr (in % vom Jahresumsatz)	1,10%	Auskünfte und Mahnungen	10.600
18	Finanzierungskosten angekaufte Forderungen	9%	Gerichts- und Anwaltskosten	8.200
19	Sperrbetrag (in % der angekauften Forderungen)	10%	Büromaterial	4.500
20			Forderungsausfälle	900.000
21	*Factoringkosten*		Skontoerträge aus Wareneinsatz	771.480
22	Dienstleistungsgebühr	1.140.000	Zinsersparnis Rückführung kurzfristiger Bankkredite	360.000
23	Delkrederegebühr	660.000	Summe Einsparungen	2.197.340
24	Finanzierungskosten	500.094	Factoringkosten	2.300.094
25	Summe Factoring Kosten	2.300.094	Mehrkosten durch Factoring	102.754
26				

Bild 2.25 Kostenersparnis bei Forderungsübernahme durch einen Factor (Beispiel 2.15)

2.9.2 Auswirkung des Factorings auf die Bilanz

Der Verkauf der Forderungen aus Lieferungen und Leistungen an eine Factoring-Gesellschaft hat eine Bilanzverkürzung zur Folge, da diese nicht mehr in der Bilanz erscheinen. Damit erhöht sich die Eigenkapitalquote (sie ist eine entscheidende Kenngröße bei der Erstellung eines Ratings) des Unternehmens, was einen positiven Einfluss auf die Kreditkonditionen hat. Mit einem zielgerechten Einsatz der Erlöse aus dem Verkauf der Forderungen können darüber hinaus Lieferantenverbindlichkeiten reduziert, Kredite abgelöst und weitere Bilanzkennzahlen verbessert werden. Das folgende Beispiel soll diesen Sachverhalt veranschaulichen.

Beispiel 2.16

Ein Klient eines Factoring-Unternehmens gibt einen Jahresumsatz von 60 Mio. Euro an. Der Wareneinkauf p.a. beträgt 36 Mio. Euro. Der Factor kauft alle Forderungen aus Lieferungen und Leistungen an und behält 10% als Sperrbetrag ein, der beim Kunden zunächst als Forderung gegen den Factor zu verbuchen ist. Der Kunde verwendet die vom Factor erhaltene Zahlung zunächst zur Tilgung der Bankverbindlichkeiten, die über die Kreditlinie von 3,3 Mio. hinausgehen, der Rest wird zum Abbau der Verbindlichkeiten aus Lieferungen und Leistungen verwendet.

Die Bilanz des Kunden (Durchschnittsgrößen pro Jahr) vor Inanspruchnahme des Factorings stellt sich wie folgt dar:

Bilanz vor Factoring (in Tsd. Euro)

Anlagevermögen	4.500	Eigenkapital	1.500
Vorräte	3.000	Darlehen	4.500
Forderungen aus L & L	6.000	Verbindlichkeiten aus L & L	3.000
liquide Mittel	1.500	Bankverbindlichkeiten	6.000
Bilanzsumme	15.000	Bilanzsumme	15.000

Der Kunde erhält vom Factor ohne Berücksichtigung der Gebühren und Zinsen einen Betrag von 6 Mio. Euro abzüglich des Sperrbetrages von 0,6 Mio. Euro, also 5,4 Mio. Davon werden 2,7 Mio. Euro für den Abbau der kurzfristigen Bankverbindlichkeiten verwendet, um sich wieder innerhalb des Kreditrahmens zu bewegen. Die restlichen 2,7 Mio. Euro werden zum Abbau der Verbindlichkeiten aus Lieferungen und Leistungen herangezogen. Wird das Jahr mit 360 Tagen angesetzt, entfallen bei einem Wareneinkauf von 36 Mio. Euro auf einen Tag 0,1 Mio. Euro, d.h., dass beim Kunden nur noch Rechnungen der letzten drei Tage offenbleiben.

Die Bilanz nach Factoring stellt sich beim Kunden nun wie folgt dar:

Bilanz nach Factoring (in Tsd. Euro)

Anlagevermögen	4.500	Eigenkapital	1.500
Vorräte	3.000	Darlehen	4.500
Forderungen aus L & L	0	Verbindlichkeiten aus L & L	300
Forderungen an Factor	600	Bankverbindlichkeiten	3.300
liquide Mittel	1.500		
Bilanzsumme	9.600	Bilanzsumme	9.600

Durch den Verkauf der Forderungen erhöht sich die Kapitalumschlaghäufigkeit (sie gibt an, wie schnell das eingesetzte Kapital über die Umsatzerlöse wieder zurückfließt) von 60/15 = 4 auf 60/9,6 = 6,25 im Jahr.

Excel-Umsetzung

Nach Eingabe der Input-Daten werden die Beträge ermittelt, die für den Abbau der kurzfristigen Bankverbindlichkeiten und die Verbindlichkeiten aus Lieferungen und Leistungen verwendet werden. Der Sperrbetrag von 10% der aufgekauften Forderungen wird beim Kunden als Forderung gegen den Factor verbucht.

In der folgenden Tabelle ist die Berechnung einzelner Positionen aufgezeigt.

Position	Inhalt	Excel-Umsetzung
F11	Abbau der Bankverbindlichkeiten	=H22-F10
F12	Abbau der Verbindlichkeiten aus L & L	=F8*(1-F9)-F11
F14	Kapitalumschlaghäufigkeit vor Factoring	=F6/D23
F15	Kapitalumschlaghäufigkeit nach Factoring	=F6/D32

F12 | fx =F8*(1-F9)-F11

	A	B	C	D	E	F	G	H
3								
4		**Auswirkungen des Factorings auf die Bilanz (Beispiel 2.16)**						
5								
6		Jahresumsatz p.a.				60.000		
7		Wareneinkauf p.a.				36.000		
8		Forderungen aus L & L				6.000		
9		Sperrbetrag				10%		
10		Kreditlinie				3.300		
11		Abbau Bankverbindlichkeiten				2.700		
12		Abbau Verbindlichkeiten aus L &L				2.700		
13								
14		Kapitalumschlaghäufigkeit vor Factoring				4		
15		Kapitalumschlaghäufigkeit nach Factoring				6,25		
16								
17								

18	Bilanz vor Factoring (in Tsd. Euro)			
19	Anlagevermögen	4.500	Eigenkapital	1.500
20	Vorräte	3.000	Darlehen	4.500
21	Fordeungen aus L & L	6.000	Verbindlichkeiten aus L & I	3.000
22	Liquide Mittel	1.500	Bankverbindlichkeiten	6.000
23	Bilanzsumme	15.000	Bilanzsumme	15.000
24				
25				
26	Bilanz nach Factoring (in Tsd. Euro)			
27	Anlagevermögen	4.500	Eigenkapital	1.500
28	Vorräte	3.000	Darlehen	4.500
29	Fordeungen aus L & L	0	Verbindlichkeiten aus L & I	300
30	Forderungen an Factor	600	Bankverbindlichkeiten	3.300
31	Liquide Mittel	1.500		
32	Bilanzsumme	9.600	Bilanzsumme	9.600
33				

Bild 2.26 Auswirkungen des Factorings auf die Bilanz (Beispiel 2.16)

2.9.3 Forfaitierung

Forfaitierung ist der Verkauf von meist relativ hohen mittel- und langfristigen Forderungen im Bereich Außenhandelsfinanzierung. Der Forfaiteur (Forderungskäufer) kauft Forderungen von einem Forfaitisten (Forderungsverkäufer) im Regelfall ungekürzt und ohne Selbstbehalt und unter Verzicht auf einen Rückgriff gegen den Verkäufer (echte Forfaitierung) zu einem abgezinsten Zeitwert. Der Forfaitist übernimmt dabei das Ausfallrisiko sowie die Finanzierungsfunktion, womit eine große Ähnlichkeit zum Factoring besteht. Die Käufer der Forderungen sind meist spezialisierte Institute oder Banken.

Auch wenn die Forfaitierung ein klassisches Instrument der Exportfinanzierung ist, hat sie auch im Inlandskreditgeschäft bei der finanziellen Abwicklung von Leasingforderungen, Forderungen der öffentlichen Hand im Bereich des Public Private Partnerships (PPP) bzw. bei Öffentlich Privaten Partnerships (ÖPP), sowie bei modernen Finanzierungskonstruktionen, wie beispielsweise Asset Backed Securities (ABS) erheblich an Bedeutung gewonnen.

3 Langfristige Kredite

3.1 Grundlagen

Langfristige Kredite kommen in unterschiedlichen Formen vor. Wenn man die Tilgungsmodalitäten als Beurteilungskriterium zugrunde legt, lassen sich drei Hauptgruppen von Darlehen unterscheiden:

- Annuitätendarlehen
- Abzahlungsdarlehen
- endfälliges Darlehen

Diese Darlehensarten werden in den folgenden Abschnitten nach Erläuterung einiger Fachbegriffe näher betrachtet und analysiert.

Der *Nominalbetrag* ist das dem Kreditnehmer für einen bestimmten Zeitraum zur Verfügung gestellte Geldvolumen und ist maßgeblich für die Berechnung der Zins- und Tilgungszahlungen. Er entspricht in der Regel dem Betrag, der an den Kreditgeber zurückzuzahlen ist (Tilgungsbetrag). Davon zu unterscheiden ist der *Auszahlungsbetrag*, der den tatsächlich beim Kreditnehmer ankommenden Betrag ausmacht.

Die Erhebung eines *Disagios* (oder Damnums) führt neben anderen Kosten und Gebühren dazu, dass der Kreditnehmer der Bank einen höheren Betrag schuldet als er von dieser bekommt. Aus wirtschaftlicher Sicht stellt das Disagio im Grunde eine Zinsvorauszahlung dar, die unter sonst gleichen Bedingungen die künftige Zinszahlung mindert.

Der Zeitraum, für den der Nominalzinssatz vertraglich festgeschrieben ist, wird als *Zinsbindungsdauer* bezeichnet. Während der Zinsbindungsdauer kann der Zinssatz fest vereinbart sein (z.B. für 5 Jahre fest oder 10 Jahre fest) oder variabel. Ist der Zinssatz für eine bestimmte Zeit *fest* vereinbart, dann betreffen Veränderungen der Kapitalmarktzinsen den Kreditnehmer während der Zinsbindungsdauer nicht. Bei einer *variablen* Zinsvereinbarung wird der Zinssatz im Normalfall vierteljährlich an das Kapitalmarktzinsniveau angepasst, wobei Verträge mit oder ohne Bindung an einen vereinbarten *Referenzzinssatz* (z.B. EURIBOR. Euro Interbank Offered Rate) möglich sind.

Die *Kreditlaufzeit,* auch als Tilgungsdauer bezeichnet, ist meist an einen bestimmten Zweck gebunden (Hypotheken- und Grundschulddarlehen haben typischerweise lange Laufzeiten (bis zu 35 Jahre) und bestimmt zusammen mit der Tilgungs- und Darlehensform die Höhe der Tilgungsrate.

Der *Kreditzinssatz* (Nominalzinssatz) hängt von der Bonität des Schuldners ab. Werden Kredite an Personen oder Unternehmen vergeben, bei denen ein gewisses Risiko besteht, dass sie ihren Zahlungsverpflichtungen nicht nachkommen (Kreditrisiko. Ausfallrisiko. Bonitätsrisiko), dann wird auf den risikolosen Zinssatz ein Aufschlag vorgenommen, der als *Risikoprämie* bezeichnet wird. Je höher das Ausfallrisiko des Kreditnehmers eingeschätzt wird, desto höher werden die Risikoprämie und damit der geforderte Zinssatz sein.

Die Verzinsung kann *vorschüssig* oder *nachschüssig* berechnet werden. Falls nicht ausdrücklich etwas anderes angegeben ist, wird von nachschüssiger Zins- und auch Tilgungsverrechnung ausgegangen. Neben jährlicher Verzinsung wird auch die *unterjährliche Verzinsung* vereinbart, gebräuchlich sind die halbjährliche, vierteljährliche, monatliche und die tägliche unterjährliche lineare Verzinsung.

Mit der Kreditgewährung sind gewöhnlich neben dem Nominalzinssatz weitere Kosten in Form einer Bearbeitungsgebühr (meist einmalig ein bestimmter Prozentsatz vom Kreditbetrag und bei Abschluss fällig) und einer periodischen Kontoführungsgebühr verbunden. Die zu bezahlenden Gebühren und Spesen und ihre Zahlungsweise (einmalig, periodisch, jährlich, monatlich etc.) sind im Kreditvertrag festgelegt oder sind Bestandteil der Allgemeinen Geschäftsbedingungen. Kreditbetrag (nominal), vereinbarte Verzinsung, Laufzeit, Tilgungsform sowie Gebühren und Spesen werden unter dem Begriff *Kreditkonditionen* zusammengefasst.
Da Kredite mit den unterschiedlichsten Ausstattungsmerkmalen angeboten werden und neben dem Nominalzinssatz in der Regel weitere Kosten wie Bearbeitungsgebühren oder Wertermittlungskosten anfallen, stellt sich die Frage, wie diese Kredite ver-

glichen werden können. In der Praxis wird hierfür der effektive Jahreszinssatz, der als offizieller Preis des Kreditvertrages gilt, in Ansatz gebracht. Der Effektivzinssatz ist identisch mit dem *internen Zinssatz*, der sich aus dem tatsächlich ablaufenden Zahlungsstrom zwischen Kreditgeber und Kreditnehmer bestimmen lässt. Aus der Sicht des Kreditgebers stellt der Effektivzinssatz die Rendite des eingesetzten Kapitals dar. Stehen die Zinsen jeweils nur für die Zinsbindungsdauer fest, dann kann der effektive Jahreszinssatz auch nur für die Zinsfestschreibungsdauer ermittelt werden und man spricht dann vom *anfänglichen effektiven Jahreszinssatz.*

Neben den oben erwähnten und im Voraus feststellbaren *expliziten Kosten* können dem Kreditnehmer auch *implizite Kosten* entstehen, die zum Zeitpunkt der Kreditvergabe meist nicht quantifizierbar sind. Die Gewährung zusätzlicher Sicherheiten, die Bindung an vereinbarte Vertragsklauseln sowie die Forderung nach Mitsprachemöglichkeiten oder Zusatzgeschäften (z.B. Abschluss von Versicherungen) sind solche impliziten Kosten und haben meist die Eigenschaft von Opportunitätskosten.

Kredite können auf verschiedene Weise getilgt werden. Die Tilgungsform gibt an, wie ein Kredit zurückzuzahlen ist. Bei der konstanten Tilgung wird der Kreditbetrag in gleich große Teilbeträge (Raten) zerlegt, die in jeder Periode zurückzuzahlen sind. Charakteristisch für die *Annuitätentilgung* ist die konstante Zahlungsbelastung, die aus sich ändernden Zins- und Tilgungsanteilen besteht. Bei der *endfälligen Tilgung* erfolgt die Rückzahlung des Kredits am Ende der Laufzeit. Von einer *Zerobond-Tilgung* spricht man, wenn Tilgung und Zinsen (inklusive Zinseszinsen) in einem Betrag am Vertragsende beglichen werden. Eine *Tilgung gemäß Einzahlungsüberschüssen* orientiert sich an der Höhe der Cashflows, die nach Abzug von Zinsen für die Tilgung zur Verfügung stehen. Sobald Geld verfügbar ist, wird es zur Tilgung eingesetzt. Zu erwähnen bleibt noch die *beliebige Tilgung*, deren Verlauf von den zwischen Kreditgeber und Kreditnehmer getroffenen Vereinbarungen abhängt.

In den folgenden Abschnitten wird im Rahmen der langfristigen Kreditfinanzierung das Tilgungsdarlehen, das Annuitätendarlehen und das endfällige Darlehen näher betrachtet. Der Analyse liegen folgende Notationen zugrunde:

K_t = Kreditbetrag zum Zeitpunkt t ($t = 0, 1, 2, \ldots, n$)
A_t = Annuität im Zeitpunkt t
Z_t = Zinsbetrag im Zeitpunkt t
T_t = Tilgungsbetrag im Zeitpunkt t
i = (Nominal-)Zinssatz p.a.
n = Laufzeit des Kredits, Tilgungsdauer
m = Zahl der unterjährlichen Zahlungsperioden pro Jahr
k = tilgungsfreie Jahre
n_p = mn = Laufzeit in unterjährlichen Zahlungsperioden
i_r = i / m = relativer unterjährlicher Zinssatz
i_e^m = effektiver Zinssatz pro Periode
i_e = effektiver Jahreszinssatz

Sind der Kreditbetrag K_0, der Zinssatz i und die Laufzeit n des Darlehens gegeben und sind die Tilgungsmodalitäten (Annuitätentilgung, Ratentilgung, endfällige Tilgung) bekannt, dann können die folgenden vier Grundgleichungen formuliert werden.

Die erste Grundgleichung besagt, dass sich die Annuität unabhängig von der Form der Tilgung aus Zins- und Tilgungsbetrag zusammensetzt, d.h.

$$A_t = Z_t + T_t\,.$$

Die Restschuld des laufenden Jahres *t* ergibt sich, indem man von der Restschuld des Vorjahres K_{t-1} den Tilgungsbetrag des laufenden Jahres abzieht. Die zweite Grundgleichung lautet demnach:

$$K_t = K_{t-1} - T_t$$

Werden die Zinsen jährlich nachschüssig verrechnet, dann erhält man den Zinsbetrag des laufenden Jahres *t* dadurch, dass die Restschuld des Vorjahres K_{t-1} mit dem Zinssatz *i* multipliziert wird, also

$$Z_t = K_{t-1}i\,.$$

Die Tatsache, dass die Summe aller Tilgungsbeträge dem ursprünglichen Darlehensbetrag K_0 entsprechen muss, kommt in der Gleichung

$$K_0 = \sum_{t=1}^{n} T_t$$

zum Ausdruck.

Ausgehend von diesen vier grundlegenden Gleichungen werden in den folgenden Abschnitten weitere Gleichungen entwickelt, mit denen auch ohne Kenntnis des Tilgungsplans alle Elemente des Tilgungsplans berechnet werden können.

3.2 Annuitätendarlehen

3.2.1 Jährliche Zins- und Tilgungsverrechnung

Ein Annuitätendarlehen ist durch periodisch gleichbleibende Annuitäten gekennzeichnet. d.h.

$$A_1 = A_2 = \cdots = A_n = A.$$

Da die Annuität *A*, die jährliche Zahlung aus Zins und Tilgung, über die Laufzeit des Darlehens konstant ist, gilt:

$$A = Z_t + T_t \quad \text{für} \quad t = 1, 2, \ldots, n\,.$$

Die Berechnung der Annuität ergibt sich aus folgenden Überlegungen. Werden keine Tilgungszahlungen geleistet, wächst der Kreditbetrag nach *n* Jahren auf

$$K_n = K_0(1+i)^n$$

an.

Für die Annuitätenzahlungen erhält man nach *n* Jahren den Endwert

$$K_n = A\left[\frac{(1+i)^n - 1}{i}\right].$$

Da die Annuität so berechnet wird, dass der Kreditbetrag nach n Jahren zurückgezahlt ist, muss gelten:

$$K_0(1+i)^n - A\left[\frac{(1+i)^n-1}{i}\right]=0\,.$$

Daraus ergibt sich die Annuität zu

$$A=K_0\left[\frac{(1+i)^n i}{(1+i)^n-1}\right].$$

Die Annuität berechnet sich demnach durch Multiplikation der Darlehensschuld mit dem Annuitätenfaktor. Damit die Annuität über die Laufzeit konstant bleibt, müssen die aufgrund der Tilgung eingesparten Zinsen in jeder Periode der Tilgung hinzugerechnet werden.

Beispiel 3.1

Ein Darlehen über 100.000 € mit einer Laufzeit von 5 Jahren wird zu einem Zinssatz von 6% aufgenommen und ist jährlich mit gleichen Annuitäten zu tilgen. Zins- und Tilgungsverrechnung erfolgen jeweils am Jahresende. Es sollen ein Tilgungsplan aufgestellt und der effektive Jahreszinssatz bestimmt werden.

Die Annuität berechnet sich zu

$$A=100.000\left[\frac{(1{,}06)^5\,0{,}06}{(1{,}06)^5-1}\right]=23.739{,}64\,.$$

Der Zinsbetrag beläuft sich im ersten Jahr auf

$$Z_1=100.000\cdot 0{,}06=6.000{,}00\,.$$

Die Tilgung im ersten Jahr ergibt sich aus

$$T_1=23.739{,}64-6.000=17.739{,}64\,.$$

Die Restschuld am Ende des ersten Jahres beträgt

$$K_1=100.000-17.739{,}64=82.260{,}36\,.$$

Die über die gesamte Laufzeit von 5 Jahren zu zahlenden Zinsen betragen

$$Z=nA-K_0=5\cdot 23.739{,}64-100.000=18.698{,}20\,.$$

Der Tilgungsplan ist in Bild 3.1 dargestellt.

Jahr	Schuld-betrag Jahres-anfang	Zinsen	Tilgung	Annuität	Schuld-betrag Jahresende
0					100.000,00
1	100.000,00	6.000,00	17.739,64	23.739,64	82.260,36
2	82.260,36	4.935,62	18.804,02	23.739,64	63.456,34
3	63.456,34	3.807,38	19.932,26	23.739,64	43.524,08
4	43.524,08	2.611,44	21.128,20	23.739,64	22.395,89
5	22.395,89	1.343,75	22.395,89	23.739,64	0,00
Summe		18.698,20	100.000,00	118.698,20	

Bild 3.1 Tilgungsplan eines Annuitätendarlehens bei jährlicher Zins- und Tilgungsverrechnung (Beispiel 3.1)

Der effektive Jahreszinssatz berechnet sich aus der Äquivalenzgleichung

$$100.000 = 23.739{,}64\left[\frac{(1+i_e)^5 - 1}{i_e(1+i_e)^5}\right]$$

und kann über ein Näherungsverfahren (z.B. lineare Interpolation) bestimmt werden. Er ist in diesem Falle gleich dem nominellen Jahreszinssatz von 6%, da die Zins- und Tilgungsverrechnung jährlich, jeweils am Ende des Jahres, stattfindet und neben den Nominalzinsen keine weiteren Kosten anfallen.

Excel-Umsetzung

Nach Eingabe der Input-Daten wird die Annuität nach obiger Formel oder mit der Excel-Funktion RMZ () bestimmt. Für den Zinssatz und die Tilgungsrate müssen mittels $-Zeichen feste Zellbezüge hergestellt werden. Zusätzlich werden die Formeln in Zeile 19 und 20 derart ergänzt, dass die Zinszahlungen, sowie die Tilgungs- und Annuitätenzahlungen aufsummiert werden und die Zeilen nach dem letzten Laufzeitjahr und nach Bildung der Summe leer bleiben. Im Ergebnis muss die Summe der Tilgungszahlungen (E23) die ursprüngliche Darlehenssumme (E6) ergeben und die Differenz zwischen der Summe der Annuitäten (F23) und der Tilgungszahlungen (E23) die gesamten Zinszahlungen (D23) bzw. (E11).

Im Tabellenblatt ist eine zusätzliche Spalte (Spalte H) eingerichtet, in der die Ein- und Auszahlungen jeder Periode abgebildet sind. Aus diesem Zahlungsstrom wird in Zelle E12 der effektive Jahreszinssatz mittels der Funktion =IKV() berechnet. Unter den vorgegebenen Annahmen entspricht der effektive Jahreszinssatz dem nominellen Jahreszinssatz von 6%, da Zins- und Tilgungszahlungen jährlich, jeweils am Jahresende, erfolgen und außer den Nominalzinsen keine weiteren Kosten anfallen.

Am Ende der Tabelle wird noch eine Summenzeile eingerichtet, mit der die Richtigkeit der Berechnungen überprüft werden kann.

Die Berechnung einzelner Positionen des Tilgungsplans ist in der nachfolgenden Tabelle zusammengefasst.

Position	Inhalt	Excel-Umsetzung
E10	Berechnung der Annuität	=E6*(1+E7)^E8*E7/((1+E7)^E8-1)
E11	Zinsen gesamt	=E8*E10-E6
E12	effektiver Jahreszinssatz	=IKV(H17:H47)
G17	Schuldbetrag am Jahresanfang	=E6
H17	Schuldbetrag (Einzahlung)	=G17
B18	Laufzeit mit „Summe“	=WENN($E$8<B17+1;"SUMME";B17+1)
C18	Schuldbetrag am Jahresanfang	=G17
D18	Berechnung der Zinsen	=WENN(B18>$E$8;"";E6*$E$7)
E18	Berechnung der Tilgung	=WENN(B18>$E$8;"";F18-D18)
F18	Annuität	=WENN(B18>$E$8;"";$E$10)
G18	Schuldbetrag am Jahresende	=WENN(ODER(B18>$E$8;B18="");"";C18-E18)
H18	Annuität (Auszahlung)	=WENN(ODER(B18>$E$8;B18="");"";-F18)
B19	Laufzeit mit Abbruchbedingungen	=WENN(ODER(B18="SUMME";B18="");""; WENN($E$8<B18+1;"SUMME";B18+1))
C19	Restschuld am Jahresanfang	=WENN(ODER(B19>$E$8;B19="");"";G18)
D19	Berechnung der Zinsen	=WENN(B19="SUMME";SUMME($D$18:D18); WENN(B19>$E$8;"";C19*$E$7))
E19	Berechnung der Tilgung	=WENN(B19="SUMME";SUMME($E$18:E18); WENN(B19>$E$8;"";F19-D19))
F19	Annuität	=WENN(B19="SUMME";SUMME($F$18:F18); WENN(B19>$E$8;"";$E$10)
G19	Restschuld am Jahresende	=WENN(ODER(B19="SUMME";B19>$E$8);""; C19-E19)
H19	Annuität (Auszahlung)	=WENN(ODER(B19="SUMME";B19>$E$8);""; -F19)

E10 =E6*(1+E7)^E8*E7/((1+E7)^E8-1)

	A	B	C	D	E	F	G	H
3								
4		**Annuitätendarlehen (Beispiel 3.1)**						
5								
6		Kreditbetrag			100.000,00			
7		Nomineller Jahreszinssatz			6,00%			
8		Laufzeit (Jahre)			5			
9								
10		Annuität			23.739,64			
11		Zinsen gesamt			18.698,20			
12		Effektiver Jahreszinssatz			6%			
13								
14								
15		Jahr	Schuldbetrag	Zinsen	Tilgung	Annuität	Schuldbetrag	Zahlungsstrom
16			Jahresanfang				Jahresende	
17		0					100.000,00	100.000,00
18		1	100.000,00	6.000,00	17.739,64	23.739,64	82.260,36	-23.739,64
19		2	82.260,36	4.935,62	18.804,02	23.739,64	63.456,34	-23.739,64
20		3	63.456,34	3.807,38	19.932,26	23.739,64	43.524,08	-23.739,64
21		4	43.524,08	2.611,44	21.128,20	23.739,64	22.395,89	-23.739,64
22		5	22.395,89	1.343,75	22.395,89	23.739,64	0,00	-23.739,64
23		SUMME		18.698,20	100.000,00	118.698,20		
24								

Bild 3.2 Tilgungsplan eines Annuitätendarlehens bei jährlicher Zins- und Tilgungsverrechnung (Beispiel 3.1)

Die Restschuld, der Zinsbetrag, die Tilgungsrate eines beliebigen Jahres können auch ohne Kenntnis des Tilgungsplans ermittelt werden.

Da nach $t < n$ Jahren die Darlehensschuld noch nicht vollständig getilgt ist, ergibt sich die Restschuld K_t am Ende des Laufzeitjahres t aus der Differenz der aufgezinsten Schuld und den bis dahin gezahlten Annuitäten:

$$K_t = K_0 (1+i)^t - A\left[\frac{(1+i)^t - 1}{i}\right]$$

Ersetzt man die Annuität A durch

$$A = K_0\left[\frac{(1+i)^n i}{(1+i)^n - 1}\right]$$

erhält man

$$K_t = K_0 (1+i)^t - K_0\left[\frac{(1+i)^n i}{(1+i)^n - 1}\right]\left[\frac{(1+i)^t - 1}{i}\right].$$

Nach wenigen Umformungen erhält man die Restschuld nach t Jahren in Abhängigkeit vom Zinssatz i zu

$$K_t = K_0\left[\frac{(1+i)^n - (1+i)^t}{(1+i)^n - 1}\right].$$

Die Zinszahlung in t ergibt sich aus der Restschuld des Vorjahres zu $Z_t = K_{t-1} i$. Durch Einsetzen von

$$K_{t-1} = K_0\left[\frac{(1+i)^n - (1+i)^{t-1}}{(1+i)^n - 1}\right]$$

erhält man schließlich

$$Z_t = K_0 i\left[\frac{(1+i)^n - (1+i)^{t-1}}{(1+i)^n - 1}\right].$$

Die Tilgungsrate in T_t, die im Zeitpunkt t fällig ist, erhält man aus $T_t = A - Z_t$. Die Substitution von A und Z_t führt zu

$$T_t = K_0\left[\frac{(1+i)^n i}{(1+i)^n - 1}\right] - K_0 i\left[\frac{(1+i)^n - (1+i)^{t-1}}{(1+i)^n - 1}\right].$$

Nach Umformen erhält man die Tilgungsrate zu

$$T_t = K_0 i\left[\frac{(1+i)^{t-1}}{(1+i)^n - 1}\right].$$

Oft ist die Annuität vorgegeben, und der Darlehensnehmer will wissen, wie lange es dauert, bis die Schuld zurückgezahlt ist. Ist $A > Z_t$, dann kann die Laufzeit des Darlehens n direkt aus

$$K_n = K_0(1+i)^n - A\left[\frac{(1+i)^n i}{(1+i)^n - 1}\right]$$

berechnet werden. Das Auflösen der Gleichung nach n ergibt:

$$n = \frac{-\ln\left(1 - \frac{K_0 i}{A}\right)}{\ln(1+i)}$$

Ersetzt man A durch

$$K_0\left[\frac{(1+i)^n i}{(1+i)^n - 1}\right],$$

erhält man die Laufzeit als Funktion des Zinssatzes i zu

$$n = \frac{-\ln\left[1 - \frac{(1+i)^n - 1}{(1+i)^n}\right]}{\ln(1+i)}.$$

3.2.2 Unterjährliche Zins- und Tilgungsverrechnung

In der Praxis erfolgt die Zins- und Tilgungsverrechnung meist nicht jährlich, sondern in anderen Abständen, z.B. halbjährlich, vierteljährlich oder monatlich. In diesem Falle müssen der Zinssatz und die Laufzeit angepasst werden.

Für die Zinsberechnung ist entscheidend, wie der nominelle Jahreszinssatz auf die unterjährlichen Perioden verteilt wird, als relativer (zeitproportionaler) oder als konformer Zinssatz. In den folgenden Abschnitten wird der unterjährliche relative Zinssatz verwendet. Der nominelle Jahreszinssatz i geht über in den Periodenzinssatz

$$i_r = \frac{i}{m}$$

und die Laufzeit beträgt dann

$$n_p = mn$$

Perioden.

Werden die Zinsen und die Tilgung unterjährlich verrechnet, dann wird bei der Ermittlung der Annuität die Laufzeit in die entsprechende Anzahl der Zinsperioden umgerechnet und anstelle des Jahreszinssatzes wird der unterjährliche Zinssatz verwendet. Damit erhält man

$$A = K_0 \left[\frac{\left(1+\frac{i}{m}\right)^{mn} \frac{i}{m}}{\left(1+\frac{i}{m}\right)^{mn} - 1} \right].$$

Alle anderen im vorhergehenden Abschnitt hergeleiteten Formeln behalten ihre Gültigkeit, wenn der Jahreszinssatz durch den relativen Zinssatz und die Jahre durch die Laufzeitperioden ersetzt werden.

Beispiel 3.2

Ein Darlehen über 100.000 Euro mit einer Laufzeit von 5 Jahren wird zu einem Zinssatz von 6% aufgenommen und ist monatlich annuitätisch zu tilgen. Zins- und Tilgungsverrechnung erfolgen jeweils am Monatsende.

Es sollen ein Tilgungsplan mit den ersten und den letzten beiden Zeilen aufgestellt werden und der effektive Jahreszinssatz berechnet werden.

Mit $m = 12$ berechnet sich der Periodenzinssatz zu

$$\frac{i}{m} = \frac{0,06}{12} = 0,005 \text{ oder } 0,5\%$$

und die Laufzeit beträgt

$mn = 12 \cdot 5 = 60$ Monate.

Damit erhält man Annuität bei unterjährig linearer Verzinsung zu

$$A = 100.000 \left[\frac{(1,005)^{60}\, 0,005}{(1,005)^{60} - 1} \right] = 1.933,28$$

Der Schuldbetrag zu Beginn des 59. Monats ist identisch mit der Restschuld des 58. Monats und beträgt

$$K_{58} = 100.000(1,005)^{58} - 1.933,58 \left[\frac{(1,005)^{58} - 1}{0,005} \right] = 3.817,75$$

Der Tilgungsplan bei unterjährlicher Annuitätentilgung wird analog zur Vorgehensweise bei jährlicher Annuitätentilgung erstellt und ist in Bild 3.3 auszugsweise dargestellt.

Monat	Schuldbetrag Monatsanfang	Zinsen	Tilgung	Annuität	Schuldbetrag Monatsende
0					100.000,00
1	100.000,00	500,00	1.433,28	1.933,28	98.566,72
2	98.576,72	492,83	1.440,45	1.933,28	97.126,27
...	...	...	...	...	...
59	3.837,75	19,19	1.914,09	1.933,28	1.923,66
60	1.923,66	9,62	1.923,66	1.933,28	0,00
Summe		15.996,81	100.000,00	115.996,81	

Bild 3.3 Tilgungsplan eines Annuitätendarlehens mit unterjährlicher Zins- und Tilgungsverrechnung (Beispiel 3.2)

Zur Bestimmung des effektiven Jahreszinssatzes wird zunächst der effektive Monatszinssatz i_e^m aus der Äquivalenzgleichung

$$100.000 = 19.333{,}28\left[\frac{(1+i_e^m)^{60}-1}{i_e(1+i_e^m)^{60}}\right]$$

berechnet. Dieser beträgt 0,5%.

Damit ergibt sich der effektive Jahreszinssatz zu

$$i_e = (1+0{,}005)^{12} - 1 = 6{,}17\%\,.$$

Excel-Umsetzung

Nach Umrechnung des Jahreszinssatzes in einen Periodenzinssatz und nach Anpassung der Laufzeit entspricht die Vorgehensweise in Excel weitgehend der in Abschnitt 3.2.1.

Der sich aus dem Zahlungsstrom ergebende effektive Zinssatz bezieht sich auf einen Monat und muss in einen Jahreszinssatz umgerechnet werden.

Einzelne Elemente des Tilgungsplans sind in nachfolgender Tabelle zusammengefasst.

Position	Inhalt	Excel-Umsetzung
E13	Berechnung der Annuität	=E6*(1+E10)^E11*E10/((1+E10)^E11-1)
E14	Effektivzinssatz pro Periode	=IKV(H20:H80)
E15	effektiver Jahreszinssatz	=(1+E14)^E9-1

Der Tilgungsplan zum Beispiel 3.2 ist in Bild 3.4 dargestellt. Die Zeilen 24 bis 77 sind ausgeblendet.

E15 =(1+E14)^E9-1

Annuitätendarlehen mit unterjährlicher Zins- und Tilgungsverrechnung (Beispiel 3.2)

Kreditbetrag (GE)	100.000,00
Zinssatz (nominell)	6,00%
Laufzeit (Jahre)	5
Zins- und Tilgungsperioden pro Jahr	12
Periodenzinssatz (linear)	0,50%
Laufzeitperioden	60
Annuität	1.933,28
Effektivzinssatz pro Periode	0,50%
Effektiver Jahreszinssatz	6,17%

Periode	Schuldbetrag Periodenanfang	Zinsen	Tilgung	Annuität	Schuldbetrag Periodenende	Zahlungsstrom
0					100.000,00	100.000,00
1	100.000,00	500,00	1.433,28	1.933,28	98.566,72	-1.933,28
2	98.566,72	492,83	1.440,45	1.933,28	97.126,27	-1.933,28
3	97.126,27	485,63	1.447,65	1.933,28	95.678,62	-1.933,28
58	5.742,32	28,71	1.904,57	1.933,28	3.837,75	-1.933,28
59	3.837,75	19,19	1.914,09	1.933,28	1.923,66	-1.933,28
60	1.923,66	9,62	1.923,66	1.933,28	0,00	-1.933,28
SUMME		15.996,81	100.000,00	115.996,81		

Bild 3.4 Tilgungsplan eines Annuitätendarlehens mit unterjährlicher Zins- und Tilgungsverrechnung (Beispiel 3.2)

3.3 Abzahlungsdarlehen

3.3.1 Jährliche Zins- und Tilgungsverrechnung

Abzahlungsdarlehen, auch Tilgungsdarlehen, oder Darlehen mit konstanter Tilgung genannt, sind durch jährlich gleichbleibende Tilgungsraten gekennzeichnet.

$$T_1 = T_2 = \ldots = T_n = T$$

Da die Summe der Tilgungsbeträge dem ursprünglichen Darlehensbetrag entspricht, gilt:

$$K_0 = \sum_{t=1}^{n} T = nT$$

Aufgelöst nach T erhält man die Tilgungsrate zu

$$T = \frac{K_0}{n},$$

die über die Laufzeit des Darlehens konstant bleibt.

Beispiel 3.3

Ein Darlehen über 100.000 Euro wird zu einem Zinssatz von 6% aufgenommen und ist in 5 Jahren in gleichen Raten zu tilgen. Zins und Tilgungsverrechnung erfolgen jeweils am Jahresende. Zunächst soll die Tilgungsrate berechnet werden und dann ein Tilgungsplan über fünf Jahre aufgestellt werden.

Die jährliche Tilgungsrate berechnet sich aus

$$T = \frac{100.000}{5} = 20.000\,.$$

Der komplette Tilgungsplan bei jährlicher Ratentilgung aus der Perspektive des Darlehensnehmers ist in Bild 3.5 abgebildet.

Jahr	Schuldbetrag Jahresanfang	Zinsen	Tilgung	Annuität	Schuldbetrag Jahresende
0					100.000,00
1	100.000	6.000	20.000	26.000	80.000
2	80.000	4.800	20.000	24.800	60.000
3	60.000	3.600	20.000	23.600	40.000
4	40.000	2.400	20.000	22.400	20.000
5	20.000	1.200	20.000	21.200	0
Summe		18.000	100.000	118.000	

Bild 3.5 Tilgungsplan eines Abzahlungsdarlehens (Beispiel 3.3)

Die Zinsen im ersten Jahr betragen

$$Z_1 = 100.000 \times 0{,}06 = 6.000\,.$$

Die jährliche Tilgungsrate berechnet sich zu

$$T = \frac{100.000}{5} = 20.000\,.$$

Die Annuität des ersten Jahres ist die Summe aus Zinsen und Tilgung:

$$A_1 = 6.000 + 20.000 = 26.000$$

Da der Zinsaufwand durch die fortschreitende Rückzahlung des Darlehens geringer wird, nimmt die gesamte Jahresleistung des Schuldners ab und es ergeben sich in $t >$ 1 fallende Annuitäten. Die Differenz des geringer werdenden Zinsaufwandes zur gleichbleibenden Annuität dient hier nicht der zusätzlichen Tilgung.
Die Restschuld am Jahresende beträgt

$$K_1 = 100.000 - 20.000 = 80.000\,.$$

Die Berechnung des Zinsbetrages, der Annuität und der Restschuld im Jahre t kann verallgemeinert werden, so dass auch ohne Tilgungsplan die einzelnen Elemente berechnet werden können.

Die Restschuld K_t am Jahresende verringert sich linear und beträgt nach t Jahren

$$K_t = K_0 - tT_t = K_0\left(1-\frac{t}{n)}\right).$$

Die Berechnung des jährlichen Zinsbetrages Z_t in t erfolgt aus

$$Z_t = K_{t-1}i = K_0 i\left(1-\frac{t-1}{n}\right).$$

Die gesamten Zinsen, die bei konstanter Tilgungsrate für die gesamte Laufzeit n gezahlt werden müssen, erhält man mit

$$Z = Z_1 + Z_2 + \cdots + Z_n \; = K_0 i\left[n - \tfrac{1}{n}(1 + 2 + \cdots + n - 1)\right]$$

Der Ausdruck in der runden Klammer ist eine arithmetische Reihe und führt zu

$$Z = K_0 i\left[n - \frac{1}{n}\cdot\frac{(n-1)n}{2}\right]$$

Nach weiteren Umformungen erhält man schließlich die gesamten Zinsen zu

$$Z = K_0 i\left(\frac{1+n}{2}\right).$$

Die Berechnung der Annuität erfolgt aus der Beziehung

$$A_t = Z_t + T_t.$$

Einsetzen führt zu

$$A_t = K_0\left[i\left(1-\frac{t-1}{n}\right)+\frac{1}{n}\right].$$

Damit liegen alle für die Ratentilgung relevanten Formeln vor.

Excel-Umsetzung

Nach Berechnung der Tilgungsrate wird analog zur Vorgehensweise beim Annuitätendarlehen der Tilgungsplan erstellt. Zu beachten ist, dass für den Zinssatz und die Tilgungsrate mittels $-Zeichen feste Zellbezüge hergestellt werden.

Aus dem Zahlungsstrom wird mit der Excel-Funktion IKV() der effektive Jahreszinssatz berechnet, der dem nominellen Jahreszinssatz von 6% entspricht, da Zins- und Tilgungszahlungen jährlich, jeweils am Jahresende, erfolgen und außer den Nominalzinsen keine weiteren Kosten anfallen.

Einzelne Elemente des Tilgungsplans sind in der folgenden Tabelle aufgeführt.

Position	Inhalt	Excel-Umsetzung
E10	Berechnung der Tilgungsrate	=E6/E8
E11	Berechnung der Zinsen	=E6*E7*(1+E8)/2
E12	Effektiver Jahreszinssatz	=IKV(H17:H47)

Der Tilgungsplan des Abzahlungsdarlehens von Beispiel 3.3 ist in Bild 3.6 dargestellt.

E10 =E6/E8

	B	C	D	E	F	G	H
3							
4	**Abzahlungsdarlehen (Beispiel 3.3)**						
5							
6	Kreditbetrag			100.000,00			
7	Nomineller Jahreszinssatz			6,00%			
8	Laufzeit (Jahre)			5			
9							
10	Tilgungsrate			20.000,00			
11	Zinsen gesamt			18.000,00			
12	Effektiver Jahreszinssatz			6%			
13							
14							
15	Jahr	Schuldbetrag	Zinsen	Tilgung	Annuität	Schuldbetrag	Zahlungsstrom
16		Jahresanfang				Jahresende	
17	0					100.000,00	100.000,00
18	1	100.000,00	6.000,00	20.000,00	26.000,00	80.000,00	-26.000,00
19	2	80.000,00	4.800,00	20.000,00	24.800,00	60.000,00	-24.800,00
20	3	60.000,00	3.600,00	20.000,00	23.600,00	40.000,00	-23.600,00
21	4	40.000,00	2.400,00	20.000,00	22.400,00	20.000,00	-22.400,00
22	5	20.000,00	1.200,00	20.000,00	21.200,00	0,00	-21.200,00
23	SUMME		18.000,00	100.000,00	118.000,00		
24							

Bild 3.6 Tilgungsplan eines Abzahlungsdarlehens (Beispiel 3.3)

3.3.2 Unterjährliche Zins- und Tilgungsverrechnung

Werden die Zinsen und die Tilgung unterjährlich verrechnet, dann müssen die Laufzeit und der Zinssatz angepasst werden. Wird der unterjährliche relative Zinssatz verwendet, dann geht der nominelle Jahreszinssatz i in den Periodenzinssatz

$$i_r = \frac{i}{m}$$

über, und die Laufzeit beträgt mn Perioden.

Durch entsprechende Substitution des Zinssatzes und der Laufzeit können alle im vorhergehenden Abschnitt hergeleiteten Formeln verwendet werden; t ist dabei als Laufzeitperiode zu interpretieren.

Beispiel 3.4

Ein Darlehen über 100.000 Euro wird zu einem Zinssatz von 6% aufgenommen und ist in 5 Jahren in gleichen Raten zu tilgen. Zins und Tilgungsverrechnung erfolgen jeweils zum Quartalsende. Zunächst soll die Tilgungsrate berechnet und dann ein Tilgungsplan über fünf Jahre (20 Quartale) aufgestellt werden.

Die Tilgungsrate pro Quartal berechnet sich zu

$$T = \frac{100.000}{4 \cdot 5} = 5.000$$

und ist über die Laufzeit konstant.

Der Tilgungsplan ist in Bild 3.7 dargestellt.

Quartal	Schuldbetrag Quartals-anfang	Zinsen	Tilgung	Annuität	Schuldbetrag Quartals-ende
0					100.000
1	100.000	1.500	5.000	6.500	95.000
2	95.000	1.425	5.000	6.425	90.000
...	...	...	...	...	...
18	15.000	225	5.000	5.225	10.000
19	10.000	150	5.000	5.150	5.000
20	5.000	75	5.000	5.075	0
Summe		15.750	100.000	115.750	

Bild 3.7 Tilgungsplan eines Abzahlungsdarlehens bei unterjährlicher Zins- und Tilgungsverrechnung (Beispiel 3.4)

Excel-Umsetzung

Nach Berechnung der Tilgungsrate pro Quartal (E13), der Umrechnung des Jahreszinssatzes in einen unterjährlichen Zinssatz (E10) und der Anpassung der Laufzeit (E11) entspricht die Vorgehensweise bei der Erstellung des Tilgungsplans der bei jährlicher Ratentilgung.

Die gesamten Zinsen (E14) wurden zur Kontrolle mit der oben hergeleiteten Formel berechnet und sind identisch mit der Summe aller Zinszahlungen im Tilgungsplan (D42).

Der effektive Jahreszinssatz ist hier höher als der nominelle Jahreszinssatz, da die Zins- und Tilgungsverrechnung unterjährlich (quartalsweise) erfolgt.

Einzelne Berechnungsschritte des Beispiels 3.4 sind in der folgenden Tabelle aufgeführt.

Position	Inhalt	Excel-Umsetzung
E13	Berechnung der Tilgungsrate	=E6/$E$11
E14	Berechnung der Zinsen	=E6*E10*((E11-1/E11*(E11-1)*E11/2))
E15	effektiver Periodenzinssatz	=IKV(H21:H41)
E16	effektiver Jahreszinssatz	=(1+E15)^E9-1

In Bild 3.8 ist der Tilgungsplan auszugsweise dargestellt. Die Zeilen 25 bis 37 sind ausgeblendet.

E14 | =E6*E10*((E11-1/E11*(E11-1)*E11/2))

Abzahlungsdarlehen mit unterjährlicher Zins- und Tilgungsverrechnung (Beispiel 3.4)

Kreditbetrag	100.000,00
Nomineller Jahreszinssatz	6,00%
Laufzeit (Jahre)	5
Zins- und Tilgungsperioden pro Jahr	4
Periodenzinssatz (linear)	1,50%
Laufzeitperioden	20
Tilgungsrate	5.000,00
Zinsen gesamt	15.750,00
Effektivzinssatz pro Periode	1,50%
Effektiver Jahreszinssatz	6,14%

Jahr	Schuldbetrag Jahresanfang	Zinsen	Tilgung	Annuität	Schuldbetrag Jahresende	Zahlungsstrom
0					100.000,00	100.000,00
1	100.000,00	1.500,00	5.000,00	6.500,00	95.000,00	-6.500,00
2	95.000,00	1.425,00	5.000,00	6.425,00	90.000,00	-6.425,00
3	90.000,00	1.350,00	5.000,00	6.350,00	85.000,00	-6.350,00
17	20.000,00	300,00	5.000,00	5.300,00	15.000,00	-5.300,00
18	15.000,00	225,00	5.000,00	5.225,00	10.000,00	-5.225,00
19	10.000,00	150,00	5.000,00	5.150,00	5.000,00	-5.150,00
20	5.000,00	75,00	5.000,00	5.075,00	0,00	-5.075,00
SUMME		15.750,00	100.000,00	115.750,00		

Bild 3.8 Tilgungsplan eines Abzahlungsdarlehens mit unterjährlicher Zins- und Tilgungsverrechnung (Beispiel 3.4)

3.4 Endfälliges Darlehen

Endfällige Darlehen (auch Zinsdarlehen genannt) sind dadurch gekennzeichnet, dass während der Laufzeit lediglich die Zinsen gezahlt werden und die Tilgung der Schuld am Ende der Laufzeit in einer Summe erfolgt.

Die gesamten Zinsen berechnen sich aus

$$Z = nK_0 i$$

bzw. bei unterjährlicher Zinsverrechnung

$$Z = mnK_0 \frac{i}{m} = nK_0 i\,.$$

Da während der Laufzeit keine Tilgung vorgenommen wird, werden die Zinsen stets auf das Anfangskapital berechnet.

Beispiel 3.5

Ein Darlehen über 100.000 Euro mit einer Laufzeit von fünf Jahren wird zu einem Zinssatz von 6% aufgenommen und ist am Ende der Laufzeit in einer Summe zu tilgen. Die Zinsverrechnung erfolgt jährlich zu Jahresende. Es soll ein Tilgungsplan über fünf Jahre aufgestellt werden.

Jahr	Schuld-betrag Jahresanfang	Zinsen	Tilgung	Annuität	Schuld-betrag Jahresende
0					100.000,00
1	100.000	6.000	0	6.000	100.000,00
2	100.000	6.000	0	6.000	100.000,00
3	100.000	6.000	0	6.000	100.000,00
4	100.000	6.000	0	6.000	100.000,00
5	100.000	6.000	100.000	106.000	0,00
Summe		30.000	100.000	130.000	

Bild 3.9 Tilgungsplan eines endfälligen Darlehens (Beispiel 3.5)

Zinsdarlehen werden häufig bei der Finanzierung mit Lebensversicherung angewandt. Dabei wird eine Kapitallebensversicherung mit einer Finanzierung zeitlich derart verknüpft, dass bei Fälligkeit der Versicherung das Darlehen mit der Versicherungsleistung vollständig getilgt werden kann. Der Vorteil für die Darlehensgeberin (Bank, Versicherungsgesellschaft) besteht darin, dass sie wegen der Tilgungsaussetzung laufend hohe Zinseinnahmen hat und für die Vermittlung der Lebensversicherung Provisionseinnahmen vereinnahmt. Die Vorteile beim Darlehensnehmer bestehen darin, dass unter bestimmten Voraussetzungen die Gewinne aus der Lebensversicherung steuerfrei sind und die Darlehenszinsen steuerlich geltend gemacht werden können. Das Risiko besteht darin, dass die zur Rückzahlung der Darlehensschuld aufzubringende Ablaufleistung nicht garantiert ist.

Excel-Umsetzung

Der für das Annuitäten- und Abzahlungsdarlehen aufgestellte Tilgungsplan für die unterjährliche Zins- und Tilgungsverrechnung kann im Wesentlichen für das endfällige Darlehen übernommen werden. Eine Anpassung erfolgt lediglich bei der Tilgung.

Die Berechnung einzelner Elemente des Tilgungsplans kann für den Fall der jährlichen Zins- und Tilgungsverrechnung der folgenden Tabelle entnommen werden.

Position	Inhalt	Excel-Umsetzung
E13	Tilgungsbetrag	=E6
E14	gesamte Zinsen	=E11*E6*$E$10
E16	effektiver Jahreszinssatz	=IKV(H21:H26)
E22	Tilgung	=WENN(B22>$E$8;"";WENN(B22=$E$11;E13;0))
E23	Tilgung mit Abbruchbedingungen	=WENN(B23="SUMME";SUMME($E$22:E22); WENN(B23>$E$11;"";WENN(B23=$E$11;$E$13;0)))

Der Tilgungsplan für das endfällige Darlehen ist in Bild 3.10 dargestellt.

E14 =E11*E6*$E$10

	A	B	C	D	E	F	G	H
3								
4		**Endfälliges Darlehen (Beispiel 3.5)**						
5								
6		Kreditbetrag			100.000,00			
7		Nomineller Jahreszinssatz			6,00%			
8		Laufzeit (Jahre)			5			
9		Zins- und Tilgungsperioden pro Jahr			1			
10		Periodenzinssatz (linear)			6,00%			
11		Laufzeitperioden			5			
12								
13		Tilgungsbetrag			100.000,00			
14		Zinsen gesamt			30.000,00			
15		Effektivzinssatz pro Periode			6,00%			
16		Effektiver Jahreszinssatz			6,00%			
17								
18								
19		Jahr	Schuldbetrag	Zinsen	Tilgung	Annuität	Schuldbetrag	Zahlungsstrom
20			Jahresanfang				Jahresende	
21		0					100.000,00	100.000,00
22		1	100.000,00	6.000,00	0,00	6.000,00	100.000,00	-6.000,00
23		2	100.000,00	6.000,00	0,00	6.000,00	100.000,00	-6.000,00
24		3	100.000,00	6.000,00	0,00	6.000,00	100.000,00	-6.000,00
25		4	100.000,00	6.000,00	0,00	6.000,00	100.000,00	-6.000,00
26		5	100.000,00	6.000,00	100.000,00	106.000,00	0,00	-106.000,00
27		SUMME		30.000,00	100.000,00	130.000,00		
28								

Bild 3.10 Tilgungsplan eines endfälligen Darlehens (Beispiel 3.5)

3.5 Spezielle Formen der Schuldentilgung

Von der Vielzahl der individuellen Gestaltungsmöglichkeiten, die in einen Kreditvertrag einfließen können, sollen in diesem Abschnitt zins- und tilgungsfreie Zeiten, Gebühren und das Disagio und die Tilgung mit Prozentannuitäten am Beispiel eines Annuitätendarlehens berücksichtigt werden.

In der Praxis ist es oft üblich, die Tilgung am Anfang der Kreditlaufzeit für einige Perioden auszusetzen. Dabei muss unterschieden werden, ob es sich um eine Tilgungsstreckung oder einen Zahlungsaufschub handelt.

Der Kreditvergabepraxis entspricht es auch, neben den durch den Nominalzinssatz vorgegebenen regelmäßigen Zinszahlungen meist einmalige Kreditgebühren zu erheben und Zinsvorauszahlungen in Form eines Disagios zu akzeptieren, die als Prozentsatz des Darlehens vereinbart und auf verschiede Weise verrechnet werden können.

Im Folgenden werden diese verschiedenen Ausgestaltungsmöglichkeiten anhand eines Annuitätendarlehens näher betrachtet.

3.5.1 Tilgungsstreckung

Bei der Tilgungsstreckung werden im Rahmen der tilgungsfreien Perioden lediglich die Zinsen gezahlt, es wird aber keine Tilgung vorgenommen. Die tatsächliche Tilgung der Schuld beginnt mit einer zeitlichen Verzögerung von k Jahren bzw. mk Perioden. Die Annuität wird dann auf Basis von n-k Jahren berechnet und beträgt

$$A' = K_0 \left[\frac{(1+i)^{n-k} i}{(1+i)^{n-k} - 1} \right]$$

bzw. bei $mn - mk$ Perioden

$$A' = K_0 \left[\frac{\left(1+\frac{i}{m}\right)^{mn-mk} \frac{i}{m}}{\left(1+\frac{i}{m}\right)^{mn-mk} - 1} \right].$$

Da sich bei Berücksichtigung von tilgungsfreien Perioden die Annuität auf einen kürzeren Zeitraum bezieht, wird die Annuität höher ausfallen als bei Darlehen ohne tilgungsfreie Perioden.

Die in Abschnitt 3.2.1 vorgestellten Formeln behalten weiterhin ihre Gültigkeit, wenn die Zeitparameter um k Jahre (mk Perioden) reduziert werden, d.h., wenn anstelle der Laufzeit n (Perioden mn) die Tilgungsdauer $n - k$ ($mn - mk$) tritt. Damit wird auf die Zeitperioden $t = k+1,\ k+2,\ \ldots,\ n$ ($t = mk+1,\ mk+2,\ \ldots,\ mn$) abgestellt, in denen Tilgungen stattfinden. Für $t \le k$ ($t \le mk$) ist $T_t = 0$.

Beispiel 3.6

Ein Darlehen über 100.000 Euro mit halbjährlicher Annuitätentilgung ist mit einer Laufzeit von 5 Jahren und einem Nominalzinssatz von 6% ausgestattet. Zusätzlich wird eine Tilgungsstreckung von einem Jahr vereinbart.

Es sollen ein Tilgungsplan für die ersten vier und die letzten zwei Perioden aufgestellt und die 4. Zeile des Tilgungsplans berechnet werden. Zudem soll der effektive Jahreszinssatz dieser vertraglichen Vereinbarung ermittelt werden.

Wegen der tilgungsfreien Zeit von einem Jahr (zwei Halbjahresperioden) wird die Annuität auf Basis von

$mn - mk = 2 \cdot 5 - 2 \cdot 1 = 8$ Perioden

berechnet.

Mit dem Halbjahreszinssatz von

$i_r = \frac{i}{m} = \frac{0{,}06}{2} = 0{,}03$ oder 3%

erhält man die Annuität bei unterjährlicher linearer Verzinsung zu

$$A' = 100.000 \left[\frac{(1{,}03)^{10-2}\, 0{,}03}{(1{,}03)^{10-2} - 1} \right] = 14.245{,}64 .$$

Zur Ermittlung der 9. Zeile des Tilgungsplans muss die Schuld am Ende der 8. Periode berechnet werden. Diese beträgt unter Berücksichtigung der tilgungsfreien Perioden

$$K_8 = 100.000 (1{,}03)^{8-2} - 14.245{,}64 \left[\frac{(1{,}03)^{8-2} - 1}{0{,}03} \right] = 27.258{,}60 .$$

Der Tilgungsplan ist in Bild 3.11 dargestellt.

Halbjahres-periode	Schuldbetrag Perioden-anfang	Zinsen	Tilgung	Annuität	Schuldbetrag Perioden-ende
0					100.000,00
1	100.000,00	3.000,00	0	3.000,00	100.000,00
2	100.000,00	3.000,00	0	3.000,00	100.000,00
3	100.000,00	3.000,00	11.245,64	14.245,64	88.754,36
4	88.754,36	2.662,63	11.583,01	14.245,64	77.171,35
...	...	...	...	...	...
9	27.258,60	817,76	13.427,88	14.245,64	13.830,72
10	13.830,72	414,92	13.830,72	14.245,64	0,00
Summe		19.965,11	100.000,00	119.965,11	

Bild 3.11 Tilgungsplan eines Annuitätendarlehens mit zwei tilgungsfreien Perioden (Beispiel 3.6)

Bei der Ermittlung der 4. Zeile des Tilgungsplans wird zunächst die Anfangsschuld berechnet, die der Restschuld der 3. Periode entspricht.

$$K_3 = 100.000(1,03)^{3-2} - 14.245,64\left[\frac{(1,03)^{3-2}-1}{0,03}\right] = 88.754,36$$

Die Zinsen in $t = 4$ betragen

$$Z_4 = 100.000 \cdot 0,03\left[\frac{(1,03)^{10-2}-(1,03)^{4-1-2}}{(1,03)^{10-2}-1}\right] = 2.662,63\,.$$

Für die Tilgung erhält man

$$T_4 = 100.000 \cdot 0,03\left[\frac{(1,03)^{4-1-2}}{(1,03)^{10-2}-1}\right] = 11.583,01\,.$$

Und die Restschuld am Ende der 4. Periode beträgt

$$K_4 = 100.000(1,03)^{4-2} - 14.245,64\left[\frac{(1,03)^{4-2}-1}{0,03}\right] = 77.171,35\,.$$

Zur Berechnung des effektiven Jahreszinssatzes wird zunächst aus der Gleichung

$$100.000 = \frac{3.000}{1+i_e^m} + \frac{3.000}{\left(1+i_e^m\right)^2} + 14.245,64\left[\frac{\left(1+i_e^m\right)^8-1}{i_e^m\left(1+i_e^m\right)^8}\right]\frac{1}{\left(1+i_e^m\right)^2}$$

der effektive Halbjahreszinssatz $i_e^m = 0{,}03$ oder 3% berechnet. Damit ergibt sich der effektive Jahreszinssatz zu

$$i_e = (1,03)^2 - 1 = 0,0609 \text{ oder } 6,09\%\,.$$

Excel-Umsetzung

Die Annuität wird hier mit der Excel-Funktion RMZ() berechnet. Zu beachten ist, dass dabei der unterjährliche Zinssatz verwendet wird, der Kreditbetrag mit negativem Vorzeichen eingetragen wird und die Annuität auf acht Laufzeitperioden beruht. Die Tilgung des Darlehens beginnt nach einem Jahr (zwei Halbjahresperioden). Von diesen Anpassungen abgesehen, kann der Tilgungsplan des Beispiels 3.2 direkt übernommen werden.

Die nachfolgende Tabelle zeigt die Berechnung einzelner Elemente des Tilgungsplans auf.

Position	Inhalt	Excel-Umsetzung
E15	Berechnung der Annuität	=RMZ(E7/E9;E8*E9-E13;-E6;;0)
E16	Effektivzinssatz pro Periode	=IKV(H22:H32)
E17	effektiver Jahreszinssatz	=(1+E16)^E9-1
E23	Berechnung des Tilgungsbetrags	=WENN(B23>$E$13;WENN(B23="";""; $E$15-D23);0)
E24	Tilgungsbetrag mit Abbruchbedingungen	=WENN(B25="SUMME";SUMME($E$23:E24); WENN(B25>$E$13;WENN(B25="";"";$E$15-D25);0))

In Bild 3.12 ist der Tilgungsplan eines Annuitätendarlehens mit unterjährlicher Zins- und Tilgungsverrechnung und zwei tilgungsfreien Perioden dargestellt.

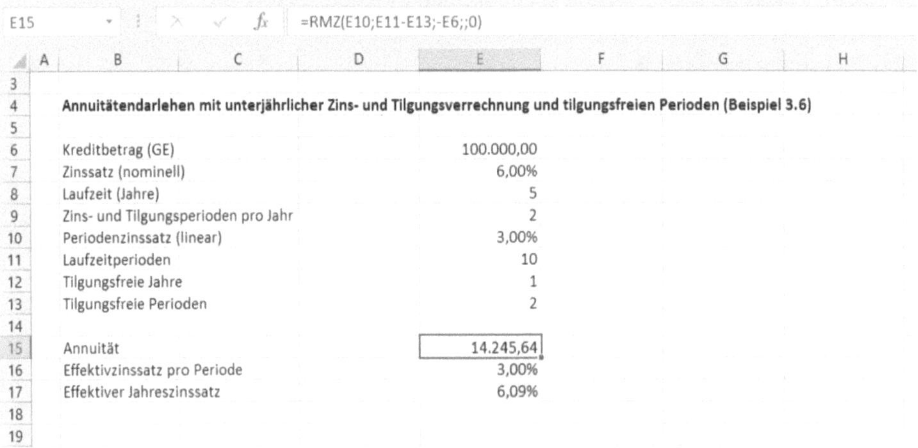

E15 =RMZ(E10;E11-E13;-E6;;0)

Annuitätendarlehen mit unterjährlicher Zins- und Tilgungsverrechnung und tilgungsfreien Perioden (Beispiel 3.6)

Kreditbetrag (GE)	100.000,00
Zinssatz (nominell)	6,00%
Laufzeit (Jahre)	5
Zins- und Tilgungsperioden pro Jahr	2
Periodenzinssatz (linear)	3,00%
Laufzeitperioden	10
Tilgungsfreie Jahre	1
Tilgungsfreie Perioden	2
Annuität	14.245,64
Effektivzinssatz pro Periode	3,00%
Effektiver Jahreszinssatz	6,09%

	Periode	Schuldbetrag Periodenanfang	Zinsen	Tilgung	Annuität	Schuldbetrag Periodenende	Zahlungsstrom
22	0					100.000,00	100.000,00
23	1	100.000,00	3.000,00	0,00	3.000,00	100.000,00	-3.000,00
24	2	100.000,00	3.000,00	0,00	3.000,00	100.000,00	-3.000,00
25	3	100.000,00	3.000,00	11.245,64	14.245,64	88.754,36	-14.245,64
26	4	88.754,36	2.662,63	11.583,01	14.245,64	77.171,35	-14.245,64
27	5	77.171,35	2.315,14	11.930,50	14.245,64	65.240,85	-14.245,64
28	6	65.240,85	1.957,23	12.288,41	14.245,64	52.952,44	-14.245,64
29	7	52.952,44	1.588,57	12.657,07	14.245,64	40.295,38	-14.245,64
30	8	40.295,38	1.208,86	13.036,78	14.245,64	27.258,60	-14.245,64
31	9	27.258,60	817,76	13.427,88	14.245,64	13.830,72	-14.245,64
32	10	13.830,72	414,92	13.830,72	14.245,64	0,00	-14.245,64
33	SUMME		19.965,11	100.000,00	119.965,11		
34							

Bild 3.12 Tilgungsplan eines Annuitätendarlehens mit unterjährlicher Zins- und Tilgungsverrechnung und zwei tilgungsfreien Perioden (Beispiel 3.6)

3.5.2 Zahlungsaufschub

Bei einem Zahlungsaufschub für Zins- und Tilgungszahlungen beginnt die Zahlung der Zinsen und Tilgung nicht sofort, sondern erst nach einer Verzögerung von k Jahren. Da während der tilgungsfreien Zeit $t = 1, 2, \dots, k$ keine Zinsen bezahlt werden, erhöht sich der ursprüngliche Kreditbetrag um die nicht bezahlten Zinsen und Zinseszinsen (man sagt, die Zinsen werden kapitalisiert). Nach k Jahren ergibt sich somit eine Schuld von

$$K_k = K_0 (1+i)^k > K_0$$

und die in den verbleibenden Laufzeitjahren $t = k+1,\ k+2,\ \dots,\ n$ zu zahlende Annuität berechnet sich zu

$$A' = K_0 (1+i)^k \left[\frac{(1+i)^{n-k}\, i}{(1+i)^{n-k} - 1} \right]$$

oder

$$A' = K_0 \left[\frac{(1+i)^n\, i}{(1+i)^{n-k} - 1} \right].$$

Bei unterjährlicher Zins- und Tilgungsverrechnung wächst die Schuld auf

$$K_{mk} = K_0 \left(1 + \frac{i}{m} \right)^{mk}$$

an.

Beispiel 3.7

Ein Darlehen über 100.000 Euro mit halbjährlicher Annuitätentilgung ist mit einer Laufzeit von 5 Jahren und einem Nominalzinssatz von 6% ausgestattet. Zusätzlich wird ein Zahlungsaufschub für Zins- und Tilgungszahlungen von einem Jahr gewährt.

Es sollen die Annuität berechnet und ein Tilgungsplan für die ersten vier Perioden und die letzten zwei Perioden aufgestellt werden.

Nach zwei zins- und tilgungsfreien Perioden wächst die ursprüngliche Schuld von 100.000 Euro auf

$$K_2 = 100.000(1,03)^2 = 106.090$$

an, die dann über eine Laufzeit von 8 Halbjahresperioden getilgt wird.

Die Annuität wird wieder auf Basis von 8 Halbjahresperioden berechnet und beträgt

$$A = 106.090\left[\frac{(1,03)^8 0,03}{(1,03)^8 - 1}\right] = 15.113,20.$$

Die Anfangsschuld des 9. Halbjahres entspricht der Restschuld am Ende des 8. Halbjahres. Diese berechnet sich unter Berücksichtigung der tilgungsfreien Perioden zu

$$K_8 = 106.090(1,03)^6 - 15.113,20\left[\frac{(1,03)^6 - 1}{0,03}\right] = 28.918,65.$$

Der Tilgungsplan mit zwei zins- und tilgungsfreien Perioden ist in Bild 3.13 dargestellt.

Halbjahres-Periode	Schuldbetrag Periodenanfang	Zinsen	Tilgung	Annuität	Schuldbetrag Periodenende
0					100.000,00
1	100.000,00	0	0	0	103.000,00
2	103.000,00	0	0	0	106.090,00
3	106.090,00	3.182,70	11.930,50	15.113,20	94.159,50
4	94.159,50	2.824,79	12.288,41	15.113,20	81.871,09
...	...	...	...	...	...
9	28.918,65	867,56	14.245,64	15.113,20	14.673,01
10	14.673,01	414,19	14.673,01	15.113,20	0,00
Summe		14.815,59	100.000,00	120.905,59	

Bild 3.13 Tilgungsplan eines Annuitätendarlehens mit zins- und tilgungsfreien Perioden (Beispiel 3.7)

Excel-Umsetzung

Der Tilgungsplan in Bild 3.12 kann direkt übernommen werden, es sind lediglich die Zinszahlungen der ersten und zweiten Periode zu unterdrücken und der Anfangsschuld unter Berücksichtigung von Zinseszinsen hinzuzurechnen.

Einzelne Berechnungsschritte sind in nachfolgender Tabelle aufgeführt.

Position	Inhalt	Excel-Umsetzung
E15	Kreditbetrag	=E6*(1+E10)^E13
E16	Berechnung der Annuität	=E15*(1+$E$10)^($E$11-$E$13)*$E$10/((1+$E$10)^($E$11-$E$13)-1)
E16	Effektivzinssatz pro Periode	=E15*(1+$E$10)^($E$11-$E$13)*$E$10/((1+$E$10)^($E$11-$E$13)-1)
E17	effektiver Jahreszinssatz	=(1+E17)^E9-1
E24	Berechnung der Zinsen	=WENN(B24>$E$13;WENN(B24="";"";C24*$E$10);0)
E25	Berechnung der Zinsen mit Abbruchbedingungen	=WENN(B25="SUMME";SUMME($D$24:D24); WENN(B25>$E$13;WENN(B25="";"";C25*$E$10);0))

E15 | =E6*(1+E10)^E13

Annuitätendarlehen mit unterjährlicher Zins- und Tilgungsverrechnung und zins- und tilgungsfreien Perioden (Beispiel 3.

Kreditbetrag (GE)	100.000,00
Zinssatz (nominell)	6,00%
Laufzeit (Jahre)	5
Zins- und Tilgungsperioden pro Jahr	2
Periodenzinssatz (relativer Zinssatz)	3,00%
Laufzeitperioden	10
Zins- und tilgungsfreie Jahre	1
Zins- und tilgungsfreie Perioden	2
Kreditbetrag	106.090,00
Annuität	15.113,20
Effektivzinssatz pro Periode	3,00%
Effektiver Jahreszinssatz	6,09%

Periode	Schuldbetrag Periodenanfang	Zinsen	Tilgung	Annuität	Schuldbetrag Periodenende	Zahlungsstrom
0					100.000,00	100.000,00
1	100.000,00	0,00	0,00	0,00	103.000,00	0,00
2	103.000,00	0,00	0,00	0,00	106.090,00	0,00
3	106.090,00	3.182,70	11.930,50	15.113,20	94.159,50	-15.113,20
4	94.159,50	2.824,79	12.288,41	15.113,20	81.871,09	-15.113,20
5	81.871,09	2.456,13	12.657,07	15.113,20	69.214,02	-15.113,20
6	69.214,02	2.076,42	13.036,78	15.113,20	56.177,25	-15.113,20
7	56.177,25	1.685,32	13.427,88	15.113,20	42.749,36	-15.113,20
8	42.749,36	1.282,48	13.830,72	15.113,20	28.918,65	-15.113,20
9	28.918,65	867,56	14.245,64	15.113,20	14.673,01	-15.113,20
10	14.673,01	440,19	14.673,01	15.113,20	0,00	-15.113,20
SUMME		14.815,59	106.090,00	120.905,59		

Bild 3.14 Tilgungsplan eines Annuitätendarlehens mit unterjährlicher Zins- und Tilgungsverrechnung und zwei zins- und tilgungsfreien Perioden (Beispiel 3.7)

3.5.3 Berücksichtigung eines Disagios

Der Kreditvergabepraxis entspricht es auch, neben den durch den Nominalzinssatz vorgegebenen regelmäßigen Zinszahlungen meist einmalige Kreditgebühren zu erheben, die als Prozentsatz g des Darlehens vereinbart und auf verschieden Weise verrechnet werden können.

Wird das Darlehen K_0 in voller Höhe ausgezahlt und die Gebühren der Anfangsschuld hinzugerechnet, dann erhält man

$$K_0^{'} = K_0(1+g) > K_0.$$

In diesem Falle wirkt sich die um die Gebühren erhöhte Anfangsschuld auch erhöhend auf die Zins- und Tilgungszahlungen aus.

Bleibt hingegen der auf der vereinbarten Anfangsschuld K_0 beruhende Tilgungsplan unverändert, während das ausgezahlte Darlehen K_0' um die einbehaltenen Gebühren verringert wird, dann ergibt sich

$$K_o^{'} = K_0 - gK_0 = K_0(1-g) < K_0.$$

Ein prozentualer Abschlag δK_0 vom Darlehensbetrag hat dieselbe Wirkung und wird als *Disagio* (Abgeld) oder in Zusammenhang mit Hypotheken- und Grundschulddarlehen auch als *Damnum* bezeichnet. Es stellt bei entsprechender Höhe im Grunde eine einmalige Zinsvorauszahlung durch den Kreditnehmer dar und dient damit zur Steuerung der Nominalverzinsung. Durch diese Zinsvorauszahlung mindert sich ceteris paribus normalerweise die spätere laufende Zinszahlung. Die Erhebung eines Disagios führt dazu, dass man zu Beginn der Kreditlaufzeit der Bank einen höheren Betrag schuldet, als man von ihr bekommt.

Beide Kostenbestandteile, Gebühren und Disagio, gehen neben den Zinskosten und der Häufigkeit der Zinsverrechnung in den effektiven Jahreszinssatz ein.

Beispiel 3.8

Ein Darlehen über 100.000 Euro mit halbjährlicher Annuitätentilgung ist zur Verringerung der laufenden Zinszahlung mit einem Disagio von 5% ausgestattet. Der nominelle Jahreszinssatz beträgt bei einer Laufzeit von 5 Jahren 6%. Zusätzlich wird eine Tilgungsstreckung von einem Jahr und eine Bearbeitungsgebühr von 2% des ausgezahlten Kredits vereinbart.

Das Disagio dient hier der Steuerung der Nominalverzinsung und bezieht sich auf die volle Laufzeit des Darlehens. Die Bearbeitungsgebühr von 2% des ausgezahlten Kreditbetrages mindert nicht zusätzlich den Auszahlungsbetrag, sondern soll in die Schuld eingehen.

Der zur Auszahlung kommende Betrag beträgt:

$$K_0 = 100.000(1-0,05) = 95.000.$$

Auf diesen Betrag werden 2% Bearbeitungsgebühren berechnet und dem Nominalbetrag des Darlehens (100.000 Euro) hinzugerechnet. Damit beträgt die Darlehensschuld unter Berücksichtigung von Disagio und Bearbeitungsgebühr

$$K_0 = 95.000\left(\frac{1}{1-0,05} + 0,02\right) = 101.900.$$

Wegen der tilgungsfreien Zeit von einem Jahr (zwei Halbjahresperioden) wird die

Annuität auf Basis von 8 Perioden berechnet. Mit dem Halbjahreszinssatz von 3% erhält man:

$$A' = 101.900\left[\frac{(1{,}03)^8 0{,}03}{(1{,}03)^8 - 1}\right] = 14.516{,}31$$

Die Anfangsschuld des 9. Halbjahres entspricht der Restschuld am Ende des 8. Halbjahres und berechnet sich zu:

$$K_8 = 101.900(1{,}03)^6 - 14.516{,}31\left[\frac{(1{,}03)^6 - 1}{0{,}03}\right] = 27.776{,}51$$

Der Tilgungsplan ist in Bild 3.15 dargestellt.

Halb-jahres-Periode	Schuldbetrag Perioden-anfang	Zinsen	Tilgung	Annuität	Schuld-betrag Perioden-ende
0					101.900,00
1	101.900,00	3.057,00	0	3.057,00	101.900,00
2	101.900,00	3.057,00	0	3.057,00	101.900,00
3	101.900,00	3.057,00	11.459,31	14.516,31	90.440,69
4	90.440,69	2.713,22	11.803,09	14.516,31	78.637,61
...	...	...	...	...	...
9	27.776,51	833,30	13.683,01	14.516,31	14.093,50
10	14.093,50	422,81	14.093,50	14.516,31	0,00
Summe		20.344,45	101.900,00	122.244,45	

Bild 3.15 Tilgungsplan eines Annuitätendarlehens mit unterjährlicher Zins- und Tilgungsverrechnung, tilgungsfreien Perioden, Disagio und Bearbeitungsgebühren (Beispiel 3.8)

Excel-Umsetzung

Zuerst wird der zur Auszahlung kommende Kreditbetrag unter Berücksichtigung des Disagios und der Bearbeitungsgebühr bestimmt. Von diesem Kreditbetrag wird die Annuität mit der Excel-Funktion RMZ() auf Basis von acht Halbjahresperioden (zwei Halbjahresperioden sind tilgungsfrei) und dem Halbjahreszinssatz berechnet. Der Effektivzinssatz pro Periode kann mit der IKV() Funktion bestimmt werden und ist dann in den effektiven Jahreszinssatz umzurechnen. Zu beachten ist, dass im Zahlungsstrom der zur Auszahlung kommende Betrag in Höhe von 95.000 angesetzt wird.

Position	Inhalt	Excel-Umsetzung
E18	Kreditbetrag	=E7*(1-E15)*(1/(1-E15)+E16)
E19	Annuität	=RMZ(E11;E12-E14;-E18;;0)
E20	Effektivzinssatz pro Periode	=IKV(H26:H386)
E21	effektiver Jahreszinssatz	=(1+E20)^E14-1
H26	Zahlungsstrom Periode 0	=E7*(1-E15)

E18 =E7*(1-E15)*(1/(1-E15)+E16)

Annuitätendarlehen mit unterjährlicher Zins- und Tilgungsverrechnung, tilgungsfreien Perioden, Disagio und Bearbeitungsgebühr (Beispiel 3.8)

Kreditbetrag (GE)	100.000,00
Zinssatz (nominell)	6,00%
Laufzeit (Jahre)	5
Zins- und Tilgungsperioden pro Jahr	2
Periodenzinssatz (linear)	3,00%
Laufzeitperioden	10
Tilgungsfreie Jahre	1
Tilgungsfreie Perioden	2
Disagio	5%
Bearbeitungsgebühr (vom ausgezahlten Kreditbetr.	2%
Kreditbetrag (ausgezahlt)	101.900,00
Annuität	14.516,31
Effektivzinssatz pro Periode	4,20%
Effektiver Jahreszinssatz	8,59%

Periode	Schuldbetrag Periodenanfang	Zinsen	Tilgung	Annuität	Schuldbetrag Periodenende	Zahlungsstrom
0					101.900,00	95.000,00
1	101.900,00	3.057,00	0,00	3.057,00	101.900,00	-3.057,00
2	101.900,00	3.057,00	0,00	3.057,00	101.900,00	-3.057,00
3	101.900,00	3.057,00	11.459,31	14.516,31	90.440,69	-14.516,31
4	90.440,69	2.713,22	11.803,09	14.516,31	78.637,61	-14.516,31
5	78.637,61	2.359,13	12.157,18	14.516,31	66.480,43	-14.516,31
6	66.480,43	1.994,41	12.521,89	14.516,31	53.958,54	-14.516,31
7	53.958,54	1.618,76	12.897,55	14.516,31	41.060,99	-14.516,31
8	41.060,99	1.231,83	13.284,48	14.516,31	27.776,51	-14.516,31
9	27.776,51	833,30	13.683,01	14.516,31	14.093,50	-14.516,31
10	14.093,50	422,81	14.093,50	14.516,31	0,00	-14.516,31
SUMME		20.344,45	101.900,00	122.244,45		

Bild 3.16 Tilgungsplan eines Annuitätendarlehens mit unterjährlicher Zins- und Tilgungsverrechnung, tilgungsfreien Perioden, Disagio und Bearbeitungsgebühr (Beispiel 3.8)

3.5.4 Tilgung in Prozentannuitäten

Bei manchen Kreditgeschäften, insbesondere bei Hypotheken- und Grundschulddarlehen, wird die Tilgung als Prozentsatz p der Darlehensschuld vereinbart. Der Passus „Die jährliche Tilgung beträgt anfänglich 2% der Darlehenssumme und erhöht sich jährlich um die durch die Tilgungsbeträge eingesparten Zinsen“ ist typisch in einem solchen Kreditvertrag. Der Kreditnehmer erhält den Kreditbetrag K_0 und verpflichtet sich, für Zins und Tilgung jährliche Annuitäten in Höhe von

$$A = K_0 \left(i + p\right)$$

zu zahlen. Da bei der Annuitätentilgung typischer Weise die ersparten Zinsen der Tilgung hinzugeschlagen werden, bezieht sich der Tilgungssatz p lediglich auf das erste Jahr.

Da bei Prozent-Annuitäten die Tilgungsdauer nicht explizit gegeben ist, ist sie dennoch Vertragsgegenstand und kann berechnet werden, wenn der Darlehensbetrag K_0, der Zinssatz i und der Tilgungsprozentsatz p gegeben sind.

Mit

$$K_0 = A\left[\frac{(1+i)^n - 1}{i(1+i)^n}\right]$$

erhält man durch Substitution von A

$$K_0 = K_0(i+p)\left[\frac{(1+i)^n - 1}{i(1+i)^n}\right]$$

oder

$$1 = (i+p)\left[\frac{(1+i)^n - 1}{i(1+i)^n}\right].$$

Nach weiteren Umformungen ergibt sich schließlich die Laufzeit einer Prozentannuität zu

$$n = \frac{\ln\left(\frac{i+p}{p}\right)}{\ln(1+i)}.$$

Im Allgemeinen wird die Anzahl der Jahre, über die sich die Tilgung erstreckt, nicht ganzzahlig sein, so dass man die Laufzeit in die zwei Komponenten

$$n_1 = \text{int}(n)$$

$$n_2 = n - n_1$$

zerlegen kann. Der Kreditnehmer leistet demnach n_1 volle Annuitäten in Höhe von A und für das darauffolgende angebrochene Jahr eine Ausgleichszahlung, die entweder zu Beginn oder am Ende der Tilgungsdauer entrichtet wird.

Erfolgt die Zahlung am Ende der Laufzeit, d.h. am Ende des $(n_1 + 1)$-ten Jahres, dann ergibt sich eine Restzahlung (Annuität) von

$$A_{n_1+1} = \left\{K_0(1+i)^{n_1} - A\left[\frac{(1+i)^{n_1} - 1}{i}\right]\right\}q.$$

Wird die Ausgleichszahlung bereits im ersten Jahr vorgenommen, dann berechnet sich die Vorleistung aus

$$A_1 = K_0(1+i) - A\left[\frac{(1+i)^{n_1} - 1}{i(1+i)^{n_1}}\right].$$

Beispiel 3.9

Eine Bank bietet ein Darlehen von 100.000 Euro mit jährlicher Annuitätentilgung an, das mit einem nominellen Jahreszinssatz von 6% und einem anfänglichen Tilgungsprozentsatz von 2% versehen ist.

Es ist ein Tilgungsplan zu erstellen für den Fall, dass eine eventuelle Ausgleichszahlung

a) am Ende der Laufzeit und

b) zu Beginn der Laufzeit

erfolgt.

Mit einer Annuität von

$$A = 100.000(0,06 + 0,02) = 8.000$$

berechnet sich die Laufzeit zu

$$n = \frac{\ln\left(\frac{0,06+0,02}{0,02}\right)}{\ln(1,06)} = 23,79\,.$$

Erfolgt die Ausgleichszahlung am Ende der Laufzeit, dann beträgt die Restzahlung am Ende des Jahres 23 bzw. am Anfang des Jahres 24

$$A_{24} = \left\{100.000(1,06)^{23} - 8.000\left[\frac{(1,06)^{23} - 1}{0,06}\right]\right\}1,06 = 6.368,85\,.$$

Der Tilgungsplan ist in Bild 3.17 dargestellt.

Jahr	Schuldbetrag Jahresanfang	Zinsen	Tilgung	Annuität	Schuldbetrag Jahresende
0					100.000,00
1	100.000,00	6.000,00	2.000,00	8.000,00	98.000,00
2	98.000,00	5.880,00	2.120,00	8.000,00	95.880,00
3	95.880,00	5.752,80	2.247,20	8.000,00	93.632,80
...	...	...	...	...	...
22	20.014,55	1.200,87	6.799,13	8.000,00	13.215,42
23	13.215,42	792,93	7.207,07	8.000,00	6.008,34
24	6.008,34	360,50	6.008,34	6.368,85	0,00
Summe		90.365,85	100.000,00	190.365,85	

Bild 3.17 Tilgungsplan eines Annuitätendarlehens mit Prozentannuität und Ausgleichszahlung am Laufzeitende (Beispiel 3.9a)

Excel-Umsetzung

Zunächst wird die Annuität, die sich aus dem nominellen Jahreszinssatz und dem Tilgungsprozentsatz zusammensetzt, bestimmt. Im nächsten Schritt wird die Laufzeit des Annuitätendarlehens berechnet. Die Laufzeit von 23,79 Jahren impliziert, dass 24 Jahre zur Tilgung des Darlehens benötigt werden (Zins- und Tilgungszahlungen erfolgen am Jahresende). Da die Restschuld zu Beginn des Jahres 24 nur noch 6.008,14 beträgt, ist die Annuität in diesem Jahr geringer als in den vorhergehenden Jahren (reduzierte Annuität).

Position	Inhalt	Excel-Umsetzung
E10	Annuität	=E6*(E7+E8)
E11	Laufzeit	=LN((E7+E8)/E8)/LN(1+E7)
E12	effektiver Jahreszinssatz	=LN((E7+E8)/E8)/LN(1+E7)

B18	Laufzeitperioden mit „Summe“	=WENN(AUFRUNDEN($E$11;0)<B17+1; "SUMME";B17+1)
B19	Laufzeitperioden mit Abbruchbedingungen	=WENN(ODER(B18="SUMME";B18="");""; WENN(AUFRUNDEN($E$11;0)<B18+1;"SUMME"; B18+1))
E41	Tilgung am Laufzeitende	=WENN(B41="SUMME";SUMME($E$18:E40); WENN(B41=AUFRUNDEN($E$11;0);C41; WENN(B41>AUFRUNDEN($E$11;0);"";F41-D41)))
F41	Ausgleichszahlung am Laufzeitende	=WENN(B41="SUMME";SUMME($F$18:F40); WENN(B41=AUFRUNDEN($E$11;0);D41+E41; WENN(B41>AUFRUNDEN($E$11;0);"";$E$10)))

E10 fx =E6*(E7+E8)

	A	B	C	D	E	F	G	H
3								
4		**Annuitätendarlehen Tilgung mit Prozentannuität, Ausgleichszahlung am Laufzeitende (Beispiel 3.9a)**						
5								
6		Kreditbetrag			100.000,00			
7		Nomineller Jahreszinssatz			6,00%			
8		Tilgungsprozentsatz			2,00%			
9								
10		Annuität			8.000,00			
11		Laufzeit			23,79			
12		Effektiver Jahreszinssatz			6,00%			
13								
14								
15		Jahr	Schuldbetrag	Zinsen	Tilgung	Annuität	Schuldbetrag	Zahlungsstrom
16			Jahresanfang				Jahresende	
17		0					100.000,00	100.000,00
18		1	100.000,00	6.000,00	2.000,00	8.000,00	98.000,00	-8.000,00
19		2	98.000,00	5.880,00	2.120,00	8.000,00	95.880,00	-8.000,00
20		3	95.880,00	5.752,80	2.247,20	8.000,00	93.632,80	-8.000,00
39		22	20.014,55	1.200,87	6.799,13	8.000,00	13.215,42	-8.000,00
40		23	13.215,42	792,93	7.207,07	8.000,00	6.008,34	-8.000,00
41		24	6.008,34	360,50	6.008,34	6.368,85	0,00	-6.368,85
42		SUMME		90.368,85	100.000,00	190.368,85		
43								

Bild 3.18 Tilgungsplan eines Annuitätendarlehens mit Prozentannuität und Ausgleichszahlung am Laufzeitende (Beispiel 3.9a)

Erfolgt die Ausgleichszahlung bereits im ersten Jahr, dann ergibt sich eine Zahlung von

$$A_1 = 100.000 \cdot 1{,}06 - 8.000\left[\frac{(1{,}06)^{23} - 1}{0{,}06(1{,}06)^{23}}\right] = 7.572{,}97$$

Der sich hieraus ergebende Tilgungsplan ist in Bild 3.19 dargestellt.

Jahr	Schuldbetrag Jahresanfang	Zinsen	Tilgung	Annuität	Schuldbetrag Jahresende
0					100.000,00
1	100.000,00	6.000,00	1.572,97	7.572,97	98.427,03

2	98.427,98	5.905,62	2.094,38	8.000,00	96.332,65
3	96.332,65	5.779,96	2.220,04	8.000,00	94.112,61
...	...	...	...	...	...
22	21.384,10	1.283,05	6.716,95	8.000,00	14.667,14
23	14.667,14	880,03	7.119,97	8.000,00	7.547,17
24	7.547,17	452,83	7.547,17	8.000,00	0,00
Summe		91.572,97	100.000,00	191.572,97	

Bild 3.19 Tilgungsplan eines Annuitätendarlehens mit Prozentannuität und Ausgleichszahlung zu Beginn Laufzeit (Beispiel 3.9b)

Excel-Umsetzung

Bei einem Annuitätendarlehen mit Prozentannuität und Ausgleichszahlung zu Beginn der Laufzeit erfolgt die reduzierte Tilgungszahlung (Zelle F18) im ersten Jahr. In den Folgejahren besteht die Annuität aus 6% Zinsen und 2% Tilgung. Der effektive Jahreszinssatz ist mit dem nominellen Zinssatz identisch. Die Struktur des Tilgungsplans ist im Wesentlichen mit dem in Bild 3.18 identisch.

Position	Inhalt	Excel-Umsetzung
E10	Annuität	=E6*(E7+E8)
E11	Laufzeit	=LN((E7+E8)/E8)/LN(1+E7)
E12	effektiver Jahreszinssatz	=LN((E7+E8)/E8)/LN(1+E7)
C18	Schuldbetrag Jahresanfang	=G17
F18	Ausgleichszahlung zu Beginn der Laufzeit	=WENN(B18>AUFRUNDEN($E$11;0);""; $E$6*(1+$E$7)$E$10*((1+$E$7)^GANZZAHL($E$11) -1)/($E$7*(1+$E$7)^GANZZAHL($E$11)))

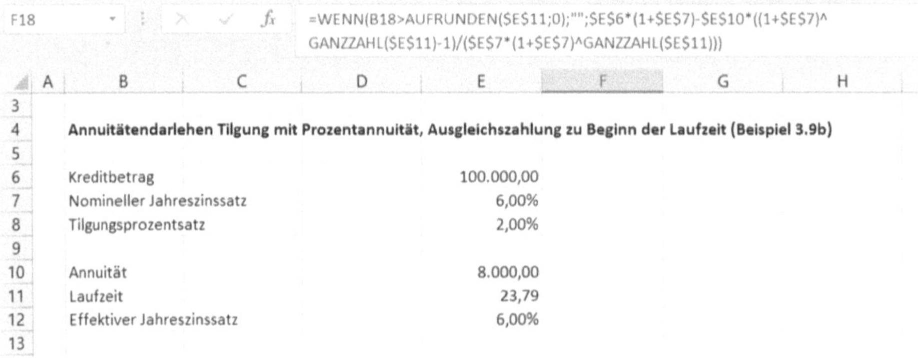

	Jahr	Schuldbetrag Jahresanfang	Zinsen	Tilgung	Annuität	Schuldbetrag Jahresende	Zahlungsstrom
14							
17	0					100.000,00	100.000,00
18	1	100.000,00	6.000,00	1.572,97	7.572,97	98.427,03	-7.572,97
19	2	98.427,03	5.905,62	2.094,38	8.000,00	96.332,65	-8.000,00
20	3	96.332,65	5.779,96	2.220,04	8.000,00	94.112,61	-8.000,00
39	22	21.384,10	1.283,05	6.716,95	8.000,00	14.667,14	-8.000,00
40	23	14.667,14	880,03	7.119,97	8.000,00	7.547,17	-8.000,00
41	24	7.547,17	452,83	7.547,17	8.000,00	0,00	-8.000,00
42	SUMME		91.572,97	100.000,00	191.572,97		
43							

Bild 3.20 Tilgungsplan eines Annuitätendarlehens mit Prozentannuität und Ausgleichszahlung zu Beginn der Laufzeit (Beispiel 3.9b)

3.6 Bauspardarlehen

Bausparkassen bieten zweckgebundene Darlehen, sogenannte Bauspardarlehen, an, die nur für wohnwirtschaftliche Zwecke verwendet werden dürfen, also in erster Linie zur Finanzierung des Erwerbs oder der Modernisierung von Immobilien. Der Bausparvertrag wird auf eine bestimmte Bausparsumme abgeschlossen und berechtigt nach Erreichen eines bestimmten Mindestguthabens (40% oder 50% der Bausparsumme) und einer Mindestsparzeit, die durch eine individuelle Bewertungszahl zum Ausdruck kommt, zur Auszahlung der Bausparsumme. Der Bausparer schuldet der Bausparkasse dann die Differenz zwischen der Bausparsumme und dem angesparten Bausparguthaben. Zur Aufnahme eines Darlehens ist er jedoch nicht verpflichtet, er kann den Vertrag weiter ansparen, ihn ruhen lassen oder sich das angesparte Guthaben auszahlen lassen.

Das während der Ansparphase entstehende Guthaben wird für die gesamte Vertragsdauer mit einem einheitlich festgelegten, relativ niedrigen Zinssatz von derzeit 0,25% bis 1% pro Jahr verzinst, abhängig von der gewählten Vertragsvariante. Davon gehen eine Abschlussgebühr von 1% oder 1,6% der Bausparsumme, die mit den ersten Sparbeiträgen verrechnet oder getrennt zu zahlen ist und nicht bei einer etwaigen Kündigung nicht zurückerstattet wird, ab. Meist fallen auch jährliche Kontogebühren von bis zu 30 Euro an. Ein Bausparvertrag bietet die Möglichkeit, sich vor einem möglichen Zinsanstieg für eine spätere Immobilienfinanzierung zu schützen, denn der relativ niedrige Zinssatz für ein Bauspardarlehen ist für die gesamte Vertragslaufzeit fixiert und liegt in der Regel zwischen 2% bis 4% pro Jahr. Die Tilgung des Darlehens dauert je nach Bauspartarif zwischen 6 und 14 Jahre.

Bauspardarlehen werden in der Regel bis zu einer Gesamtbelastung von 80% des Beleihungswertes als Annuitätendarlehen gewährt. Der Beleihungswert repräsentiert den Wert einer Kreditsicherheit, der sich langfristig zu jedem beliebigen Zeitpunkt realisieren lässt und stellt eine Obergrenze dar, bis zu der ein Kreditinstitut aufgrund interner Vorschriften Darlehen gewähren darf.

Die Besicherung von Bauspardarlehen erfolgt über die Bestellung von Grundpfandrechten. Im Vergleich zu Hypothekenkrediten akzeptieren jedoch Bausparkassen Grundpfandrechte an zweiter Rangstelle. Wird im Wege einer Zwangsversteigerung ein Grundstück verwertet, dann wird vom erzielbaren Versteigerungserlös zunächst der Gläubiger der ersten Hypothek befriedigt und die Bausparkasse erhält nur den darüberhinausgehenden Betrag. Das folgende Beispiel soll den Sachverhalt verdeutlichen.

Der Beleihungswert einer Immobilie betrage 200.000 Euro. Ein Bausparer hat bei der Bausparkasse A einen Bausparvertrag mit einer Bausparsumme von 40.000 Euro und einem Bausparguthaben von 16.000 Euro und bei der Bausparkasse B einen Bausparvertrag mit einer Bausparsumme von 60.000 Euro, der ein Guthaben von 30.000 Euro aufweist. Unter der Annahme, dass der Kaufpreis der Immobilie dem Beleihungswert entspricht, könnte sie wie folgt finanziert werden: Hypothekarkredit bei einer Bank 100.000 Euro, Bauspardarlehen A 24.000 Euro, Bauspardarlehen B 30.000 Euro, Eigenmittel aus Bausparguthaben 46.000 Euro. Zur Absicherung der Darlehen würde eine erstrangige Hypothek zugunsten der Bank über 100.000 Euro (50% des Beleihungswertes) eingetragen und zwei nachrangige, untereinander gleichrangige Hypotheken zugunsten der beiden Bausparkassen über 24.000 Euro und 30.000 Euro eingetragen. Der Beleihungsrahmen ist demnach zu 77% ausgeschöpft. Wird die Immobilie vor der ersten Tilgungszahlung wegen Zahlungsunfähigkeit versteigert und ergibt sich ein Versteigerungserlös von 180.000 Euro, dann werden alle Darlehensgeber befriedigt und die restlichen 26.000 Euro stehen dem Eigentümer der Immobilie zu. Beträgt hingegen der Versteigerungserlös nur 130.000 Euro, dann erhält die Bank als Inhaber der ersten Hypothek die vollen 100.000 Euro und die restlichen 30.000 Euro werden im Verhältnis der Darlehenssummen von 2,4 zu 3 auf die beiden Bausparkassen aufgeteilt. A erhält 13.333,33 Euro und B 16.666,67 Euro.

Hat ein Bausparer einen Kreditbedarf bevor der Bausparvertrag zuteilungsreif ist, kann er mit der Bausparkasse oder einem Kreditinstitut eine Zwischenfinanzierung beantragen, wenn die Voraussetzungen hierfür gegeben sind. Ist dann der Bausparvertrag zuteilungsreif, wird der Zwischenkredit durch die Bausparsumme zurückgeführt. Die Besicherung des Kredits erfolgt durch das bereits angesparte Bausparguthaben und/oder durch die Eintragung eines Grundpfandrechtes, das nach Ablösung als Sicherheit für das nachfolgende Bauspardarlehen verwendet werden kann. Tritt ein Kreditinstitut als Zwischenkreditgeber auf, können das Grundpfandrecht und die Ansprüche aus dem Bausparvertrag zunächst zugunsten der Bank eingetragen werden, die sie später an die Bausparkasse abtritt.

Das folgende Beispiel stellt die Kosten eines Bausparvertrages denen einer Kreditfinanzierung gegenüber. Steuerliche Aspekte und staatliche Zuschüsse werden dabei nicht berücksichtigt.

Beispiel 3.10

Der Kauf eines Grundstücks soll entweder über die Bausparkasse oder mit einem Bankdarlehen finanziert werden. Die Bausparsumme beträgt 100.000 Euro, davon müssen 40% angespart werden. Die Zuteilung erfolgt in sieben Jahren, der Guthabenzins beträgt 1% p.a. Es erfolgt eine Zwischenfinanzierung über die Bausparkasse bis zur Zuteilung nach sieben Jahren zu einem Zinssatz von 4%. Alternativ könnte die Summe von 100.000 Euro auch über ein Darlehen eines Kreditinstituts mit einer Laufzeit von 14 Jahren zu einem Zinssatz von 5% p.a. finanziert werden.

Die Zwischenfinanzierung, das Bauspardarlehen und der Bankkredit werden in Form eines Annuitätendarlehens gewährt, wobei die Zins- und Tilgungsverrechnung jährlich nachschüssig erfolgt. Steuerliche Aspekte sowie staatliche Zuschüsse bleiben unberücksichtigt. Die Finanzierungsform mit den geringsten Kosten (Zinsen) soll gewählt werden.

Zunächst wird der Bausparvertrag bis zu einer Summe von 40.000 Euro (40% der Bausparsumme) angespart. Die Ermittlung der jährlichen Sparrate A erfolgt in zwei Schritten. Zuerst wird der Endwert von 40.000 Euro auf den gegenwärtigen Zeitpunkt abgezinst, sodann wird der Barwert des Endwertes mit Hilfe des Annuitätenfaktors auf n Perioden, hier 7 Jahre, verteilt. Man erhält die Äquivalenzgleichung

$$\frac{40.000}{(1{,}01)^7} = A\left[\frac{(1{,}01)^7 - 1}{0{,}01(1{,}01)^7}\right],$$

aus der sich eine jährliche Sparrate von

$$A = 40.000\left[\frac{0{,}01}{(1{,}01)^7 - 1}\right] = 5.545{,}13$$

ergibt.

Der jährliche Zinsaufwand für die Zwischenfinanzierung von 100.000 Euro beträgt bei einem Zinssatz von 4% 4.000 Euro pro Jahr, das sind 28.000 Euro über sieben Jahre.

Nach sieben Jahren wird der Bausparvertrag zugeteilt. Das Bauspardarlehen in Höhe von 60.000 Euro wird über sieben Jahre annuitätisch getilgt. Bei einem Zinssatz von 3% ergibt sich ein Kapitaldienst (Annuität) von

$$A = 60.000\left[\frac{(1{,}03)^7\,0{,}03}{(1{,}03)^7 - 1}\right] = 9.630{,}38.$$

Die Zinsbelastung über sieben Jahre beträgt $9.630{,}38 \cdot 7 - 60.000 = 7.412{,}67$.

Der Gesamtbetrag an Zinsen macht bei der Finanzierung des Darlehens über die Bausparkasse 35.412,67 Euro aus.

Die Finanzierung des Darlehens über ein Kreditinstitut bei gleicher Laufzeit (14 Jahre) und einem Darlehenszinssatz von 5% beträgt hingegen $10.102{,}40 \cdot 14 - 100.000 = 41.433{,}60$.

Die Darlehensfinanzierung über die Bausparkasse ist demnach um 6.020,93 Euro günstiger. Der Grenzzinssatz, bei dem beide Finanzierungsalternativen gleichwertig sind, kann aus der Beziehung

$$35.412{,}67 = 100.000\left[\frac{(1+i)^{14}\,i}{(1+i)^{14} - 1}\right] \cdot 14 - 100.000$$

durch Gegenüberstellung der Zinskosten beider Alternativen bestimmt werden. Bei einem Zinssatz von $i = 4{,}3269\,\%$ sind die Darlehenszinsen bei Finanzierung durch ein Kreditinstitut genauso hoch wie die beim Bauspardarlehen und der Zinsvorteil von 6.020,93 verschwindet.

Excel-Umsetzung

Die Modellierung in Excel stellt keine besondere Herausforderung dar. Der jährliche Sparbeitrag (F12) wird ermittelt, indem das anzusparende Mindestguthaben von 40.000 Euro mit dem Restwertverteilungsfaktor multipliziert wird. Dies geschieht durch direkte Eingabe der Formel oder mithilfe der Funktion RMZ(). Dabei ist zu beachten, dass das Funktionsargument BW mit dem Barwert des Mindestguthabens belegt wird, da das anzusparende Mindestguthaben den zukünftigen Wert nach sieben Jahren darstellt. Die Berechnung der Annuitäten erfolgt ebenfalls durch die direkte Eingabe der Formel oder mit der RMZ() Funktion.

Der Grenzzinssatz des Bankdarlehens kann mit der Funktion Zielwertsuche ermittelt werden, die über die Tastenkombination Alt v w aufgerufen wird. Dabei ist in die Zielzelle der Wert in Zelle F20 einzutragen, der Zielwert wird mit 0 angegeben und die veränderbare Zelle ist der Zinssatz in Zelle J8. Als Ergebnis erhält man den Grenzzinssatz von 4,33%.

Einzelne Berechnungsschritte sind in nachfolgender Tabelle aufgeführt.

Position	Inhalt	Excel-Umsetzung
F12	jährlicher Sparbeitrag	=F9*(F11/((1+F11)^F10-1))
F17	jährlicher Zinsaufwand	=F15*F16
F23	Annuität Bauspardarlehen	=F20*((1+F22)^F21*F22)/((1+F22)^F21-1)
F25	Zinsen Zwischenfinanzierung	=F17*F10
F26	Zinsen Tilgungsphase des Bauspardarlehens	=F23*F21-F20
F27	Gesamtbetrag an Zinsen	=F25+F26
F29	Vorteil/Nachteil des Bausparens	=J12-F27
J10	Annuität Bankdarlehen	=J7*((1+J8)^J9*J8)/((1+J8)^J9-1)
J12	Zinsen Bankdarlehen	=J10*J9-J7

F23 =F20*((1+F22)^F21*F22)/((1+F22)^F21-1)

	B	F	H	J
3				
4	**Vergleich Finanzierung eines Darlehens über eine Bausparkasse und ein Kreditinstitut (Beispiel 3.10)**			
5				
6	**Bausparkasse**		**Kreditinstitut**	
7	Bausparsumme	100.000	Kreditbetrag	100.000
8	Ansparbetrag (in % der Bausparsumme)	40%	Zinssatz p.a.	5,00%
9	Mindestguthaben	40.000	Laufzeit (in Jahre)	14
10	Zuteilung (Jahre)	7	Annuität	10.102,40
11	Guthabenzinssatz	1%		
12	Jährlicher Sparbeitrag	5.545,13	Zinsen Kreditinstitut	41.433,56
13				
14	*Zwischenfinanzierung*			
15	Kredit bis zur Zuteilung	100.000		
16	Zinssatz p.a.	4,00%		
17	Jährlicher Zinsaufwand	4.000,00		
18				
19	*Tilgungsphase des Bauspardarlehens*			
20	Bauspardarlehen (in % der Bausparsumme)	60.000		
21	Tilgungsdauer (Jahre)	7		
22	Darlehenszinssatz	3%		
23	Annuität	9.630,38		
24				

25	Zinsen Zwischenfinanzierung	28.000,00		
26	Zinsen Tilgungsphase des Bauspardarlehens	7.412,67		
27	Gesamtbetrag an Zinsen	35.412,67		
28				
29	Vorteil/Nachteil des Bausparens (Euro)	6.020,89	Grenzzinssatz Bankdarlehen	4,33%
30	(Bei positiven Ergebnis ist das Bausparen vorteilhaft)			
31				

Bild 3.21 Vergleich der Finanzierung eines Darlehens über die Bausparkasse und über ein Kreditinstitut (Beispiel 3.10)

Neben der Aussicht auf ein zinsgünstiges Bauspardarlehen stellt die staatliche Förderung des Bausparens durch den Staat einen weiteren Grund für die Verbreitung des Bausparens dar. Eine staatliche Wohnungsbauprämie können Bausparer bekommen, wenn ihr zu versteuerndes Einkommen im Sparjahr 25.000 Euro bei Alleinstehenden und 51.200 Euro bei zusammen veranlagten Verheirateten nicht überschreitet. Die Wohnungsbauprämie beträgt jährlich 8,8% der geleisteten prämienbegünstigten Aufwendungen. Die prämienbegünstigten Höchstbeiträge belaufen sich bei Alleinstehenden auf 512 Euro und bei Verheirateten auf 1.024 Euro p.a. und die entsprechenden Wohnungsbauprämien betragen maximal 45,06 Euro bzw. 90,11 Euro p.a. (Stand 2015). Die gewährten Prämien erhöhen jedoch nicht jedes Jahr während der Sparphase das zinsbringende Bausparguthaben, sondern stellen lediglich buchmäßige Forderungen des Bausparers an das Finanzamt dar. Die Gesamtforderung der auf den Bausparvertrag entfallenden Wohnungsbauprämien wird dem Bausparer erst zum Zuteilungszeitpunkt nach einer Sperrfrist von 7 Jahren in einer Summe gutgeschrieben.

Die Zinserträge erhöhen während der Ansparphase als Einkünfte aus Kapitalvermögen das zu versteuernde Einkommen, wenn der betreffende Freibetrag überschritten wird. Demgegenüber sind die Zinsaufwendungen aus dem Bauspardarlehen (wie sonstige Fremdkapitalzinsen) absetzbar, wenn eine Wohnimmobilie zu Vermietungszwecken finanziert wird.

Da es hinsichtlich der Bauspartarife und der steuer- und förderrechtlichen Behandlung von Bausparverträgen eine Vielzahl unterschiedlicher Varianten gibt, sollte im konkreten Einzelfall immer eine individuelle Beratung von einem Bausparexperten in Anspruch genommen werden.

Das folgende Beispiel dient der Einschätzung der Renditechancen von Bausparverträgen unter Berücksichtigung der staatlichen Förderung.

Beispiel 3.11

Ein verheirateter Bausparer mit einem zu versteuernden Einkommen, das auch in den nächsten Jahren 51.200 Euro nicht übersteigen wird, beabsichtigt, nach 7 Jahren sein privates Wohnhaus zu renovieren. Da seine bisherigen Einkünfte aus Kapitalvermögen weit unter dem Freibetrag von 1.602 Euro liegen, kann er weitere Zinserträge ohne zusätzliche steuerliche Belastung haben. Schuldzinsen aus dem Bauspardarlehen zur Renovierung können steuerlich nicht angesetzt werden, da das Wohnhaus privat genutzt wird.

Eine Bausparkasse bietet ihm die folgenden Konditionen an:

Bausparsumme	individuell vereinbar
Mindestansparung der Bausparsumme	40%
Mindestsparzeit	7 Jahre
Guthabenzinssatz p.a.	1,5%
Einmalige Abschlussgebühr in % der Bausparsumme	1%
Kontoführungsgebühren p.a. während der Sparphase	15 Euro
Kontoführungsgebühren pro Monat während der Darlehensphase	1,50 Euro
Form des Bauspardarlehens	Annuitätendarlehen
Nominalzinssatz des Bauspardarlehens p.a.	3,6%
Tilgung in % des Nennwertes pro Monat	1%
Einmalige Darlehensgebühr, dem Nennwert hinzuzurechnen.	2%

a) Es soll zunächst die Höhe der Bausparsumme und das Bauspardarlehen ermittelt werden, wenn er mit dem Bausparvertrag die maximal für ihn mögliche Wohnungsbauprämie erzielen möchte.

b) Dann soll der effektive Jahreszinssatz des Bauspardarlehens ermittelt werden, wenn alle Zahlungen am Monatsende erfolgen.

c) Es soll die Rendite der in den Bausparvertrag eingezahlten Sparraten und erhaltenen Wohnungsbauprämien ermittelt werden für den Fall, dass der Bausparer am Ende der Ansparzeit das Bauspardarlehen nicht benötigt, weil die Renovierung auf unbestimmte Zeit verschoben werden muss.

d) Schließlich soll die Rendite der in den Bausparvertrag eingezahlten Sparraten und erhaltenen Wohnungsbauprämien ermittelt werden für den Fall, dass der Bausparer exakt zum Zuteilungszeitpunkt das Bauspardarlehen benötigt und dadurch einen Bankkredit vermeidet, der einen um zwei Prozentpunkte höheren Effektivzinssatz ausweist.

Bei verheirateten Bausparern mit einem zu versteuernden Einkommen von jährlich unter 51.200 Euro wird eine jährliche Sparleistung von höchstens 1.024 Euro mit einer Wohnungsprämie von 8,8% gefördert. Während der 7-jährigen Ansparphase zahlt der Bausparer 1.024 Euro in den Bausparvertrag ein. Da jedoch eine Kontoführungsgebühr von 15 Euro pro Jahr erhoben wird, beträgt das zu verzinsende Guthaben lediglich 1.009 Euro. Werden die Zahlungen zu Beginn des Jahres geleistet, ergibt sich nach der 7-jährigen Ansparzeit unter Berücksichtigung eines Guthabenzinssatzes von 1,5% ein Bausparguthaben von

$$K_7 = 1.009(1,015)\left[\frac{(1,015)^7 - 1}{0,015}\right] = 7.499,73.$$

Am Ende der Ansparzeit kommt noch die Wohnungsbauprämie in Höhe von 630,78 Euro ($7 \cdot 1.024 \cdot 0,088$) hinzu. Daraus ergibt sich ein Gesamtguthaben am Ende des 7-ten Jahres von 8.130,52 Euro. Die abzuschließende Bausparsumme lässt sich dann aus der Beziehung

Bausparguthaben = Bausparsumme · Mindestansparung (in %)

ermitteln. Mit den Zahlen des Beispiels ergibt sich die gesuchte Bausparsumme zu

$$\text{Bausparsumme} = \frac{8.130{,}52}{0{,}4} = 20.326{,}30\,.$$

Die Höhe des Bauspardarlehens beträgt dann $20.326{,}30 - 8.130{,}52 = 12.195{,}78$ Euro.

Excel-Umsetzung

Nach Eingabe der Input-Daten wird zunächst das gesamte Sparguthaben nach 7 Jahren ermittelt (G31). Dabei ist zu beachten, dass die Sparleistungen am Jahresanfang eingezahlt werden. Wird das gesamte Sparguthaben (D18) durch den Prozentsatz der Mindestansparung dividiert, erhält man die Bausparsumme (D19). Das Bauspardarlehen errechnet sich aus der Differenz zwischen Bausparsumme und Gesamtguthaben und beträgt 60% der Bausparsumme (D20). Einzelne Berechnungsschritte sind in nachfolgender Tabelle aufgezeigt.

Position	Inhalt	Excel-Umsetzung
D18	Gesamtguthaben	=G31+F7*F8*F9
D19	Bausparsumme	=D18/F6
D20	Bauspardarlehen	=D19-D18
G31	Guthaben zu Jahresende	=WENN(B31="";"";E31+F31)

D18 | =G31+F7*F8*F9

	A	B	C	D	E	F	G
3							
4		**Ermittlung von Gesamtguthaben, Bausparsumme und Bausparguthaben (Beispiel 3.11a)**					
5							
6		Mindesansparung der Bausparsumme				40%	
7		Maximale Sparleistung p.a.				1.024,00	
8		Wohnungsbauprämie in % der maximalen Sparleistung				8,80%	
9		Mindessparzeit (in Jahren)				7	
10		Guthabenzinssatz p.a.				1,50%	
11		Abschlussgebühr in % der Bausparsumme				1%	
12		Kontoführungsgebühren p.a. während der Sparphase				15,00	
13		Nominalzinssatz p.a. Bauspardarlehen				3,60%	
14		Tilgung in % des Nennwertes pro Monat				1%	
15		Einmalige Darlehensgebühr dem Nennwert hinzu zu rechnen				2%	
16							
17							
18		Gesamtguthaben		8.130,52			
19		Bausparsumme		20.326,30			
20		Bauspardarlehen		12.195,78			
21							

22	*Ermittlung des Bausparguthabens nach 7 Jahren Regelsparzeit*					
23						
24	Jahr	Guthaben zu Jahresbeginn vor Sparleistung	Sparleistung	Guthaben zu Jahresbeginn nach Sparleistung	Zinsen	Guthaben zu Jahresende
25	1	0	1.009,00	1009	15,135	1024,135
26	2	1.024,14	1.009,00	2.033,14	30,50	2.063,63
27	3	2.063,63	1.009,00	3.072,63	46,09	3.118,72
28	4	3.118,72	1.009,00	4.127,72	61,92	4.189,64
29	5	4.189,64	1.009,00	5.198,64	77,98	5.276,62
30	6	5.276,62	1.009,00	6.285,62	94,28	6.379,90
31	7	6.379,90	1.009,00	7.388,90	110,83	7.499,73
32						

Bild 3.22 Ermittlung von Gesamtguthaben, Bausparsumme und Bauspardarlehen (Beispiel 3.11a)

Zur Ermittlung des Effektivzinssatzes des Bauspardarlehens (Teilaufgabe b) müssen der Auszahlungsbetrag, die Höhe der monatlichen Annuitäten und die Laufzeit des Darlehens herangezogen werden. Bei der Berechnung der monatlichen Annuität muss zum Auszahlungsbetrag von 12.195,78 Euro noch die Darlehensgebühr von 243,92 (2% vom Auszahlungsbetrag) Euro hinzugerechnet werden, so dass sich der Nennwert des Bauspardarlehens auf 12.439,70 Euro beläuft.

Der monatliche Kapitaldienst beträgt dann bei einem Monatszinssatz von 0,036/12 = 0,3% und einem Tilgungssatz von 1% 12.439,70 · 0,013 = 161,72 Euro.

Die Laufzeit des Bauspardarlehens beträgt

$$n = \frac{-\ln\left(1 - \frac{12.439,70 \cdot 0,003}{161,72}\right)}{\ln(1,003)} = 87,59$$

Monate.

Die Laufzeit von 87,59 Monaten impliziert, dass der am Ende des 88. Monats zu zahlende Kapitaldienst geringer sein muss als 161,72 Euro.

Zur Bestimmung der Äquivalenzgleichung für die Berechnung des Effektivzinssatzes muss die 88. Zeile des Tilgungsplanes berechnet werden. Da die Anfangsschuld des 88. Monats identisch ist mit der Restschuld am Ende des 87. Monats, erhält man:

$$K_{87} = 12.439,70(1,003)^{87} - 161,72\left[\frac{(1,003)^{87} - 1}{0,003}\right] = 94,52.$$

Auf diese Anfangsschuld im 88. Monat fallen noch 94,13 · 0,003 = 0,28 Euro an Zinsen an, so dass sich im 88. Monat ein Kapitaldienst von 94,52 + 0,28 = 94,80 Euro ergibt.

Zum Kapitaldienst der Monate 1 bis 87 in Höhe von 161,72 Euro und zum Kapitaldienst des 88. Monats muss jeweils noch die Kontoführungsgebühr von 1,50 Euro hinzugerechnet werden. Da diese einen zusätzlichen Kostenfaktor darstellt, ist sie auch bei der Berechnung des Effektivzinssatzes zu berücksichtigen.

In Bild 3.23 ist der Tilgungsplan des Bauspardarlehens dargestellt.

Monat	Schuldbetrag Monatsanfang	Zinsen	Tilgung	Kontogebühr	Annuität	Schuldbetrag Jahresende
0						12.439,70
1	12.439,70	37,32	124,40	1,50	163,22	12.315,30
2	12.315,30	36,95	124,77	1,50	163,22	12.190,53
3	12.190,53	36,57	125,14	1,50	163,22	12.065,38
...	...	...	...	...	...	...
85	575,93	1,73	159,99	1,50	163,22	415,94
86	415,94	1,25	160,47	1,50	163,22	255,47
87	255,47	0,77	160,95	1,50	163,22	94,52
88	94,52	0,28	94,52	1,50	96,30	0,00
Summe		1.724,40	12.439,70		14.296,10	

Bild 3.23 Tilgungsplan des Bauspardarlehens und Ausgleichszahlung am Ende der Laufzeit (Beispiel 3.11b)

Den effektiven Monatszinssatz i_e^p erhält dann man mittels eines numerischen Näherungsverfahrens aus der Äquivalenzgleichung

$$12.195,78 = 161,72\left[\frac{\left(1+i_e^p\right)^{87}-1}{i_e^p\left(1+i_e^p\right)^{87}}\right] + \frac{94,80}{\left(1+i_e^p\right)^{88}} + 1,50\left[\frac{\left(1+i_e^p\right)^{88}-1}{i_e^p\left(1+i_e^p\right)^{88}}\right]$$

zu 0,3692%. Der effektive Jahreszinssatz beträgt dann

$$i_e = (1,003692)^{12} - 1 = 4,52\%.$$

Der im Gegensatz zum nominalen Jahreszinssatz von 3,6% höhere effektive Jahreszinssatz von 4,52% entsteht durch die Darlehensgebühr, die Kontoführungsgebühren und die Unterjährigkeit des zu leistenden Kapitaldienstes (Annuitäten).

Excel-Umsetzung

Die Umsetzung in Excel ist dieselbe wie in Beispiel 3.9a, jedoch erfolgen hier die Zins- und Tilgungszahlungen monatlich. Auch hier kommt die Prozentannuität zur Anwendung, wobei die Ausgleichszahlung am Monatsende erfolgt. Zudem wird eine Kontoführungsgebühr in Ansatz gebracht, die der Annuität hinzugerechnet wird. Der effektive Monatszinssatz wird wiederum mit der Excel-Funktion IKV() berechnet.

Einzelne Berechnungsschritte können der nachfolgenden Tabelle entnommen werden.

Position	Inhalt	Excel-Umsetzung
F16	monatlicher Kapitaldienst	=F8*(F11+F12)
F17	Laufzeit des Darlehens	=-LN(1-(F8*F11)/E16)/(LN(1+F11))
F18	effektiver Monatszinssatz	=IKV(I24:I112)

F19	effektiver Jahreszinssatz	=(1+E18)^F10-1
B25	laufender Monat	=WENN(AUFRUNDEN($E$17;0)<B24+1;"SUMME";B24+1)
C25	Schuld Monatsanfang	=H24
D25	Zinsen	=WENN(B25>AUFRUNDEN($E$17;0);"";C25*$F$11)
E25	Tilgung	=WENN(B25>AUFRUNDEN($E$17;0);"";$E$16-D25)
F25	Kontogebühr	=WENN(B25>AUFRUNDEN($E$17;0);"";F13)
G25	Annuität	=WENN(B25>AUFRUNDEN($E$17;0);"";$E$16+$F$13)
H25	Schuld Monatsende	=WENN(ODER(B25>AUFRUNDEN($E$17;0);B25="");"";C25-E25)
I25	Zahlungsstrom	=WENN(ODER(B25>AUFRUNDEN($E$17;0);B25="");"";-G25)
B26	laufender Monat	=WENN(ODER(B25="SUMME";B25="");"";WENN(AUFRUNDEN($E$17;0)<B25+1;"SUMME";B25+1))
C26	Schuld Monatsanfang	=WENN(ODER(B26>AUFRUNDEN($E$17;0);B26="");"";H25)
D26	Zinsen	=WENN(B26="SUMME";SUMME($D$25:D25);WENN(B26>AUFRUNDEN($E$17;0);"";C26*$F$11))
E26	Tilgung	=WENN(B26="SUMME";SUMME($E$25:E25);WENN(B26=AUFRUNDEN($E$17;0);C26;WENN(B26>AUFRUNDEN($E$17;0);"";$E$16-D26)))
F26	Kontogebühr	=WENN(B26>AUFRUNDEN($E$17;0);"";$F$13)
G26	Annuität	=WENN(B26="SUMME";SUMME($G$25:G25);WENN(B26=AUFRUNDEN($E$17;0);D26+E26+F26;WENN(B26>AUFRUNDEN($E$17;0); "";$E$16+$F$13)))
H26	Schuld Monatsende	=WENN(ODER(B26="SUMME";B26>AUFRUNDEN($E$17;0));"";C26-E26)
I26	Zahlungsstrom	=WENN(ODER(B26="SUMME";B26>AUFRUNDEN($E$17;0));"";-G26)
C23	Ergebnis	=WENN(H38>G54;"Kreditfinanzierung";"Leasingfinanzierung")

F19 fx =(1+F18)^F10-1

Berechnung des Effektivzinssatzes des Bauspardarlehens (Beispiel 3.11b)	
Auszahlungsbetrag des Bauspardarlehens	12.195,78
Darlehensgebühr (in % des Bauspardarlehens)	2%
Nennbetrag des Bauspardarlehens	12.439,70
Darlehenszinssatz p.a. (nominal)	3,60%
Zins- und Tilgungsperioden pro Jahr	12
Darlehenszinssatz pro Monat (nominal)	0,30%
Tilgung in % des Nennwertes pro Monat	1%
Kontoführungsgebühren pro Monat (Euro)	1,50
Monatlicher Kapitaldienst	161,72
Laufzeit des Bauspardarlehes	87,59
Effektiver Monatszinssatz	0,37%
Effektiver Jahreszinssatz	4,52%

Tilgungsplan des Bauspardarlehens

Monat	Schuldbetrag Monatsanfan	Zinsen	Tilgung	Kontogebühr	Annuität	Schuldbetrag Monatsende	Zahlungsstrom
0						12.439,70	12.195,78
1	12.439,70	37,32	124,40	1,50	163,22	12.315,30	-163,22
2	12.315,30	36,95	124,77	1,50	163,22	12.190,53	-163,22
3	12.190,53	36,57	125,14	1,50	163,22	12.065,38	-163,22
87	255,47	0,77	160,95	1,50	163,22	94,52	-163,22
88	94,52	0,28	94,52	1,50	96,30	0,00	-96,30
SUMME		1.724,40	12.439,70		14.296,10		

Bild 3.24 Berechnung des effektiven Jahreszinssatzes des Bauspardarlehens (Beispiel 3.11b)

Um die Rendite für das in den Bausparvertrag investierte Geld zu ermitteln (Teilaufgabe c), müssen zunächst die möglichen Ertragsquellen bei Bausparverträgen bestimmt werden. Aus den vorherigen Berechnungen geht hervor, dass das ausgezahlte Bausparguthaben, die eventuell mögliche Wohnungsbauprämie (Riester-Bausparverträge werden hier nicht berücksichtigt) und eine voraussichtliche Einsparung an Kapitaldienst durch das zinsgünstigere Bauspardarlehen im Vergleich zu einem normalen Bankdarlehen renditebestimmende Faktoren darstellen.

Für den ersten Fall, dass das Bauspardarlehen nicht beansprucht wird, ergeben sich nur zwei Ertragsquellen, nämlich die Verzinsung während der Ansparphase und die Wohnungsbauprämie. Bei der Ermittlung der Rendite, die dem effektiven bzw. internen Jahreszinssatz entspricht, muss den sieben vorschüssigen Sparraten in Höhe von je 1.024 Euro und der bei Abschluss des Bausparvertrages zu leistenden Abschlussgebühr von 203,26 Euro (1% der Bausparsumme) das zum Zuteilungszeitpunkt vorhandene gesamte Bausparguthaben von 8.130,52 Euro, das sich aus dem Bausparguthaben von 7.499,74 Euro (7 Sparraten zu je 1.009 Euro plus Zins- und Zinseszinsen) und der 7 Wohnungsbauprämien in Höhe von insgesamt 630,78 Euro zusammensetzt, gegenübergestellt werden. Aus der Gleichung

$$1.227,36(1+i_e)^7 + 1.024(1+i_e)\left[\frac{(1+i_e)^6 - 1}{i_e}\right] = 8.130,52$$

erhält man mittels eines Näherungsverfahrens eine Rendite von 2,40%.

Excel-Umsetzung

Zur Ermittlung der Rendite bei Nichtinanspruchnahme des Bauspardarlehens muss zunächst der Zahlungsstrom ermittelt werden. Dieser setzt sich zum einen aus den erbrachten Sparraten C24:C31 zusammen, die jeweils am Anfang des Jahres erfolgen und Auszahlungen darstellen, zum anderen aus dem zum Zuteilungspunkt (Jahr 7) erreichten gesamten Bausparguthaben (C31). Aus diesem Zahlungsstrom wird dann mit Hilfe der Excel-Funktion IKV() der interne Zinssatz ermittelt, der die Rendite des in den Bausparvertrag investierten Geldes (E19) abbildet.

Einzelne Berechnungsschritte sind in Nachfolgender Tabelle dargestellt.

Position	Inhalt	Excel-Umsetzung
E16	Bausparguthaben aus Sparleistung	=(F8-F13)*(1+F11)*((1+F11)^F10-1)/F1
E17	Wohnungsbauprämie	=F8*F9*F10
E18	gesamtes Bausparguthaben	=E16+E17
E19	Rendite (interner Zinssatz)	=IKV(C24:C31)
C24	Sparleistung zuzgl. Abschlussgebühr	=-(F8+$F$7*$F$12)
B25	laufendes Jahr	=WENN(B24<$F$10;B24+1;"")
C25	Sparleistung	=WENN(B25<$F$10;$F$8;WENN(B25=$F$10; $E$18;""))

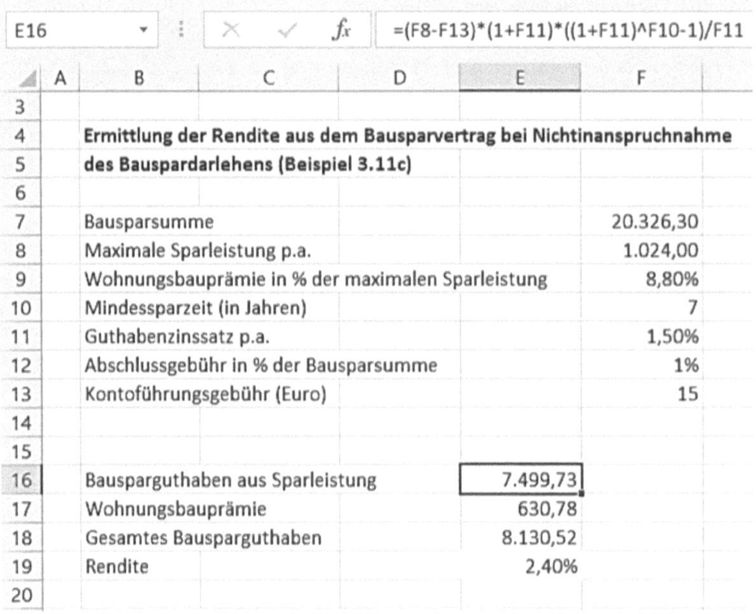

E16 =(F8-F13)*(1+F11)*((1+F11)^F10-1)/F11

	A	B	C	D	E	F
3						
4		**Ermittlung der Rendite aus dem Bausparvertrag bei Nichtinanspruchnahme**				
5		**des Bauspardarlehens (Beispiel 3.11c)**				
6						
7		Bausparsumme				20.326,30
8		Maximale Sparleistung p.a.				1.024,00
9		Wohnungsbauprämie in % der maximalen Sparleistung				8,80%
10		Mindessparzeit (in Jahren)				7
11		Guthabenzinssatz p.a.				1,50%
12		Abschlussgebühr in % der Bausparsumme				1%
13		Kontoführungsgebühr (Euro)				15
14						
15						
16		Bausparguthaben aus Sparleistung			7.499,73	
17		Wohnungsbauprämie			630,78	
18		Gesamtes Bausparguthaben			8.130,52	
19		Rendite			2,40%	
20						

21	*Zahlungsstrom zur Renditeberechnung*					
22						
23	Jahr	Zahlungsstrom				
24	0	-1.227,26				
25	1	-1.024,00				
26	2	-1.024,00				
27	3	-1.024,00				
28	4	-1.024,00				
29	5	-1.024,00				
30	6	-1.024,00				
31	7	8.130,52				
32						

Bild 3.25 Ermittlung der Rendite aus dem Bausparvertrag für den Fall, dass das Bauspardarlehen nicht in Anspruch genommen wird (Beispiel 3.11c)

Für den Fall, dass der Bausparkredit exakt zum Zuteilungszeitpunkt beansprucht wird (Teilaufgabe d), müssen zusätzlich noch die Kapitaldienstvorteile berücksichtigt werden. Dazu wird zunächst der effektive Jahreszinssatz des Bankkredits ermittelt, der um 2% höher sein soll als der effektive Jahreszinssatz des Bauspardarlehens. Im nächsten Schritt muss der effektive Monatszinssatz bestimmt werden, um den monatlichen Kapitaldienst (monatliche Annuität) des Bankkredits ermitteln zu können. Die Kapitaldienstvorteile ergeben sich dann einerseits aus den sich in der Ansparphase von 7 Jahren (84 Monate) ergebenden Zahlungen und den sich in der Darlehensphase aus der Differenz zwischen Bankkredit und Bauspardarlehen ergebenden Kapitaldienstvorteilen.

Da die Daten für das Bauspardarlehen bereits vorhanden sind, müssen zur Bestimmung der Kapitaldienstvorteile noch der effektive Jahreszinssatz des Bankkredites und der sich daraus ergebende effektive Monatszinssatz, sowie die Annuität des Bankkredites berechnet werden.

Der effektive Monatszinssatz, der einem effektiven Jahreszinssatz von 6,5213% (4,5213% +2%) entspricht ergibt sich zu

$$i_e^p = (1{,}065213)^{\frac{1}{12}} - 1 = 0{,}5278\,.$$

Um beide Darlehen vergleichbar zu machen, muss die Laufzeit des Bankkredites der Laufzeit des Bausparkredites entsprechen (87,59 Monate) und die Höhe des Bankkredites muss gleich dem Auszahlungsbetrag des Bauspardarlehens (12.195,78 Euro) sein, da der Effektivzinssatz auf diesen Basisdaten berechnet wurde. Eventuelle Kontoführungsgebühren, die beim Bankkredit anfallen, sind bereits im Effektivzinssatz berücksichtigt.

Die Annuität für die Monate 1 bis 88 beträgt

$$A^p = 12.195{,}78\left[\frac{(1{,}005278)^{88}\,0{,}005278}{(1{,}005278)^{88} - 1}\right] = 173{,}62\,.$$

Damit ergeben sich in den Monaten 85 bis 171 Kapitaldienstvorteile von 173,62 – 163,22 = 10,40 Euro und im Monat 172 ein Vorteil von 173,62 – 96,30 =77,32 Euro.

Die Monatsrendite (effektiver Monatszinssatz) ergibt sich aus der Äquivalenzgleichung

$$-1.227,26-\frac{1.024}{(i+i_e)^{12}}-\frac{1.024}{(1+i_e)^{24}}-\frac{1.024}{(1+i_e)^{36}}-\frac{1.024}{(1+i_e)^{48}}-\frac{1.024}{(1+i_e)^{60}}-\frac{1.024}{(1+i_e)^{72}}+\frac{8.130,52}{(1+i_e)^{84}}$$

$$+10,40\left[\frac{(1+i_e)^{87}-1}{i_e(1+i_e)^{87}}\right]\frac{1}{(1+i_e)^{84}}+\frac{77,31}{(1+i_e)^{172}}=0$$

zu 0,3883%.

Die jährliche Rendite (effektiver Jahreszinssatz) beträgt dann

$i_e = (1{,}003883)^{12} - 1 = 0{,}04760$ oder $4{,}76\%$.

Excel-Umsetzung

Die Input-Daten (E7:E18) werden zum Teil von aus den Daten der vorhergehenden Berechnungen (Bsp. 3.11b und Bsp. 3.11c) übernommen, d.h. es wird hier blattübergreifend gearbeitet. In Excel wird der Blattname vor dem Zellenbezug gesetzt und als Trennzeichen dient das Ausrufezeichen. Man erhält <Blatt-Name>!<Zelle>.

Beispiel: Die Zelle 'Bauspardarlehen (Bsp. 3.11c)'!F8 enthält den Wert 1.024,00.

Zu beachten ist, dass sich bei einer Änderung der Daten in Blatt 'Bauspardarlehen (Bsp. 3.11c)' dann auch die Daten in Blatt 'Bauspardarlehen (Bsp. 3.11d)' ändern.

Zur Renditeberechnung kann der Zahlungsstrom der ersten 7 Jahre direkt übernommen werden und wird in die entsprechenden Monate 12, 24, usw. bis Monat 84 eingetragen. Zu beachten ist hier lediglich, dass die Zahlungen jeweils am Monatsanfang erfolgen, die geleisteten Sparraten Auszahlungen darstellen und die sich am Ende des 7. Jahres ergebende gesamte Bausparguthaben eine Einzahlung ist und demnach als positiver Wert angezeigt wird.

Für Monate 85 bis 172 müssen zuerst die sich aus dem Bauspardarlehen und dem Bankkredit (hier erfolgen die Zahlungen jeweils am Monatsende) ergebenden Kapitaldienstvorteile ermittelt werden, die sich aus der Differenz der Monats-Annuitäten des Bankkredites und des Bauspardarlehens ergeben. Die Monats-Annuität des Bauspardarlehens kann direkt aus den Berechnungen des Beispiels 2.11b übernommen werden. Zur Bestimmung der Monats-Annuität des Bankkredites wird zunächst aus dem effektiven Jahreszinssatz der effektive Monatszinssatz des Bankkredits bestimmt und dann durch direkte Eingabe der Formel oder mittels der Excel-Funktion RMZ() die Annuität berechnet.

Die Rendite wird aus dem Zahlungsstrom der Monate 0 bis 172 (G29:G201) mit der Excel-Funktion IKV() berechnet und entspricht dem internen Zinssatz des Zahlungsstroms.

Einzelne Berechnungen können der nachfolgenden Tabelle entnommen werden.

Inhalt	Position	Excel-Umsetzung
E21	effektiver Monatszinssatz Bankkredit	=(1+E17)^(1/E15)-1
E22	Annuität Bankkredit	=E11*((1+E21)^(AUFRUNDEN(E14;0))*E21)/((1+E21)^(AUFRUNDEN(E14;0))-1)
E23	Monatsrendite	=IKV(G29:G201;0,004)

E24	Jahresrendite	=(1+E23)^E15-1
B30	laufender Monat	=WENN(B29<$E$10+AUFRUNDEN($E$14;0); B29+1;"")
C30	Sparrate Bausparvertrag	=WENN(ODER(B30>$E$18;B30="");"";WENN(B29+1=$E$15;-$E$8;WENN(B29+1=$E$15+$E$15;-$E$8;WENN(B29+1=$E$15+$E$15+$E$15;-$E$8;WENN(B29+1=$E$15+$E$15+$E$15+$E$15;-$E$8;WENN(B29+1=$E$15+$E$15+$E$15+$E$15+$E$15;-$E$8;WENN(B29+1=$E$15+$E$15+$E$15+$E$15+$E$15+$E$15;$E$8;WENN(B29+1=$E$15+$E$15+$E$15+$E$15+$E$15+$E$15+$E$15;$E$9;0))))))))
D30	Zahlungsstrom Bauspardarlehen	=WENN(ODER(B30>$E$18;B30="");"";WENN(B29+1<$E$10;0;WENN(B30=$E$10;$E$11;WENN(B30=$E$18;$E$13;$E$12))))
E30	Zahlungsstrom Bankkredit	=WENN(ODER(B30>$E$18;B30="");"";WENN(B29+1<$E$10;0;WENN(B30=$E$10;$E$11;$E$22)))
F30	Kapitaldienstvorteil	=WENN(ODER(B30>$E$18;B30="");"";WENN(B29+1<$E$10;0;E30-D30))
G30	Zahlungsstrom für Renditeberechnung	=WENN(ODER(B30>$E$18;B30="");"";C30+F30)

E23 =IKV(G29:G201;0,004)

	A	B	C	D	E	F	G
3							
4		**Ermittlung der Rendite aus dem Bausparvertrag bei Inanpruchnahme**					
5		**des Bauspardarlehens (Beispiel 3.11d)**					
6							
7		Maximale Sparleistung inkl. Abschlussgebühr			1.227,26		
8		Maximale Sparleistung			1.024,00		
9		Gesamtes Bausparguthaben			8.130,52		
10		Ansparphase in Monaten			84		
11		Auszahlungsbetrag Bauspardarlehen/Bankkredit			12.195,78		
12		Annuität Bauspardarlehen Monat 85 bis 171			163,22		
13		Annuität Bauspardarlehen Monat 172			96,30		
14		Laufzeit Bauspardarlehen/Bankkredit in Monaten			87,59		
15		Zins- und Tilgungsperioden pro Jahr			12		
16		Zinsdifferenz Bankkredit Bauspardarlehen effektiv			2,00%		
17		Effektiver Jahreszinssatz Bankkredit			6,5213%		
18		Gesamte Laufzeit in Monaten			172		
19							
20							
21		Effektiver Monatszinssatz Bankkredit			0,5278%		
22		Annuität Bankkredit Monat 85 bis 172			173,62		
23		Monatsrendite			0,39%		
24		Jahresrendite			4,76%		
25							

26	*Zahlungsströme zur Renditeberechnung*					
27						
28	Monat	Zahlungsstrom Ansparphase	Zahlungsstrom Bauspar-darlehen	Zahlungsstrom Bankkredit	Kapitaldienst-Vorteile	Zahlungsstrom Rendite-berechnung
29	0	-1.227,26	0,00	0,00	0,00	-1.227,26
30	1	0,00	0,00	0,00	0,00	0,00
40	11	0,00	0,00	0,00	0,00	0,00
41	12	-1.024,00	0,00	0,00	0,00	-1.024,00
42	13	0,00	0,00	0,00	0,00	0,00
112	83	0,00	0,00	0,00	0,00	0,00
113	84	8.130,52	12.195,78	12.195,78	0,00	8.130,52
114	85	0,00	163,22	173,62	10,40	10,40
200	171	0,00	163,22	173,62	10,40	10,40
201	172	0,00	96,30	173,62	77,31	77,31
202						

Bild 3.26 Ermittlung der Rendite aus dem Bausparvertrag für den Fall, dass das Bauspardarlehen in Anspruch genommen wird (Beispiel 3.11d)

4 Immobilieninvestition

4.1 Die Immobilie als Anlageobjekt

Immobilien sind eine weitverbreitete Form der Geldanlage zur privaten Vermögensbildung. Es gibt Immobilien, die gewerblich genutzt werden (z.B. Bürogebäude und Einzelhandelsflächen) und Wohnimmobilien, in die Privatleute direkt investieren können. Für viele Anleger sind Wohnimmobilien Teil einer langfristigen Altersvorsorge. Bei Selbstnutzung spart man sich die Miete, als Vermieter erhält man regelmäßige Mieteinnahmen.

Da für die meisten Anleger der Kauf einer Immobilie die größte Anschaffung ihres Lebens darstellt, will diese Investition besonders gut überlegt und geplant sein. Grundvoraussetzung ist, dass der Investor genügend Eigenkapital zur Verfügung (20 bis 30 Prozent der Kaufsumme inklusive Nebenkosten wie Grunderwerbssteuer, Grundbuchkosten, Notarkosten, Maklerprovision) hat und über ein sicheres regelmäßiges und ausreichendes Einkommen verfügt. Letzteres dient dazu, den Kapitaldienst (Zinsen und Tilgung) für die Fremdfinanzierung zahlen zu können.

Der Wohnimmobilienkauf kann sich als äußerst aufwendig darstellen. Oft ist es schwierig, ein Objekt vor allem in Großstädten zu einem vernünftigen Preis zu finden. Zudem sind Immobilienpreise nicht in Beton gegossen, sie können steigen, aber genauso fallen. In den USA stürzten die Immobilienpreise ab, nachdem sich 2007 abzeichnete, dass viele Käufer ihre Kredite nicht mehr bedienen konnten. In den vergangenen Jahren waren die Preise stark gestiegen und die Amerikaner hofften, dass sich dieser Trend auch in Zukunft fortsetzen würde, und haben ihre Immobilie unsolide finanziert. Der Ausgang ist hinreichend bekannt. Die Folge war eine globale Bankenkrise, die sich in einigen Ländern Europas zur Staatsschuldenkrise ausweitete und zur Destabilisierung des Euro führte.

Immobilien haben einen entscheidenden Nachteil, da sie nicht jederzeit schnell verkauft und zu Geld gemacht werden können. Ein Immobilienkauf kann Monate und nicht selten Jahre in Anspruch nehmen, selbst dann, wenn der Verkäufer Preiszugeständnisse macht. Wer in Immobilien investiert, sollte daher sicher sein, dass sie solide finanziert sind und er in den nächsten zehn bis zwanzig Jahren nicht auf das Geld angewiesen ist.

4.2 Bewertung von Immobilien

Die Werte und Methoden, auf denen die Bewertung von Immobilien beruht, sind von der Zielsetzung der Bewertung anhängig. Soll eine Immobilie verkauft werden, dann muss der zum Zeitpunkt des Verkaufs gültige Wert, der *Verkehrswert*, ermittelt werden. Dieser Immobilienwert ist demnach ein stichtagsbezogener Wert. Grundlage für die Ermittlung des Verkehrswertes bilden die Wertermittlungsverordnung (WertV) und die Wertermittlungsrichtlinien 1991 (WertR 1991). Nach diesen Vorschriften (§7 WertV) sind zur Ermittlung des Verkehrswertes das Vergleichswertverfahren, das Ertragswertverfahren, das Sachwertverfahren oder mehrere dieser Verfahren heranzuziehen. Der Verkehrswert ergibt sich dann aus den angewandten Verfahren unter Berücksichtigung der Lage auf dem Grundstücksmarkt. Der durch das herangezogene Verfahren ermittelte Wert stellt somit einen Zwischenwert dar, der unter Berücksichtigung der aktuellen Marktlage fortgeschrieben wird.

Soll der Wert zum Zwecke der Beleihung von Grundstücken bestimmt werden, der als Sicherheit für die Kreditvergabe dienen soll, dann wird der *Beleihungswert* ermittelt, der primär auf die bleibende Werthaltigkeit der Immobilie abzielt. Dient die Wertermittlung zum Zwecke der Besteuerung, dann wird der *Einheitswert* oder der *Grundbesitzwert* ermittelt. Der Einheitswert dient der Berechnung der Grundsteuer, der Grundbesitzwert wird für die Berechnung der Erbschafts- und Schenkungssteuer herangezogen. Die Ermittlung des *Versicherungswertes* zielt auf die Bestimmung der Wiederherstellungskosten im Falle der Zerstörung des Gebäudes ab, wobei hier die Baukosten im Mittelpunkt stehen und der Bodenwert sowie Lagefaktoren unberücksichtigt bleiben. Grundlage sind meist die Baukosten von 1914, die dann mit einem Baukostenindex fortgeschrieben werden, um den aktuellen Versicherungswert zu bekommen.

4.2.1 Ermittlung des Vergleichswertes

Bei der Anwendung des Vergleichswertes (§ 15-16 ImmoWertV) sind Kaufpreise solcher Grundstücke heranzuziehen, die hinsichtlich der ihren Wert beeinflussenden Merkmale mit dem zu bewertenden Grundstück hinreichend übereinstimmen, d.h. vergleichbar sind. Demnach ist dieses Verfahren für die Bewertung unbebauter Grundstücke geeignet, die sich an den Angaben der Bodenrichtwertkarte ergeben. Der Bodenrichtwert ist ein amtlicher Durchschnittswert aus amtlich gesammelten Kaufpreisen von Grundstücken in einer bestimmten Region und beeinflusst vom Entwicklungsstand der Lage des Grundstückes. Ebenso geeignet ist dieses Verfahren für die Bewertung von Eigentumswohnungen, bei denen eine hinreichende Anzahl vergleichbarer Objekte vorhanden sind.

Bei der Ermittlung des Verkehrswertes nach dem Vergleichswertverfahren werden zunächst die Kaufpreise vergleichbarer Grundstücke oder grundstücksgleicher Rechte (z.B. Eigentumswohnungen, Erbbaurechte, Abbaurechte) gesucht. Die so ermittelten Vergleichspreise werden dann dahingehend abgetastet, ob sie durch ungewöhnliche oder persönliche Verhältnisse beeinflusst sind. Analysiert werden zudem der Verkaufsfall und die sich seit dem Verkauf ergebende Wertsteigerung des Grundstücks. Aus allen herangezogenen Vergleichspreisen wird dann der mit höchster Wahrscheinlichkeit erzielbare Preis auf Basis des einfachen oder gewogenen Mittels berechnet. Gegebenenfalls erfolgt noch eine Anpassung des so ermittelten Vergleichspreises an den Verkehrswert, falls die aktuelle Situation am Grundstücksmarkt noch nicht ausreichend berücksichtigt wurde. Das folgende Beispiel soll den Sachverhalt verdeutlichen.

Für fünf vergleichbare Grundstücke sind die folgenden realen Verkaufspreise i. S. von § 15 ImmoWertV gegeben:

Grundstück 1	60.000 Euro
Grundstück 2	62.000 Euro
Grundstück 3	58.000 Euro
Grundstück 4	65.000 Euro
Grundstück 5	63.000 Euro

Daraus errechnet sich ein Durchschnittswert (Marktwert) von 61.600 Euro. Da eine große Nachfrage nach derartigen Grundstücken besteht, kann auf dem „open“-Market ein Verkaufspreis von 63.000 Euro erzielt werden.

Für den Fall, dass das Vergleichswertverfahren nicht angewendet werden kann, weil die Immobilie zu spezifisch ist oder nicht genügend Vergleichsobjekte vorhanden sind, müssen zur Beurteilung andere Verfahren wie das Ertragswertverfahren oder das Sachwertverfahren herangezogen werden.

4.2.2 Ermittlung des Ertragswertes

Beim Ertragswertverfahren (§§ 17-20 ImmoWertV) wird der Ertragswert auf Grundlage marktüblich erzielbarer Erträge ermittelt. Während in der bisherigen WertV bei der Anwendung des Ertragswertverfahrens gleichbleibende Reinerträge über die Restnutzungsdauer kapitalisiert wurden, kann in der ImmoWertV der Ertragswert auch auf der Basis unterschiedlicher Erträge ermittelt werden, wenn diese Veränderungen unterliegen oder wesentlich von den marktüblich erzielbaren Erträgen abweichen.

Das Ertragswertverfahren wird bei Objekten angewendet, bei denen die Erzielung von Erträgen im Vordergrund steht. Wohnobjekte ab drei Wohneinheiten, gemischt genutzte Immobilien, Gewerbeobjekte sowie Management- und Betreiberimmobilien (z.B. Freizeitimmobilien, Hotels, Krankenhäuser) sind solche Immobilieninvestitionen.

Zur Ermittlung des Ertragswertes wird zunächst der Bodenwert auf Grundlage des Vergleichswertverfahrens ermittelt und davon ausgehend die Bodenwertverzinsung mit Hilfe des Liegenschaftszinssatzes (nach ImmoWertV sind „der Liegenschaftszinssatz Zinssätze, mit denen Verkehrswerte von Grundstücken je nach Grundstücksart im Durchschnitt jährlich verzinst werden“) bestimmt. Im nächsten Schritt wird der nachhaltig erzielbare Jahresreinertrag (Jahresrohertrag abzüglich nicht umlagefähiger Bewirtschaftungskosten) um die Verzinsung des Bodens gekürzt, woraus sich der Reinertrag der baulichen Anlage ergibt. Dieser Jahresreinertrag wird dann mit einem Vervielfältiger (der Vervielfältiger ist finanzmathematisch gesehen der Rentenbarwertfaktor) multipliziert, der sich aus der Restnutzungsdauer des Gebäudes und dem Liegenschaftszinssatz ergibt. Rechnet man zu dem so ermittelten Ertragswert des Gebäudes noch den Bodenwert (ermittelt auf Basis des Vergleichswertverfahrens) hinzu, erhält man den Ertragswert des zu bewertenden Objektes. Schließlich erfolgt noch eine Anpassung des ermittelten Ertragswertes an den Verkehrswert, indem die Situation auf dem Grundstückmarkt in Betracht gezogen wird. Das folgende Beispiel soll die Vorgehensweise verdeutlichen.

Beispiel 4.1

Es soll der Ertragswert einer Wohnanlage mit 5.000 m² Wohnfläche und einer Restnutzungsdauer von 80 Jahren ermittelt werden. Das Grundstück hat eine Fläche von 6.000 qm, der Preis je m² beträgt 120 Euro. Die Verzinsung des Bodens (Liegenschaftszinssatz) liegt bei 5%. Der Jahresreinertrag der baulichen Anlage sei 360.000 Euro. Zur Feststellung des Verkehrswertes wird eine Anpassung des Ertragswertes um 6% nach unten an die allgemeinen Wertverhältnisse auf dem Grundstücksmarkt vorgenommen.

	Ermittlung des Bodenwertes auf Vergleichswertbasis 6.000 m² x 120 Euro/m²	720.000
	Bodenwertverzinsung bei 5% Liegenschaftszinssatz	36.000
	Jahresreinertrag der baulichen Anlage	360.000
-	Bodenwertverzinsung	36.000
=	Reinertrag der baulichen Anlage	324.000
	Vervielfältiger (Rentenbarwertfaktor) bei einer Restnutzungsdauer von 80 Jahren und 5% Liegenschaftszinssatz	19,60
	Ermittlung des Ertragswertes der baulichen Anlage Reinertrag der baulichen Anlage x Vervielfältiger	6.350.400
+	Bodenwert	720.000
=	Ertragswert der Immobilie	7.070.400
	Feststellung des Verkehrswertes (Anpassung des Ertragswertes an die Marktverhältnisse, Abschlag 6% vom Ertragswert der Immobilie)	6.646.176

Bild 4.1 Ermittlung des Ertragswertes einer Wohnanlage

Excel-Umsetzung

Die Umsetzung der Ermittlung des Ertragswertes einer baulichen Anlage stellt keine besondere Herausforderung dar. Der Berechnungsvorgang ist in Bild 4.2 dargestellt.

G28 =G26*(1+G13)

	A	B	C	D	E	F	G
3							
4		**Ermittlung des Ertragswertes (Beispiel 4.1)**					
5							
6		*Objektdaten*					
7		Grundstücksgröße in qm					6.000
8		Grundstückspreis pro qm auf Basis von Vergleichswerten					120
9		Wohnfläche der Wohnanlage in qm					5.000
10		Liegenschaftszinssatz					5%
11		Jahresreinertrag der baulichen Anlage in Euro					360.000
12		Restnutzungsdauer in Jahren					80
13		Korrektur (Anpassung des Ertragswertes an die Marktverhältnisse)					-6%
14							
15		*Ermittlung des Reinertrages der baulichen Anlage*					
16		Ermittlung des Bodenwertes					720.000
17		Bodenwertverzinsung					36.000
18		Jahresreinertrag der baulichen Anlage					360.000
19		Reinertrag der baulichen Anlage					324.000
20							
21		Vervielfältiger (Rentenbarwertfaktor)					19,60
22							
23		*Ermittlung des Ertragswertes der Immobilie*					
24		Ermittlung des Ertragswertes der baulichen Anlage					6.349.253
25		Bodenwert					720.000
26		Ertragswert der Immobilie					7.069.253
27							
28		Verkehrswert (Anpassung an die Marktverhältnisse)					6.645.098
29							

Bild 4.2 Ermittlung des Ertragswertes einer Wohnanlage (Beispiel 4.1)

4.2.3 Ermittlung des Sachwertes

Beim Sachwertverfahren (§§ 21-23 ImmoWertV) wird der Sachwert eines Grundstücks aus dem Sachwert der nutzbaren baulichen und sonstigen Anlagen, sowie dem Bodenwert ermittelt, wobei auch hier die allgemeinen Wertverhältnisse auf dem Grundstücksmarkt zu berücksichtigen sind.

Der Sachwert der baulichen Anlagen (ohne Außenanlagen) wird auf Basis der Herstellungskosten unter Berücksichtigung der Alterswertminderung ermittelt. Der Sachwert der baulichen Außenanlagen und der sonstigen Anlagen wird nach Erfahrungssätzen oder nach den gewöhnlichen Herstellungskosten bestimmt, soweit sie nicht vom Bodenwert miterfasst werden.

Das Sachwertverfahren wird hauptsächlich im selbst genutzten Wohnimmobilienbereich angewendet, wenn das Vergleichswertverfahren nicht anwendbar ist. Der Verkehrswert wird nach folgender Vorgehensweise ermittelt.

Zunächst wird der Bodenwert anhand des Vergleichswertverfahrens ermittelt. Dann wird der Wert der baulichen Anlage ermittelt. Hierzu müssen die Herstellungskosten, die Alterswertminderung des Gebäudes, gegebenenfalls Abschläge wegen baulicher

Mängel und Schäden und Zu- und Abschläge für sonstige wertbeeinflussende Faktoren berücksichtigt werden. Im nächsten Schritt wird der Wert der Außenanlagen und sonstiger Anlagen ermittelt.

Die Ermittlung des Sachwertes soll an folgendem Beispiel gezeigt werden.

Ermittlung des Bodenwertes 500 qm x 150 Euro/m^2	75.000
Ermittlung des Wertes der baulichen Anlage 300 Euro/m^3 x 800m^3	240.000
Ermittlung des Wertes der Außenanlagen und sonstiger Anlagen	20.000
Ermittlung des Sachwertes	335.000
Festlegung des Verkehrswertes nach Anpassung an die Marktverhältnisse	320.000

Bild 4.3 Ermittlung des Sachwertes

4.2.4 Ermittlung des Beleihungswertes

Die Kreditgewährung und die Höhe der Finanzierungskosten werden maßgeblich von der Bewertung der zu finanzierenden Immobilie bestimmt. Grundlage hierfür ist der Beleihungswert, der nach den Vorschriften der Beleihungswertermittlungsverordnung (BelWertV) ermittelt werden muss. In der Wertermittlungsverordnung heißt es sinngemäß, dass zur Ermittlung des Beleihungswertes der Ertragswert und der Sachwert des Beleihungsobjektes getrennt zu ermitteln sind, bei Wohnungs- und Teileigentum ergänzend das Vergleichswertverfahren als Kontrollwert zu berücksichtigen ist und dass für die Ermittlung des Beleihungswertes der Ertragswert maßgeblich ist, der nicht überschritten werden darf. Einzelheiten zur Anwendung des Vergleichswert-, Ertragswert- und Sachwertverfahrens sind ebenfalls in der BelWertV festgelegt.

Bei der Ermittlung des Ertragswertes muss bei wohnwirtschaftlich genutzten Immobilien ein Kapitalisierungszinssatz von mindestens fünf Prozent zugrunde gelegt werden, bei gewerblich genutzten Objekten muss mit mindestens mit sechs Prozent gerechnet werden. In Ausnahmefällen kann bei gewerblichen Immobilien der Mindestkapitalisierungszinssatz um 0,5% unterschritten werden. In den Anlagen der BelWertV sind zudem Bandbreiten (zwischen fünf und acht Prozent) für die anzuwendenden Kapitalisierungszinssätze in Abhängigkeit von der Art und Weise der Objektnutzung, Mindestvorgaben zu den Bewirtschaftungskosten, die als Grundlage für die Ermittlung des Reinertrags dienen, sowie Erfahrungswerte zur Nutzungsdauer baulicher Anlagen festgehalten.

Die Vorgehensweise bei der Ermittlung des Sachwert- und Vergleichswertverfahrens im Rahmen der Beleihungswertermittlung orientiert sich an den Vorgaben der ImmoWertV, jedoch ist bei beiden Verfahren ein Sicherheitsabschlag von mindestens zehn Prozent vom jeweils ermittelten Wert vorzunehmen (§ 19 BelWertV).

Auf der Basis der aufgezeigten Bewertungsverfahren wird ein unabhängiger Sachverständiger der finanzierenden Bank den Beleihungswert der Immobilie feststellen. Dabei bildet nach § 16, Absatz 2 des Gesetzes zur Neuordnung des Pfandbriefrechts der Verkehrswert (Marktwert) die oberste Grenze für die Festsetzung des Beleihungswertes.

Zur Objektprüfung gehört bei Ertragswertobjekten neben der Ermittlung des Beleihungswertes auch die Ermittlung der *Kapitaldienstgrenze*. Diese Kennzahl definiert die maximal zu gewährende Kreditsumme, die dann erreicht ist, wenn mit den nachhaltig erzielbaren Einnahmen aus der Immobilie (Reinerträge) der Kapitaldienst (Zinsaufwand und Tilgungen) bezahlt werden kann. Ist der jährlich erzielbare Reinertrag geringer als der jährlich zu erbringende Kapitaldienst, dann muss die sich ergebende Unterdeckung durch andere dauerhafte Einkünfte ausgeglichen werden.

Bei einem jährlich erzielbaren Reinertrag von 265.000 Euro, einem Zinssatz von 4% und einem Tilgungssatz von 2% ergibt sich eine Kapitaldienstgrenze von

$$\text{Kapitaldienstgrenze} = \frac{\text{Jahresreinertrag}}{\text{Zins- und Tilgungssatz}} = \frac{265.000}{0{,}06} = 4.416.667$$

Bei der Gewährung eines Kredits in Höhe von maximal 4.416.667 Euro kann die Zins- und Tilgungsleistung in Höhe von jährlich 265.000 Euro gerade erbracht werden und die Objektrentabilität ist ausgeglichen.

4.3 Renditeberechnung aus der Sicht eines Endinvestors

Bei der Renditeberechnung von Immobilieninvestitionen muss unterschieden werden, ob es sich um einen Endinvestor oder einen Zwischeninvestor handelt. Im Folgenden wird zunächst die Renditeberechnung für einen Endinvestor betrachtet.

Von einem Endinvestor spricht man, wenn er langfristig in die Immobilie investiert. Die Verzinsung des aufgewendeten Kapitals ergibt sich aus der Erzielung von langfristigen und nachhaltigen Mieterträgen bzw. Reinerträgen und der Wertentwicklung der Immobilie. Kann von einer dauerhaften Vermietung und Wertentwicklung ausgegangen werden, dann ist für einen Zwischeninvestor (Bauträger, Projektentwickler) die Vermarktung der Immobilie unproblematisch, d.h. er kann einen Endinvestor finden, der das Objekt erwirbt und langfristig im Eigentum behält.

Die Berechnung der Rendite einer Immobilie setzt die Erfassung aller Zu- und Abflüsse im Zeitablauf voraus. Die Bedeutung des zeitlichen Anfalls der Ein- und Auszahlungen ist umso wichtiger, je länger der betrachtete Zeitraum ist, in dem die Immobilie in Bestand gehalten wird. Die für die Renditeberechnung aus Sicht eines Endinvestors zahlungswirksamen Ein- und Ausgaben können nach ihrem zeitlichen Anfall unterschieden werden.

Die Auszahlungen zum gegenwärtigen Zeitpunkt sind im Wesentlichen der Kaufpreis bzw. das eingesetzte Eigenkapital, die Erwerbsnebenkosten (Notar- und Amtsgerichtsgebühren, Grunderwerbssteuer), Gutachten und Studien und die Maklerprovision.

Im Zeitablauf anfallende Auszahlungen sind nicht umlagefähige Bewirtschaftungskosten (Mietausfallwagnis, Instandhaltungsrücklage, Instandhaltungskosten, Versicherungskosten, Verwaltergebühren), Aufwendungen für Modernisierung und Umnutzung, sowie die Kapitaldienstraten.

Zahlungswirksame Ausgaben am Ende der Investitionszeit (Verkaufszeitpunkt) sind Aufwendungen für den Verkauf der Immobilie und die Tilgung der Restschuld.

Den zahlungswirksamen Ausgaben müssen die zahlungswirksamen Einnahmen gegenübergestellt werden. Diese sind im Zeitablauf die Nettokaltmiete, die Steuerrückflüsse und sonstige Zulagen und gewährte Zuschüsse. Am Ende des Investitionszeitraumes wird dann der Verkaufserlös der Immobilie realisiert.

Die berechnete Rendite hängt maßgeblich von der Güte der oben genannten Ein- und Auszahlungen und vom zugrundeliegenden Zeithorizont ab. Die Prognose dieser Zahlungsströme wird hinsichtlich ihrer Eintrittswahrscheinlichkeit umso unsicherer, je länger der betrachtete Zeitraum ist. Dies gilt insbesondere für erwartete Verkaufspreise jenseits eines Zeitraums von zehn Jahren und mehr.

Bei der Renditeberechnung für eine Immobilie können verschiedene Renditemaße in Ansatz gebracht werden. Man unterscheidet zwischen

- statischer „Anfangsrendite“,
- objektbezogener dynamischer Rendite, und
- subjektbezogener dynamischer Rendite.

Das folgende Beispiel (in Anlehnung an Kerry-U. Brauer 2013), soll nun demonstrieren, zu welchen Ergebnissen die Anwendung der verschiedenen Renditemaße führt.

Beispiel 4.2

Ein Investor kauft ein Mehrfamilienhaus in einem unsanierten Zustand. Bereits beim Kauf werden die Instandsetzung und Modernisierung (nachträgliche Herstellungskosten) der Immobilie vereinbart. Der Investor beabsichtigt, die Immobilie 10 Jahre in Bestand zu halten.

Es sollen die statische „Anfangsrendite“, die objektbezogene dynamische Rendite und die subjektivbezogene dynamische Rendite des Objekts berechnet werden.

Daten zum Immobilienobjekt (objektbezogene Daten):

Unsaniertes Mehrfamilienhaus im Sanierungsgebiet mit 12 Wohnungen.
Grundstücksfläche: 1.300 qm
Grundstückspreis: 140 Euro/qm
Wohnfläche: 1.000 qm

Anschaffungs- und Herstellungskosten	
Kaufpreis (300 Euro/qm Wohnfläche)	300.000 Euro
Nachträgliche Herstellungskosten (900 Euro/qm Wohnfläche)	900.000 Euro
Investitionskosten ohne Erwerbsnebenkosten	1.200.000 Euro
Erwerbsnebenkosten (5% der Investitionskosten für Notar, Amtsgericht, Grundbuch)	60.000 Euro
Gesamte Investitionskosten	1.260.000 Euro

Ertragserzielung	
Rohertrag (7 Euro/qm Wohnfläche und Monat)	84.000 Euro
Nicht umlagefähige Bewirtschaftungskosten	
Verwaltergebühr (15 Euro/Einheit und Monat)	2.160 Euro
Instandhaltungsrücklage (1 Euro/qm Wohnfläche und Monat)	12.000 Euro

Mietausfallwagnis (5% des Rohertrags)	4.200 Euro
Reinertrag	65.000 Euro
Immobilienwertsteigerung p.a. 1,5% bezogen auf Investitionskosten ohne Erwerbsnebenkosten über 10 Jahre	1.392.649 Euro

4.3.1 Statische „Anfangsrendite"

Mit den gegebenen Daten kann die statische „Anfangsrendite" berechnet werden. Hierzu werden die zu Beginn einer Immobilieninvestition anfallenden Einnahmen und Ausgaben zueinander in Verhältnis gesetzt. Nicht berücksichtig werden Zu- und Abflüsse während der Investitionszeit und der Immobilienwert am Ende des Investitionszeitraumes. Es fließen ausschließlich objektbezogene Daten in die Berechnung ein. Bei dieser Größe handelt es sich genau genommen um keine Rendite, sondern bestenfalls um eine Orientierungsgröße für den Vergleich verschiedener Investitionsalternativen.

Bei der Berechnung der statischen „Anfangsrendite" wird der Rohertrag bzw. Reinertrag ins Verhältnis zu den Investitionskosten gesetzt. Dabei können die Investitionskosten entweder mit oder ohne Erwerbsnebenkosten angesetzt werden.

$$\text{Statische "Anfangsrendite" I} = \frac{\text{Rohertrag}}{\text{Investitionskosten ohne Erwerbsnebenkosten}} = \frac{84.000}{1.200.000} = 7{,}00\%$$

$$\text{Statische "Anfangsrendite" II} = \frac{\text{Rohertrag}}{\text{Gesamte Investitionskosten}} = \frac{84.000}{1.260.200} = 6{,}67\%$$

$$\text{Statische "Anfangsrendite" III} = \frac{\text{Reinertrag}}{\text{Investitionskosten ohne Erwerbsnebenkosten}} = \frac{65.640}{1.200.000} = 5{,}47\%$$

$$\text{Statische "Anfangsrendite" IV} = \frac{\text{Reinertrag}}{\text{Gesamte Investitionskosten}} = \frac{65.640}{1.260.000} = 5{,}21\%$$

4.3.2 Objektbezogene dynamische Rendite

Die objektbezogene dynamische Rendite beinhaltet alle objektbezogenen Zahlungen, wobei der zeitliche Anfall der Zu- und Abflüsse berücksichtigt wird. Diese Rendite bezieht sich auf die Immobilie und subjektive, wobei die vom jeweiligen Investor abhängige Daten, wie die Art der Finanzierung und der Steuersatz, nicht berücksichtigt werden.

Zur Berechnung der objektbezogenen dynamischen Rendite muss der Barwert der relevanten Zahlungen ermittelt werden. Durch Addition der Barwerte aller Einzahlungen und Subtraktion der Barwerte aller Auszahlungen erhält man den Kapitalwert der Investition. Setzt man den Kapitalwert gleich Null, dann kann die Rendite (effektiven Zinssatz) der Investition, die dem internen Zinssatz der Investition entspricht, mittels eines Näherungsverfahrens bestimmt werden. Aus

$$-1.260.000 + 65.640\left[\frac{(1+i_e)^{10}-1}{i_e(1+i_e)^{10}}\right] + \frac{1.392.649}{(1+i_e)^{10}} = 0$$

Daraus ergibt sich eine objektbezogene dynamische Rendite von 6,01%.

4.3.3 Subjektbezogene dynamische Rendite

Zur Berechnung der subjektbezogenen dynamischen Rendite müssen die bereits vorhandenen Daten um die subjektiven Daten des Investors ergänzt werden.

subjektbezogene Daten zur Finanzierung und Steuer	
Investitionszeitraum	10 Jahre
Eigenkapital (30% der gesamten Investitionskosten)	378.000 Euro
Fremdkapital (70 % der gesamten Investitionskosten)	882.000 Euro
Darlehenszinsen (Endfälliges Darlehen, Zinssatz 6% p.a.)	52.920 Euro
Grenzsteuersatz des Investors	42%

Im nächsten Schritt müssen die Abschreibungsbasis und dann die Abschreibungsbeträge ermittelt werden. Zur Ermittlung der Abschreibungsbasis muss zunächst der Kaufpreis von 300.000 Euro in den Grundstücksanteil und den Gebäudeanteil aufgespaltet werden. Anschließend werden die Erwerbsnebenkosten anteilig auf den Grundstücksanteil, den Gebäudeanteil und auf die nachträglichen Herstellungskosten umgelegt.

Ermittlung der Abschreibungsbasis und der Abschreibungsvolumina	
Abschreibungsbasis	
Grundstücksanteil am Kaufpreis (1.300 qm x 140 Euro/qm)	182.000 Euro
Gebäudeanteil am Kaufpreis (300.000 Euro – 182.000 Euro)	118.000 Euro
nachträgliche Herstellungskosten	900.000 Euro
Zurechnung der Erwerbsnebenkosten zum Grundstücksanteil (182.000 + 182.000/(182.000 + 118.000 + 900.0000) x 60.000)	191.100 Euro
Zurechnung der Erwerbsnebenkosten zum Gebäudeanteil (118.000 + 118.000/(182.000 + 118.000 + 900.0000) x 60.000)	123.900 Euro
Zurechnung der Erwerbsnebenkosten zu den Herstellungskosten (900.000 + 900.000/(182.000 + 118.000 + 900.0000) x 60.000)	945.000 Euro
Abschreibungsvolumina	
Abschreibung Grundstücksanteil (keine Abschreibung)	0 Euro
Abschreibung Gebäudeanteil (linear 2%, 123.900 x 0,02)	2.478 Euro
Abschreibung Herstellungskosten (degressiv, 1. bis 8. Jahr, 9%, 945.000 x 0,09)	85.050 Euro
Abschreibung Herstellungskosten (degressiv, 9. bis 10. Jahr, 7%, 945.000 x 0,07)	66.150 Euro

Ein weiterer Schritt zur Berechnung der subjektbezogenen dynamischen Rendite ist die Berechnung der Einkünfte aus Vermietung und Verpachtung und des daraus resultierenden Steuerrückflusses (vgl. Bild 4.4).

Die Einkünfte aus Vermietung und Verpachtung erhält man, indem vom Reinertrag die Fremdkapitalzinsen und die Gebäudeabschreibung abgezogen werden. Negative Einkünfte aus Vermietung und Verpachtung führen zu einer Steuerersparnis, positive Einkünfte aus Vermietung und Verpachtung zu einer zusätzlichen Steuerbelastung. Der Steuerrückfluss ergibt sich durch Multiplikation der Einkünfte aus Vermietung und Verpachtung mit dem Grenzsteuersatz von hier 42%.

Jahr	Reinertrag	Fremdkapitalzinsen	Afa Gebäude	Einkünfte aus Vermietung / Verpachtung	Steuerrückfluss bei 42% Grenzsteuersatz
0					
1	65.640	52.920	87.528	-74.808	31.419
2	65.640	52.920	87.528	-74.808	31.419
3	65.640	52.920	87.528	-74.808	31.419
4	65.640	52.920	87.528	-74.808	31.419
5	65.640	52.920	87.528	-74.808	31.419
6	65.640	52.920	87.528	-74.808	31.419
7	65.640	52.920	87.528	-74.808	31.419
8	65.640	52.920	87.528	-74.808	31.419
9	65.640	52.920	68.628	-55.908	23.481
10	65.640	52.920	68.628	-55.908	23.481

Bild 4.4 Ermittlung der Einkünfte aus Vermietung und Verpachtung und des Steuerrückflusses (Beispiel 4.2)

Im letzten Schritt wird der Zahlungsstrom ermittelt. Dieser beinhaltet alle für den betrachteten Investor relevanten Zu- und Abflüsse, wie den Reinertrag, die Steuerrückflüsse, die Fremdkapitalzinsen und gegebenenfalls Tilgungszahlungen, sowie den Verkaufspreis der Immobilie am Ende des Investitionszeitraumes.

Jahr	Reinertrag	Fremdkapitalzinsen	Steuerrückfluss	Erlös aus Objektverkauf minus Restschuld	Nettozahlungsstrom
0					-378.000
1	65.640	52.920	31.419		44.139
2	65.640	52.920	31.419		44.139
3	65.640	52.920	31.419		44.139

4	65.640	52.920	31.419		44.139
5	65.640	52.920	31.419		44.139
6	65.640	52.920	31.419		44.139
7	65.640	52.920	31.419		44.139
8	65.640	52.920	31.419		44.139
9	65.640	52.920	23.481		36.201
10	65.640	52.920	23.481	510.649	546.850

Bild 4.5 Ermittlung des Nettozahlungsstromes zur Berechnung der Rendite (Beispiel 4.2)

Schließlich werden die Nettorückflüsse auf den gegenwärtigen Zeitpunkt diskontiert. Aus der Kapitalwertgleichung

$$-378.000 + 44.139\left[\frac{(1+i_e)^8 - 1}{i_e(1+i_e)^8}\right] + \frac{36.201}{(1+i_e)^9} + \frac{546.850}{(1+i_e)^{10}} = 0$$

errechnet sich die subjektbezogene dynamische Rendite zu 13,31%.

4.3.4 Methode des vollständigen Finanzplans (VOFI-Methode)

Eine weitere Möglichkeit, die Rendite einer Immobilieninvestition besteht in der Anwendung der Methode des vollständigen Finanzplans. Im Gegensatz zur internen Zinssatzmethode, bei der nur ein Zinssatz zur Anwendung kommt (Geldanlage- und Kreditzins sind gleich), wird bei der VOFI-Methode mit unterschiedlichen Zinssätzen (Soll- und Habenzinsätzen) gearbeitet, die darüber hinaus in jeder Periode variiert werden können. Zahlungsüberschüsse werden mit einem Habenzinssatz (Geldanlagezinssatz) und Zahlungsdefizite mit einem Soll-Zinssatz (Kreditzinssatz) berücksichtigt. Auf diese Weise können die Zahlungsströme realitätsnäher abgebildet werden.

Zur Ermittlung der Rendite auf Basis der VOFI-Methode wird für alle Zahlungen der Endwert berechnet. Der Endwert K_n setzt sich aus den aufgezinsten, periodischen Zahlungen während des Investitionszeitraums und dem Immobilienwert am Ende des Betrachtungszeitraums zusammen. Unter Einbeziehung der Anfangsinvestition K_0 wird dann die Rendite r nach der Formel

$$r = \left(\frac{K_n}{K_0}\right)^{\frac{1}{n}} - 1$$

ermittelt.

Die Anwendung der Methode des vollständigen Finanzplans soll am Beispiel 4.2 fortgeführt werden.

Zur Ermittlung des Endwertes werden zunächst die Nettozahlungen auf das Ende des Investitionszeitraumes (Jahr 10) mit dem Zinssatz von 3% aufgezinst. Am Ende des 10. Jahres muss noch unter Berücksichtigung der Restschuld von 882.000 Euro (diese entspricht dem ursprünglich aufgenommenen Kredit, das es sich um ein endfälliges Darlehen handelt) der Zufluss aus dem Verkauf der Immobilie in Höhe von 1.392.649 Euro. Damit ergibt sich ein Endwert von

$K_{10} = 44.139\left[\frac{(1{,}03)^8-1}{0{,}03}\right](1{,}03)^2 + 36.201(1{,}03) + 36.201 + 1.392.649 - 882.000 =$ 1.000.539 Euro.

Die Rendite r beträgt dann

$$r = \left(\frac{1.000.539}{378.000}\right)^{\frac{1}{10}} - 1 = 10{,}22\%$$

Bild 4.6 demonstriert die Berechnung der Rendite in tabellarischer Form.

Jahr	Netto-zahlungen	aufgezinste Zahlungen Zinssatz 3%	Zufluss aus Objekt-verkauf minus Rest-schuld	aufgezinste Zahlungen plus Zufluss aus Verkauf	kumulierter Zahlungs-strom
0					
1	44.139	57.592		57.592	57.592
2	44.139	55.914		55.914	113.506
3	44.139	54.286		54.286	167.792
4	44.139	52.705		52.705	220.497
5	44.139	51.170		51.170	271.666
6	44.139	49.679		49.679	321.346
7	44.139	48.232		48.232	369.578
8	44.139	46.827		46.827	416.405
9	36.201	37.287		37.287	453.693
10	36.201	36.201	510.649	546.850	1.000.543

Bild 4.6 Ermittlung des Endwertes der Zahlungsströme (Beispiel 4.2)

Excel-Umsetzung

Zur Lösung des Beispiels 4.2 mit Excel werden zunächst alle Input-Daten erfasst und gegebenenfalls Zwischenrechnungen angestellt. Mit diesen Daten wird dann die statische „Anfangsrendite“ ermittelt. Zur Berechnung der objekt- und subjektbezogenen dynamischen Rendite wird der Zahlungsstrom für den Betrachtungszeitraum von 10 Jahren aufgestellt, aus dem dann mit der Excel-Funktion IKV() die Rendite (interner Zinssatz der Investition) berechnet wird.

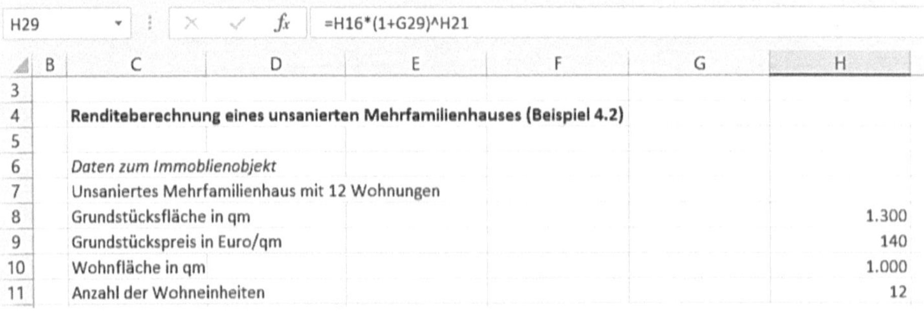
H29 | =H16*(1+G29)^H21

	C	H
3		
4	**Renditeberechnung eines unsanierten Mehrfamilienhauses (Beispiel 4.2)**	
5		
6	*Daten zum Immoblienobjekt*	
7	Unsaniertes Mehrfamilienhaus mit 12 Wohnungen	
8	Grundstücksfläche in qm	1.300
9	Grundstückspreis in Euro/qm	140
10	Wohnfläche in qm	1.000
11	Anzahl der Wohneinheiten	12

12			
13	*Anschaffungskosten und Herstellungskosten*		
14	Kaufpreis in Euro/qm Wohnfläche	300	300.000
15	Nachträgliche Herstellungskosten in Euro/qm	900	900.000
16	Investitionskosten ohne Erwerbsnebenkosten		1.200.000
17	Erwerbsnebenkosten in Prozent der Investitionskosten	5%	60.000
18	Gesamte Investitionskosten		1.260.000
19			
20	*Daten zur Ertragserzielung*		
21	Investitionsdauer in Jahren (determiniert)		10
22	Perioden pro Jahr		12
23	Rohertrag in Euro/qm Wohnfläche pro Monat	7	84.000
24	Nicht umlagefähige Bewirtschaftungskosten:		
25	Verwaltergebühr in Euro/Einheit/Monat	15	2.160
26	Instandhaltungsrücklage in Euro/qm Wohnfläche/Monat	1	12.000
27	Mietausfallwagnis in % des Rohertrags	5%	4.200
28	Reinertrag in Euro		65.640
29	Immobilienwertsteigerung p.a. bezogen auf 1.200.000	1,50%	1.392.649
30			

Bild 4.7 Input-Daten zur Berechnung der statischen „Anfangsrendite“, und der objekt- und subjektbezogenen dynamischen Rendite (Beispiel 4.2)

H43 =H40+H40/(H40+H41+H42)*H17

	B	C	D	E	F	G	H
30							
31		*Subjektbezogene Daten zur Finanzierung und Steuer*					
32		Eigenkapital in % der gesamten Investitionskosten				30%	378.000
33		Fremdkapital in % der gesamten Investitionskosten				70%	882.000
34		Zinssatz für endfälliges Darlehen in % p.a.					6%
35		Darlehenszinsen in Euro p.a.					52.920
36		Verzinsung der Zahlungen (VOFI-Methode)					3%
37		Grenzsteuersatz in %					42%
38							
39		*Berechnung der Abschreibungsbasis*					
40		Grundstücksanteil am Kaufpreis in Euro					182.000
41		Gebäudeanteil am Kaufpreis in Euro					118.000
42		Nachträgliche Herstellungskosten in Euro					900.000
43		Anteilige Zurechnung der Erwerbsnk. zum Grundstücksanteil					191.100
44		Anteilige Zurechnung der Erwerbsnk. zum Gebäudeanteil					123.900
45		Anteilige Zurechnung der Erwerbsnk. zu den Herstellungskosten					945.000
46							
47		*Abschreibungsvolumina*					
48		Abschreibung Grundstücksanteil				0%	0
49		Abschreibung Gebäudeanteil linear in %				2%	2.478
50		Abschreibung Herstellungskosten in % Jahr 1 bis			8	9%	85.050
51		Abschreibung Herstellungskosten in % Jahr 9 bis			10	7%	66.150
52							

Bild 4.8 Input-Daten zur Berechnung der statischen „Anfangsrendite“ und der objekt- und subjektbezogenen dynamischen Rendite (Beispiel 4.2) Fortsetzung

Einzelne Berechnungsschritte zur statischen „Anfangsrendite“ und zur objektbezogenen dynamischen Rendite sind in nachfolgender Tabelle aufgeführt.

Position	Inhalt	Excel-Umsetzung
E57	statische „Anfangsrendite" I	=G23/G16
E65	objektbezogene dynamische Rendite	=IKV(C70:C80)
B71	Laufzeitjahr	=WENN(B70<$G$21;B70+1;"")
C71	Berechnung des Zahlungsstroms	=WENN(B71="";"";WENN(B71=$G$21;$G$29+$G$28;$G$28))

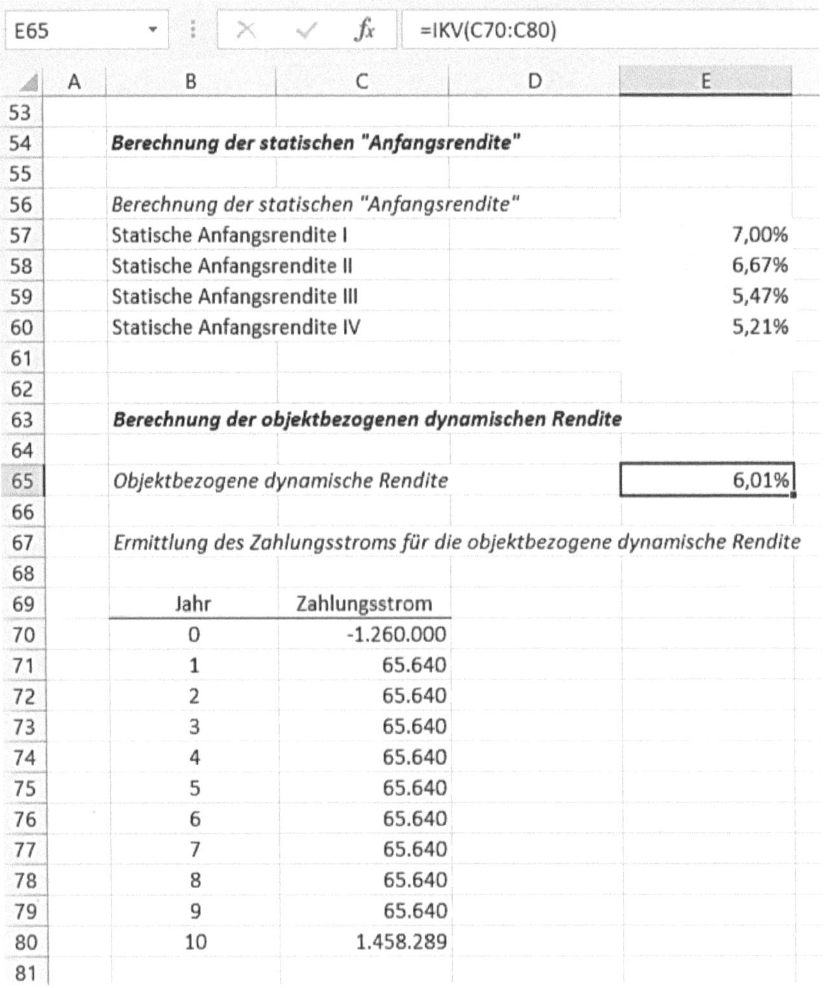
E65 =IKV(C70:C80)

	A	B	C	D	E
53					
54		**Berechnung der statischen "Anfangsrendite"**			
55					
56		*Berechnung der statischen "Anfangsrendite"*			
57		Statische Anfangsrendite I			7,00%
58		Statische Anfangsrendite II			6,67%
59		Statische Anfangsrendite III			5,47%
60		Statische Anfangsrendite IV			5,21%
61					
62					
63		**Berechnung der objektbezogenen dynamischen Rendite**			
64					
65		*Objektbezogene dynamische Rendite*			6,01%
66					
67		*Ermittlung des Zahlungsstroms für die objektbezogene dynamische Rendite*			
68					
69		Jahr	Zahlungsstrom		
70		0	-1.260.000		
71		1	65.640		
72		2	65.640		
73		3	65.640		
74		4	65.640		
75		5	65.640		
76		6	65.640		
77		7	65.640		
78		8	65.640		
79		9	65.640		
80		10	1.458.289		
81					

Bild 4.9 Berechnung der statischen „Anfangsrendite" und der objektbezogenen dynamischen Rendite (Beispiel 4.2)

Zur Ermittlung der subjektbezogenen dynamischen Rendite werden alle für den Investor relevanten Zu- und Abflüsse berücksichtigt. Unter Berücksichtigung dieser Faktoren erhält man den Nettozahlungsstrom, aus dem mittels der Funktion IKV() die Rendite berechnet werden kann. Diese beträgt 13,31%.

Einzelne Berechnungsschritte sind in nachfolgender Tabelle aufgeführt.

Position	Inhalt	Excel-Umsetzung
E84	subjektbezogene dynamische Rendite	=IKV(G105:G115)
B90	Laufzeitjahr	=WENN(B89<$G$21;B89+1;"")
C90	Reinertrag	=WENN(B90>$G$21;"";$G$28)
D90	Fremdkapitalzinsen	=WENN(B90>$G$21;"";$G$35)
E90	Abschreibung (1. bis 8. Jahr)	=WENN(B90="";"";WENN(B89<$E$50;$G$49+$G$50;$G$49+$G$51))
F90	Einkünfte aus Vermietung und Verpachtung	=WENN(B90>$G$21;"";C90-D90-E90)
G90	Steuerrückfluss	=WENN(B90>$G$21;"";-F90*$G$37)

E84 | =IKV(G105:G115)

	A	B	C	D	E	F	G
81							
82		***Berechnung der subjektbezogenen dynamischen Redite***					
83							
84		*Subjektbezogene dynamische Rendite*			13,31%		
85							
86		*Ermittlung des Steuerückflusses im 10-jährigen Betrachtungszeitraum*					
87							
88		Jahr	Reinertrag	Fremdkapital-zinsen	Afa Gebäude	Einkünfte aus Vermietung / Verpachtung	Steuerrückfluss bei 42% Grenzsteuersatz
89		0					
90		1	65.640	52.920	87.528	-74.808	31.419
91		2	65.640	52.920	87.528	-74.808	31.419
92		3	65.640	52.920	87.528	-74.808	31.419
93		4	65.640	52.920	87.528	-74.808	31.419
94		5	65.640	52.920	87.528	-74.808	31.419
95		6	65.640	52.920	87.528	-74.808	31.419
96		7	65.640	52.920	87.528	-74.808	31.419
97		8	65.640	52.920	87.528	-74.808	31.419
98		9	65.640	52.920	68.628	-55.908	23.481
99		10	65.640	52.920	68.628	-55.908	23.481
100							

	A	B	C	D	E	F	G
102		*Ermittlung des Zahlungsstromes zur Berechnung der subjektbezogenen dynamischen Rendite*					
103							
104		Jahr	Reinertrag	Fremdkapital-zinsen	Steuer-rückfluss	Erlös aus Objektverkauf minus Restschuld	Netto-zahlungsstrom
105		0					-378.000
106		1	65.640	52.920	31.419		44.139
107		2	65.640	52.920	31.419		44.139
108		3	65.640	52.920	31.419		44.139
109		4	65.640	52.920	31.419		44.139
110		5	65.640	52.920	31.419		44.139
111		6	65.640	52.920	31.419		44.139
112		7	65.640	52.920	31.419		44.139

	A	B	C	D	E	F	G
113		8	65.640	52.920	31.419		44.139
114		9	65.640	52.920	23.481		36.201
115		10	65.640	52.920	23.481	510.649	546.850
116							

Bild 4.10 Berechnung der subjektivbezogenen dynamischen Rendite (Beispiel 4.2)

Zur Ermittlung der Rendite nach der VOFI-Methode werden die Zahlungen auf das 10. Jahr hin diskontiert und der Nettoverkaufserlös (Erlös aus dem Objektverkauf abzüglich der noch vorhandenen Restschuld) hinzuaddiert. Akkumuliert man diesen Zahlungsstrom, erhält man den Endwert im 10. Jahr. Die Akkumulation von Zahlen kann mit der Funktion SUMME() bewerkstelligt werden, dabei muss aber für die erste Zahl ein fester Zellbezug hergestellt werden (vgl. H126). Zur Renditeberechnung wird der Endwert ins Verhältnis zum eingesetzten Eigenkapital gesetzt und annualisiert.

Einzelne Positionen zur Berechnung der Rendite nach VOFI sind in folgender Tabelle aufgezeigt.

Position	Inhalt	Excel-Umsetzung
E120	Rendite nach VOFI-Methode	=(G135/G32)^(1/G21)-1
B126	laufendes Jahr	=WENN(B125<$G$21;B125+1;"")
C126	Nettozahlungen	=WENN(B126="";"";$G$28-$G$35+G90)
D126	auf das 10. Jahr aufgezinste Zahlungen	=WENN(B126="";"";C126*(1+$G$36)^($G$21-B126))
E126	Zufluss aus Objektverkauf	=WENN(B126="";"";WENN(B126=$G$21;$G$29-$G$33;""))
F126	aufgezinste Zahlungen plus Zufluss aus Objektverkauf	=WENN(B126="";"";WENN(B126=$G$21;D126+E126;D126))
G126	akkumulierter Zahlungsstrom	=WENN(B126="";"";SUMME($F$126:F126))

E120 fx =(G135/G32)^(1/G21)-1

	A	B	C	D	E	F	G
117							
118		***Methode des vollständigen Finanzplans (VOFI Methode)***					
119							
120		*Rendite nach der VOFI-Methode*			10,22%		
121							
122		*Ermittlung des Endwertes der kumulierten Zahlungsstöme*					
123							
124		Jahr	Nettozahlungen	Aufgezinste Zahlungen Zinssatz 3%	Zufluss aus Objektverkauf minus Restschuld	Aufgezinste Zahlungen plus Zufluss aus Verkauf	Akkumulierter Zahlungsstrom
125		0					
126		1	44.139	57.592		57.592	57.592
127		2	44.139	55.914		55.914	113.506
128		3	44.139	54.286		54.286	167.792

129	4	44.139	52.705		52.705	220.497
130	5	44.139	51.170		51.170	271.666
131	6	44.139	49.679		49.679	321.346
132	7	44.139	48.232		48.232	369.578
133	8	44.139	46.827		46.827	416.405
134	9	36.201	37.287		37.287	453.693
135	10	36.201	36.201	510.649	546.850	1.000.543
136						

Bild 4.11 Ermittlung des Endwertes der Zahlungsströme und Berechnung der Rendite (Beispiel 4.2)

Ein weiteres Beispiel soll die Renditeberechnung einer Immobilieninvestition verdeutlichen.

Beispiel 4.3

Ein mittelständischer Unternehmer verfügt gegenwärtig (Jahr 2014) über 160.000 Euro, die er außerbetrieblich für die nächsten 12 Jahre sicher und rentabel anlegen möchte und entscheidet sich für eine Investition in ein Mietshaus. Anhand der folgenden Daten sollen die objektbezogene dynamische Rendite und die subjektbezogene dynamische Rendite (nominale Rendite des Eigenkapitals) berechnet werden.

Zum Investitionsobjekt und dessen Finanzierung sind die folgenden Daten gegeben.

Objektbezogene Daten	Doppelhaushälfte
Grundstücksgröße	400 qm
Preis für baureifes Land	250 Euro/qm
Wohnfläche	120 qm
Baukosten ohne Erwerbsnebenkosten je qm Wohnfläche	3.200 Euro/qm

Anschaffungs-/Herstellungskosten	
Kaufpreis Grundstück (400 qm x 250 Euro/qm)	100.000 Euro
Herstellungskosten (120 qm x 3.200 Euro/qm)	384.000 Euro
Investitionskosten ohne Erwerbsnebenkosten	484.000 Euro
Erwerbsnebenkosten (5% von 484.000 Euro)	24.200 Euro
Summe der Investitionskosten	508.200 Euro

Finanzierungsmöglichkeiten	
Eigenkapital	160.000 Euro
Fremdkapital als Annuitätendarlehen	
Zinssatz fest für 15 Jahre	6%
Laufzeit	15 Jahre

Ertragserzielung	
Rohertrag Euro/qm Wohnfläche und Monat	12 Euro
Instandhaltungs- und Versicherungskosten je Jahr in % der Baukosten	1%
erwartete jährliche Steigerungsrate der Kaltmiete, der Instandhaltungs- und Versicherungskosten	2%
erwartete jährliche Steigerung des Verkehrswertes der DHH	3%

Steuerliche Betrachtung	
Abschreibung 2% auf Anschaffungs- und Herstellungskosten, da es sich um ein Gebäude im Privatbesitz handelt, das nach dem 31.12.1925 fertiggestellt wurde.	2%
Grundstücksanteil an den Erwerbsnebenkosten (100.000/484.000)	21%
Gebäudeanteil an den Erwerbsnebenkosten (384.000/484.000)	79%
Grenzsteuersatz	40%

Ein Veräußerungsgewinn ist nach 10 bis 12 Jahren steuerfrei, da sich das Objekt in Privatbesitz befindet.

4.3.4.1 Berechnung der objektbezogenen dynamischen Rendite

Zur Berechnung der objektbezogenen dynamischen Rendite muss der Zahlungsstrom ermittelt werden, der die objektbezogenen Daten beinhaltet. In Bild 4.12 ist dieser Zahlungsstrom dargestellt.

Jahr	Rohertrag pro Jahr	Unterhalt/ Versicherung pro Jahr	Reinertrag pro Jahr	Erlös aus Objektverkauf nach 12 Jahren	Netto-Zahlungsstrom
0					-508.200,00
1	17.280,00	3.840,00	13.440,00		13.440,00
2	17.625,60	3.916,80	13.708,80		13.708,80
3	17.978,11	3.995,14	13.982,98		13.982,98
...	...	...	...		...
10	20.651,20	4.589,16	16.062,04		16.062,04
11	21.064,22	4.680,94	16.383,29		16.383,29
12	21.485,51	4.774,56	16.710,95	690.068,27	706.779,22

Bild 4.12 Ermittlung des Zahlungsstromes zur Berechnung der objektbezogenen dynamischen Rendite (Beispiel 4.3)

Aus dem objektbezogenen Zahlungsstrom kann nun mittels eines Näherungsverfahrens die objektbezogene dynamische Rendite berechnet werden. Diese beträgt 5,15%.

4.3.4.2 Berechnung der subjektbezogenen dynamischen Rendite

Zur Ermittlung der subjektbezogenen dynamischen Rendite empfiehlt sich folgende Vorgehensweise: Zunächst werden der gesamte Finanzierungsbedarf, die Höhe des aufzunehmenden Darlehens und der daraus resultierende Kapitaldienst bestimmt. Im nächsten Schritt wird der Reinertrag vor Steuern während der 12-jährigen Betrachtungsperiode ermittelt. Dann wird die steuerliche Auswirkung des Vorhabens während der 12-jährigen Planungsperiode aufgezeigt. Schließlich werden am Ende des 12. Jahres der Verkaufserlös und die verbleibenden Eigenmittel nach Abzug der Sondertilgung der Restschuld und der eventuell beim Verkauf anfallenden Steuern ermittelt. Daraus ergibt sich der Zahlungsstrom (Nettorückfluss) nach Steuern, aus dem dann die Rendite berechnet werden kann.

Der gesamte Finanzierungsbedarf (entspricht der Summe der Investitionskosten) ergibt sich aus dem Kaufpreis des Grundstücks, den Baukosten und den Erwerbsnebenkosten und beträgt 508.200 Euro. Da 160.000 Euro an Eigenmittel vorhanden sind, müssen 348.200 Euro fremdfinanziert werden.

Bei einem Zinssatz von 6% und einer Laufzeit von 15 Jahren ergibt sich eine Annuität von

$$A = 348.200\left[\frac{(1,06)^{15}\,0,06}{(1,06)^{15}-1}\right] = 35.851,63\,.$$

Der Tilgungsplan für das benötige Darlehen ist in Abb. 4.13 dargestellt.

Jahr	Schuld-betrag Jahres-anfang	Zinsen	Tilgung	Annuität	Schuld-betrag Jahresende
0					348.200,00
1	348.200,00	20.892,00	14.959,63	35.851,63	333.240,37
2	333.240,37	19.994,42	15.857,21	35.851,63	317.383,15
3	317.383,15	19.042,99	16.808,65	35.851,63	300.574,51
...	...	...	...	...	...
10	176.294,11	10.577,65	25.273,99	35.851,63	151.020,13
11	151.020,13	9.061,21	26.790,43	35.851,63	124.229,70
12	124.229,70	7.453,78	28.397,85	35.851.63	95.831,85
Rest-schuld	95.831,85				

Bild 4.13 Tilgungsplan für das benötigte Darlehen im Planungszeitraum von 12 Jahren (Beispiel 4.3)

Am Ende des 12.Jahres, wenn die Immobilie verkauft werden soll, verbleibt noch eine Restschuld von 95.831,85 Euro. Diese kann auch direkt aus der Beziehung

$$K_{13} = 348.200(1{,}06)^{12} - 35.851{,}63\left[\frac{(1{,}06)^{12}-1}{0{,}06}\right] = 95.831{,}85$$

berechnet werden, wobei die Restschuld am Ende des 12 Jahres der Restschuld am Anfang des 13. Jahres entspricht.

Als nächstes wird der Reinertrag pro Jahr im Verlauf des 12-jährigen Betrachtungszeitraumes bestimmt. Diese errechnet sich aus der Differenz zwischen dem Rohertrag und den Instandhaltungs- und Versicherungskosten und ist in Bild 4.14 dargestellt. Dabei ist zu berücksichtigen, dass der Rohertrag und die Instandhaltungs- und Versicherungskosten um jährlich 2% steigen.

Jahr	Rohertrag pro Jahr	Instandhaltungs- und Versicherungskosten pro Jahr	Reinertrag pro Jahr
1	17.280,00	3.840,00	13.440,00
2	17.625,60	3.916,80	13.708,80
3	17.978,11	3.995,40	13.982,98
...	...	...	...
10	20.651,20	4.589,16	16.062,04
11	21.064,22	4.680,94	16.383,29
12	21.485,51	4.774,56	16.710,95

Bild 4.14 Rohertrag und Reinertrag im 12-jähringen Betrachtungszeitraum (Beispiel 4.3)

Im nächsten Schritt wird die steuerliche Auswirkung des Bauvorhabens aufgezeigt (vgl. Abb. 4.15). Die Baukosten und die anteiligen Erwerbsnebenkosten können mit 2% jährlich abgeschrieben werden.

Zur Ermittlung der Abschreibung müssen die Investitionskosten ohne Erwerbsnebenkosten von 484.000 Euro in den Grundstücksanteil und den Gebäudeanteil aufgeteilt werden. Der Grundstücksanteil beträgt 21% (100.000/484.000) und die anteilige Zurechnung der Erwerbsnebenkosten von 24.200 Euro ergibt 5.082 Euro (24.200 x 0,21); dieser Betrag kann nicht abgeschrieben werden. Der Gebäudeanteil beträgt 79% (384.000/484.000) und die anteilige Zurechnung der Erwerbsnebenkosten von 24.200 Euro ergeben 19.200 Euro (24.200 x 0,79); dieser Betrag kann zusammen mit den Baukosten in Höhe von 384.000 Euro mit jährlich 2% abgeschrieben werden. Die Abschreibung beträgt dann jährlich 8.064 Euro.

Der Grenzsteuersatz des Bauherrn wird mit 40% angesetzt. Die Einkünfte aus Vermietung und Verpachtung erhält man, wenn vom jeweiligen Rohertrag die Instandhaltungs- und Versicherungskosten, die Darlehenszinsen und die Gebäudeabschreibung abgezogen werden. Multipliziert man die Einkünfte aus Vermietung und Verpachtung mit dem Grenzsteuersatz von 40%, ergibt sich die Steuerwirkung über den Betrachtungszeitraum von 12 Jahren. Für die ersten 11 Jahre ergibt sich ein steuerlicher Verlust, während im Jahre 12 ein steuerlicher Gewinn anfällt.

Jahr	Rohertrag pro Jahr	Unterhalt Versicherung/ Jahr	Zinsen für Darlehen	Afa Gebäude	Einkünfte aus Vermietung und Verpachtung	Steuerrückfluss 40% Grenzsteuersatz
1	17.280,00	3.840,00	19.440,00	8.064,00	-15.516,00	6.206,40
2	17.625,60	3.916,80	18.604,80	8.064,00	-14.349,62	5.739,85
3	17.978,11	3.995,14	17.719,50	8.064,00	-13.124,01	5.249,61
...	...	...	...	...	...	...
10	20.651,20	4.589,16	9.842,50	8.064,00	-2.579,60	1.031,84
11	21.064,22	4.680,94	8.431,45	8.064,00	-741,92	296,77
12	21.485,51	4.774,56	6.935,74	8.064,00	1.193,17	-477,27

Bild 4.15 Ermittlung des Steuerrückflusses im 12-jährigen Betrachtungszeitraum (Beispiel 4.3)

Im letzten Schritt wird der Nettorückfluss ermittelt, wie in Bild 4.16 dargestellt. Dazu wird der Reinertrag mit dem Kapitaldienst und dem steuerlichen Gewinn bzw. Verlust aufgerechnet. Im 12. Jahr wird die Immobilie zum Verkehrswert von

$$K_{12} = 484.000(1,03)^{12} = 690.068,27$$

verkauft. Davon wird die Darlehensrestschuld in Höhe von 95.831,85 Euro beglichen. Damit ergibt sich ein steuerfreier Verkaufserlös von 594.236,42, da die Immobilie in Privatbesitz gehalten wird. Zieht man davon noch das laufende Liquiditätsdefizit nach Steuern im Jahr 12 von

$$\text{Liquiditätsdefizit} = 16.710,95 - 35.851,63 - 477,27 = 19.617,95$$

ab, erhält man den Nettobetrag von 574.618,47 Euro. Aus dem resultierenden Zahlungsstrom über den Betrachtungszeitraum von 12 Jahren kann dann die subjektbezogene dynamische Rendite mittels eines Näherungsverfahrens berechnet werden. Diese beträgt unter den getroffenen Annahmen 5,57% nach Steuern.

Jahr	Reinertrag	Kapitaldienst	Steuerrückfluss	Erlös Objektverkauf minus Restschuld	Netto-Zahlungsstrom
0					-160.000,00
1	13.440,00	35.851,63	6.206,40		-16.205,23
2	13.708,80	35.851,63	5.739,85		-16.402,99
3	13.982,98	35.851,63	5.249,61		-16.619,05
...	...	...	...		...
10	16.062,04	35.851,63	1.031,84		-18.757,75

11	16.383,29	35.851,63	296,77		-19.171,58
12	16.710,95	35.851,63	-477,27	594.236,42	574.618,47

Bild 4.16 Ermittlung des Zahlungsstroms zur Berechnung der subjektbezogenen dynamischen Rendite (Beispiel 4.3)

Excel-Umsetzung

Zur Berechnung der objektbezogenen dynamischen Rendite muss der Nettozahlungsstrom ermittelt werden. Dieser ergibt sich aus dem Reinertrag pro Jahr (Rohertrag abzüglich der Instandhaltungs- und Versicherungskosten) und dem Zufluss aus dem Objektverkauf nach 12 Jahren. Aus dem sich ergebenden Nettozahlungsstrom wird dann unter Berücksichtigung der gesamten Investitionskosten mittels der Excel-Funktion IKV() die Rendite berechnet, die dem internen Zinssatz der Kapitalwertfunktion entspricht.

Einzelne Berechnungsschritte zur objektbezogenen dynamischen Rendite können der nachfolgenden Tabelle entnommen werden.

F20 =F18+F19

	B	F
3		
4	**Renditeberechnung einer Immobilieninvestition (Beispiel 4.3)**	
5		
6	*Daten zum Immobilienobjekt (objektbezogene Daten)*	
7	Objekt Doppelhaushälfte	
8	Grundstücksgröße in qm	400
9	Preis für baureifes Land Euro/qm	250
10	Wohnfläche in qm	120
11	Baukosten ohne Erwerbsnebenkosten pro qm Wohnfläche	3.200,00
12	Erwerbsnebenkosten in % der Investitionskosten	5%
13	Geplanter Verkauf nach Jahren (determiniert)	12
14		
15	*Anschaffungs- und Herstellungskosten*	
16	Kaufpreis Grundstück	100.000
17	Herstellungskosten	384.000
18	Investitionskosten ohne Erwerbsnebenkosten	484.000
19	Erwerbsnebenkosten	24.200
20	Gesamte Investitionskosten	508.200
21		
22	*Finanzierung*	
23	Vorhandene Eigenmittel	160.000,00
24	Fremdkapitalzinsen	6%
25	Laufzeit des Annuitätendarlehens in Jahren	15
26		
27	*Ertragsermittlung*	
28	Rohertrag Euro/qm und Monat	12,00
29	Steigerungsrate Kaltmiete, Instandhaltungs- und Versicherungskosten p.a	2%
30	Monate pro Jahr	12
31	Steigerung des Verkehrswertes pro Jahr	3%
32	Instandhaltungs- und Versicherungskosten p.a. in % der Baukosten	1%
33		

34	*Steuerliche Betrachtung*	
35	Grenzsteuersatz des Bauherren	40%
36	Grundstücksanteil an den Erwerbsnebenkosten in %	21%
37	Gebäudeanteil an den Erwerbsnebenkosten in %	79%
38	Abschreibung der Baukosten jährlich, Jahr 1 bis 12	2%
39		

Bild 4.17 Input-Daten zur Berechnung der objekt- und subjektbezogenen dynamischen Rendite (Beispiel 4.3)

In der nachfolgenden Tabelle sind einzelne Schritte zur Berechnung der objektbezogenen dynamischen Rendite aufgezeigt.

Position	Inhalt	Excel-Umsetzung
D45	objektbezogene dynamische Rendite	=IKV(G50:G62)
B51	laufendes Jahr	=WENN(B50+1<$F$13;B50+1;"")
C51	Rohertrag pro Jahr	=WENN(B51="";"";$F$10*$F$28*$F$30*(1+$F$29)^B50)
D51	Instandhaltungs-/Versicherungskosten je Jahr	=WENN(B51="";"";$F$10*$F$11*$F$32*(1+$F$29)^B50)
E51	Reinertrag pro Jahr	=WENN(B51="";"";C51-D51)
F51	Zahlung aus Objektverkauf	WENN(B51=$F$13;$F$18*(1+$F$31)^$F$13;"")
G51	Nettozahlungsstrom	=WENN(B50+1>$F$13;"";WENN(B50+1<$F$13;E51;E51+F51))

D45 fx =IKV(G50:G62)

	A	B	C	D	E	F	G
42							
43		***Berechnung der objektbezogenen dynamischen Rendite***					
44							
45		*Objektbezogene dynamische Rendite*		5,15%			
46							
47		*Ermittlung des Zahlungsstromes zur Berechnung der objektbezogenen dynamischen Rendite*					
48							
49		Jahr	Rohertrag pro Jahr	Instandhaltungs- und Versicherungskosten pro Jahr	Reinertrag pro Jahr	Zahlung aus Objektverkauf nach 12 Jahren	Netto-Zahlungsstrom
50		0					-508.200,00
51		1	17.280,00	3.840,00	13.440,00		13.440,00
52		2	17.625,60	3.916,80	13.708,80		13.708,80
53		3	17.978,11	3.995,14	13.982,98		13.982,98
54		4	18.337,67	4.075,04	14.262,64		14.262,64
55		5	18.704,43	4.156,54	14.547,89		14.547,89
56		6	19.078,52	4.239,67	14.838,85		14.838,85
57		7	19.460,09	4.324,46	15.135,62		15.135,62
58		8	19.849,29	4.410,95	15.438,34		15.438,34
59		9	20.246,27	4.499,17	15.747,10		15.747,10
60		10	20.651,20	4.589,16	16.062,04		16.062,04
61		11	21.064,22	4.680,94	16.383,29		16.383,29
62		12	21.485,51	4.774,56	16.710,95	690.068,27	706.779,22

Bild 4.18 Berechnung der objektbezogenen dynamischen Rendite (Beispiel 4.3)

Zur Berechnung der subjektbezogenen dynamischen Rendite wird zunächst der Tilgungsplan des Annuitätendarlehens über eine Laufzeit von 15 Jahren aufgestellt. Die Annuität von 35.851,63 Euro wird entweder durch Eingabe der Formel oder mit der Excel-Funktion RMZ() ermittelt. Die Restschuld am Ende des 12-jährigen Betrachtungszeitraumes in Höhe von 95.831,95 Euro kann direkt vom Tilgungsplan abgelesen werden.

In der nachfolgenden Tabelle sind einzelne Schritte zur Aufstellung des Tilgungsplans aufgezeigt.

Position	Inhalt	Excel-Umsetzung
D68	subjektbezogene dynamische Rendite	=IKV(G113:G125)
G75	Schuldbetrag am Jahresanfang	=$F$20-$F$23
D72	Berechnung der Annuität	=(F20-F23)*(1+F24)^F25*F24/((1+F24)^F25-1)
B76	laufendes Jahr	=WENN($F$13<B75+1;"RESTSCHULD";B75+1)
C76	Anfangsschuld	=WENN(ODER(B76>$F$13;B76="");"";G75)
D76	Zinsen	=WENN(ODER(B76>$F$13;B76="");"";C76*$F$24)
E76	Tilgung	=WENN(ODER(B76>$F$13;B76="");"";$F$76-D76)
F76	Annuität	=WENN(ODER(B76>$F$13;B76="");"";$D$72)
G76	Schuldbetrag am Jahresende	=WENN(ODER(B76>$F$13;B76="");"";C76-E76)
B77	laufendes Jahr	=WENN(ODER(B76="RESTSCHULD";B76="");""; WENN($F$13<B76+1;"RESTSCHULD";B76+1))
C77	Schuldbetrag am Jahresanfang	=WENN(B77="RESTSCHULD";G76; WENN(ODER(B77>$F$13;B77="");"";G76))

D72 | *fx* =(F20-F23)*(1+F24)^F25*F24/((1+F24)^F25-1)

	A	B	C	D	E	F	G
65							
66		***Berechnung der subjektbezogenen dynamischen Rendite***					
67							
68		*Subjektbezogene dynamische Rendite*		5,57%			
69							
70		*Kapitaldienstplan für das benötigte Fremdkapital in der Planungsperiode von 12 Jahren*					
71							
72		Annuität (15 Jahre, Zinssatz 6%)		35.851,63			
73							
74		Jahr	Schuldbetrag Jahresanfang	Zinsen	Tilgung	Annuität	Schuldbetrag Jahresende
75		0					348.200,00
76		1	348.200,00	20.892,00	14.959,63	35.851,63	333.240,37
77		2	333.240,37	19.994,42	15.857,21	35.851,63	317.383,15
78		3	317.383,15	19.042,99	16.808,65	35.851,63	300.574,51
79		4	300.574,51	18.034,47	17.817,16	35.851,63	282.757,34
80		5	282.757,34	16.965,44	18.886,19	35.851,63	263.871,15
81		6	263.871,15	15.832,27	20.019,37	35.851,63	243.851,78

82	7	243.851,78	14.631,11	21.220,53	35.851,63	222.631,26
83	8	222.631,26	13.357,88	22.493,76	35.851,63	200.137,50
84	9	200.137,50	12.008,25	23.843,38	35.851,63	176.294,11
85	10	176.294,11	10.577,65	25.273,99	35.851,63	151.020,13
86	11	151.020,13	9.061,21	26.790,43	35.851,63	124.229,70
87	12	124.229,70	7.453,78	28.397,85	35.851,63	95.831,85
88	RESTSCHULD	95.831,85				
89						

Bild 4.19 Tilgungsplan für das benötigte Fremdkapital zur Berechnung der subjektbezogenen dynamischen Rendite (Beispiel 4.3)

Im nächsten Schritt werden die Einkünfte aus Vermietung und Verpachtung ermittelt. Diese erhält man, indem vom Rohertrag die Instandhaltungs- und Versicherungskosten, die Fremdkapitalzinsen und die Gebäude-Afa abgezogen werden. Multipliziert man die Einkünfte aus Vermietung und Verpachtung mit dem Steuersatz von hier 40%, erhält man den Steuerrückfluss. Im 12. Jahr ergibt sich wegen der positiven Einkünfte aus Vermietung und Verpachtung eine Steuerbelastung von 477,27 Euro.

Einzelne Berechnungsschritte zur Ermittlung der Einkünfte aus Vermietung und Verpachtung und des Steuerrückflusses sind in Bild 4.20 aufgeführt.

Position	Inhalt	Excel-Umsetzung
B95	Laufzeitjahr	=WENN(B94<$F$13;B94+1;"")
C95	Rohertrag pro Jahr	=WENN(B95="";"";C51)
D95	Instandhaltungs-/ Versicherungskosten pro Jahr	=WENN(B95="";"";D51)
E95	Fremdkapitalzinsen	=WENN(B95="";"";($F$10*$F$11+$F$37*$F$19)*$F$38)
F95	Gebäude Abschreibung	=WENN(B95="";"";C51)
G95	Einkünfte aus V+V	=WENN(B95="";"";C95-D95-E95-F95)
H95	Steuerrückfluss	=WENN(B95="";"";-G95*$F$35)

H95 | =WENN(B95="";"";-G95*$F$35)

	A	B	C	D	E	F	G	H
90								
91		*Ermittlung des Steuerrückflusses der Immobilieninvestition im 12-jährigen Betrachtungszeitraum*						
92								
93		Jahr	Rohertrag pro Jahr	Instandhaltungs- und Versicherungskosten pro Jahr	Fremdkapitalzinsen	Afa Gebäude	Einkünfte aus Vermietung und Verpachtung	Steuerrückfluss bei 40% Grenzsteuersatz
94		0						
95		1	17.280,00	3.840,00	20.892,00	8.064,00	-15.516,00	6.206,40
96		2	17.625,60	3.916,80	19.994,42	8.064,00	-14.349,62	5.739,85
97		3	17.978,11	3.995,14	19.042,99	8.064,00	-13.124,01	5.249,61
98		4	18.337,67	4.075,04	18.034,47	8.064,00	-11.835,83	4.734,33
99		5	18.704,43	4.156,54	16.965,44	8.064,00	-10.481,55	4.192,62
100		6	19.078,52	4.239,67	15.832,27	8.064,00	-9.057,42	3.622,97
101		7	19.460,09	4.324,46	14.631,11	8.064,00	-7.559,48	3.023,79
102		8	19.849,29	4.410,95	13.357,88	8.064,00	-5.983,54	2.393,42
103		9	20.246,27	4.499,17	12.008,25	8.064,00	-4.325,15	1.730,06
104		10	20.651,20	4.589,16	10.577,65	8.064,00	-2.579,60	1.031,84
105		11	21.064,22	4.680,94	9.061,21	8.064,00	-741,92	296,77
108								

Bild 4.20 Ermittlung des Steuerrückflusses der Immobilieninvestition (Beispiel 4.3)

Schließlich wird der Nettozahlungsstrom ermittelt. Dieser setzt sich aus dem eingesetzten Eigenkapital von 160.000 Euro und den Auszahlungen der Jahre 1 bis 12 zusammen. Im Jahre 12 ergibt sich zusätzlich ein Zufluss in Höhe des Erlöses aus dem Objektverkauf von 690.068,27 Euro abzüglich der Restschuld am Ende des 12. Jahres von 85.831,85 Euro, also 594.236,42 Euro. Aus dem Nettozahlungsstrom wird dann mittels der Excel-Funktion IKV() die Rendite berechnet. Diese beträgt 5,57%.

Einzelne Berechnungsschritte sind in der nachfolgenden Tabelle aufgeführt.

Position	Inhalt	Excel-Umsetzung
B114	laufendes Jahr	=WENN(B113<$F$13;B113+1;"")
C114	Reinertrag pro Jahr	=WENN(B114="";"";E51)
D114	Kapitaldienst (Annuität)	=WENN(B114="";"";F76)
E114	Steuerrückfluss	=WENN(B114="";"";H95)
F114	Zufluss Objektverkauf minus Restschuld	=WENN(B114=$F$13;$F$18*(1+$F$31)^$F$13-$C$88;"")
G114	Nettozahlungsstrom	=WENN(B114="";"";WENN(B114=$F$13;F114+ C114-D114+E114;C114-D114+E114))

F125 =WENN(B125=$F$13;$F$18*(1+$F$31)^$F$13-$C$88;"")

Ermittlung des Zahlungsstromes zur Berechnung der subjektbezogenen dynamischen Rendite

Jahr	Reinertrag pro Jahr	Kapitaldienst (Annuität)	Steuer-Rückfluss	Zufluss aus Objektverkauf minus Restschuld	Netto-Zahlungsstrom
0					-160.000,00
1	13.440,00	35.851,63	6.206,40		-16.205,23
2	13.708,80	35.851,63	5.739,85		-16.402,99
3	13.982,98	35.851,63	5.249,61		-16.619,05
4	14.262,64	35.851,63	4.734,33		-16.854,66
5	14.547,89	35.851,63	4.192,62		-17.111,13
6	14.838,85	35.851,63	3.622,97		-17.389,82
7	15.135,62	35.851,63	3.023,79		-17.692,22
8	15.438,34	35.851,63	2.393,42		-18.019,88
9	15.747,10	35.851,63	1.730,06		-18.374,47
10	16.062,04	35.851,63	1.031,84		-18.757,75
11	16.383,29	35.851,63	296,77		-19.171,58
12	16.710,95	35.851,63	-477,27	594.236,42	574.618,47

Bild 4.21 Ermittlung des Zahlungsstromes zur Berechnung der subjektbezogenen dynamischen Rendite (Beispiel 4.3)

5 Nicht-börsennotierte Schuldverschreibungen

Schuldverschreibungen sind Mittel der Fremdfinanzierung und dienen zur Deckung des langfristigen Kapitalbedarfs. Als Emittenten können öffentliche Institutionen wie Staaten, Länder und Provinzen oder private Institutionen wie Banken auftreten. Der Inhaber einer Schuldverschreibung ist Gläubiger einer Forderung, die sich gegen den Aussteller der Urkunde richtet. Im Allgemeinen handelt es sich um börsen- oder nicht börsennotierte Wertpapiere, die mit einem festen Zinssatz ausgestattet sind.

In diesem Abschnitt werden über mehrere Jahre laufende Schuldverschreibungen analysiert, die nicht an der Börse gehandelt werden und von Banken als sogenannte Sparbriefe oder Wachstumszertifikate angeboten werden. Bundesschatzbriefe, die wohl prominentesten, nicht börsengehandelten Schuldverschreibungen der Bundesrepublik Deutschland, die zur Vermögensbildung breiter Bevölkerungsschichten geschaffen wurden, sind ab 2013 aus Kostengründen nicht mehr aufgelegt worden.

5.1 Sparbriefe mit festem Zinssatz

Sparbriefe und Sparschuldverschreibungen sind nicht an der Börse gehandelte mittelfristige bzw. langfristige Schuldverschreibungen von Banken oder Sparkassen. Für die Kreditinstitute sind sie ein vielgenutztes Instrument der mittel- bis langfristigen Refinanzierung, für die Sparer sind sie ein begehrtes Anlageinstrument, da sie wegen des Wertpapiercharakters der Produkte im Allgemeinen höher verzinst werden als vergleichbare Einlagen auf Sparbüchern.

Sparbriefe und Sparschuldverschreibungen sind grundsätzlich über die gesamte Laufzeit mit einem festen Zinssatz ausgestattet, und die Höhe des späteren Rückkaufwertes steht bereits beim Kauf fest. Sparbriefe werden in verschiedenen Zinsvarianten angeboten.

5.1.1 Sparbrief mit jährlicher Zinszahlung

Beim Sparbrief mit *jährlicher Zinsauszahlung* werden die Zinsen jährlich ausgeschüttet und am Ende der Laufzeit wird das investierte Kapital (Nennwert des Sparbriefs) zurückgezahlt. Die im Jahr t zur Auszahlung kommenden Zinsen Z_t berechnen sich zu

$$Z_t = K_0 \cdot i \cdot t\,,$$

wobei K_0 die Anlagesumme ist, i der Zinssatz und t der Zeitraum (ein Jahr), der der Zinsberechnung zugrunde liegt (vgl. auch Abschnitt 5.2.3).

5.1.2 Aufgezinster Sparbrief mit festem Zinssatz

Beim *aufgezinsten Sparbrief* mit festem Zinssatz werden die Zinserträge jährlich gutgeschrieben und in den Folgejahren mitverzinst. Am Laufzeitende wird das investierte Kapital einschließlich der Zinsen und Zinseszinsen ausgezahlt. Der Zinssatz bleibt über die Laufzeit konstant.

Beispiel 5.1

Ein Sparbrief mit einem Nennwert von 5.000 Euro hat eine Laufzeit von 5 Jahren und ist mit einem Festzinssatz von 2,5% ausgestattet. Am Ende der Laufzeit wird der Nennwert des Sparbriefs einschließlich der Zinsen in einer Summe zurückgezahlt. Es sollen der Nennwert des Sparbriefs zuzüglich der Zins- und Zinseszinszahlungen am Ende Laufzeit ermittelt und die Rendite berechnet werden.

Die Auszahlung am Ende des 5. Jahres beträgt

$$K_5 = 5.000(1{,}025)^5 = 5.657{,}04\,.$$

Die Rendite entspricht der Effektivverzinsung und berechnet sich zu

$$i_e = \left(\frac{5.657{,}04}{5.000}\right)^{\frac{1}{5}} - 1 = 0{,}025 \text{ oder } 2{,}5\%$$

Excel-Umsetzung

Nach Eingabe der Input-Daten Nennwert, Zinssatz und Laufzeit wird der Zahlungsstrom ermittelt, aus dem mit der Excel-Funktion IKV() die Rendite berechnet wird.

Position	Inhalt	Excel-Umsetzung
C10	Rendite	=IKV(F13:F23)
F13	Anlagebetrag	=-E6
B14	laufendes Jahr	=WENN(B13<$E$8;B13+1;"")
C14	Kapital zu Jahresbeginn	=WENN(B14="";"";E6)
D14	Berechnung der Zinsen	=WENN(B14="";"";C14*$E$7)
E14	Kapital am Jahresende	=WENN(B14="";"";C14+D14)
F14	Zahlungsstrom	=WENN(B14="";"";WENN(B14=$E$8;C14+D14;0))

E7 fx 2,5%

	A	B	C	D	E	F
3						
4		**Aufgezinster Sparbrief mit fester Verzinsung (Beispiel 5.1)**				
5						
6		Nennwert (Euro)			5.000	
7		Zinssatz			2,50%	
8		Laufzeit (Jahre)			5	
9						
10		Rendite	2,50%			
11						
12		Jahr	Kapital zu Jahresbeginn	Zinsen	Kapital am Jahresende	Zahlungsstrom
13		0				-5.000,00
14		1	5.000,00	125,00	5.125,00	0,00
15		2	5.125,00	128,13	5.253,13	0,00
16		3	5.253,13	131,33	5.384,45	0,00
17		4	5.384,45	134,61	5.519,06	0,00
18		5	5.519,06	137,98	5.657,04	5.657,04
19						

Bild 5.1 Renditeberechnung eines aufgezinsten Sparbriefs mit fester Verzinsung (Beispiel 5.1)

5.1.3 Abgezinster Sparbrief mit festem Zinssatz

Beim *abgezinsten Sparbrief* mit Festzinssatz werden die Zinsen und Zinseszinsen im Voraus vom Anlagebetrag (Nennwert) abgezogen. Bei Fälligkeit zahlt die Bank den vollen Nennwert des Sparbriefs aus. Der jährlich gutgeschriebene Zinsbetrag steigt, weil die Zinsen des Vorjahres dem Kapital zugerechnet und in den Folgejahren mitverzinst werden.

Der Anlagebetrag K_0 berechnet sich durch Diskontierung des Nennwertes K_n mit dem Nominalzinssatz i zu

$$K_0 = \frac{K_n}{(1+i)^n} \cdot$$

Der effektive Jahreszinssatz entspricht wiederum den Nominalzinssatz.

Beispiel 5.2

Für einen abgezinsten Sparbrief mit einem Festzinssatz von 3%, einem Nennwert von 10.000 Euro und einer Laufzeit von 6 Jahren soll der Anlagebetrag und die Rendite ermittelt werden.

Der Anlagebetrag ergibt sich zu

$$K_0 = \frac{10.000}{(1{,}03)^5} = 8.626{,}09 \cdot$$

Die Rendite entspricht dem Nominalzinssatz, da

$$i_e = \left(\frac{10.000}{8.626{,}09}\right)^{\frac{1}{5}} - 1 = 0{,}03 \text{ oder } 3\% \cdot$$

Excel-Umsetzung

Nach Eingabe der Input-Daten Nennwert, Zinssatz und Laufzeit wird zunächst der Auszahlungsbetrag und dann der Zahlungsstrom ermittelt, aus dem dann mittels der Excel-Funktion IKV() die Rendite berechnet wird.

Position	Inhalt	Excel-Umsetzung
E10	Anlagebetrag	=E6/(1+E7)^E8
E11	Rendite	=IKV(F14:F24)
F14	Anlagebetrag	=-E10
B15	laufendes Jahr	=WENN(B14<$E$8;B14+1;"")
C15	Kapital zu Jahresbeginn	=WENN(B15="";"";E10)
D15	Zinsen	=WENN(B15="";"";C15*$E$7)
E15	Kapital am Jahresende	=WENN(B15="";"";C15+D15)
F15	Zahlungsstrom	=WENN(B15="";"";WENN(B15=$E$8;C15+D15 ;0))

E10 fx =E6/(1+E7)^E8

	B	C	D	E	F
4	**Abgezinster Sparbrief mit Festzinssatz (Beispiel 5.2)**				
6	Nennwert			10.000	
7	Zinssatz			3%	
8	Laufzeit (Jahre)			5	
10	Anlagebetrag			8.626,09	
11	Rendite			3%	
13	Jahr	Kapital zu Jahresbeginn	Zinsen	Kapital am Jahresende	Zahlungsstrom
14	0				-8.626,09
15	1	8.626,09	258,78	8.884,87	0,00
16	2	8.884,87	266,55	9.151,42	0,00
17	3	9.151,42	274,54	9.425,96	0,00
18	4	9.425,96	282,78	9.708,74	0,00
19	5	9.708,74	291,26	10.000,00	10.000,00

Bild 5.2 Ermittlung des Auszahlungsbetrages und der Rendite eines abgezinsten Sparbriefs mit Festzins (Beispiel 5.2)

5.2 Sparbriefe mit steigenden Zinssätzen

Sparbriefe mit steigenden Zinssätzen, auch Wachstumszertifikate genannt, sind Sparbriefe mit einem von Jahr zu Jahr ansteigenden Zinssatz. Der Verkauf eines Sparbriefs entspricht der direkten Kreditaufnahme der Banken bei den Sparern. Mit der Ausgabe von Sparbriefen mit während der Laufzeit wachsenden Zinssätzen verfolgen die Banken zwei Ziele. Zum einen verringert sich für Banken tendenziell das Risiko eines Kapitalentzugs, da die Anleger bei steigenden Zinsen eher geneigt sind, ihr Kapital länger zu investieren, um in den Genuss der späteren höheren Zinssätze zu kommen, zum anderen handelt es sich um eine gebührenfreie und flexibel verfügbare Anlage.

5.2.1 Aufgezinster Sparbrief mit steigenden Zinssätzen

Beim *aufgezinsten Sparbrief* mit *steigenden Zinssätzen* wird am Ende der Laufzeit der Nennwert des Sparbriefs zuzüglich der über die Jahre aufgelaufenen Zinsen und Zinseszinsen ausgezahlt. Wegen des dynamischen Zinssatzes steigt auch die Rendite von Jahr zu Jahr.

Beispiel 5.3

Ein aufgezinster Sparbrief mit steigenden Zinssätzen ist mit folgenden Konditionen ausgestattet: Nennwert 1.000 Euro, Laufzeit 5 Jahre, Auszahlung Ende des 5. Jahres zum Nennwert.

Zinsstaffel: 1. Jahr 1,5%, 2. Jahr 2%, 3. Jahr 2,5%, 4.Jahr 3%; 5.Jahr 3,5%.

Es sollen ein Rückzahlungsplan aufgestellt und die Rendite bestimmt werden.

Die finanzmathematisch exakte Berechnung der Rendite (effektiver Jahreszinssatz) ergibt sich aus folgender Gleichung:

$$i_e = \left(\frac{1.131{,}27}{1.000}\right)^{\frac{1}{5}} - 1 = 2{,}50\%$$

Die Rendite entspricht dem arithmetischen Mittel der Zinssätze.

Excel-Umsetzung

Nach Eingabe des Nennwertes, der Häufigkeit der Zinszahlungen pro Jahr, der Laufzeit und der ansteigenden Zinssätze kann der Zahlungsstrom generiert werden, aus dem dann die Rendite mit der Excel-Funktion IKV() berechnet wird.

Position	Inhalt	Excel-Umsetzung
E15	Rendite	=IKV(F19:F24)
F18	Zahlungsstrom	=-E7
B19	laufendes Jahr	=WENN(B19<$E$9;B19+1;"")
C19	Kapital zu Jahresbeginn	=WENN(B20="";"";E7)
D19	Berechnung der Zinsen	=WENN(B20="";"";C20*$E$10)
E19	Kapital am Jahresende	=WENN(B20="";"";C20+D20)
F19	Zahlungsstrom	=WENN(B20="";"";WENN(B20=$E$9;C20+D20;0))

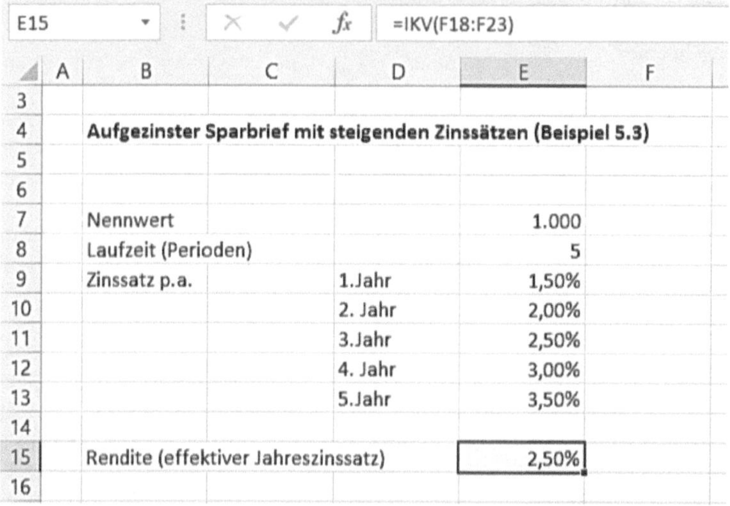

E15 =IKV(F18:F23)

	A	B	C	D	E	F
3						
4		**Aufgezinster Sparbrief mit steigenden Zinssätzen (Beispiel 5.3)**				
5						
6						
7		Nennwert			1.000	
8		Laufzeit (Perioden)			5	
9		Zinssatz p.a.		1.Jahr	1,50%	
10				2. Jahr	2,00%	
11				3.Jahr	2,50%	
12				4. Jahr	3,00%	
13				5.Jahr	3,50%	
14						
15		Rendite (effektiver Jahreszinssatz)			2,50%	
16						

	Jahr	Kapital zu Jahresbeginn	Zinsen	Kapital am Jahresende	Zahlungs-strom
17					
18	0				-1.000,00
19	1	1.000,00	15,00	1.015,00	0,00
20	2	1.015,00	20,30	1.035,30	0,00
21	3	1.035,30	25,88	1.061,18	0,00
22	4	1.061,18	31,84	1.093,02	0,00
23	5	1.093,02	38,26	1.131,27	1.131,27
24					

Bild 5.3 Ermittlung der Rendite eines aufgezinsten Sparbriefs mit steigenden Zinssätzen (Beispiel 5.3)

5.2.2 Abgezinster Sparbrief mit steigenden Zinssätzen

Ein *abgezinster Sparbrief* mit *steigenden Zinssätzen* wird unter dem Nennwert ausgegeben und am Laufzeitende zum Nennwert zurückgezahlt. Den Anlagebetrag erhält man, indem der Nennwert über die Laufzeit mit dem jeweiligen Jahreszinssatz diskontiert wird. Auch hier steigt der Zinssatz dynamisch an und am Ende der Laufzeit, wenn der Nennwert erreicht ist, wird der Sparbrief zu diesem Nennwert zurückgezahlt.

Beispiel 5.4

Ein abgezinster Sparbrief mit steigenden Zinssätzen ist mit folgenden Konditionen ausgestattet:

Nennwert 5.000 Euro, Laufzeit 5 Jahre, Auszahlung Ende des 5. Jahres zum Nennwert.

Zinsstaffel: 1. Jahr 1,5%, 2. Jahr 2%, 3. Jahr 2,5%, 4.Jahr 3%; 5.Jahr 3,5%.

Es soll der Anlagebetrag ermittelt die Rendite bestimmt werden.

Den Anlagebetrag erhält man durch Diskontierung des Nennwertes mit dem jeweils geltenden Jahreszinssatz:

$$K_0 = \frac{5.000}{1{,}015 \cdot 1{,}02 \cdot 1{,}025 \cdot 1{,}03 \cdot 1{,}035} = 4.419{,}80$$

Die Rendite beträgt

$$i_e = \left(\frac{5{,}000}{4.419{,}80}\right)^{0{,}2} - 1 = 2{,}5\% \cdot$$

Excel-Umsetzung

Analog zur oben aufgezeigten Vorgehensweise wird der Anlagebetrag und der Zahlungsstrom ermittelt, aus dem die Rendite mit der Excel-Funktion IKV() berechnet wird.

Position	Inhalt	Excel-Umsetzung
E14	Anlagebetrag	=E6/((1+E8)*(1+E9)*(1+E10)*(1+E11)*(1+E12))
E15	Rendite	=IKV(F18:F23)
F18	Zahlungsstrom	=-E14

B19	laufendes Jahr	=WENN(B18<$E$7;B18+1;""
C19	Kapital zu Jahresbeginn	=WENN(B19>$E$7;"";E14)
D19	Berechnung der Zinsen	=WENN(B19>E7;"";C19*E8)
E19	Kapital am Jahresende	=WENN(B19>$E$7;"";C19+D19)
F19	Zahlungsstrom	=WENN(B19>E7;"";WENN(B19=$E$7;C19+D1 9;0))

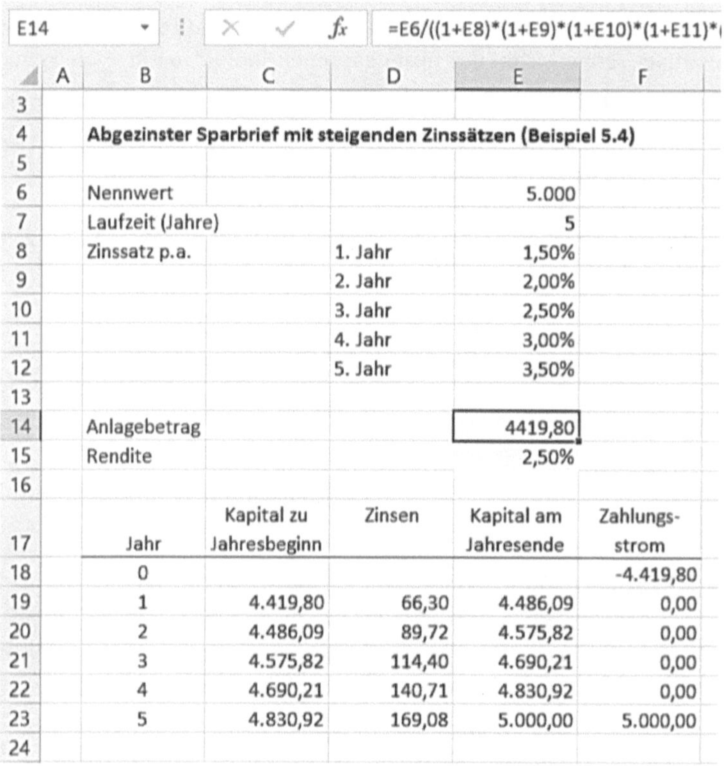

E14 =E6/((1+E8)*(1+E9)*(1+E10)*(1+E11)*(

	A	B	C	D	E	F
3						
4		**Abgezinster Sparbrief mit steigenden Zinssätzen (Beispiel 5.4)**				
5						
6		Nennwert			5.000	
7		Laufzeit (Jahre)			5	
8		Zinssatz p.a.		1. Jahr	1,50%	
9				2. Jahr	2,00%	
10				3. Jahr	2,50%	
11				4. Jahr	3,00%	
12				5. Jahr	3,50%	
13						
14		Anlagebetrag			4419,80	
15		Rendite			2,50%	
16						
17		Jahr	Kapital zu Jahresbeginn	Zinsen	Kapital am Jahresende	Zahlungs-strom
18		0				-4.419,80
19		1	4.419,80	66,30	4.486,09	0,00
20		2	4.486,09	89,72	4.575,82	0,00
21		3	4.575,82	114,40	4.690,21	0,00
22		4	4.690,21	140,71	4.830,92	0,00
23		5	4.830,92	169,08	5.000,00	5.000,00
24						

Bild 5.4 Ermittlung des Anlagebetrags und der Rendite eines abgezinsten Sparbriefs mit steigenden Zinssätzen

5.2.3 Sparbrief mit steigenden Zinsätzen und jährlicher Zinsausschüttung

Anders als bei auf- oder abgezinsten Sparbriefen, bei denen die Zinsen bis zum Ende der Laufzeit angesammelt und mitverzinst werden, werden beim jährlichen Sparbrief mit Zinsausschüttung die Zinsen jährlich ausgezahlt. Dieser Typ von Sparbriefen ist aus steuerlichen Gründen oft günstiger, da die Zinserträge den jährlichen Steuerfreibetrag nicht in voller Höhe bei Fälligkeit des Sparbriefs belasten, sondern über die gesamte Laufzeit verteilt werden.

Im folgenden Beispiel wird ein Sparbrief mit steigenden Zinssätzen und jährlicher Zinsausschüttung betrachtet, der dieselbe Konstruktion aufweist wie ein Bundesschatzbrief vom Typ A.

Beispiel 5.5

Ein Sparbrief mit jährlicher Zinsausschüttung und jährlich steigenden Zinssätzen hat einen Nennwert von 1.000 Euro, eine Laufzeit von 5 Jahren und ist mit den folgenden Zinskonditionen ausgestattet:

1. Jahr 2%, 2. Jahr 2,5%, 3. Jahr 3%, 4. Jahr 3,5%, 5. Jahr 4%.

a) Zunächst soll gezeigt werden, dass die nominale Rendite des Sparbriefs nicht mit dem arithmetischen Mittel der fünf gebotenen Jahreszinssätze übereinstimmt.

b) Welche nominale Rendite erzielt ein Anleger, wenn er einem Grenzsteuersatz von 40% unterliegt und den steuerlichen Freibetrag für Einkünfte aus Kapitalvermögen bereits ausgeschöpft hat?

c) Mit welcher realen Rendite nach Steuern kann der Anleger rechnen, wenn er annimmt, dass die jährliche Inflationsrate während der 5-jährigen Laufzeit des Sparbriefs 2% beträgt?

a) Die finanzmathematisch exakte (nominale) Rendite des Sparbriefs errechnet sich aus folgendem Zahlungsstrom:

$$-1.000 = \frac{20}{1+i_e} + \frac{25}{(1+i_e)^2} + \frac{30}{(1+i_e)^3} + \frac{35}{(1+i_e)^4} + \frac{1.040}{(1+i_e)^5}$$

Daraus ergibt sich mittels eines Näherungsverfahren eine Rendite von 2,97%.

Das arithmetische Mittel der 5 Jahreszinssätze beträgt:

$$\frac{2\% + 2,5\% + 3\% + 3,5\% + 4\%}{5} = 3\%$$

Dem finanzmathematisch nicht geschulten Anleger täuscht diese Konstruktion des Sparbriefs eine höhere Rendite vor, da viele Sparer glauben, das arithmetische Mittel aller Zinssätze während der Anlagedauer entspräche der Rendite.

b) Die Berechnung der Rendite nach Steuer berechnet sich aus dem Nachsteuer-Zahlungsstrom des Anlegers. Aus

$$-1.000 = \frac{12}{1+i_e} + \frac{15}{(1+i_e)^2} + \frac{18}{(1+i_e)^3} + \frac{21}{(1+i_e)^4} + \frac{1.024}{(1+i_e)^5}$$

ergibt sich eine Rendite nach Steuer von 1,79%.

c) Die reale Rendite berechnet sich aus dem inflationsbereinigten nominalen Zahlungsstrom nach Steuern:

$$-1.000 = \frac{12}{(1,02)(1+i_e)} + \frac{15}{(1,02)^2(1+i_e)^2} + \frac{18}{(1,02)^3(1+i_e)^3} + \frac{21}{(1,02)^4(1+i_e)^4} + \frac{1.024}{(1.02)^5(1+i_e)^5}$$

Die reale Rendite nach Steuern des Sparbriefs bei einem Grenzsteuersatz von 40% und einer erwarteten Inflationsrate von 2% beträgt -0,21%.

Excel-Umsetzung

Aus dem Zahlungsstrom vor Steuer und nach Steuer und dem Zahlungsstrom nach Steuer unter Berücksichtigung der Inflationsrate werden mit der Funktion IKV() die Renditen berechnet.

Position	Inhalt	Excel-Umsetzung
E16	nominale Rendite	=IKV(F25:F30)
E17	arithmetisches Mittel	=SUMME(E8:E12)/E7
E18	Rendite (nominal) nach Steuer	=IKV(L25:L30)
E19	reale Rendite	=IKV(E36:E41)
B26	laufendes Jahr	=WENN(B25<$E$7;B25+1;"")
C26	Kapital zu Jahresbeginn	=WENN(B26>$E$7;"";E6
D26	Zinsen	=WENN(B26>$E$7;"";C26*$E$8)
E26	Kapital am Jahresende	=WENN(B26>$E$7;"";C26)
F26	Zahlungsstrom	=WENN(B26>$E$7;"";WENN(B26=$E$7 ;C26+D26;D26))
H26	laufendes Jahr	=WENN(H25<$E$7;H25+1;"")
I26	Kapital am Jahresanfang	=WENN(H26>$E$7;"";E6)
J26	Zinsen (nach Steuer)	=WENN(H26>E7;"";I26*E8*(1-$E$13))
K26	Kapital am Jahresende	=WENN(H26>$E$7;"";I26)
L26	Zahlungsstrom	=WENN(H26>E7;"";WENN(H26=$E$7;I 26+J26*(1$E$13);J26))
B36	laufendes Jahr	0
C36	Zahlungsstrom nach Steuer	=-E6
D36	Abzinsungsfaktor bei 2% Inflation	=WENN(B36>$E$7;"";1/(1+$E$14)^B36)
E36	realer Zahlungsstrom	=WENN(B36>$E$7;"";C36*D36)

E19 =IKV(E36:E41)

Sparbrief mit steigenden Zinssätzen und jährlicher Zinsausschüttung

Nennwert (Anlagebetrag)		1.000
Laufzeit (Jahre)		5
Zinssatz p.a.	1. Jahr	2,00%
	2. Jahr	2,50%
	3. Jahr	3,00%
	4. Jahr	3,50%
	5. Jahr	4,00%
Grenzsteuersatz		40,00%
Inflationsrate		2,00%
Rendite (nominal)		2,97%
Arithmetisches Mittel		3,00%
Rendite (nominal) nach Steuer		1,79%
Reale Rendite		-0,21%

Bild 5.5 Renditeberechnung eines Sparbriefs mit steigenden Zinssätzen und jährlicher Zinsausschüttung unter Berücksichtigung von Steuer und Inflation (Beispiel 5.5)

E37 =WENN(B37="";"";C37*D37)

Ermittlung des Zahlungsstroms vor Steuer

Jahr	Kapital zu Jahresbeginn	Zinsen	Kapital am Jahresende	Zahlungsstrom
0				-1.000,00
1	1.000,00	20,00	1.000,00	20,00
2	1.000,00	25,00	1.000,00	25,00
3	1.000,00	30,00	1.000,00	30,00
4	1.000,00	35,00	1.000,00	35,00
5	1.000,00	40,00	1.000,00	1.040,00

Ermittlung des Zahlungsstroms nach Steuer

Jahr	Kapital zu Jahresbeginn	Zinsen	Kapital am Jahresende	Zahlungsstrom
0				-1.000,00
1	1.000,00	12,00	1.000,00	12,00
2	1.000,00	15,00	1.000,00	15,00
3	1.000,00	18,00	1.000,00	18,00
4	1.000,00	21,00	1.000,00	21,00
5	1.000,00	24,00	1.000,00	1.024,00

Ermittlung des realen Zahlungsstroms nach Steuer

Jahr	Zahlungsstrom nach Steuer	Abzinsungsfaktor bei 2% Inflation	Realer Zalungsstrom
0	-1.000,00	1,000000	-1.000,00
1	12,00	0,980392	11,76
2	15,00	0,961169	14,42
3	18,00	0,942322	16,96
4	21,00	0,923845	19,40
5	1.024,00	0,905731	927,47

Bild 5.6 Ermittlung des Zahlungsstroms eines Sparbriefs mit steigenden Zinssätzen und jährlicher Zinsausschüttung unter Berücksichtigung von Steuer und Inflation (Beispiel 5.5)

6 Zinsinstrumente

6.1 Grundlagen

Die in diesem Kapitel betrachteten Zinsinstrumente sind im Rahmen der Finanzmärkte (vgl. Bild 6.1) dem Kassamarkt zuzuordnen. Der Kassamarkt ist dadurch gekennzeichnet, dass Abschluss und Erfüllung des Vertragsinhaltes zeitlich unmittelbar aufeinander (d.h. Erfüllung bis zum zweiten Börsentag nach Vertragsabschluss) erfolgen. Bei Börsentermingeschäften hingegen erfolgt die Erfüllung des Vertrages zu einem späteren Zeitpunkt als zu demjenigen, zu dem der Preis (Kurs) vereinbart wurde. Die hier betrachteten Zinsinstrumente können entweder dem Geldmarkt oder dem Kapitalmarkt zugeordnet werden.

Zinsinstrumente sind ebenso wie die in den Kapiteln 2 und 3 vorgestellten Kreditarten der Fremdfinanzierung zuzuordnen. Auch hier stellt ein Kapitalgeber (Gläubiger) dem Kapitalnehmer (Schuldner) für einen bestimmten Zeitraum einen Geldbetrag zur Verfügung und erwirbt somit Ansprüche auf zukünftige Zins- und Tilgungszahlungen, die – im Gegensatz zu Beteiligungspapieren (Aktien) – vom wirtschaftlichen Erfolg des Schuldners unabhängig sind.

Auch wenn herkömmliche Kredite die gleichen Eigenschaften aufweisen wie Zinsinstrumente, so besteht der wesentliche Unterschied darin, dass letztere verbriefte, und somit an den Finanzmärkten handelbare Kredite darstellen. Dabei dient das Wertpapier als Beweisurkunde für das bestehende Schuldverhältnis und qualifiziert den Inhaber, die mit dem Wertpapier verbundenen Rechte bzw. Ansprüche auszuüben.

Zinsinstrumente lauten auf einen bestimmten Nennwert, ihr aktueller Kurs wird relativ zum Nennwert notiert und determiniert die Höhe des Rückzahlungsanspruchs. In den meisten Fällen erfolgt die Tilgung am Ende der Laufzeit genau zu diesem Nennwert; man spricht dann von endfälliger Tilgung. Neben der Höhe des Nennwertes sind im Finanzkontrakt auch der Zeitpunkt der Kapitalrückzahlung, die Zinstermine und die Höhe der Zinszahlungen festgelegt, weshalb sich für diese Art von Wertpapieren auch der englische Begriff *Fixed Income Securities* etabliert hat.

Hinsichtlich der Fristigkeit (Ursprungslaufzeit) der gehandelten Gläubiger- und Schuldnerbeziehungen können Zinsinstrumente dem Geldmarkt oder dem Kapitalmarkt zugeordnet werden. Der *Geldmarkt* (Money Market) ist der Markt für kurzfristige Geldanlagen und Kredite, die unter den Banken vergeben und gehandelt werden, mit Laufzeiten von wenigen Tagen bis zu einem Jahr. Wesentlicher Bestandteil des Geldmarktes ist der Interbankenmarkt, auf dem Refinanzierungsgeschäfte der Geschäftsbanken untereinander und mit der Zentralbank stattfinden. Dabei können Geldmarktkredite in Form von Tages- oder Termingeld, die dem kurzfristigen Liquiditätsausgleich von einem auf dem nächsten Tag dienen, und Termingelder, die zu festen Terminen in der Zukunft mit Laufzeiten von wenigen Tagen bis zu 12 Monaten, zurückbezahlt werden. Die Zinssätze, die für derartige Geschäfte verrechnet werden, konstituieren wichtige Referenzzinssätze in einer Volkswirtschaft und dienen als Bestimmungsgrößen für variabel verzinste Finanzprodukte. Bekannte Zinssätze sind der EURIBOR (Euro Interbank Offered Rate), der für auf Euro lautende Termingelder unterschiedlicher Laufzeiten (1 Woche, 2 Wochen, 1 Monat, 2, 3, 6, 9 und 12 Monate) errechnet wird, oder der LIBOR (London Interbank Offered Rate), ein täglich festgelegter Referenzzinssatz für unbesicherte Geldmarktkredite, der am Finanzplatz London zwischen den wichtigsten, international tätigen Banken für zehn verschiedene Währungen ermittelt wird.

Ebenfalls den Geldmarktkrediten zuzuordnen sind Wertpapierpensionsgeschäfte, die die kurzfristige Aufnahme von Krediten durch Finanzinstitute gegen die Übertragung von Wertpapieren, verbunden mit der Verpflichtung, diese zu einem späteren Zeitpunkt wieder zurückzukaufen, beinhalten. Während im Euro-Währungsgebiet Wertpapierpensionsgeschäfte hauptsächlich mit der Zentralbank durchgeführt werden, stellen die in den USA als Repurchase Agreements (Repos) bezeichneten Wertpapierpensionsgeschäfte mit dem Nicht-Banken-Sektor eines der bedeutendsten Geldmarktsegmente dar.

Neben den genannten kurzfristigen Geldern (Forderungen und Verbindlichkeiten) werden auf dem Geldmarkt auch Fazilitäten in verbriefter Form gehandelt. Zu diesen Geldmarktpapieren zählen Schuldtitel, die von Staaten emittiert werden, wie beispielsweise Treasury Bills, oder Geldmarktpapiere, die von erstklassigen Industrie- und Handelsunternehmen zur kurzfristigen Kapitalbedarfsdeckung begeben werden, sogenannte Commercial Papers, aber auch Einlagenzertifikate (Certificates of Deposit), die von Banken zur Beschaffung kurzfristiger Finanzmittel ausgegeben werden.

Geldmarktprodukte können als Diskontpapiere oder als zinstragende Papiere (Kuponinstrumente) ausgestaltet sein. Während Diskontpapiere, wie z.B. Treasury Bills und Commercial Papers, mit einem Abschlag vom Nennwert (Diskont) ausgegeben und zum Nennwert zurückgezahlt werden, werden zinstragende Papiere zum Nennwert emittiert und bei Fälligkeit zum Nennwert einschließlich einer Zinszahlung (Kupon) getilgt.

Die Notierung von Geldmarktpapieren kann entweder durch einen Zinssatz oder einen Diskontsatz erfolgen. Wird beispielsweise für ein am Interbankenmarkt durchgeführtes Geschäft von 1.000 Euro und einer Laufzeit von einem Jahr ein Zinssatz von 1,5% p.a. verrechnet, dann beträgt der Rückzahlungsbetrag bei Fälligkeit 1.015 Euro. Die Zinsen betragen 15 Euro und die Verzinsung des eingesetzten Kapitals ist 1,5% p.a. In diesem Fall spricht man von Zinssatz-Notierung. Wird hingegen der Diskontsatz angegeben (Diskontsatz-Notierung), dann stellt dieser den Abschlag des Papiers vom Nennwert (Rückzahlungsbetrag) dar. Wird beispielsweise ein Commercial Paper mit einem Nennwert von 1.000 Euro und einer Laufzeit von einem Jahr begeben und mit einem Diskontsatz von 1,5% emittiert, dann erfolgt die Ausgabe des Papiers mit einem Abschlag von 1,5% vom Nennwert, also zu 985 Euro. Die Rückzahlung (Tilgung) erfolgt jetzt zu 1.000 Euro, was wiederum einen Ertrag von 15 Euro ausmacht. Die Verzinsung des eingesetzten Kapitals beträgt jedoch hier 1,52% (15/985) p.a.

Der *Kapitalmarkt* (Capital Market) hingegen ist der Markt für langfristige Geldanlagen, also Kredite und Beteiligungskapital mit Laufzeiten über einem Jahr, und dient dem Staat, Unternehmen und Haushalten zur Finanzierung von Investitionen und anderen Ausgaben. Betrachtet werden in diesem Kapitel Gläubigerpapiere in Form von Anleihen (Bonds), die von öffentlichen Schuldnern wie Staaten, Kommunen und öffentlichrechtlichen Unternehmen (Staatsanleihen, Gouvernement Bonds), von Unternehmen (Unternehmensanleihen, Corporate Bonds) oder von Banken (Bankschuldverschreibungen, Bank Obligations) zum Zwecke der mittel- und langfristigen Finanzierung auf dem Kapitalmarkt begeben werden. Wegen der relativ hohen Emissionsvolumina wird der zu emittierende Kreditbetrag in Teilschuldverschreibungen aufgeteilt, die dann von institutionellen und privaten Investoren erworben werden können. Jede Teilschuldverschreibung lautet auf einen bestimmten Nennwert (z.B. 100 Euro oder 1.000 US-$) und kann auf dem Kapitalmarkt (Börse) jederzeit, auch während der Laufzeit, zum geltenden Kurs veräußert werden. Das Emissionsvolumen ergibt sich aus der Anzahl der ausgegebenen Anleihen und ihrem Nennwert.

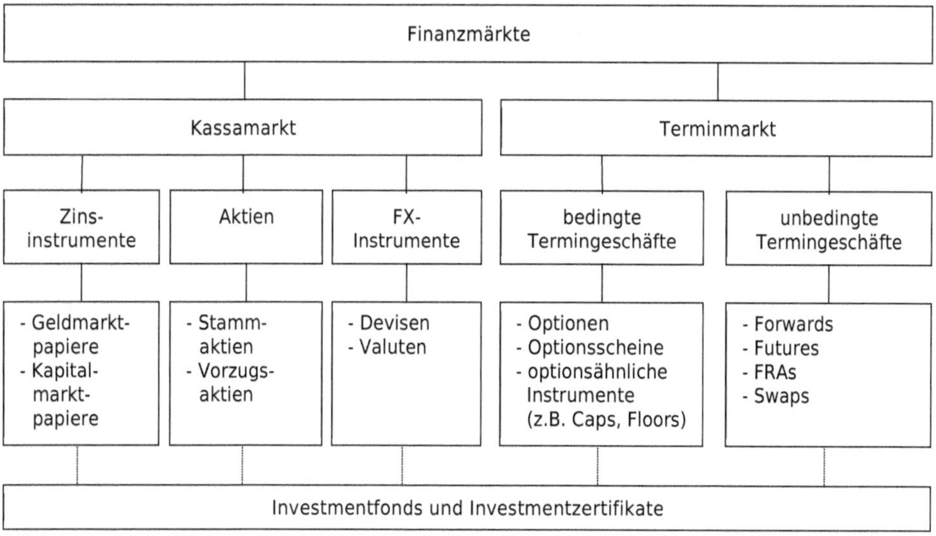

Bild 6.1 Finanzmärkte und Finanzmarktinstrumente (vgl. Brauneis/Mestel, 2015, S. 14)

Während der Geldmarkt eine wichtige Rolle bei der Liquiditätsbeschaffung der Finanzinstitute spielt, besteht die Hauptaufgabe des Kapitalmarkts in der effizienten Allokation der Kapitalströme. Die Allokationsfunktion bezieht sich in der Hauptsache auf den *Primärmarkt*, an dem vor allem von Unternehmen und öffentlichen Einrichtungen neue geschaffene Finanztitel platziert werden. Am *Sekundärmarkt* werden dann die bereits emittierten Wertpapiere unter den Marktteilnehmern gehandelt. Durch den Handel am Sekundärmarkt können Marktteilnehmer ihre Vermögensstruktur bei Bedarf anpassen, Fristen beliebig zu transformieren, Risiken gegen Entgelt auf andere Investoren abzuwälzen oder neue Risiken auf sich zu nehmen. Dieser Nutzen verstärkt die Bereitschaft der Marktteilnehmer, Wertpapiere am Kapitalmarkt zu erwerben.

Eine effiziente Allokation von Finanzmitteln setzt eine transparente Preisbildung und Renditestruktur voraus. Neben der Informationsverarbeitung sind Marktpreise für Investoren wichtige Eingangsdaten für ihre Anlageentscheidungen, daher steht bei der nachfolgenden Analyse der Zinsinstrumente die Preisbildung am Geld- bzw. Kapitalmarkt im Mittelpunkt der Betrachtung.

6.2 Geldmarktinstrumente

In dem meisten Fällen werden auf dem Geldmarkt Papiere ohne laufende Zinszahlung mit einer Laufzeit bis zu einem Jahr gehandelt. Dabei wird im Gegensatz zu Kapitalmarktpapieren mit einfachen Zinsen gerechnet.

Die Zinstage werden entsprechend der jeweiligen Zinsberechnungsmethode (Tageszählkonvention) bestimmt und sind von Land zu Land verschieden. In der Regel werden die wirklich abgelaufenen Tage (actual) gezählt und durch die Basisperiode von einem Jahr geteilt. Dabei wird das Jahr mit 360 Tagen (USA, Euro-Raum) oder mit 365 Tagen (Großbritannien) angesetzt. Die Tageszählkonvention 30/360 beispielsweise besagt, dass jeder Monat mit 30 Tagen berechnet wird und das Jahr mit 360 Tagen. Zudem ist zu berücksichtigen, dass entweder der erste Tag in die Berechnung miteinbezogen wird oder der letzte, nicht aber der erste und der letzte Tag.

6.2.1 Diskontpapiere

Geldmarktpapiere in Form von *Diskontpapieren* werden mit einem Abschlag vom Nennwert (Diskont) emittiert und bei Fälligkeit zum Nennwert zurückgezahlt. In diesem Falle ergibt sich der Ertrag aus der Differenz zwischen Nennwert und Ausgabekurs. Beispiele für solche Papiere sind Treasury Bills, Schatzwechsel und Commercial Papers.

Ist der Nennwert (Maturity Value, Face Value, Par Value) M, die Geldmarktrendite (Simple Yield to Maturity) y, die Haltedauer t und das Basisjahr in Tagen (360 oder 365) gegeben, dann kann der Preis P durch einfache Diskontierung des Nennwertes nach der Beziehung

$$P = \frac{M}{1 + \frac{y \cdot t}{360}}$$

berechnet werden. Dabei wurde das Basisjahr mit 360 Tagen angesetzt. Bei gegebenem Preis erhält man die Geldmarktrendite *(Simple Yield to Maturity)* zu

$$y = \left(\frac{M}{P} - 1 \right) \cdot \frac{360}{t}$$

bzw.

$$y = \left(\frac{M - P}{P} \right) \cdot \frac{360}{t} = \frac{D}{P} \cdot \frac{360}{t}.$$

Dabei stellt $M - P = D$ den Diskont dar, so dass gilt:

$$y = \frac{D}{P} \cdot \frac{360}{t}.$$

Wird das Papier nach der Emission auf dem Geldmarkt gekauft und vor dem Fälligkeitstag verkauft, so ergibt sich der Ertrag während der Haltedauer aus der Differenz zwischen dem Verkaufskurs und dem Kaufkurs.

Beispiel 6.1

Folgende Daten sind zu einem Diskontpapier gegeben:

Abrechnungstag	18.6.2015
Fälligkeit	3.10.2015
Preis	98,75
Nominalwert	100

Es sollen die Rendite (Simple Yield to Maturity) und die effektive Verzinsung des Papiers berechnet werden, wenn

a) die Tageszählkonvention 30/360

b) die Tageszählkonvention actual/360

zugrunde gelegt wird.

Legt man die Tageszählkonvention 30/360 zugrunde, erhält man 105 Tage, bei actual/360 ergeben sich 107 Tage. Daraus ergibt sich folgende Rendite:

a) $$y = \frac{100 - 98{,}75}{98{,}75} \cdot \frac{360}{105} = 4{,}34\%$$

b) $$y = \frac{100 - 98{,}75}{98{,}75} \cdot \frac{360}{107} = 4{,}26\%$$

Excel-Umsetzung

Die Modellierung von Geldmarktinstrumenten mit Excel bereitet keine Schwierigkeiten. Zunächst muss die Anzahl der Tage nach der jeweiligen Tageszählkonvention ermittelt werden. Bei vorgegebenem Ausgangsdatum und Enddatum kann die Anzahl der Tage mit der Funktion Tage360() ermittelt werden, die mit Alt + M2 + 9 aufgerufen wird. Dabei geht diese Funktion davon aus, dass jeder Monat 30 Tage hat. Wird die Differenz zwischen beiden Daten gebildet (=E7-E6), wird die tatsächliche Anzahl der Tage ermittelt. Die Berechnung der Rendite erfolgt schließlich durch Eingabe der Formel.

Position	Inhalt	Excel-Umsetzung
E14	Anzahl der Tage (jeder Monat hat 30 Tage)	=TAGE360(E6;E7;WAHR)
E15	Anzahl der tatsächlichen Tage zwischen zwei Daten	=E7-E6
E17	Rendite (Usance 30/360)	=((E9-E8)/E8)*E10/E14
E18	Rendite (actual/360)	=((E9-E8)/E8)*E10/E15

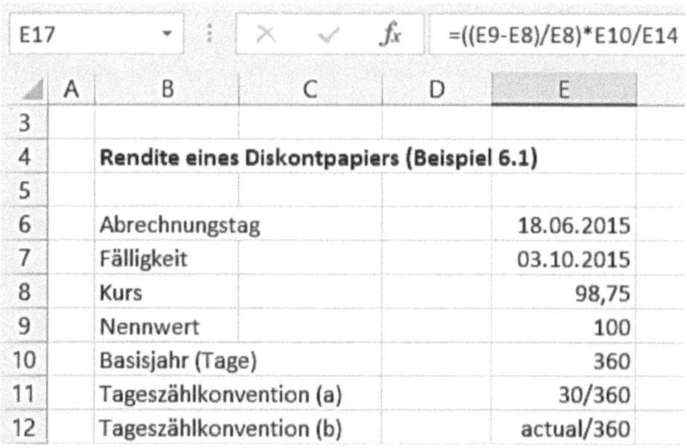

E17 | =((E9-E8)/E8)*E10/E14

	A	B	C	D	E
3					
4		**Rendite eines Diskontpapiers (Beispiel 6.1)**			
5					
6		Abrechnungstag			18.06.2015
7		Fälligkeit			03.10.2015
8		Kurs			98,75
9		Nennwert			100
10		Basisjahr (Tage)			360
11		Tageszählkonvention (a)			30/360
12		Tageszählkonvention (b)			actual/360

13			
14	Anzahl der Tage (a)		105
15	Anzahl der Tage (b)		107
16			
17	Rendite (a)		4,34%
18	Rendite (b)		4,26%
19			

Bild 6.2 Renditeberechnung eines Diskontpapiers (Beispiel 6.1)

Soll die Rendite für unterschiedliche Basisperioden berechnet werden, kann sie aufgrund des linearen Zusammenhangs mit der Beziehung

$$y_{365} = y_{360} \cdot \frac{365}{360}$$

umgerechnet werden.

Ist die Rendite eines Geldmarktinstruments gegeben, kann der Preis durch lineare Diskontierung des Nennwertes mit der Rendite über die Beziehung

$$P = \frac{M}{1 + \frac{y \cdot t}{360}}$$

berechnet werden.

Beispiel 6.2

Es soll der Preis eines Diskontpapiers mit einem Nennwert von 100.000 Euro und einer Laufzeit von 90 Tagen berechnet werden, wenn die Geldmarktrendite 2,5% beträgt.

Es ergibt sich ein Preis von

$$P = \frac{100.000}{1 + \frac{0{,}025 \cdot 90}{360}} = 99.378{,}88\,.$$

Excel-Umsetzung

Nach Eingabe der erforderlichen Parameter wird der Preis des Papiers durch lineare Diskontierung des Nennwertes berechnet.

Position	Inhalt	Excel-Umsetzung
D11	Preis des Diskontpapiers	=D6/(1+(D7*D8/D9))

D11 =D6/(1+(D7*D8/D9))

	A	B	C	D	E
3					
4		**Preis eines Diskontpapiers (Beispiel 6.2)**			
5					
6		Nennwert		100.000	
7		Rendite		2,50%	
8		Laufzeit (Tage)		90	
9		Basisjahr (Tage)		360	
10					
11		Preis		99.378,88	
12					

Bild 6.3 Preisberechnung eines Diskontpapiers (Beispiel 6.2)

An den US-Märkten erfolgt die Notierung von Treasury Bills in Form eines Diskontsatzes (Diskontsatz-Notierung), wobei der Diskont auf den Nennwert des Papiers bezogen wird und nicht auf den Kurs. Als Rendite erhält man dann:

$$y_d = \left(\frac{M-P}{M}\right) \cdot \frac{360}{t} = \frac{D}{M} \cdot \frac{360}{t}$$

Diese Rendite wird als *Yield on a Bank Discount Basis* bezeichnet und auf Basis von 360 Tagen auf ein Jahr hochgerechnet. Das folgende Beispiel soll dies verdeutlichen.

Ein US-Treasury Bill mit einem Nennwert von \$100.000, einer Laufzeit von 90 Tagen und einem Kurs von \$98.500 würde mit 5,4% notieren. Mit $D = 100.000 - 98.500 = 1.500$ erhält man:

$$y_d = \frac{1.500}{100.000} \cdot \frac{360}{90} = 6\%$$

Bei gegebener Rendite kann der Preis berechnet werden. Dazu wird zunächst der Diskont bestimmt:

$$D = y_d \cdot M \cdot \frac{t}{360} = 0{,}06 \cdot 100.000 \cdot \frac{90}{360} = 1.500$$

Der Kurs P ergibt sich dann aus $M - D$ zu:

$$P = 100.000 - 1.500 = 98.500$$

Um die Verzinsung von US-Treasury Bills mit der Verzinsung anderer Diskontpapiere vergleichbar zu machen, wird die *Money Market Equivalent Yield* berechnet. Dabei wird der Diskont nicht auf den Nennwert, sondern – wie sonst üblich – auf den Kurs bezogen:

$$y = \frac{D}{P} \cdot \frac{360}{t}$$

Für das obige Beispiel ergibt sich:

$$y = \frac{1.500}{98.500} \cdot \frac{360}{90} = 6{,}09\%$$

Bei gegebener Yield on a Bank Discount Basis kann diese einfach durch folgende Formel in die Money Market Equivalent Yield umgerechnet werden:

$$\text{Money market equivalent yield} = \frac{360 \cdot y_d}{360 - t \cdot y_d}$$

Für das Beispiel erhält man:

$$\text{Money market equivalent yield} = \frac{360 \cdot 0{,}06}{360 - 90 \cdot 0{,}06} = 0{,}0609 \text{ oder } 6{,}09\%$$

6.2.2 Geldmarktpapiere mit Zinszahlung bei Fälligkeit

In manchen Fällen werden Geldmarktpapiere zum Nennwert ausgegeben und bei Fälligkeit einschließlich einer Zinszahlung zurückgezahlt. Da diese Papiere mit einem Nominalzinssatz (Kupon) ausgestattet sind, müssen beim Kauf Stückzinsen berücksichtigt werden.

Ist M der Nominalwert (Rückzahlung) des Papiers, C der Nominalzins (Kupon), n die Laufzeit und t die Haltedauer, dann erhält man bei gegebenen Preis P die Rendite zu

$$y = \frac{M + n \cdot C - P - C(n-t)}{P + C(n-t)} \cdot \frac{360}{t}.$$

Dabei macht der Betrag $C(n-t)$ die Stückzinsen aus, die der Käufer dem Verkäufer des Papiers zum Kaufzeitpunkt zu vergüten hat.

Beispiel 6.3

Für ein Geldmarktpapier mit einmaliger Zinszahlung bei Fälligkeit sind folgende Daten gegeben:

Emission	15.6.2015
Kauftag (Valutatag)	18.7.2015
Fälligkeit	15.9.2015
Nennwert	100 Euro
Preis (Kurs)	99,875
Nominalzinssatz	3%
Geldmarktusance	30/360

Die Laufzeit des Papiers beträgt $n = 90$ Tage, die Haltedauer $t = 57$ Tage, die Tage, für die Stückzinsen zu vergüten sind, sind $n - t = 33$ Tage. Damit erhält man eine Rendite von

$$y = \frac{100 + 3 \cdot \frac{90}{360} - 99{,}875 - 3 \cdot \frac{33}{360}}{99{,}875 + 3 \cdot \frac{33}{360}} \cdot \frac{360}{57} = 3{,}78\%$$

Excel-Umsetzung

Mit der Excel-Funktion TAGE360() werden ausgehend von einem Jahr, das 360 Tage (12 Monate mit je 30 Tagen) umfasst, die Anzahl der relevanten Tage bestimmt und anschließend die Rendite berechnet.

Position	Inhalt	Excel-Umsetzung
E15	Berechnung der Tage	=TAGE360(E6;E8)
E19	Berechnung der Rendite	= ((E9+E9*E11*E15/E13-E10 E9*E11*E16/E13)/(E10+E9*E11*E16/E13))* E13/E17

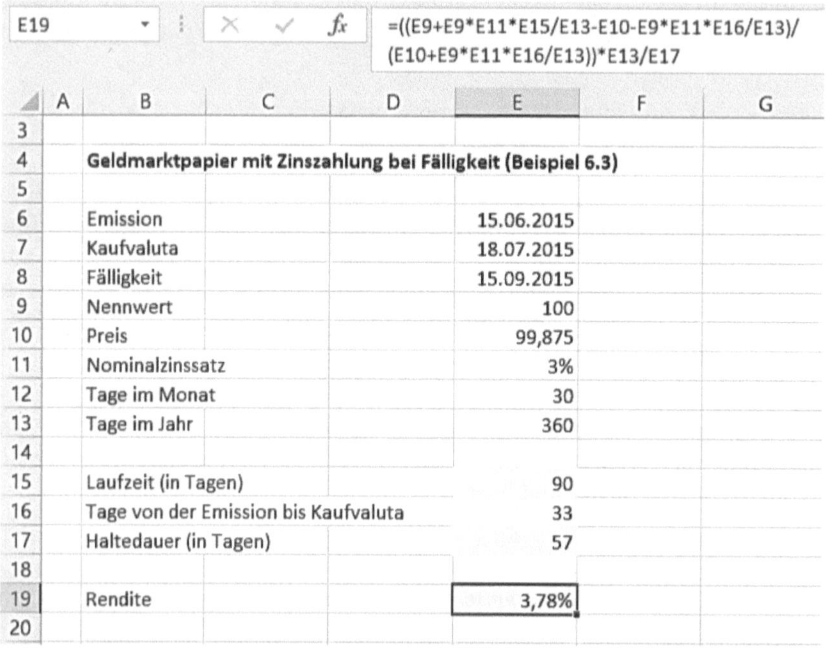
E19 =((E9+E9*E11*E15/E13-E10-E9*E11*E16/E13)/(E10+E9*E11*E16/E13))*E13/E17

	A	B	C	D	E	F	G
3							
4		**Geldmarktpapier mit Zinszahlung bei Fälligkeit (Beispiel 6.3)**					
5							
6		Emission			15.06.2015		
7		Kaufvaluta			18.07.2015		
8		Fälligkeit			15.09.2015		
9		Nennwert			100		
10		Preis			99,875		
11		Nominalzinssatz			3%		
12		Tage im Monat			30		
13		Tage im Jahr			360		
14							
15		Laufzeit (in Tagen)			90		
16		Tage von der Emission bis Kaufvaluta			33		
17		Haltedauer (in Tagen)			57		
18							
19		Rendite			3,78%		
20							

Bild 6.4 Rendite eines Geldmarktpapiers mit Zinszahlung bei Fälligkeit (Beispiel 6.3)

6.3 Anleihen

6.3.1 Charakteristika

Anleihen, auch *Rentenpapiere* oder *Obligationen* genannt, im Angelsächsischen als Bonds bezeichnet, sind Gläubigerpapiere mit Ursprungslaufzeiten von mehr als einem Jahr und sind daher dem Kapitalmarkt zu zuordnen. Es handelt sich dabei um Wertpapiere, die Fremdkapital und daher einen Kreditvertrag verbriefen. Emittenten sind öffentliche Schuldner (Staaten, Gebietskörperschaften, öffentlich-rechtliche Unternehmen, ausländische Staaten) und private Unternehmen finanzieller und nicht-finanzieller Unternehmen.

In der Regel beträgt das Emissionsvolumen solcher Institutionen viele Millionen und bei Staatspapieren regelmäßig sogar mehrere Milliarden, so dass der über eine emittierte Anleihe aufgenommene Kreditbetrag auf viele sogenannte Teilschuldverschreibungen aufgeteilt wird, die dann von institutionellen und privaten Investoren erworben werden können. Der Handel dieser Gläubiger- und Schuldnerbeziehungen auf dem Kapitalmarkt (Sekundärmarkt) ermöglicht den jederzeitigen Kauf und Verkauf während der Laufzeit, ohne dass die Zustimmung des Schuldners erforderlich ist.

Bei der Emission einer Anleihe wird die Ausstattung des Wertpapieres festgelegt. Dabei sind die folgenden Charakteristika zu berücksichtigen.

Der *Emissionskurs* (Subscription Price, Issue Price) ist der Geldbetrag, der von den Kapitalgebern bei der Emission der Anleihe zu zahlen ist und wird in der Regel in Prozent des Nennwertes angegeben. Liegt der Emissionskurs über (unter) dem Nennwert, dann wird die Anleihe über pari (unter pari) mit einem Agio (Disagio) begeben. Erfolgt die Emission zum Nennwert, spricht man von einer pari-Emission. Für das Agio bzw. Disagio gilt:

$$\text{Agio bzw. Disagio} = \left|\frac{\text{Tilungskurs} - \text{Emissionskurs}}{\text{Tilgungskurs}}\right|$$

Der *Tilgungskurs* ist der Betrag, den der Emittent zum *Tilgungstermin* zurückzahlt. Die Tilgung kann zum Nennwert oder über dem Nennwert (über-pari-Tilgung) erfolgen, wobei letztere Variante für den Anleihenkäufer eine zusätzliche Ertragskomponente darstellt. Ein Tilgungs-Agio ist bei Anleihen häufig dann anzutreffen, wenn der Schuldner berechtigt ist, bereits vor Ende des Rückzahlungstermins Tilgungszahlungen vorzunehmen oder das gesamte Kapital vorzeitig zurückzuzahlen.

Der *Nominalwert* oder *Nennwert* (Nominal Value, Face Value, Par Value) ist der Wert, auf den sich die monetären Rechte (Zins- und Tilgungsleistungen) aus dem Besitz der Anleihe beziehen. Dieser ist vom Kurswert der Anleihe zu unterscheiden, der sich auf dem Sekundärmarkt ergibt, und über oder unter dem Nennwert liegen kann.

Der *Nominalzins,* bei Anleihen auch als *Kupon* (Coupon Payment) bezeichnet, definiert den Anteil am Nennwert, den der Inhaber der Anleihe regelmäßig während der Laufzeit zu den festgelegten *Kuponterminen* als nachschüssige Zahlungen erhält. Dabei kann der Nominalzins über die Laufzeit konstant sein, einer im Voraus festgesetzten Zinsstaffel unterliegen (Step-up- und Step-down-Anleihen) oder wie bei Anleihen mit variabler Verzinsung (Floating Rate Notes, FRN) an eine zeitvariable Referenzgröße (z.B. EURIBOR) gekoppelt sein und mit Zinsbegrenzungen nach oben (Cap), nach unten (Floor) oder auch in beide Richtungen (Collar) ausgestattet sein können. Bei Reverse Floatern entwickelt sich die Verzinsung entgegengesetzt zum zugrundeliegenden Basiszins.

In Hinblick auf die *Fälligkeit der Zinszahlungen* sind die laufende Zinszahlung (jährlich oder halbjährlich) und die einmalige Zinszahlung in einem Betrag am Fälligkeitstermin der Anleihe zu unterscheiden. Da bei der zweiten Variante keine laufenden Zinszahlungen geleistet werden, spricht man von Nullkupon-Anleihen (Zero Bonds).

Da Anleihen mit unterschiedlichen Nennwerten ausgestattet sein können, erfolgt die *Notierung* an den Märkten in der Regel in Prozent des Nennwertes. Damit werden die Preise unmittelbar vergleichbar.

Anleihen können mit *Kündigungsrechten* ausgestattet sein. Hat der Emittent das Recht, die Anleihen vor Ablauf der regulären Laufzeit zu kündigen und seine Schuld zurückzuzahlen, spricht man von *Callable Bonds.* Er wird von dieser Option Gebrauch machen, wenn die Zinsen auf dem Anleihemarkt gesunken sind und er die hochverzinslichen Anleihen durch die Ausgabe neuer Anleihen mit einem niedrigeren Zinssatz ersetzen kann. Da für den Kapitalgeber eine vorzeitige Kündigung ein Risiko darstellt, wird dieser in der Regel mit höheren Kuponzahlungen entschädigt. Bei *Putable Bonds* hat der Schuldner das Recht, eine vorzeitige Rückzahlung der Anleihe zu verlangen.

Die Rückzahlung einer Anleihe erfolgt in der Regel bei Fälligkeit, sie kann jedoch auch vorgezogen werden und mittels jährlicher Rückzahlung bzw. Rückzahlung im *Losverfahren* erfolgen. In diesem Falle wird ein bestimmter Prozentsatz der ausgegebenen Anleihen nach dem Zufallsprinzip ausgelost und komplett zurückbezahlt. Dieses Verfahren kann für den Anleger sowohl positiv als auch negativ sein, je nachdem, ob die entgangene Rendite für die Restlaufzeit der Anleihe über oder unter dem aktuellen Zinsniveau auf dem Kapitalmarkt liegt.

Zur Bewertung von Anleihen werden folgende Notationen verwendet:

M = Nennwert (Nominalwert) der Anleihe

c = Kuponrate

C = Kupon (Nominalverzinsung)

r = (Markt-)Zinssatz (synonym verwendet werden Rendite, effektiver Jahreszinssatz, Yield to Maturity)

s_t = Spot-Rate von heute bis t, $t = 1, \ldots, n$

r/m = Marktzinssatz pro Periode

m = Kuponperioden pro Jahr, Anzahl der unterjährlichen Zahlungsperioden pro Jahr

n = Laufzeit in Jahren

t = Laufindex in Jahren, $t = 1, 2, \ldots, n$

P = Preis der Anleihe

τ = Teilperiode (eines Jahres oder halben Jahres)

R_P = Portfoliorendite

D = Duration

MD = Modified Duration

K = Konvexität

6.3.2 Bewertung von Nullkupon-Anleihen

Nullkupon-Anleihen, auch Zero Bonds genannt, sind Anleihen ohne laufende Zinszahlung (Kuponzahlung). Die Rückzahlung der Anleihe erfolgt am Ende der Laufzeit einschließlich der Zinsen und Zinseszinsen.

Man unterscheidet zwischen Abzinsungsanleihen (auch echte Nullkupon-Anleihen genannt), die unter pari emittiert werden und zum Nennwert zurückgezahlt werden, und Aufzinsungsanleihen (unechte Nullkupon-Anleihen), die zum Nennwert ausgegeben und zu einem höheren Tilgungskurs zurückgezahlt werden. Wirtschaftlich besteht zwischen beiden Formen kein Unterschied.

Nullkupon-Anleihen bieten für den Emittenten den Vorteil, dass während der Laufzeit der Anleihe keine Zinsen zu zahlen sind und sich dadurch für das Unternehmen während dieser Zeit die Liquidität erhöht. Aus diesem Grund sind auch die Verwaltungskosten (z.B. Kosten für die Überweisung von Zinszahlungen) niedriger.

Für den Zeichner einer Nullkupon-Anleihe ergibt sich der Ertrag aus der Differenz zwischen Emissionskurs und Tilgungskurs bzw. zwischen Kauf- und Verkaufskurs, wenn die Anleihe am Sekundärmarkt erworben wird. Zudem entfällt das Wiederanlagerisiko der Kuponzahlungen, welches sich aus der Unsicherheit über die Entwicklung der zukünftigen Marktzinsen ergibt.

Die Bewertung von Nullkupon-Anleihen erfolgt durch Diskontierung des Nennwertes mit dem Marktzinssatz (Marktrendite) vergleichbarer Anleihen (gleiche Laufzeit und vergleichbares Bonitätsrisiko) auf den Bewertungszeitpunkt. Damit erhält man den Preis (Kurs) einer echten Nullkupon-Anleihe in $t = 0$ zu

$$P = \frac{M}{(1+r)^n}.$$

Erfolgen wie beispielsweise in den USA die Kupons einer Kuponanleihe halbjährlich, dann muss dieser Sachverhalt bei der Bewertung einer Nullkupon-Anleihe ebenfalls berücksichtigt werden. Nach Anpassung der Marktrendite und der Laufzeit erhält man:

$$P = \frac{M}{(1+r/2)^{2n}}.$$

Ist eine Teilperiode zu berücksichtigen, dann muss der Nennwert über $n - 1 + \tau$ Jahre bzw. bei halbjährlicher Kuponzahlung über $2n - 1 + \tau$ Perioden diskontiert werden, wobei τ eine Teilperiode eines Jahres bzw. eines Halbjahres ist.

Beispiel 6.4

Ein Industrieunternehmen beabsichtigt die Aufnahme von Fremdkapital durch die Emission börsengehandelter Nullkupon-Anleihen mit einer Laufzeit von 10 Jahren. Die Kapitalmarktrendite vergleichbarer Anleihen (gleiche Risikoklasse und Laufzeit) betrage 5%. Emissionskosten bleiben unberücksichtigt.

a) Welchen Ausgabekurs kann der Emittent maximal verlangen, wenn er in den Anleihebedingungen verspricht, in 10 Jahren den Nennwert der Anleihe von 100 Euro zurückzuzahlen?

b) Wie hoch ist die Effektivverzinsung aus Sicht des Unternehmens, wenn die Emissionskosten (Konsortialprovision, Börseneinführungsprovision, Börsenzulassungsgebühren, Druckkosten, Kosten der Sicherheitenbestellung) 2% vom Nominalwert der Anleihe betragen?

c) Welche Rendite erzielt ein Investor, der die Anleihe zum Ausgabekurs kauft und 5 Jahre später bei einer erwarteten Kapitalmarktrendite von 7% verkauft?

d) Wie hoch sind die Zinsen, die das Unternehmen über die gesamte Laufzeit der Anleihe zahlen muss?

Lösung zu a)

Der Emissionskurs berechnet sich zu

$$P = \frac{100}{(1{,}05)^{10}} = 61{,}39.$$

Lösung zu b)

Zur Berechnung des effektiven Zinssatzes aus Sicht des Unternehmens muss der vereinnahmte Nettobetrag (Anleihekurs abzüglich der Emissionskosten) dem Barwert der künftigen Zahlungen gegenübergestellt werden.

$$61{,}39 - 100 \cdot 0{,}02 = \frac{100}{(1+r)^{10}}$$

Daraus ergibt sich ein effektiver Jahreszinssatz von 5,35%.

Lösung zu c)

Nach 5 Jahren beträgt die Restlaufzeit der Anleihe noch 5 Jahre. Der Nennwert muss demnach über 5 Jahre mit dem neuen Marktzins von 7% diskontiert werden. Der Investor kann einen Kurs von 71,30 Euro erwarten.

$$P = \frac{100}{(1{,}07)^5} = 71{,}30$$

Die Rendite des Investors beträgt dann

$$r = \left(\frac{71{,}30}{61{,}39}\right)^{\frac{1}{5}} - 1 = 3{,}04\% \cdot$$

Lösung zu d)

Die vom Unternehmen zu zahlenden Zinsen Z pro Anleihe ergeben sich aus der Differenz zwischen Nennwert der Anleihe und Emissionskurs.

$$Z = 100 - 61{,}39 = 38{,}61$$

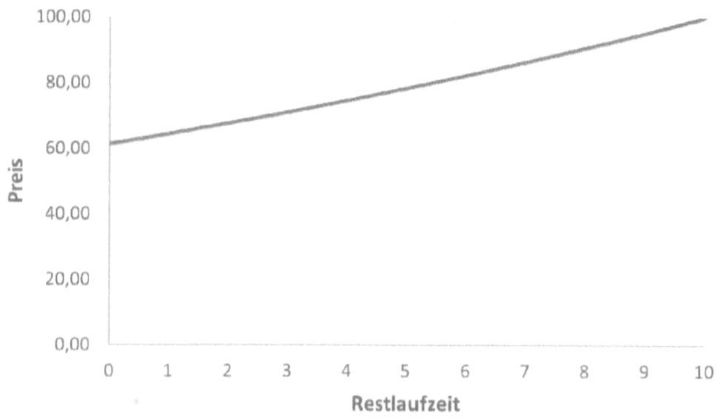

Bild 6.5 Kursverlauf einer Nullkupon-Anleihe mit einem Nennwert von 100 als Funktion der Laufzeit bei einem Marktzinssatz von 5% (Beispiel 6.4)

Excel-Umsetzung

Der Kurs der Nullkupon-Anleihe, der Effektivzinssatz des emittierenden Unternehmens sowie die Rendite des Investors werden hier mit den oben beschriebenen Formeln berechnet. Bei der Berechnung des effektiven Zinssatzes ist zu beachten ist, dass der Quotient aus Nennwert und Emissionskurs (im Emissionskurs sind die Emissionskosten berücksichtigt) nicht negativ wird. Dies wird durch den Einbau einer WENN-Funktion bewerkstelligt.

Position	Inhalt	Excel-Umsetzung
E14	Emissionskurs der Nullkupon-Anleihe	=E6/(1+E9)^(E7)
E15	Effektivzinssatz des Unternehmens	=WENN(E6/(E14-E10*E6)<0; "N/A";(E6/(E14-E10*E6))^(1/E7)-1)
E16	Effektivzinssatz des Unternehmens mit IKV-Funktion	=IKV(E23:E33)
E17	Kurs am Ende des Anlagehorizonts	=E6/(1+E12)^(E7-E11)
E18	Rendite des Investors	=(E17/E14)^(1/E11)-1
E19	vom Unternehmen zu zahlende Zinsen	=E6-E14

E15 =WENN(E6/(E14-E10*E6)<0;"N/A";(E6/(E14-E10*E6))^(1/E7)-1)

	A	B	C	D	E	F
3						
4		**Kurs, Effektivzinssatz und Rendite einer Nullkupon-Anleihe (Beispiel 6.4)**				
5						
6		Nennwert			100	
7		Laufzeit in Jahren			10	
8						
9		Kapitalmarktrendite bei Emission			5%	
10		Emissionskosten in Prozent des Nennwertes			2%	
11		Anlagehorizont des Investors in Jahren			5	
12		Kapitakmarktrendite nach 5 Jahren			7%	
13						
14		Emissionskurs			61,39	
15		Effektivzinssatz des Unternehmens			5,35%	
16		Effektivzinssatz des Unternehmens mit IKV			5,35%	
17		Kurs nach 5 Jahren			71,30	
18		Rendite des Investors			3,04%	
19		Vom Unternehmen zu zahlende Zinsen			38,61	
20						
21						
22		Jahr t	Kurs der Anleihe nach n-t Jahren bei r=5%	Kurs der Anleihe nach n-t Jahren bei r=7%	Cash Flows zur Berechnung des Effektivzinssatzes	
23		0	61,39	50,83	59,39	
24		1	64,46	54,39	0,00	
25		2	67,68	58,20	0,00	
26		3	71,07	62,27	0,00	
27		4	74,62	66,63	0,00	
28		5	78,35	71,30	0,00	
29		6	82,27	76,29	0,00	
30		7	86,38	81,63	0,00	

31	8	90,70	87,34	0,00	
32	9	95,24	93,46	0,00	
33	10	100,00	100,00	-100,00	
34					

Bild 6.6 Berechnung des Emissionskurses, des Effektivzinssatzes des Emittenten, der Investorenrendite und der Zinsbelastung des Unternehmens einer Nullkupon-Anleihe (Beispiel 6.4)

6.3.3 Bewertung von Kuponanleihen bei flacher Zinsstruktur

Die Bewertung von Kuponanleihen dient der Feststellung eines marktgerechten Ausgabekurses vor der Emission und der Ermittlung von angemessenen Kauf- und Verkaufskursen für börsengehandelte Papiere. Analysiert und bewertet wird die weltweit gängigste Form von Anleihen, eine endfällige Anleihe, die einen fixen Zinssatz (Kupon) aufweist und am Laufzeitende vom Emittenten durch die Rückzahlung des Nennwertes getilgt wird (Straight Bond, Plain Vanilla Bond).

Anleihen verbriefen einen Anspruch auf zukünftige Zahlungen in Form von Zins- und Tilgungszahlungen. Zur Bewertung dieses Zahlungsstroms wird das Barwertkonzept angewendet, d.h., es werden alle künftigen Zahlungen mit einem geeigneten Zinssatz auf den Betrachtungszeitpunkt diskontiert. Dadurch kommt zum Ausdruck, dass Zahlungen zu unterschiedlichen Zeitpunkten auch ein unterschiedlicher Wert beizumessen ist. Prinzipiell gilt, dass Anleihen eine ihrem Risiko entsprechende Verzinsung erwirtschaften sollen. Demnach sind für Anleihen mit hohem (niedrigerem) Risiko auch höhere (niedrigere) Zinssätze heranzuziehen.

Unter den Prämissen, dass die zukünftigen Cash Flows sicher sind, der risikoadäquate Marktzinssatz bekannt ist und für unterschiedliche Fristigkeiten gleiche Zinssätze gelten (flache Zinsstruktur) gelten, dann ergibt sich der Preis einer Anleihe unmittelbar nach einem Kupontermin (glatte Restlaufzeit) in $t = 0$ zu:

$$P = \frac{C}{(1+r)} + \frac{C}{(1+r)^2} + \cdots + \frac{C}{(1+r)^n} + \frac{M}{(1+r)^n} = \sum_{t=1}^{n} \frac{C}{(1+r)^t} + \frac{M}{(1+r)^n}$$

Da die Kuponzahlungen als nachschüssige Rentenzahlungen interpretiert werden können, kann man auch schreiben:

$$P = C\left[\frac{(1+r)^n - 1}{r(1+r)^n}\right] + \frac{M}{(1+r)^n}$$

Dabei stellt der erste Term der Bewertungsgleichung den Barwert der Kuponzahlungen dar und der zweite den Barwert des Nennwertes. Formt man die Gleichung etwas um,

$$P = \left\{C\left[\frac{(1+r)^n - 1}{r}\right] + M\right\}\frac{1}{(1+r)^n}$$

erkennt man, dass alle Kuponzahlungen zur gegenwärtigen Marktrendite reinvestiert werden. Ist $C = 0$, erhält man die Bewertungsformel für Nullkupon-Anleihen.

An ausländischen Anleihemärkten wie beispielsweise in Großbritannien und den USA erfolgen die Kuponzahlung halbjährlich ($m = 2$). Der Preis einer Anleihe zum gegenwärtigen Zeitpunkt ist dann:

$$P=\frac{C/2}{(1+r/2)}+\frac{C/2}{(1+r/2)^2}+\ \cdots\ +\frac{C/2}{(1+r/2)^{2n}}+\frac{M}{(1+r/2)^{2n}}=\sum_{t=1}^{2n}\frac{C/2}{(1+r/2)^t}+\frac{M}{(1+r/2)^{2n}}$$

Usance auf den Anleihemärkten ist es, den Jahreszinssatz $r$in den Periodenzinssatz $r/2$ umzuformen. Daraus ergibt sich bei gegebenem Preis ein effektiver Zinssatz r, der größer ist als der nominelle Jahreszinssatz. Aus der Gleichung

$$P=\frac{C/2}{(1+r/2)}+\frac{C/2}{(1+r/2)^2}+\ \cdots\ +\frac{C/2}{(1+r/2)^{2n}}+\frac{M}{(1+r/2)^{2n}}$$

erhält man zunächst den effektiven Halbjahreszinssatz $r/2$, der dann mit

$$r=(1+r/2)^2-1$$

in den effektiven Jahreszinssatz umgerechnet wird.

Beispiel 6.5

Ein Unternehmen begibt eine endfällige Kuponanleihe mit einem Nominalbetrag von 10.000.000 Euro. Die Laufzeit beträgt 10 Jahre, die Kuponrate (Nominalzinssatz) 6% p.a. bei jährlicher Kuponzahlung. Der Emissionskurs wird mit 98,5% festgelegt, der Tilgungskurs beträgt 100%. Bei der Emission der Anleihe fallen 2,5% des Nominalwertes an Emissionskosten an, während der Laufzeit werden jährlich für die Abwicklung der Kuponzahlungen 5.000 Euro fällig.

Es sollen der Tilgungsplan für den Emittenten aufgestellt und der effektive Zinssatz berechnet werden.

Der durch die Emission vereinnahmte Betrag (Emissionserlös) ist

10.000.000 · 0,985 = 9.850.000 Euro.

Für den Emittenten ergibt sich folgender Tilgungsplan (in Tsd. Euro)

Laufzeit	Emissionserlös	Zinsen	Tilgung	Kosten	Restschuld	Zahlungsstrom
0	9.850			250	10.000	9.600
1		600		5	10.000	-605
2		600		5	10.000	-605
...	...	...	...	...	...	...
9		600		5	10.000	-605
10		600	10.000	5	0	-10.605

Bild 6.7 Tilgungsplan für den Emittenten einer endfälligen Kuponanleihe (Beispiel 6.5)

Aus der Äquivalenzgleichung (der vereinnahmte Nettobetrag muss gleich dem Barwert der zukünftigen Auszahlungen sein)

$$10.000\cdot 0{,}985-10.000\cdot 0{,}025=605\cdot\left[\frac{(1+r)^{10}-1}{r\cdot(1+r)^{10}}\right]+\frac{10.000}{(1+r)^{10}}$$

kann mittels eines Näherungsverfahrens der effektive Jahreszinssatz berechnet werden. Er beträgt 6,61%.

Excel-Umsetzung

Der effektive Jahreszinssatz für das emittierende Unternehmen wird aus dem Zahlungsstrom mit der Excel-Funktion IKV() berechnet und beträgt 6,61%.

Position	Inhalt	Excel-Umsetzung
F14	Emissionserlös	=F6*F7
F15	Effektiver Jahreszinssatz des Emittenten	=IKV(H20:H30)
C20	Emissionserlös	=F14
F20	Emissionskosten und laufende Kosten	=$F$6*$F$11
G20	Restschuld	=$F$6
H20	Zahlungsstrom	=C20-F20
B21	laufendes Jahr	=WENN(B20<$F$10;B20+1;"")
D21	Zinsen (Kuponzahlungen)	=WENN(B21="";"";$F$6*$F$9)
F21	laufende Kosten	=WENN(B21="";"";$F$12)
G21	Restschuld	=WENN(B21="";"";WENN(B21=$F$10;0; $F$6))
H21	Zahlungsstrom	=WENN(B21="";"";WENN(B21=$F$10; -($F$6+$F$6*$F$9+F12); -($F$6*$F$9+$F$12)))
E30	Tilgungsbetrag	=WENN(B30="";"";WENN(B30=$F$10;$ F$6;""))

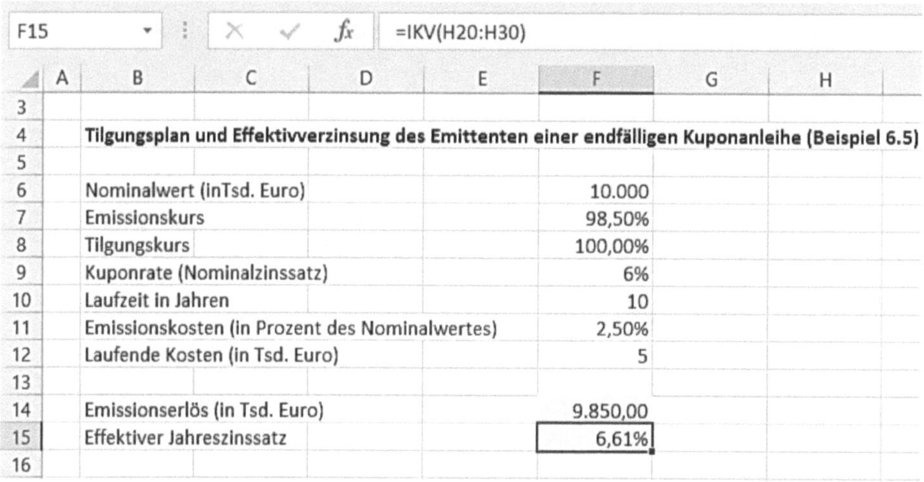
F15 =IKV(H20:H30)

	A	B	C	D	E	F	G	H
3								
4		**Tilgungsplan und Effektivverzinsung des Emittenten einer endfälligen Kuponanleihe (Beispiel 6.5)**						
5								
6		Nominalwert (inTsd. Euro)				10.000		
7		Emissionskurs				98,50%		
8		Tilgungskurs				100,00%		
9		Kuponrate (Nominalzinssatz)				6%		
10		Laufzeit in Jahren				10		
11		Emissionskosten (in Prozent des Nominalwertes)				2,50%		
12		Laufende Kosten (in Tsd. Euro)				5		
13								
14		Emissionserlös (in Tsd. Euro)				9.850,00		
15		Effektiver Jahreszinssatz				6,61%		
16								

17	*Tilgungsplan aus Emittenten-Sicht*						
18							
19	Laufzeit	Emissions-erlös	Zinsen (Kupon-zahlungen)	Tilgung	Emissions- und lfd. Kosten	Restschuld	Zahlungs-strom
20	0	9.850			250	10.000	9.600,00
21	1		600		5	10.000	-605
22	2		600		5	10.000	-605
23	3		600		5	10.000	-605
24	4		600		5	10.000	-605
25	5		600		5	10.000	-605
26	6		600		5	10.000	-605
27	7		600		5	10.000	-605
28	8		600		5	10.000	-605
29	9		600		5	10.000	-605
30	10		600	10.000	5	0	-10.605
31							

Bild 6.8 Tilgungsplan (in Tsd. Euro) und Effektivverzinsung einer endfälligen Kuponanleihe aus Sicht des Emittenten (Beispiel 6.5)

Beispiel 6.6

Ein Investor zeichnet von der Anleihe in Beispiel 6.5 Teilschuldverschreibungen mit einem Nennwert von 50.000 Euro. Die Kaufspesen hierfür betragen 0,8% des gezeichneten Nennwertes. Es sollen ein Tilgungsplan für den Investor erstellt und die Rendite vor Steuern ermittelt werden.

Bei einem Emissionskurs von 98,50% muss der Investor für die Anleihen 49.250 Euro bezahlen. Hinzu kommen Kaufspesen in Höhe von 400 Euro, so dass er insgesamt 49.690 Euro für das Investment zu zahlen hat. Der Forderungsstand gegenüber dem Emittenten beträgt bis zur Tilgung im 10. Jahr 50.000 Euro. Damit ergibt sich für den Investor folgender Tilgungsplan:

Laufzeit	Kaufpreis	Kupon	Tilgung	Kaufspesen	Forderungsstand	Zahlungsstrom
0	49.250			400	50.000	-49.650
1		3.000			50.000	3.000
2		3.000			50.000	3.000
...	...	...	...	...	...	...
9		3.000			50.000	3.000
10		3.000	50.000		0	50.300

Bild 6.9 Tilgungsplan für den Investor einer endfälligen Kuponanleihe (Beispiel 6.6)

Aus der Gleichung

$$49.650 = 3.000 \cdot \left[\frac{(1+r)^{10} - 1}{r \cdot (1+r)^{10}} \right] + \frac{50.000}{(1+r)^{10}}$$

ergibt sich für den Investor ohne Berücksichtigung von Steuern eine Rendite von aufgerundet 6,10%.

Excel-Umsetzung

Die Rendite für den Investor wird aus dem Zahlungsstrom mit der Excel-Funktion IKV() berechnet und beträgt aufgerundet 6,10%.

Position	Inhalt	Excel-Umsetzung
F14	Kaufpreis der Anleihe	=F6*F7
F15	Rendite des Investors	=IKV(H20:H30)
C20	Kaufpreis der Anleihe	=F6*F7
F20	Kaufspesen	=F6*F12
G20	Forderungsstand	=F6
H20	Zahlungsstrom	=-(C20+F20)
B21	laufendes Jahr	=WENN(B20<$F$10;B20+1;"")
D21	Kuponzahlung	=WENN(B21="";"";$F$6*$F$9)
G21	Forderungsstand	=WENN(B21="";"";WENN(B21=$F$10;0;$F$6)
H21	Zahlungsstrom	=WENN(B21="";"";WENN(B21=$F$10;D21+E21; D21))
E30	Tilgung	=WENN(B30=$F$10;$F$6;"")

F15 =IKV(H20:H30)

	A	B	C	D	E	F	G	H
3								
4		**Tilgungsplan und Rendite des Investors einer endfälligen Kuponanleihe (Beispiel 6.6)**						
5								
6		Nominalwert				50.000		
7		Emissionskurs				98,50%		
8		Tilgungskurs				100,00%		
9		Kuponrate (Nominalzinssatz)				6%		
10		Laufzeit in Jahren				10		
11								
12		Kaufspesen in Prozent des Nominalwertes				0,80%		
13								
14		Kaufpreis der Anleihe				49.250		
15		Rendite				6,10%		
16								
17		*Tilgungsplan aus Investoren-Sicht*						
18								
19		Laufzeit	Kaufpreis	Kupon-zahlungen	Tilgung	Kaufspesen	Forderungs-stand	Zahlungs-strom
20		0	49.250			400	50.000	-49.650
21		1		3000			50.000	3.000
22		2		3000			50.000	3.000
23		3		3000			50.000	3.000
24		4		3000			50.000	3.000
25		5		3000			50.000	3.000
26		6		3000			50.000	3.000

27	7		3000			50.000	3.000
28	8		3000			50.000	3.000
29	9		3000			50.000	3.000
30	10		3000	50.000		0	53.000
31							

Bild 6.10 Tilgungsplan und Rendite einer endfälligen Kuponanleihe aus Sicht des Investors (Beispiel 6.6)

In der Regel wird die (Rest-)Laufzeit von Anleihen nicht ganzzahlig sein, was immer dann zutrifft, wenn eine Anleihe zwischen zwei Kuponterminen gekauft wird. In diesem Falle ist eine Teilperiode τ vorhanden, die abhängig von m (Anzahl der Kuponzahlungen pro Jahr) Teil eines Jahres oder einer anderen Periode ist. Zudem müssen die aufgelaufenen Stückzinsen berücksichtigt werden, die der Käufer der Anleihe dem Verkäufer zu vergüten hat.

Sei τ die Teilperiode vom Abrechnungstag (Valutatag) bis zur nächsten Kuponzahlung angegeben in Jahren und n die Anzahl der Jahre von der letzten Kuponzahlung bis zur Fälligkeit, dann lässt sich die (Rest-)Laufzeit darstellen als $n - 1 + \tau$, mit $0 < \tau < 1$. Damit erhält man den Preis der Anleihe bei jährlicher Kuponzahlung als

$$P = \frac{C}{(1+r)^{\tau}} + \frac{C}{(1+r)^{1+\tau}} + \ \ldots \ + \frac{C+M}{(1+r)^{n-1+\tau}} = \sum_{t=1}^{n} \frac{C_t}{(1+r)^{t-1+\tau}} + \frac{M}{(1+r)^{n-1+\tau}} \cdot$$

Da die Kuponzahlungen als nachschüssige Rentenzahlungen aufgefasst werden können, kann man auch schreiben:

$$P = C\left[\frac{(1+r)^{n} - 1}{r(1+r)^{n-1+\tau}}\right] + \frac{M}{(1+r)^{n-1+\tau}}$$

Bei den Formeln ist zu beachten, dass n eine ganzzahlige Größe darstellt. Für die Bewertung einer Anleihe zwischen zwei Kuponterminen ist die tatsächliche Restlaufzeit n' auf die nächsthöhere ganze Zahl (= n) aufzurunden und τ liegt zwischen 0 und 1. So bedeutet beispielsweise eine Restlaufzeit von 5,25 Jahren, dass in der Gleichung $n = 6$ (n ist die Anzahl der Jahre zwischen der letzten Kuponzahlung und dem Fälligkeitstermin, was gleichbedeutend ist mit der Anzahl der noch verbleibenden Kuponzahlungen) und $\tau = 0{,}25$ Jahre gesetzt wird.

Zur Diskontierung der Teilperiode bieten sich zwei Möglichkeiten an, lineare Diskontierung oder exponentielle Diskontierung. Nach dem Standard der ISMA (International Securities Market Association) wird die Teilperiode exponentiell diskontiert, was zu einem etwas höherem Preis führt als die lineare Diskontierung.

Der mit den oben dargestellten Formeln berechnete Preis stellt den Preis inklusive der aufgelaufenen Stückzinsen (Accrued Interest) dar und wird als *Full Price* oder *Dirty Price*, P_{dirty}, bezeichnet. Die dem Verkäufer der Anleihe zustehenden Stückzinsen berechnen sich wie folgt:

$$\textit{Aufgelaufene Stückzinsen} = C(1-\tau)$$

Dabei ist $1 - \tau$ die Anzahl der Tage von der letzten Kuponzahlung bis zum Abrechnungstag dividiert durch die Tage in der Kuponperiode.

Werden vom Dirty Price die aufgelaufenen Stückzinsen abgezogen, erhält man den Preis ohne Kuponanteil, den *Clean Price*, P_{clean}, der auch als börsennotierter Nettokurs bezeichnet wird.

$$P_{clean} = P_{dirty} - \textit{aufgelaufene Stückzinsen}$$

Es sei noch darauf hingewiesen, dass die Stückzinsen auch exponentiell ermittelt werden können. In der Praxis wird jedoch immer die oben aufgezeigte lineare Berechnung der Stückzinsen in Ansatz gebracht.

Die meisten Anleihen werden ohne Stückzinsen notiert, um Kursschwankungen zu vermeiden, die lediglich auf die Stückzinsenproblematik zurückzuführen sind.

Erfolgen die Kuponzahlungen halbjährlich, müssen der Kupon, die Laufzeit und die Marktrendite angepasst werden. Man erhält für den Preis der Anleihe:

$$P = \frac{C/2}{(1+r/2)^{\tau}} + \frac{C/2}{(1+r/2)^{1+\tau}} + \ldots + \frac{C/2+M}{(1+r/2)^{2n-1+\tau}} = \sum_{t=1}^{2n} \frac{C_t/2}{(1+r/2)^{t-1+\tau}} + \frac{M}{(1+r)^{2n-1+\tau}}$$

bzw.

$$P = C/2\left[\frac{(1+r/2)^{2n}-1}{r/2(1+r/2)^{2n-1+\tau}}\right] + \frac{M}{(1+r/2)^{2n-1+\tau}}$$

Es ist zu beachten, dass hier τ Teilperiode eines halben Jahres ist.

Beispiel 6.7

Folgende Daten einer Anleihe Emission sind gegeben:

Emissionsvolumen	100.000.000 Euro
Nennwert	100 Euro je Teilschuldverschreibung
Kuponrate	5% per annum
Emissionskosten	2,5% des Emissionsvolumens
laufende Kosten	0,12% des Emissionsvolumens pro Jahr
Emissionsdatum	1.1.2015
Rückzahlung	31.12.2024
Kuponzahlung	halbjährlich (jeweils am 31.12 und am 1.6.)
Kapitalmarktrendite	5,25%

a) Zunächst soll der Ausgabekurs der Anleihe berechnet werden.

b) Wie hoch ist der Emissionserlös nach Abzug der Emissionskosten?

c) Wie groß ist der effektive Jahreszinssatz des Emittenten?

Die Laufzeit der Anleihe beträgt 10 Jahre oder 20 Halbjahresperioden. Die Emissionskosten belaufen sich auf 2.5 Mio. Euro, die laufenden Kosten (Abwicklung der Kuponzahlungen) betragen 50.000 Euro je Halbjahresperiode.

Lösung zu a)

Der Ausgabekurs berechnet sich zu

$$P = 2{,}5 \cdot \left[\frac{(1{,}02625)^{20}-1}{0{,}02625 \cdot (1{,}02625)^{20}}\right] + \frac{100}{(1.02625)^{20}} = 98{,}07\,.$$

Lösung zu b)

$$\text{Emissionserlös} = 1.000.000 \cdot 98{,}07 - 2.500.000 = 95.570.000$$

$$\text{Emissionserlös pro Anleihe} = \frac{95.570.000}{1.000.000} = 95{,}57$$

Lösung zu c)

Der effektive Halbjahreszinssatz errechnet sich mit einem Näherungsverfahren aus der Gleichung

$$95{,}57 = 2{,}62 \cdot \left[\frac{(1 + r/2)^{20} - 1}{r/2 \cdot (1 + r/2)^{20}} \right] + \frac{100}{(1 + r/2)^{20}}.$$

Daraus ergibt sich ein effektiver Halbjahreszinssatz von $r/2$ =2,92%

Der effektive Jahreszinssatz beträgt dann

$$r = (1{,}0292)^2 - 1 = 5{,}92\%.$$

Excel-Umsetzung

Zunächst wird die Laufzeit in Jahren berechnet. Mit der Excel-Funktion Tage360() wird die Laufzeit in Tagen ermittelt. Dividiert man diese mit 360, erhält man die Laufzeit in Jahren. Dabei wird die Tageszählkonvention 30/360 zugrunde gelegt. Multipliziert man die Laufzeit in Jahren mit der Anzahl der Kuponzahlungen pro Jahr (hier zwei pro Jahr), erhält man die Anzahl der für die Kursbestimmung relevanten Perioden (Halbjahresperioden).

Zur Bestimmung des Emissionskurses wird der Barwert der einzelnen Cash Flows (laufende Kuponzahlungen und Nennwert am Ende Laufzeit) bestimmt. Die Summe dieser Barwerte ergibt den Emissionspreis der Anleihe.

Der Kurs kann auch mit der Excel-Funktion KURS() ermittelt werden und wird pro 100 Euro Nennwert der Anleihe zurückgegeben.

Aus dem Zahlungsstrom, der die Emissionskosten sowie die laufenden Kosten berücksichtigt, wird zunächst der effektive Halbjahreszinssatz ermittelt, der dann auf bekannte Art und Weise in einen Jahreszinssatz hochgerechnet wird.

Position	Inhalt	Excel-Umsetzung
F19	Anzahl der Jahre	=TAGE360(F12;F13)/F14
F20	Anzahl der Halbjahresperioden	=F19*F16
F22	Emissionskurs	=SUMME(D32:D51)
F23	Emissionskurs mit Excel-Funktion	=(KURS(F12;F13;F9;F17;100;F16;4))
F24	Emissionserlös	=F7/F8*ABRUNDEN(F22;2)-F7*F10
F25	Emissionserlös pro Anleihe	=F22-F8*F10
F26	effektiver Halbjahreszinssatz	=IKV(F31:F51
F27	effektiver Jahreszinssatz	=(1+F25)^F16-1

E32	Emissionskosten	=F8*F10
F32	Emissionserlös pro Anleihe	=SUMME(D33:D52)-E32
B33	Laufende Periode	=WENN(B32<$F$20;B32+1;"")
C33	Kuponzahlung	=WENN(B33="";"";WENN(B33=$F$20; $F$8*$F$9/I17;$F$8*$F$9/$F$16))
D33	Barwert der Kuponzahlung	=WENN(B33="";"";C33/(1+$F$17/F 16)^B33)
E33	Laufende Kosten	=WENN(B33="";"";$F$8*$F$11)
F33	Zahlungsstrom	=WENN(B33="";"";-(C33+E33))

F23 =(KURS(F12;F13;F9;F17;100;F16;4))

	A	B	C	D	E	F	G
3							
4		**Emissionskurs und Effektivverzinsung des Emittenten einer endfälligen**					
5		**Anleihe bei halbjährlicher Kuponzahlung (Beispiel 6.7)**					
6							
7		Emissionvolumen in Euro				100.000.000	
8		Nennwert je Teilschuldverschreibung in Euro				100	
9		Kuponrate p.a.				5%	
10		Emissionskosten in Prozent des Emissionsvolumens				2,50%	
11		Laufende Kosten in Prozent des Emissionsvolumens				0,12%	
12		Emissionsdatum				01.01.2015	
13		Rückzahlung				31.12.2024	
14		Tage im Jahr				360	
15		Tage in der Kuponperiode				180	
16		Kuponzahlung pro Jahr				2	
17		Kapitalmarktrendite p.a.				5,25%	
18							
19		Laufzeit in Jahren				10	
20		Laufzeit in Halbjahresperioden				20	
21							
22		Emissionskurs				98,07	
23		Emmissionkurs mit KURS Funktion				98,07	
24		Emissionserlös				95.570.000	
25		Emissionserlös pro Anleihe				95,57	
26		Effektiver Halbjahreszinssatz				2,92%	
27		Effektiver Jahreszinssatz				5,92%	
28							
29		*Cash Flows zur Berechnung des Emissionskurses und der Effektivverzinsung*					
30							
31		Halbjahres-perioden	Cash Flows (Kupons und Nennwert)	Barwert der Cash flows	Emissions- und lfd. Kosten	Zahlungs-strom	
32		0			2,5	95,57	
33		1	3	2,44	0,12	-2,62	
34		2	3	2,37	0,12	-2,62	
35		3	3	2,31	0,12	-2,62	

49	17	3	1,61	0,12	-2,62	
50	18	3	1,57	0,12	-2,62	
51	19	3	1,53	0,12	-2,62	
52	20	103	61,05	0,12	-102,62	
53						

Bild 6.11 Emissionskurs und Effektivverzinsung des Emittenten einer Anleihe bei halbjährlicher Kuponzahlung (Beispiel 6.7)

Beispiel 6.8

Ein Investor kauft am 15.5.2016 (Abrechnungstag) von der Anleihe aus Beispiel 6.7 Teilschuldverschreibungen mit einem Nominalwert von 20.000 Euro am Sekundärmarkt und hält sie bis zur Fälligkeit am 31.12.2024. Die Kapitalmarktrendite vergleichbarer Anleihen zum Kaufzeitpunkt beträgt 4,75% p.a. Die Bank verrechnet Kaufspesen von 0,8% des Nennwertes der Anleihe.

a) Es sollen der Kaufkurs inklusive Stückzinsen (dirty price) und der börsennotierte Nettokurs (clean price) berechnet werden.

b) Welche Rendite erzielt der Investor, wenn er die Anleihe am 15.5.2016 kauft und bis zur Endfälligkeit hält?

Lösung zu a)

Da keine glatte Restlaufzeit vorliegt, ist eine Teilperiode zu berücksichtigen. Die Restlaufzeit beträgt 8 Jahre und 225 Tage (8,625 Jahre) bzw. 17,25 Halbjahresperioden. Mit $n = 18$ und der Teilperiode $\tau = 45/180 = 0{,}25$ einer Halbjahresperiode erhält man den Kaufpreis (inklusive Stückzinsen) zu

$$P = 2{,}5 \cdot \left[\frac{(1{,}02375)^{18} - 1}{0{,}02375 \cdot (1{,}02374)^{17{,}25}} \right] + \frac{100}{(1{,}02375)^{17{,}25}} = 103{,}62$$

Die aufgelaufenen Stückzinsen betragen $2{,}5 \cdot (1 - 0{,}25) = 1{,}88$.

Damit erhält man den börsennotierten Nettokurs zu

$$P = 103{,}62 - 1{,}88 = 101{,}74\,.$$

Lösung zu b)

Die Halbjahresrendite erhält man aus der nachfolgenden Gleichung, die dem investierten Betrag den Barwert der zukünftigen Zahlungen gegenüberstellt.

$$104{,}42 = 2{,}5 \cdot \left[\frac{(1 + r/2)^{18} - 1}{r/2 \cdot (1 + r/2)^{17{,}25}} \right] + \frac{100}{(1 + r/2)^{17{,}25}}$$

bzw.

$$-104{,}42 + 2{,}5 \cdot \left[\frac{(1 + r/2)^{18} - 1}{r/2 \cdot (1 + r/2)^{17{,}25}} \right] + \frac{100}{(1 + r/2)^{17{,}25}} = 0$$

Die Rendite r soll nun mit linearer Interpolation ermittelt werden. Dabei muss der erste Zinssatz so gewählt werden, dass sich ein positiver NPV (Kapitalwert) ergibt, während der zweite Zinssatz einen negativen NPV ergeben muss. Die Approximation wird umso genauer, je näher die beiden Versuchszinsätze zusammenliegen.

Wählt man einen Halbjahreszinssatz $r_1/2 = 2{,}2\%$, ergibt sich ein NPV (Kapitalwert) von 1,471. Dieser Zinssatz ist zulässig, da der NPV positiv ist.

Wählt man als zweiten Halbjahreszinssatz $r_2/2 = 2{,}4\%$, erhält man einen NPV von -1,154. Auch dieser Zinssatz kann verwendet werden, da der NPV negativ ist.
Mit der Interpolations-Formel

$$r/2 = r_1/2 + \frac{(r_2/2 - r_1/2)NPV(r_1/2)}{NPV(r_1/2) - NPV(r_2/2}$$

erhält man dann die Halbjahresrendite zu

$$r/2 = 2{,}2\% + \frac{(2{,}4 - 2{,}2) \cdot 1{,}471}{1{,}471 + 1{,}154} = 2{,}31\% .$$

Damit beträgt die Jahresrendite annähernd
$r = (1{,}023121)^2 - 1 = 4{,}6776\%$ oder aufgerundet 4,68%.

Excel-Umsetzung

Zur Bestimmung des Kurses der Anleihe werden alle Cash Flows (die halbjährlichen Kuponzahlungen und der Nennwert der Anleihe) mit der Kapitalmarktrendite r/2 auf den Bewertungszeitpunkt diskontiert. Die Summe der diskontierten Zahlungen ergibt den Preis der Anleihe (dirty price).

Der börsennotierte Nettokurs (clean price) kann durch Abzug der Stückzinsen vom dirty price ermittelt werden oder mit der Excel-Funktion KURS().

Die Berechnung der aufgelaufenen Stückzinsen erfolgt durch Gewichtung des Halbjahreskupons mit $1 - \tau$, der Anzahl der Tage von der letzten Kuponzahlung geteilt durch die Anzahl der Tage in der Kuponperiode. Zieht man die Stückzinsen vom dirty price ab, erhält man den clean price, der dem börsennotierten Nettokurs entspricht.

Bei der Ermittlung des Zahlungsstroms, der zur Berechnung der Rendite dient, ist zu beachten, dass sich die anfängliche Investition in die Anleihe aus dem gegenwärtigen Kurs inklusive der Stückzinsen (dirty price) und den Kaufspesen zusammensetzt.

Die Berechnung der Rendite erfolgt mit der Excel-Funktion XINTZINSFUSS(), die der Funktion IKV() gleicht. Im Gegensatz zu IKV() bewertet diese unregelmäßige Zahlungen (der Zeitabstand und die Höhe der Zahlungen können variieren) und greift auf das Datum der Zahlungen zurück. Das Ergebnis ist ein Jahreszinssatz, ein Effektivzinssatz mit der Definition actual/365 und exponentieller Zinsberechnung. Es ergibt sich hier eine geringfügige Abweichung, da im Beispiel die Tageszählkonvention 30/360 zugrunde gelegt wird.

Position	Inhalt	Excel-Umsetzung
G18	Restlaufzeit in Jahren	=TAGE360(G9;G10;WAHR)/G11
G19	Restlaufzeit in Halbjahresperioden	=G18*G14
G20	Tage vom Kauf (Abrechnungstag) bis zum nächsten Zinstermin	=G18*G14

G21	Tage vom Kauf (Abrechnungstag) bis zum nächsten Zinstermin mit Excel-Funktion	=ZINSTERMTAGNZ (G9;G10;G14;4)
G22	Tage von der letzten Kuponzahlung bis Kauftag (Abrechnungstag)	=G12-G21
G23	Tage von der letzten Kuponzahlung bis Kauftag (Abrechnungstag) mit Excel-Funktion	=ZINSTERMTAGVA (G9;G10;G14;4)
G25	Kaufpreis (dirty price) der Anleihe	=SUMME(E35:E52)
G26	aufgelaufene Stückzinsen	=G7*G8/G14*G22/G12
G27	Nettokurs (clean price)	=G25-G26
G28	Nettokurs (clean price) mit Excel-Funktion	=KURS(G9;G10;G8;G16;100;2;4)
G29	Investoren-Rendite	=XINTZINSFUSS(G34:G52;B34:B52)
B34	Datum	=DATUM(2016;5;15)
F34	Kaufspesen	=G15*G7
F35	Zahlungsstrom	=-(G25+F34)
B35	Datum	=DATUM(2016;6;30)
C35	Halbjahresperiode	=$G$20/$G$12
D35	Halbjahreskupon	=$G$7*$G$8/G14
E35	Barwert des Halbjahreskupons	=D35/(1+$G$16/$G$14)^C35
G35	Zahlungsstrom	=D35
B36	Datum mit Abbruchfunktion	=WENN(B36<DATUM(2024;12;31); DATUM(JAHR(B35);MONAT(B35) +$G$13;TAG(B35));"")

G29 =XINTZINSFUSS(G34:G52;B34:B52)

	A	B	C	D	E	F	G	H
3								
4		**Berechnung des Börsenkurses, der Stückzinsen und der Rendite einer**						
5		**Kuponanleihe aus Investoren-Sicht (Beispiel 6.8)**						
6								
7		Nennwert in Euro					100	
8		Kuponrate p.a.					5%	
9		Kaufdatum					15.05.2016	
10		Fälligkeit der Anleihe					31.12.2024	
11		Tage im Jahr					360	
12		Tage in der Kuponperiode					180	
13		Monate in der Kuponperiode					6	
14		Kuponzahlungen pro Jahr					2	
15		Kaufspesen in Prozent vom Nennwert					0,8%	
16		Kapitalmarktrendite bei Restlaufzeit von 8,625 Jahren					4,75%	
17								

18	Restlaufzeit in Jahren					8,625
19	Restlaufzeit in Halbjahresperioden					17,25
20	Tage vom Kauf bis zum nächsten Zinstermin (τ)					45
21	Tage vom Kauf bis zum nächsten Zinstermin (Excel)					45
22	Tage von der letzten Kuponzahlung bis zum Kauftag (1-τ)					135
23	Tage von der letzten Kuponzahlung bis zum Kaufstag (Excel)					135
24						
25	Kaufpreis (dirty price)					103,62
26	Aufgelaufene Stückzinsen					1,88
27	Börsennotierter Nettokurs (clean price)					101,75
28	Börsennotierter Nettokurs mit KURS Funktion					101,75
29	Rendite mit XINTZINSFUSS Funktion					4,6871%
30						
31	*Cash Flows zur Berechnung des Kurses und der Investoren-Rendite*					
32						
33	Datum	Halbjahres-perioden	Cash Flows (Kupons und Nennwert)	Barwert der Cash flows	Kauf-spesen	Zahlungs-strom
34	15.05.2016				0,8	-104,42
35	30.06.2016	0,25	2,50	2,49		2,50
36	30.12.2016	1,25	2,50	2,43		2,50
50	30.12.2023	15,25	2,50	1,75		2,50
51	30.06.2024	16,25	2,50	1,71		2,50
52	30.12.2024	17,25	102,50	68,37		102,50
53						

Bild 6.12 Berechnung des Börsenkurses, der Stückzinsen und der Rendite aus Investoren-Sicht (Beispiel 6.8)

6.3.4 Bewertung von Kuponanleihen unter Berücksichtigung der Zinsstruktur

Bis jetzt wurden bei der Bewertung von Anleihen alle zukünftigen Zahlungen mit dem gleichen Zinssatz diskontiert. Da jedoch in der Realität für unterschiedliche Laufzeiten auch unterschiedliche Zinssätze vergütet werden, muss dieser Sachverhalt auch bei der Bewertung berücksichtigt werden.

Die unterschiedlichen Zinssätze in Abhängigkeit von der Laufzeit finden ihren Ausdruck in der Zinsstruktur, deren graphische Veranschaulichung *Zinskurve* oder Zinsstrukturkurve genannt wird. Erklärungsversuche, warum die Höhe des Zinssatzes von der Laufzeit bzw. der Bindungsdauer abhängig ist, findet man bei den sogenannten Zinsstrukturhypothesen (Erwartungshypothese, Liquiditätspräferenzhypothese und Marktsegmentierungshypothese), auf die hier nicht weiter eingegangen wird.

Zinskurven können verschiedene Ausformungen haben. Bei einem horizontalen Verlauf sind die Zinssätze in den Laufzeitsegmenten annähernd gleich und man spricht dann von einer *flachen Zinskurve* (Flat Yield Curve). Geht man von der Annahme aus, dass der Markt eine Liquiditäts- und Risikoprämie zahlt, bedeutet dies, dass fallende Zinsen erwartet werden. Bei steigender Kurve, auch als *normale Zinskurve* genannt (Normal Yield Curve), werden für längere Bindungsdauern höhere Zinssätze bezahlt. Das kann Ausdruck dafür sein, dass der Markt in Zukunft höhere Zinsen erwartet. Eine längere Bindungsdauer wird in der Regel mit einer höheren Liquiditäts- und Risikoprämie abgegolten. Werden für längere Laufzeiten niedrigere Zinsen bezahlt als für kürzere, spricht man von einer *fallenden Zinskurve* (inverted yield curve). Eine *buckelige Zinskurve* liegt vor, wenn die Kurve zunächst steigt und nach einer gewissen Laufzeit in eine fallende übergeht. Im Folgenden soll die Bewertung von Anleihen anhand einer normalen Zinsstruktur demonstriert werden.

Liegt eine normale Zinsstruktur vor, dann müssen die jeweiligen Zahlungen der Anleihe mit den fristigkeitsäquivalenten (periodenbezogenen) Kassazinssätzen, den sogenannten *Spot Rates*, diskontiert werden. Bezeichnet man mit s_t den Jahreszinssatz (spot rate), der für eine Anlage von heute ($t = 0$) bis t, mit $t = 1, 2, \ldots, n$, gezahlt wird, dann kann der Preis einer Anleihe durch folgenden Barwertansatz ermittelt werden:

$$P = \frac{C}{1+s_1} + \frac{C}{(1+s_2)^2} + \ldots + \frac{C+M}{(1+s_n)^n} = \sum_{t=1}^{n} \frac{C}{(1+s_t)^t} + \frac{M}{(1+s_n)^n}$$

Bei Anleihen mit Halbjahreskupon ermittelt sich der Preis durch Diskontierung der Kupon- und Tilgungszahlungen mit der in den zukünftigen Halbjahresperioden geltenden Spot-Rate.

Beispiel 6.9

Für eine Anleihe mit einer Restlaufzeit von 5 Jahren und einem jährlichen Kupon von 4% soll der Preis und der effektive Zinssatz für den ermittelten Preis berechnet werden. Am Markt wird die folgende hypothetische Zinsstruktur beobachtet (vgl. Bild 6.13):

$$s_1 = 2\%,\ s_2 = 2{,}5\%,\ s_3 = 2{,}8\%,\ s_4 = 3{,}0\%,\ s_5 = 3{,}1\%$$

Für die Anleihe ergibt sich ein Preis von

$$P = \frac{4}{1{,}02} + \frac{4}{(1{,}025)^2} + \frac{4}{(1{,}028)^3} + \frac{4}{(1{,}030)^4} + \frac{104}{(1{,}031)^5} = 104{,}24$$

Für den Preis von 104,24 ergibt sich der effektive Jahreszinssatz r aus der Gleichung

$$104{,}24 = \frac{4}{1+r} + \frac{4}{(1+r)^2} + \frac{4}{(1+r)^3} + \frac{4}{(1+r)^4} + \frac{104}{(1+r)^5}$$

zu 3,07%.

Dieser effektive Zinssatz entspricht der Rendite oder Yield to Maturity und stellt einen Durchschnittszinssatz dar. Die Zinsstruktur geht damit verloren und sie wird nunmehr durch einen einzigen Zinssatz beschrieben.

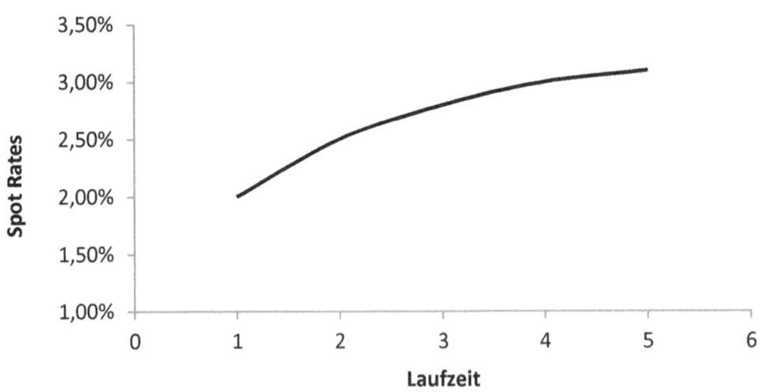

Bild 6.13 Verlauf der Spot-Rate-Kurve (Beispiel 6.9)

Excel-Umsetzung

Zur Ermittlung des Preises werden die Kuponzahlungen und der Nennwert am Laufzeitende mit den periodengerechten Kassazinssätzen (Spot Rates) diskontiert und aufsummiert.

Der effektive Jahreszinssatz wird mit der Excel-Funktion IKV() aus dem Zahlungsstrom berechnet.

Position	Inhalt	Excel-Umsetzung
D17	Preis der Anleihe	=SUMME(E22:E26)
D18	effektiver Jahreszinssatz	=IKV(F21:F26)
F21	Zahlungsstrom	=-D17
B22	laufendes Jahr	=WENN(B21<$D$9;B21+1;"")
C22	Kuponzahlung	=WENN(B22="";"";WENN(B22=$D$9;$D$7 +$D$7*$D$8;$D$7*$D$8))
D22	Spot Rate	=WENN(B22="";"";D11)
E22	Barwert der Kuponzahlung	=WENN(B22="";"";C22/(1+D11)^B22)
F22	Zahlungsstrom	=WENN(B22="";"";C22)

D17 =SUMME(E22:E26)

	A	B	C	D	E	F
3						
4		**Preis und Effektivzinssatz einer Kuponanleihe bei gegebenen Spot Rates**				
5		**(Beispiel 6.9)**				
6						
7		Nennwert		100		
8		Kuponrate		4%		
9		Restlaufzeit in Jahren		5		
10		Spot Rates:				
11		Von heute bis Ende Jahr 1		2,00%		
12		Von heute bis Ende Jahr 2		2,50%		
13		Von heute bis Ende Jahr 3		2,80%		
14		Von heute bis Ende Jahr 4		3,00%		
15		Von heute bis Ende Jahr 5		3,10%		
16						
17		Preis		104,24		
18		Effektiver Jahreszinssatz		3,07%		
19						
20		Jahre	Kupons und Nennwert	Spot Rates	Barwert der Zahlungen	Zahlungsstrom
21		0				-104,24
22		1	4	2,00%	3,92	4,00
23		2	4	2,50%	3,81	4,00
24		3	4	2,80%	3,68	4,00

25	4	4	3,00%	3,55	4,00
26	5	104	3,10%	89,28	104,00
27					

Bild 6.14 Preis und Effektivzinssatz einer Kuponanleihe bei gegebenen Spot Rates (Beispiel 6.9)

6.3.5 Analyse des Barwertansatzes

Aus dem Barwertansatz erkennt man unmittelbar, dass der Preis einer Anleihe als Summe aller diskontierten zukünftigen Zahlungen von den vier Größen Nennwert, Kuponrate bzw. Kuponzahlung, Marktzinssatz und (Rest-)Laufzeit abhängig ist, d.h.

$$P = P(M, C, r, n).$$

Bei der hier betrachteten Ceteris-Paribus-Analyse (unter der Voraussetzung, dass außer der betrachteten Variablen alle anderen gleichbleiben) besteht zwischen dem Preis einer Anleihe und den Kuponzahlungen bzw. dem Preis und dem Nennwert der Anleihe ein direkter Zusammenhang: Je höher der Kupon bzw. je größer der Nennwert, umso höher ist auch der Preis.

Vergleicht man die Kuponrate c, wobei $c = C/M$, mit dem Marktzinssatz, dann ergibt sich bei glatter Restlaufzeit folgender Zusammenhang:

Ist $c = r$, dann entspricht der Preis dem Nennwert

Ist $c > r$, dann liegt der Preis über dem Nennwert

Ist $c < r$, dann liegt der Preis unter dem Nennwert

Das folgende Beispiel, das sich wiederum auf einen Zeitpunkt unmittelbar nach einer Kuponzahlung bezieht (glatte Restlaufzeit), soll dies verdeutlichen.

Betrachtet wird eine 8% Kuponanleihe mit einem Nennwert von 100 und einer Restlaufzeit von 20 Jahren. Der Preis der Anleihe bei einem Kapitalmarktzinssatz von 8% beträgt

$$P = 8 \cdot \left[\frac{(1{,}08)^{20} - 1}{0{,}08 \cdot (1{,}08)^{20}} \right] + \frac{100}{(1{,}08)^{20}} = 100.$$

Bei einem Kapitalmarktzinssatz von 10% ergibt sich ein Preis von 82,97. Ist die Kapitalmarktrendite 6%, erhält man einen Preis von 122,94.

Da bei der betrachteten Analyse Kupon und Nennwert konstant sind, kann von ihnen keine Veränderung des Preises ausgehen. Anders hingegen verhält es sich mit der Einflussgröße Laufzeit. Wegen der sich stetig verkürzenden Restlaufzeit müssen für $c \neq r$ Preisveränderungen eintreten. Es besteht folgender Zusammenhang:

Ist $c = r$, dann entspricht der Preis dem Nennwert und der Preis ändert sich im Zeitablauf nicht.

Ist $c > r$, dann liegt der Preis über dem Nennwert und der Preis verringert sich im Zeitablauf stetig, bis er am Laufzeitende den Nennwert erreicht hat.

Ist $c < r$, dann liegt der Preis liegt unter dem Nennwert und der Preis nimmt ständig zu, bis er am Laufzeitende den Tilgungsbetrag erreicht hat.

Im obigen Beispiel wird sich bei $c > r$ ($c < r$) der Preis von 122,94 (82,97) c.p. sukzessive bis zum Laufzeitende dem Nennwert von 100 annähern.

Aus der Barwertanalyse und seiner Einflussfaktoren können über eine Anleihe folgende Aussagen gemacht werden:

- Der Marktzinssatz bewirkt gegenläufige Preisänderungen: Steigt (fällt) der Marktzinssatz, fällt (steigt) der Preis der Anleihe (vgl. Bild 6.15)
- Höhere Kuponzahlungen verursachen zwar eine größere Veränderung der absoluten Preise, sie dämpfen jedoch die relativen Preisänderungen: Je höher die Kuponzahlungen, desto geringer sind die relativen Preisänderungen.
- Die Höhe der Preisänderung ist von der Laufzeit abhängig: Je länger die (Rest-) Laufzeit, desto größer die Preisschwankungen.

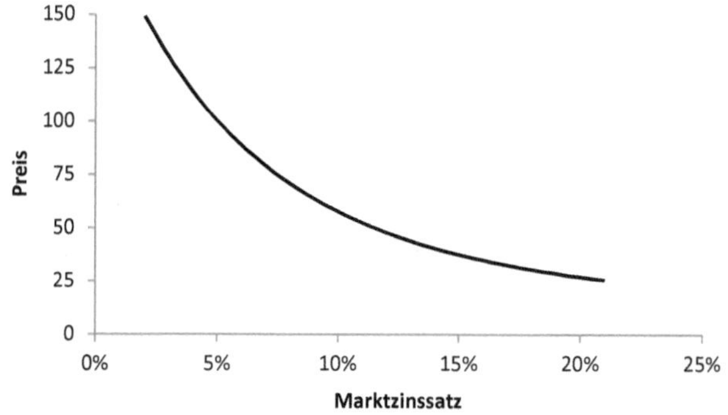

Bild 6.15 Preis einer 20-jährigen, 5%-Kuponanleihe als Funktion des Marktzinssatzes

Die Bedeutung dieser Aussagen besteht beispielsweise für einen Portfoliomanager darin, dass er in Erwartung fallender (steigender) Marktzinsen das Portefeuille derart umschichtet, dass er Anleihen mit langen (kurzen) Laufzeiten und niedrigem (hohem) Kupon hält. Damit erzielt er bei sinkenden Marktzinsen möglichst hohe Kursgewinne und begrenzt bei steigenden Marktzinsen die Kursverluste.

Ist eine Teilperiode vorhanden, dann müssen die aufgelaufenen Stückzinsen berücksichtigt werden. In Abschnitt 6.3.3 wurden diese entsprechend der Marktkonvention linear verrechnet. Der finanzmathematisch genaue Wert der über die Periode von $1 - \tau$ aufgelaufenen Stückzinsen ergibt sich aus folgender Überlegung: Die jährliche Kuponzahlung C kann bei gegebenem Marktzinssatz r durch Anlage eines Kapitals in Höhe von C/r erzielt werden. Die über die Periode von $1 - \tau$ aufgelaufenen Stückzinsen betragen dann

$$\frac{C(1+r)^{1-\tau}}{r} - \frac{C}{r} = \frac{C}{r}\left[(1+r)^{1-\tau} - 1\right].$$

Stellt man die so ermittelten Stückzinsen der linearen Kuponverrechnung (ohne Berücksichtigung von Zinseszinsen bzw. ohne Berücksichtigung des geltenden Marktzinssatzes) gegenüber, dann gilt für $\tau < 1$:

$$C(1-\tau) > \frac{C}{r}\left[(1+r)^{1-\tau} - 1\right]$$

Demnach werden bei linearer Kuponverrechnung zu hohe Stückzinsen verrechnet. Betrachtet man beispielsweise eine Anleihe mit einem Nennwert von 100, einem Kupon von 5 und einer Restlaufzeit von 8,25 Jahren, dann erhält man bei einem Marktzinssatz von 6% und einer Teilperiode von $\tau = 0{,}25$ bei linearer Verrechnung der Stückzinsen einen Betrag von

Stückzinsen = 5 · (1 − 0,25) = 3,75.

Unter Berücksichtigung von Zinseszinsen ergibt sich:

$$\text{Stückzinsen} = \frac{5}{0{,}06} \cdot \left[(1{,}06)^{0{,}75} - 1 \right] = 3{,}72\,.$$

Die sich zwischen linearer und exponentieller Verrechnung der Stückzinsen ergebende Differenz (im Beispiel 0,03) fällt umso geringer aus, je kleiner $1 - \tau$ ist (Stückzinsen müssen dann nur für einen kurzen Zeitabschnitt vergütet werden), je kleiner τ ist (es muss nahezu der gesamte Kupon erstattet werden) und je geringer die Effektivverzinsung (Marktzinssatz) ist.

6.3.6 Renditeorientierte Beurteilung von Anleihen

In der Anlagepraxis werden neben der bereits betrachteten Effktivverzinsung, auf die unten noch näher eingegangen wird, noch andere Zinssätze zur Beurteilung von Anleihen herangezogen.

Die *Nominalverzinsung* ist der vom Emittenten versprochene Zinssatz, der in der Kuponzahlung zum Ausdruck kommt. Da der Nominalzins weder den unterschiedlichen Kapitaleinsatz noch die möglicherweise unterschiedliche Rückzahlung berücksichtigt, ist sie als Entscheidungskriterium für die Auswahl einer Anleihe eher untauglich. Der Nominalzinssatz sagt lediglich aus, wie viel Geld einem Investor jährlich oder in anderen Zeitabschnitten zufließt.

Die *laufende Verzinsung* (Current Yield) ist der Quotient aus der Nominalverzinsung (Kupon) und dem aktuellen Preis (Kurs) der Anleihe.

$$\textit{Laufende Verzinsung} = \frac{\textit{Kupon}}{\textit{Kurs}}$$

Diese Kennzahl bringt zum Ausdruck, dass eine gleiche Nominalverzinsung bzw. ein gleicher Kupon bei geringerem Kapitaleinsatz eine höhere Rendite bringen muss. Da jedoch auch hier Disagio-Gewinne oder -Verluste (Differenz zwischen Rückzahlung und Kurs) unberücksichtigt bleiben, ist die laufende Verzinsung ein sehr ungenaues Maß für die Rendite eines Wertpapiers. Das folgende Beispiel soll die Aussagekraft der Renditemaße darstellen.

Beispiel 6.10

Einem Investor stehen für den Kauf zwei Anleihen gleicher Bonität und Laufzeit zur Auswahl. Es soll zunächst die laufende Verzinsung ermittelt werden.

	Anleihe A	Anleihe B
Nennwert	100	100
Nominalzinssatz (Kuponrate)	6%	4%
Laufzeit in Jahren	5	5
Preis (Kurs)	104	95

$$\text{Laufende Verzinsung (Anleihe A)} = \frac{6}{104} = 5{,}77\%$$

$$\text{Laufende Verzinsung (Anleihe B)} = \frac{4}{95} = 4{,}21\%$$

Nach dieser Berechnung ist wegen der höheren laufenden Verzinsung Anleihe A der Anleihe B vorzuziehen.

Eine genaue Berechnung des Effektivzinssatzes erfordert, dass der Nominalzinssatz (Kuponrate), der Kaufkurs, der Verkaufskurs bzw. Nennwert, die Tilgungsmodalitäten und der Zeitwert des Geldes berücksichtigt werden. Die gute Abschätzung wird mit der *einfachen Effektivverzinsung* (Simple Yield to Maturity) erreicht. Bei dieser Methode werden der Kupon und der Rückzahlungsgewinn linear über die Laufzeit verteilt und auf das eingesetzte Kapital bezogen.

$$\text{Einfache Effektivverzinsung} = \frac{Kupon + \frac{Rückzahlung - Kurs}{Laufzeit}}{Kurs}$$

Für das Beispiel 6.10 erhält man folgende einfache Effektivverzinsungen:

$$\text{Einfache Effektivverzinsung (Anleihe A)} = \frac{6 + \frac{100 - 104}{5}}{104} = 5{,}00\%$$

$$\text{Einfache Effektivverzinsung (Anleihe B)} = \frac{4 + \frac{100 - 95}{5}}{95} = 5{,}26\%$$

Zieht man als Entscheidungskriterium die einfache Effektivverzinsung heran, ist Anleihe B vorzuziehen.

Die einfache Effektivverzinsung kann als Annäherung für den mathematisch genau berechneten Effektivzinssatz betrachtet werden und eignet sich als Indikation für die Versuchszinssätze bei Iterationsverfahren. Der Zeitwert des Geldes wird jedoch nicht berücksichtig und bleibt auf jährliche Kuponzahlungen beschränkt.

Für eine exakte Berechnung des Effektivzinssatzes muss deshalb auf die finanzmathematisch richtige Methode zurückgegriffen werden. Der Effektivzinssatz (Internal Rate of Return) ist derjenige Zinssatz, mit dem man alle zukünftigen Zahlungen (Kupons und Nennwert) diskontieren muss, damit der Barwert und der Kurs der Anleihe identisch sind.

$$P = \frac{C}{1+r} + \frac{C}{(1+r)^2} + \ldots + \frac{C+M}{(1+r)^n}$$

Unter Anwendung der Nettobarwertformulierung erhält man:

$$\frac{C}{1+r} + \frac{C}{(1+r)^2} + \ldots + \frac{C+M}{(1+r)^n} - P = 0$$

Derjenige Zinssatz, der die Gleichung löst bzw. der dem Net Present Value (Kapitalwert) den Wert Null zuordnet, ist der effektive Zinssatz oder interne Zinssatz. Da es sich im Normalfall um eine Gleichung n-ten Grades handeln wird, muss die Lösung durch systematisches Probieren (Trial and Error) oder durch ein Iterationsverfahren (z.B. lineare Interpolation) gefunden werden (vgl. Beispiel 6.8).

Für das Beispiel 6.10 beträgt der effektive Jahreszinssatz von Anleihe A 5,07% und der von Anleihe B 5,16%. Demnach wäre Anleihe B vorzuziehen.

Excel-Umsetzung

Die Berechnung der Renditen bedarf keiner näheren Erläuterungen. Zur Berechnung des effektiven Jahreszinssatzes kann die Excel-Funktion IKV() verwendet werden, da gleichlange Perioden (hier Jahre) vorliegen.

Position	Inhalt	Excel-Umsetzung
D13	Nominalzinssatz (Kuponrate)	=D9
D14	laufende Verzinsung	=D8*D9/D11
D15	einfache Effektivverzinsung	=(D8*D9+(D8-D11)/D10)/D11
D16	effektiver Jahreszinssatz	=IKV(C21:C26)

D15 =(D8*D9+(D8-D11)/D10)/D11

	A	B	C	D	E
3					
4		**Berechnung der laufenden Verzinsung, der einfachen**			
5		**Effektivverzinsung und des effektiven Zinssatzes (Beispiel 6.10)**			
6					
7				Anleihe A	Anleihe B
8		Nennwert		100	100
9		Nominalzinssatz (Kuponrate)		6%	4%
10		Laufzeit in Jahren		5	5
11		Preis (Kurs)		104	95
12					
13		Nominalzinssatz		6%	4%
14		Laufende Verzinsung		5,77%	4,21%
15		Einfache Effektivverzinsung		5,00%	5,26%
16		Effektiver Zinssatz		5,07%	5,16%
17					
18		*Zahlungsstrom zur Berechnung des effektiven Jahreszinssatzes*			
19					
20		Jahr	Zahlungsstrom Anleihe A	Zahlungsstrom Anleihe B	
21		0	-104	-95	
22		1	6	4	
23		2	6	4	

24	3	6	4	
25	4	6	4	
26	5	106,00	104,00	
27				

Bild 6.16 Gegenüberstellung von Nominalzinssatz, laufender Verzinsung, einfacher Effektivverzinsung und effektiven Jahreszinssatz (Beispiel 6.10)

Das Beispiel zeigt, dass unterschiedliche Renditemaße zu verschiedenen Ergebnissen führen. Die finanzmathematisch exakte Berechnung des effektiven Jahreszinssatzes kann als Beurteilungskriterium für Anlageentscheidungen in Anleihen herangezogen werden, da die maßgeblichen zinsbestimmenden Komponenten berücksichtigt werden. Demnach sind Anleihen mit vergleichsweise hoher Effektivverzinsung zu präferieren, da ein hoher Effektivzinssatz aus niedrigen Börsenkursen resultiert (vgl. Abschnitt 6.3.5).

Der resultierende effektive Jahreszinssatz bezieht sich auf eine Periode (z.B. auf ein halbes Jahr bei halbjährlicher Kuponzahlung) und muss, um mit anderen Zinssätzen vergleichbar zu sein, in einen Jahreszinssatz umgerechnet werden. Bei m Zinsperioden pro Jahr erhält man den effektiven Jahreszinssatz zu

$$r = \left(1 + \frac{r}{m}\right)^m - 1 \cdot$$

Liegen keine äquidistanten Perioden vor, was immer dann der Fall ist, wenn eine Anleihe zwischen zwei Kuponterminen gekauft wird, dann liegt zwischen dem Abrechnungstag und dem nächsten Kupontermin eine Teilperiode vor, die Teil eines Jahres oder einer anderen Periode ist und kürzer ist als die nachfolgenden Perioden. Bezeichnet man mit τ die Teilperiode zwischen dem Abrechnungstag und dem nächsten Kupontermin, dann muss bei jährlichen Kuponzahlungen aus der Gleichung

$$P = \frac{C}{(1+r)^{\tau}} + \frac{C}{(1+r)^{1+\tau}} + \ldots + \frac{C+M}{(1+r)^{n-1+\tau}}$$

der effektive Jahreszinssatz (Yield to Maturity) r bestimmt werden.

6.3.7 Portfoliorendite

Zur Bestimmung der Rendite eines Anleiheportfolios sollen hier zwei Renditemaße vorgestellt werden, die

1) gewichtete durchschnittliche Portfoliorendite (Weighted Average Portfolio Yield) und die
2) interne Verzinsung eines Portfolios (Portfolio Internal Rate of Return).

Die *gewichtete Portfoliorendite* wird aus dem gewichteten Durchschnitt der einzelnen Anleihen, aus denen das Portfolio gebildet ist, berechnet.

Bezeichnet man mit R_P die gewichtete durchschnittliche Portfoliorendite, mit w_i die Gewichte oder relativen Anteile, die den wertmäßigen Anteil der Anleihe i am gesamten Marktwert des Portfolios angeben, mit r_i die Rendite der Anleihe i und mit k die Anzahl der Anleihen im Portfolio, dann berechnet sich die gewichtete Portfoliorendite wie folgt:

$$R_P = w_1 r_1 + w_2 r_2 + \ldots + w_k r_k = \sum_{i=1}^{k} w_i r_i \quad \text{mit} \quad \sum_{i=1}^{k} w_i = 1$$

Beispiel 6.11

Gegeben sei das folgende Anleihe-Portfolio:

Anleihe	Kuponrate (%)	Laufzeit (Jahre)	Nennwert (Euro)	Marktwert (Euro)	Rendite (%)
A	5	5	20.000	20.438	4,5
B	4	8	10.000	10.000	4,0
C	3,5	3	30.000	29.748	3,9

Der gesamte Marktwert des Portfolios beträgt 60.186 Euro, $k = 3$ und die Gewichte der einzelnen Anleihen berechnen sich zu:

$$w_1 = \frac{20.438}{60.186} = 0,3396$$

$$w_1 = \frac{10.000}{60.186} = 0,1662$$

$$w_1 = \frac{29.748}{60.186} = 0,4943$$

Die gewichtete Portfoliorendite beträgt dann

$$R_p = 0,3396 \cdot 4,5 + 0,1662 \cdot 4,0 + 0,4943 \cdot 3,9 = 4,12\ \%.$$

Diese noch häufig angewandte Methode vermittelt jedoch wenig Einblick in die Renditestruktur eines Portfolios. Dies sei an einem einfachen Beispiel dargestellt: Betrachtet wird ein Portfolio, das aus zwei Anleihen besteht. Anleihe A hat eine Laufzeit von einem Jahr und eine Rendite von 10%, Anleihe B hat eine Laufzeit von 25 Jahren und weist eine Rendite von 2% aus. Ferner wird angenommen, dass Anleihe A einen Anteil von 98% am gesamten Portfolio hat und Anleihe B lediglich 2%. Damit ergibt sich eine gewichtete Portfoliorendite von 9,84%, die wesentlich durch die hohe Gewichtung der Anleihe A mit einer Laufzeit von nur einem Jahr determiniert wird und nicht von Anleihe B mit einer Laufzeit von 25 Jahren.

Excel-Umsetzung

Die Excel-Umsetzung bereitet keine Schwierigkeiten. Nach Eingabe der Input-Daten (Nennwert, Kuponrate, Laufzeit, Marktwert und Rendite) für jede Anleihe wird der Marktwert des Portfolios, die einzelnen Gewichte und schließlich die Portfoliorendite berechnet.

Position	Inhalt	Excel-Umsetzung
D13	Marktwert des Portfolios	=SUMME(D10:F10)
D14	Gewicht der Anleihe A	=D10/D13
E14	Gewicht der Anleihe B	=E10/D13
F14	Gewicht der Anleihe C	=F10/D13
D15	gewichtete durchschnittliche Portfoliorendite	=D11*D14+E11*E14+F11*F14

D15 =D11*D14+E11*E14+F11*F14

	A	B	C	D	E	F
3						
4		**Gewichtete durchschnittliche Portfoliorendite (Beispiel 6.11)**				
5						
6				Anleihe A	Anleihe B	Anleihe C
7		Nennwert		20.000	10.000	30.000
8		Kuponrate		5,00%	4,00%	3,50%
9		Laufzeit in Jahren		5	8	3
10		Marktwert		20.438	10.000	29.748
11		Rendite		4,50%	4,00%	3,90%
12						
13		Marktwert des Portfolios		60.186		
14		Gewichte		0,3396	0,1662	0,4943
15		Portfoliorendite		4,12%		
16						

Bild 6.17 Gewichtete durchschnittliche Portfoliorendite (Beispiel 6.11)

Der *interne Zinssatz* (Internal Rate of Return) eines Portfolios ist derjenige Zinssatz, bei dem der Barwert der Cash Flows aller im Portfolio befindlichen Anleihen dem Marktwert des Portfolios entspricht, oder anderes ausgedrückt, derjenige Zinssatz, der dem Kapitalwert (Net Present Value) eines Portfolios den Wert Null zuordnet.

Beispiel 6.12

Gegeben ist das Anleiheportfolio in Beispiel 6.11 mit einem Marktwert von 60.186 Euro. Vereinfachend wird angenommen, dass die Kuponzahlungen aller drei Anleihen zur gleichen Zeit erfolgen. Es soll die Internal Rate of Return des Portfolios berechnet werden.

Die folgende Tabelle zeigt die Cash Flows der drei im Portfolio befindlichen Anleihen sowie die die Cash Flows des gesamten Portfolios.

Jahr	Anleihe A	Anleihe B	Anleihe C	Portfolio
				60.186
1	1.000	400	1.050	2.450
2	1.000	400	1.050	2.450
3	1.000	400	31.050	32.450
4	1.000	400		1.400
5	21.000	400		21.400
6		400		400
7		400		400
8		10.400		10.040

Bild 6.18 Cash Flow-Struktur der im Portfolio befindlichen Anleihen und Zahlungsstrom des Portfolios (Beispiel 6.12)

Aus der Gleichung

$$60.186=\frac{2.450}{1+r}+\frac{2.450}{(1+r)^2}+\frac{32.450}{(1+r)^3}+\frac{1.400}{(1+r)^4}+\frac{21.400}{(1+r)^5}+\frac{400}{(1+r)^6}+\frac{400}{(1+r)^7}+\frac{10.040}{(1+r)^8}$$

errechnet sich der interne Zinssatz des Portfolios zu 4,12%.

Excel-Umsetzung

Nach Eingabe der Input-Daten werden die Cash Flows der einzelnen Anleihen bestimmt. Diese Cash Flows werden dann in jeder Periode aufsummiert und dem Marktwert des Portfolios gegenübergestellt. Mit der Funktion IKV() wird dann die Internal Rate of Return (Portfoliorendite) ermittelt.

Beim horizontalen Aufsummieren der Cash Flows ist zu beachten, dass dies mit der Funktion SUMME() geschieht. Diese Funktion ignoriert Textwerte, hier das Zeichen "", das in den leeren Zellen vorhanden ist. Werden z.B. die Werte C22; D22 und E22 einzeln aufaddiert (C22+D22+E22), erfolgt die Fehlermeldung #WERT!

Position	Inhalt	Excel-Umsetzung
E13	Marktwert des Portfolios	=SUMME(D10:F10)
E14	Portfolio Internal Rate of Return	=IKV(F17:F25)
B18	laufendes Jahr	=WENN(B17<MAX($D$9:$F$9);B17+1;"")
C18	Cash Flow Anleihe A	=WENN(B18="";"";WENN(B18>$D$9;""; WENN(B18=$D$9;$D$7+$D$7*$D$8;$D$7* $D$8)))
D18	Cash Flow Anleihe B	=WENN(B18="";"";WENN(B18>$E$9;""; WENN(B18=$E$9;$E$7+$E$7*$E$8;$E$7* $E$8)))
E18	Cash Flow Anleihe C	=WENN(B18="";"";WENN(B18>$F$9;""; WENN(B18=$F$9;$F$7+$F$7*$F$8;$F$7* $F$8)))
F18	Summe der Cash Flows der Anleihe A, B und C	=WENN(B18="";"";SUMME(C18:E18))

D14 =IKV(F17:F25)

	A	B	C	D	E	F
3						
4		**Internal Rate of Return eines Portfolios (Beispiel 6.12)**				
5						
6				Anleihe A	Anleihe B	Anleihe C
7		Nennwert		20.000	10.000	30.000
8		Kuponrate		5,00%	4,00%	3,50%
9		Laufzeit in Jahren		5	8	3
10		Marktwert		20.438	10.000	29.748
11		Rendite		4,50%	4,00%	3,90%
12						

13	Marktwert Portfolio		60.186		
14	Portfolio Internal Rate of Return		4,12%		
15					
16	Jahr	Cash Flow Anleihe A	Cash Flow Anleihe B	Cash Flow Anleinhe C	Portfolio Cash Flow
17	0				-60.186
18	1	1.000	400	1.050	2.450
19	2	1.000	400	1.050	2.450
20	3	1.000	400	31.050	32.450
21	4	1.000	400		1.400
22	5	21.000	400		21.400
23	6		400		400
24	7		400		400
25	8		10.400		10.400
26					

Bild 6.19 Internal Rate of Return eines Portfolios (Beispiel 6.12)

6.3.8 Ertragsanalyse und Total Return

Von den vorgestellten Renditemaßen ist die Yield to Maturity, also der effektive Jahreszinssatz, das beste Renditemaß, denn es berücksichtigt Disagio-Gewinne und -Verluste und der Zeitwert des Geldes wird durch die Diskontierung der Cash Flows in Ansatz gebracht. Die Barwertformel beinhaltet jedoch die Annahme, dass alle Kuponzahlungen mit der Kapitalmarktrendite (effektiver Jahreszinssatz), die die Anleihe heute ausweist, reinvestiert werden. Dies ist leicht ersichtlich, wenn man die Barwertgleichung etwas modifiziert:

$$P = \left\{ C \left[\frac{(1+r)^n - 1}{r} \right] + M \right\} \frac{1}{(1+r)^n}$$

Der erste Term in der geschweiften Klammer ist der Endwert der Kuponzahlungen, die in jeder Periode zur Kapitalmarktrendite r reinvestiert werden. Dieser wird dann zusammen mit dem Nennwert der Anleihe auf den Betrachtungszeitpunkt diskontiert.

Die Effektivverzinsung, die die Anleihe heute ausweist, ist demnach eine *versprochene Rendite* (Promised Yield), die nur dann realisiert werden kann, wenn zwei Bedingungen gleichzeitig erfüllt sind:

(1) Die Anleihe wird bis zur Fälligkeit gehalten und

(2) alle Kuponzahlungen werden zur gegenwärtigen Rendite (Yield to Maturity) reinvestiert.

Ist eine der beiden Bedingungen nicht erfüllt, dann ist die tatsächliche Rendite höher oder niedriger als heute ausgewiesene Rendite. Das folgende Beispiel soll dies verdeutlichen.

Einem Investor mit einem Anlagehorizont von 6 Jahren werden die folgenden drei Anleihen vorgestellt, die alle die gleiche Bonität haben.

Anleihe	Kuponrate (%)	Laufzeit (Jahre)	Rendite (%)
A	5,0	4,0	6,0
B	3,5	15	5,5
C	6,0	20	8,0

Der Investor könnte sich für Anleihe C entscheiden, da diese die höchste Rendite aufweist. Doch diese Rendite kann nur dann realisiert werden, wenn die Anleihe bis zur Fälligkeit gehalten wird und die Kuponzahlungen mindestens zur gegenwärtigen Rendite von 8% reinvestiert werden können. Beide Bedingungen sind hier nicht erfüllt. Nach 6 Jahren wird die Anleihe verkauft und der Verkaufspreis hängt vom dann geltenden Zinsniveau ab; dieser kann über oder unter dem Nennwert der Anleihe liegen. Die zweite Bedingung, dass alle Kuponzahlungen zu 8% über sechs Jahre reinvestiert werden können, ist ebenfalls nicht gegeben, da sich die Zinsen am Kapitalmarkt ständig ändern. Ähnlich verhält es sich mit Anleihe B. Anleihe A hat die zweithöchste Rendite und eine Laufzeit von vier Jahren, die kürzer ist als der Anlagehorizont des Investors. Der Investor bekommt nach vier Jahren den Nennwert der Anleihe, und wird das Geld für weitere zwei Jahre unter ungewissen Bedingungen investieren. Die weitere Bedingung, die Kuponzahlungen über den Zeitraum von vier Jahren zu 6% reinvestieren zu können, ist ebenfalls unrealistisch.

Eine Anleihe bis zur Fälligkeit zu halten bzw. eine Anleihe zu finden, deren Restlaufzeit mit dem Anlagehorizont eines Investors identisch, dürfte in der Praxis kein Problem darstellen. Dass hingegen alle Kuponzahlungen zu der Rendite, die die Anleihe heute ausweist, wieder reinvestiert werden können, lässt sich aufgrund der sich ändernden Zinsen in der Regel nicht verwirklichen. Können die Kuponzahlungen nicht mindestens zur Yield to Maturity reinvestiert werden, spricht man vom Wiederanlagerisiko (Reinvestment Risk), das zusammen mit dem Zinsänderungsrisiko und dem Ausfallrisiko eines der signifikantesten Risiken einer Investition in eine Anleihe darstellt. Lediglich Zero Bonds unterliegen keinem Wiederanlagerisiko.

Die Bedeutung des Wiederanlagerisikos erkennt man, wenn die Ertragskomponenten einer Anleihe analysiert und zueinander in Relation gesetzt werden. Der Gesamtertrag einer Investition in eine Anleihe ergibt sich aus den Kuponzahlungen, den Wiederanlagezinsen und einem möglichen Kursgewinn (ein Kursverlust reduziert den Gesamtertrag), wenn die Anleihe verkauft oder fällig wird. Geht man von jährlichen Kuponzahlungen aus, ergeben sich die Kuponzahlungen und Wiederanlagezinsen zu:

$$\text{Kuponzahlungen} + \text{Wiederanlagezinsen} = C\left[\frac{(1+r)^n - 1}{r}\right]$$

Zieht man davon die Kuponzahlungen ab, erhält man die Wiederanlagezinsen:

$$\text{Wiederanlagezinsen} = C\left[\frac{(1+i)^n - 1}{i}\right] - nC$$

Die Höhe der Wiederanlagezinsen und damit das Wiederanlagerisiko hängt nun wesentlich von der Ausgestaltung der Anleihe ab. Dies soll an folgendem Beispiel demonstriert werden.

Beispiel 6.13

Betrachtet wird eine Anleihe mit einem Nennwert von 1.000 Euro, einem Kupon von 5% und einer (Rest-)Laufzeit von 10 Jahren. Die Rendite dieser Anleihe bei einem Kurs von 926,40 Euro ist 6%. Die Kuponzahlungen erfolgen jährlich. Es sollen die einzelnen Ertragskomponenten und der gesamte Ertrag ermittelt werden, wenn die Anleihe bis zur Fälligkeit gehalten wird.

$$\text{Kuponzahlungen} + \text{Wiederanlagezinsen} = 50 \cdot \left[\frac{(1{,}06)^{10} - 1}{0{,}06}\right] = 659{,}04$$

$$\text{Kuponzahlungen} = 50 \cdot 10 = 500$$

$$\text{Wiederanlagezinsen} = 659{,}04 - 10 \cdot 50 = 159{,}04$$

$$\text{Kursgewinn} = 1.000 - 926{,}40 = 73{,}60$$

$$\text{Gesamtertrag} = 732{,}64$$

Bezieht man die einzelnen Ertragskomponenten auf den Gesamtertrag, dann ergeben sich folgende Prozentsätze:

$$\frac{\text{Kuponzahlungen}}{\text{Gesamtertrag}} = \frac{500}{732{,}64} = 68{,}25\%$$

$$\frac{\text{Wiederanlagezinsen}}{\text{Gesamtertrag}} = \frac{159{,}04}{732{,}64} = 21{,}71\%$$

$$\frac{\text{Kursgewinn}}{\text{Gesamtertrag}} = \frac{73{,}60}{732{,}64} = 10{,}05\%$$

Die Wiederanlagezinsen machen demnach 21,71% des gesamten Ertrags aus.

Beträgt die Laufzeit einer sonst identischen Anleihe hingegen 20 Jahre, dann machen die Kuponzahlungen 51,18%, die Wiederanlagezinsen 42,95% und der Kursgewinn 5,87% des Gesamtertrags aus.

Das Beispiel zeigt, dass der prozentuale Anteil der Wiederanlagezinsen am Gesamtertrag bei gegebener Rendite und gegebener Kuponrate umso höher ausfällt, je länger die (Rest-)Laufzeit ist. Bei Variation der Kuponrate einer sonst identischen Anleihe kommt man zu dem selben Ergebnis: Je größer die Kuponrate bei gegebener Rendite und (Rest-)Laufzeit, desto höher ist der prozentuale Anteil der Wiederanlagezinsen am Gesamtertrag.

Excel-Umsetzung

Die Excel-Umsetzung bereitet keine Schwierigkeiten. Der Preis der Anleihe wird hier durch Multiplikation des Kupons mit den Rentenbarwertfaktor ermittelt und nicht mit der Excel-Funktion KURS(), da kein konkretes Abrechnungs- und Fälligkeitsdatum angegeben ist.

Position	Inhalt	Excel-Umsetzung
E11	Preis der Anleihe	=E7*E8*((1+E10)^E9-1)/(E10*(1+E10)^E9)+E7/(1+E10)^E9
E15	Kupons plus Wiederanlagezinsen	=E7*E8*((1+E10)^E9-1)/E10
E16	Kuponzahlungen	=E7*E8*((1+E10)^E9-1)/E10

E17	Wiederanlagezinsen	=E15-E16
E18	Kursgewinn	=E7-E11
E19	Gesamtertrag	=E15+E18
E23	Kuponzahlungen in Prozent des Gesamtertrags	=E16/E19
E24	Wiederanlagezinsen in Prozent des Gesamtertrags	=E17/E19
E25	Kursgewinn in Prozent des Gesamtertrags	=E18/E19

F24 =F17/F19

	A	B	C	D	E	F
3						
4		**Ertragskomponenten einer Kuponanleihe bei Variation der Laufzeiten**				
5		**(Beispiel 6.13)**				
6						
7		Nennwert			1.000	1000
8		Kuponrate			5%	5%
9		Laufzeit			10	20
10		Rendite			6%	6%
11		Preis			926,40	885,30
12						
13		*Erträge der einzelnen Komponeten*				
14						
15		Kupons und Wiederanlagezinsen			659,04	1.839,28
16		Kuponzahlungen			500,00	1.000,00
17		Wiederanlagezinsen			159,04	839,28
18		Kursgewinn			73,60	114,70
19		Gesamtertrag			732,64	1.953,98
20						
21		*Erträge der einzelnen Komponenten Prozent des Gesamtertrags*				
22						
23		Kuponzahlungen			68,25%	51,18%
24		Wiederanlagezinsen			21,71%	42,95%
25		Kursgewinn			10,05%	5,87%
26						

Bild 6.20 Ertragskomponenten einer Kuponanleihe bei Variation der (Rest-)Laufzeit

Ausgehend von der Tatsache, dass der Total Return vom Wiederanlagezinssatz und von der am Ende des Anlagehorizonts geltenden Marktrendite determiniert wird, sollen nun anhand einer *Scenario-Analyse* mögliche Entwicklungen in der Zukunft analysiert und ihre Auswirkungen auf die Performance einer oder mehrerer Anleihen-Investitionen aufgezeigt werden. Die Vorgehensweise soll zunächst anhand eines einfachen Beispiels demonstriert werden.

Eine 6%-Kupon-Anleihe mit einem Nennwert von 1.000 Euro und einer Restlaufzeit von 10 Jahren notiert bei einem Kapitalmarktzins von 8% bei 865,80 Euro. Ein Anleger mit einem Anlagehorizont von 3 Jahren kauft diese Anleihe und erwartet, dass er die Kuponzahlungen mit jährlich 7% reinvestieren kann. Nach Ablauf der 5 Jahre soll die Anleihe bei einer prognostizierten Kapitalmarktrendite von 7,5% veräußert werden.

Die Kuponzahlungen und Wiederanlagezinsen ergeben sich bei einem erwarteten Wiederanlagezinssatz von 7% zu

$$\text{Kuponzahlungen} + \text{Wiederanlagezinsen} = 60 \cdot \left[\frac{(1{,}07)^5-1}{0{,}07}\right] = 345{,}04.$$

Der Verkaufspreis bei einer verbleibenden Restlaufzeit von 5 Jahren und einer erwarteten Rendite am Ende des Anlagehorizonts von 7,5% beträgt:

$$\text{Verkaufspreis} = 60 \cdot \left[\frac{(1{,}075)^5-1}{0{,}075 \cdot (1{,}075)^5}\right] + \frac{1.000}{(1{,}075)^5} = 939{,}31$$

Der Gesamtertrag beläuft sich auf 1.284,35 Euro. Damit ergibt sich ein Total Return von

$$\text{Total Return} = \left(\frac{1.284{,}35}{865{,}80}\right)^{\frac{1}{5}} - 1 = 8{,}21\%\,.$$

Im vorhergehenden Beispiel wurde ein über die gesamte Laufzeit konstanter Wiederanlagezinssatz unterstellt. Das folgende Beispiel soll nun demonstrieren, wir die Gesamtrendite berechnet wird, wenn während des Anlagezeitraums unterschiedliche Wiederanlagezinssätze unterstellt werden.

Beispiel 6.14

Ein Investor mit einem Anlagehorizont von 5 Jahren kauft eine 5%-Kupon-Anleihe, die zu pari notiert (Nennwert 1.000). Die Kuponzahlungen erfolgen jährlich. Der Investor erwartet folgende Zinsentwicklung: Die ersten zwei Kuponzahlungen können vom Zeitpunkt der Auszahlung bis Ende des Anlagezeitraums mit jährlich 6% reinvestiert werden und die letzten drei Kuponzahlungen können vom Zeitpunkt der Auszahlung bis Ende des Anlagehorizonts mit jährlich 7% wieder angelegt werden. Die Marktrendite für Anleihen derselben Risikoklasse und einer Laufzeit von 10 Jahren betrage am Ende des Anlagehorizonts 8%. Es soll die Gesamtrendite ermittelt werden.

Für die ersten zwei Jahre ergibt sich bei einem Wiederanlagezins von 6% ein Ertrag von

$$\text{Kuponzahlungen} + \text{Wiederanlagezinsen} = 50 \cdot \left[\frac{(1{,}06)^2-1}{0{,}06}\right] = 103{,}00\,.$$

Dieser Betrag wächst bis zum Ende des Anlagezeitraums bei einem Zinssatz von 6% auf

$103{,}00(1{,}06)^3 = 122{,}67$ an.

Für die restlichen drei Jahre erhält man bei einem Wiederanlagezins von jährlich 7% einen Ertrag von

$$\text{Kuponzahlungen} + \text{Wiederanlagezinsen} = 50 \cdot \left[\frac{(1{,}07)^3-1}{0{,}07}\right] = 160{,}75\,.$$

Insgesamt ergibt sich aus den reinvestierten Kuponzahlungen für den Anlagezeitraum von 5 Jahren ein Ertrag von 122,67 + 160,75 = 283,42.

Bei einem erwarteten Marktzins von 8% am Ende des Anlagehorizonts errechnet sich ein Verkaufskurs von

$$P = 50 \cdot \left[\frac{(1{,}08)^{10} - 1}{0{,}08 \cdot (1{,}08)^{10}} \right] + \frac{1.000}{(1{,}08)^{10}} = 798{,}70 \cdot$$

Damit beträgt der Gesamtertrag aus Kuponzahlungen, Wiederanlagezins und Verkaufspreis

283,42 + 789,70 = 1.082,12.

Die Gesamtrendite aus dem Investment beträgt dann:

$$\text{Total Return} = \left(\frac{1.082{,}12}{1.000} \right)^{\frac{1}{5}} - 1 = 1{,}56\%$$

Die Gesamtrendite von 1,6% ist niedrig, obwohl die Kuponzahlungen zu 6% bzw. 7% reinvestiert werden. Der Grund hierfür liegt in der Tatsache, dass die Erträge hieraus in Höhe von 238,42 Euro fast gänzlich durch den Kursverlust von 201,30 Euro kompensiert werden. Der Kursverlust resultiert aus der hohen Kapitalmarktrendite von 8%, die den Verkaufskurs am Ende des Anlagehorizonts determiniert.

Excel-Umsetzung

Nach Eingabe der Input-Daten werden der Ertrag aus den Kupons und den Wiederanlagezinsen und der Verkaufspreis am Ende des Anlagehorizonts berechnet. Diese drei Ertragskomponenten werden aufaddiert, zum gegenwärtigen Preis ins Verhältnis gesetzt und annualisiert.

Position	Inhalt	Excel-Umsetzung
E14	Ertrag aus Kupons und Wiederanlagezinsen	=SUMME(E22:E26)
E15	Verkaufspreis am Ende des Anlagehorizonts	=E6*E7*((1+E12)^(E8-E11)-1)/(E12*(1+E12)^(E8-E11))+E6/(1+E12)^(E8-E11)
E16	Gesamtertrag	=E14+E15
E17	Total Return	=(E16/E10)^(1/E11)-1

E17 =(E16/E10)^(1/E11)-1

	A	B	C	D	E
3					
4		**Total Return bei verschiedenen Zinssätzen (Beispiel 6.15)**			
5					
6		Nennwert			1.000
7		Kuponrate			5%
8		Laufzeit (Jahre)			15
9		Rendite			5%
10		Preis			1.000
11		Anlagehorizont in Jahren			5
12		Marktzinssatz bei Verkauf der Anleihe			8%
13					
14		Ertrag aus Kupons und Wiederanlagezinsen			283,42
15		Verkaufspreis am Ende des Anlagehorizonts			798,70
16		Gesamtertrag			1.082,12
17		Total Return			1,59%
18					
19		*Wiederanlage der Kuponzahlungen*			
20					
21		Kupons	Anlagedauer Jahre	Zinssatz (%)	Kupons plus Wiederanlage-zinsen
22		Kupon 1	4	6%	63,12
23		Kupon 2	3	6%	59,55
24		Kupon 3	2	7%	57,25
25		Kupon 4	1	7%	53,50
26		Kupon 5	0	7%	50,00
27					

Bild 6.21 Berechnung des Total Return bei verschiedenen Wiederanlagezinsen (Beispiel 6.14)

Das folgende Beispiel demonstriert, wie ein aus mehreren Anleihen bestehendes Portfolio auf Basis verschiedener Zins-Szenarien analysiert wird. Ziel ist es, die Anleihe zu identifizieren, die bei einem erwarteten, zukünftigen Zinsniveau den höchsten Total Return aufweist.

Beispiel 6.15

Ein Investor mit einem Anlagehorizont von 3 Jahren und 245 Tagen (3,68 Jahre) hat die folgenden vier Anleihen mit einem Nennwert von jeweils 100 Euro zur Auswahl. Die Kuponzahlungen erfolgen jährlich. Für welche Anleihe soll sich der Investor entscheiden, wenn alle Anleihen dieselbe Bonität aufweisen?

Anleihe	Kuponrate (%)	Laufzeit (Jahre)	Rendite (%)	Nettopreis (Clean Price)
A	0,000	3,68	8,53	74,00
B	8,625	3,68	8,83	99,30
C	7,250	3,68	8,91	94,91
D	6,375	4,35	8,81	91,45

Bei der folgenden Szenario-Analyse werden ein Wiederanlagezinssatz und ein Marktzinssatz am Ende des Anlagehorizonts von jeweils 6%, 8% und 10% unterstellt.

Anleihe A:

Anleihe A ist eine Nullkupon-Anleihe. Da die Anleihe bis zur Fälligkeit gehalten wird und keine Zinszahlungen erfolgen, besteht kein Wiederanlagerisiko. Die erwartete Rendite entspricht daher immer der versprochenen Rendite von 8,53%:

$$r = \left(\frac{100}{74}\right)^{\frac{1}{3,68}} - 1 = 8{,}53\%$$

Zinssatz (%)	Kaufkurs inkl. Stückzinsen	Kupons plus Wiederanlagezinsen	Verkaufskurs inkl. Stückzinsen	Gesamtertrag	Total Return (%)
6	74,00	0	100	100	8,53
8	74,00	0	100	100	8,53
10	74,00	0	100	100	8,53

Anleihe B:

Exemplarisch wird die Analyse mit dem Zinssatz von 6% durchgeführt.

Der Kaufpreis der Anleihe (dirty price) errechnet sich aus dem Nettopreis zuzüglich der Stückzinsen und entspricht dem Barwert des künftigen Zahlungsstroms. Bei einer Rendite von 8,83% ergibt sich ein Preis von

$$P = 8{,}625 \cdot \left[\frac{(1{,}0883)^4 - 1}{0{,}0883 \cdot (1{,}0883)^{3,68}}\right] + \frac{1.000}{(1{,}0883)^{3,68}} = 102{,}06 \cdot$$

Zum selben Ergebnis kommt man, wenn zum börsennotierten Nettopreis die aufgelaufenen Stückzinsen addiert werden:

$$P = 99{,}30 + 8{,}625 \cdot 0{,}32 = 102{,}06$$

Der Gesamtertrag am Ende des Anlagehorizonts setzt sich aus den Kuponzahlungen, den Wiederanlagezinsen und dem Verkaufspreis der Anleihe am Ende des Anlagehorizonts zusammen. Da die Laufzeit der Anleihe mit der Anlagedauer übereinstimmt, entspricht der Verkaufspreis dem Nennwert der Anleihe. Bei einem Wiederanlagezins von 6% ergibt sich ein Gesamtertrag von:

$$\text{Gesamtertrag} = 8{,}625 \cdot \left[\frac{(1{,}06)^4 - 1}{0{,}06} \right] + 100 = 137{,}73$$

Der Total Return über den Anlagezeitraum von 3,68 Jahren beträgt dann

$$\text{Total Return} = \left(\frac{137{,}73}{102{,}06} \right)^{\frac{1}{3{,}68}} - 1 = 8{,}49\,\% \,.$$

Analog dazu berechnen sich die Renditen bei einem Zinssatz von 8% bzw. 10%. Die Ergebnisse sind in nachfolgender Tabelle zusammengefasst.

Zinssatz (%)	Kaufpreis inkl. Stückzinsen	Kupons plus Wiederanlagezinsen	Verkaufspreis inkl. Stückzinsen	Gesamtertrag	Total Return (%)
6	102,06	37,73	100	137,73	8,49
8	102,06	38,87	100	138,87	8,73
10	102,06	40,03	100	140,03	8,97

Anleihe C:

Die Vorgehensweise bei der Analyse von Anleihe C entspricht der von Anleihe B. Die nachfolgende Tabelle zeigt die Ergebnisse.

Zinssatz (%)	Kaufpreis inkl. Stückzinsen	Kupons plus Wiederanlagezinsen	Verkaufspreis inkl. Stückzinsen	Gesamtertrag	Total Return (%)
6	97,23	31,72	100	131,72	8,60
8	97,23	32,67	100	132,67	8,81
10	97,23	33,65	100	133,65	9,03

Anleihe D:

Anleihe D hat im Gegensatz zu den anderen Anleihen eine Laufzeit, die mit 4,35 Jahren länger ist als der Anlagehorizont des Investors. Die Anleihe wird demnach nach 3,68 Jahren am Markt verkauft. Auch hier wird die Berechnung des Total Return exemplarisch mit dem Zinssatz von 6% durchgeführt.

Der Kaufpreis der Anleihe entspricht bei einer gegenwärtigen Kapitalmarktrendite von 8,81% dem Barwert der künftigen Zahlungen oder einfach dem Nettopreis (Clean Price) plus den aufgelaufenen Stückzinsen.

$$P = 6{,}375 \cdot \left[\frac{(1{,}081)^5 - 1}{0{,}081 \cdot (1{,}081)^{4{,}35}} \right] + \frac{100}{(1{,}081)^{4{,}35}} = 95{,}59$$

Zum selben Ergebnis kommt man, wenn man zum gegebenen Nettopreis von 91,45 die aufgelaufenen Stückzinsen für 0,65 Jahre addiert.

$$P = 91{,}45 + 6{,}375 \cdot 0{,}65 = 95{,}59$$

Der Gesamtertrag setzt sich aus den Kuponzahlungen, den Wiederanlagezinsen und dem Verkaufspreis nach 3,68 Jahren zusammen.

Die Kuponzahlungen und Wiederanlagezinsen entsprechen dem Future Value nach 3,68 Jahren (zu beachten ist hier, dass bei der Berechnung der Wiederanlagezinsen diese nach Bestimmung des Future Value mit der nachschüssigen Rentenendwertformel nach vier Jahren nochmals über 0,33 Jahre aufzuzinsen sind) und der Verkaufspreis entspricht dem Barwert der Zahlungen (letzte Kuponzahlung und Nennwert) bei einer noch verbleibenden Restlaufzeit von 0,67 Jahren. Bei einem Wiederanlagezins und einem Marktzins am Ende der Anlagedauer von 6% errechnet sich demnach der Gesamtertrag wie folgt:

$$\text{Gesamtertrag} = 6{,}375 \cdot \left[\frac{(1{,}06)^{4} - 1}{0{,}06}\right] \cdot (1{,}06)^{0{,}33} + \frac{106{,}375}{(1{,}06)^{0{,}67}} = 130{,}73$$

Damit ergibt sich ein Total Return von

$$\text{Total Return} = \left(\frac{130{,}87}{95{,}59}\right)^{\frac{1}{3{,}68}} - 1 = 8{,}91\%.$$

Zinssatz (%)	Kaufpreis inkl. Stück-zinsen	Kupons plus Wiederanlage-zinsen	Verkaufspreis inkl. Stück-zinsen	Gesamt-ertrag	Total Return (%)
6	95,59	28,43	102,30	130,73	8,88
8	95,59	29,47	101,03	130,49	8,83
10	95,59	30,53	99,79	130,32	8,79

In der folgenden Tabelle sind die Ergebnisse zusammengefasst.

Zinssatz (%)	Total Return (%) Anleihe A	Total Return (%) Anleihe B	Total Return (%) Anleihe C	Total Return (%) Anleihe D
6	8,53	8,49	8,60	8,88
8	8,53	8,73	8,81	8,83
10	8,53	8,97	9,03	8,79

Aus der Tabelle mit den zusammengefassten Ergebnissen und dem Bild 6.22 erkennt man, dass der Total Return der Kuponanleihen von der prognostizierten Zinsentwicklung abhängig ist.

Anleihe A ist eine Nullkupon-Anleihe. Da sie bis zur Fälligkeit gehalten wird und keine Wiederanlage von Kuponzahlungen zu erfolgen hat, ist der Total Return immer identisch mit der aktuellen Rendite von 8,53%.

Der Total Return von Anleihe B und C hängt hingegen von den Wiederanlagebedingungen ab. Je besser die Wiederanlagebedingungen aufgrund steigender Zinsen werden, desto höher werden die Total Returns dieser Anleihen. Ein völlig anderes Bild ergibt sich hingegen für die Anleihe D. Der Total Return schwankt hier zwischen 8,79% und 8,88% und weist somit eine geringere Schwankungsbreite auf als die

Anleihen B und C. Zudem erkennt man, dass der Total Return dieser Anleihe steigt, wenn die Zinsen fallen. Der Grund hierfür liegt in der *Duration* der Anleihe, die in Kapitel 6.3.8 vorgestellt wird.

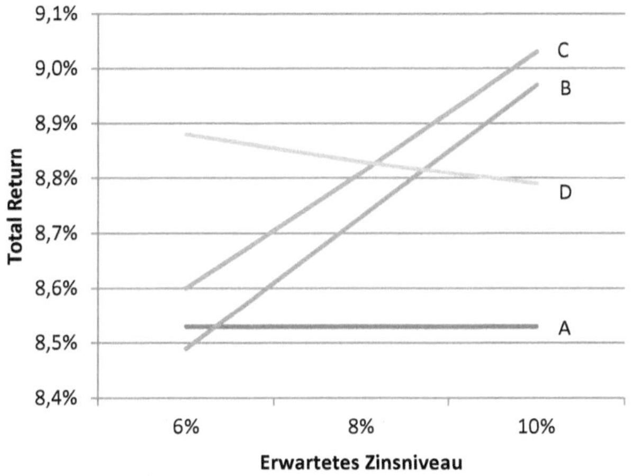

Bild 6.22 Zins-Scenario und Total Return von vier Anleihen gleicher Bonität (Beispiel 6.15)

Mit diesem relativ einfachen Zins-Scenario kann nun die eingangs gestellte Frage beantwortet werden. Erwartet der Investor steigende Zinsen, dann sollte er Anleihe C präferieren. Anleihe B wie auch Anleihe A sind offensichtlich zu teuer, was sich in der relativ geringen Rendite zeigt. Rechnet er hingegen in Zukunft mit fallenden Zinsen, dann sollte er Anleihe D den Vorzug geben.

Excel-Umsetzung

Exemplarisch wird hier die Anleihe D bei einem erwarteten Zinstrend von 6% aufgezeigt. Die Berechnungen als solche stellen keine besondere Herausforderung dar.

Position	Inhalt	Excel-Umsetzung
E66	Kaufpreis inkl. Stückzinsen	=F10+C10*F12*(1-F14)
E67	Kupons plus Wiederanlagezinsen	=SUMME(E74:E77)
E68	Verkaufspreis am Ende des Anlagehorizonts	=(F12+F12*C10)/(1+F16)^(D10-F15)
E69	Gesamtertrag	=E67+E68
E70	Total Return	=(E69/E66)^(1/F15)-1
B74	laufendes Jahr	=WENN(B73<AUFRUNDEN($F$15;0);B73+1;"")
C75	Kupon	=WENN(B74="";"";$F$12*$C$10)
D75	Wiederanlagezinssatz	=WENN(B74="";"";$F$16)
E75	Kupon plus Wiederanlagezinsen	=WENN(B74="";"";C74*(1+D74)^($F$15-$F$13-B73)*(1+D74)^($F$13-$F$14))

E70 =(E69/E66)^(1/F15)-1

	A	B	C	D	E	F
3						
4		**Scenario Analyse und Total Return von vier Anleihen (Beispiel 6.15)**				
5						
6		Anleihe	Kuponrate	Laufzeit (Jahre)	Rendite	Nettopreis (Clean Price)
7		A	0,000%	3,68	8,53%	74,00
8		B	8,625%	3,68	8,83%	99,30
9		C	7,250%	3,68	8,91%	94,91
10		D	6,375%	4,35	8,81%	91,45
11						
12		Nennwert der Anleihen				100
13		Abrechnungstag bis nächster Kupontermin (Jahre), Anleihe A, B, C				0,68
14		Abrechnungstag bis nächster Kupontermin (Jahre), Anleihe D				0,35
15		Anlagehorizont (Jahre)				3,68
16		Wiederanlagezinssatz vom Zeitpunkt der Zahlung bis zum Ende				6%
17		des Anlagehorizonts (Zins-Scenario)				8%
18						10%
63						
64		*Anleihe D*				
65						
66		Kaufpreis (inkl. Stückzinsen)			95,59	
67		Kupons plus Wiederanlagezinsen			28,43	
68		Verkaufspreis am Ende des Anlagehorizonts			102,30	
69		Gesamtertrag			130,73	
70		Total Return			8,88%	
71						
72		Jahr	Kupon	Wiederanlage-zinssatz	Kupon plus Wiederanlage-zinsen	
73		0				
74		1	6,375	6%	7,74	
75		2	6,375	6%	7,30	
76		3	6,375	6%	6,89	
77		4	6,375	6%	6,50	
78						

Bild 6.23 Scenario Analyse und Total Return von vier Anleihen (Beispiel 6.15)

6.3.9 Risikoanalyse von Anleihen und Volatilitätskennzahlen

Anleihen sind wie alle anderen an den Börsen gehandelten Wertpapiere Investments, die risikobehaftet sind und Marktpreisschwankungen unterliegen. Neben den zukünftigen Zahlungsversprechen des Emittenten gibt es eine Vielzahl von Risiken, die sorgfältig abgeschätzt und analysiert werden müssen. Zu den wichtigsten Risiken zählen:

- Ausfallrisiko (Credit Risk, Default Risk)
- Zinsänderungsrisiko (Interest Rate Risk, Market Risk)
- Wiederanlagerisiko (Reinvestment Risk)
- Liquiditätsrisiko (Liquidity Risk)
- Wechselkursrisiko (Exchange Rate Risk, Currency Risk)
- Inflationsrisiko (Inflation Risk)

Unter *Ausfallrisiko* wird das Risiko verstanden, dass der Emittent zahlungsunfähig wird, d.h. die laufenden Kuponzahlungen und/oder die Rückzahlung des Nennwertes der Anleihe termingerecht nicht mehr zu leisten vermag. Bei großen, börsengehandelten Unternehmen wird das Ausfallrisiko durch Ratingagenturen (Standard & Poors, Moody's, Fitch) in Form von Ratings beurteilt. Zudem werden von Banken und Investmentfirmen Research Abteilungen unterhalten, die das Kreditrisiko der Emittenten laufend beurteilen.

Das *Zinsänderungsrisiko*, auch als Marktrisiko oder zinsinduziertes Kursrisiko bezeichnet, kommt in der Tatsache zum Ausdruck, dass jede Veränderung des Zinsniveaus eine Änderung der Marktwerte (Kurse) von Anleihen auslöst. Grundsätzlich gilt, dass bei steigendem Zinsniveau die Kurse fallen und bei fallendem Zinsniveau die Kurse steigen. Das Ausmaß der zinsinduzierten Kursveränderungen hängt von mehreren Faktoren ab, z.B. vom Ausmaß der Zinsänderung, von der Restlaufzeit und von der Struktur des Zahlungsstroms. Das Risiko für einen Investor besteht nun darin, dass beim Verkauf der Anleihe der Verkaufskurs aufgrund gestiegener Marktzinsen unter den Kaufkurs fällt und er somit einen Kursverlust realisiert.

In engem Zusammenhang mit dem Zinsänderungsrisiko steht das *Wiederanlagerisiko.* Bei der Berechnung der Rendite einer Anleihe wird unterstellt, dass die zukünftigen Kupon- und Tilgungszahlungen zur gegebenen Rendite wieder reinvestiert werden können. Diese Prämisse ist jedoch aufgrund des sich ändernden Zinsniveaus unrealistisch. Bei steigenden Zinsen können die Cash Flows zu höheren Zinssätzen reinvestiert werden, bei fallendem Zinsniveau zu niedrigeren Zinssätzen. Besonders betroffen vom Wiederanlagerisiko sind Anleihen mit langen Laufzeiten und hohen Kuponzahlungen.

Das *Liquiditätsrisiko* bezieht sich auf die Möglichkeit des Investors, die Anleihe zum fairen Marktpreis kaufen bzw. veräußern zu können. Anleihen mit einem hohen Umsatz weisen i.d.R. eine höhere Liquidität auf als Anleihen mit geringen Umsätzen. Ein Maß für die Höhe der Liquidität ist die Spanne zwischen dem Geld- und dem Briefkurs (Bid-Ask-Spread). Je größer der Spread, desto geringer ist die Liquidität und damit das Liquiditätsrisiko. Für Anleger, die beabsichtigen, die Anleihe bis zur Fälligkeit zu halten, ist das Liquiditätsrisiko von untergeordneter Bedeutung.

Festverzinsliche Wertpapiere, deren Zahlungen in einer Fremdwährung erfolgen, sind in Bezug auf die einheimische Währung einem Währungsrisiko ausgesetzt. Das Risiko besteht für den Anleger darin, dass er aufgrund der Wechselkurskonstellation einen nur geringeren Zahlungsstrom vereinnahmen kann. Dies ist immer dann der Fall, wenn der Kurs der (ausländischen) Währung, zu der die Zahlungen erfolgen, gegenüber der einheimischen Währung fällt. Für den Emittenten hingegen besteht das Risiko darin, dass er aufgrund der Wechselkurskonstellation höhere Zins- und Tilgungszahlungen leisten muss. Durch Wechselkurssicherungsgeschäfte kann dieses Risiko jedoch weitgehend eliminiert werden.

Das *Inflationsrisiko* kommt zum Tragen, wenn aufgrund der Geldentwertung der eingehende Zahlungsstrom eine geringere Kaufkraft aufweist. Auch wenn tendenziell steigende Inflationsraten mit steigenden Zinsen einhergehen, bieten festverzinsliche Wertpapiere i.d.R. keinen Schutz gegen Inflation.

In den folgenden Abschnitten werden die Sensitivitätskennzahlen *Duration, modifizierte Duration* und *Konvexität* vorgestellt, die eine Risikobeurteilung von Anleihen erlauben und den Immunisierungszeitpunkt definieren, zu dem sich die durch Marktzinsänderungen induzierten gegenläufigen Kurs- und Wiederanlageeffekte kompensieren.

6.3.9.1 Duration, Modified Duration, Portfolio Duration und Effective Duration

Bei der Analyse festverzinslicher Wertpapiere stellt die Kapitalbindungsdauer ein wichtiges Kriterium dar. Auch wenn häufig die Restlaufzeit zur Beurteilung unterschiedlicher Anleihen herangezogen wird, berücksichtigt diese Überlegung nicht, dass bereits vor der Fälligkeit Zinszahlungen erfolgen, die zum aktuellen Zinssatz wieder reinvestiert werden können. Als besseres Kriterium wurde daher die Duration entwickelt, die sich in modifizierter Form auch zum Abschätzen des Kursänderungsrisikos eignet.

Das Konzept der Duration geht auf Frederick Macaulay (1938) zurück und wurde in den siebziger Jahren wiederentdeckt. Die Duration wird als mittlere Kapitalbindungsdauer interpretiert und wird zur Quantifizierung des Zinsänderungsrisikos eingesetzt.

Der Duration liegt die Annahme einer flachen Zinsstruktur zugrunde, d.h. alle Cash Flows werden mit ein und demselben risiko- und laufzeitadäquaten Marktzinssatz auf den Bewertungstag diskontiert. Zudem wird unterstellt, dass Renditeänderungen, die Preisreaktionen auslösen, über alle Laufzeiten gleich stark in Form einer Parallelverschiebung der ursprünglichen flachen Zinsstrukturkurve erfolgen.

In Abschnitt 6.3.3 wurde gezeigt, dass sich der Preis einer optionsfreien Anleihe mit glatter Restlaufzeit formal dem Barwert aller bekannten, zukünftigen Cash Flows (Kuponzahlungen und Nennwert) CF_t entspricht. Als Diskontierungszinssatz dient die laufzeitkongruente Kapitalmarktrendite r. Formal kann dann der Preis einer Anleihe wie folgt geschrieben werden:

$$P=\frac{C}{1+r}+\frac{C}{(1+r)^2}+\ \dots\ +\frac{C}{(1+r)^n}+\frac{M}{(1+r)^n}=\sum_{t=1}^{n}\frac{C}{(1+r)^t}+\frac{M}{(1+r)^n}=\sum_{t=1}^{n}\frac{CF_t}{(1+r)^t}$$

Der Zusammenhang zwischen Zinsänderung und Marktpreisänderung ergibt sich, indem der Preis P der Anleihe bezüglich des Marktzinssatzes r abgeleitet wird.

$$\frac{dP}{dy}=\frac{(-1)C}{(1+y)^2}+\frac{(-2)C}{(1+y)^3}+\ \cdots\ +\frac{(-n)C}{(1+y)^{n+1}}+\frac{(-n)M}{(1+y)^{n+1}}$$

Durch Umformung erhält man:

$$\frac{dP}{dr}=-\frac{1}{1+r}\left[\frac{1C}{1+r}+\frac{2C}{(1+r)^2}+\ \cdots\ +\frac{nC}{(1+r)^n}+\frac{nM}{(1+r)^n}\right]=-\frac{1}{1+r}\left[\sum_{t=1}^{n}\frac{tC}{(1+r)^t}+\frac{nM}{(1+r)^n}\right]$$

Die Gleichung gibt die *absolute* Änderung des Preises der Anleihe für marginale Zinssatzänderungen an.

Stellt man auf *relative* Preisänderungen ab und dividiert die Gleichung auf beiden Seiten durch den Preis der Anleihe, dann erhält man die approximative prozentuale Änderung des Preises nach einer geringfügigen Zinsänderung:

$$\frac{dP}{dr}\frac{1}{P}=-\frac{1}{1+r}\left[\frac{1C}{1+r}+\frac{2C}{(1+r)^2}+\ \cdots\ +\frac{nC}{(1+r)^n}+\frac{nM}{(1+r)^n}\right]\frac{1}{P}=-\frac{1}{1+r}\left[\sum_{t=1}^{n}\frac{tC}{(1+r)^t}+\frac{nM}{(1+r)^n}\right]\frac{1}{P}$$

Der Ausdruck in der eckigen Klammer dividiert durch *P* wird als *Duration D* definiert.

$$D = \left[\sum_{t=1}^{n} \frac{tC}{(1+r)^t} + \frac{nM}{(1+r)^n} \right] \frac{1}{P}$$

Der Ausdruck kann weiter vereinfacht werden, fasst man die Kuponzahlungen und den Nennwert zu einer Cash-Flow-Zahl CF_t zusammen.

$$D = \frac{\sum_{t=1}^{n} t\,CF_t (1+r)^{-t}}{\sum_{t=1}^{n} CF_t (1+r)^{-t}} = \sum_{t=1}^{n} \frac{t\,CF_t (1+r)^{-t}}{P} = \sum_{t=1}^{n} t\,w_t$$

Die Duration ist demnach die Summe der gewichteten Zeitpunkte, wobei die Gewichte w_t die relativen Barwertanteile der jeweiligen Cash Flows (Kuponzahlungen und Nennwert) an der Summe sämtlicher Barwerte (= Marktpreis der Anleihe) darstellen.

Die Duration wird als mittlere Kapitalbindungsdauer oder als barwertgewichtete Restlaufzeit interpretiert und ist ein Zeitmaß, nach dessen Erreichen die Hälfte des zeitlich gewichteten Barwerts an den Investor zurückgeflossen ist. Zudem ist sie wegen ihrer Immunisierungseigenschaft eine wichtige Kennzahl bei der Absicherung von festverzinslichen Wertpapieren gegen das Zinsänderungsrisiko.

Die Duration kann auch zur Abschätzung des Marktpreises bei Renditeänderungen herangezogen werden. Dies geschieht mit Hilfe der *Modified Duration, MD,* die von Hicks 1939 in einem anderen Zusammenhang entwickelt wurde.

Substituiert man den Bruch mit den Summenausdrücken der Differenzialgleichung

$$\frac{dP}{dr}\frac{1}{P} = -\frac{1}{1+r} \frac{\sum_{t=1}^{n} t\,CF_t (1+r)^{-t}}{\sum_{t=1}^{n} CF_t (1+r)^{-t}}$$

mit *D*, dann ist die *relative* Änderung des Preises einer Kuponanleihe mit jährlicher Zinszahlung und glatter Restlaufzeit bei einer Marginalen Marktzinsänderung näherungsweise durch

$$\frac{dP}{dr}\frac{1}{P} = -\frac{D}{1+r}$$

gegeben. Der Ausdruck $D/(1+r)$ wird als Modified Duration definiert.

$$MD = \frac{D}{1+r}$$

Damit ergibt sich zwischen Marktzinsänderung und Preisänderung folgender Zusammenhang:

$$\frac{dP}{dr}\frac{1}{P} = -MD$$

Die Modified Duration kann nun zur Berechnung von Preisschwankungen einzelner Anleihen oder eines Anleiheportfolios herangezogen werden. Graphisch kann die MD als Tangente an der Preisfunktion zur betrachteten Rendite dargestellt werden, wobei die Steigung der Tangente an der Preisfunktion −MD entspricht (vgl. Abb. 6.24).

Stellt man anstelle der Marginalen Betrachtung der Differenzialgleichung auf diskrete Marktzinsänderungen Δr ab und formt die Gleichung etwas um, dann erhält man die relative Änderung des Preises als Reaktion auf eine Änderung des Marktzinssatzes näherungsweise zu

$$\frac{\Delta P}{P} = -MD\,\Delta r \cdot$$

Die absolute Preisänderung kann mit

$$\Delta P = -MD\,\Delta r\,P$$

abgeschätzt werden.

Bei den angestellten Überlegungen ist zu berücksichtigen, dass sich die Kursveränderung immer auf den Dirty-Preis der Anleihe bezieht. Die Zinsänderung wird bei einem Zinsanstieg als positiver Prozentsatz, bei einem Zinsrückgang als negativer Prozentsatz in die Formel eingetragen.

Setzt man $\Delta r = 1\%$ bei einem Anstieg des Marktzinssatzes und $\Delta r = -1\%$ bei einem Rückgang des Marktzinssatzes um 1%, dann erhält man die approximative prozentuale Preisänderung bei einer Marktzinsänderung von 1% als:

$$\frac{\Delta P}{P} = -MD(\pm 1\%)$$

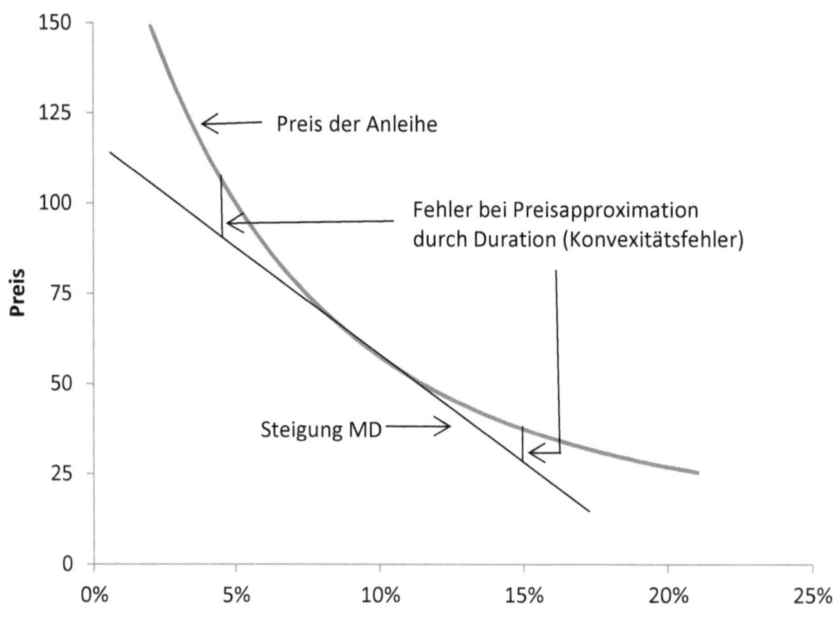

Bild 6.24 Preis einer Anleihe und Approximation über die Duration

Die Modified Duration gibt demnach die approximative Veränderung des Kurses bei einer 1%-igen Marktzinsänderung an.

In der Praxis werden Zinsänderungen häufig in Basispunkten (hundertstel Prozentpunkte) angegeben. Steigt (fällt) die Marktrendite um einen Basispunkt, dann sinkt (steigt) der Kurs approximativ um MD hundertstel Prozent, was in der Bankensprache als *Present Value of One Basispoint* bezeichnet wird.

Beispiel 6.16

Für eine Kuponanleihe sind folgende Daten gegeben:

Kaufvaluta: 15.06.2015

Fälligkeit: 15.06.2020

Kuponrate: 6%

Marktrendite: 6,5%

Die Kupons werden jährlich am 15.06. gezahlt. Die Anleihe hat eine Gesamtlaufzeit von 5 Jahren und wird am 15.6.2020 zum Nennwert von 100 Euro zurückgezahlt.

Es sollen die Macaulay-Duration und die Modified Duration berechnet werden. Zudem soll die Marktpreisänderung mit der MD bei einer Renditeänderung von $\pm 1\%$ vorgenommen werden.

Zunächst wird der Preis der Anleihe berechnet.

$$P = 6 \cdot \left[\frac{(1{,}065)^5 - 1}{0{,}065 \cdot (1{,}065)^5} \right] + \frac{100}{(1{,}065)^5} = 97{,}92$$

Die Duration in Jahren berechnet sich zu:

$$D = \frac{\frac{(1) \cdot 6}{(1{,}065)} + \frac{(2) \cdot 6}{(1{,}065)^2} + \frac{(3) \cdot 6}{(1{,}065)^3} + \frac{(4) \cdot 6}{(1{,}065)^4} + \frac{(5) \cdot 106}{(1{,}065)^5}}{97{,}72} = \frac{436{,}61}{97{,}72} = 4{,}4587$$

Tabellarische Darstellung der Durations-Berechnung:

Jahr	Cash Flow	Barwert (PV) der Cash Flows	Gewichte PV/P	Duration t x Gewichte
1	6	5,6338	5,75%	0,0575
2	6	5,2899	5,40%	0,1080
3	6	4,9670	5,07%	0,1522
4	6	4,6639	4,76%	0,1905
5	106	77,3673	79,01%	3,9505
Summe		97,9221	100,00%	4,4587

Bild 6.25 Berechnung der Duration einer 6%-Kupon-Anleihe mit einer Laufzeit von 5 Jahren bei einer Marktrendite von 6,5%.

Die Modified Duration beträgt

$$MD = \frac{4{,}47}{1{,}065} = 4{,}1866 \cdot$$

Die Modified Duration kann nun zur Preisabschätzung herangezogen werden. Steigt der Marktzinssatz von 6,5% um 1% auf 7,5%, dann beträgt die absolute Preisänderung annähernd

$$\Delta P = -4{,}1866 \cdot 1\% \cdot 97{,}9222 = 4{,}0996\,.$$

Damit ergibt sich ein Preis von

$$P = 97{,}9222 - 4{,}0996 = 93{,}8226\,.$$

Zum gleichen Ergebnis kommt man, wenn man die relative Preisänderung berechnet.

$$\frac{\Delta P}{P} = -4{,}1866 \cdot (+1\%) = -0{,}041866 \text{ oder } -4{,}1866\% \cdot$$

Der Preis nach einem Anstieg des Marktzinssatzes um 1% beträgt dann annähernd

$$P = 97{,}9222 \cdot (1 - 0{,}0419) = 93{,}8226\,.$$

Der exakte Preis bei einem Marktzinssatz von 7,5% berechnet sich nach der Barwertformel zu

$$P = 6 \cdot \left[\frac{(1{,}075)^5 - 1}{0{,}075 \cdot (1{,}075)^5} \right] + \frac{100}{(1{,}075)^5} = 93{,}9312\,.$$

Bis zu einer Marktzinssatzänderung von 1% ist die Abschätzung der Kursänderung relativ genau. Die Abweichung vom Kurs berechnet mit der Barwertformel beträgt hier lediglich 0,1156%. Für größere Änderungen des Marktzinssatzes wird die Preisapproximation zunehmend ungenauer. Dieselben Überlegungen können bei einem Rückgang des Marktzinssatzes um 1% angestellt werden.

Erfolgen die Kuponzahlungen *halbjährlich* und erfolgt die nächste Kuponzahlung in exakt einem halben Jahr, dann müssen die Kuponzahlungen und die Laufzeit angepasst werden. Die Duration in Jahren berechnet sich dann zu:

$$\text{Duration in Jahren} = \frac{\text{Duration in Halbjahres-Perioden}}{2}$$

Allgemein gilt für die Berechnung der Duration in Jahren bei m Kuponzahlungen pro Jahr:

$$\text{Duration in Jahren} = \frac{\text{Duration in } m \text{ Perioden pro Jahr}}{m}$$

Für die Anleihe in Beispiel 6.16 berechnet sich die Duration in Halbjahren wie folgt:

$$D = \frac{\frac{(1)\cdot 3}{1{,}0325} + \frac{(2)\cdot 3}{(1{,}0325)^2} + \cdots + \frac{(10)\cdot 3}{(1{,}0325)^{10}} + \frac{(10)\cdot 100}{(1{,}0325)^{10}}}{97{,}22} = 8{,}7705$$

$$\text{Duration in Jahren} = \frac{8{,}7705}{2} = 4{,}3853$$

Die Modified Duration ist

$$MD = \frac{4{,}3853}{1{,}0325} = 4{,}2472\,.$$

Die Duration kann auch ohne die oben aufgeführten aufwendigen Berechnungen direkt mit nachfolgender Kurzformel berechnet werden, deren Herleitung in Appendix A aufgezeigt ist.

$$D = \frac{1}{r} + \tfrac{1}{m}(1) - \frac{\left(1+\tfrac{1}{m}r\right) + mn\left(\tfrac{1}{m}c - \tfrac{1}{m}r\right)}{c\left(1+\tfrac{1}{m}r\right)^{mn} - (c-r)} = \frac{1}{r} + \tfrac{1}{m}(1) - \frac{\left(1+\tfrac{1}{m}r\right) + n(c-r)}{c\left(1+\tfrac{1}{m}r\right)^{mn} - (c-r)}$$

wobei *m* die Häufigkeit der Kuponzahlungen pro Jahr ist.

Angewandt auf das Beispiel 6.16 erhält man bei jährlichen Kuponzahlungen ($m = 1$):

$$D = \frac{1}{0{,}065} + 1 - \frac{(1{,}065) + 5\cdot(0{,}06-0{,}065)}{0{,}06\cdot(1{,}065)^5 - (0{,}06-0{,}065)} = 4{,}4587\,.$$

Und bei halbjährlicher Kuponzahlung ($m = 2$) ergibt sich:

$$D = \frac{1}{0{,}065} + \frac{1}{2} - \frac{1{,}0325 + 5\cdot(0{,}06-0{,}065)}{0{,}06\cdot(1{,}0325)^{10} - (0{,}06-0{,}065)} = 4{,}3853$$

Die Formel für die Duration von Kuponanleihen und die Excel-Modellierung lassen unschwer erkennen, dass die Duration im Vergleich zur Restlaufzeit ceteris paribus umso kürzer ist, je höher die Kuponzahlungen sind (vgl. Bild 6.26). Die Duration eines Zero Bonds entspricht seiner Laufzeit. Werden fallende Marktzinsen erwartet, dann sollten Anleihen mit relativ langen Durationen ins Portfolio genommen werden. In diesem Fall wird das Portfolio von einem überproportional steigenden Marktwert profitieren, der die schlechteren Wiederanlagebedingungen fälliger Kuponzahlungen überkompensiert. Werden steigende Marktzinsen erwartet, sollten Anleihen mit relativ kurzen Durationen aufgenommen werden, um die daraus resultierenden Kursverluste zu minimieren und von den besseren Reinvestitionsmöglichkeiten der Kupons zu profitieren.

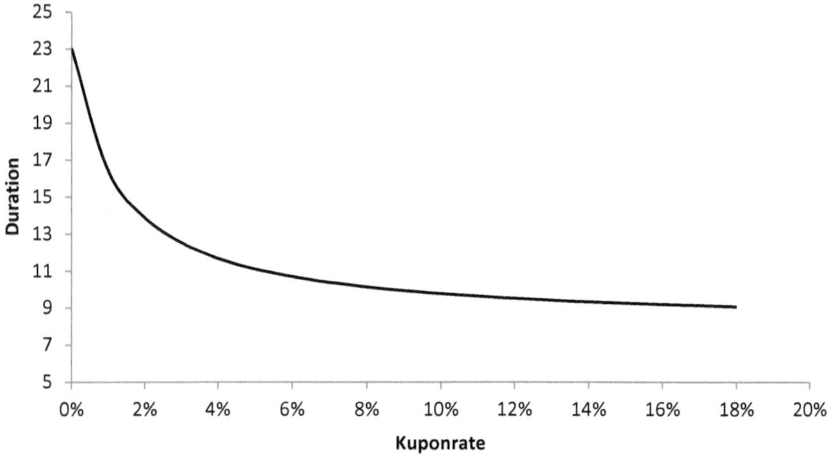

Bild 6.26 Duration als Funktion der Kuponrate (Restlaufzeit 23 Jahre, Marktrendite 10%)

Auch der Marktzinssatz und die Häufigkeit der Kuponzahlungen haben einen Einfluss auf die Duration. Ein höherer Marktzinssatz sowie mehrfache Kuponzahlungen pro Jahr verkürzen ceteris paribus die Duration.

Die Duration nimmt unter sonst gleichen Bedingungen mit zunehmender Restlaufzeit zu, jedoch mit abnehmender Rate (vgl. Bild 6.27). So hat beispielsweise die Anleihe in Beispiel 6.16 bei einer Restlaufzeit von 20 Jahren eine Duration von 11,93 Jahren, bei 30 Jahren Laufzeit ergibt sich eine Duration von 14,11 Jahren, und bei einer Laufzeit von 50 Jahren weist dieselbe Anleihe eine Duration von 15,80 Jahren auf. Allen Kuponanleihen ist gemeinsam, dass die Duration für $n \to \infty$ gegen den Grenzwert $(1 + r)/r$ konvergiert. Die Duration der Anleihe in Beispiel 6.16 nähert sich demnach dem Wert $(1{,}065)/0{,}065 = 16{,}39$ Jahre an.

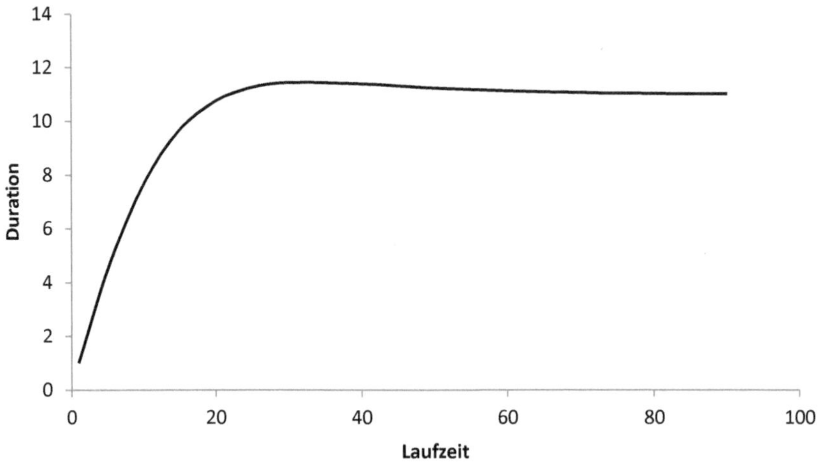

Bild 6.27 Duration als Funktion der Laufzeit (Kuponrate 5%, Marktrendite 10%)

Excel-Umsetzung

Bei der Ermittlung der Duration wird hier zunächst die Summe der Barwerte der Cash Flows (Kuponzahlungen und Nennwert) ermittelt. Damit erhält man den Preis der Anleihe. Anschließend werden die Zeitpunkte (Fälligkeiten der Cash Flows) mit dem Barwert der Cash Flows multipliziert und kumuliert. Die Summe der mit den Barwerten der Cash Flows gewichteten Zeitpunkte dividiert durch den Preis der Anleihe ergibt die Duration.

Die Berechnung der Duration könnte mit der Excel Formel DURATION() vorgenommen werden, da ein konkretes Abrechnungs- und Fälligkeitsdatum gegeben ist. Da jedoch bei Änderung der Laufzeit der Anleihe die Duration durch Eingabe der neuen Laufzeit in die Formel erneut berechnet werden muss, wird hier auf die Anwendung verzichtet.

Stattdessen kann zur Berechnung der Duration im Modell auf die Tabelle zurückgegriffen werden. Mit der Funktion MAX() wird der größte Wert in der der Spalte F in der Tabelle identifiziert, der die Duration in Laufzeitperioden repräsentiert. Um die Duration in Jahren zu erhalten, muss dieser Wert noch durch die Anzahl der Kuponzahlungen pro Jahr (Häufigkeit) dividiert werden.

Besonders geeignet ist die Berechnung der Duration mit der oben aufgezeigten Kurzformel in Zelle E18 bzw. F18, da diese nicht nur die veränderte Laufzeit, sondern auch die Unterjährigkeit der Kuponzahlungen erfasst. Die restlichen Berechnungen erfolgen entsprechend der oben aufgezeigten Vorgehensweise.

Position	Inhalt	Excel-Umsetzung
E16	Preisberechnung nach Barwertmodell	=(E11/E12)*((1+E13/E12)^(E12*E9)-1)/((E13/E12*(1+E13/E12)^(E12*E9)))+E6/(1+E13/E12)^(E12*E9)
E17	Berechnung der Duration nach Tabelle	=MAX(F28:F108)/2
E18	Berechnung der Duration mit Kurzformel	=1/E13+1/E12*1-((1+1/E12*E13)+E9*(E10-E13))/(E10*(1+1/E12*E13)^(E12*E9)-(E10-E13))
E19	Modified Duration	=E17/(1+E13/E12)
E20	absolute Preisänderung nach Zinsanstieg	=-E18*E14*E16
E21	Preis nach Zinsanstieg	=E16+E19
E22	relative Preisänderung nach Zinsanstieg	=-E18*E14
E23	Preis nach Zinsanstieg	=E16+E16*E21
E24	Preis nach Zinsanstieg mit Barwertformel	=E11/E12*(((1+(E13+E14)/E12))^(E12*E9)-1)/((E13+E14)/(E12)*((1+(E13+E14)/E12))^(E12*E9))+E6/(1+(E13+E14)/E12)^(E12*E9)
B28	Zeitpunkte	=WENN($E$12*$E$9<B27;"SUMME";B27+1)
C28	Cash Flow	=WENN(ODER(B28="SUMME";B28="");""; WENN(B28=$E$12*$E$9;$E$11/$E$12+$E$6; $E$11/$E$12))
D28	Barwert des Cash Flow	=WENN(ODER(B28="SUMME";B28="");"";C28/(1+$E$13/$E$12)^B28)
E28	Gewichte	=WENN(ODER(B28="SUMME";B28="");""; D28/$E$16
F28	gewichtete Zeitpunkte (Duration)	=WENN(ODER(B28="SUMME";B28="");"";B28*E28
B29	Zeitpunkte	=WENN(ODER(B28="SUMME";B28="");""; WENN($E$12*$E$9<B28+1;"SUMME";B28+1))
C29	Cash Flow	=WENN(ODER(B29="SUMME";B29="");""; WENN(B29=$E$12*$E$9;$E$11/$E$12+$E$6; $E$11/$E$12))
D29	Barwert des Cash Flow	=WENN(B29="SUMME";SUMME($D$28:D28); WENN(B29="";"";C29/(1+$E$13/$E$12)^B29))
E29	Gewichte	=WENN(B29="SUMME";SUMME($E$28:E28); WENN(B29="";"";D29/$E$16))
F29	gewichtete Zeitpunkte (Duration)	=WENN(B29="SUMME";SUMME($F$28:F28); WENN(B29="";"";B29*E29))

E18 =1/E13+1/E12*1-((1+1/E12*E13)+E9*(E10-E13))/(E10*(1+1/E12*E13)^(E12*E9)-(E10-E13))

Duration einer Anleihe bei glatter (Rest-)Laufzeit (Beispiel 6.16)

	E	F
Nennwert	100	
Kaufvaluta	15.06.2015	
Fälligkeit	15.06.2020	
Laufzeit (Jahre)	5	
Kuponrate p.a.	6%	
Kuponzahlung p.a.	6	
Häufigkeit	1	
Marktzinssatz	6,50%	
Änderung des Marktzinssatzes	1,00%	-1,00%
Preis (nach Barwertmodell)	97,9222	97,9222
Duration in Jahren	4,4587	4,4587
Duration in Jahren mit Kurzformel	4,4587	4,4587
Modified Duration	4,1866	4,1866
Absolute Preisänderung nach Zinsanstieg	-4,0996	4,0996
Preis nach Zinsanstieg	93,8226	102,0218
Relative Preisänderung nach Zinsanstieg	-4,1866%	4,1866%
Preis nach Zinsanstieg	93,8226	102,0218
Preis nach Zinsänderung mit Barwertformel	93,9312	102,1351

Zeitpunkte (t)	Cash Flow CF_t	Barwerte $CF_t \cdot (1+r/m)^{-t}$	Gewichte w_t	Duration $t \cdot w_t$
0				
1	6	5,6338	5,75%	0,0575
2	6	5,2900	5,40%	0,1080
3	6	4,9671	5,07%	0,1522
4	6	4,6639	4,76%	0,1905
5	106	77,3674	79,01%	3,9505
SUMME		97,9222	100,00%	4,4587

Bild 6.28 Berechnung der Duration, Modified Duration und der approximativen Preisänderung (Beispiel 6.16)

Beispiel 6.17

Für die in Beispiel 6.16 betrachtete Anleihe sollen der Preis, die absolute und relative Änderung des Preises, sowie die relative Preisänderung mit der Modified Duration berechnetet werden, wenn ausgehend vom gegebenen Marktzinssatz von 6,5% Marktzinsanstiege und -rückgänge von je 1%, das entspricht 100 Basispunkte (BP), unterstellt werden.

Mit $P = 97{,}92$ und einer MD von 4,19 erhält man bei den gegebenen Renditeänderungen die in Bild 6.29 dargestellten Ergebnisse.

Rendite in %	Änderung in bp	Preis	Änderung absolut	Änderung in %	Änderung in % mit MD
1,50%	-500	121,52	23,60	24,10%	20,93%
2,50%	-400	116,26	18,34	18,73%	16,75%
3,50%	-300	111,29	13,37	13,65%	12,56%

4,50%	-200	106,58	8,66	8,85%	8,37%
5,50%	-100	102,14	4,21	4,30%	4,19%
6,50%	0	97,92	0,00	0,00%	0,00%
7,50%	100	93,93	-3,99	-4,08%	-4,19%
8,50%	200	90,15	-7,77	-7,94%	-8,37%
9,50%	300	86,56	-11,36	-11,60%	-12,56%
10,50%	400	83,16	-14,77	-15,08%	-16,75%
11,50%	500	79,93	-18,00	-18,38%	-20,93%

Bild 6.29 Anleihepreise bei verschiedenen Marktzinssätzen (Beispiel 6.17)

Damit ergeben sich für eine Anleihe unter Heranziehung von Bild 6.24 folgende Eigenschaften:

- Anleihepreise reagieren auf gleich große Renditeanstiege bzw. -rückgänge nicht mit betrags- und prozentual-gleichen Preisänderungen. Ein Renditerückgang von 300 Basispunkten hat einen Preisanstieg um 13,65% zur Folge, während dessen ein Renditeanstieg um 300 Basispunkte lediglich einen Preisrückgang um 11,60 % verursacht. Es existiert demnach ein nichtlinearer Preis-Rendite-Zusammenhang und nicht ein proportionaler (linearer) wie er bei der Modified Duration unterstellt wird.
- Die Preis-Rendite-Funktion hat einen konvexen Verlauf und es ergibt sich bei der Unterstellung eines linearen Zusammenhangs ein Schätzfehler, der umso größer wird, je höher die Renditeänderung ausfällt (vgl. Bild 6.24).
- Die Steigung der Tangente an der Barwertfunktion entspricht der Modified Duration.
- Die Preisänderung kann mit der Modified Duration bis zu einer Renditeänderung von 1% gut abgeschätzt werden. Ab einer Renditeänderung von mehr als einem Prozent wird die approximative Preisänderung zunehmend ungenauer und es entsteht ein systematischer Fehler dahingehend, dass bei einem Renditeanstieg der Preisrückgang überschätzt und bei einem Renditerückgang der Preisanstieg unterschätzt wird.
- Die vertikale Differenz zwischen der Kurve und Geraden (vgl. Bild 6.24) repräsentiert den Approximationsfehler zwischen dem finanzmathematisch errechneten und dem über die Modified Duration abgeschätzten Preis der Anleihe.

Excel-Umsetzung

Zunächst werden die Input-Parameter Preis, Duration und Modified Duration berechnet, um dann bei einem Rückgang bzw. einem Anstieg der Rendite um jeweils 1% den Preis, die absolute und relative Preisänderung und die relative Preisänderung mittels der Modified Duration zu berechnen.

Position	Inhalt	Excel-Umsetzung
D10	Anleihepreis	=D6*D7*((1+D9)^D8-1)/(D9*(1+D9)^D8)+ D6/(1+D9)^D8
D11	Duration	=D6*D7*((1+D9)^D8-1)/(D9*(1+D9)^D8)+ D6/(1+D9)^D8
D12	Modified Duration	=D11/(1+D9)
B15	Rendite	=-($B$20-B15)*10000
C15	Renditeänderung in bp	=-($B$20-B15)*1000
D15	Preis	=$D$6*$D$7*((1+B15)^$D$8-1)/(B15*(1+B15) ^$D$8)+$D$6/(1+B15)^$D$8
E15	absolute Preisänderung	=D15-$D$10
F15	relative Preisänderung	=E15/$D$10
G15	relative Preisänderung mit MD	=-$D$12*(B15-$B$20)

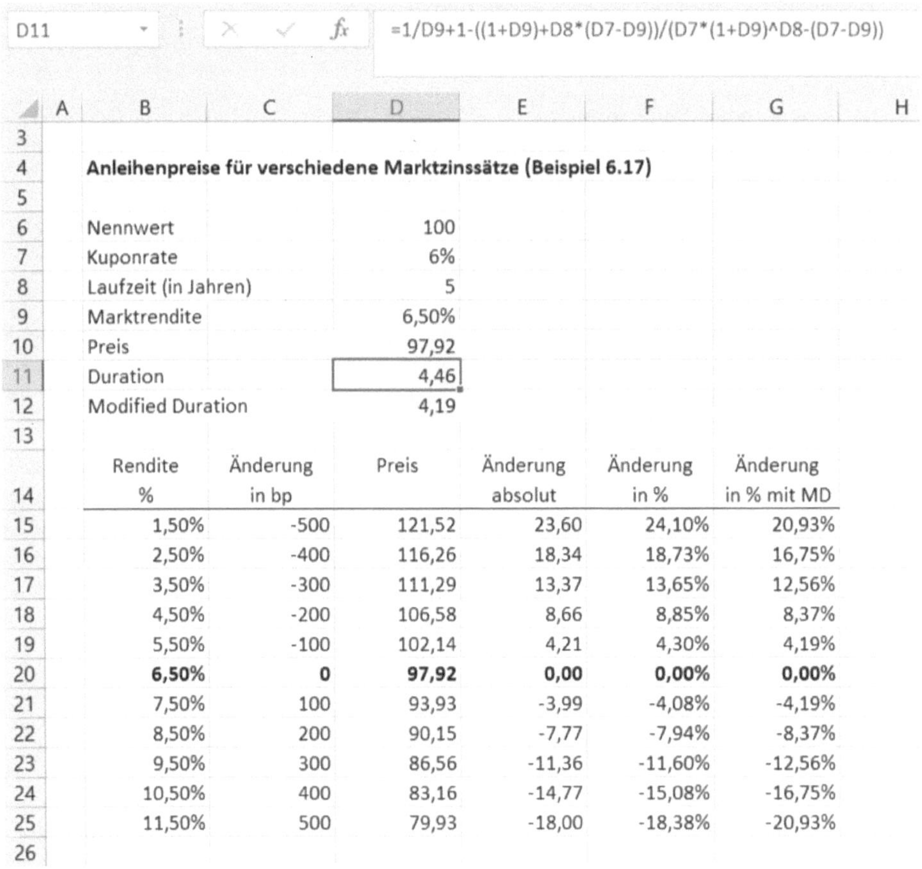
D11 =1/D9+1-((1+D9)+D8*(D7-D9))/(D7*(1+D9)^D8-(D7-D9))

Anleihenpreise für verschiedene Marktzinssätze (Beispiel 6.17)

Nennwert	100
Kuponrate	6%
Laufzeit (in Jahren)	5
Marktrendite	6,50%
Preis	97,92
Duration	4,46
Modified Duration	4,19

Rendite %	Änderung in bp	Preis	Änderung absolut	Änderung in %	Änderung in % mit MD
1,50%	-500	121,52	23,60	24,10%	20,93%
2,50%	-400	116,26	18,34	18,73%	16,75%
3,50%	-300	111,29	13,37	13,65%	12,56%
4,50%	-200	106,58	8,66	8,85%	8,37%
5,50%	-100	102,14	4,21	4,30%	4,19%
6,50%	**0**	**97,92**	**0,00**	**0,00%**	**0,00%**
7,50%	100	93,93	-3,99	-4,08%	-4,19%
8,50%	200	90,15	-7,77	-7,94%	-8,37%
9,50%	300	86,56	-11,36	-11,60%	-12,56%
10,50%	400	83,16	-14,77	-15,08%	-16,75%
11,50%	500	79,93	-18,00	-18,38%	-20,93%

Bild 6.30 Anleihepreise für verschiede Marktzinssätze (Beispiel 6.17)

Schließlich soll noch die Duration bei Existenz einer Teilperiode dargestellt werden, wobei die Teilperiode τ, mit $0 < \tau < 1$, definiert ist als

$$\tau = \frac{\text{Anzahl der Tage vom Kaufvalutatag bis zum nächsten Kupontermin}}{\text{Anzahl der Tage in der Kuponperiode}}.$$

Bildet man ausgehend von der Barwertgleichung

$$P = \sum_{t=1}^{n} \frac{C}{(1+r)^{t-1+\tau}} + \frac{M}{(1+r)^{n-1+\tau}} = \sum_{t=1}^{n} C(1+r)^{-(t-1+\tau)} + M(1+r)^{-(n-1+\tau)}$$

die erste Ableitung nach der Marktrendite r, dann erhält man:

$$\frac{dP}{dr} = \sum_{t=1}^{n} -(t-1+\tau)C(1+r)^{-(t-1+\tau)-1} + \left[-(n-1+\tau)M(1+r)^{-(n-1+\tau)-1}\right]$$

oder

$$\frac{dP}{dr} = -\frac{1}{1+r}\left[\sum_{t=1}^{n} \frac{(t-1+\tau)C}{(1+r)^{t-1+\tau}} + \frac{(n-1+\tau)M}{(1+r)^{n-1+\tau}}\right]$$

Dividiert man beide Seiten durch P, erhält man:

$$\frac{dP}{dr}\frac{1}{P} = -\frac{1}{1+r}\left[\sum_{t=1}^{n} \frac{(t-1+\tau)C}{(1+r)^{t-1+\tau}} + \frac{(n-1+\tau)M}{(1+r)^{n-1+\tau}}\right]\frac{1}{P}$$

Der Term in der eckigen Klammer dividiert durch P ist die Macaulay-Duration D bei Existenz einer Teilperiode τ.

$$D = \frac{1}{P}\sum_{t=1}^{n} \frac{(t-1+\tau)C}{(1+r)^{t-1+\tau}} + \frac{(n-1+\tau)M}{(1+r)^{n-1+\tau}}$$

Ist keine Teilperiode vorhanden, d.h. ist $\tau = 1$, dann erhält man wiederum die Duration bei glatter Restlaufzeit.

Fasst man die Kuponzahlungen und den Nennwert der Anleihe zu einer Cash Flow-Zahl $CF_{t-1+\tau}$ mit $t = 1, 2, \ldots, n$ und $0 < \tau < 1$ zusammen, dann kann man die Duration schreiben als:

$$D = \frac{1}{P}\sum_{t=1}^{n} \frac{(t-1+\tau)CF_{t-1+\tau}}{(1+r)^{t-1+\tau}} = \frac{1}{P}(1+r)^{1-\tau}\left[\sum_{t=1}^{n} \frac{tCF_{t-1+\tau}}{(1+r)^{t}} + \sum_{t=1}^{n} \frac{(\tau-1)CF_{t-1+\tau}}{(1+r)^{t}}\right]$$

Mit

$$P = \sum_{t=1}^{n} \frac{CF_{t-1+\tau}}{(1+r)^{t-1+\tau}} = (1+r)^{1-\tau}\sum_{t=1}^{n} \frac{CF_{t-1+\tau}}{(1+r)^{t}}$$

erhält man:

$$D = \frac{1}{(1+r)^{1-\tau}\sum_{t=1}^{n} \frac{CF_{t-1+\tau}}{(1+r)^{t}}}(1+r)^{1-\tau}\left[\sum_{t=1}^{n} \frac{tCF_{t-1+\tau}}{(1+r)^{t}} + (\tau-1)\sum_{t=1}^{n} \frac{CF_{t-1+\tau}}{(1+r)^{t}}\right]$$

$$= \frac{1}{\sum_{t=1}^{n} \frac{CF_t}{(1+r)^t}} \left[\sum_{t=1}^{n} \frac{t\,CF_t}{(1+r)^t} \right] + \tau - 1$$

Substituiert man den Ausdruck im Nenner durch *P*, erhält man schließlich:

$$D = \sum_{t=1}^{n} \frac{t\,CF_t (1+r)^{-t}}{P} + \tau - 1,$$

wobei *n* die Anzahl der Jahre von der letzten Kuponzahlung bis zur Fälligkeit ist (die tatsächliche (Rest-)Laufzeit wird auf die nächsthöhere ganze Zahl aufgerundet), was der Anzahl der noch verbleibenden Kuponzahlungen bis zur Fälligkeit entspricht.

Zur Berechnung der Duration bei Existenz einer Teilperiode wird also zunächst die Duration auf Basis von *n* Jahren berechnet. Diese wird dann um ein Jahr verkürzt und die Teilperiode τ, die Teilperiode eines Jahres ist, hinzuaddiert, was durch den Term $\tau - 1$ zum Ausdruck kommt.

Aus dieser Darstellung der Duration erkennt man, dass sich, solange keine Zahlungen bzw. Reinvestitionen erfolgen, die Duration im selben Maß reduziert, wie sich die Zeit verkürzt.

Zur Demonstration der Berechnung wird die Anleihe in Beispiel 6.16 jedoch mit einer Restlaufzeit von 4,25 Jahren herangezogen. Zunächst wird die Duration für eine Laufzeit von 5 Jahren berechnet, diese beträgt 4,46 Jahre. Die Duration bei einer Restlaufzeit von 4,25 Jahren ist dann

$D = 4{,}46 + 0{,}25 - 1 = 3{,}71$ Jahre.

Erfolgen die Kuponzahlungen *halbjährlich*, muss die Formel entsprechend angepasst werden.

$$D = \sum_{t=1}^{2n} \frac{t\,CF_t \left(1+\frac{1}{2}r\right)^{-t}}{P} + \tau - 1$$

dabei ist *2n* die Anzahl der Halbjahresperioden von der letzten Kuponzahlung bis zur Fälligkeit (die tatsächliche (Rest-)Laufzeit wird auf die nächsthöhere ganze Zahl aufgerundet), was der Anzahl der noch verbleibenden Kuponzahlungen bis zur Fälligkeit entspricht, und CF_t sind die halbjährlichen Kuponzahlungen.

Zur Berechnung der Duration bei Existenz einer Teilperiode und *halbjährlicher* Kuponzahlung wird zunächst die Duration auf Basis von $2n$ Halbjahren berechnet. Diese wird dann um ein halbes Jahr verkürzt und die Teilperiode τ, die Teilperiode eines halben Jahres ist, hinzuaddiert, was durch den Term $\tau - 1$ zum Ausdruck kommt. Um die Duration in Jahren zu erhalten, muss das Ergebnis noch durch zwei dividiert werden.

Die Duration kann auch bei nicht glatter Restlaufzeit direkt mit nachfolgender *Kurzformel* berechnet werden (die Herleitung ist in Appendix A aufgezeigt). Bei *jährlichen* Kuponzahlungen und einer Teilperiode τ erhält man

$$D = \frac{1}{r} + \tau - \frac{(1+r) + n(c-r)}{c(1+r)^n - (c-r)}.$$

Wird diese Kurzformel für m Kuponzahlungen pro Jahr verallgemeinert, ergibt sich:

$$D=\frac{1}{r}+\tfrac{1}{m}\tau-\frac{\left(1+\tfrac{1}{m}r\right)+mn\left(\tfrac{1}{m}c-\tfrac{1}{m}r\right)}{c\left(1+\tfrac{1}{m}r\right)^{mn}-\left(c-r\right)}$$

Dabei ist die Teilperiode τ die Zeit vom Abrechnungstag bis zur nächsten Kuponzahlung in der betrachteten Periode und mn die Anzahl der Perioden von der letzte Kuponzahlung bis zur Fälligkeit, was der Anzahl der noch verbleibenden Kuponzahlungen bis zur Fälligkeit entspricht. Dividiert man τ durch m, erhält man die Teilperiode in Jahren.

Die Formel kann weiter vereinfacht werden, wenn τ als Teil eines Jahres definiert und $\frac{1}{m}$ im zweiten Term des Zählers ausgeklammert wird. Damit ergibt sich die Duration *in Jahren* zu

$$D=\frac{1}{r}+\tau-\frac{\left(1+\tfrac{1}{m}r\right)+n\left(c-r\right)}{c\left(1+\tfrac{1}{m}r\right)^{mn}-\left(c-r\right)}.$$

Zu beachten ist, dass hier n die Anzahl der Perioden von der letzten Kuponzahlung bis zur Fälligkeit dividiert durch m ist.

Beispiel 6.18

Betrachtet wird eine Anleihe mit einem Nennwert von \$1,000, einer Kuponrate von 6% und einer Restlaufzeit von 3 Jahren und 90 Tagen. Die Kuponzahlungen erfolgen halbjährlich und die gegenwärtige Marktrendite vergleichbarer Anleihen (gleiche Risikoklasse und gleiche Laufzeit) sei 8%. Die Tagezählkonvention sei 30/360. Es sollen die Duration und die Modified Duration dieser Anleihe berechnet werden.

Zur Berechnung des Preises und der Duration der Anleihe wird die Laufzeit von 3,25 Jahren zunächst in Halbjahresperioden umgerechnet. Man erhält $2 \cdot 3{,}25 = 6{,}5$ Halbjahresperioden. Aufgerundet auf die nächsthöhere ganze Zahl ergeben sich 7 Halbjahresperioden, was der Anzahl der Halbjahresperioden von der letzten Kuponzahlung bis zur Fälligkeit (oder der Anzahl der noch verbleibenden Kuponzahlungen bis zur Fälligkeit) entspricht. Gegeben sind weiterhin $r/2 = 0{,}04$, $\tau = 0{,}5$ (Teilperiode eines halben Jahres), $n = 7/2 = 3{,}5$ (für die Kurzformel) und $C/2 = 30$.

Zunächst wird der Preis der Anleihe auf Basis von 7 Halbjahresperioden bestimmt.

$$P=30\cdot\left[\frac{(1{,}04)^7-1}{0{,}04\cdot(1{,}04)^7}\right]+\frac{1.000}{(1{,}04)^7}=939{,}98\cdot$$

Die Duration auf Basis von 7 Halbjahresperioden ist

$$D=\frac{\frac{(1)\cdot 30}{1{,}04}+\frac{(2)\cdot 30}{(1{,}04)^2}+\cdots+\frac{(7)\cdot 30}{(1{,}04)^7}+\frac{(7)\cdot 1.000}{(1{,}04)^7}}{939{,}98}=6{,}3953\cdot$$

Die Duration auf Basis von 6,5 Halbjahresperioden beträgt

$$D=6{,}395+0{,}5-1=5{,}8953$$

und bei einer (Rest-)Laufzeit von 3,25 Jahren erhält man

$$D = \frac{5{,}8953}{2} = 2{,}9477\,.$$

Die Anwendung der Kurzformel führt zum gleichen Ergebnis:

$$D = \frac{1}{0{,}08} + 0{,}25 - \frac{(1{,}04) + 3{,}5 \cdot (0{,}06 - 0{,}08)}{0{,}06 \cdot (1{,}04)^7 - (0{,}06 - 0{,}08)} = 2{,}9477\,.$$

Die Modified Duration ist

$$MD = \frac{2{,}9477}{1{,}04} = 2{,}8343.$$

Excel-Umsetzung

Ausgehend von den gegebenen Input-Daten wird zunächst die Laufzeit in Halbjahresperioden (hier 6,5 Halbjahresperioden, F10) und die Teilperiode (0,5 Halbjahresperioden, F12) bestimmt. Dann wird der Preis der Anleihe auf Basis der Perioden von der letzten Kuponzahlung bis zur Fälligkeit (hier 7 Halbjahresperioden, F15) berechnet. Die Teilperiode findet hierbei keine Berücksichtigung.

Die Duration kann nun auf verschiedene Weise bestimmt werden. Zum einen kann sie mit Hilfe der Tabelle auf Basis von 7 Halbjahresperioden berechnetet werden und wird dann mit $\tau - 1$ korrigiert. Damit ergibt sich die Duration auf Basis von 6,5 Halbjahresperioden (F16). Wird dieser Wert durch die Anzahl der Kuponzahlungen pro Jahr dividiert (hier 2), erhält man die Duration in Jahren (F17). Eine weitere Möglichkeit besteht darin, die Duration direkt mit der Kurzformel zu bestimmen (F18), was zum selben Ergebnis führt.

Position	Inhalt	Excel-Umsetzung
F10	Laufzeit in Perioden	=F8*F9
F11	Perioden von letzter Kuponzahlung bis Fälligkeit	=AUFRUNDEN(F8*F9;0)
F12	Teilperiode in Perioden	=F10-GANZZAHL(F10)
F15	Preis der Anleihe	=F6*F7/F9*((1+F13/F9)^F11-1)/((F13/F9*(1+F13/F9)^F11))+F6/(1+F13/F9)^F11
F16	Duration 'Perioden letzte Kuponzahlung bis Fälligkeit'	=MAX(F24:F84)
F17	Duration 'Laufzeit in Perioden'	=MAX(F23:F83)-1+F12
F18	Duration in Jahren	=F16/F9
F19	Duration in Jahren mit Kurzformel	=1/F13+F12/F9-((1+F13/F9)+F11/F9*(F7-F13))/((F7*(1+F13/F9)^(F9*F11/F9)-(F7-F13)))
F20	Modified Duration	=F18/(1+F13/F9)

F17 =MAX(F24:F84)-1+F12

Duration einer Anleihe bei nicht glatter (Rest-)Laufzeit (Beispiel 6.18)

Nennwert	1.000
Kuponrate p.a.	6%
Laufzeit (Jahre)	3,25
Kuponzahlungen pro Jahr (m)	2
Laufzeit in Perioden	6,50
Perioden letzte Kuponzahlung bis zur Fälligkeit	7,00
Teilperiode in Perioden (0 < τ < 1)	0,50
Marktzinssatz	8%
Preis der Anleihe	939,98
Duration 'Perioden letzte Kuponzahlung bis Fälligkeit'	6,3953
Duration 'Laufzeit in Perioden'	5,8953
Duration in Jahren	2,9477
Duration in Jahren mit Kurzformel	2,9477
Modified Duration	2,8343

Zeitpunkte (t)	Cash Flow CF_t	Barwerte $CF_t \cdot (1+r/m)^{-t}$	Gewichte w_t	Duration $t \cdot w_t$
0				
1	30	28,85	3,07%	0,0307
2	30	27,74	2,95%	0,0590
3	30	26,67	2,84%	0,0851
4	30	25,64	2,73%	0,1091
5	30	24,66	2,62%	0,1312
6	30	23,71	2,52%	0,1513
7	1.030	782,72	83,27%	5,8289
SUMME		939,98	100,00%	6,3953

Bild 6.31 Duration einer Anleihe bei nicht glatter (Rest-)Laufzeit (Beispiel 6.18)

Die Duration kann wegen ihrer Additivitätseigenschaft auch für ein Anleiheportfolio berechnet werden. Dabei wird die Duration der einzelnen im Portfolio befindlichen Anleihen D_i mit den wertmäßigen Portfolioanteilen w_i gewichtet. Die Portfolioduration D_P ist dann:

$$D_P = \sum_{i=1}^{k} w_i D_i \text{ mit } \sum_{i=1}^{k} w_i = 1$$

Beispiel 6.19

Für die nachfolgenden drei Anleihen soll die Portfolioduration und die Modified Duration zur Abschätzung von Preisänderungen bei Marktzinsänderungen berechnet werden. Der Marktzinssatz sei gegenwärtig 5%.

	Anleihe 1	Anleihe 2	Anleihe 3	Summe
Nennwert (Euro)	100	100	100	
Kuponrate (%)	5%	6%	7%	
Restlaufzeit (Jahre)	15	10	8	

Nominalwert (Euro)	30.000	50.000	60.000	140.000,00
Marktwert (Euro)	30.000,00	53.860,87	67.755,86	151.616,72
Duration (Jahre)	10,90	7,89	6,50	

Der Marktwert der drei im Portfolio befindlichen Anleihen beträgt 151.616,73 Euro. Damit können die wertmäßigen Portfolioanteile berechnet werden:

$$w_1 = \frac{30.000}{151.616,73} = 19,79\%$$

$$w_2 = \frac{5.860,87}{151.616,73} = 35,52\%$$

$$w_3 = \frac{67.755,86}{151.616,73} = 44,69\%$$

Die Portfolioduration erhält man durch Multiplikation der Portfolioanteile mit den jeweiligen Durationskennzahlen.

$$D_p = 0,1979 \cdot 10,90 + 0,3552 \cdot 7,89 + 0,4469 \cdot 6,50 = 7,86$$

Die Modified Duration des Portfolios beträgt

$$MD = \frac{7,33}{1,05} = 6,98 \cdot$$

Bei einem Anstieg (Rückgang) des Marktzinssatzes um 1% ändert sich der Marktwert des Portfolios um annähernd –6,98% (+6,98%) auf 141.033,88 Euro (162.199,58 Euro).

Excel-Umsetzung

Zur Bestimmung der Portfolio Duration wird zunächst der Marktwert der Anleihen berechnet. Anschließend werden die Gewichte bestimmt, indem die Marktwerte der einzelnen Anleihen auf den gesamten Marktwert (G13) bezogen werden. Die Duration wird mit der Kurzformel berechnet, da weder Abrechnungsdatum noch Fälligkeitsdatum vorliegen. Um die Portfolio Duration zu erhalten, werden die einzelnen Durationen mit den Gewichten multipliziert und aufsummiert. Dividiert man die Portfolio Duration mit (1 + Marktzinssatz), erhält man die Modified Duration des Portfolios. Die Berechnung wird beispielhaft für Anleihe 1 durchgeführt.

D13	Marktwert	=(D8*D9*((1+C6)^D10-1)/(C6*(1+C6)^D10)+D8/(1+C6)^D10)*D11/D8
D14	Gewicht	=D13/G13
D15	Duration	=1/C6+1-((1+C6)+D10*(D9-C6))/(D9*(1+C6)^D10-(D9-C6))
D17	Portfolio Duration	=D14*D15+E14*E15+F14*F15
D18	Modified Duration	=D17/(1+C6)

D17 =D14*D15+E14*E15+F14*F15

	A	B	C	D	E	F	G
3							
4		**Duration eines Portfolios aus drei Kuponanleihen (Beispiel 6.19)**					
5							
6		Marktrendite	5%				
7				Anleihe 1	Anleihe 2	Anleihe 3	Summe
8		Nennwert		100	100	100	
9		Kuponrate		5%	6%	7%	
10		Restlaufzeit (Jahre)		15	10	8	
11		Nominalwert		30.000	50.000	60.000	140.000,00
12							
13		Marktwert		30.000,00	53.860,87	67.755,86	151.616,72
14		Gewichte		19,79%	35,52%	44,69%	100,00%
15		Duration		10,90	7,89	6,50	
16							
17		Portfolio Duration		7,86			
18		Modified Duration		7,49			
19							

Bild 6.32 Duration eines Portfolios aus drei Kuponanleihen (Beispiel 6.19)

Im Gegensatz zur Macaulay-Duration berücksichtigt die *Effective Duration* (ED) nicht flache Zinsstrukturkurven. Die einzelnen Cash Flows werden demnach nicht mit einem einheitlichen Zinssatz, sondern mit dem in jeder Periode geltenden Kassazinssatz i_S (Spot Rates) diskontiert. In Anlehnung an die Formel für die Duration erhält man für die Effective Duration:

$$ED = \frac{\sum_{t=1}^{n} tCF_t (1+s_t)^{-t}}{\sum_{t=1}^{n} CF_t (1+s_t)^{-t}} = \sum_{t=1}^{n} \frac{tCF_t (1+s_t)^{-t}}{P} = \sum_{t=1}^{n} t w_t$$

Das folgende Beispiel (vgl. Beispiel 6.9) soll die Berechnung der Effective Duration verdeutlichen.

Für eine Anleihe mit einer Restlaufzeit von 5 Jahren und einem jährlichen Kupon von 4% soll der Preis und die Effektive Duration berechnet werden. Am Markt wird die folgende hypothetische Zinsstruktur beobachtet:

$$s_1 = 2\%,\ s_2 = 2{,}5\%,\ s_3 = 2{,}8\%,\ s_4 = 3{,}0\%,\ s_5 = 3{,}1\%$$

Für die Anleihe ergibt sich ein Preis von

$$P = \frac{4}{1{,}02} + \frac{4}{(1{,}025)^2} + \frac{4}{(1{,}028)^3} + \frac{4}{(1{,}030)^4} + \frac{104}{(1{,}031)^5} = 104{,}24\,.$$

Die Effective Duration beträgt

$$ED = \frac{\frac{1\cdot 4}{(1{,}02)} + \frac{2\cdot 4}{(1{,}025)^2} + \frac{3\cdot 4}{(1{,}028)^3} + \frac{4\cdot 4}{(1{,}03)^4} + \frac{5\cdot 104}{(1{,}031)^5}}{104{,}24} = \frac{501{,}51}{104{,}24} = 4{,}81 \text{ Jahre}.$$

6.3.9.2 Konvexität

Im vorhergehenden Abschnitt wurde gezeigt, dass die Duration den konvexen Zusammenhang zwischen Marktrendite und Preis einer Anleihe linear approximiert. Dadurch entsteht bei der Berechnung der Preisänderung ein Approximationsfehler (vgl. Bild 6.24), der auf den konvexen Verlauf der Preis-Rendite Funktion zurückzuführen ist. Dieser Fehler, der bei einem Renditerückgang stärker ausfällt als bei einem Renditeanstieg, ist umso größer ist, je stärker die Renditeänderung ausfällt.

Auch wenn bei mäßigen Marktzinsänderungen ein Großteil der Preisveränderung bereits mit der Modified Duration erklärt werden kann, kann mit Hilfe der Konvexitätskennzahl die Approximation an den tatsächlichen Preisverlauf (Barwertkurve) noch verfeinert werden. Die Konvexität (Convexity) K misst die Krümmung der Kurve; sie ergibt sich aus der Taylor-Entwicklung auf Basis der ersten beiden Ableitungen:

$$\frac{\Delta P}{P}=\underbrace{\frac{\partial P}{\partial r}\frac{1}{P}}_{-MD}\Delta r+\frac{1}{2}\underbrace{\frac{\partial^2 P}{\partial r^2}\frac{1}{P}}_{Konvexität}(\Delta r)^2+\varepsilon\approx -MD\,\Delta r+\frac{1}{2}K(\Delta r)^2$$

Der erste Term der Taylor-Reihe gibt die approximative Preisänderung über die Modified Duration wieder, der zweite Term die Erweiterung über die Konvexität plus einem Störterm ε. Die Taylor-Reihe könnte beliebig weiterentwickelt werden, der Nutzen, der sich durch Hinzufügen weiterer Ableitungsterme ergibt, ist jedoch gering, da wegen $\Delta r < 1$ die Approximationsbeiträge durch Multiplikation mit höheren Potenzen sehr stark abnehmen. Aus diesem Grund wird die Reihe im Allgemeinen nach dem zweiten Term abgebrochen.

Erfolgen die Kuponzahlungen *halbjährlich* und ist eine Teilperiode τ eines halben Jahres zu berücksichtigen, dann geht die Konvexität aus der zweiten Ableitung der Preis-Rendite-Funktion hervor.

$$P=\sum_{t=1}^{2n}\frac{\frac{1}{2}C}{\left(1+\frac{1}{2}\right)^{t-1+\tau}}+\frac{M}{\left(1+\frac{1}{2}r\right)^{2n-1+\tau}}=\sum_{t=1}^{2n}\tfrac{1}{2}C\left(1+\tfrac{1}{2}r\right)^{-(t-1+\tau)}+M\left(1+\tfrac{1}{2}r\right)^{-(2n-1+\tau)}$$

$$\frac{dP}{dr}=\sum_{t=1}^{2n}-(t-1+\tau)\tfrac{1}{2}C\left(1+\tfrac{1}{2}r\right)^{-(t-1+\tau)-1}+\left[-(2n-1+\tau)M\left(1+\tfrac{1}{2}r\right)^{-(2n-1+\tau)-1}\right]$$

Die zweite Ableitung ergibt:

$$\frac{d^2P}{dr^2}=\sum_{t=1}^{2n}-\left[-(t-1+\tau)-1\right](t-1+\tau)\tfrac{1}{2}C\left(1+\tfrac{1}{2}r\right)^{-(t-1+\tau)-2}-\left[-(2n-1+\tau)-1\right]$$
$$\cdot(2n-1+\tau)M\left(1+\tfrac{1}{2}r\right)^{-(2n-1+\tau)-2}$$

Die zweite Ableitung reflektiert die Krümmung der Preis-Rendite-Funktion und ist ein Ergänzungsmaß zur deren Steigung. Durch weitere Umformungen und Division beider Seiten durch P erhält man die Konvexität.

$$K=\frac{d^2P}{dr^2}\frac{1}{P}$$
$$=\frac{1}{P}\left[\sum_{t=1}^{2n}(t+\tau)(t-1+\tau)\tfrac{1}{2}C\left(1+\tfrac{1}{2}r\right)^{-(t-1+\tau)-2}+(2n+\tau)(2n-1+\tau)M\left(1+\tfrac{1}{2}r\right)^{-(2n-1+\tau)-2}\right]$$

oder

$$K = \frac{d^2P}{dr^2}\frac{1}{P}$$

$$= \frac{\sum_{t=1}^{2n}(t+\tau)(t-1+\tau)\tfrac{1}{2}C\left(1+\tfrac{1}{2}r\right)^{-(t-1+\tau)-2} + (2n+\tau)(2n-1+\tau)M\left(1+\tfrac{1}{2}r\right)^{-(2n-1+\tau)-2}}{\sum_{t=1}^{2n}\tfrac{1}{2}C\left(1+\tfrac{1}{2}r\right)^{-(t-1+\tau)} + M\left(1+\tfrac{1}{2}r\right)^{-(2n-1+\tau)}}$$

Fasst man noch die Halbjahres-Kuponzahlungen und den Nennwert zu einer Cash Flow-Zahl CF_t zusammen, dann kann man die Konvexität schreiben:

$$K = \frac{d^2P}{dr^2}\frac{1}{P} = \frac{\sum_{t=1}^{2n}(t+\tau)(t-1+\tau)CF_t\left(1+\tfrac{1}{2}r\right)^{-(t-1+\tau)-2}}{\sum_{t=1}^{2n}CF_t\left(1+\tfrac{1}{2}r\right)^{-(t-1+\tau)}}$$

wobei CF_t Halbjahreskuponzahlungen sind und τ ist Teilperiode eines halben Jahres. Im Nenner des Bruches steht der Dirty-Preis der Anleihe. Durch weitere Umformung kann die Konvexität auf Basis von Halbjahresperioden und Existenz einer Teilperiode auch als

$$K = \frac{1}{\left(1+\tfrac{1}{2}r\right)^{(t-1+\tau)+2}}\frac{1}{P}\sum_{t=1}^{2n}(t+\tau)(t-1+\tau)CF_t$$

geschrieben werden.

Erfolgen die Kuponzahlungen *jährlich* und ist eine Teilperiode vorhanden, erhält man:

$$K = \frac{d^2P}{dr^2}\frac{1}{P} = \frac{1}{(1+r)^{(t-1+\tau)+2}}\frac{1}{P}\sum_{t=1}^{n}(t+\tau)(t-1+\tau)CF_t$$

Erfolgen die Kuponzahlungen *halbjährlich* und ist *keine* Teilperiode vorhanden, d.h. ist $\tau = 1$, dann berechnet sich die Konvexität zu:

$$K = \frac{1}{\left(1+\tfrac{1}{2}r\right)^{t+2}}\frac{1}{P}\sum_{t=1}^{2n}(t+1)(t)CF_t$$

Die Umrechnung der Konvexität in Jahre erfolgt allgemein durch die Beziehung:

$$\text{Konvexität in Jahren} = \frac{\text{Konvexität in } m \text{ Perioden pro Jahr}}{m^2}$$

Bei *jährlichen* Kuponzahlungen und glatter Restlaufzeit erhält man:

$$K = \frac{1}{(1+r)^{t+2}}\frac{1}{P}\sum_{t=1}^{n}(t+1)(t)CF_t$$

Die Konvexität in Perioden einer Nullkupon-Anleihe reduziert sich zu

$$K = \frac{(t+1)t}{(1+r)^2}$$

und kann durch obige Formel in Jahre transformiert werden.

Beispiel 6.20

Gegeben sei eine Anleihe mit einem Nennwert von 100 Euro, einer Kuponrate von 6% und einer Restlaufzeit von 5 Jahren. Die gegenwärtige Marktrendite sei 6,5% (vgl. Beispiel 6.16). Zunächst sollen der Preis, die Duration, die Modified Duration und die Konvexität berechnet werden. Dann soll für eine Renditeänderung von ±100 Basispunkten der Preis approximiert werden und der exakten Preisänderung gegenübergestellt werden.

Der Preis der Anleihe berechnet sich zu 97,92 Euro, die Duration ist 4,46 Jahre und die Modified Duration beträgt 4,19%.

Die Konvexität erhält man über die Formel

$$K = \frac{1}{(1+r)^{t+2}} \frac{1}{P} \sum_{t=1}^{n} (t+1)(t) CF_t \cdot$$

Zunächst wird tabellarisch die zweite Ableitung ermittelt:

Jahre t	t	Cash Flow CF_t	$1/(1+r)^{t+2}$	(t) · (t+1)	(t) · (t+1) · CF_t / $(1+r)^{t+2}$
1	1	6	0,8278	2	4,9671
2	2	6	0,7773	5	23,3197
3	3	6	0,7299	10	43,7929
4	4	6	0,6853	17	69,9041
5	5	106	0,6435	26	1.773,5031
Summe					1.920,4539

Bild 6.33 Berechnung der Konvexität einer 5-jährigen 6%-Kupon-Anleihe bei einer aktuellen Rendite von 6,5% (Beispiel 6.21)

Die Konvexität ergibt sich, indem die zweite Ableitung durch den Preis dividiert wird:

$$K = \frac{1.920,4539}{97,92} = 19,61$$

Die absolute Preisänderung nach einem Renditeanstieg von 100 Basispunkten mittels Modified Duration und Konvexität ist

$$\Delta P = \left[-4,19 \cdot 0,01 + 0,5 \cdot 19,61 \cdot (0,01)^2\right] \cdot 97,92 = -4,00 \cdot$$

Damit ergibt sich ein Preis von

$$P = 97,92 - 4,00 = 93,92$$

Die relative Preisänderung beträgt

$$\frac{\Delta P}{P} = \left[-4,19 \cdot 0,01 + 0,5 \cdot 19,56 \cdot (0,01)^2\right] = -4,09\%$$

womit man ebenfalls einen Preis von

$P = 97{,}92 \cdot (1 - 0{,}0409) = 93{,}92$ erhält.

Der exakte Preis nach einem Renditeanstieg von 1% beträgt nach der Barwertformel 93,93.

Die Preisabschätzung mit der Modified Duration und der Konvexität liefert einen Preis, der nahezu identisch ist mit dem Barwert der Kuponzahlungen und des Nennwertes.

Bei einem Renditerückgang von 100 Basispunkten ergibt sich bei einer absoluten bzw. relativen Preisänderung von 4,20 Euro bzw. 4,28% ein geschätzter Preis von 102,12 Euro im Vergleich zum exakten Preis von 102,14 Euro. Auch hier ist die Abweichung in Höhe von 0,02 Euro sehr gering. Man erkennt, dass – bedingt durch die Konvexität der Preis-Rendite-Funktion – bei einer Renditeänderung von −1% der Preisanstieg mit 4,28% höher ist als der Preisrückgang mit 4,09% bei einer Renditeänderung von +1%.

Excel-Umsetzung

Nach der Berechnung des Preises, der Duration und der Modified Duration (vgl. Beispiel 6.18) wird zunächst die zweite Ableitung (G30) der Anleihe tabellarisch ermittelt. Dividiert man die zweite Ableitung mit dem Preis der Anleihe (F12), erhält man die Konvexität (F16). Die absolute bzw. relative Preisänderung mittels Modified Duration und Convexity ergibt sich aus der oben aufgezeigten Taylor-Reihe zweiter Ordnung.

Für Laufzeiten größer als fünf Jahre müssen die Zellinhalte der Zeile 26 entsprechend der gewünschten Laufzeit nach unten kopiert werden.

F15	zweite Ableitung der Preis-Rendite Funktion	=MAX(G25:G100)
F16	Konvexität	=F15/F12
F17	absolute Preisänderung nach Renditeanstieg mit Modified Duration und Convexity	=(-F14*F10+1/2*F16*F10^2)*F12
F18	Preis nach Renditeanstieg	=F12+F17
F19	relative Preisänderung nach Renditeanstieg mit Modified Duration und Convexity	=-F14*F10+1/2*F16*F10^2
F20	Preis nach Renditeanstieg	=F12+F12*F19
F21	exakter Preis nach der Barwertformel	=F6*F7*((1+F9+F10)^F8-1)/(F9+F10)*(1+F9+F10)^F8)+F6/(1+F9+F10)^F8

12	Preis				97,92	97,92
13	Duration				4,46	4,46
14	Modified Duration				4,19	4,19
15	Zweite Ableitung				1.920,45	1.920,45
16	Konvexität				19,61	19,61
17	Abs. Preisänderung nach Zinsanstieg mit MD + K				-4,00	4,20
18	Preis nach Zinsanstieg				93,92	102,12
19	Rel. Preisänderung nach Zinsanstieg mit MD + K				-4,09%	4,28%
20	Preis nach Zinsanstieg				93,92	102,12
21	Preis nach Zinsanstieg mit Barwertformel				93,93	102,14
22						
23	Jahre t	t	Cash Flow CF_t	1/(1+r)^(t+2)	(t)*(t+1)	(t)*(t+1)*CF_t / (1+r)^(t+2)
24	0					
25	1	1	6	0,8278	2	9,9342
26	2	2	6	0,7773	5	23,3197
27	3	3	6	0,7299	10	43,7929
28	4	4	6	0,6853	17	69,9041
29	5	5	106	0,6435	26	1.773,5031
30	SUMME					1.920,4539
31						

Bild 6.34 Preisapproximation einer 5-jährigen, 6% Kuponanleihe über Modified Duration und Konvexität (Beispiel 6.21)

In Abschnitt 6.3.8.1 wurde gezeigt, dass mit der Modified Duration der Preis einer Anleihe bei einer Renditeänderung bis zu ±1% ausreichend gut abgeschätzt werden kann, bei einer größeren Renditeänderung die Preisapproximation hingegen zunehmend ungenauer wird. Anhand einer Scenarioanalyse soll nun am Beispiel der 5-jährigen, 6% Kuponanleihe (Beispiel 6.21) der Approximationsfehler der Modified Duration alleine und dann unter Einbezug der Konvexität zur Berechnung zinsänderungsbedingter Preisreaktionen analysiert werden.

Beispiel 6.21

Am Beispiel der 5-jährigen 6%-Kuponanleihe (Beispiel 6.21) zeigt Bild 6.35 die Preise und die absoluten und relativen Preisänderungen bei Renditeanstiegen und -rückgängen von jeweils 100 Basispunkten, ausgehend von einem Renditeniveau von 6,5%.

Rendite in %	Änderung in Basispunkten	exakter Preis	exakte Preisänderung	Preisänderung MD	Schätzfehler MD	Preisänderung MD und K	Schätzfehler MD und K
(1)	(2)	(3)	(4)	(5)	(6)	(7)	(8)
1,50	-500	121,52	23,60	20,50	3,10	22,89	0,70
2,50	-400	116,26	18,34	16,40	1,94	17,93	0,40
3,50	-300	111,29	13,37	12,30	1,07	13,16	0,20
4,50	-200	106,58	8,66	8,20	0,46	8,58	0,08
5,50	-100	102,14	4,21	4,10	0,11	4,20	0,02

6,50	**0,00**	**97,92**	**0,00**	**0,00**	**0,00**	**0,00**	**0,00**
7,50	100	93,93	-3,99	-4,10	0,11	-4,00	0,01
8,50	200	90,15	-7,77	-8,20	0,43	-7,82	0,04
9,50	300	86,56	-11,36	-12,30	0,94	-11,44	0,07
10,50	400	83,16	-14,77	-16,40	1,63	-14,87	0,10
11,50	500	79,93	-18,00	-20,50	2,50	-18,10	0,10

Bild 6.35 Schätzfehler bei der Preisberechnung über Modified Duration und Konvexität (Beispiel 6.22)

Bei einer Rendite von 6,5% errechnen sich ein aktueller Preis von 97,92 Euro, eine Modified Duration von 4,19 und eine Konvexität von 19,61. Das Renditeniveau wird nun in Schritten von 100 Basispunkten gemäß Spalte 2 relativ zur Rendite von 6,5% erhöht bzw. gesenkt. Die korrespondierenden exakten Preise und die exakten absoluten Preisänderungen relativ zum aktuellen Preis von 97,92 Euro stehen in Spalte 3 bzw. 4. Die Spalte 5 enthält die Preisänderung, wenn zur Abschätzung die Modified Duration alleine verwendet wird, und Spalte 6 den daraus resultierenden Schätzfehler als Differenz zwischen den exakten und approximierten Preisen. Bild 6.36 zeigt, dass die Preisapproximation über die Modified Duration alleine die exakten Preise unabhängig von der Richtung der Renditeänderung unterschätzt. Dies kommt dadurch zum Ausdruck, dass die Residuenkurve (Schätzfehler zwischen tatsächlichen und approximierten Preisen) als nach oben geöffnete Parabel verläuft, die jedoch nicht symmetrisch verläuft, da die Schätzfehler bei Renditerückgängen höher sind als bei Renditeanstiegen (vgl. Spalte 6 in Abb. 6.35). Spalte 7 gibt die Preisänderung an, wenn neben der Modified Duration auch noch die Konvexität zur Preisabschätzung herangezogen wird. Ein Vergleich der Spalten 8 und 6 verdeutlicht, dass die Höhe des Schätzfehlers unter Hinzunahme der Konvexität insbesondere bei großen Renditeänderungen stark abnimmt. Dennoch ist das positive Korrektiv der Konvexität bei einem starken Renditerückgang nicht groß genug, um die exakte Preisänderung abzubilden. Bei hoher Konvexität und starken Renditeanstiegen hingegen könnte die Korrektur zu hoch ausfallen, was dann durch negative Schätzfehler in Spalte 8 zum Ausdruck käme.

Bild 6.35 zusammen mit Bild 6.36 verdeutlichen, dass die Konvexität eine Risikoasymmetrie erzeugt, wonach Zinsanstiege zu anderen Preisänderungen führen wie Zinsrückgänge. Der Asymmetrievorteil konvexer Anleihen besteht darin, dass das Chancenpotenzial aufgrund fallender Marktrenditen größer ist als das Risikopotenzial bei gleich stark steigenden Renditen. Dieser Asymmetrievorteil kann quantifiziert werden und entspricht der Differenz zwischen den absoluten Kursgewinnen und Kursverlusten bei jeweils gleich großem Renditerückgang bzw. -anstieg. Im betrachteten Beispiel bewirkt ein Renditeanstieg um 2% laut Bild 6.35 einen Preisrückgang um 7,77 Euro, wohingegen ein Renditerückgang um 2% einen Preisanstieg von 8,66 Euro verursacht. Daraus resultiert ein absoluter Asymmetrievorteil von 0,89 Euro oder bezogen auf den aktuellen Preis von 97,92 Euro ein relativer Asymmetrievorteil von 0,91%.

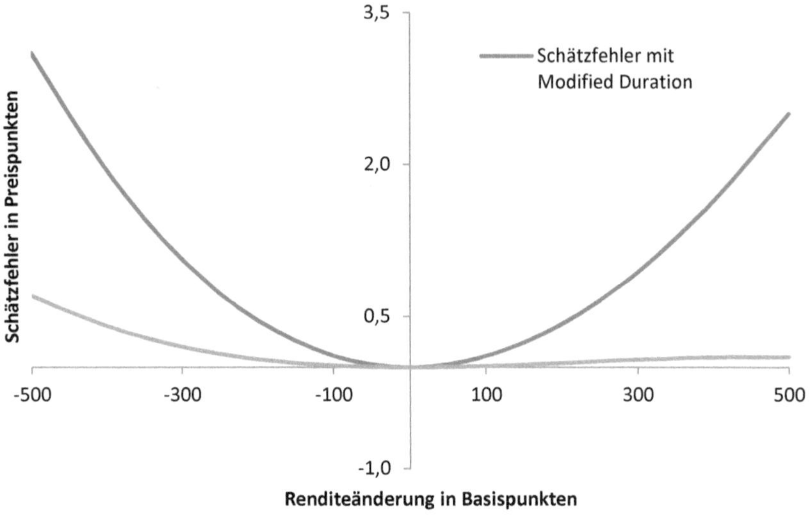

Bild 6.36 Schätzfehler bei Preisermittlung über Modified Duration und Convexity

Aus der für einen Investor positiven Risikoasymmetrie kann gefolgert werden, dass Konvexität grundsätzlich eine wünschenswerte Eigenschaft ist und von ansonsten gleichwertigen Anleihen immer die mit der größten Konvexität präferiert werden sollte. Die Konvexitätskennziffer kann letztendlich wie folgt interpretiert werden: Je größer die Konvexität ist, desto geringer sind die Verluste bei steigenden Renditen und desto höher sind die Gewinne bei fallenden Renditen. Dieselbe Eigenschaft der Konvexität kann auf Portfolios mit gleicher Duration angewendet werden. Bei größerer Konvexität führt eine Zinssteigerung zu kleineren Verlusten und eine Zinssenkung zu größeren Gewinnen im Portfolio im Vergleich zu einer Preis-Rendite Kurve mit geringerer Konvexität.

Die Konvexität wird wie die Duration einer Anleihe aus der Barwertformel abgeleitet und wird daher auch von den Faktoren Kupon, Laufzeit und Marktrendite beeinflusst. Es gelten folgende Zusammenhänge:

- Die Konvexität einer Anleihe ist umso größer, je kleiner die Kuponrate ist. Das Ausmaß des Asymmetrievorteils nimmt mit niedrigerer Kuponrate zu.
- Mit zunehmender Restlaufzeit (d.h. mit zunehmender Duration) nimmt die Konvexität zu. Die Formel für die Konvexität verdeutlicht, dass die Konvexität bei Verlängerung der Restlaufzeit quadratisch zunimmt.
- Der Einfluss der Marktrendite wirkt sich wie bei der Duration negativ auf die Konvexität aus. Je höher die Rendite, umso kleiner wird die Konvexität.

Die Schwierigkeiten bei der Analyse und Anwendung der Konvexität liegen in den Annahmen. Es wird von einer Parallelverschiebung der Zinskurve und von konstanten Spreads (Renditedifferenzen) verschiedener Anleihen ausgegangen, was in der Realität nicht immer gegeben ist.

Excel-Umsetzung

Die Modellierung in Excel erfolgt nach der oben beschriebenen Vorgehensweise.

I18 =E18-H18

Schätzfehler bei der Preisberechnung mit der Modified Duration und Konvexität (Beispiel 6.22)

Nennwert	100
Kuponrate	6%
Laufzeit (in Jahren)	5
Marktrendite	6,50%
Preis	97,92
Duration	4,46
Modified Duration	4,19
Konvexität	19,61

Rendite %	Änderung in bp	Preis	Exakte Preisänderung	Preisänderung MD	Schätzfehler MD	Preisänderung MD und K	Schätzfehler MD und K
(1)	(2)	(3)	(4)	(5)	(6)	(7)	(8)
1,50%	-500	121,52	23,60	20,50	3,10	22,90	0,70
2,50%	-400	116,26	18,34	16,40	1,94	17,93	0,40
3,50%	-300	111,29	13,37	12,30	1,07	13,16	0,20
4,50%	-200	106,58	8,66	8,20	0,46	8,58	0,08
5,50%	-100	102,14	4,21	4,10	0,11	4,20	0,02
6,50%	**0**	**97,92**	**0,00**	**0,00**	**0,00**	**0,00**	**0,00**
7,50%	100	93,93	-3,99	-4,10	0,11	-4,00	0,01
8,50%	200	90,15	-7,77	-8,20	0,43	-7,82	0,04
9,50%	300	86,56	-11,36	-12,30	0,94	-11,43	0,07
10,50%	400	83,16	-14,77	-16,40	1,63	-14,86	0,10
11,50%	500	79,93	-18,00	-20,50	2,50	-18,10	0,10

Bild 6.37 Schätzfehler bei der Preisberechnung über Modified Duration und Convexity (Beispiel 6.22)

6.3.9.3 Immunisierungsstrategie

Die Barwertformulierung geht von der Annahme aus, dass alle während der Laufzeit anfallenden Kuponzahlungen eben zur aktuellen Rendite bis zur Fälligkeit reinvestiert werden und die Anleihe bis zur Fälligkeit gehalten wird. Damit ergibt sich ein Endvermögen (Future Value) FV am Ende der Laufzeit n von

$$FV = \sum_{t=1}^{n} C_t \left(1+r\right)^{n-t} + M\,.$$

Die sich aus dem Endvermögen und dem eingesetzten Kapital (Kurs der Anleihe) ergebende ex-post-Rendite oder *Total Return*, entspricht dann der Rendite r, die die Anleihe zum Investitionszeitpunkt ausweist.

In der Realität wird jedoch das tatsächliche Endvermögen (und damit die ex-post-Rendite) von dem beim Kauf geplanten Endvermögen wegen Marktzinsänderungen und unterschiedlicher Anlagedauern abweichen, so dass sich ein Endvermögen bzw. eine Rendite ergibt, die entweder über oder unter der zum Investitionszeitpunkt ausgewiesenen Rendite (Yield to Maturity) liegt.

Bei gegebenem Anlagehorizont h, mit $h < n$, ergibt sich am Ende des Anlagehorizonts bei glatter Restlaufzeit und jährlicher Kuponzahlung ein Endwert von

$$FV = \sum_{t=1}^{h} C_t (1+r)^{h-t} + \sum_{t=1}^{n-h} \frac{C_{h+t}}{(1+r)^t} + \frac{M}{(1+r)^{n-h}}.$$

Demnach werden bei der Berechnung des Endwertes alle vor dem Anlagehorizont h liegenden Kuponzahlungen auf den Anlagehorizont h hin aufgezinst, und alle nach dem Anlagehorizont liegenden Kuponzahlungen sowie der Nennwert der Anleihe auf das Ende des Anlagehorizonts abgezinst. Zum Zeitpunkt der Duration, wenn $h = D$, gleichen sich die marktzinsinduzierten, gegenläufigen Kurs- und Wiederanlageeffekte aus, so dass des Endvermögen gegen Zinsänderungen immunisiert ist (Immunisierungsstrategie).

Allgemein lässt sich dieser Sachverhalt an folgender Überlegung veranschaulichen. Sei

$$V_0 = \frac{L}{(1+r)^h}$$

der Barwert einer nach h Jahren fällig werdenden Verbindlichkeit L, wobei der Diskontierungszinssatz der gegenwärtigen Marktrendite r entspricht.

Diese Verbindlichkeit soll nun mit einer Anleihe abgesichert werden, wobei für den Preis der Anleihe gilt:

$$P = \sum_{t=1}^{n} \frac{C_t}{(1+r)^t}$$

Erfolgt eine Änderung des Marktzinssatzes von r auf $r + \Delta r$, dann ergibt sich der Wert der zukünftigen Verbindlichkeit zu

$$V_0 + \Delta V_0 \approx V_0 + \frac{dV_0}{dr} \Delta V_0 = V_0 + \Delta r \left[\frac{-hL}{(1+r)^{h+1}} \right]$$

Und für den Wert der Anleihe erhält man:

$$P + \Delta P \approx P + \frac{dP}{dr} \Delta P = P + \Delta r \sum_{t=1}^{n} \frac{-tCF_t}{(1+r)^{t+1}}$$

Gleichsetzen beider Werte ergibt:

$$V_0 + \Delta r \left[\frac{-hL}{(1+r)^{h+1}} \right] = P + \Delta r \sum_{t=1}^{n} \frac{-tCF_t}{(1+r)^{t+1}}$$

oder

$$\left[\frac{-hL}{(1+r)^{h+1}} \right] = \sum_{t=1}^{n} \frac{-tCF_t}{(1+r)^{t+1}}.$$

Mit $P = V_0 = \dfrac{L}{(1+r)^h}$

erhält man

$$hP = \sum_{t=1}^{n} \frac{CF_t}{(1+r)^{t+1}}$$

und

$$h = \frac{1}{P}\sum_{t=1}^{n}\frac{tCF_t}{(1+r)^{t+1}}$$

Der zweite Term der Gleichung ist die Duration, so dass gilt: $h = D$.

Damit ist gezeigt, dass ein Investor, dessen Planungshorizont mit der Duration der Anleihe identisch ist, unter den gegebenen Annahmen (flache Zinskurve, einmalige Marktzinsänderung unmittelbar nach dem Kauf der Anleihe und Parallelverschiebung der flachen Zinskurve, fixierter Planungshorizont, keine Entnahme von Beträgen während des Planungshorizonts und Reinvestition der bis zum Planungshorizont anfallenden Kuponzahlungen zum Marktzinssatz) gegen das Zinsänderungsrisiko immunisiert ist.

Ein Investor kann somit die beim Kauf der Anleihe ermittelte Rendite (Yield to Maturity) auch ex-post erwirtschaften. Diese als *Total Return* bezeichnete Rendite (vgl. auch Abschnitt 6.3.8) berechnet sich allgemein aus der Beziehung

$$\text{Total Return} = \left(\frac{\text{Gesamtertrag}}{\text{Investiertes Kapital}}\right)^{\frac{1}{h}} - 1$$

Der Gesamtertrag setzt sich aus den bis zum Ende des Anlagehorizonts erhaltenen Kuponzahlungen, den Zinseszinsen auf die reinvestierten Kuponzahlungen und dem Verkaufspreis der Anleihe am Ende des Anlagehorizonts zusammen. Das investierte Kapital entspricht dem Dirty-Preis der Anleihe zu Beginn des Anlagehorizonts.

Beispiel 6.23

Eine Versicherungsgesellschaft erwartet, dass sie in sieben Jahren einen Betrag von 1 Million Euro an einen Kunden auszahlen muss. Um sich gegen das Zinsänderungsrisiko abzusichern, sollte die Versicherungsgesellschaft eine Anleihe (oder ein Anleiheportfolio) mit einer Duration von sieben Jahren kaufen. Die Versicherungsgesellschaft kauft eine 10-jährige 11%-Kuponanleihe, die gegenwärtig zu einem Kurs von 1.323,50 Euro gehandelt wird. Es soll nun gezeigt werden, dass unter der Annahme einer flachen Zinsstruktur die Rendite, die die Anleihe heute ausweist, im Nachhinein auch tatsächlich realisiert werden kann, wenn die Duration der Anleihe dem Anlagehorizont des Investors entspricht.

Zunächst wird die Rendite der Anleihe ermittelt. Aus der Gleichung

$$1.323{,}50 = 110 \cdot \left[\frac{(1+r)^{10} - 1}{r \cdot (1+r)^{10}}\right] + \frac{1.000}{(1+r)^{10}}$$

ergibt sich eine Rendite von 6,5%.

Dann wird die Anzahl der Anleihen ermittelt, die die Versicherungsgesellschaft kaufen muss, um nach sieben Jahren (am Ende des Anlagehorizonts) eine Million Euro an den Kunden auszahlen zu können. Dabei wird unterstellt, dass die Anleihe beliebig teilbar ist.

$$\text{Anzahl der Anleihen} = \frac{1.000.000}{(1{,}065)^7 \cdot 1.323{,}50} = 486{,}22$$

Um gegen das Zinsänderungsrisiko immunisiert zu sein, muss gezeigt werden, dass die Duration der Anleihe mit dem Anlagehorizont der Versicherungsgesellschaft identisch ist. Die Duration berechnet sich mit der Kurzformel zu:

$$D = \frac{1}{0{,}065} + 1 - \frac{1{,}065 + 10 \cdot (0{,}11 - 0{,}065)}{0{,}11 \cdot (1{,}065)^{10} - (0{,}11 - 0{,}065)} = 7{,}00$$

Die Duration der Anleihe ist damit identisch mit dem Anlagehorizont des Investors.

Schließlich soll noch gezeigt werden, dass die gegenwärtige Rendite der Anleihe von 6,5% unabhängig von der Marktzinsentwicklung auch tatsächlich erwirtschaftet werden kann. Hierzu wird angenommen, dass unmittelbar nach dem Kauf der Anleihe die Marktrendite von 6,5% auf 7% steigt bzw. von 6,5% auf 6% fällt.

Fällt der Marktrendite auf 6%, dann ergibt sich der Gesamtertrag am Ende des Anlagehorizonts aus den Kuponzahlungen, den Wiederanlagezinsen und dem Verkaufspreis der Anleihe am Ende des Anlagehorizonts zu:

$$\text{Gesamtertrag} = 110 \cdot \left[\frac{(1{,}06)^7 - 1}{0{,}06}\right] + 110 \cdot \left[\frac{(1{,}06)^3 - 1}{0{,}06 \cdot (1{,}06)^3}\right] + \frac{1.000}{(1{,}06)^3} = 923{,}32 + 1.133{,}61 = 2.056{,}97$$

Der Total Return beträgt dann

$$\text{Total Return} = \left(\frac{2.056{,}97}{1.323{,}50}\right)^{\frac{1}{7}} - 1 = 6{,}5\%\,.$$

Steigt die Marktrendite von 6,5% auf 7%, ergibt sich ein Gesamtertrag von

$$\text{Gesamtertrag} = 110 \cdot \left[\frac{(1{,}07)^7 - 1}{0{,}07}\right] + 110 \cdot \left[\frac{(1{,}07)^3 - 1}{0{,}07 \cdot (1{,}07)^3}\right] + \frac{1.000}{(1{,}07)^3} = 951{,}94 + 1.104{,}97 = 2.056{,}91$$

und der Total Return ist

$$\text{Total Return} = \left(\frac{2.056{,}91}{1.323{,}50}\right)^{\frac{1}{7}} - 1 = 6{,}5\%\,.$$

Vergleicht man beide Ergebnisse, erkennt man, dass bei einem Renditerückgang (Renditeanstieg) der Betrag aus Kuponzahlungen und Wiederanlagezinsen niedriger (höher) ist, der Verkaufskurs jedoch höher (niedriger) ausfällt. Der geringere (höhere) Ertrag aus den Kuponzahlungen und den Wiederanlagezinsen wird durch den höheren (niedrigeren) Verkaufskurs kompensiert, so dass der Gesamtertrag gleichbleibt, was sich auch in der Rendite von 6,5% zeigt.

Schließlich soll noch gezeigt werden, dass die Versicherungsgesellschaft am Ende des Anlagehorizonts auch tatsächlich 1 Million Euro zur Verfügung hat, um ihrer Verpflichtung gegenüber dem Kunden nachkommen zu können. Da 486,22 Anleihen gekauft wurden und der Ertrag pro Anleihe über sieben Jahre rund 2.057 Euro beträgt, ergibt sich ein Betrag von ca. 1,000155 Euro.

Excel-Umsetzung

Zur Implementierung der Immunisierungsstrategie werden zunächst die aktuelle Rendite der Anleihe, die Anzahl der zu kaufenden Anleihen und die Duration bestimmt.

Die aktuelle Rendite wird aus dem Zahlungsstrom mit der Excel-Funktion IKV() berechnet, die Duration der Anleihe wird mit der Kurzformel berechnet. Da die Duration gleich dem Anlagehorizont des Investors ist, ist der Anleger unter den gegebenen Annahmen gegen das Zinsänderungsrisiko abgesichert. Dies kann durch die Berechnung des Gesamtertrags und des Total Return gezeigt werden; letzterer ist identisch mit der aktuellen Rendite der Anleihe. Schließlich wird der Gesamtertrag nach sieben Jahren bestimmt, der sich durch Multiplikation der Anzahl der gekauften Anleihen mit dem Ertrag pro Anleihe ergibt.

Die Berechnungen können für unterschiedliche Zinsanstiege und -rückgänge modifiziert werden. Wird eine Anleihe mit einer Laufzeit über 10 Jahren betrachtet, dann muss die Zeile B28 entsprechend der neuen Laufzeit nach unten kopiert werden. Zudem muss, um eine Immunisierung zu erreichen, der Anlagehorizont der Duration angepasst werden.

E15	aktuelle Rendite	=IKV(D27:D37)
E16	Anzahl der Anleihen	=E6/((1+E15)^E11*E10)
E17	Duration	=1/E15+1-((1+E15)+E9*(E8E15))/ (E8*(1+E15)^E9-(E8-E15))
E18	Gesamtertrag bei Zinsrückgang	=E7*E8*((1+E15+E13)^E11-1)/(E15+E13)+ E7*E8*((1+E15+E13)^(E9-E11)1)/ ((E15+E13)*(1+E15+E13)^(E9-E11))+E7/ (1+E15+E13)^(E9-E11)
E19	Gesamtertrag bei Zinsanstieg	=E7*E8*((1+E15+E12)^E11-1)/(E15+E12)+ E7*E8*((1+E15+E12)^(E9-E11)-1)/ ((E15+E12)*(1+E15+E12)^(E9-E11))+E7/(1+E15+E12)^(E9-E11)
E20	Total Return bei Zinsrückgang	=(E18/E10)^(1/E11)-1
E21	Total Return bei Zinsanstieg	=(E19/E10)^(1/E11)-1
E22	Gesamtertrag nach 7 Jahren	=E16*E18

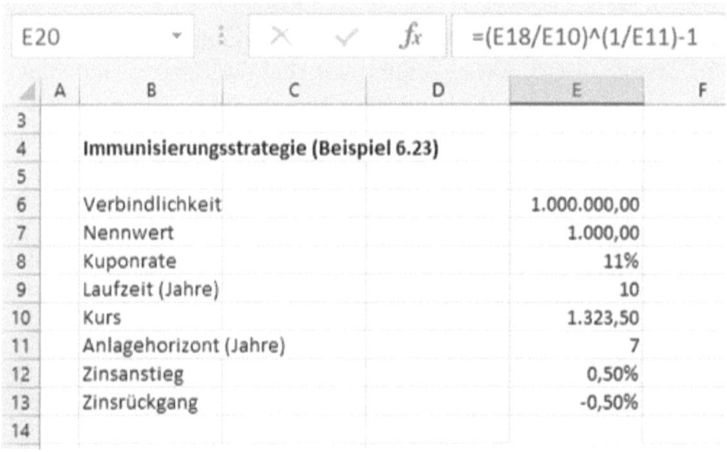
E20 | =(E18/E10)^(1/E11)-1

	A	B	C	D	E	F
3						
4		**Immunisierungsstrategie (Beispiel 6.23)**				
5						
6		Verbindlichkeit			1.000.000,00	
7		Nennwert			1.000,00	
8		Kuponrate			11%	
9		Laufzeit (Jahre)			10	
10		Kurs			1.323,50	
11		Anlagehorizont (Jahre)			7	
12		Zinsanstieg			0,50%	
13		Zinsrückgang			-0,50%	
14						

15	Aktuelle Rendite			6,50%
16	Anzahl der Anleihen			486,22
17	Duration			7,00
18	Gesamtertrag bei Zinsrückgang pro Anleihe			2.056,97
19	Gesamtertrag bei Zinsanstieg pro Anleihe			2.056,91
20	Total Return bei Zinsrückgang			6,50%
21	Total Return bei Zinsanstieg			6,50%
22	Gesamtertrag nach 7 Jahren			1.000.134,04
23				
24	*Cash Flows der Anleihe zur Berechnung der aktuellen Rendite*			
25				
26	Jahr	Cash Flows	Zahlungsstrom	
27	0	-1.323,50	-1.323,50	
28	1	110,00	110,00	
29	2	110,00	110,00	
30	3	110,00	110,00	
31	4	110,00	110,00	
32	5	110,00	110,00	
33	6	110,00	110,00	
34	7	110,00	110,00	
35	8	110,00	110,00	
36	9	110,00	110,00	
37	10	1110,00	1110,00	
38				

Bild 6.38 Darstellung einer Immunisierungsstrategie (Beispiel 6.23)

7 Aktien

7.1 Grundlagen

Der Käufer einer Aktie wird gegen Zahlung des Aktienpreises Miteigentümer an einem Unternehmen, der Aktiengesellschaft. Damit wird dokumentiert, dass der Inhaber von Aktien Geld in das Unternehmen eingebracht hat. Der Erlös aus dem Verkauf von Aktien kommt in vollem Umfang der Aktiengesellschaft zugute und dient zur Deckung ihres Kapitalbedarfs.

Die Gesamtheit aller emittierten Aktien bildet das Grundkapital der Gesellschaft. Die wichtigsten Gremien einer Aktiengesellschaft sind die *Hauptversammlung*, der *Aufsichtsrat* und der *Vorstand*. Die Hauptversammlung setzt sich aus allen Aktionären zusammen und entscheidet über die Verwendung der Gewinne, legt die Höhe der zur Ausschüttung kommenden Dividende fest und wählt den Aufsichtsrat, welcher die Geschäftstätigkeit überwacht und den Vorstand einsetzt. Die Leitung der Geschäfte der Firma bestimmt der Vorstand und trägt somit die Verantwortung für den wirtschaftlichen Erfolg bzw. Misserfolg des Unternehmens. Bedeutungsvolle Entscheidungen, wie der Verkauf von Unternehmensanteilen, müssen mit dem Aufsichtsrat abgestimmt werden.

Mit dem Kauf einer Aktie erwirbt der Aktionär verschiedene *Rechte*. Zu diesen Rechten zählen das Recht auf Mitbestimmung, das Recht auf einen Anteil am Bilanzgewinn und das Recht auf Wahrung seines Anteils im Falle einer ordentlichen Kapitalerhöhung. Zudem steht den Aktionären das Recht zu, seitens des Unternehmens mit Informationen versorgt zu werden, die für die Beschlussfassung von Punkten der Tagesordnung einer Hauptversammlung notwendig sind. Im Falle der Liquidierung der Gesellschaft hat der Aktionär nach Begleichung aller Verbindlichkeiten das Recht auf einen Anteil am Liquidationserlös.

Aktien können hinsichtlich des Mitspracherechts und der Möglichkeit der Eigentumsübertragung unterschieden werden. *Stammaktien* (Common Stocks) sind mit dem Recht auf Beteiligung an dem zur Ausschüttung kommenden Gewinn und auf Teilnahme an der Hauptversammlung ausgestattet und berechtigen zum Bezug von jungen (neu ausgegebenen) Aktien. Demgegenüber besitzen die Inhaber von *Vorzugsaktien* (Preferred Stocks) bestimmte Vorrechte, die von Unternehmen zu Unternehmen unterschiedlich sein können. Die Vorzüge bestehen meist in einer im Vergleich zu den Stammaktionären höheren Dividendenauszahlung, im Gegenzug dazu verzichten die Vorzugsaktionäre dann meist auf ihr Stimmrecht auf der Hauptversammlung. *Inhaberaktien* (Bearer Stocks) sind im Gegensatz zu *Namensaktien* (Registered Shares) nicht auf eine bestimmte Person ausgestellt und können daher ohne die Einhaltung besonderer Formalitäten weiterverkauft werden. V*inkulierte Namensaktien* (Shares with Restricted Transferability) erfordern die Zustimmung der Aktiengesellschaft zum Besitzerwechsel, zudem ist eine Änderung des Aktienbuchs erforderlich. Dadurch können die Besitzverhältnisse gesteuert werden und Übernahmeabsichten sind frühzeitig erkennbar.

Die erstmalige Ausgabe von Aktien kapitalsuchender Unternehmen erfolgt auf dem *Primärmarkt* (Primary Market) im Rahmen eines IPO (Initial Public Offering) unter Betreuung von Investmentbanken, die die Platzierung der Aktien auf Basis eines gesetzlich vorgeschriebenen Emissionsprospektes begleiten und abwickeln. Von besonderer Bedeutung für den Erfolg eines *Going Public* ist die Ermittlung bzw. Festlegung des Ausgabekurses. Zu diesem Zweck wird vom Emissionskonsortium im Rahmen des *Festpreisverfahrens* (Fixed Price Method), des *Bookbuilding-Verfahrens* oder der *Auktion* (Auction) der Ausgabekurs ermittelt. Während sich beim Festpreisverfahren die betreuenden Banken und der Vorstand vor dem Börsengang auf einen Ausgabepreis einigen, werden beim Bookbuilding-Verfahren Kaufaufträge potenzieller Investoren innerhalb einer vorgegebenen Bookbuilding-Spanne gesammelt und auf dieser Basis nach Ende der Zeichnungsfrist der tatsächliche Emissionspreis festgelegt. Bei der Auktion reichen Investoren ihre Gebote ohne vorgegebene Preisspanne ein, die dann nach Ende der Zeichnungsfrist solange vom höchsten zum niedrigsten Gebot sortiert werden, bis alle Aktien verteilt sind. Das niedrigste noch zu bedienende Kaufangebot determiniert dann den endgültigen Ausgabekurs. Nach Emission der Aktien werden diese auf organisierten Aktienmärkten, den Präsenz- oder Computerbörsen, gehandelt.

Der Bestimmung des Preises bzw. des Kurses einer Aktie kommt eine besondere Bedeutung zu. Im Allgemeinen wird der Kurs einer Aktie an den Börsen nach dem Prinzip „Angebot und Nachfrage“ bestimmt und reflektiert die Erwartung der Aktionäre hinsichtlich zukünftiger Gewinnaussichten. Eine positive Beurteilung künftiger Entwicklungen wird zu einer größeren Nachfrage und damit zu einem Kursanstieg führen, negative Prognosen hingegen zu einer geringeren Nachfrage und damit zu Kursrückgängen.

7.2 Aktienindizes

Ein Aktienindex ist eine Kennzahl, die angibt an, wie sich der Wert einer definierten Gruppe von Aktien im Vergleich zu einem früheren Zeitpunkt verändert hat. Fließen in die Berechnung des Aktienindex lediglich die Kursänderungen der Aktien ein, dann spricht man von einem *Kursindex* (Price Index). Ein Beispiel hierfür ist der Dow Jones Index.

Das folgende Beispiel demonstriert die Berechnung eines hypothetischen Aktienkorbs bestehend aus vier Titeln und seine Veränderung zu einem früheren Zeitpunkt.

Beispiel 7.1

Im Aktienkorb eines Investors befinden sich am 15.1.2015 die in der Tabelle angegebenen Aktien. Die Kurse sind dem Internetportal Yahoo Finance (http://finance.yahoo.com) entnommen.

Aktie	Kurs am 15.1.2015 in Euro	Anzahl der Aktien	Anlagebetrag in Euro
Allianz	143,95	15	2.159,25
Bayer	100,10	20	2002,00
Deutsche Bank	28,52	50	1.426,00
Siemens	94,65	25	2.366,25
Gesamtwert			**7.953,50**

Bild 7.1 Zusammensetzung eines Aktienkorbs am 15.1.2015

Es soll geprüft werden, wie sich der Aktienkorb nach einem Jahr ohne Berücksichtigung von Dividenden entwickelt hat. Dazu werden die Aktienkurse der vier Titel am 15.1.2016 betrachtet und der Gesamtwert berechnet.

Aktie	Kurs am 15.1.2016 in Euro	Anzahl der Aktien	Wert in Euro
Allianz	149,25	15	2.238,75
Bayer	100,60	20	2.012,00
Deutsche Bank	19,80	50	990,00
Siemens	81,70	25	2.042,50
Gesamtwert			**7.283,25**

Bild 7.2 Zusammensetzung eines Aktienkorbs am 15.1.2016

Der Wert des Aktiendepots hatte am 15.1.2016 einen Wert, der das

$$\frac{7.283,25}{7.953,50} = 0,916\text{-fache}$$

des Ausgangswertes vom 15.1.2015 betrug. Legt man den Ausgangswert wie bei der Einführung des Deutschen Aktienindexes (DAX) auf 1.000 Punkte fest, dann ist der Wert des Aktienkorbs bis 15.1.2016 auf 916 Punkte gefallen.

Fließen in die Berechnung des Aktienindexes neben den Kursveränderungen auch Dividendenzahlungen ein, dann spricht man von einem *Performanceindex*. Dabei wird unterstellt, dass die ausgeschütteten Dividenden umgehend von den Aktionären wieder in Aktien des Unternehmens reinvestiert werden. Der Deutsche Aktienindex ist ein Beispiel für einen Performanceindex.

Es wird der Aktienkorb mit den Daten von Beispiel 7.1 betrachtet. Neben der Kursentwicklung werden zusätzlich die Dividendenzahlungen berücksichtigt.

Aktie	Dividendentermin	Dividende in Euro	Aktienkurs in Euro
Allianz	7.5.2015	6,85	147,65
Bayer	28.5.2015	2,25	133,40
Deutsche Bank	22.5.2015	0,75	28,79
Siemens	28.1.2015	3,30	95,02

Am 7.5.2015 wurde für eine Allianz-Aktie eine Dividende von 6,85 Euro gezahlt, insgesamt also 102,75 Euro. Dieser Betrag wird sofort wieder in Allianz-Aktien reinvestiert. Da der Kurs am 7.5.2015 bei 147,65 Euro stand, konnten zusätzlich 0,70 Aktien gekauft werden. Damit befinden sich 15,70 Allianz-Aktien im Depot mit einem Wert am 15.1.2016 von 2.342,61 Euro (die angegebenen Zahlen sind gerundet). Der Wert für die restlichen Aktien wird analog berechnet. Die folgende Tabelle fasst den Aktienkorb am 15.1.2015 und am 15.1.2016 zusammen.

Aktie	Anzahl der Aktien am 15.1.2015	Wert in Euro am 15.1.2015	Anzahl der Aktien am 15.1.2016	Wert in Euro am 15.1.2016
Allianz	15	2.159,25	15,70	2.342,61
Bayer	20	2002,00	20,34	2.045,20
Deutsche Bank	50	1.426,00	51,30	1.015,74
Siemens	25	2.366,25	25,87	2.112,76
Gesamtwert		**7.953,50**		**7.516,31**

Schließlich wird das Verhältnis zwischen Gesamtwert am 15.1.2016 und dem Anfangswert am 15.1.2015 bestimmt und mit 1.000 multipliziert. Damit erhält man am 15.1.2016 einen Indexwert von 945,22 Indexpunkten, nachdem er am 15.1.2015 mit 1.000 Punkten gestartet war.

Allgemein gilt für die Berechnung eines Aktienindexes I_2 zum Zeitpunkt t_2:

$$I_2 = \frac{V_2}{V_1} I_1$$

wobei I_1der gegebene Aktienindex zum Zeitpunkt t_1 ist, V_2 der Gesamtwert des Aktienkorbes zurzeit t_2 und V_1 der Gesamtwert des Aktienkorbes zur Zeit t_1.

Excel-Umsetzung

Die Kurse der im Aktienkorb enthaltenen Aktien können dem Internetportal Yahoo Finance entnommen werden. Nach Berechnung des Gesamtwertes des Aktienkorbes am 15.1.2015 und am 15.1.2016 kann der Kursindex berechnet werden, nachdem der Ausgangswert zum 15.1.2015 auf 1.000 Punkte festgelegt wurde.

Position	Inhalt	Excel-Umsetzung
E9	Anlagebetrag Allianz-Aktie	=C9*D9
E13	Gesamtwert des Anlagekorbs am 15.1.2015	=SUMME(E9:E12)
E22	Gesamtwert des Anlagekorbs am 15.1.2016	=SUMME(E18:E21)
C27	Indexwert am 15.1.2016	=(E22/E13)*C26

C27 | fx =(E22/E13)*C26

	A	B	C	D	E
3					
4		**Berechnung eines Kursindexes (Beispiel 7.1)**			
5					
6		*Aktienkorb am 15.1.2015*			
7					
8		Aktie	Kurs am 15.1.2015	Anzahl	Anlagebetrag
9		Allianz	143,95	15	2.159,25
10		Bayer	100,1	20	2.002,00
11		Deutsche Bank	28,52	50	1.426,00
12		Siemens	94,65	25	2.366,25
13		Gesamtwert			7.953,50
14					
15		*Aktienkorb am 15.1.2016*			
16					
17		Aktie	Kurs am 15.1.2015	Anzahl	Anlagebetrag
18		Allianz	149,25	15	2.238,75
19		Bayer	100,6	20	2.012,00
20		Deutsche Bank	19,8	50	990,00
21		Siemens	81,7	25	2.042,50
22		Gesamtwert			7.283,25
23					
24		*Berechnung des Indexwertes I_2 am 15.1.2016*			
25					
26		Ausgangswert I_1	1000,00		
27		Indexwert I_2	915,73		
28					

Bild 7.3 Berechnung eines Kursindexes ohne Berücksichtigung von Dividenden (Beispiel 7.1)

Werden Dividendenzahlungen berücksichtigt und werden diese zu dem am Dividendentermin geltenden Aktienkurs reinvestiert, dann muss der Gesamtwert des Aktienkorbs unter Berücksichtigung der hinzugekauften Aktien zum 15.1.2016 neu berechnet werden.

Position	Inhalt	Excel-Umsetzung
D42	Anlagebetrag der Allianz-Aktie am 15.1.2015	=C42*C9
E42	Anzahl der Allianz-Aktien nach Reinvestition der Dividenden	=C42+D33*C42/E33
F42	Anlagebetrag der Allianz-Aktie am 15.1.2016	=E42*C18
F46	Gesamtwert des Aktienkorbs am 15.1.2016	=SUMME(F42:F45)
C51	Indexwert am 15.1.2016	=F46/E13*C51

E42 =C42+D33*C42/E33

Kursindex unter Berücksichtigung von Dividenden (Beispiel 7.1)

Aktie	Dividendentermin	Dividende	Aktienkurs
Allianz	07.05.2015	6,85	147,65
Bayer	28.05.2015	2,25	133,40
Deutsche Bank	22.05.2015	0,75	28,79
Siemens	28.01.2015	3,30	95,02

Wert am 15.1.2016 nach Reinvestition der Dividenden

Aktie	Anzahl der Aktien am 15.01.2015	Wert am 15.01.2015	Anzahl der Aktien am 15.1.2016	Anlagebetrag am 15.1.2016
Allianz	15	2.159,25	15,70	2.342,61
Bayer	20	2.002,00	20,34	2.045,94
Deutsche Bank	50	1.426,00	51,30	1.015,79
Siemens	25	2.366,25	25,87	2.113,44
Gesamtwert		7.953,50		7.517,77

Berechnung des Indexwertes I_2 am 15.1.2016

Ausgangswert I_1	1000
Indexwert I_2	945,22

Bild 7.4 Berechnung eines Kursindexes unter Berücksichtigung von Dividenden (Beispiel 7.1)

7.3 Kennzahlen zur Beurteilung von Aktien

Wertpapierbörsen, aber auch Finanzportale veröffentlichen neben Kurs- und Umsatzinformationen eine Reihe zusätzlicher Daten und Kennzahlen, die zur Beurteilung von Aktien herangezogen werden. Diese in der Anlagepraxis häufig eingesetzten und leichter handhabbaren Bewertungskonzepte resultieren aus den Schwierigkeiten, die sich bei der Ermittlung des inneren Wertes einer Aktie ergeben. Von der Vielzahl existierender Kennzahlen werden im Folgenden einige vorgestellt.

Die *Marktkapitalisierung* ergibt sich aus dem Produkt des aktuellen Kurses und der Anzahl der ausgegebenen Aktien und kann als Börsenwert des Unternehmens interpretiert werden. Die Anzahl der ausgegebenen Aktien erhält man, indem das Grundkapital durch den Nennwert der Aktien dividiert wird. So beträgt beispielsweise die Marktkapitalisierung von Apple mit Stand 5.2.2016 USD 535,61 Milliarden, gefolgt von Google mit USD 486,65 Milliarden.

Das *Ergebnis je Aktie* (Earnings Per Share, EPS) berechnet sich, indem der Bilanzgewinn durch die Anzahl der ausgegebenen Aktien dividiert wird.

Die *Dividende* bzw. der auszuschüttende Betrag je Aktie repräsentiert den zur Ausschüttung kommenden Gewinn je Aktie. Aus dieser absoluten Zahl kann die *Dividendenrendite* berechnet werden. Darunter versteht man das Verhältnis von ausgeschütteter Dividende zum Aktienkurs. Zahlt ein Unternehmen beispielsweise eine Dividende von 8 Euro, und liegt der Aktienkurs bei 160 Euro, dann ergibt sich daraus eine Dividendenrendite von 5%. Als Kriterium für die Selektion einer Aktie ist die Dividendenrendite jedoch problematisch. So weisen insbesondere Aktien von etablierten Gesellschaften (Value Stocks) eine höhere Dividendenrendite und geringere Kursschwankungen aus als Aktien wachstumsstarker Unternehmen (Growth Stocks), bei denen Kursgewinne im Vordergrund stehen.

Große Praxisrelevanz besitzt das *Kurs-/Gewinn-Verhältnis* (KGV), im Englischen Price Earnings Ratio (PER) genannt, da es einen (groben) Vergleich mehrerer Aktien erlaubt. Das KGV ist eine Multiplikator Kennzahl; sie setzt den Kurs einer Aktie ins Verhältnis zum geschätzten Zukunftsgewinn und wird mit dem Durchschnitts-KGV der Branche oder des Gesamtmarktes verglichen.

$$\text{KGV} = \frac{\text{Kurs}}{\text{Gewinn pro Aktie}}$$

Aus einem bekannten Branchen-KGV kann der Kurs einer Aktie abgeleitet werden:

$$\text{Kurs} = \text{KGV}_{\text{Branche}} \cdot \text{Gewinn pro Aktie}$$

Ein niedriges (hohes) KGV indiziert, dass eine Aktie unterbewertet (überbewertet) ist und gekauft (verkauft) werden sollte. Die Heranziehung des KGV kann jedoch nur ein Element der Unternehmensanalyse sein.

Zur gründlichen Analyse einer Aktie müssen weitere Aspekte berücksichtigt werden, wie die Ertragskraft und die Wachstumsdynamik des Unternehmens. Da die Maßzahl Gewinn pro Aktie steuerbar und durch Sondereffekte verzerrt sein kann, haben sich weitere Ertragskennzahlen wie beispielsweise EBIT (Earnings Before Interest and Taxes) und EBITDA (Earnings Before Interest and Taxes Depreciation and Amortisation) etabliert, die die operative Ertragskraft eines Unternehmens beschreiben und die internationale Vergleichbarkeit von Unternehmen zulassen.

Neben operative Gewinnmaßzahlen werden zur Aktienbeurteilung auch Cash Flow orientierte Kennzahlen herangezogen, wie z.B. das *Kurs-/Cash Flow-Verhältnis* (KCV) eines Unternehmens, das dann branchenintern und branchenübergreifend vergleichbar ist.

$$\text{KVC} = \frac{\text{Kurs}}{\text{Cash Flow pro Aktie}}$$

Als Cash Flow kann vereinfacht der Jahresüberschuss zuzüglich der Abschreibungen und der Erhöhung langfristiger Rückstellungen angesetzt werden. Wie beim KGV deutet ein niedriges KCV eher auf eine Unterbewertung und ein hohes KCV auf eine Überbewertung der Aktie hin.

Neben der Einschätzung die künftige Ertragskraft einer Aktie kann das langfristige Wachstum anhand des Gewinn-Momentums eingeschätzt werden.

$$\text{Momentum} = \frac{\text{Gewinnwachstum in Periode t}}{\text{Gewinnwachstum in Periode t} - 1}$$

Ein steigendes Gewinnwachstum signalisiert einen Anstieg der prozentualen Zuwachsraten, ein neutrales Momentum bedeutet unveränderte Wachstumsraten und ein fallendes Momentum deutet auf eine Abschwächung des Gewinnwachstums hin. Aktien mit hohem Gewinnwachstum werden als Wachstumsaktien bezeichnet und werden mit einem höheren KGV bewertet.

Eine Kennzahl für Aktien, die zur Analyse des Risikos herangezogen wird, ist die *Volatilität.* Sie ist ein Maß für die Schwankungen einer Aktie und wird über einen historischen Zeitraum ermittelt. Die Volatilität ist definiert als Standardabweichung periodisch ermittelter Veränderungen des Aktienkurses oder der Aktienrenditen und dient zur Schätzung künftiger Aktienkursbewegungen.

Eine weitere Risikokennzahl ist das *Beta* oder auch *Beta-Faktor* genannt. Das Beta ist eine Sensitivitätskennzahl, die angibt, um wieviel sich die Aktienrendite bei einer Veränderung der Marktrendite ändert. Ein Beta-Faktor von 1 bedeutet, dass die Veränderung der Markt- und Aktienrendite gleich groß ist. Ein Beta von größer als 1 führt zu einer im Vergleich zum Markt höheren erwarteten Rendite und ein Beta kleiner als 1 lässt eine Aktienrendite erwarten, die kleiner ist als die erwartete Marktrendite.

Neben den aufgeführten unternehmensbezogenen Kennzahlen, die der *fundamentalen Aktienanalyse* einzelner Aktien zuzuordnen sind, kommt in der Praxis auch die *technische Aktienanalyse* (Chartanalyse) zum Einsatz, die mittels charakteristischer Kurs-Umsatzfolgen und der sich daraus ergebenen Formationen (Charts) unter Einbeziehung der Gesamtmarktentwicklung versucht, Prognosen über das zukünftige Aktienkursverhalten zu erstellen.

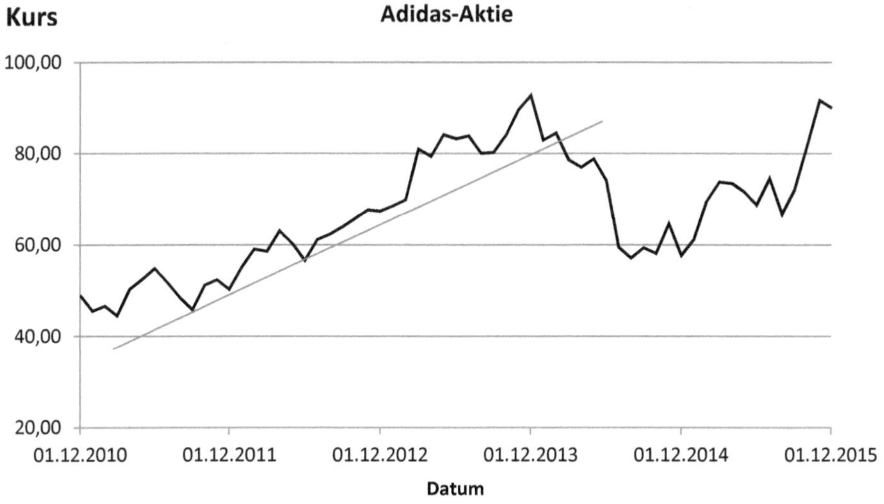

Bild 7.5 Linien-Chart der Adidas-Aktie vom 1.12.2010 bis 1.12.2015 mit Unterstützungslinie

Bild 7.5 zeigt das Linien-Chart der Adidas-Aktie von 1.12.2010 bis 1.12.2015. Die graphische Darstellung von Aktenkursen ist im Gegensatz zur tabellarischen Darstellung von Kursen insbesondere bei langen Beobachtungszeiträumen, die mit großen Datenmengen verbunden sind, übersichtlicher. Aus den Charts sind Auf-, Abwärts- und Seitwärtstrends erkennbar und unter Hinzunahme von Trendlinien, Unterstützungs- und Widerstandslinien entstehen Formationen, von denen mittels weiterer technischer Indikatoren wie z.B. Umsatzvolumen oder Marktbreitedaten, Kauf- und Verkaufssignale abgeleitet werden.

Sowohl die technische als auch die fundamentale Aktienanalyse stehen im Gegensatz zur *Effizienzmarkthypothese,* nach der es mit keiner der beiden Methoden möglich sei, dauerhaft bessere Gewinne zu erzielen als der jeweilige Markt.

7.4 Dividendendiskontierungsmodell

Wie bei der Bewertung von Anleihen, so kann auch bei der Aktienbewertung der Marktwert bzw. der Preis P_0 einer Aktie als Barwert der zukünftigen erwarteten Cash Flows aufgefasst werden.

$$P_0 = \sum_{t=1}^{n} \frac{CF_t}{(1+r_E)^t}$$

Dennoch gestaltet sich die Anwendung des Barwertkonzepts auf Aktien aus verschiedenen Gründen ungleich schwieriger. Aus der Sicht des Anlegers sollte der Preis P_0 einer Aktie die zukünftigen Einzahlungen aus der Investition widerspiegeln, und das Risiko dieser Investition angemessen berücksichtigen. Bei den zukünftigen Zahlungen CF_t handelt es sich dabei um keine fixierten Größen, die Höhe und der Zeitpunkt der Zahlungen sind unsicher und hängen von verschiedenen Umweltfaktoren ab. Der Diskontierungszinssatz r_E muss demnach eine Risikoprämie beinhalten, die vom Unternehmensrisiko determiniert wird. Da dieses Risiko im Zeitablauf nicht konstant ist, müsste für jede Periode ein spezifischer Diskontierungszinssatz angesetzt werden, der, wie die künftigen Zahlungen, ebenfalls prognostiziert werden muss. Der Ermittlung des richtigen Diskontierungszinssatzes kommt eine besondere Bedeutung zu, da bereits geringfügige Abweichungen starke Änderungen der Marktwerte bewirken. Hinzu kommt, dass bei der Ermittlung des Barwertes festgelegt werden muss, welcher Zeithorizont n zugrunde gelegt werden soll. Aufgrund dieser Überlegungen ergibt sich die folgende Darstellungsform, die die Komplexität des Bewertungsansatzes aufzeigt.

$$P_0 = \frac{CF_1}{1+r_{E,1}} + \frac{CF_2}{(1+r_{E,1})(1+r_{E,2})} + \ldots + \frac{CF_n}{\prod_{t=1}^{n}(1+r_{E,t})}$$

$$= \sum_{t=1}^{n} CF_t \cdot \prod_{\tau=1}^{t}(1+r_{E,\tau})^{-1}$$

Um die Komplexität dieses Bewertungsansatzes insbesondere in Hinblick auf die Prognosefähigkeit der Daten zu reduzieren, werden zur Umsetzung des Barwertansatzes einige Vereinfachungen vorgenommen. Als künftige Cash Flows werden die Dividendenzahlungen zuzüglich der für den Planungshorizont prognostizierte Preis P_n angesetzt und die Diskontierungszinssätze werden durch einen konstanten Zinssatz ersetzt. Damit erhält man mit dem *Dividendendiskontierungsmodell* (Dividend Discount Model) folgende Bewertungsgleichung:

$$P_0 = \frac{D_1}{1+r_E} + \frac{D_2}{(1+r_E)^2} + \ldots + \frac{D_n}{(1+r_E)^n} + \frac{P_n}{(1+r_E)^n}$$
$$= \sum_{t=1}^{n} \frac{D_t}{(1+r_E)^t} + \frac{P_n}{(1+r_E)^n}$$

Der Wert einer Aktie zum Zeitpunkt $t = 0$ ergibt sich beispielsweise für eine zweiperiodige Haltedauer gemäß obiger Formel zu:

$$P_0 = \frac{D_1}{1+r_E} + \frac{P_1}{1+r_E}$$

Dabei ist D_1 die erwartete Dividende am Ende des ersten Jahres, P_1 der erwartete Preis am Ende des ersten Jahres und r_E der risikoangepasste Zinssatz, der die Renditeerwartung der Aktionäre reflektiert. Um P_1 zu ermitteln, ist wie folgt vorzugehen:

$$P_1 = \frac{D_2}{1+r_E} + \frac{P_2}{1+r_E}$$

Substituiert man P_1 in die Ausgangsgleichung für P_0, erhält man:

$$P_0 = \frac{D_1}{1+r_E} + \frac{\frac{D_2}{1+r_E} + \frac{P_2}{1+r_E}}{1+r_E}$$
$$= \frac{D_1}{1+r_E} + \frac{D_2}{(1+r_E)^2} + \frac{P_2}{(1+r_E)^2}$$

Der Preis P_2 und alle weiteren Preise können analog ermittelt werden. Die Vorgehensweise soll an einem Beispiel demonstriert werden. Für die nächsten fünf Jahre erwartet man für eine Aktie die Dividendenzahlungen 1,50 Euro, 2,00 Euro, 2,20 Euro, 2,00 Euro und 2,10 Euro. Der Aktienkurs am Ende des fünften Jahres wird mit 35 Euro erwartet, die erwartete Rendite sei 10%. Der Barwert der erwarteten Dividenden (6,69 Euro) und der Barwert des erwarteten Aktienkurses am Ende des Betrachtungszeitraums (19,86 Euro) ergeben den Preis der Aktie.

$$P_0 = \frac{1{,}50}{1{,}12} + \frac{2{,}00}{(1{,}12)^2} + \frac{2{,}20}{(1{,}12)^3} + \frac{2{,}00}{(1{,}12)^4} + \frac{2{,}10}{(1{,}12)^5} + \frac{35{,}00}{(1{,}12)^5} = 26{,}82$$

Unterstellt man einen unendlichen Planungszeitraum ($n \to \infty$), *konstante Dividendenzahlungen* und eine flache Zinsstruktur, dann lässt sich das Dividendenmodell wie folgt darstellen:

$$P_0 = \frac{D_1}{1+r_E} + \frac{D_2}{(1+r_E)^2} + \ldots + \frac{P_\infty}{(1+r_E)^\infty}$$
$$= \sum_{t=1}^{\infty} \frac{D_t}{(1+r_E)^t} = \frac{D}{r_E}$$

Man erhält einen unendlichen Dividendenstrom und erkennt, dass die Preisprognose gegen unendlich verschoben wird und ihr Betrag den Wert Null annimmt.

Anstelle der Gewinne nur die zur Ausschüttung kommenden Dividendenzahlungen anzusetzen ist insofern gerechtfertigt, weil einbehaltene Gewinne die Kapitalbasis erhöhen, auf der in Zukunft höhere Gewinne erwirtschaftet und Ausschüttungen möglich werden. Werden die Gewinne, die Dividenden und deren nominelles Wachstum korrekt erfasst und werden die Ausschüttungen und die zur Wiederanlage zur Verfügung stehenden Gewinnanteile richtig mit r_E bewertet, dann macht es keinen Unterschied, ob die Wertermittlung über die Kapitalisierung der Gewinne oder der Dividendenzahlungen erfolgt. Seien G_t der Gewinn zum Zeitpunkt t, e die als konstant angesehene Thesaurierungsquote als Prozentsatz von G_t und g die konstante Wachstumsrate, dann wachsen die einbehaltenen Gewinne mit der Rate

$$g = e \cdot r_E \,.$$

Damit gilt:

$$G_t = G_0 (1+g)^t$$

Da die Ausschüttung gleich Gewinn minus thesaurierten Gewinn ist, erhält man:

$$D_t = G_t (1-e) = G_0 (1+g)^t (1-e)$$

Setzt man den Ausdruck in die obige Bewertungsgleichung für einen unendlichen Planungszeitraum ein, dann erhält man den Kurswert (Preis) der Aktie in Abhängigkeit von Gewinn und Gewinnwachstum zu:

$$P_0 = \sum_{t=1}^{\infty} \frac{G_0 (1+g)^t (1-e)}{(1+r_E)^t} = G_0 (1-e) \sum_{t=1}^{\infty} \frac{(1+g)^t}{(1+r_E)^t}$$

Durch Grenzwertbildung des Summenausdrucks erhält man:

$$P_0 = G_0 (1-e) \left(\frac{1+g}{r_E - g} \right) = \frac{G_1 (1-e)}{r_E - g} = \frac{D_1}{r_E - g}$$

Dabei entspricht die Dividende im nächsten Jahr D_1 der gegenwärtigen Dividende D_0 multipliziert mit dem Wachstumsfaktor $(1 + g)$. Die Gewinnwachstumsrate g ist wegen $g = e \cdot r_E$ und $0 \leq e < 1$ immer kleiner als r_E, d.h. $g < r_E$. Damit ist gewährleistet, dass der zu berechnende Kurswert nicht negativ und nicht unendlich groß (wenn $r_E = g$) wird. Das einfache Gewinnmodell und das Dividendenwachstumsmodell (Constant Growth Model, Gordon Growth Modell) sind äquivalent, wenn gilt:

$$P_0 = \frac{G}{r_E} = \frac{D_1}{r_E - g} \text{, mit } D_1 = D_0 (1+g)$$

oder

$$G = \frac{D_1}{1-e} = \frac{G_1 (1-e)}{1-e} = G_1$$

Unterstellt man, dass der Wert und der Preis einer Aktie gleich sind, dann kann mit dem Gordon Growth Model die erwartete Rendite berechnet werden. Man erhält:

$$r_E = \frac{D_0 (1+g)}{P_0} + g = \frac{D_1}{P_0} + g$$

Beispiel 7.2

Die Aktie Münchener Rück hat in den Jahren 2007 bis 2016 die folgenden Dividenden (in Euro) ausgezahlt:

Jahr	2007	2008	2009	2010	2011	2012	2013	2014	2015	2016
Dividende	4,50	5,50	5,50	5,75	6,25	6,25	7,00	7,25	7,75	8,25

Es sollen zunächst die Wachstumsrate und dann der Preis der Aktie in 2016 nach dem Gordon Growth Model ermittelt werden, wenn die erwartete Rendite 12% beträgt.

Die durchschnittliche Wachstumsrate berechnet sich zu

$$g = \left(\frac{8,25}{4,50}\right)^{\frac{1}{10}} - 1 = 0,062488 \text{ oder } 6,2488\,\%.$$

Der Preis im Jahre 2016 beträgt dann nach dem Gordon Growth Model

$$P_{2016} = \frac{8,25 \cdot 1,062488}{0,12 - 0,062488} = 152,41.$$

Excel-Umsetzung

Die Umsetzung in Excel bereitet keine Schwierigkeiten. Nach Eingabe der Input-Parameter erwartete Rendite und Dividende in 2016 wird zunächst die durchschnittliche Wachstumsrate und die Dividende in 2017 bestimmt. Mit diesen Daten können der Wert bzw. der Preis der Aktie in 2016 bestimmt werden.

Position	Inhalt	Excel-Umsetzung
E8	durchschnittliche Wachstumsrate	=(C24/C15)^(1/10)-1
E9	Dividende in 2017	=E7*(1+E8)
E10	Preis der Aktie in 2016	=E9/(E6-E8)

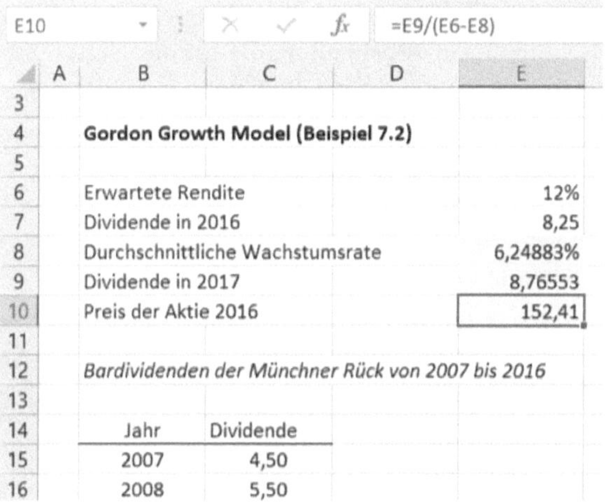

17	2009	5,50
18	2010	5,75
19	2011	6,25
20	2012	6,25
21	2013	7,00
22	2014	7,25
23	2015	7,75
24	2016	8,25
25		

Bild 7.6 Berechnung des Aktienwertes am Beispiel der Münchener Rück nach dem Gordon Growth Model (Beispiel 7.2)

Neben dem oben beschriebenen Dividend Discount Model gibt es verschiedene Varianten der sogenannten *Discounted Cash Flow Verfahren* (DCF-Verfahren), die ebenfalls auf dem Barwertkonzept beruhen, jedoch auf das Unternehmen als Ganzes angewendet werden. Durch Diskontierung der künftigen, aus der normalen und außerordentlichen Geschäftstätigkeit erzielbaren Einzahlungsüberschüssen (Cash Flows) auf den Bewertungszeitpunkt, wird der fundamentale Wert eines Unternehmens aus Investorensicht ermittelt. Diese Verfahren, der Weighted Average Cost of Capital (WACC)-Ansatz, der Adjusted Present Value-Ansatz und Equity-Ansatz, werden hier nicht weiterverfolgt.

7.5 Rendite und Risiko

Zur Analyse und Beurteilung von Aktienkursentwicklungen sind die Renditen geeignetere Größen als die Kurse selbst. Sie erlauben es, Aussagen über die Ertragskraft einer Aktie zu machen und die Erträge alternativer Anlagemöglichkeiten miteinander zu vergleichen. Aus der Schwankungsbreite einzelner Renditen lässt sich weiterhin ein Risikomaß ableiten, mit dem das Ausmaß von Kursschwankungen quantifiziert werden kann.

Die Rendite einer Anlage berechnet sich allgemein nach folgender Beziehung:

$$\text{Rendite} = \frac{\text{Gewinn}}{\text{eingesetztes Kapital}}$$

Hinsichtlich der Größe Gewinn können Brutto- und Nettowerte unterschieden werden. Im Folgenden werden nur Bruttorenditen betrachtet, da Faktoren wie Kosten, Steuersatz und Abschreibungsmöglichkeiten, die bei der Nettorendite berücksichtigt werden, individuell verschieden und deshalb allgemein nicht quantifizierbar sind.

Durch den täglichen Handel von Aktien an den Börsen werden eine Vielzahl von Preisdaten generiert, die in täglicher, wöchentlicher, monatlicher, jährlicher oder einer anderen beliebigen zeitlichen Auflösung vorliegen und für die Beurteilung einer Aktie herangezogen werden können. Demnach beziehen sich Renditen immer auf einen bestimmten Zeitraum (Tag, Woche, Monat oder Jahr).

Zunächst wird die diskrete (einfache) und dann die stetige Rendite vorgestellt. Die Rendite wird dabei als die relative Wertänderung des Aktienkurses zuzüglich der laufenden Erträge (Dividenden) innerhalb einer Abrechnungsperiode verstanden.

7.5.1 Diskrete Rendite

Sei P_t der Preis (Kurs) der Aktie zum Zeitpunkt *t*, P_{t+1} der Preis der Aktie zum Zeitpunkt $t+1$, D_t zwischenzeitliche Kapitalerträge (z.B. Dividenden) und *t* die Bewertungsperiode, dann ist die *diskrete Rendite* r_t^d definiert als:

$$r_t^d = \frac{P_{t+1} - P_t + D_t}{P_t}$$

Wurde beispielsweise eine Aktie am 26.1.2015 zu einem Kurs von 36,50 Euro gekauft und am 26.1.2016 zum Kurs von 39,80 Euro verkauft, dann ergibt sich unter Berücksichtigung einer zwischenzeitlichen Dividendenzahlung von 1,50 Euro, die drei Monate nach dem Aktienkauf ausbezahlt und zu 3% reinvestiert wurde, eine Rendite bezogen auf ein Jahr von

$$r_t^d = \frac{39{,}80 - 36{,}50 + 1{,}50(1{,}03)^{\frac{9}{12}}}{36{,}50} = 0{,}1324 \text{ oder } 13{,}24\% \cdot$$

Berücksichtigt man aus Vereinfachungsgründen die zwischenzeitlich ausgeschütteten Kapitalerträge in P_{t+1}, dann ergibt sich mit $D_t = 0$ die Rendite zu

$$r_t^d = \frac{P_{t+1} - P_t}{P_t} = \frac{P_{t+1}}{P_t} - 1\,.$$

Für das obige Beispiel erhält man dann eine jährliche Rendite von

$$r_t^d = \frac{41{,}30 - 36{,}50}{36{,}50} = 0{,}1315 \text{ oder } 13{,}15\%\,.$$

Bei gegebener Rendite kann der Preis der darauffolgenden Periode P_{t+1} bestimmt werden:

$$P_{t+1} = r_t^d P_t + P_t = P_t\left(1 + r_t^d\right)$$

Auch hier wird vereinfacht unterstellt, dass alle in der Bewertungsperiode anfallenden Erträge in P_{t+1} bzw. r_t^d enthalten sind.

Für das obige Beispiel ergibt sich ein Preis von

$$P_{t+1} = 36{,}50 \cdot (1 + 0{,}1315) = 41{,}30.$$

Die diskrete Rendite zieht eine einmalig erfolgte Werteänderung von t bis $t+1$ in Betracht und ist immer von der Bewertungsperiode abhängig. Dies bringt Probleme mit sich, wenn die Bewertungsperioden unterschiedlich lang sind. In diesem Falle sind Umrechnungen, Transformationen oder Verknüpfungen von Renditen erforderlich.

Erzielt eine Aktie in *n* Perioden unterschiedliche Renditen, die sich aus $n+1$ Aktienkursen ergeben, dann erhält man für den gesamten (aus *n* Perioden bestehenden) Betrachtungszeitraum eine Rendite von

$$r_t^d(n) = \left(1 + r_1^d\right)\left(1 + r_2^d\right) \ldots \left(1 + r_n^d\right) = \prod_{t=1}^{n}\left(1 + r_t^d\right) - 1 \cdot$$

Auch hier wird unterstellt, dass eventuelle Dividendenzahlungen bereits in den Kursen berücksichtigt sind.

Beispiel 7.3

Gegeben sind die historischen Preise einer Aktie über einen Zeitraum von fünf Jahren und die dazugehörigen diskreten Jahresrenditen.

	31.12.2011	31.12.2012	31.12.2013	31.12.2014	31.12.2015
Jahr	1	2	3	4	5
Preis der Aktie	39,98	32,60	36,02	42,50	37,27
diskrete Rendite (%)		-18,46	10,49	17,99	-12,31

Aus diesen Daten kann nun die diskrete Rendite über den gesamten Zeitraum von vier Jahren berechnet werden.

$$r^d_{31.12.2015}(4) = (1-0{,}1846)\cdot(1+0{,}1049)\cdot(1+0{,}1799)\cdot(1-0{,}1231)-1 = -0{,}0678$$

Die Aktie hat demnach über einen Zeitraum von vier Jahren einen Wertverlust von 6,78% erfahren.

In vielen Fällen wird die Rendite eines Wertpapiers nicht durch Einzelrenditen, sondern durch Mittelwertbildung dargestellt. Die *mittlere diskrete Rendite* pro Periode für den aus *n* Perioden bestehenden Betrachtungszeitraum ergibt sich als *geometrisches Mittel* der Periodenrenditen des gesamten Zeitraums.

$$\overline{r}_t^d(n)_G = \left[\prod_{t=1}^{n}\left(1+r_t^d\right)\right]^{\frac{1}{n}} - 1$$

Für das obige Beispiel erhält man:

$$\overline{r}^d_{31.12.2015}(4)_G = \left[(1-0{,}1846)\cdot(1+0{,}1049)\cdot(1+0{,}1799)\cdot(1-0{,}1231)\right]^{\frac{1}{4}} - 1 = -0{,}01738 \text{ oder } -1{,}74\%$$

Die Aktie erzielte im Mittel eine diskrete Rendite von -1,74% über den Zeitraum von vier Jahren.

Dieser Berechnungsmethodik unterstellt, dass einmalig in eine Aktie investiert wird, das eingesetzte Kapital bis zum Ende des Betrachtungszeitraums stehen bleibt und dabei Wertschwankungen ausgesetzt ist.

Für den eher unrealistischen Fall, dass am Ende einer Periode Gewinne entnommen und Verluste stets ausgeglichen werden (in diesem Fall bleibt das eingesetzte Kapital gleich), wird das *arithmetische Mittel* der diskreten Periodenrenditen gebildet.

$$\overline{r}_t^d(n)_A = \frac{1}{n}\sum_{t=1}^{n} r_t^d$$

Für das Beispiel ergibt sich das arithmetische Mittel der Periodenrenditen zu:

$$\overline{r}_t^d(4)_A = \frac{1}{4}\cdot(-0{,}1846 + 0{,}1049 + 0{,}1799 - 0{,}1231) = -0{,}005725 \text{ oder } -0{,}5725\%$$

Die Aktie erzielte im Mittel über den betrachteten Zeitraum eine diskrete Rendite von etwa -0,57%. Dabei wird ein konstanter Kapitaleinsatz unterstellt, d.h., die zwischenzeitlichen Gewinne werden entnommen und Verluste ausgeglichen. In diesem Fall geht der Zinseszinseffekt verloren.

Excel-Umsetzung

Die Berechnung der Renditen mit Excel stellt keine besondere Herausforderung dar und ist in der nachfolgenden Tabelle aufgeführt. Die geometrische Durchschnittsrendite wird durch Eingabe der Formel berechnet, da die Anwendung der Excel-Funktion

GEOMITTEL() das geometrische Mittel einer Menge positiver Zahlen zurückgibt. Die Berechnung der arithmetischen Durchschnittsrendite kann auch mit der Excel-Funktion MITTELWERT() vorgenommen werden.

Position	Inhalt	Excel-Umsetzung
E8	Gesamtrendite	=((1+E13)*(1+E14)*(1+E15)*(1+E16))-1
E9	geometrische Durchschnittsrendite	=((1+E13)*(1+E14)*(1+E15)*(1+E16))^(1/E6)-1
E10	arithmetische Durchschnittsrendite	=1/E6*SUMME(E13:E16)
E14	Berechnung der diskreten Rendite	=(D14-D13)/D13

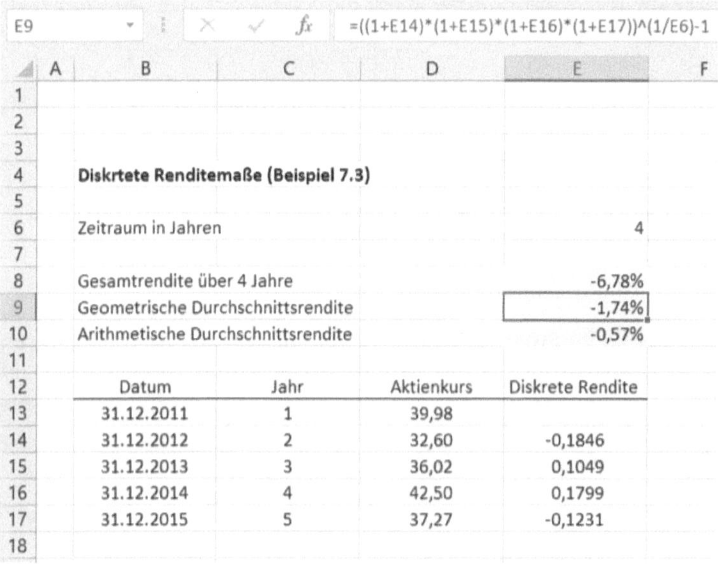

E9 =((1+E14)*(1+E15)*(1+E16)*(1+E17))^(1/E6)-1

Diskrtete Renditemaße (Beispiel 7.3)

Zeitraum in Jahren			4
Gesamtrendite über 4 Jahre			-6,78%
Geometrische Durchschnittsrendite			-1,74%
Arithmetische Durchschnittsrendite			-0,57%

Datum	Jahr	Aktienkurs	Diskrete Rendite
31.12.2011	1	39,98	
31.12.2012	2	32,60	-0,1846
31.12.2013	3	36,02	0,1049
31.12.2014	4	42,50	0,1799
31.12.2015	5	37,27	-0,1231

Bild 7.7 Geometrische und arithmetische Durchschnittsrendite (Beispiel 7.3)

7.5.2 Stetige Rendite

Die stetige Rendite beschreibt eine kontinuierliche Verzinsung des eingesetzten Kapitals. Aus der Beziehung

$$P_{t+1} = P_t e^{r_t^s}$$

ergibt sich die stetige Rendite für den Zeitraum t bis $t + 1$ zu

$$r_t^s = \ln\left(\frac{P_{t+1}}{P_t}\right) = \ln(P_{t+1}) - \ln(P_t).$$

Dabei ist *e* die Eulersche Zahl (2,718 281...) und *ln* der natürliche Logarithmus zur Basis *e*. Die Formel berücksichtigt eine Standardperiode von beispielsweise einem Jahr.

Für eine Aktie, die am 26.1.2015 zu einem Kurs von 36,50 Euro gekauft und am 26.1.2016 zum Kurs von 39,80 Euro verkauft wird, ergibt sich unter Berücksichtigung einer zwischenzeitlichen Dividendenzahlung von 1,50 Euro, die in P_{t+1} berücksichtigt ist, eine stetige Rendite von

$$r_t^s = \ln\left(\frac{41,30}{36,50}\right) = \ln(41,30) - \ln(36,50) = 0,1236 \text{ oder } 12,36\% \cdot$$

Ist die Rendite r_t^s gegeben, dann kann der zugehörige Preis P_{t+1} berechnet werden:

$$P_{t+1} = 36,50 \cdot e^{0,1236} = 41,30$$

Entspricht die Bewertungsperiode nicht der Standardperiode, dann muss die Formel zur Berechnung der stetigen Rendite modifiziert werden. Definiert man *m* als die Bewertungsperiode in Jahreseinheiten, dann berechnet sich der Preis der Aktie zu:

$$P_{t+1} = P_t e^{r_t^s m}$$

Dabei muss *m* nicht ganzzahlig sein, sondern kann beliebige Bruchteile eines Jahres annehmen.

Im obigen Beispiel ist die Rendite der Aktie bezogen auf eine (Standard-)Periode von einem Jahr 12,36% und der daraus resultierende Preis ist 41,30 Euro. Für einen Zeitraum von 0,5 Jahren errechnet sich ein Preis von

$$P_{29.7.2015} = 36,50e^{0,1236 \cdot 0,5} = 38,83 .$$

Die über *n* Perioden kumulierte Rendite $r_t^s(n)$ erhält man durch Summation der Einzelrenditen:

$$r_t^s(n) = r_1^s + r_2^s + \ldots + r_n^s = \sum_{t=1}^{n} r_t^s$$

Die durchschnittliche stetige Rendite pro Periode ergibt sich dann aus dem arithmetischen Mittel der Gesamtrendite über den *n* Perioden umfassenden Betrachtungszeitraum:

$$\overline{r}_t^s(n)_A = \frac{1}{n}\sum_{t=1}^{n} r_t^s$$

Beispiel 7.4

Mit den Daten der Aktie von Beispiel 7.3 sollen die stetigen Renditen, die Wertsteigerung der Aktie über vier Jahre und die durchschnittliche stetige Rendite der Aktie pro Jahr berechnet werden.

	31.12.2011	31.12.2012	31.12.2013	31.12.2014	31.12.2015
Jahr	1	2	3	4	5
Preis der Aktie	39,98	32,60	36,02	42,50	37,27
stetige Rendite (%)		-20,41	9,98	16,54	-13,13

Die Wertsteigerung der Aktie über den gesamten Zeitraum von vier Jahren beträgt

$$r^s_{31.12.2015}(4) = -0{,}2041 + 0{,}0998 + 0{,}1654 - 0{,}1313 = -0{,}0702 \text{ oder } -7{,}02\,\%.$$

Die durchschnittliche stetige Rendite der Aktie pro Jahr im betrachteten Zeitraum berechnet sich zu

$$r^s_{31.12.2015}(4)_A = \frac{1}{4} \cdot [-0{,}2041 + 0{,}0998 + 0{,}1654 - 0{,}1313] = \frac{1}{4} \cdot (-0{,}0702) = -0{,}0176 \text{ oder } -1{,}75\%.$$

Excel-Umsetzung

Die Berechnung der geometrischen Durchschnittsrendite wird durch Eingabe der Formel berechnet, da die Anwendung der Excel-Funktion GEOMITTEL() das geometrische Mittel einer Menge positiver Zahlen zurückgibt. Die Berechnung der arithmetischen Durchschnittsrendite erfolgt durch Eingabe der Formel, kann aber ebenso mit der Excel-Funktion MITTELWERT() vorgenommen werden.

Position	Inhalt	Excel-Umsetzung
E8	Gesamtrendite	=SUMME(E14:E17)
E9	Gesamtrendite mit Excel-Funktion	=LN(D17/D13)
E10	arithmetische Durchschnittsrendite	=1/E6*SUMME(E13:E16)
E14	Berechnung der stetigen Rendite	=LN(D14/D13)

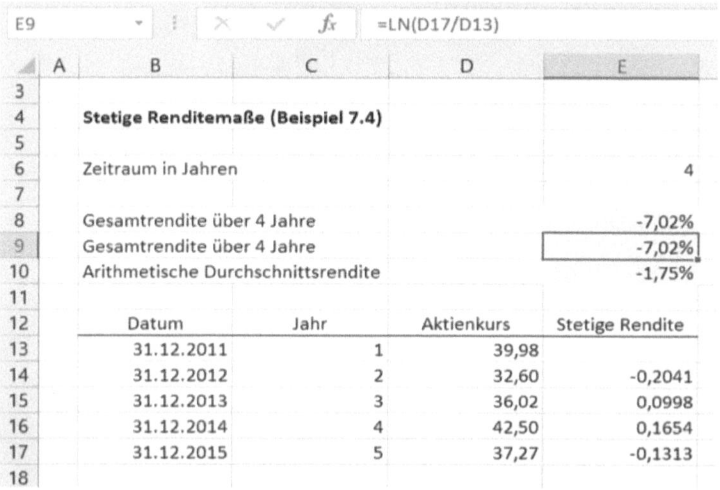

E9 =LN(D17/D13)

	A	B	C	D	E
3					
4		**Stetige Renditemaße (Beispiel 7.4)**			
5					
6		Zeitraum in Jahren			4
7					
8		Gesamtrendite über 4 Jahre			-7,02%
9		Gesamtrendite über 4 Jahre			-7,02%
10		Arithmetische Durchschnittsrendite			-1,75%
11					
12		Datum	Jahr	Aktienkurs	Stetige Rendite
13		31.12.2011	1	39,98	
14		31.12.2012	2	32,60	-0,2041
15		31.12.2013	3	36,02	0,0998
16		31.12.2014	4	42,50	0,1654
17		31.12.2015	5	37,27	-0,1313
18					

Bild 7.8 Stetige Renditemaße (Beispiel 7.4)

7.5.3 Vergleich diskreter und stetiger Renditen

Diskrete Renditen liefern durch ihre einfache Konstruktion eine anschauliche Vorstellung vom Aktienkursverlauf, da unmittelbar der prozentuale Gewinn bzw. Verlust berechnet wird. Zwischen positiven und negativen diskreten Renditen besteht jedoch eine Asymmetrie. Dies kommt darin zum Ausdruck, dass in einem Zeitintervall eine Rendite von -50% im darauffolgenden (gleich großen) Zeitintervall durch einen Renditeanstieg von 100% ausgeglichen werden kann. Positive diskrete Renditen können beliebig groß werden, negative diskrete Renditen hingegen können höchstens -100% betragen, wenn $P_{t+1} = 0$. Der Nachteil diskreter Renditen zeigt sich, wenn Bewertungsperioden von der Standardperiode abweichen und die Anlagedauer keine ganze Zahl ist. Dann kann der Endwert einer Investition nicht mehr ohne weiteres berechnet werden, was bei stetigen Renditen keine Probleme bereitet.

Hervorzuheben sind die Symmetrieeigenschaft und die Additivitätseigenschaft stetiger Renditen. Die Symmetrieeigenschaft stetiger Renditen kommt dadurch zum Ausdruck, dass beispielsweise eine stetige Rendite von -0,25 in einer Periode durch eine stetige Rendite von 0,25 in der darauffolgenden Periode kompensiert wird.

Die Additivitätseigenschaft stetiger Renditen kann als Hauptgrund für den Einsatz stetiger Renditen angesehen werden. Sie besagt, dass die stetige Rendite über einen Gesamtzeitraum gleich der Summe der stetigen Renditen über die Teilperioden des Gesamtzeitraums ist. In Beispiel 7.4 beträgt die Summe der stetigen Renditen über vier Teilperioden von je einem Jahr -7,02%. Zum gleichen Ergebnis kommt man, wenn die stetige Rendite über den Gesamtzeitraum von vier Jahren gebildet wird:

$$r_t^s = ln\left(\frac{P_4}{P_1}\right) = ln\left(\frac{39{,}98}{37{,}27}\right) = -0{,}0702 \text{ oder -7,02\%}$$

Einfache Renditen und stetige Renditen lassen sich einfach ineinander überführen, indem man die Diskontfaktoren gleichsetzt. Ist die betrachtete Periode ein Jahr, dann erhält man aus der Beziehung

$$r_t^d + 1 = e^{r_t^s}$$

die stetige Rendite r_t^s zu

$$r_t^s = \ln\left(1 + r_t^d\right).$$

Ist die stetige Rendite r_t^s gegeben, ergibt sich die diskrete Rendite r_t^d zu

$$r_t^d = e^{r_t^s} - 1\,.$$

Betrachtet man die *unterjährliche Verzinsung* mit m Zinsperioden pro Jahr, dann liefert

$$\left(1 + \frac{r_t^d}{m}\right)^m = e^{r_t^s}$$

eine stetige Verzinsung von

$$r_t^s = m \ln\left(1 + \frac{r_t^d}{m}\right)$$

und bei gegebener stetiger Verzinsung erhält man die unterjährliche diskrete Verzinsung zu

$$\frac{r_t^d}{m} = \left(e^{\frac{r_t^s}{m}} - 1 \right)$$

und die jährliche diskrete Verzinsung r_t^d zu

$$r_t^d = m\left(e^{\frac{r_t^s}{m}} - 1 \right).$$

Soll beispielsweise der Endwert einer Investition von 5.000 Euro unter Anwendung der stetigen Verzinsung nach 3,75 Jahren bei gegebener diskreter Rendite von 6% p.a. berechnet werden, dann muss zunächst die diskrete Rendite in eine stetige Rendite umgerechnet werden.

$$r_t^s = \ln\left(1 + r_t^d\right) = \ln(1{,}06) = 0{,}058269\,.$$

Der Endwert *FV* nach 3,75 Jahren ist dann

$$FV = 5.000e^{0{,}05827 \cdot 3{,}75} = 6.221{,}12 \text{ Euro.}$$

Welche Rendite nun verwendet werden soll, hängt im Wesentlichen von der Zielsetzung ab. Bei Kapitalmarktuntersuchungen wie beispielsweise der Analyse von Aktienkursverläufen werden häufig statistische Methoden angewendet, die gewisse Voraussetzungen an das Datenmaterial stellen. Eine dieser Anforderungen kann die Normalverteilung der Daten sein, welche eher durch stetige als durch diskrete Renditen erreicht wird. Während stetige Renditen Werte zwischen $-\infty$ und $+\infty$ annehmen können, sind diskrete Renditen durch einen möglichen Totalverlust des investierten Kapitals auf -100% begrenzt, was eher zu einer linksschiefen Verteilung diskreter Renditen führt als zu einer normalverteilten Form. Während im wissenschaftlichen Bereich die Verwendung stetiger Renditen im Vordergrund steht, wird in der Praxis häufig auf diskrete Renditen zurückgegriffen, da diese wegen der Angabe des prozentualen Gewinns bzw. Verlustes eine anschauliche Vorstellung vom Aktienkursverlauf liefern.

Bild 7.9 veranschaulicht, dass für Renditen, die $\leq 5\%$ sind, diskrete und stetige Renditen annähernd übereinstimmen und somit auch stetige Renditen eine gute Vorstellung über die Entwicklung einer Aktie liefern.

Zeitraum	diskrete Rendite	stetige Rendite	Differenz
Jahr	5,00000%	4,87902%	0,12098%
Halbjahr	2,46951%	2,43951%	0,03000%
Monat	0,40741%	0,40658%	0,00083%
Tag	0,01355%	0,01355%	0,00000%

Bild 7.9 Vergleich diskreter und stetiger Renditen $\leq 5\%$ für verschiedene Zeiträume

7.5.4 Statistische Verteilung von Aktienrenditen

Statistische Untersuchungen von Aktienkursen bzw. Aktienrenditen vermitteln Kenntnisse über das Verhalten einzelner Aktien oder einzelner Aktien untereinander. Hierzu werden die Renditen gleicher aufeinander folgender Zeiträume über einen bestimmten Zeitraum erhoben und graphisch dargestellt. Im Folgenden soll die statistische Verteilung stetiger Aktienrenditen an einem Beispiel untersucht werden.

Beispiel 7.5

In Bild 7.10 sind die stetigen Monatsrenditen der Adidas-Aktie im Zeitraum vom 3.1.2011 bis 1.12.2015 aufgeführt, basierend auf den jeweiligen Schlusskursen. Es sollen die absolute und relative Häufigkeitsverteilung dieser Renditen bestimmt und das Ergebnis graphisch dargestellt werden.

Datum	Rendite	Datum	Rendite	Datum	Rendite	Datum	Rendite
01.12.2015	-0,0185	01.09.2014	0,0380	03.06.2013	-0,0114	01.03.2012	-0,0075
02.11.2015	0,1161	01.08.2014	-0,0407	01.05.2013	0,0586	01.02.2012	0,0684
01.10.2015	0,1244	01.07.2014	-0,2192	01.04.2013	-0,0205	02.01.2012	0,0916
01.09.2015	0,0763	02.06.2014	-0,0625	01.03.2013	0,1481	01.12.2011	-0,0390
03.08.2015	-0,1099	01.05.2014	0,0233	01.02.2013	0,0195	01.11.2011	0,0213
01.07.2015	0,0814	01.04.2014	-0,0207	01.01.2013	0,0165	03.10.2011	0,1112
01.06.2015	-0,0411	03.03.2014	-0,0720	03.12.2012	-0,0043	01.09.2011	-0,0575
01.05.2015	-0,0261	03.02.2014	0,0181	01.11.2012	0,0283	01.08.2011	-0,0659
01.04.2015	-0,0037	01.01.2014	-0,1112	01.10.2012	0,0292	01.07.2011	-0,0547
02.03.2015	0,0595	02.12.2013	0,0343	03.09.2012	0,0259	01.06.2011	0,0431
02.02.2015	0,1263	01.11.2013	0,0627	01.08.2012	0,0178	02.05.2011	0,0415
01.01.2015	0,0601	01.10.2013	0,0475	02.07.2012	0,0791	01.04.2011	0,1227
01.12.2014	-0,1128	02.09.2013	0,0022	01.06.2012	-0,0640	01.03.2011	-0,0450
03.11.2014	0,1054	01.08.2013	-0,0464	01.05.2012	-0,0456	01.02.2011	0,0220
01.10.2014	-0,0205	01.07.2013	0,0079	02.04.2012	0,0734	03.01.2011	-0,0721

Bild 7.10 Stetige Monatsrenditen der Adidas-Aktie im Zeitraum vom 3.1.2011 bis 1.12.2015

Die weitere Vorgehensweise besteht darin, die gegebenen Aktienrenditen in Klassen einteilen, aus denen dann die absolute und die relative Häufigkeit bestimmt werden. Wie viele Klassen und welche Klassengrenzen zu wählen sind, hängt jeweils von der betrachteten Thematik ab. Ist die Klassenanzahl zu groß, bleiben viele Klassen unterbesetzt, bei zu geringer Klassenanzahl gehen Informationen verloren. Generell gilt, dass nicht zu viele und nicht zu schmale Klassen gebildet werden sollten. Für die Wahl der Klassenanzahl k und der Klassenbreite Δx gibt es einige Empfehlungen, z.B. sollte $k \approx 5\, log_{10}\, n$

und

$$\Delta x \approx \frac{1}{k}\left(x_{\max} - x_{\min}\right)$$

sein, wobei ist x_{max} der größte und x_{min} der kleinste Wert der gegebenen Datenmenge ist. Unter Anwendung dieser Regeln ergeben sich für das Beispiel 9 Klassen mit einer Klassenbreite von 0,0413. Damit erhält man die in Abb. 7.11 dargestellten Renditebereiche und die in diesen Intervallen liegenden absoluten und relativen Häufigkeiten.

Renditebereich	absolute Häufigkeit	relative Häufigkeit
[-0,2192; -0,1779)	1	0,02
[-0,1779; -0,1366)	0	0,00
[-0,1366; -0,0953)	3	0,05
[-0,0953; -0,0540)	7	0,12
[-0,0540; -0,0127)	11	0,18
[-0,0127; 0,0287)	15	0,25
[0,0287; 0,0700)	11	0,18
[0,0700; 0,1113)	7	0,12
[0,1113; 0,1526)	5	0,08

Bild 7.11 Renditebereich, absolute und relative Häufigkeit stetiger Monatsrenditen der Adidas-Aktie vom 3.1.2011 bis 1.12.2015

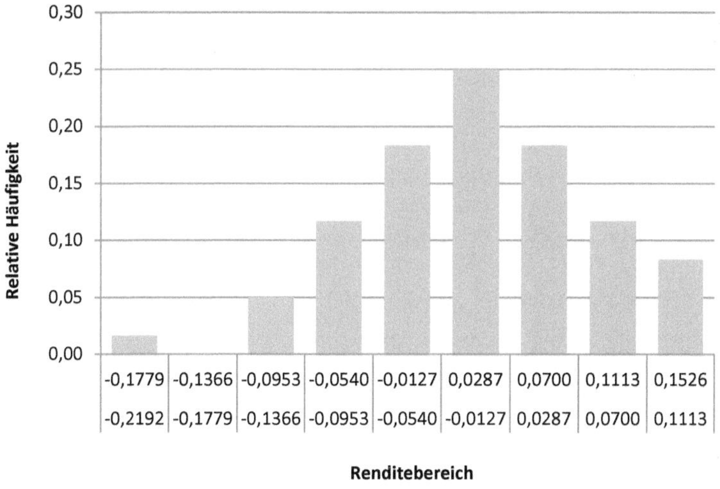

Bild 7.12 Häufigkeitsverteilung der stetigen Monatsrenditen der Adidas-Aktie vom 3.1.2011 bis 1.12.2015

Die in Bild 7.12 dargestellte Abbildung der statistischen Verteilung der stetigen Renditen im betrachteten Zeitraum erinnert mit ihrer glockenförmigen Gestalt an eine Normalverteilung. Auch wenn Aktienkurse kein klar definiertes Verhalten aufweisen und empirische Untersuchungen zeigen, dass Aktienrenditen nicht normal verteilt sind, und ihre Entwicklung zufällig und nicht exakt berechenbar ist, ist es möglich, anhand statistischer Daten Wahrscheinlichkeitsaussagen über den künftigen Aktienkurs bzw. die künftige Aktienrendite zu machen. In nachfolgenden Abschnitten wird näher auf die Normalverteilung und ihre Verwendung bei der Modellierung von Aktienkursen eingegangen.

Excel-Umsetzung

Die Kurse der Adidas-Aktie vom 3.1.2011 bis 1.12.2015 stellen die Schlusskurse des jeweiligen Tages dar und wurden von Yahoo Finance (https://finance.yahoo.com) über den Internet Explorer in ein Excel-Arbeitsblatt importiert. Für die weitere Nutzung müssen die Daten jedoch aufbereitet werden, da diese ohne Trennung aneinandergereiht sind. Die folgende Vorgehensweise bietet sich an.

1. Markieren der Spalte A, da sich die Daten ausschließlich in dieser Spalte befinden.
2. Aufrufen des Textkonvertierungs-Assistenten über Alt + V + T.
3. *Getrennt* auswählen.
4. *Weiter*-Taste drücken.
5. Im folgenden Dialogfeld *Komma* als Trennzeichen festlegen.
6. Vorgang mit *Weiter* bestätigen.
7. Im folgenden Dialogfeld das Datenformat *Standard* auswählen und in den Zielbereich z.B. $A$1 eingeben.
8. Durch Klicken auf die Schaltfläche *Fertig stellen* wird der Assistent beendet und man erhält eine strukturierte Tabelle.

Im nächsten Schritt werden alle Daten mit Ausnahme des Datums und der Schlusskurse gelöscht und die stetigen Renditen berechnet. Nach Bestimmung der Anzahl der Monatsrenditen, der minimalen und maximalen Rendite wird die Klassenzahl und die Klassenbreite mit den oben genannten Formeln bestimmt. Nach Darstellung der neun Renditebereiche werden die absoluten Häufigkeiten berechnet. Diese kann mit der Excel-Funktion HÄUFIGKEIT (aufrufbar mit Alt + M2 + M +S) ermittelt werden, die folgende Syntax aufweist: HÄUFIGKEIT(Daten;Klassen). Dazu wird der Zellbereich, in dem die Häufigkeitsverteilung angegeben werden soll, zuzüglich einer weiteren Zelle außerhalb der Klassen, markiert. Nach Eingabe der Formel, hier =HÄUFIGKEIT(D26:D85;C14:C22), muss die Eingabe um eine Matrixformel zu erhalten mit der Tastenkombination Strg + Umschalt + Enter bestätigt werden. Excel setzt dabei automatisch die für die Matrixformeln bekannten geschweiften Klammern um die Formel.

Die absoluten Häufigkeiten können auch einzeln mit der statistischen Funktion ZÄHLENWENN() (aufrufbar mit Alt + M2 + M + S) ermittelt werden. Hierbei ist zu beachten, dass Bedingungen wie z.B. "<=-0,1779" in Anführungszeichen gesetzt werden müssen.

Position	Inhalt	Excel-Umsetzung
D7	Anzahl der Monatsrenditen	=ANZAHL(D26:D85)
D8	minimale Rendite	=MIN(D26:D85)

D9	maximale Rendite	=MAX(D26:D85)
D10	Klassenzahl	=5*LOG(D7;10)
D11	Klassenbreite	=(D9-D8)/D10
B14	untere Grenze des Rendite-intervalls	=D8
C14	obere Grenze des Renditeintervalls	=B14+D11
D14	absolute Häufigkeit	=HÄUFIGKEIT(D26:D85;C14:C22)
E14	relative Häufigkeit	=D14/$D$7
G14	absolute Häufigkeit mit ZÄHLEN-WENN	=ZÄHLENWENN(D26:D85;"<= -0,1779")
G15	absolute Häufigkeit mit ZÄHLEN-WENN	=ZÄHLENWENN(D26:D85;"<= -0,1366")-ZÄHLENWENN (D26:D85; "<=-0,1779")
D26	stetige Rendite	=LN(C26/C27)

D18 {=HÄUFIGKEIT(D26:D85;C14:C22)}

	A	B	C	D	E	F	G	H
3								
4		**Statistische Verteilung von Aktienrenditen (Beispiel 7.5)**						
5								
6		Aktie		Adidas				
7		Anzahl der Monatsrenditen		60				
8		Minimale Rendite		-0,2192				
9		Maximale Rendite		0,1481				
10		Klassenzahl		8,8908				
11		Klassenbreite		0,0413				
12							Abs. Häufigkeit mit	
13		Renditebereich		Abs. Häufigkeit	Rel. Häufigkeit		ZÄHLENWENN Funktion	
14		-0,2192	-0,1779	1	0,02		1	
15		-0,1779	-0,1366	0	0,00		0	
16		-0,1366	-0,0953	3	0,05		3	
17		-0,0953	-0,0540	7	0,12		7	
18		-0,0540	-0,0127	11	0,18		11	
19		-0,0127	0,0287	15	0,25		15	
20		0,0287	0,0700	11	0,18		11	
21		0,0700	0,1113	7	0,12		7	
22		0,1113	0,1526	5	0,08		5	
23								
24								
25		Datum	Kurs	Rendite				
26		01.12.2015	89,91	-0,0185				
27		02.11.2015	91,59	0,1161				
28		01.10.2015	81,55	0,1244				
29		01.09.2015	72,01	0,0763				
83		01.03.2011	44,46	-0,0450				
84		01.02.2011	46,50	0,0220				
85		03.01.2011	45,49	-0,0721				
86		01.12.2010	48,89					
87								

Bild 7.13 Statistische Verteilung stetiger Monatsrenditen der Adidas-Aktie vom 3.1.2011 bis 1.12.2015 (Beispiel 7.5)

7.5.5 Risikobeurteilung

Zur Risikobeurteilung von Aktien können die statistischen Maße arithmetisches Mittel und Varianz bzw. Standardabweichung herangezogen werden. Zudem können mit Hilfe der Korrelationsanalyse Aussagen über Abhängigkeiten zwischen Renditen gleicher Zeiträume verschiedener Aktien oder Renditen aufeinanderfolgender Zeiträume einer Aktie gemacht werden.

Das Risiko einer Aktie kann durch die Kenngrößen Drift und Volatilität einer Aktie beschrieben werden, die das Verhalten vergangener Aktienkurse charakterisieren. Als *Drift* wird das arithmetische Mittel der n Renditen (z.B. die letzten n Monatsrenditen) über einen bestimmten Zeitraum bezeichnet, gibt die durchschnittliche Kursänderung eines bestimmten Zeitraumes an und ist somit ein Trendmaß und kann als durchschnittliche Wachstumsrate interpretiert werden. Sie ist (ohne Differenzierung nach Art der Renditen) wie folgt definiert:

$$\overline{r} = \frac{1}{n}\sum_{t=1}^{n} r_t$$

Das arithmetische Mittel der Renditen gibt die durchschnittliche Kursänderung des betrachteten Zeitraums und ist ein Trendmaß für die Aktienkursentwicklung.

Die *Volatilität* wird durch die Varianz σ^2 bzw. die Standardabweichung σ (Wurzel aus der Varianz) der Renditen definiert und ist ein Streuungsmaß, welches die durchschnittliche Abweichung der einzelnen Kursänderungen vom Mittelwert der Kursänderungen angibt. Die Standardabweichung besitzt die gleiche Dimension wie die Beobachtungdaten, im betrachteten Fall Prozent, in denen auch die Aktienrenditen angegeben sind.

$$\sigma = \sqrt{\frac{1}{n}\sum_{t=1}^{n}\left(r_t - \overline{r}\right)^2} = \left[\frac{1}{n}\sum_{t=1}^{n}\left(r_t - \overline{r}\right)^2\right]^{\frac{1}{2}}$$

Je größer die Standardabweichung bzw. die Volatilität einer Aktie ist, desto stärker sind die Kursänderungen nach oben oder nach unten. Damit steigt die Chance auf Gewinne, aber in gleicher Weise auch das Risiko von Kursverlusten. Damit stellt die Standardabweichung ein Chancen- und in eingeschränkter Weise auch ein Risikomaß dar.

Liegt anstatt einer Grundgesamtheit (Population) eine Stichprobe vor, dann erhält man die empirische Standardabweichung *s zu:*

$$s = \sqrt{\frac{1}{n-1}\sum_{t=1}^{n}\left(r_t - \overline{r}\right)^2} = \left[\frac{1}{n-1}\sum_{t=1}^{n}\left(r_t - \overline{r}\right)^2\right]^{\frac{1}{2}}$$

Bezieht sich die empirische Standardabweichung auf einen Zeitraum, der kleiner ist als ein Jahr, z.B. ein Monat, und soll die Standardabweichung annualisiert werden, dann erhält man die jährliche Standardabweichung s_{ann} wie folgt:

$$s_{ann} = s\sqrt{n}$$

wobei n die Anzahl der Perioden im Jahr ist, auf die sich die Standardabweichung bezieht.

Ist beispielsweise die monatliche Standardabweichung 5%, dann ergibt sich die jährliche Standardabweichung mit $n = 12$ zu

$$s_{ann} = 0{,}05\sqrt{12} = 0{,}1732 \text{ oder } 17{,}32.$$

Für die in Beispiel 7.5 berechneten Renditen soll die empirische Standardabweichung berechnet werden.

	31.12.2011	31.12.2012	31.12.2013	31.12.2014	31.12.2015
Jahr	1	2	3	4	5
Preis der Aktie	39,98	32,60	36,02	42,50	37,27
diskrete Rendite (%)		-18,46	10,49	17,99	-12,31

Das arithmetische Mittel $\overline{r}$ der diskreten Renditen beträgt

$$\overline{r} = \frac{1}{4} \cdot (-0{,}1846 + 0{,}1049 + 0{,}1799 - 0{,}1231) = -0{,}0057.$$

Die empirische Varianz berechnet sich zu:

$$s^2 = \frac{1}{3}\left[(-0{,}1846 + 0{,}0057)^2 + (0{,}1049 + 0{,}0057)^2 + (0{,}1799 + 0{,}0057)^2 + (-0{,}1231 + 0{,}0057)^2\right]$$
$$= 0{,}0308$$

Die empirische Standardabweichung ist dann

$$s = \sqrt{0{,}0308} = 0{,}1756 \text{ oder } 17{,}56\%.$$

Damit beträgt die jährliche durchschnittliche Volatilität der betrachteten Aktie im Zeitraum vom 31.12.2011 bis 31.12.2015 17,56%.

Zu beachten ist in diesem Zusammenhang, dass Volatilität nicht gleichzusetzen ist mit Risiko. Die Volatilität ist ein Maß für die historische Breite der Kursschwankungen. Diese können sich in Zukunft ändern, d.h. größer oder kleiner ausfallen, wenn sich das Marktgeschehen ändert. Zudem beinhaltet die Volatilität als Maßgröße nur *eine* Standardabweichung und deckt damit nur eine Wahrscheinlichkeit von 68,3% ab. Mit einer Wahrscheinlichkeit von 31,7% ist demnach die zukünftige Kursschwankung größer als die errechnete Volatilität. Extreme Marktentwicklungen wie beispielsweise im Jahr 2008 können deshalb viel größere Verluste verursachen, als das Volatilitätsmaß selbst angibt.

Beispiel 7.6

Für die Adidas-Aktie sollen ausgehend von den 61 Monatskursen eine statistische Untersuchung der sich daraus ergebenden 60 Renditen vorgenommen werden. Anhand der bereits berechneten stetigen Renditen (siehe Beispiel 7.5) sollen das arithmetische Mittel (Drift) und die empirische Varianz bzw. Standardabweichung (Volatilität) der Aktie ermittelt werden.

Das arithmetische Mittel (Drift) der 60 stetigen Monatsrenditen erhält man zu:

$$\overline{r} = \frac{1}{60}(-0{,}01850 + 0{,}1161 + 0{,}1244 + \ \ldots\ - 0{,}0450 + 0{,}0220 - 0{,}0721) = 0{,}0102$$

Die empirische Varianz ist

$$s^2 = \frac{1}{60-1}\left[\left(-0{,}0185+0{,}0102\right)^2+\left(0{,}1161+0{,}0102\right)^2+\ \dots\ +\left(-0{,}0721+0{,}0102\right)^2\right]$$
$$=0{,}00495551$$

und die monatliche Standardabweichung beträgt

$$s=\left(0{,}00495551\right)^{\frac{1}{2}}=0{,}0704 \text{ oder } 7{,}04\%\,.$$

Die Volatilität der Adidas-Aktie beträgt über den betrachteten Zeitraum vom 3.1.2011 bis 1.12.2015 monatlich durchschnittlich 7,04%. Daraus errechnet die jährliche Standardabweichung zu 24,39%.

In Bild 7.14 ist die Volatilität der stetigen Renditen über den gleichen Zeitraum in einem Balkendiagramm graphisch dargestellt.

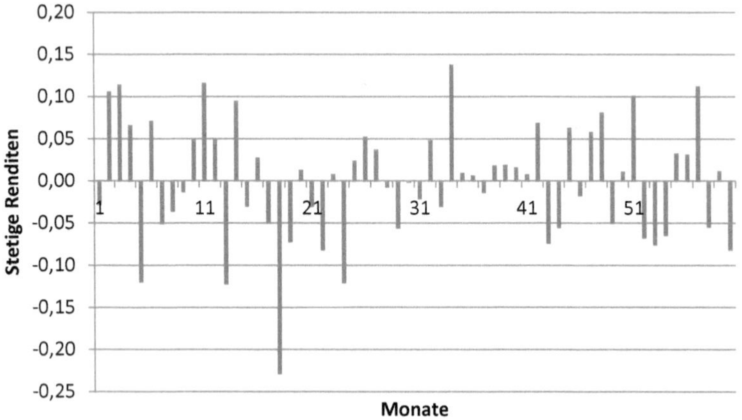

Bild 7.14 Volatilität der stetigen Monatsrenditen der Adidas-Aktie im Zeitraum vom 3.1.2011 bis 1.12.2015

Excel-Umsetzung

Die stetigen Monatsrenditen wurden bereits in Beispiel 7.5 berechnet und können direkt übernommen werden. Die Anzahl der stetigen Monatsrenditen kann mit der Excel-Funktion ANZAHL() ermittelt werden. Das arithmetische Mittel, die Varianz und die Standardabweichung können entweder direkt mit der jeweiligen Formel oder mit den Excel-Funktionen MITTELWERT(), VAR.S() und STABW.S() berechnet werden.

Position	Inhalt	Excel-Umsetzung
D7	Anzahl der stetigen Monatsrenditen	=ANZAHL(D19:D78)
D8	arithmetisches Mittel (Drift)	=SUMME(D19:D78)/D7
D9	arithmetisches Mittel (mit Excel)	=MITTELWERT(D19:D78
D10	Varianz	=SUMME(F19:F78)/(D7-1)
D11	Varianz (mit Excel)	=VAR.S(D19:D78)
D12	Standardabweichung (Volatilität)	=D10^0,5
D13	Standardabweichung (Excel)	=STABW.S(D19:D78)

D12 =D10^0,5

	A	B	C	D	E	F
3						
4		**Berechnung der Drift und Volatilität einer Aktie (Beispiel 7.6)**				
5						
6		Aktie		Adidas		
7		Anzahl der Monatsrenditen		60		
8		Arithmetisches Mittel (Drift)		0,0102		
9		Arithmetisches Mittel (Excel)		0,0102		
10		Varianz		0,0050		
11		Varianz (Excel)		0,0050		
12		Standardabweichung (Volatilität)		0,0704		
13		Standardabweichung (Excel)		0,0704		
14						
15						
16		*Daten zur Berechnung von Mittelwert, Varianz und Standardabweichung*				
17						
18		Datum	Kurs	$r_t = \ln(r_t/r_{t-1})$	$\ln(r_t/r_{t-1}) - \bar{r}$	$[\ln(r_t/r_{t-1}) - \bar{r}]^2$
19		01.12.2015	89,91	-0,0185	-0,0287	0,0008
20		02.11.2015	91,59	0,1161	0,1060	0,0112
21		01.10.2015	81,55	0,1244	0,1143	0,0131
22		01.09.2015	72,01	0,0763	0,0661	0,0044
76		01.03.2011	44,455	-0,0450	-0,0551	0,0030
77		01.02.2011	46,50	0,0220	0,0118	0,0001
78		03.01.2011	45,49	-0,0721	-0,0822	0,0068
79		01.12.2010	48,89			
80						

Bild 7.15 Drift und Volatilität der Adidas-Aktie im Zeitraum vom 3.1.2011 bis 1.12.2015 Beispiel (7.6)

7.5.6 Korrelationsanalyse

Die Korrelationsanalyse untersucht die gegenseitige Abhängigkeit zweier Variablen. Im Ergebnis soll eine Aussage über die Stärke und Richtung des Zusammenhangs gemacht werden. Bei der hier betrachteten Aktienanalyse werden demnach Abhängigkeiten zwischen den Renditen gleicher Zeiträume verschiedener Aktien analysiert. So stellt sich beispielsweise die Frage, ob ein Kursanstieg der Allianz-Aktie einhergeht mit einem Kursanstieg der Münchener-Rück-Aktie.

Als Maßzahl kommt hierfür die *Kovarianz* zur Anwendung. Diese bringt zum Ausdruck, ob sich die Renditen von zwei Aktien tendenziell gleich oder gegenläufig entwickeln und ist daher für Zwecke der Risikosteuerung von zentraler Bedeutung. Werden z.B. zwei Aktien mit gegenläufiger Tendenz in ihren Kursveränderungen erworben, dann kann man erwarten, dass die Verluste der einen Aktie durch entsprechende Gewinne der anderen Aktie kompensiert werden und vice versa.

Für eine zweidimensionale Messreihe

$$\left(r_{1,1},\ r_{2,1}\right),\ \left(r_{1,2},\ r_{2,2}\right)\ \ldots\ \left(r_{1,n},\ r_{2,n}\right)$$

erhält man für die beobachteten Renditen zweier Aktien 1 und 2 die empirischen Mittelwerte

$$\overline{r_1} = \frac{1}{n}\sum_{t=1}^{n} r_{1,t} \quad \text{und} \quad \overline{r_2} = \frac{1}{n}\sum_{t=1}^{n} r_{2,t}$$

sowie die empirischen Standardabweichungen

$$s_1 = \sqrt{\frac{1}{n-1}\sum_{t=1}^{n}\left(r_{1,t} - \overline{r_1}\right)^2} \quad \text{und} \quad s_2 = \sqrt{\frac{1}{n-1}\sum_{t=1}^{n}\left(r_{2,t} - \overline{r_2}\right)^2}\,.$$

Aus diesen Komponenten können zwei weitere Maßzahlen abgeleitet werden. Ist eine zweidimensionale Messreihe gegeben, dann heißt

$$Cov_{1,2} = \frac{1}{n-1}\sum_{t=1}^{n}\left(r_{1,t} - \overline{r_1}\right)\left(r_{2,t} - \overline{r_2}\right)$$

die *empirische Kovarianz* für die beobachteten Renditen zweier Aktien 1 und 2.

Hat die Kovarianz ein positives (negatives) Vorzeichen, so kann bei beiden Aktien von einer tendenziellen Gleichläufigkeit (Gegenläufigkeit) der Renditen ausgegangen werden. Mit der Kovarianz kann jedoch keine Aussage darüber getroffen werden, ob der Zusammenhang bzw. die Abhängigkeit beider Renditen stark oder schwach ausgeprägt ist.

Die gegenseitige Abhängigkeit zweier Variablen kann mit der *Korrelationsanalyse* hinterfragt werden. Im Ergebnis kann damit eine Aussage über Stärke und Richtung des Zusammenhangs gemacht werden. Als normierte Maßzahl (normierte Kovarianz) wird hierzu der Korrelationskoeffizient herangezogen, der eine Beurteilung der Stärke des Zusammenhangs erlaubt und unabhängig von der Maßeinheit der Grunddaten bzw. Stichprobe ist. Der *empirische Korrelationskoeffizient* ρ der beobachteten Renditen zweier Aktien 1 und Aktie 2 ist wie folgt definiert:

$$\rho_{1,2} = \frac{Cov_{1,2}}{\sigma_1 \sigma_2}$$

Geschrieben als Quotient der Abweichungssummen erhält man:

$$\rho_{1,2} = \frac{\sum_{t=1}^{n}\left(r_{1,t} - \overline{r_1}\right)\left(r_{2,t} - \overline{r_2}\right)}{\sqrt{\sum_{t=1}^{n}\left(r_{1,t} - \overline{r_1}\right)^2}\sqrt{\sum_{t=1}^{n}\left(r_{2,t} - \overline{r_2}\right)^2}}$$

Der Korrelationskoeffizient misst die durchschnittliche Korrelation der Renditepaare und kann stets Werte im Intervall zwischen −1 und +1 annehmen. Um Korrelationen aufzudecken, empfiehlt es sich, die Renditen zweier Aktien gleicher, aufeinanderfolgender Zeiträume zu einem Renditepaar zusammenzufassen und als Punkte in ein Koordinatensystem einzutragen. Liegt der Korrelationskoeffizient nahe bei +1, dann sind die Wertepaare der n Beobachtungen überwiegend positiv korreliert und man erhält eine Punktwolke, die in der Nähe einer Regressionsgeraden mit positiver Steigung liegt. Ist der Korrelationskoeffizient nahe −1, dann sind die Wertepaare größtenteils negativ korreliert und man erhält eine Punktwolke, die in der Nähe der Regressionsgeraden mit negativer Steigung liegt. Ist der Korrelationskoeffizient nahe 0, dann sind positiv und negativ korrelierte Wertepaare gleichmäßig verteilt und die Punktwolke lässt keinen linearen Verlauf erkennen. Vertauscht man die Variablen $r_{1,t}$ und $r_{2,t}$, dann ändert sich dadurch der Korrelationskoeffizient nicht und es gilt $\rho_{1,2} = \rho_{2,1}$.

Bleibt noch anzumerken, dass bei $\rho > 0$ nicht auf einen kausalen Zusammenhang zwischen den Geschäften der betrachteten Aktiengesellschaften geschlossen werden kann; ein ursächlicher Zusammenhang hingegen könnte vorliegen, muss aber nicht.

Die Berechnung der Kovarianz und des Korrelationskoeffizienten und deren Interpretation soll an folgendem Beispiel verdeutlicht werden. Die nachfolgende Tabelle zeigt die Preise und die diskreten Renditen zweier Aktien A und B.

	31.12.2011	31.12.2012	31.12.2013	31.12.2014	31.12.2015
Jahr	1	2	3	4	5
Preis der Aktie A	39,98	32,60	36,02	42,50	37,27
diskrete Rendite (%) von 1		-18,46	10,49	17,99	-12,31
Preis der Aktie B	12,78	11,96	12,65	13,20	12,68
diskrete Rendite (%) von 2		-14,24	5,77	13,79	-10,58

Das arithmetische Mittel $\overline{r_1}$ der diskreten Renditen der Aktie A beträgt:

$$\overline{r} = \frac{1}{4} \cdot (-0{,}1846 + 0{,}1049 + 0{,}1799 - 0{,}1231) = -0{,}0057$$

Das arithmetische Mittel $\overline{r_2}$ der diskreten Renditen der Aktie B ist:

$$\overline{r} = \frac{1}{4} \cdot (-0{,}1424 + 0{,}0577 + 0{,}1379 - 0{,}1058) = -0{,}01315$$

Die empirische Varianz von Aktie A beträgt

$$s_1^2 = \frac{1}{3}\left[(-0{,}1846 + 0{,}0057)^2 + (0{,}1049 + 0{,}0057)^2 + (0{,}1799 + 0{,}0057)^2 + (-0{,}1231 + 0{,}0057)^2\right] = 0{,}0308$$

und die empirische Standardabweichung ist

$s_1 = \sqrt{0{,}0308} = 0{,}1756$ oder $17{,}56\%$.

Die empirische Varianz von Aktie B beträgt

$$s_2^2 = \frac{1}{3}\left[(-0{,}1424 + 0{,}0132)^2 + (0{,}0577 + 0{,}0132)^2 + (0{,}1379 + 0{,}0132)^2 + (-0{,}1058 + 0{,}0132)^2\right] = 0{,}0177$$

und die empirische Standardabweichung ist

$s_2 = \sqrt{0{,}0177} = 0{,}1331$.

Für beide Aktien ergibt sich eine Kovarianz von

$$Cov_{1,2} = \frac{1}{4-1}\begin{bmatrix} (-0{,}1846 + 0{,}0057) \cdot (-0{,}1424 + 0{,}01350) \\ +(0{,}1049 + 0{,}0057) \cdot (0{,}0584 + 0{,}01350) \\ +(0{,}1799 + 0{,}0057) \cdot (0{,}1379 + 0{,}01350) \\ +(-0{,}1231 + 0{,}0057) \cdot (-0{,}1058 + 0{,}01350) \end{bmatrix} = 0{,}0233$$

Die Kovarianz hat ein positives Vorzeichen, so dass bei beiden Aktien von einer tendenziellen Gleichläufigkeit der Renditen ausgegangen werden kann. Es kann jedoch keine Aussage darüber getroffen werden, ob der Zusammenhang bzw. die Abhängigkeit beider Renditen stark oder schwach ausgeprägt ist. Dazu wird der Korrelationskoeffizient berechnet.

$$\rho = \frac{0{,}0233}{0{,}1756 \cdot 0{,}1331} = 0{,}9969$$

Der Korrelationskoeffizient ist nahezu bei +1, d.h. die Renditepaare beider Aktien sind stark positiv korreliert und weisen daher ein fast perfekt gleichläufiges Verhalten aus. Steigt (fällt) Aktie A, dann ist zu erwarten, dass auch Aktie B steigt (fällt).

Beispiel 7.7

Es soll untersucht werden, ob zwischen der Allianz-Aktie und der Münchener-Rück-Aktie ein linearer Zusammenhang besteht. Dazu sollen ausgehend von 52 Wochenrenditen (Zeitraum vom 29.12.2014 bis 28.12.2015) der Mittelwert, die Varianz, die Standardabweichung, die Kovarianz und schließlich der Korrelationskoeffizient bestimmt werden.

Zunächst werden die Schlusskurse beider Aktien über Yahoo Finance (wie in Beispiel 7.5 beschrieben) über den Internet Explorer in ein Excel-Arbeitsblatt importiert und aufbereitet. Nach Berechnung der stetigen Renditen werden die gesuchten statistischen Größen bestimmt, die entweder durch direkte Eingabe der Formel oder mittels der Excel-Funktionen, die über Alt + M2 + M + S aufgerufen werden, ermittelt werden. Die Berechnung wird anhand der Allianz-Aktie demonstriert.

Position	Inhalt	Excel-Umsetzung
E7	Anzahl der stetigen Monatsrenditen	=ANZAHL(D23:D74)
E8	arithmetisches Mittel	=SUMME(D23:D74)/E7
E9	arithmetisches Mittel (mit Excel)	=MITTELWERT(D23:D74)
E10	Varianz	=SUMME(F23:F74)/(E7-1)
E11	Varianz (mit Excel)	=VAR.S(D23:D74)
E12	Standardabweichung (Volatilität)	=E11^0,5
E13	Standardabweichung (Excel)	=STABW.S(D23:D74)
E14	Kovarianz	=SUMMENPRODUKT (E23:E74;K23:K74)/(E7-1)
E15	Kovarianz (Excel)	=KOVARIANZ.S(D23:D74;J23:J74)
E16	Korrelationskoeffizient	=E15/(E12*K12)
E17	Korrelationskoeffizient (Excel)	=KORREL(D23:D74;J23:J74)

E17 | f_x | =KORREL(D23:D74;J23:J74)

	A	B	C	D	E	F
3						
4		**Korrelationsanalyse Allianz Aktie und Münchner Rück Aktie (Beispiel 7.7)**				
5						
6		Aktie			Allianz	
7		Anzahl der Wochenrenditen			52	
8		Arithmetisches. Mittel			0,0034	
9		Arithmetische Mittel (Excel)			0,0034	
10		Varianz			0,0009	
11		Varianz (Excel)			0,0009	
12		Standardabweichung (Volatilität)			0,0299	
13		Standardabweichung (Excel Funktion)			0,0299	
14		Kovarianz			0,0007	
15		Kovarianz (Excel)			0,0007	
16		Korrelationskoeffizient			0,8488	
17		Korrelationskoeffizient (Excel Funktion)			0,8488	
18						
19						
20		*Daten zur Berechnung von Mittelwert, Varianz und Standardabweichung,*				
21						
22		Datum	Kurs	$r_t=\ln(r_t/r_{t-1})$	$\ln(r_t/r_{t-1})-\bar{r}$	$[\ln(r_t/r_{t-1})-\bar{r}]^2$
23		28.12.2015	163,55	0,0034	-0,0001	0,0000
24		21.12.2015	163,00	0,0065	0,0030	0,0000
25		14.12.2015	161,95	0,0225	0,0190	0,0004
26		07.12.2015	158,35	-0,0249	-0,0284	0,0008
27		30.11.2015	162,35	-0,0300	-0,0335	0,0011
73		12.01.2015	142,50	0,0478	0,0443	0,0020
74		05.01.2015	135,85	-0,0062	-0,0097	0,0001
75		29.12.2014	136,70			
76						

Bild 7.16 Berechnung statistischer Kennzahlen am Beispiel von Wochenrenditen der Allianz-Aktie im Zeitraum vom 29.12.2014 bis 28.12 2015 (Beispiel 7.7)

In Bild 7.17 sind die Renditepaare der Allianz-Aktie und der Münchener-Rück-Aktie im Zeitraum vom 29.12.2014 bis 28. 12.2015 graphisch dargestellt. Die Renditen lassen einen positiven Zusammenhang erkennen, d.h. sie sind positiv korreliert, was mit dem Korrelationskoeffizienten von 0,8488 bestätigt wird.

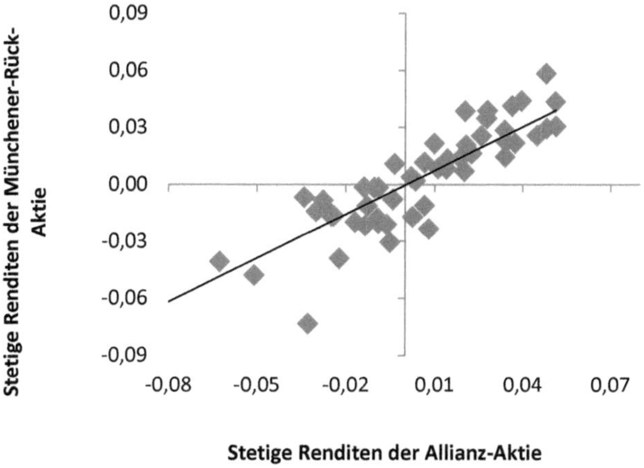

Bild 7.17 Darstellung der Renditepaare gleicher Zeiträume (Wochen) der Allianz-Aktie und der Münchener-Rück-Aktie im Zeitraum vom 29.12.2014 bis 28.12.2015

7.6 Rendite und Risiko im Portfoliokontext

7.6.1 Problemstellung

Aktien und viele andere Anlagemöglichkeiten gewähren im Gegensatz zu festverzinslichen Wertpapieren keine festen und bekannten Zinszahlungen, vielmehr hängt ihr Ertrag von verschiedenen Einflussfaktoren ab wie beispielsweise der Konjunktur oder der Geschäftsentwicklung der Gesellschaft. Die Rendite kann daher nicht mit Sicherheit vorhergesagt werden, sie ist – mathematisch ausgedrückt – eine Zufallsvariable. Über diese Zufallsgröße gilt es Aussagen zu bekommen, um die Renditen für die Zukunft abschätzen zu können. Das folgende Beispiel soll den Sachverhalt verdeutlichen.

Ein Investor besitzt 100.000 Euro und möchte diese gewinnbringend anlegen. Als Anlagemöglichkeiten stehen ihm Festgeld oder Aktien zur Verfügung. Die Rendite der Festgeldanlage ist determiniert, die Rendite der Aktie hingegen ist eine Zufallsvariable und von den folgenden Eigenschaften abhängig:

Geschäftsentwicklung	k	Rendite r_k	Wahrscheinlichkeit p_k
gut	1	10%	60%
schlecht	2	-10%	20%
sehr gut	3	20%	20%

Ist die Geschäftsentwicklung der Gesellschaft gut, dann erzielt der Investor bei einer Anlage von 100.000 Euro in Aktien nach einem Jahr 10.000 €. Dieser Fall soll mit einer Wahrscheinlichkeit von 60% eintreten. Bei einer schlechten Geschäftsentwicklung kann ein Verlust von 10% eintreten, die Wahrscheinlichkeit hierfür ist 20%. Bei sehr guter Geschäftsentwicklung bringt eine Anlage in Aktien eine Rendite von 20%, für diesen Fall beträgt die Wahrscheinlichkeit ebenfalls 20%.

Die Anlage in Festgeld soll eine Rendite von 3% bringen. Diese Rendite ist sicher und tritt mit einer Wahrscheinlichkeit von 100% ein, vorausgesetzt, dass das Ausfallrisiko der Bank gleich Null ist.

Es stellt sich nun die Frage, welche der beiden Möglichkeiten präferiert werden sollte. Der Erwartungswert der Rendite $E(r_A)$, also die mit den Wahrscheinlichkeiten gewichtete Rendite beträgt bei der Aktienanlage

$$\begin{aligned} E(r_A) &= \sum_{k=1}^{3} r_k \cdot p_k \\ &= 10\% \cdot 0{,}6 + (-10\%) \cdot 0{,}2 + 20\% \cdot 0{,}2 = 8\%. \end{aligned}$$

Bei der Aktienanlage ist also eine Rendite von 8% zu erwarten, bei der Festgeldanlage ist die erwartete Rendite $E(r_F) = 3\%$. Die Rendite bei der Aktienanlage ist also höher, man erkennt aber auch, dass das Risiko, gemessen mit der Varianz bzw. der Standardabweichung, größer ist.

$$\begin{aligned} Var(r_A) &= \sum_{k=1}^{3} p_k \left[r_k - E(r_A)\right]^2 \\ &= 0{,}6(10\% - 8\%)^2 + 0{,}2(-10\% - 8\%)^2 + 0{,}2(20\% - 8\%)^2 = 0{,}0096 \end{aligned}$$

Das Risiko der Aktie, die Standardabweichung, ist die Wurzel aus der Varianz, also 9,8%. Das Risiko der Festgeldanlage ist 0%.

Es stellt sich nun die Frage, welche der Anlagen die bessere ist. Diese Frage kann nicht unmittelbar beantwortet werden, die Antwort hängt davon ab, wie risikobereit der Investor ist. Auch kann der Anlagebetrag auf beide Anlagen aufgeteilt werden. Diese Vorgehensweise heißt *Diversifikation* und sie ist immer dann sinnvoll, wenn nicht ausschließlich die Rendite oder ausschließlich das Risiko in Betracht gezogen wird.

In der täglichen Veranlagungspraxis erfolgt die Auswahl von Anlagemöglichkeiten, die sogenannte *Portfolio-Selection,* mit den Kriterien Rendite, gemessen durch die durchschnittliche historische Rendite, und Risiko (Volatilität), gemessen durch die Standardabweichung. Die Portfoliotheorie, basierend auf den Kenngrößen Rendite und Risiko, wurde in den 1950er Jahren von Harry M. Markowitz entwickelt und u.a. von William F. Sharpe und Merton H. Miller weiter vorangebracht. Sie erhielten 1990 für ihre Arbeiten zur Finanzierungs- und Kapitalmarkttheorie den Nobelpreis für Wirtschaftswissenschaften.

Grundlage für die Berücksichtigung lediglich der beiden Kenngrößen Rendite und Risiko ist die in Kapitel 7.7.7 beschriebene Normalverteilungsannahme von Aktienrenditen. Da jedoch in der Praxis keine Verteilung vorgegeben ist und die Berechnung des Erwartungswertes und der Varianz einzelner Anlagen und Anlagemischungen nicht möglich ist, werden die Werte (Rendite und Risiko) aus Daten der Vergangenheit ermittelt. Die graphische Darstellung von Aktien erfolgt entsprechend ihrer Eigenschaften in einem Rendite-Risiko-Diagramm, welches, abgeleitet von den in der Normalverteilung verwendeten Symbolen μ für die Rendite und σ für Risiko, auch als μ-σ-Diagramm bezeichnet wird. Bei der folgenden Analyse wird für die Rendite das Symbol r und für das Risiko (Standardabweichung) das Symbol σ verwendet.

7.6.2 Portfoliorendite und Portfoliorisiko

Betrachtet wird ein Portfolio in seiner einfachsten Form, das aus nur zwei Aktien besteht. Aus den historischen Daten beider Aktien wurden die folgenden mittleren Renditen und Standardabweichungen ermittelt:

Aktie 1: $r_1 = 6\%, \sigma_1 = 25\%$

Aktie 2: $r_2 = 26\%, \sigma_2 = 50\%$

Trägt man die beiden Aktien in ein Rendite-Risiko-Diagramm ein, dann erhält man die in Bild 7.18 eingezeichneten Punkte.

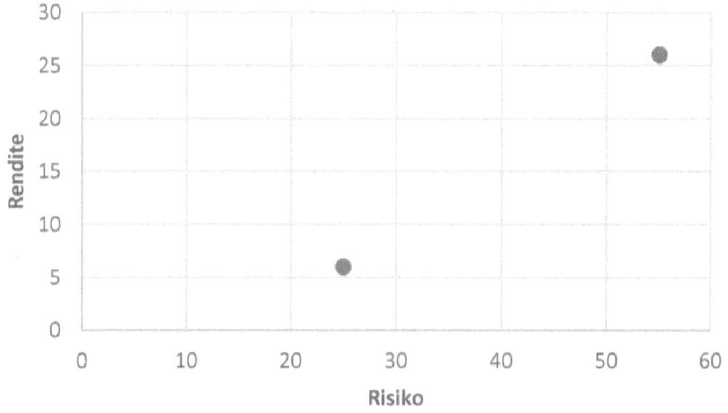

Bild 7.18 Risiko-Rendite-Diagramm

Mischt man beide Anlagen, dann kann die erwartete Rendite des Zwei-Wertpapier-Portfolios als Durchschnitt der erwarteten Renditen der einzelnen Aktien r_1 und r_2 gewichtet mit ihrem Portfolioanteil w_1 bzw. w_2 wie folgt bestimmt werden:

$$r_P = w_1 \cdot r_1 + w_2 \cdot r_2$$

wobei $w_1 + w_2 = 1$ bzw. $w_2 = 1 - w_1$

Werden beispielsweise 60% des Portfolios in Aktie 1 investiert und 40% in Aktie 2, dann ergibt sich die erwartete Portfoliorendite zu:

$$r_P = 0{,}6 \cdot 6\% + 0{,}4 \cdot 26\% = 14\%$$

Während die Portfoliorendite einfach als gewichteter Durchschnitt der einzelnen Wertpapiere ermittelt werden kann, ist die Ermittlung des Risikos, gemessen mit der Varianz bzw. Standardabweichung, schwieriger. Zur Analyse der Varianz eines Portfolios aus zwei Aktien muss die Kovarianz bzw. die Korrelation zwischen beiden Werten berücksichtigt werden. Die Kovarianz σ_{12} ist hier das arithmetische Mittel des Produkts der Abweichungen der einzelnen Aktien von ihrem jeweiligen Mittelwert (vgl. Kapitel 7.5.6) und beschreibt eine gemeinsame Tendenz der beobachteten Aktien. Dividiert man die Kovarianz durch die beiden Standardabweichungen σ_1 und σ_2, dann erhält man den Korrelationskoeffizienten ρ_{12}, ein normiertes Maß für die Strenge des linearen statistischen Zusammenhangs.

$$\sigma_{12} = \rho_{12} \cdot \sigma_1 \cdot \sigma_2 \quad \text{und} \quad \rho_{12} = \frac{\sigma_{12}}{\sigma_1 \cdot \sigma_2}$$

Beträgt beispielsweise die historische Kovarianz zwischen Aktie 1 und Aktie 2 $\sigma_{12} = 750$, dann ergibt sich der Korrelationskoeffizient ρ_{12} zu:

$$\rho_{12} = \frac{750}{50 \cdot 25} = 0{,}6$$

Der Korrelationskoeffizient ist mit 0,6 positiv, d.h. beide Aktien bewegen sich in die gleiche Richtung.

Die Varianz des Portfolios setzt sich aus den gewichteten Einzelvarianzen zusammen, hinzu kommt die gewichtete Kovarianz.

Aktie 1: $w_1^2 \cdot \sigma_1^2$ und $w_1 \cdot w_2 \cdot \sigma_{12} = w_1 \cdot w_2 \cdot \rho_{12} \cdot \sigma_1 \cdot \sigma_2$

Aktie 2: $w_2^2 \cdot \sigma_2^2$ und $w_2 \cdot w_1 \cdot \sigma_{21} = w_2 \cdot w_1 \cdot \rho_{21} \cdot \sigma_2 \cdot \sigma_1$

Da $\rho_{12} = \rho_{21}$ und $\sigma_{12} = \sigma_{21}$ gilt, erhält man die Portfoliovarianz σ_P^2 zu:

$$\begin{aligned} \sigma_P^2 &= w_1^2 \cdot \sigma_1^2 + w_1 \cdot w_2 \cdot \rho_{12} \cdot \sigma_1 \cdot \sigma_2 + w_2^2 \cdot \sigma_2^2 + w_2 \cdot w_1 \cdot \rho_{21} \cdot \sigma_2 \cdot \sigma_1 \\ &= w_1^2 \cdot \sigma_1^2 + w_2^2 \cdot \sigma_2^2 + 2 \cdot w_1 \cdot w_2 \cdot \rho_{12} \cdot \sigma_1 \cdot \sigma_2 \end{aligned}$$

Wegen $\rho_{12} = \dfrac{\sigma_{12}}{\sigma_1 \cdot \sigma_2}$ kann obiger Ausdruck auch geschrieben werden als:

$$\sigma_P^2 = w_1^2 \cdot \sigma_1^2 + w_2^2 \cdot \sigma_2^2 + 2 \cdot w_1 \cdot w_2 \cdot \sigma_{12}$$

Damit wird deutlich, dass das Portfoliorisiko von den Einzelrisiken (Varianzen) der beteiligten Wertpapiere, ihren Portfolioanteilen und der Kovarianz bzw. der Korrelation der Wertpapierrenditen untereinander abhängig ist. Dieser Zusammenhang soll nun beispielhaft an einem Zwei-Wertpapier-Portfolio aufgezeigt werden.

Werden im Zwei-Wertpapier-Fall beispielsweise 60% des Portfolios in Aktie 1 investiert und 40% in Aktie 2, dann errechnet sich bei einem Korrelationskoeffizienten von $\rho = 0{,}6$ eine Portfoliovarianz von

$$\sigma_p^2 = 0{,}6^2 \cdot 25^2 + 0{,}4^2 \cdot 50^2 + 2 \cdot 0{,}6 \cdot 0{,}4 \cdot 0{,}6 \cdot 25 \cdot 50 = 625 + 360 = 985$$

und die Standardabweichung (Risiko) beträgt $\sqrt{985} = 31{,}38\%$. Im Ergebnis kann durch Diversifikation die Rendite im Vergleich zu einer Einzelinvestition in Aktie 1 gesteigert werden (von 6% auf 14%) bei einem nur relativ geringen Anstieg des Risikos (von 20% auf 31,38%).

Kombiniert man beide Aktien in verschiedenen Gewichtungsverhältnissen unter der Annahme, dass beide Aktien nicht korreliert sind ($\rho = 0$), dann ergeben sich hinsichtlich der erwarteten Rendite und des Risikos die in Bild 7.19 dargestellten Ergebnisse.

Portfoliogewichte Aktie 1	Portfoliogewichte Aktie 2	erwartete Rendite	Risiko (Volatilität)
1,00	0,00	6,00%	25,00%
0,80	0,20	10,00%	22,36%
0,60	0,40	14,00%	25,00%
0,40	0,60	18,00%	31,62%
0,20	0,80	22,00%	40,31%
0,00	1,00	26,00%	50,00%

Bild 7.19 Erwartete Rendite und Risiko zweier Aktien mit verschiedenen Portfolioanteilen

Stellt man diese Ergebnisse graphisch dar, dann erhält man die in Bild 7.20 dargestellte Rendite-Risiko-Kurve. Akzeptiert beispielsweise ein Investor ein Risiko bzw. eine Volatilität von 25% und investiert er in Aktie 1, dann kann er eine Rendite von 6% erwarten. Eine weitaus bessere Rendite in Höhe von 14% ließe sich erzielen, würden bei gleichem Risiko 60% in Aktie 1 und 40% in Aktie 2 investiert. Ein Portfolio ist immer dann ineffizient, wenn bezüglich der erwarteten Rendite und des Risikos ein besseres Portfolio existiert. Demnach ist eine Investition allein in Aktie 1 ineffizient, das gleiche gilt für alle Portfolios mit einem mehr als 80%igen Anteil in Aktie 1 (dunkelgrauer Teil der Kurve in Bild 7.20). Ineffiziente Portfolios sind für Investoren, die eine hohe Rendite und ein niedriges Risiko anstreben, nicht optimal. Verbindet man die effizienten Portfolios in Bild 7.20 durch einen Kurvenzug miteinander, dann erhält man die Menge aller effizienten Portfolios, die als *Effizienzkurve* (Efficient Frontier) bezeichnet wird. Die effizienten Portfolios repräsentieren hinsichtlich des Risikos und der Rendite ein optimales Portfolio. Zur rechnerischen Bestimmung der Effizienzkurve muss das Optimierungsproblem

$$\sigma_P^2 = \sum_{i=1}^{n} \sum_{j=1}^{n} w_i w_j \sigma_{ij} \rightarrow \min$$

unter Berücksichtigung der Nebenbedingungen

$$r_P = \sum_{i=1}^{n} w_i \cdot r_i \quad \text{und} \quad \sum_{i=1}^{n} w_i = 1$$

gelöst werden. Werden auch Leerverkäufe ausgeschlossen, dann wird $w_i \geq 0$ als weitere Nebenbedingung aufgenommen. Diese Optimierungsaufgabe kann mit Hilfe von Lagrange-Multiplikatoren oder andere Verfahren der nichtlinearen Optimierung gelöst werden. Hier wird das Optimierungsproblem anhand des Tabellenkalkulationsprogramms Microsoft Excel gelöst (vgl. Beispiel 7.8).

In Bild 7.20 ist ersichtlich, dass Portfolios mit einem Anteil von mindestens 20% in Aktie 2 (hellgrauer Ast der Kurve in Bild 7.20) effizient sind. In diesem Falle existiert kein Zwei-Aktien Portfolio, das eine höhere erwartete Rendite mit einem niedrigeren Risiko liefert. Während nicht effiziente Portfolios als unterlegen ausgeschlossen werden können, ist es nicht möglich, einfach effiziente Portfolios abzurufen, da Investoren diese entsprechend ihren Risiko- und Renditepräferenzen auswählen. So wird ein extrem konservativer Investor, der nur sein Risiko minimieren möchte, das Portfolio mit dem geringsten Risiko wählen (80% in Aktie 1 und 20% in Aktie 2), während ein aggressiver Investor ungeachtet des höheren Risikos möglicherweise 100% in Aktie 2 investiert, da dieses Investment eine höhere Rendite erwarten lässt.

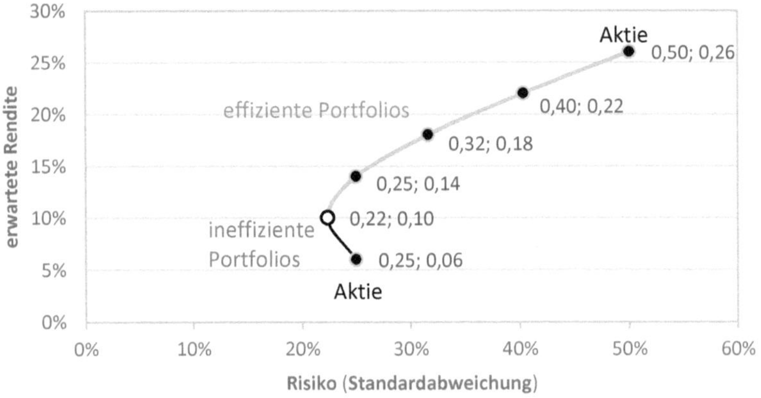

Bild 7.20 Risiko und erwartete Rendite möglicher Portfolios aus zwei Aktien bei $\rho = 0$

Aus der Beziehung

$$\sigma_P^2 = w_1^2 \cdot \sigma_1^2 + w_2^2 \cdot \sigma_2^2 + 2 \cdot w_1 \cdot w_2 \cdot \rho_{12} \cdot \sigma_1 \cdot \sigma_2$$

erkennt man unmittelbar, dass die Portfoliovarianz (Portfoliorisiko) maßgeblich von der Beziehung der Renditen zueinander, also deren Korrelation, abhängt. Da der Korrelationskoeffizient Werte zwischen -1 und $+1$ annimmt, sollen die extremen Fälle $\rho = +1$, $\rho = 0$ und $\rho = -1$ näher betrachtet werden. Die graphische Darstellung dieser Fälle wird in Bild 7.22 veranschaulicht.

Bei einem Korrelationskoeffizienten von +1 ergibt sich für die Portfoliovarianz

$$\sigma_P^2 = w_1^2 \cdot \sigma_1^2 + w_2^2 \cdot \sigma_2^2 + 2 \cdot w_1 \cdot w_2 \cdot \sigma_1 \cdot \sigma_2$$

und für die Standardabweichung folgt:

$$\sigma_P = w_1 \cdot \sigma_1 + w_2 \cdot \sigma_2$$

In diesem Fall ist das Gesamtrisiko die Summe der gewichteten Einzelrisiken und es liegt ein positiver linearer Zusammenhang vor, d.h. die Abweichung vom Mittelwert hat bei beiden Aktien immer die gleiche Richtung und es ist keine Reduktion des Risikos durch Diversifikation möglich. Für das Beispiel ergibt sich mit $\rho = +1$ eine Portfoliovarianz von

$$\sigma_P^2 = 0{,}6^2 \cdot 25^2 + 0{,}4 \cdot 50^2 + 2 \cdot 0{,}6 \cdot 0{,}4 \cdot 25 \cdot 50 = 625 + 600 = 1.225$$

und eine Standardabweichung von $\sigma_P = \sqrt{1.225} = 35\%$, also rund 35%.

Im zweiten Fall, bei einer Korrelation von $\rho = 0$, ergibt sich:

$$\sigma_P^2 = w_1^2 \cdot \sigma_1^2 + w_2^2 \cdot \sigma_2^2$$

und

$$\sigma_P = \sqrt{w_1^2 \cdot \sigma_1^2 + w_2^2 \cdot \sigma_2^2}$$

Bei dieser Konstellation gibt es keinen statistischen Zusammenhang, und es ergibt sich für (fast) jede Wertpapiermischung ein geringeres Portfoliorisiko als (unter sonst gleichen Bedingungen) im ersten Fall. Es kann ein Portfolio gebildet werden, welches eine geringere Standardabweichung hat als jede der beiden einzeln betrachteten Wertpapiere. Bei einer Korrelation kleiner als 0 ist eine weitere Risikoreduzierung möglich. Für das Beispiel ergibt sich mit $\rho = 0$ eine Portfoliovarianz von

$$\sigma_P^2 = 0{,}6^2 \cdot 25^2 + 0{,}4^2 \cdot 50^2 = 625$$

und eine Standardabweichung von $\sigma_P = \sqrt{625} = 25\%$

Für den dritten Fall, mit $\rho = -1$ erhält man:

$$\sigma_P^2 = w_1^2 \cdot \sigma_1^2 + w_2^2 \cdot \sigma_2^2 - 2 \cdot w_1 \cdot w_2 \cdot \sigma_1 \cdot \sigma_2 .$$

und als Standardabweichung ergibt sich:

$$\sigma_P = \left| w_1 \cdot \sigma_1 - w_2 \cdot \sigma_2 \right|$$

In diesem Fall sind die Abweichungen vom Mittelwert gegeneinander gerichtet und es ist eine extreme Risikoreduzierung bis hin zur Risikoeliminierung möglich. Das Beispiel ergibt mit $\rho_{12} = -1$, eine Portfoliovarianz von

$$\sigma_P^2 = 625 + 600 \cdot (-1) = 25$$

und Standardabweichung von $\sigma_P = \sqrt{25} = 5\%$.

In diesem Fall ist das Risiko fast vollständig wegdiversifiziert. Man kann leicht erkennen, dass das Potenzial, Risiko durch Portfoliobildung zu streuen umso größer ist, je gegensätzlicher sich die Aktienrenditen verhalten.

Durch Veränderung der Anteile an den beiden Aktien ergeben sich hinsichtlich der Rendite und des Risikos unterschiedliche Ergebnisse (dargestellt in Prozent), die in Bild 7.21 für $\rho = 0$, $\rho = 1$, $\rho = -0{,}5$ und $\rho = -1$ zusammengefasst sind. Die graphische Darstellung der Ergebnisse ergibt das in Bild 7.22 dargestellte Rendite-Risiko-Diagramm.

Anteil Aktie 1	Anteil Aktie 2	erwartete Rendite	Risiko bei $\rho = 0$	Risiko bei $\rho = 1$	Risiko bei $\rho = -0,5$	Risiko bei $\rho = -1$
1,00	0,00	6,00	25,00	25,00	25,00	25,00
0,80	0,20	10,00	22,26	30,00	17,32	10,00
0,67	0,33	13,00	24,00	33,00	17,00	0,00
0,60	0,40	14,00	25,00	35,00	18,03	5,00
0,40	0,60	18,00	31,62	40,00	26,46	20,00
0,20	0,80	22,00	40,31	45,00	37,75	35,00
0,00	1,00	26,00	50,00	50,00	50,00	50,00

Bild 7.21 Erwartete Rendite und Risiko bei Variation der Portfolioanteile und der Korrelationskoeffizienten

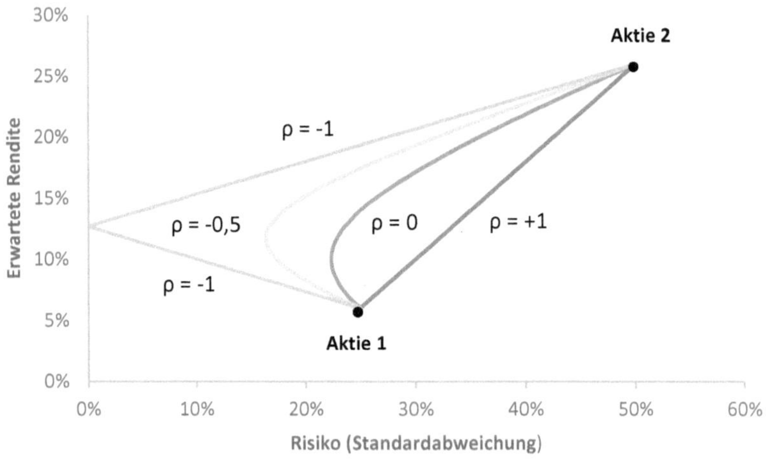

Bild 7.22 Lage möglicher Rendite-Risiko-Profile aus zwei Aktien für verschiedene Gewichtungen und Korrelationskoeffizienten

In Bild 7.22 existiert für jede der dargestellten vier Portfoliolinien ein Punkt, der genau jene Kombination aus den Aktien 1 und 2 markiert, die bei gegebener Korrelation das geringste mögliche Risiko aufweist. Dieses spezielle Portfolio wird als Minimum-Varianz-Portfolio (MVP) bezeichnet. In Bild 7.23 sind für die beiden Aktien 1 und 2 mit den Korrelationen von 0 und -1 die MVPs dargestellt.

Das MVP teilt die Portfoliolinie in zwei Bereiche. Auf dem Ast rechts unter befinden sich ausgehend vom MVP alle Portfolios, die als ökonomisch nicht effizient gelten. Das heißt, es gibt andere Gewichtungen der Aktien 1 und 2, die bei gleichem Risiko eine höhere Rendite aufweisen und daher präferiert werden. Effizient sind nur jene Portfolios, die ausgehend vom MVP am Ast nach rechts oben liegen, da es keine Kombinationen von Aktie 1 und 2 gibt, die bei gleichem Risiko eine höhere Rendite generieren bzw. bei gleicher Rendite ein geringeres Risiko in sich tragen. Daher wird dieser Teil der Portfoliolinie auch als *Effizienzlinie* oder *Effizienzkurve* bezeichnet.

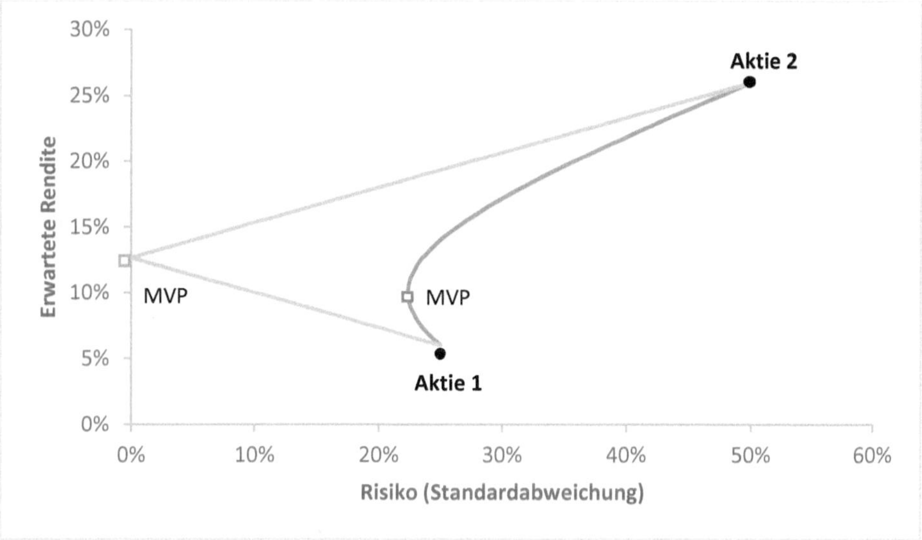

Bild 7.23 Lage der Minimum-Varianz-Portfolios für zwei Aktien

Beispiel 7.8

Für ein Zwei-Wertpapier-Portfolio bestehend aus den Aktien BMW und SAP sind die jährlichen, (um Ausschüttungen und Splits) bereinigten Schlusskurse vom 01.06.2005 bis 01.06.2017 gegeben. Die Portfolioanteile betragen für die BMW-Aktie 60% und für die SAP-Aktie 40%. Es sollen zunächst die Portfoliorendite, das Risiko (Standardabweichung) des Portfolios und der Korrelationskoeffizient auf Basis der gegebenen Portfolioanteile ermittelt werden. Anschließend soll das das Minimum-Varianz-Portfolio berechnet und die Effizienzkurve graphisch dargestellt werden.

Zunächst werden für jede Aktie und jedes Jahr die einfachen Renditen berechnet (vgl. hierzu Kapitel 7.5.1) und anschließend für jedes Jahr die Portfoliorendite bestimmt. Die Ergebnisse sind in Bild 7.24 zusammengefasst.

Die durchschnittliche Portfoliorendite für die BMW-Aktie über den Zeitraum von 12 Jahren beträgt 14,58% und die für SAP 10,88%. Die Berechnungen erfolgen analog zu der in Kapitel 7.5.5 aufgezeigten Vorgehensweise. Damit erhält man die Portfoliorendite des Betrachtungszeitraums zu:

$$r_P = 0,6 \cdot 14,58\% + 0,4 \cdot 10,88\% = 13,10\%$$

Die durchschnittliche Varianz über den Zeitraum von 12 Jahren beträgt für die BMW-Aktie 0,0749 und für die SAP-Aktie 0,036 und als Standardabweichung erhält man 27,36% für BMW und 18,97% für SAP. Die Berechnungen erfolgen analog zu der in Kapitel 7.5.6 aufgezeigten Vorgehensweise. Damit ergibt sich mit einem Korrelationskoeffizienten von 0,58 die Portfoliovarianz zu

$$\sigma_P^2 = 0,6^2 \cdot 27,36^2 + 0,4^2 \cdot 18,97^2 + 2 \cdot 0,6 \cdot 0,4 \cdot 0,58 \cdot 27,36 \cdot 18,97 = 471,56$$

und eine Standardabweichung von 21,70%.

Datum	BMW	SAP	Rendite BMW	Rendite SAP	Portfolio-Rendite
01.06.2017	84,92	105,79	19,50%	42,86%	28,85%
01.06.2016	71,06	74,05	-23,39%	8,63%	-10,58%
01.06.2015	92,75	68,17	12,52%	-7,35%	4,57%
01.06.2014	82,43	73,58	28,78%	7,68%	20,34%
01.06.2013	64,01	68,33	23,03%	24,51%	23,62%
01.06.2012	52,03	54,88	5,58%	0,42%	3,52%
01.06.2011	49,28	54,65	63,18%	40,89%	54,26%
01.06.2010	30,20	38,79	42,45%	10,23%	29,56%
01.06.2009	21,20	35,19	-28,40%	-21,57%	-25,67%
01.06.2008	29,61	44,87	-17,96%	3,51%	-9,37%
01.06.2007	36,09	43,35	33,72%	-1,50%	19,63%
01.06.2006	26,99	44,01	15,94%	22,25%	18,46%
01.06.2005	23,28	36,00			
Mittlere Renditen vom 01.06.2005 bis 01.06.2017			14,58%	10,88%	13,10%

Bild 7.24 Kurse und Renditen eines Zwei-Wertpapierportfolios aus den Aktien BMW und SAP

Die Standardabweichung für BMW mit 27,36% und für SAP mit 18,97%, sowie der Korrelationskoeffizient mit 0,58 und das MVP werden mittels Microsoft Excel bestimmt (siehe unten Excel-Umsetzung).

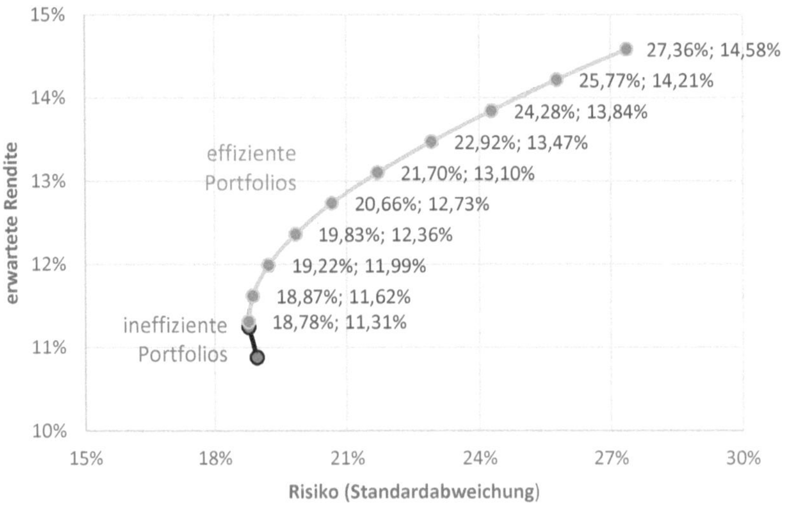

Bild 7.25 Effizienzkurve im Zwei-Wertpapier-Fall (Beispiel 7.8)

Bild 7.25 zeigt die Effizienzlinie im Zwei-Wertpapier-Fall. Der hellgraue Ast zeigt die effizienten Portfolios an, der dunkelgraue Ast die ineffizienten Portfolios, die durch das Minimum-Varianz-Portfolio mit einer Standardabweichung von 18,78% und einer erwarteten Rendite von 11,31% determiniert wird.

Excel-Umsetzung

Zur Bestimmung der Effizienzlinie im Zwei-Wertpapier-Fall werden zunächst die einfachen Jahresrenditen für die BMW-Aktie und die SAP-Aktie und dann die Portfoliorendite im Zeitraum vom 1.6.205 bis 1.6.2017 bestimmt. Anschließend werden die erwartete Rendite, die Varianz und die Standardabweichung für beide Aktien berechnet. Die erwartete Rendite für das Portfolio ergibt sich, indem die Renditen der beiden Aktien mit ihren Portfolioanteilen (60% für BMW und 40% für SAP) gewichtet werden. Die Berechnung der Portfoliovarianz bzw. der -standardabweichung erfolgt nach der oben dargestellten Vorgehensweise, nachdem die Kovarianz und die Korrelation zwischen den beiden Aktien ermittelt wurden.

Zur Bestimmung der Effizienzkurve werden die beiden Aktien mit Anteilen zwischen 0% und 100% gewichtet und das entsprechende Portfoliorisiko und die Portfoliorendite berechnet. Abschließend wird das Minimum-Varianz-Portfolio abgelesen und die Portfolios ermittelt, die als ökonomisch effizient beurteilt werden können.

Position	Inhalt	Excel-Umsetzung
E11	Rendite BMW	=(C11-C12)/C12
F11	Rendite SAP	=(D11-D12)/D12
H11	Portfoliorendite	=$C$7*E11+$C$8*F11
E25	erwartete Rendite	=SUMME(E11:E22)/12
E26	Varianz	=VAR.S(E11:E22)
E27	Standardabweichung	=STABW.S(E11:E22)
E28	Kovarianz	=KOVARIANZ.S(E11:E22;F11:F22)
E29	Korrelation	=KORREL(E11:E22;F11:F22)
H25	erwartete Portfolio Rendite	=C7*E25+C8*F25
H26	Portfolio Varianz	=C7^2*E27^2+C8^2*F27^2+2*C7*C8*E29*E27*F27
H27	Portfolio Standardabweichung	=H26^0,5
L11	Portfolio Risiko	=(J11^2*$E$27^2+K11^2*$F$27^2+2*J11*K11*$E$29*$E$27*$F$27)^0,5
M11	Portfolio Rendite	=J11*$E$25+K11*$F$25

H26 | =C7^2*E27^2+C8^2*F27^2+2*C7*C8*E29*E27*F27

	B	C	D	E	F	H	J	K	L	M	N
3											
4	**Minimum-Varianz-Portfolio für zwei Aktien (Beispiel 7.8)**										
5											
6	**Portfoliogewichtung**										
7	BMW	60%									
8	SAP	40%									
9											
10	**Datum**	**BMW**	**SAP**	**Rendite BMW**	**Rendite SAP**	**Portfolio Rendite**	**Anteil BMW**	**Anteil SAP**	**Portfolio Risiko**	**Portfolio Rendite**	**Effiziente Portfolio-renditen**
11	01.06.2017	84,92	105,79	19,50%	42,86%	28,85%	0%	100%	18,97%	10,88%	
12	01.06.2016	71,06	74,05	-23,39%	8,63%	-10,58%	10%	90%	18,78%	11,25%	
13	01.06.2015	92,75	68,17	12,52%	-7,35%	4,57%	12%	88%	18,78%	11,31%	11,31%
14	01.06.2014	82,43	73,58	28,78%	7,68%	20,34%	20%	80%	18,87%	11,62%	11,62%
15	01.06.2013	64,01	68,33	23,03%	24,51%	23,62%	30%	70%	19,22%	11,99%	11,99%
16	01.06.2012	52,03	54,88	5,58%	0,42%	3,52%	40%	60%	19,83%	12,36%	12,36%
17	01.06.2011	49,28	54,65	63,18%	40,89%	54,26%	50%	50%	20,66%	12,73%	12,73%
18	01.06.2010	30,20	38,79	42,45%	10,23%	29,56%	60%	40%	21,70%	13,10%	13,10%
19	01.06.2009	21,20	35,19	-28,40%	-21,57%	-25,67%	70%	30%	22,92%	13,47%	13,47%
20	01.06.2008	29,61	44,87	-17,96%	3,51%	-9,37%	80%	20%	24,28%	13,84%	13,84%
21	01.06.2007	36,09	43,35	33,72%	-1,50%	19,63%	90%	10%	25,77%	14,21%	14,21%
22	01.06.2006	26,99	44,01	15,94%	22,25%	18,46%	100%	0%	27,36%	14,58%	14,58%
23	01.06.2005	23,28	36,00								
24											
25	**Erwartete Rendite**			14,58%	10,88%	13,10%	**Minimum-Varianz-Portfolio (MVP)**				
26	**Varianz**			0,0749	0,0360	0,0471	BMW		12%		
27	**Standardabweichung**			27,36%	18,97%	21,70%	SAP		88%		
28	**Kovarianz**			0,03			Standardabweichung		18,78%		
29	**Korrelation**			0,58			Portfoliorendite		11,31%		
30											

Bild 7.26 Minimum-Varianz-Portfolio für zwei Aktien (Beispiel 7.8)

Bis jetzt wurden Portfolios betrachtet, bei denen ein positiver Betrag in Aktien investiert wurde, d.h. es wurde jeweils eine *Long Position* in Aktien eingegangen. Wird ein negativer Betrag in eine Aktie investiert, dann spricht man von einer *Short-Position.* Ein Leerverkauf (short selling) ist profitabel, wenn man einen Kursrückgang der Aktie erwartet, denn dann kann die Aktie zu einem niedrigeren Preis gekauft werden als sie verkauft wurde. Short selling kann aber auch vorteilhaft sein, wenn man einen Kursanstieg der Aktie erwartet und der Erlös hieraus in eine andere Aktie mit einer höheren erwarteten Rendite investiert wird. Das folgende Beispiel soll dies verdeutlichen.

Ein Investor hat 20.000 Euro zur Verfügung. Er verkauft Aktie 1 ($r_1 = 6\%, \sigma_1 = 25\%$) leer und erlöst dafür 10.000 Euro. Der Erlös von 10.000 Euro aus dem Leerverkauf und die zur Verfügung stehenden 20.000 Euro werden in Aktie 2 ($r_2 = 26\%, \sigma_2 = 50\%$) investiert. Es sollen die erwartete Rendite und die Volatilität (Risiko) dieses Portfolios bei einem Korrelationskoeffizienten von $\rho = 0$ bestimmt werden.

Der Leerverkauf der Aktie 1 kann als negatives Investment in Höhe von -10.000 Euro aufgefasst werden. Zudem werden +30.000 Euro in Aktie 2 investiert. Der Portfoliowert beträgt demnach $30.000 - 10.000 = 20.000$ Euro. Als Portfoliogewichte erhält man für Aktie 1

$$w_1 = \frac{-10.000}{20.000} = -0{,}5$$

und für Aktie 2 ergibt sich

$$w_2 = \frac{30.000}{20.000} = 1{,}5 \,.$$

Die Portfoliogewichte ergeben zusammen wiederum 1 bzw. 100%. Mit diesen Gewichten errechnet sich eine Portfoliorendite von

$$r_P = -0{,}5 \cdot 6\% + 1{,}5 \cdot 26\% = 36\%$$

und die Volatilität beträgt

$$\sigma_P = \left[(-0,5)^2 \cdot 0,25^2 + (1,5)^2 \cdot 50^2 + 2 \cdot (-0,5) \cdot (1,5) \cdot 0 \right]^{0,5} = 75\% \cdot$$

Es zeigt sich, dass Leerverkäufe die Portfoliorendite erhöhen, verbunden mit einer starken Zunahme des Risikos bzw. der Volatilität.

7.6.3 Rendite und Risiko im Mehr-Wertpapier-Fall und Diversifikation eines gleich gewichteten Portfolios

Wird der Zwei-Wertpapier-Fall auf ein Portfolio mit *n* Wertpapieren erweitert, dann ergibt sich für ein Portfolio mit *n* Wertpapieren die Portfoliorendite zu

$$r_P = \sum_{i=1}^{n} w_i \cdot r_i \quad \text{mit} \sum_{i=1}^{n} w_i = 1$$

und für die Portfoliovarianz erhält man:

$$\sigma_P^2 = \sum_{i=1}^{n} \sum_{j=1}^{n} w_i \cdot w_j \cdot \sigma_{ij}$$

oder mit $\sigma_{ij} = \rho_{ij} \cdot \sigma_i \cdot \sigma_j$:

$$\sigma_P^2 = \sum_{i=1}^{n} \sum_{j=1}^{n} w_i \cdot w_j \cdot \rho_{ij} \cdot \sigma_i \cdot \sigma_j$$

In der Literatur wird die Portfoliovarianz mitunter auch geschrieben als:

$$\sigma_P^2 = \sum_{i=1}^{n} w_i^2 \cdot \sigma_i^2 + \sum_{i=1}^{n} \sum_{\substack{j=1 \\ i \neq j}}^{n} w_i \cdot w_j \cdot \sigma_{ij}$$

Da $\sigma_{ij} = \sigma_{ji}$ gilt, ergibt sich die Portfoliovarianz aus der Summe der quadratisch gewichteten Einzelvarianzen zuzüglich zweimal der gewichteten Kovarianzen. Obiger Ausdruck kann daher weiter vereinfacht werden zu:

$$\sigma_P^2 = \sum_{i=1}^{n} w_i^2 \cdot \sigma_i^2 + 2 \cdot \sum_{i=1}^{n-1} \sum_{j=i+1}^{n} w_i \cdot w_j \cdot \sigma_{ij}$$

Bei einer Erweiterung des Anlageuniversums von zwei auf beliebig viele Aktien verschwimmen bei einer großen Anzahl von Linien diese zu einer Fläche, auf der sich im Rendite-Risiko-Diagramm alle möglichen Portfolios befinden. Werden alle Portfolios nach den oben beschriebenen Kriterien (Maximierung der erwarteten Rendite bei konstanter Standardabweichung bzw. Minimierung der Standardabweichung bei gegebener Rendite) ausgewählt, dann erhält man eine Linie effizienter Portfolios, die sich hinsichtlich Form und Aufbau nicht vom oben analysierten Zwei-Wertpapier-Fall unterscheidet. Voraussetzung für die erfolgreiche Anwendung der Markowitz-Diversifikation ist die Kenntnis der Verteilung zukünftiger Wertpapierrenditen bzw. die hohe Stabilität der aus den Vergangenheitsdaten gewonnenen Parameter. Diese Voraussetzungen sind jedoch in der Realität nicht immer vorliegen. Hinzu kommt, dass die in der Praxis zu verarbeitenden Datenmengen (Schätzungen bzw. Prognosen von Varianzen und Kovarianzen) sehr hoch sind, was mit der nachfolgenden Varianz-Kovarianz-Matrix zum Ausdruck wird.

$$\sigma_P^2 = \begin{bmatrix} w_1^2\sigma_1^2 & + & w_1 w_2 \sigma_{12} & + & \ldots\ldots & + & w_1 w_n \sigma_{1n} \\ + w_2 w_1 \sigma_{21} & + & w_2^2 \sigma_2^2 & + & \ldots\ldots & + & w_2 w_n \sigma_{2n} \\ \vdots & & \vdots & & & & \vdots \\ + w_n w_1 \sigma_{n1} & + & w_n w_2 \sigma_{n2} & + & \ldots\ldots & + & w_n^2 \sigma_n^2 \end{bmatrix}$$

Aus dieser Darstellung geht hervor, dass neben den n Varianzen der Hauptdiagonale noch $n(n-1)/2$ Kovarianzen (da $\sigma_{ij} = \sigma_{ji}$) berechnet werden müssen. Für die Analyse von beispielsweise 100 Aktien müssten 100 Renditen, 100 Varianzen und $100 \cdot 99/2 = 4.950$ Kovarianzen geschätzt werden. Einen Ausweg aus dieser Situation bietet die sogenannte *naive Diversifikation*. Dabei werden zufällig möglichst viele Wertpapiere ohne detaillierte Kenntnis ihrer Eigenschaften und Renditeverteilungen (sogenannte „naive" oder willkürliche Diversifikation) derart in ein Portfolio aufgenommen, dass entweder in jedes Wertpapier der gleiche Betrag investiert wird (das Gewicht eines Wertpapiers beträgt dann 1/n) oder die Wertpapiere mit ihren Marktwerten gewichtet in das Portfolio aufgenommen werden. Dadurch wird eine Risikoreduktion allein aufgrund der Kovarianzeigenschaften erreicht. Die Kenntnis der Kovarianzen/Korrelationen für die zur Auswahl kommenden Wertpapiere, wie sie bei der Markowitz-Diversifikation gefordert wird, ist bei der „naiven" Diversifikation nicht erforderlich. Die erwartete Risikominderung hängt von der Anzahl der im Portfolio befindlichen Wertpapiere und von der durchschnittlichen Varianz und Kovarianz aller Renditen ab. Formal kann dieser Sachverhalt wie folgt dargestellt werden:

Nimmt man an, dass in alle Wertpapiere der gleiche Betrag $w_i = 1/n$ investiert wird, ergibt sich die Portfoliovarianz eines gleich gewichteten Portfolios aus n Wertpapieren zu:

$$\sigma_P^2 = \sum_{i=1}^{n} \left(\frac{1}{n}\right)^2 \cdot \sigma_i^2 + 2 \cdot \sum_{i=1}^{n-1} \sum_{j=i+1}^{n} \left(\frac{1}{n}\right) \cdot \left(\frac{1}{n}\right) \cdot \rho_{ij} \cdot \sigma_i \cdot \sigma_j$$

Durch Umformung erhält man:

$$\sigma_P^2 = \frac{1}{n}\left[\sum_{i=1}^{n}\left(\frac{\sigma_i^2}{n}\right)\right] + \frac{n-1}{n}\left[\sum_{i=1}^{n-1}\sum_{j=i+1}^{n} \frac{2 \cdot \rho_{ij} \cdot \sigma_i \cdot \sigma_j}{n(n-1)}\right]$$

Mit $\rho_{ij} \cdot \sigma_i \cdot \sigma_j = \sigma_{ij}$ ergibt sich:

$$\sigma_P^2 = \frac{1}{n}\left[\sum_{i=1}^{n}\left(\frac{\sigma_i^2}{n}\right)\right] + \frac{n-1}{n}\left[\sum_{i=1}^{n-1}\sum_{j=i+1}^{n} \frac{2 \cdot \sigma_{ij}}{n(n-1)}\right]$$

Die beiden Klammerausdrücke stellen die Mittelwerte der (Einzel-)Varianzen ($\bar{\sigma}^2$) bzw. die Mittelwerte der Kovarianzen ($\bar{c}\bar{o}\bar{v}$) dar, so dass gilt:

$$\sigma_P^2 = \frac{1}{n} \cdot \bar{\sigma}^2 + \frac{n-1}{n} \cdot \overline{cov}$$

oder

$$\sigma_P^2 = \frac{1}{n}\bar{\sigma}^2 + \left(1 - \frac{1}{n}\right)\overline{cov}$$

Ein Portfolio aus n Aktien besteht demnach aus n (Einzel-)Varianzen mit je einem Gewicht $w_i^2 = 1/n^2$ (da $i = j$), damit ergibt sich ein Gewicht von $n/n^2 = 1/n$ für die durchschnittliche Varianz. Zudem gibt es $n^2 - n$ Kovarianzen ($n \times n$ Varianzen/Kovarianzen minus n (Einzel-)Varianzen) mit je einem Gewicht von $w_i w_j = 1/n^2$, womit sich ein Gewicht von $(n^2 - n)/n^2 = 1 - 1/n$ für die durchschnittliche Kovarianz ergibt.

$$\sigma_P^2 = \frac{1}{n} \cdot (\text{durchschnittliche Varianz der einzelnen Aktien}) + \left(1 - \frac{1}{n}\right) \cdot (\text{durchschnittliche Kovarianz zwischen den Aktien})$$

Für die Standardabweichung des Portfolios erhält man:

$$\sigma_P = \left[\frac{1}{n}\bar{\sigma}^2 + \left(1 - \frac{1}{n}\right)\overline{cov}\right]^{0,5}$$

Aus dieser Darstellung erkennt man, dass das Risiko eines gleich gewichteten (naiv diversifizierten) Portfolios aus n Aktien von den durchschnittlichen (Einzel-)Varianzen, den durchschnittlichen Kovarianzen und von der Anzahl der im Portfolio befindlichen Wertpapiere abhängt. Betrachtet man eine große Anzahl von Wertpapieren, dann ergibt sich für $n \to \infty$:

$$\frac{1}{n}\left(\sigma^2 - \overline{cov}\right) \to 0 \text{ (erste Risikokomponente)}$$

$$\left(1 - \frac{1}{n}\right)\overline{cov} \to \overline{cov} \text{ (zweite Risikokomponente)}$$

Damit erhält man für die Portfoliovarianz:

$$\sigma_P^2 \to \overline{cov}$$

Das gesamte Risiko eines Portfolios (Portfoliovolatilität) kann somit in zwei Risikokomponenten aufgeteilt werden. Die erste Komponente ist das *diversifizierbare* oder *unsystematische Risiko* (auch anlageobjektspezifisches Risiko oder Residulalrisiko genannt), welches durch Portfoliobildung eliminiert werden kann. Die zweite Komponente stellt das *nicht diversifizierbare* oder *systematische Risiko* (auch Kovarianzrisiko oder gemeinhin Marktrisiko genannt) dar, welches alle Wertpapiere gleichermaßen beeinflusst und beim Investor verbleibt. Das Risiko eines vollständig naiv diversifizierten Portfolios besteht letztlich nur noch aus dem Kovarianzrisiko, d.h. aus dem Marktrisiko, das nicht wegdiversifiziert werden kann. Das folgende Beispiel veranschaulicht den Sachverhalt.

Beispiel 7.9

Für ein großes Aktienportfolio einer bestimmten Branche wurde aus den vergangenen Monatsrenditen eine durchschnittliche Volatilität (Risiko) von $\bar{\sigma} = 45\%$ und eine durchschnittliche Kovarianz von 0,04 ermittelt. Unter der Annahme, dass sich die Durchschnittswerte im Zeitablauf relativ stabil verhalten, soll das erwartete Risiko (Volatilität) bei sukzessiver Erhöhung der Aktienanzahl n berechnet und graphisch dargestellt werden.

Das Portfoliorisiko wird mit der Formel

$$\sigma_P = \left[\frac{1}{n}\overline{\sigma}^2 + \left(1 - \frac{1}{n}\right)\overline{cov}\right]^{0,5}$$

berechnet. Besteht das Portfolio aus nur einer Aktie, dann ergibt sich ein Risiko von

$$\sigma_P = \left[\frac{1}{1} \cdot 0,45^2 + \left(1 - \frac{1}{1}\right) \cdot 0,04\right]^{0,5} = 45\% \cdot$$

Bei Aufnahme einer weiteren Aktie ins Portfolio erhält man ein Portfoliorisiko von

$$\sigma_P = \left[\frac{1}{2} \cdot 0,45^2 + \left(1 - \frac{1}{2}\right) \cdot 0,04\right]^{0,5} = 34,82\%$$

und eine Risikoreduktion von (45,00 – 34,82)/45,00 = 22,62%

Die Aufnahme weiterer Aktien ins Portfolio reduziert das Risiko zunehmend. Werden 20 Aktien im Portfolio gehalten, dann beträgt das Risiko noch 21,94% und die Risikominderung von 19 auf 20 Titel beträgt nur noch 0,44%. Bei einem Portfolio bestehend aus unendlich vielen Titeln ($n \to \infty$) besteht die Volatilität des Portfolios allein aus dem Kovarianzrisiko in Höhe von $\sqrt{0,04} = 20\%$.

In Bild 7.27 ist der Sachverhalt graphisch dargestellt. Man erkennt, dass mit der Aufnahme zusätzlicher Aktien das Portfoliorisiko bzw. die Portfoliovolatilität sukzessive reduziert wird. Bei einem relativ geringen Portfolioumfang von 20 Aktien ist bereits eine hohe Diversifikation zu erwarten und der Effekt der zusätzlichen Risikoreduktion durch Hinzunahme weiterer Aktien ist nur noch gering (vgl. dazu unten die Excel-Berechnungen) und dürfte durch die Portfoliokosten (Halte-, Überwachungs- und Revisionskosten) kompensiert werden.

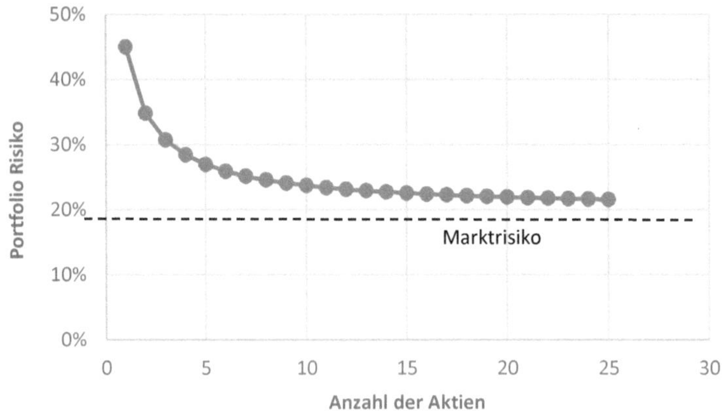

Bild 7.27 Risikoreduktion bei einem gleich gewichteten Portfolio mit 25 Titeln

Excel-Umsetzung

Nach Eingabe der Input-Parameter durchschnittliche Volatilität (Standardabweichung), Varianz und durchschnittlich Kovarianz werden das Portfoliorisiko für 100 Aktien berechnet und die Risikoreduktion ermittelt.

Position	Inhalt	Excel-Umsetzung
B12	Anzahl der Aktien im Portfolio	=ZEILE(A1)
C12	Portfoliorisiko	=(1/B12*$D$6^2+(1-1/B12)*$D$8)^0,5
D12	Risikoreduktion	=(C11-C12)/C11

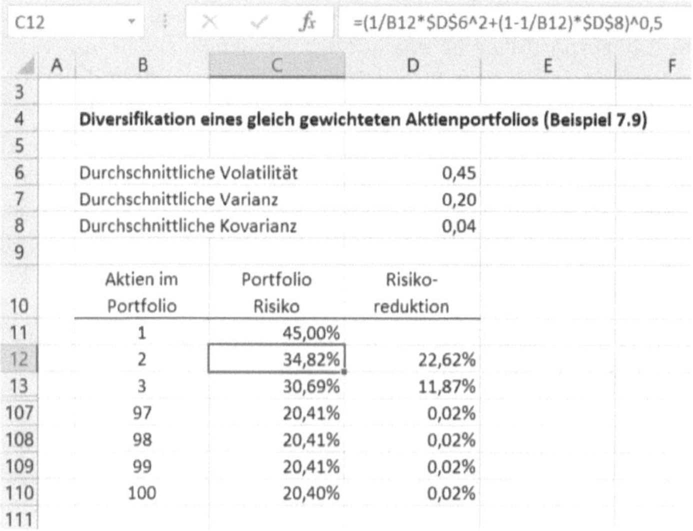

C12 =(1/B12*$D$6^2+(1-1/B12)*$D$8)^0,5

Diversifikation eines gleich gewichteten Aktienportfolios (Beispiel 7.9)

Durchschnittliche Volatilität	0,45
Durchschnittliche Varianz	0,20
Durchschnittliche Kovarianz	0,04

Aktien im Portfolio	Portfolio Risiko	Risiko-reduktion
1	45,00%	
2	34,82%	22,62%
3	30,69%	11,87%
97	20,41%	0,02%
98	20,41%	0,02%
99	20,41%	0,02%
100	20,40%	0,02%

Bild 7.28 Risikoreduktion bei einem gleich gewichteten Aktienportfolio mit 25 Titeln

7.6.4 Capital Asset Pricing Model – CAPM

Das Capital Asset Pricing-Modell knüpft an die Erkenntnisse der Portfoliotheorie von Henry Markowitz an und ist eng mit den Namen John Lintner, Jan Mossin und vor allem William Sharp verbunden, die in den 1960er Jahren unabhängig voneinander ein Kapitalmarktmodell entwickelten, das nicht nur die allein Berechnung von Rendite und Risiko eines Wertpapiers erlauben, sondern auch eine explizite Beurteilung zulässt, ob die mit einem Investment zu erzielende Rendite auch dem damit verbundenen Risiko angemessen ist. Das CAPM gilt heute als richtungsweisend für die marktkonforme Bewertung von Wertpapieren (oder allgemein von Vermögensgegenständen). Markowitz und Sharp erhielten dafür 1990 gemeinsam den Nobelpreis für Wirtschaftswissenschaften.

Wie viele Modelle in der Volkswirtschaft, so geht auch das CAPM von idealtypischen Annahmen aus. Neben der Annahme eines vollkommenen Kapitalmarktes und homogener Anlegererwartungen unterstellt auch das CAPM einen positiven Zusammenhang zwischen dem eingegangenen Risiko und der erwarteten Rendite. An den Finanzmärkten können demnach langfristig höhere Renditen nur bei Inkaufnahme eines höheren Risikos erwartet werden. Das Modell differenziert auch zwischen dem diversifizierbaren (unsystematischen) und nicht diversifizierbaren (systematischen) Risiko. Da das diversifizierbare Risiko durch entsprechende Portfoliobildung eliminiert werden kann, verbleibt das Marktrisiko (systematische Risiko). Je höher dieses Risiko ist, desto höher sollte auch die mit dem Wertpapier verbundene Rendite sein.

Das Modell geht ferner davon aus, dass es neben risikobehafteten Wertpapieranlagen auch eine risikofreie Anlagemöglichkeit ($\sigma = 0$) gibt. In der Realität können dies beispielsweise kurzfristige Staatsanleihen erstklassiger Bonität (T-Bills) oder eine Veranlagung zum Geldmarktzinssatz sein. Durch die Hinzunahme eines risikofreien Investments müsste es zu einer Mischung der individuellen Wertpapierportfolios mit dem risikofreien Investment kommen. Nach der Portfoliotheorie von Markowitz können die individuellen Anlegerportfolios überall auf der Effizienzkurve liegen (vgl. hierzu Bild 7.29). Verbindet man den Achsenabschnitt r_f auf der Ordinate mit den individuellen Portfolios auf der Effizienzkurve, erhält man die individuellen Portfoliogeraden für jeden Anleger. Wie in Bild 7.29 zu sehen ist, gibt es jedoch eine Gerade, die alle anderen Geraden in Bezug auf die Risikoeffizienz dominiert. Diese Gerade wird zum einen durch den Punkt r_f und zum anderen durch den Tangentialpunkt M mit der Effizienzkuve determiniert, der das Marktportfolio repräsentiert, und heißt Kapitalmarktlinie (Capital Market Line). Betrachtet man beispielsweise die Aktie B in Bild 7.29, dann sieht man, dass diese durch ein Investment auf der Effizienzkurve dominiert wird und dieses Investment wiederum durch ein Investment, das sich auf der Kapitalmarktlinie befindet, da das Risiko bei gleichbleibender Rendite jeweils geringer ist.

Nach der Theorie des CAPM setzt sich das Marktportfolio aus sämtlichen am Markt gehandelten Vermögensgegenständen (Aktien, Anleihen, Rohstoffe, Währungen etc.) zusammen, die entsprechend ihrer Marktkapitalisierung gewichtet werden. In der Praxis wird das Marktportfolio durch große Börsenindizes (z.B. DAX, S&P 500, Nikkei 225) angenähert, die ähnlich konstruiert sind.

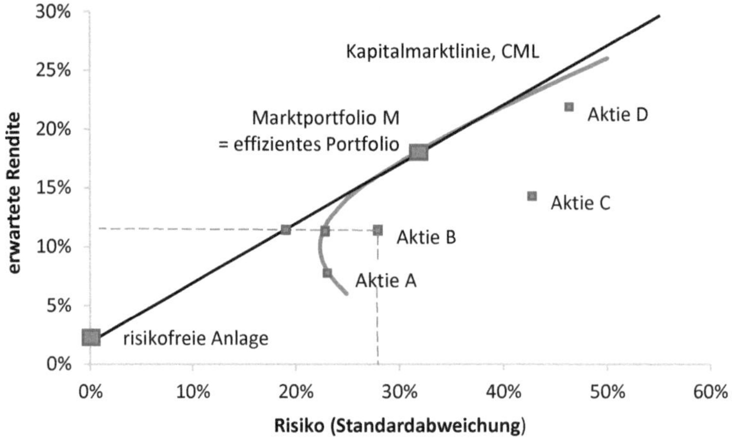

Bild 7.29 Marktportfolio und Kapitalmarktlinie im CAPM

Folgt man diesem Modellrahmen, dann halten alle Anleger nur zwei Anlagegüter (Assets), nämlich das risikofreie Portfolio und das Marktportfolio. Entsprechend ihrer persönlichen Risikopräferenzen kann nun ein Teil des zu veranlagenden Betrages risikofrei investieret werden, der andere Teil kann in das Marktportfolio, also in das Portfolio aus allen risikobehafteten Anlagen, angelegt werden (Tobin-Separation). Wird ein niedrigeres Risiko angestrebt, dann wird ein Teil des verfügbaren Anlagebetrages zum risikofreien Zinssatz angelegt (diese Portfolios liegen entlang der CML zwischen der risikofreien Anlage und dem Marktportfolio). Wird hingegen ein größeres Risiko angestrebt, dann muss ein Teil des Portfolios über Kreditaufnahme finanziert werden (diese Portfolios liegen entlang der CML rechts vom Marktportfolio). Damit erhöht sich zwar das Risiko, der Investor erzielt aber auch eine höhere Rendite. Ein Investor muss demnach entsprechend seiner Risikoneigung durch Zumischung einer risikofreien Anlage bzw. durch Teilfinanzierung des Portfolios das optimale Portfolio finden.

Im Folgenden soll nun der oben beschriebene Sachverhalt formal dargestellt werden. Investiert ein Anleger w_M Prozent in das Marktportfolio M mit einer Rendite von r_M und $(1 - w_M)$ Prozent in eine risikofreie Anlage mit einer Rendite von r_f, dann beträgt die erwartete Portfoliorendite:

$$r_P = w_M r_M + \left(1 - w_M\right) r_f$$

Aus dieser Beziehung erkennt man, dass die erwartete Rendite eines Vermögenswertes entlang der Kapitalmarktlinie eine lineare Kombination aus der erwarteten Rendite des Marktportfolios M und der erwarteten Rendite der risikofreien Anlage ist, wobei die erwartete Rendite der risikofreien Anlage wegen $\sigma = 0$ der realen Rendite entspricht.

Durch Umformung erhält man:

$$r_P = r_i + w_M \left(r_M - r_f\right)$$

Die Volatilität eines Vermögenswertes entlang der Kapitalmarktlinie beträgt:

$$\sigma_P^2 = w_M^2 \sigma_M^2 + \left(1 - w_M\right)^2 \sigma_i^2 + 2 w_M \left(1 - w_M\right) \sigma_M \sigma_i \rho_{Mi}$$

Dabei ist $\rho_{Mi} \cdot \sigma_M \cdot \sigma_i = \sigma_{Mi}$ der Korrelationskoeffizient bzw. die Kovarianz zwischen dem risikobehafteten und dem risikofreien Vermögenswert. Da das Risiko eines risikofreien Vermögenswertes gleich Null ist ($\sigma_i = 0$), erhält man:

$$\sigma_P^2 = w_M^2 \sigma_M^2 \text{ bzw. } \sigma_P = w_M \sigma_M$$

Löst man die Gleichung nach w_M auf, erhält man:

$$w_M = \frac{\sigma_P}{\sigma_M}$$

Durch Einsetzen von $w_M = \sigma_P / \sigma_M$ in die Ausgangsgleichung ergibt sich für die erwartete Portfoliorendite nach Umformung:

$$r_P = r_f + \left(\frac{r_M - r_f}{\sigma_M}\right) \sigma_P$$

Diese Gleichung bestimmt die Kapitalmarktlinie und der Ausdruck $(r_M - r_f)/\sigma_M)$ ist der Steigungsparameter der Kapitalmarktlinie. Er determiniert die Risikoprämie des Marktes (auch Marktpreis des Risikos genannt) und stellt die zusätzliche Rendite des Marktportfolios M dividiert durch σ_M dar, d.h. es ist die zusätzliche Rendite, die das Marktportfolio für jede zusätzliche Risikoeinheit liefert. Ist beispielsweise der Marktpreis des Risikos 0,5, dann bekommt man für das Eingehen einer zusätzlichen Risikoeinheit 0,5 Prozent mehr Rendite. Nimmt man 10 Prozent mehr Risiko in Kauf, dann bekommt man 5 Prozent mehr Rendite.

Im Modellrahmen des CAPM können nicht nur optimale Portfolios, die sich auf der Kapitalmarktlinie befinden, identifiziert werden, sondern es kann auch eine Bewertung von Einzelaktien vorgenommen werden. Dafür wird das oben beschriebene, perfekt diversifizierte und effiziente Marktportfolio im CAPM herangezogen, das nur noch das Marktrisiko enthält und nicht kostenlos vermieden werden kann. Mit dem Maßstab dieses Marktrisikos soll nun ermittelt werden, in welchem Ausmaß Einzelaktien dieses nicht kostenlos vermeidbare Risiko (Marktrisiko) enthalten.

Wird das Gesamtrisiko einer Aktie (gemessen mit der Varianz bzw. der Standardabweichung der Renditen dieser Aktie) in das nicht vermeidbare Risiko (systematisches Risiko) und das mittels Diversifikation kostenlos vermeidbare, aktienspezifische Unternehmensrisiko (unsystematisches Risiko) aufgeteilt, und ist ρ_{iM} der Korrelationskoeffizient zwischen der Aktie und dem Marktportfolio, dann kann das Risiko (Varianz) der Aktie in die Komponenten systematisches Risiko und unsystematisches Risiko aufgeteilt werden:

$$\sigma_i^2 = \rho_{iM}^2 \sigma_i^2 + \left(1 - \rho_{iM}^2\right)\sigma_i^2, \text{ mit } \rho_{iM}^2 + \left(1 - \rho_{iM}^2\right) = 1$$

Da das unsystematische Risiko durch Diversifikation eliminiert werden kann und daher nicht vergütet wird, verbleibt nur noch das systematische Risiko:

$$\sigma_i^2(sys) = \rho_{iM}^2 \sigma_i^2 \quad \text{bzw.} \quad \sigma_i(sys) = \rho_{iM}\sigma_i$$

Hat eine Aktie beispielsweise eine Volatilität von $\sigma_i = 30\%$ und ist der Korrelationskoeffizient der Aktie mit dem Markt $\rho_{iM} = 0{,}8$, dann beträgt die systematische Volatilität der Aktie $\sigma_i(sys) = 0{,}8 \cdot 30\% = 24\%$. Das unsystematische Risiko ist demnach 6%.

Wird der Korrelationskoeffizient durch die Kovarianz ersetzt, dann ergibt sich mit $\rho_{iM} = \sigma_{iM} / \sigma_i \sigma_M$:

$$\sigma_i\left(sys\right) = \frac{\sigma_{iM}}{\sigma_i \sigma_M} \sigma_i$$

Multipliziert man die rechte Seite der Gleichung noch mit σ_M / σ_M, dann erhält man nach Umformung:

$$\sigma_i\left(sys\right) = \frac{\sigma_{iM}}{\sigma_M^2} \sigma_M$$

Die Kovarianz zwischen der Aktie *i* und dem Markt, σ_{iM} dividiert durch die Varianz σ_M^2 des Marktes ist der Steigungsparameter der Regressionsgeraden und wird im Allgemeinen mit β (Beta) bezeichnet. Damit erhält man:

$$\sigma_i\left(sys\right) = \sigma_M \beta$$

Der β-Faktor σ_{iM} / σ_M^2 ist eine Verhältniszahl, die ausdrückt, wie viel Marktrisiko eine Aktie enthält, dabei wird die Menge Marktrisiko im Marktportfolio auf Eins bzw. 100% normiert. Da $\sigma_{iM} = \rho_{iM}\sigma_i\sigma_M$, kann der Beta-Faktor auch wie folgt geschrieben werden:

$$\beta = \frac{\sigma_{iM}}{\sigma_M^2} = \frac{\rho_{iM}\sigma_i\sigma_M}{\sigma_M^2}$$

Beta ist eine Maßzahl, die angibt, wie stark eine Aktie im Vergleich zum Markt schwankt. Ist $\beta = 1$, dann verhält sich die Aktie in Bezug auf Risiko und Ertrag genauso wir der Markt. Ist $\beta < 1$, dann hat die Aktie ein geringeres Risiko als der Markt, aber auch einen geringeren erwarteten Ertrag. Ist hingegen $\beta > 1$, ist die Investition risikoreicher, lässt aber auch höhere Erträge erwarten.

Substituiert man in der Gleichung der Kapitalmarktlinie

$$r_P = r_f + \left(\frac{r_M - r_f}{\sigma_M}\right)\sigma_P$$

σ_P durch $\sigma_i(sys) = \sigma_M\beta$, dann erhält man die Rendite der betrachteten Aktie:

$$r_i = r_f + (r_M - r_f)\beta$$

Dieser Gleichung ist das Kernstück des CAPM, mit der die erwartete risikoäquivalente Rendite eines Vermögenswertes (Aktie, Anleihe etc.) in Abhängigkeit von Beta berechnet werden kann. Im Kapitalmarktgleichgewicht setzt sich die erwartete Rendite einer einzelnen risikobehafteten Anlage aus dem risikofreien Zinssatz zuzüglich einer Risikoprämie zusammen, die sich aus dem Marktpreis des Risikos $(r_M - r_f)$ multipliziert mit der Höhe des Risikos, die durch den Ausdruck $\beta = \sigma_{iM}/\sigma_M^2$ gemessen wird.

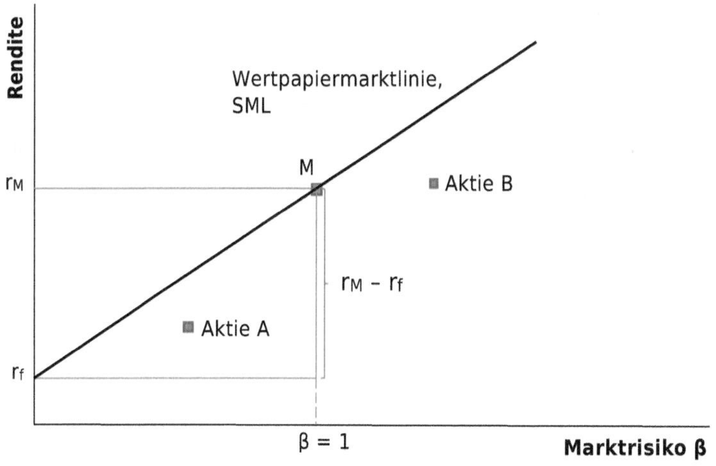

Bild 7.30 Wertpapiermarktlinie (Security Market Line, SML)

In Bild 7.30 wird die Abhängigkeit der Rendite vom Beta-Wert durch die sogenannte Wertpapiermarktlinie (Security Market Line, SML) graphisch repräsentiert. In diesem Zusammenhang soll noch die Frage beantwortet werden, was passiert, wenn Aktien nicht auf der Wertpapiermarktline liegen, wie etwa Aktie A und Aktie B in Bild 7.30. Sollte Aktie A mit einem Beta von 0,5 gekauft werden? Natürlich nicht, denn die erwartete Rendite wäre höher sein, wenn die eine Hälfte des Geldes in eine risikofreie Anlage und die andere Hälfte in das Marktportfolio investiert würde. Wenn alle

Investoren diese Sicht teilen, dann würde der Preis der Aktie A fallen und somit die Rendite der Aktie steigen, bis sie auf der Wertpapiermarktlinie liegt. Auch Aktie B sollte nicht gekauft werden, da sich bei gleichem Beta ein größerer Ertrag erzielen ließe, wenn man Geld aufnehmen und in das Marktportfolio investierte. Liegt eine Aktie oberhalb der Linie, wird sie gekauft, somit steigt ihr Preis und die Rendite fällt, bis sie ebenfalls auf der Wertpapiermarktlinie liegt.

Beispiel 7.10

Für die folgenden drei Aktien wurden aus historischen Marktdaten die Renditen, die Volatilitäten (Standardabweichungen) und die Korrelationen zum Marktportfolio ermittelt. Zudem existiert eine risikofreie Anlagemöglichkeit mit einer Rendite von 1%. Mit Hilfe des CAPM soll nun ermittelt werden, ob die ermittelten Renditen modellkonform sind bzw. ob die Preise der Aktien adäquat bewertet sind.

	Rendite	Volatilität	Korrelation zum Marktportfolio
Aktie A	3%	20%	0,2
Aktie B	4%	15%	0,6
Aktie C	9%	16%	0,9
Marktportfolio	6%	10%	
risikofreie Anlage	1%	0%	

Zunächst werden die Beta-Faktoren für die drei Aktien bestimmt. Für Aktie A erhält man:

$$\beta_A = \frac{0,2 \cdot 20 \cdot 10}{10^2} = 0,4$$

Für die Aktie B und Aktie C erhält man: $\beta_B = 0,9$ und $\beta_C = 1,44$. Der Beta-Faktor der risikofreien Anlage ist Null, da ihre Kovarianz mit dem Marktportfolio 0 ist, und die Korrelation des Marktportfolios mit sich selbst beträgt 1. Damit ergeben sich folgende Modellrenditen:

$$r_A = 0,01 + (0,06 - 0,01) \cdot 0,04 = 3,0\%$$

$$r_B = 0,01 + (0,06 - 0,01) \cdot 0,09 = 5,5\%$$

$$r_C = 0,01 + (0,06 - 0,01) \cdot 1,44 = 8,2\%$$

In Bild 7.31 ist die Wertpapiermarktlinie mit dem Marktportfolio, den drei Aktien und der risikofreien Anlage graphisch dargestellt. Die Wertpapiermarktlinie wird durch die risikofreie Anlage und das Marktportfolio determiniert. Aktien, die auf der Linie liegen, sind modellkonform bewertet, d.h. ihre Preise befinden sich im Gleichgewicht. Aktien, die unter (über) der Linie liegen, erzielen eine zu geringe (zu hohe) Rendite, ihre Preise sind demnach zu hoch (zu niedrig).

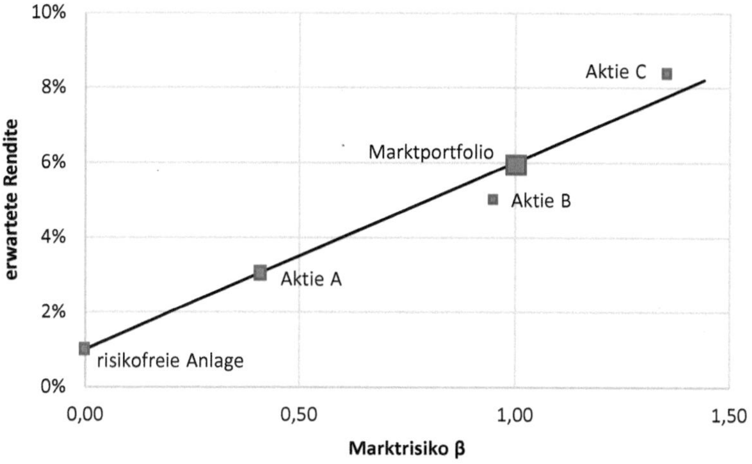

Bild 7.31 Wertpapiermarktlinie (Security Market Line, SML) mit drei Aktien

Die tatsächliche Rendite der Aktie A ist mit 3% identisch mit der Modellrendite von 3% und ist deshalb modellkonform bewertet. Aktie B erzielt eine tatsächliche Rendite von 4%, die gegenüber der Modellrendite von 5,5% zu niedrig ist; die Aktie ist daher preislich überbewertet. Aktie C weist eine tatsächliche Rendite von 9% aus, dem Modell folgend sind jedoch für das in der Aktie enthaltene Marktrisiko nur 8,2% gerechtfertigt. Die Rendite ist folglich zu hoch bzw. der Preis der Aktie zu niedrig; die Aktie ist demnach als unterbewertet einzustufen.

Excel-Umsetzung

Nach Eingabe der Input-Parameter Rendite, Volatilität und Korrelation zum Marktportfolio für die drei Aktien, das Marktportfolio und die risikofreie Anlage können problemlos die Beta-Faktoren und die erwartete Rendite nach den oben aufgezeigten Formeln berechnet werden.

Position	Inhalt	Excel-Umsetzung
C16	Beta-Faktor Aktie A	=E7*D7*D10/D10^2
C17	Beta-Faktor Aktie B	=E8*D8*D10/D10^2
C18	Beta-Faktor Aktie C	=E9*D9*D10/D10^2
D16	erwartete Rendite Aktie A	=$C$11+($C$10-$C$11)*C16
D17	erwartete Rendite Aktie B	=$C$11+($C$10-$C$11)*C17
D18	erwartete Rendite Aktie C	=$C$11+($C$10-$C$11)*C18

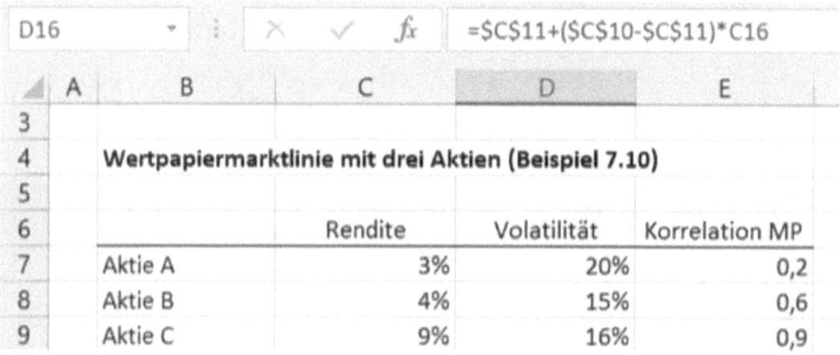
D16 =$C$11+($C$10-$C$11)*C16

	A	B	C	D	E
3					
4		Wertpapiermarktlinie mit drei Aktien (Beispiel 7.10)			
5					
6			Rendite	Volatilität	Korrelation MP
7		Aktie A	3%	20%	0,2
8		Aktie B	4%	15%	0,6
9		Aktie C	9%	16%	0,9

10	Marktportfolio	6%	10%	1,0
11	Risikofr. Anlage	1%	0%	
12				
13	*Berechnung der Beta-Faktoren und der erwarteten Renditen*			
14				
15		Beta-Faktoren	Erw. Rendite	
16	Aktie A	0,40	3,0%	
17	Aktie B	0,90	5,5%	
18	Aktie C	1,44	8,2%	
19				

Bild 7.32 Wertpapiermarktlinie mit drei Aktien (Beispiel 7.10)

Aus dem CAPM können weitere Kennzahlen abgeleitet werden, die insbesondere im Investmentprozess (z.B. bei Investmentfonds) Anwendung finden und der Ertragsbeurteilung dienen. Die *Sharp-Ratio* (SR) eines Investments A ist wie folgt definiert:

$$SR_A = \frac{r_A - r_f}{\sigma_A}$$

Hier wird die Mehr-Rendite eines Investments A gegenüber einer risikofreien Anlage ($r_A - r_f$) zu dem mit dem Investment verbundenen Risiko (Marktrisiko und titelspezifisches Risiko) ins Verhältnis gesetzt und kann deshalb als Mehr-Rendite pro übernommener Risikoeinheit interpretiert werden. Höhere (geringere) Werte dieser Kennzahl bedeuten eine hohe (geringe) risikoadjustierte Ertragskraft.

Eine weitere Kennzahl, die jedoch nur das Marktrisiko bei der risikoorientierten Ertragsbeurteilung zulässt, ist die *Treynor-Ratio* (TR).

$$TR_A = \frac{r_A - r_f}{\beta_A}$$

Im Gegensatz zur Sharp-Ratio normiert diese Kennzahl die erwartete Mehr-Rendite eines Investments über den Beta-Faktor des Investments (β_A). Hohe (geringe) Werte dieser Kennzahl weisen auf eine hohe (geringe) marktrisikoadjustierte Ertragskraft hin.

Jensen's Alpha vergleicht die am Markt beobachtete Mehr-Rendite eines Investments A ($r_A - r_f$) mit der durch das CAPM berechneten Model-Mehr-Rendite $[\beta_A(r_M - r_f)]$.

$$\alpha_A = (r_A - r_f) - [\beta_A(r_M - r_f)]$$

Dabei signalisiert ein positives (negatives) Alpha eine höhere (niedrigere) tatsächliche Rendite, als durch das Modell (hier das CAPM) zu rechtfertigen wäre.

Für drei Aktien A, B und C errechnen sich bei gegebener Rendite, Volatilität und Beta-Faktor und einer angenommenen Marktrendite von 6% und einer risikofreien Verzinsung von 1% die in der folgenden Tabelle aufgeführten Kennzahlen:

Aktie	Rendite	Volatilität	Beta	SR	TR	Alpha
A	10%	25%	1,60	0,360	5,625	1,000
B	5%	15%	0,80	0,267	5,000	0,000
C	3%	10%	0,50	0,200	4,000	-0,500

7.7 Aktienkursverlaufshypothesen

Die in Abschnitt 7.5.4 durchgeführte statistische Analyse von Aktienrenditen zeigt, dass Aktienkurse nicht sicher prognostizierbar sind, vielmehr wechseln sich positive und negative Renditen in unvorhersehbarer Reihenfolge ab, gleichermaßen wie die zugrundeliegenden Aktienkurse steigen oder fallen. Kursänderungen folgen demnach keinem deterministischen Muster, sondern beschreiben auf effizienten Kapitalmärkten einen Random Walk (Zufallspfad, Irrfahrt). Im Rahmen von Modellannahmen können dann Aussagen darüber getroffen werden, mit welcher Wahrscheinlichkeit der Aktienkurs in einem Bestimmten Bereich liegt. In den folgenden Abschnitten werden das Random-Walk-Modell, die Normalverteilung von Aktienkursen, der Wiener-Prozess und der dem Black Scholes-Modell zugrundeliegende Aktienkursprozess vorgestellt.

7.7.1 Random-Walk-Modell

Ein Random Walk ist ein mathematisches Modell für eine Bewegung, bei der die einzelnen Schritte nicht deterministisch, sondern zufällig erfolgen. Hinsichtlich der Prognosemöglichkeit von Aktienkursen wird mit dem Random-Walk-Modell ein einfaches Modell vorgestellt, mit dem das zukünftige Aktienkursverhalten abgebildet werden soll.

Die Beschreibung einer Aktienkursbewegung mit dem Random-Walk-Modell ist vergleichbar mit dem Werfen einer Münze in jeder der betrachteten Perioden. Erscheint Kopf, dann steigt der Aktienkurs S_0 in der betreffenden Periode auf uS_0, erscheint Zahl, dann fällt der Kurs auf dS_0. Die Wahrscheinlichkeit, dass Kopf bzw. Zahl erscheint, beträgt jeweils 1/2, gleichermaßen steigt bzw. fällt der Aktienkurs ebenfalls mit einer Wahrscheinlichkeit von 1/2. Zahl und Kopf treten immer mit derselben Wahrscheinlichkeit auf und sind unabhängig davon, was die Münze im vorhergehenden Wurf anzeigte. Vergleichbar verhält es sich mit dem Aktienkurs. Unabhängig vom Anstieg oder Rückgang der Aktie in der vorhergehenden Periode steigt bzw. sinkt der Aktienkurs in der darauffolgenden Periode mit der Wahrscheinlichkeit von 1/2.

Folgende Modellannahmen werden im Random-Walk-Modell für das Kursverhalten getroffen:

1. Der betrachtete Zeitraum T wird in n Perioden (z.B. Tage, Wochen, Monate) der Länge $\boldsymbol{T/n}$ unterteilt und der Aktienkurs ändert sich nur am Ende einer Periode, zu den diskreten, äquidistanten Zeitpunkten $T/n, 2T/n, \ldots, (n-1)T/n, T$.
2. Der Aktienkurs kann nach jeder Kursänderung nur jeweils zwei Werte annehmen (zweiwertige, binomische Verteilungshypothese), entweder steigt er auf uS oder fällt auf dS. Die Aufwärtsbewegung tritt mit einer Wahrscheinlichkeit von p ein und die Abwärtsbewegung mit einer Wahrscheinlichkeit von $1-p$. Der Aktienkurs S_0 sei zum Zeitpunkt $t = 0$ größer Null und es gilt $0 < d < u$.
3. In jeder Periode steigt bzw. fällt der Aktienkurs unabhängig vom bisherigen Kursverlauf.

Die Entwicklung des Aktienkurses lässt sich dann durch das in Abb. 7.33 dargestellte Zustandsdiagramm mit drei Perioden darstellen.

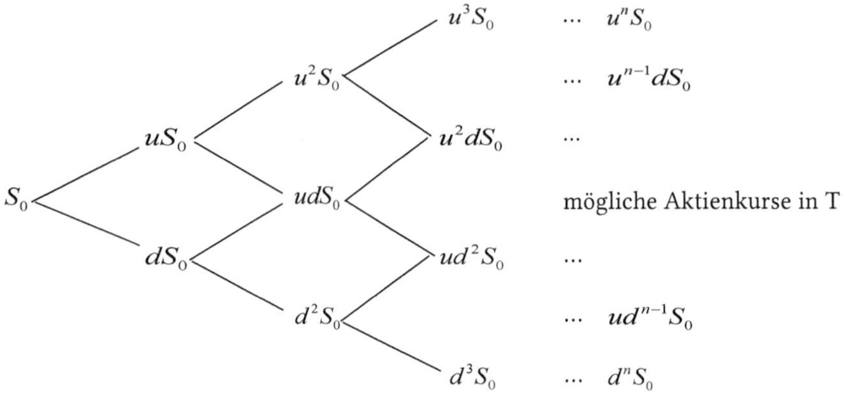

Bild 7.33 Allgemeiner Baum (Binomial Tree) für die Kursentwicklung einer Aktie im Random-Walk-Modell

Zum Zeitpunkt $t = 0$ ist der Aktienkurs S_0. Nach drei Perioden der Länge $T/3$ nimmt der Aktienkurs zum Zeitpunkt $t = T$ einen der vier möglichen Werte an: u^3S_0, u^2dS_0, ud^2S_0 oder d^3S_0. Die damit korrespondierenden Wahrscheinlichkeiten p sind in der folgenden Tabelle angegeben.

Wert für S_T	u^3S_0	u^2dS_0	ud^2S_0	d^3S_0
Wahrscheinlichkeit	p^3	$3p^2(1-p)$	$3p(1-p)^2$	$(1-p)^3$

Die dargestellten Wahrscheinlichkeiten im Random-Walk-Modell mit drei Perioden sind die einer Binomialverteilung mit den Parametern $n = 3$ und p. Im Random-Walk-Modell ist der Aktienkurs eindeutig durch die Anzahl der Aufwärtsbewegungen bestimmt. Diese Anzahl ist binomialverteilt mit der Eintrittswahrscheinlichkeit p, da die einzelnen Bewegungen nach Annahme 3 vom bisherigen Kursverlauf unabhängig sind. Im Random-Walk-Modell mit n Perioden erhält man schließlich:

$$P\left(S_T = u^k d^{n-k} S_0\right) = \binom{n}{k} p^k (1-p)^{n-k}$$

Da die Aktienrenditen symmetrisch um ihren Mittelwert verteilt sind, ist es folgerichtig, $p = q = 1/2$ zu wählen. Damit erhält man im n-Periodenmodell

$$P\left(S_T = u^k d^{n-k} S_0\right) = \binom{n}{k}\left(\frac{1}{2}\right)^n,$$

wobei

$$\binom{n}{k} = \frac{n(n-1)(n-2)\ \dots\ (n-k+1)}{1 \cdot 2 \cdot\ \dots\ \cdot \mathrm{k}} = \frac{n!}{(n-k)!k!}, \quad \text{für } n \geq k.$$

Schließlich muss noch gezeigt werden, wie die Wertänderungsparameter u und d zu wählen sind. Dazu erhält man von der Statistik Hinweise. Zum einen zieht man den Mittelwert (Drift) der *stetigen* Renditen $\bar{r}$ heran, der die durchschnittliche Wachstumsrate der betrachteten Aktie repräsentiert, zum anderen setzt man eine Standardabweichung *stetiger* Renditen als „typische“ Abweichung vom Mittelwert an. Steigt der Aktienkurs in einer Periode, so beträgt die Rendite $\bar{r}+$ s, fällt der Aktienkurs in einer Periode, dann beträgt die Rendite $\bar{r}-$ s. Mit diesen Festlegungen gilt:

$$u = e^{\bar{r}+s}$$

$$d = e^{\bar{r}-s}$$

Entsprechend erhält man bei *diskreten* Renditen die Wertänderungsparameter zu:

$$u = 1 + \bar{r} + s$$

$$d = 1 + \bar{r} - s$$

Beispiel 7.11

Für die Adidas-Aktie in Beispiel 7.5 soll am 1.12.2015 die Aktienkursentwicklung für die nächsten 3 Monate „prognostiziert“ werden. Der Mittelwert der vergangenen 60 stetigen Monatsrenditen betrug 0,0102, die Standardabweichung 0,0704.

Mit den gegebenen Daten errechnet sich im Random-Walk-Modell die stetige Rendite bei einem Kursanstieg zu 0,0102 + 0,0704 = 0,0806 und bei einem Kursrückgang erhält man 0,0102 − 0,0704 = −0,0602. Der Kurs der Adidas-Aktie stand am 1.12.2015 bei 89,91 Euro. Mit einer Wahrscheinlichkeit von 1/2 steigt der Kurs am 1.1.2016 auf

$$uS_0 = e^{0,0806} \cdot 89,91 = 97,46$$

und mit einer Wahrscheinlichkeit von 1/2 sinkt er auf

$$dS_0 = e^{-0,0602} \cdot 89,91 = 84,66 \cdot$$

Die „prognostizierten“ Kurse der darauffolgenden zwei Monate sind in Abb. 7.34 dargestellt.

Aktienkurs am			
1.12.2015	1.01.2016	1.02.2016	1.03.2016
			114,51
		105,64	
	97,46		99,47
89,91		91,77	
	84,66		86,40
		79,71	
			75,06

Bild 7.34 Random-Walk-Modell mit drei Perioden für die Adidas-Aktie zur „Prognose“ der zukünftigen Aktienkursentwicklung

Nach dem Modell kann die Aktie am 1.03.2016 die Kurse 114,51 bzw. 75,06 mit einer Wahrscheinlichkeit von 1/8 und die Kurse 99,47 bzw. 86,40 mit einer Wahrscheinlichkeit von 3/8 annehmen. Der tatsächliche Schlusskurs der Adidas-Aktie war am 1.01.2016 bei 94,98, am 1.02.2016 bei 98,46 und am 1.03.2016 bei 102,45.

Das vorgestellte Random-Walk-Modell ist ein einfaches Modell zur Modellierung der Aktienkurse und muss kritisch hinterfragt werden. Die Annahme, dass der Aktienkurs nach einer Periode nur zwei Werte annehmen kann, ist unrealistisch. Zudem werden Kurse aus der Vergangenheit zur Prognose künftiger Kurse herangezogen. Darüber hinaus sind die Wertänderungsparameter u und d über den betrachteten Zeitraum konstant, also statisch. Dies ist deswegen problematisch, weil in die Kursprognosen über einen längeren Zeitraum neue Informationen wie beispielsweise unvorhersehbare Ereignisse, wirtschaftliche Änderungen oder firmeninterne Vorkommnisse nicht in die Bewertung einfließen. Das Aktienkursverhalten wird mit diesem Modell stark vereinfacht abgebildet.

Excel-Umsetzung

Die Umsetzung des Random-Walk-Modells in Excel bereitet keine Schwierigkeiten. Nach Eingabe der Input-Parameter Kurs, Drift und Volatilität werden die stetigen Renditen bei einem Kursanstieg und Kursrückgang bestimmt. Anschließend werden in einem Baumdiagramm die „prognostizierten" Kurse berechnet.

Position	Inhalt	Excel-Umsetzung
E11	Rendite bei steigendem Kurs	=E8+E9
E12	Rendite bei fallendem Kurs	=E8-E9
C17	Kurs am Ende der 1. Periode nach Anstieg	=B18*EXP(E11)
C19	Kurs am Ende der 1. Periode nach Rückgang	=B18*EXP(E12)
D16	Kurs am Ende der 2. Periode nach Anstieg	=C17*EXP(E11)
D20	Kurs am Ende der 2. Periode nach Rückgang	=C19*EXP(E12)

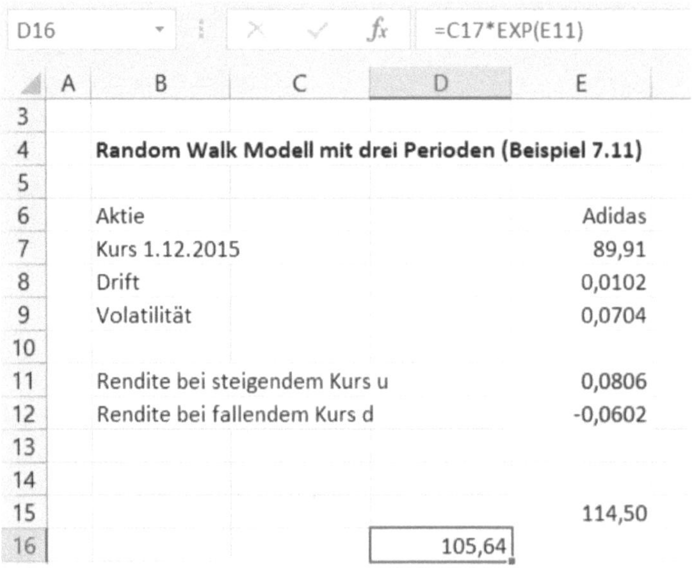

17			97,46		99,47	
18		89,91		91,76		
19			84,66		86,40	
20				79,71		
21					75,05	
22						

Bild 7.35 Random-Walk-Modell mit drei Perioden für die Adidas-Aktie zur „Prognose" der zukünftigen Aktienkursentwicklung (Beispiel 7.11)

7.7.2 Normalverteilung und Aktienkurse

Die Normalverteilung, auch Gauß-Verteilung (nach Abraham De-Moivre und Carl Friedrich Gauß) oder einfach Gauß- oder Glockenkurve genannt, ist eine der wichtigsten stetigen Wahrscheinlichkeitsverteilungen in der Statistik und wird bei zahlreichen praktischen Problemen in Naturwissenschaften, Geistes- und Wirtschaftswissenschaften angewendet. Für die Beschreibung der nachfolgenden Verteilungen werden die in den einschlägigen Statistikbüchern gebräuchlichen Notationen verwendet.

Eine stetige Zufallsgröße X ist normalverteilt mit den Parametern μ und σ^2 ($\mu \in \mathbb{R}, \sigma > 0$), wenn sie für alle $x \in \mathbb{R}$ die *Dichtefunktion*

$$f(x) = \frac{1}{\sigma\sqrt{2\pi}} e^{-\frac{1}{2}\left(\frac{x-\mu}{\sigma}\right)^2}$$

besitzt. Dabei sind $e = 2{,}71828 \ldots$ und $\pi = 3{,}14159 \ldots$ Man sagt auch: X besitzt eine Normalverteilung mit den Parametern μ und σ und schreibt dann: $X \sim N(\mu, \sigma^2)$. Der Faktor $\frac{1}{\sigma\sqrt{2\pi}}$ sorgt dafür, dass die Fläche unter der Kurve gleich 1 wird, d.h.

$$\int_{-\infty}^{+\infty} f(x)\,dx = 1 .$$

In Bild 7.36 ist die Dichtefunktion für ein normalverteiltes Merkmal x dargestellt. Sie hat einen glockenförmigen Verlauf, man spricht deshalb auch von einer Glockenfunktion.

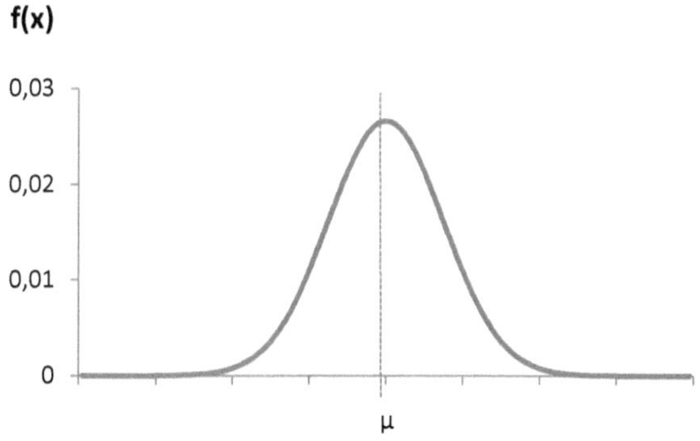

Bild 7.36 Dichtefunktion der Normalverteilung

Die Dichtefunktion hat folgende Eigenschaften:

1. Für alle x gilt $f(x) > 0$ und $f(x) \to 0$ für $x \to \pm\infty$.
2. Die Dichtefunktion ist achsensymmetrisch zur Senkrechten $x = \mu$, so dass gilt:

   $f(\mu - x) = f(\mu + x)$ für alle $x \in \mathbb{R}$. An dieser Stelle ist auch das einzige Maximum.
3. Die Fläche unter $f(x)$ von $-\infty$ bis μ entspricht der Fläche unter $f(x)$ von μ bis $+\infty$. Beide Flächen haben einen Flächeninhalt von jeweils 0,5. Die gesamte Fläche unter $f_N(x)$ ist demnach eins.
4. Die Funktion $f(x)$ besitzt an der Stelle $x = \mu$ ein absolutes Maximum von $f(\mu) = \frac{1}{\sqrt{2\pi\sigma}}$.
5. Die Wendepunkte liegen bei $x_1 = \mu - \sigma$ und $x_2 = \mu + \sigma$.
6. Aus der Symmetrie folgt für den *Erwartungswert* $E(X) = \mu$. Für die *Varianz* $Var(X)$ einer $N(\mu;\ \sigma)$-verteilten Zufallsvariable X gilt:

$$Var(X) = E\left[(X-\mu)^2\right] = \int_{-\infty}^{\infty} (x-\mu)^2 f(x)dx = \sigma^2.$$

Durch Integration der Dichtefunktion $f(x)$ erhält man die *Verteilungsfunktion* $F(x)$ der normalverteilten Zufallsvariable als

$$F(x) = P(X \le x) = \int_{-\infty}^{x} f(x)dv = \int_{-\infty}^{x} \frac{1}{\sigma\sqrt{2\pi}} e^{-\frac{1}{2}\left(\frac{v-\mu}{\sigma}\right)^2} dv$$

In Bild 7.37 ist die Verteilungsfunktion einer normal verteilten Zufallsvariable dargestellt. Sie hat einen S-förmigen Verlauf, besitzt bei $x = \mu$ einen Wendepunkt und es gilt: $F(x) \to \infty$ für $x \to -\infty$ und $F(x) \to 1$ für $x \to +\infty$.

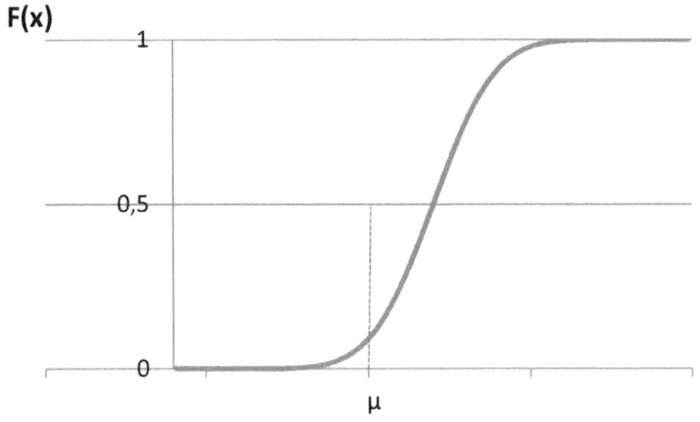

Bild 7.37 Verteilungsfunktion der Normalverteilung

Der Kurvenverlauf der Normalverteilungsdichten hängt von den Parametern μ und σ^2 ab. Wird μ konstant gehalten und variiert man nur σ^2, so wird die Kurve immer flacher (steiler), je größer (kleiner) σ^2 wird. Bild 7.38 veranschaulicht diesen Sachverhalt.

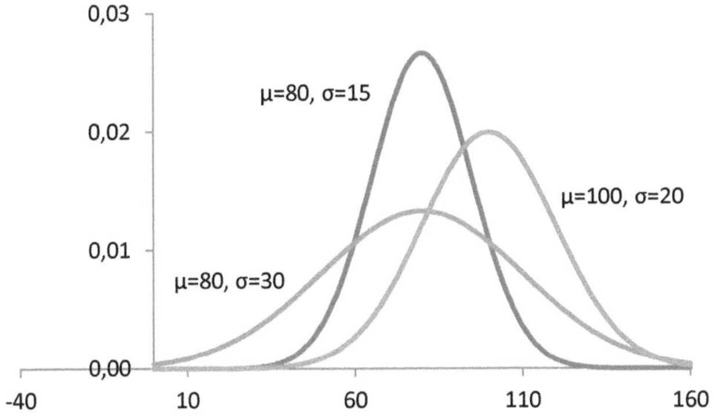

Bild 7.38 Normalverteilte Dichtefunktionen für verschiedene σ und μ

Verändert man μ bei konstantem σ^2, dann kommt es zu einer Verschiebung der Kurve nach rechts (links), wenn μ größer (kleiner) wird (vgl. Bild 7.38). Es wird deutlich, dass es sich bei μ um einen Lageparameter und bei σ^2 um einen Streuungsparameter der Verteilung handelt.

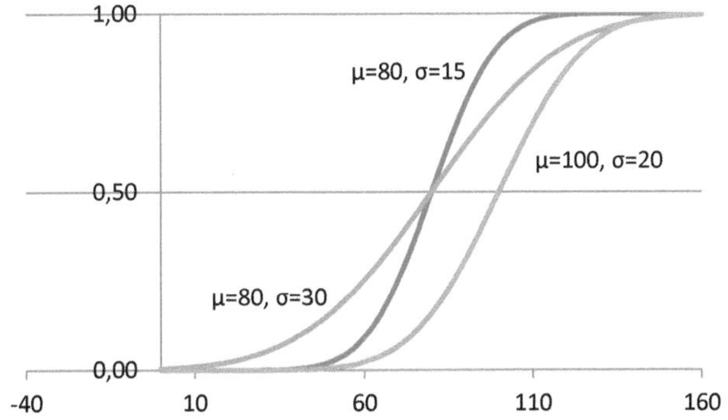

Bild 7.39 Normalverteilte Verteilungsfunktionen für verschiedene σ und μ

Aus dem Bild 7.39 kann man unmittelbar ablesen, dass die Wahrscheinlichkeit dafür, dass die Zufallsvariable X einen Wert kleiner oder gleich 80 bzw. 100 annimmt, gleich 50% ist. Verteilungsfunktionen nehmen Werte zwischen 0 und 1 an und sind monoton steigend.

Beispiel 7.12

Aus einer Reihe von x-Werten von 0 bis 160 sollen die Dichtefunktionen und Verteilungsfunktion mit einem Mittelwert $\mu = 80$ und einer Standardabweichung von $\sigma = 15$ und $\sigma = 30$, sowie einem Mittelwert von 100 und einer Standardabweichung von $\sigma = 20$ mit Microsoft Excel berechnet und graphisch dargestellt werden.

Excel-Umsetzung

Dichte- und Verteilungsfunktionen mit verschiedenen Mittelwerten und Standardabweichungen können mit Excel problemlos dargestellt werden. Aus einer Reihe von x-Werten von 0 bis 160 mit einem Mittelwert von $\mu = 80$ und einer Standardabweichung von $\sigma = 15$ und $\sigma = 30$ (beliebig vorgegeben), sowie einem Mittelwert von $\mu = 100$ und einer Standardabweichung von $\sigma = 20$ wird mit der Excel-Funktion NORM.VERT(), die mit Alt + M2 + M + S aufgerufen wird, die Dichtefunktion (Wahrheitswert für die Wahrscheinlichkeitsdichtefunktion ist FALSCH) bzw. die Verteilungsfunktion (Wahrheitswert für die kumulierte Verteilungsfunktion ist WAHR) berechnet. Die graphische Darstellung erfolgt dann mit dem Diagrammtyp *Punkte mit interpolierten Linien.*

Position	Inhalt	Excel-Umsetzung
D7	Mittelwert	=MITTELWERT(B13:B173
D8	Standardabweichung	vorgegeben
C13	Dichte f(x) bei μ = 80, σ = 15	=NORM.VERT(B13;$D$7;$D$8;FALSCH)
D13	Dichte f(x) bei μ = 80, σ = 30	=NORM.VERT(B13;$D$7;$D$9;FALSCH)
E13	Verteilung F(x) bei μ = 80, σ = 15	=NORM.VERT(B13;$D$7;$D$8;WAHR)
F13	Verteilung F(x) bei μ = 80, σ = 30	=NORM.VERT(B13;$D$7;$D$9;WAHR)
G13	Dichte f(x) bei μ=100, σ=20	=NORM.VERT(B13;$G$7;$G$8;FALSCH)
H13	Verteilung F(x) bei μ=100, σ=20	=NORM.VERT(B13;$G$7;$G$8;WAHR)

F73 | fx | =NORM.VERT(B73;$D$7;$D$9;WAHR)

	A	B	C	D	E	F	G	H
3								
4		**Dichte- und Verteilungsfunktionen einer normalverteilten Zufallsvariablen**						
5		**mit verschiedenen Mittelwerten und Standardabweichungen (Beispiel 7.12)**						
6								
7		Mittelwertwert μ		80,00	μ		100	
8		Standardabweichung σ		15	σ		20	
9		Standardabweichung σ		30				
10								
11		x-Werte	f(x)	f(x)	F(x)	F(x)	f(x)	F(x)
12			μ=80, σ=15	μ=80, σ=30	μ=80, σ=15	μ=80, σ=30	μ=100, σ=20	μ=100, σ=20
13		0	0,00000	0,00038	0,00000	0,00383	0,00000	0,00000
14		1	0,00000	0,00041	0,00000	0,00423	0,00000	0,00000
15		2	0,00000	0,00045	0,00000	0,00466	0,00000	0,00000
16		3	0,00000	0,00049	0,00000	0,00513	0,00000	0,00000
71		58	0,00907	0,01016	0,07123	0,23168	0,00220	0,01786
72		59	0,00998	0,01041	0,08076	0,24196	0,00244	0,02018
73		60	0,01093	0,01065	0,09121	0,25249	0,00270	0,02275
74		61	0,01192	0,01088	0,10264	0,26326	0,00298	0,02559
131		118	0,00107	0,00596	0,99435	0,89736	0,01330	0,81594
132		119	0,00091	0,00571	0,99534	0,90320	0,01270	0,82894
133		120	0,00076	0,00547	0,99617	0,90879	0,01210	0,84134
134		121	0,00063	0,00523	0,99687	0,91414	0,01149	0,85314
171		158	0,00000	0,00045	1,00000	0,99534	0,00030	0,99813
172		159	0,00000	0,00041	1,00000	0,99577	0,00026	0,99841
173		160	0,00000	0,00038	1,00000	0,99617	0,00022	0,99865
174								

Bild 7.40 Berechnung der Dichte- und Verteilungsfunktionen einer normalverteilten Zufallsvariable mit verschiedenen Mittelwerten und Standardabweichungen (Beispiel 7.12)

Da bei stetigen Merkmalen die Zufallsvariable X unendlich viele mögliche Werte annehmen kann, ist bei normalverteilten Zufallsgrößen die Eintrittswahrscheinlichkeit gleich Null. Auf der y-Achse wird deshalb nicht die Wahrscheinlichkeit der einzelnen Zufallsgröße aufgetragen, sondern die Dichte $f(x)$ der Wahrscheinlichkeitsverteilung. Bei stetigen Merkmalen können deshalb nur Wahrscheinlichkeiten für Intervalle angegeben werden. So kann mit der Dichtefunktion der Normalverteilung die Wahrscheinlichkeit P dafür, dass die Werte von X in einem beliebigen Intervall $a < X \leq b$ liegen, wie folgt bestimmt werden:

$$P(a<X\leq b)=F(b)-F(a)=\frac{1}{\sigma\sqrt{2\pi}}\int_{-\infty}^{b}e^{-\frac{1}{2}\left(\frac{v-\mu}{\sigma}\right)^2}dv-\frac{1}{\sigma\sqrt{2\pi}}\int_{-\infty}^{a}e^{-\frac{1}{2}\left(\frac{v-\mu}{\sigma}\right)^2}dv=\frac{1}{\sigma\sqrt{2\pi}}\int_{a}^{b}e^{-\frac{1}{2}\left(\frac{v-\mu}{\sigma}\right)^2}dv$$

Da jedoch für die Dichtefunktion der Normalverteilung keine elementare Stammfunktion existiert, werden derartige Wahrscheinlichkeitsberechnungen entweder mit dem Computer berechnet oder auf die tabellierte Standardnormalverteilung zurückgeführt.

Eine Normalverteilung mit $\mu = 0$ und $\sigma^2 = 1$ heißt *Standardnormalverteilung* (normierte Verteilung) und wird als $N(0;\ 1)$ geschrieben. Übernimmt man die Notation einschlägiger Statistikbücher, dann wird eine standardnormalverteilte Zufallsgröße meist mit Z und deren Dichtefunktion mit φ bezeichnet. Damit lässt sich die *Dichte* schreiben als

$$\varphi(z)=\frac{1}{\sqrt{2\pi}}e^{-\frac{z^2}{2}}.$$

Durch Integration der Dichtefunktion $\varphi(z)$erhält man die *Verteilungsfunktion* $\Phi(z)$ der Standardnormalverteilung, die wie die Verteilungsfunktion der Normalverteilung einen S-förmigen Verlauf aufweist und die Wahrscheinlichkeit $\Phi(z) = P(Z \leq z)$ angibt.

$$\Phi(z)=P(Z\leq z)=\int_{-\infty}^{z}\varphi(z)dv=\frac{1}{\sqrt{2\pi}}\int_{-\infty}^{z}e^{-\frac{v^2}{2}}dv$$

Ist nun X eine $N(\mu,\sigma^2)$- bzw. normalverteilte Zufallsvariable, kann diese durch eine spezielle lineare Transformation, nämlich die Standardisierung

$$Z = a + bx$$

mit $a = \frac{-\mu}{\sigma}$ und $b = \frac{1}{\sigma}$

in eine $N(0;\ 1)$- bzw. standardnormalverteilte Zufallsvariable $Z = \frac{X-\mu}{\sigma}$ überführt werden. Durch die Standardisierung wird der Erwartungswert $E(Z) = 0$ und die Varianz $Var(Z) = 1$, so dass gilt:

$$X \sim N(\mu,\sigma^2) \qquad \rightarrow \quad Z = \frac{X-\mu}{\sigma} \sim N(0;\ 1)$$

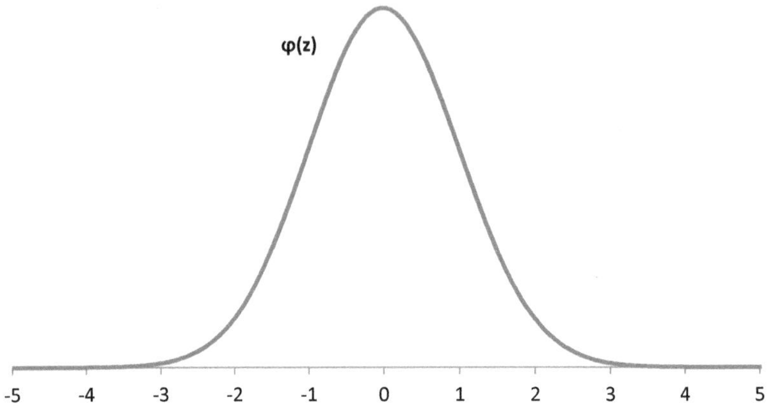

Bild 7.41 Dichtefunktion der Standardnormalverteilung

Beispiel 7.13

Aus einer Reihe von x-Werten von 0 bis 160 mit dem Mittelwert 80 und der Standardabweichung von 15 sollen zunächst die z-Werte und dann die Dichte- und Verteilungsfunktion einer standard-normalverteilten Zufallsvariable mit Excel berechnet und graphisch dargestellt werden.

Excel-Umsetzung

Zur Bestimmung der Dichte- und Verteilungsfunktion einer standard-normalverteilten zufälligen Variable werden zunächst aus einer Reihe von x-Werten von 0 bis 160 der Mittelwert $\mu = 80$ bestimmt und eine Standardabweichung von $\sigma = 15$ (beliebig) vorgegeben. Im nächsten Schritt werden die normalverteilten Zufallsvariablen durch lineare Transformation in z-Werte überführt. Dies geschieht entweder mittels der oben angegebenen Formel zur z-Transformation oder mit der Excel-Funktion STANDARDISIERUNG(), die mit Alt + M2 + M + S aufgerufen wird. Mit der Excel-Funktion NORM.S.VERT() kann dann die Dichtefunktion (Wahrheitswert FALSCH) bzw. die Verteilungsfunktion (Wahrheitswert WAHR) der Standardnormalverteilung mit einem Mittelwert von 0 und einer Standardabweichung von 1 bestimmt werden.

Position	Inhalt	Excel-Umsetzung
D7	Mittelwert	=MITTELWERT(B11:B171)
C11	z-Wert	=(B11-$D$7)/$D$8
D11	Dichtefunktion der Standardnormalverteilung	=NORM.S.VERT(C11;FALSCH)
E11	Verteilungsfunktion der Standardnormalverteilung	=NORM.S.VERT(C11;WAHR)

E91 =NORM.S.VERT(C91;WAHR)

	A	B	C	D	E	F
6						
7		Mittelwert		80		
8		Standardabweichug σ		15		
9						
10		x-Werte	z-Werte	φ(z)	Φ(z)	
11		0	-5,33333	0,00000	0,00000	
12		1	-5,26667	0,00000	0,00000	
13		2	-5,20000	0,00000	0,00000	
14		3	-5,13333	0,00000	0,00000	
89		78	-0,13333	0,39541	0,44696	
90		79	-0,06667	0,39806	0,47342	
91		80	0,00000	0,39894	0,50000	
92		81	0,06667	0,39806	0,52658	
93		82	0,13333	0,39541	0,55304	
169		158	5,20000	0,00000	1,00000	
170		159	5,26667	0,00000	1,00000	
171		160	5,33333	0,00000	1,00000	
172						

Bild 7.42 z-Transformation und Dichte- und Verteilungsfunktionen einer standard-normalverteilten Zufallsvariablen (Beispiel 7.13)

Für die praktische Berechnung von Wahrscheinlichkeiten einer beliebigen nach $N(\mu;\ \sigma)$-verteilten Zufallsvariable X gilt:

$$F(x) = P(X \le x) = P\left(\frac{X-\mu}{\sigma} \le \frac{x-\mu}{\sigma}\right) = \Phi\left(\frac{x-\mu}{\sigma}\right)$$

Damit erhält man folgende Wahrscheinlichkeiten:

$$P(X \le b) = \Phi\left(\frac{b-\mu}{\sigma}\right)$$

$$P(X > a) = 1 - \Phi\left(\frac{a-\mu}{\sigma}\right)$$

Die Wahrscheinlichkeit, dass eine $N(\mu;\ \sigma)$-verteilte Zufallsvariable X einen Wert zwischen a und b annimmt, ergibt sich aus

$$P(a < X \le b) = F(b) - F(a) = \Phi\left(\frac{b-\mu}{\sigma}\right) - \Phi\left(\frac{a-\mu}{\sigma}\right).$$

Die Werte von $\Phi(z)$ sind in Tabellen zur Standardnormalverteilung für Wahrscheinlichkeiten $z \ge 0$ aufgelistet. Bei negativen Werten von Φ gilt wegen der Symmetrie der Dichte der Standardnormalverteilung bezüglich des Erwartungswertes

$$\Phi(-z) = 1 - \Phi(z).$$

Häufig benötigt man in der Praxis die Wahrscheinlichkeit dafür, dass eine normalverteilte Zufallsvariable Werte in einem symmetrisch zu μ gelegenen Intervall $\mu - k\sigma \le X \le \mu + k\sigma$, mit $k > 0$ (sogenanntes $k\sigma$-Intervall) annimmt. Diese ergibt sich zu

$$P(\mu - k\sigma \le X \le \mu + k\sigma) = \Phi\left(\frac{\mu + k\sigma - \mu}{\sigma}\right) - \Phi\left(\frac{\mu - k\sigma - \mu}{\sigma}\right)$$

$$= \Phi(k) - \Phi(-k) = \Phi(k) - (1 - \Phi(k)) = 2\Phi(k) - 1 \cdot$$

Für $k = 1, 2, 3$ ergeben sich folgende Werte:

$$P(\mu - 1\sigma \le X \le \mu + 1\sigma) = 2\Phi(1) - 1 = 2 \cdot 0{,}8413 - 1 = 0{,}6826$$
$$P(\mu - 2\sigma \le X \le \mu + 2\sigma) = 2\Phi(2) - 1 = 2 \cdot 0{,}9772 - 1 = 0{,}9544$$
$$P(\mu - 3\sigma \le X \le \mu + 3\sigma) = 2\Phi(3) - 1 = 2 \cdot 0{,}9986 - 1 = 0{,}9972$$

Bei einer nach $N(\mu;\ \sigma^2)$ verteilten Zufallsvariablen X liegen demnach

etwa 68% der beobachteten Werte zwischen $\mu - \sigma$ und $\mu + \sigma$,

etwa 95% der beobachteten Werte zwischen $\mu - 2\sigma$ und $\mu + 2\sigma$,

etwa 99,7% der beobachteten Werte zwischen $\mu - 3\sigma$ und $\mu + 3\sigma$.

Man erkennt, dass praktisch alle Realisationen von X im 3σ-Intervall liegen.

In vielen Fällen ist die Verteilung von Aktienrenditen näherungsweise eine Normalverteilung (vgl. Beispiel 7.5), so dass sich die Annahme einer Normalverteilung der stetigen Renditen gut zur Modellierung von Aktienkursen eignet. Wie sind jedoch μ und σ zu wählen, damit die Realität möglichst gut abgebildet wird? Als Schätzwerte wählt man den beobachteten Mittelewert $\bar{r}$ sowie das Quadrat der empirischen Standardabweichung s^2 der Renditen. Die Begründung für die Festlegung der Parameter μ und σ beruht auf dem Gesetz der großen Zahlen. So liegt der Mittelwert aus vielen unabhängig beobachteten Werten einer normalverteilten Zufallsvariable X in der Nähe von μ, und die empirische Standardabweichung der beobachteten Werte in der Nähe von σ. Die Werte aus der Beobachtungsebene können somit als Schätzwerte für die Modellparameter herangezogen werden. Legt man die Normalverteilung als Modell für die Verteilung von Aktienrenditen zugrunde, dann können Wahrscheinlichkeitsaussagen zu künftigen Aktienkursen gemacht werden.

Beispiel 7.14

Im Beispiel 7.5 wurden die stetigen Monatsrenditen der Adidas-Aktie im Zeitraum von 3.1.2011 bis 1.12.2015 untersucht. Anhand dieser Daten soll zunächst der Kurs der Adidas-Aktie mittels einer Normalverteilung modelliert und graphisch dargestellt werden (siehe Excel-Umsetzung). In einem weiteren Schritt sollen unter der Annahme, dass die monatliche Rendite eine normalverteilte Zufallsgröße ist, die Drift $\bar{r}$ und die Volatilität s als Schätzwerte für den Erwartungswert μ und die Standardabweichung σ herangezogen werden. Ist die monatliche Rendite r mit den Parametern $\bar{r} = 0{,}0102$ und $s = 0{,}0704$ annahmegemäß normalverteilt, dann können für die vorgegebenen neun Renditeintervalle die Wahrscheinlichkeiten, dass eine beliebige Monatsrendite in eines dieser Intervalle fällt, berechnet werden.

Die Vorgehensweise zur Bestimmung der Wahrscheinlichkeit wird exemplarisch für das Intervall $-0{,}0127$ und $0{,}0287$ demonstriert. Nach Bestimmung der z-Werte gibt die Verteilungsfunktion einer standardmäßigen, normalverteilten Zufallsvariable (NORM.S.VERT) die Werte und somit die gesuchten Wahrscheinlichkeiten zurück.

$$P(-0{,}0127 \le r \le 0{,}0287) = \Phi\left(\frac{0{,}0287 - 0{,}0102}{0{,}0704}\right) - \Phi\left(\frac{-0.0127 - 0{,}0102}{0{,}0704}\right)$$
$$= \Phi(0{,}2635) - \Phi(-0{,}3247) = \Phi(0{,}2628) - [1 - \Phi(0{,}3253)]$$
$$= 0{,}6039 - (1 - 0{,}6275) = 0{,}6039 - 0{,}3727 = 0{,}2312$$

Die Berechnung der Wahrscheinlichkeit wurde mit Excel durchgeführt.

Analog zu der oben aufgezeigten Vorgehensweise zur Berechnung der Wahrscheinlichkeit werden für die übrigen Renditebereiche die Wahrscheinlichkeiten berechnet.

Renditebereich $[a;b)$	relative Häufigkeit (gerundet)	Wahrscheinlichkeit $P(a \le r < b)$
[-0,2192; -0,1779)	0,02	0,0032
[-0,1779; -0,1366)	0,00	0,0148
[-0,1366; -0,0953)	0,05	0,0485
[-0,0953; -0,0540)	0,12	0,1140
[-0,0540; -0,0127)	0,18	0,1917
[-0,0127; 0,0287)	0,25	0,2312
[0,0287; 0,0700)	0,18	0,1985
[0,0700; 0,1113)	0,12	0,1222
[0,1113; 0,1526)	0,08	0,0539

Bild 7.43 Wahrscheinlichkeiten und relative Häufigkeiten für Renditebereiche unter der Annahme normalverteilter Renditen.

In Bild 7.43 sind die relativen Häufigkeiten und die Wahrscheinlichkeiten der in Beispiel 7.5 betrachteten Adidas-Aktie gegenübergestellt. Ein Vergleich der Wahrscheinlichkeiten mit den tatsächlich aufgetretenen relativen Häufigkeiten zeigt eine annähernde Übereinstimmung.

Excel-Umsetzung

Zur Modellierung der Verteilung der Aktienrenditen der Adidas-Aktien mittels Normalverteilung werden im ersten Schritt wieder die stetigen Renditen, der Mittelwert und die Standardabweichung ermittelt. Die Renditen müssen nun aufsteigend sortiert werden. Hierzu werden die nicht-sortierten Renditen kopiert und in eine neue Spalte als *Werte* eingefügt (der Datenbestand ist damit losgelöst von seiner Berechnung), der Tabellenkursor in eine Zelle des Bereichs D24:D83 gesetzt (eine Markierung ist nicht erforderlich) und die *Schaltfläche zum Sortieren* angeklickt. Im nächsten Schritt werden mit der Excel-Funktion NORM.VERT(), die mit Alt + M2 + M + S aufgerufen wird, die Dichtefunktion (Wahrheitswert FALSCH) bzw. die Verteilungsfunktion (Wahrheitswert WAHR) berechnet. Die graphische Darstellung (vgl. Bild 7.44) kann mit dem Diagrammtyp *Punkte mit interpolierten Linien* erfolgen. Anschließend werden die z-Werte bestimmt und mit der Excel-Funktion NORM.S.VERT() kann dann die Dichtefunktion (Wahrheitswert FALSCH) der Standardnormalverteilung ermittelt werden.

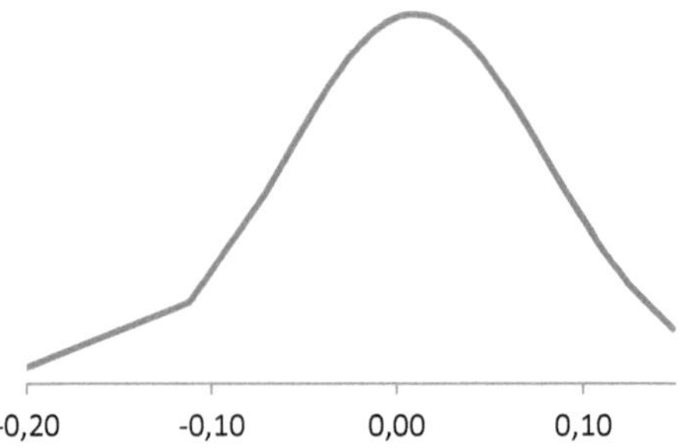

Bild 7.44 Modellierung der stetigen Monatsrenditen der Adidas-Aktie im Zeitraum von 3.1.2011 bis 1.12.2015 mittels Normalverteilung

Bild 7.44 lässt erkennen, dass die empirische Verteilung von Aktienrenditen einer theoretischen Normalverteilung (vgl. Bild 7.36) sehr nahekommt, womit die häufige Verwendung dieses Konzepts begründet ist.

Position	Inhalt	Excel-Umsetzung
D8	Mittelwert	=MITTELWERT(C27:C86)
D9	Standardabweichung	=STABW.S(C27:C86)
C27	stetige Rendite	=LN(B27/B28)
E27	Dichtefunktion normalverteilt	=NORM.VERT(D27;$D$8;$D$9;FALSCH)
F27	Verteilungsfunktion normalverteilt	=NORM.VERT(D27;$D$8;$D$9;WAHR)
G27	z-Wert	=(D27-$D$8)/$D$9
H27	Verteilungsfunktion standardnormalverteilt	=NORM.S.VERT(G27;WAHR)

Zur Berechnung der Intervall-Wahrscheinlichkeiten werden zunächst die z-Werte der Rendite-Ober- und der Rendite-Untergrenze bestimmt. Mit der Verteilungsfunktion einer standardmäßigen, normalverteilten Zufallsvariable (NORM.S.VERT) kann dann die gesuchte Wahrscheinlichkeit dafür, dass eine bestimmte Monatsrendite zwischen einem beliebigen Intervall [a; b] liegt, berechnet werden.

Position	Inhalt	Excel-Umsetzung
D14	z-Wert Obergrenze	=(C14-$D$8)/$D$9
E14	z-Wert Untergrenze	=(B14-$D$8)/$D$9
F14	Verteilungsfunktion standardisiert, Obergrenze	=NORM.S.VERT(D14;WAHR)
G14	Verteilungsfunktion standardisiert, Untergrenze	=NORM.S.VERT(E14;WAHR)
H14	Intervallwahrscheinlichkeit	=F14-G14

F15 =NORM.S.VERT(D15;WAHR)

Modellierung eines Aktienkurses mittels Normalverteilung und Berechnung von Intervallwahrscheinlichkeiten (Beispiel 7.14)

Aktie	Adidas
Mittelwert	0,0102
Standardabweichung	0,0704

Berechnung der Intervall-Wahrscheinlichkeiten

Rendite-Intervall ($a < r \le b$)		z-Wert Φ[(b-μ)/σ]	z-Wert Φ[(a-μ)/σ]	Φ(b)	Φ(a)	P($a < r \le b$)
-0,2192	-0,1779	-2,6714	-3,2581	0,0038	0,0006	0,0032
-0,1779	-0,1366	-2,0847	-2,6714	0,0185	0,0038	0,0148
-0,1366	-0,0953	-1,4980	-2,0847	0,0671	0,0185	0,0485
-0,0953	-0,0540	-0,9113	-1,4980	0,1811	0,0671	0,1140
-0,0540	-0,0127	-0,3247	-0,9113	0,3727	0,1811	0,1917
-0,0127	0,0287	0,2635	-0,3247	0,6039	0,3727	0,2312
0,0287	0,0700	0,8501	0,2635	0,8024	0,6039	0,1985
0,0700	0,1113	1,4368	0,8501	0,9246	0,8024	0,1222
0,1113	0,1526	2,0235	1,4368	0,9785	0,9246	0,0539

Normalverteilung und Standardnormalverteilung des Aktienkurses der Adidas Aktie

Kurs	Stetige Renditen	Renditen sortiert	Dichtefunktion f(x)	Verteilungsfunktion F(x)	z-Werte	Φ(z)
89,91	-0,01851	-0,21920	0,02808	0,00056	-3,25804	0,00056
91,59	0,11611	-0,11280	1,23301	0,04036	-1,74656	0,04036
81,55	0,12441	-0,11121	1,28227	0,04236	-1,72398	0,04236
72,01	0,07630	-0,10989	1,32400	0,04407	-1,70530	0,04407

Bild 7.45 Modellierung eines Aktienkurses mittels Normalverteilung und Berechnung von Intervallwahrscheinlichkeiten am Beispiel der Adidas-Aktie (Beispiel 7.14)

Unter der Annahme, dass die stetigen Renditen der Adidas-Aktie mit den Parametern $\mu = 0{,}0102$ und $\sigma^2 = 0{,}0704^2$ (annähernd) normalverteilt sind, können weitere praxisrelevante Wahrscheinlichkeiten berechnet werden. Der Aktienkurs dieser Aktie lag am 1.12.2015 bei 89,91 Euro.

a) Es soll die Wahrscheinlichkeit berechnet werden, dass der Aktienkurs einen Monat später auf über 98,90 Euro gestiegen ist.

b) Es soll die Wahrscheinlichkeit berechnet werden, dass der Aktienkurs nach einem Monat um mehr als 25% gesunken ist.

c) Es soll ein Intervall angegeben werden, in dem der Aktienkurs nach einem Monat mit 95%iger Wahrscheinlichkeit liegt.

Die Berechnungen werden mit Excel durchgeführt.

a) Der Aktienkurs soll nach einem Monat über 98,90 Euro steigen. Dies ist dann der Fall, wenn die stetige Rendite mindestens $\ln(98{,}20/89{,}91) = 0{,}0953$ ist, also rund 9,5% beträgt. Mit $\mu = 0{,}0102$ und $\sigma = 0{,}0704$ erhält man:

$$P(r > 0{,}0953) = 1 - P(r \leq 0{,}0953) = 1 - \Phi\left(\frac{0{,}0953 - 0{,}0102}{0{,}0704}\right) = 1 - \Phi(1{,}2095) = 1 - 0{,}8861 =$$

0,1132

Die Wahrscheinlichkeit dafür, dass der Aktienkurs einen Monat später auf über 98,90 Euro gestiegen ist, beträgt 11,32%.

b) Der Aktienkurs soll nach einem Monat um mindestens 25% gesunken sein, Dies ist dann der Fall, wenn die stetige Rendite kleiner als $ln(0{,}75 \cdot 89{,}91/89{,}91) = 0{,}2877$ ist, also 28,77% beträgt. Mit den Parametern μ und σ ergibt sich:

$$P(r < \ln 0{,}75) = P(r < -0{,}2877) = \Phi\left(\frac{0{,}2877 - 0{,}0102}{0{,}0704}\right) = \Phi(-4{,}2309) \approx 0$$

Hier beträgt die Wahrscheinlichkeit, dass der Kurs nach einem Monat um mindestens 25% gesunken ist, annähernd null Prozent.

c) Schließlich soll noch das Intervall bestimmt werden, in den der Aktienkurs nach einem Monat mit 95%iger Wahrscheinlichkeit liegt. Mit

$\mu - 2\sigma = 0{,}0102 - 2 \cdot 0{,}0704 = -0{,}1306$ und $\mu + 2\sigma = 0{,}0102 + 2 \cdot 0{,}0704 = 0{,}1510$

erhält man unter Berücksichtigung der stetigen Verzinsung den unteren Intervall-Wert S_u aus

$ln\left(\frac{S_u}{89{,}91}\right) = -0{,}1306$ zu $S_u = 89{,}91 \cdot e^{-0{,}1306} = 78{,}90$

Der obere Intervall-Wert S_o berechnet sich aus

$ln\left(\frac{S_o}{89{,}91}\right) = 0{,}1510$ zu $S_o = 89{,}91 \cdot e^{0{,}1510} = 104{,}57$

Der Kurs liegt also mit einer Wahrscheinlichkeit von 95% im Intervall [78,90; 104,57].

Die Modellierung von Aktienkursen mittels Normalverteilung ist hinsichtlich seiner Modellannahmen kritisch zu hinterfragen, da jedes Modell ein vereinfachtes Abbild der beobachteten Realität ist. Die Vorteile ergeben sich aus der einfachen Handhabung des Modells, da lediglich die Parameter μ und σ geschätzt werden müssen. Zudem passt das Modell die Verteilung der Aktienrenditen in einigen Bereichen gut an und trifft die Form der Verteilung gut. Nachteile des Modells sind darin zu sehen, dass die Drift und Volatilität einer Aktie in Zukunft als zeitlich konstant angenommen werden und die Güte der Prognose von der Genauigkeit der Schätzwerte anhängig ist. In der Mitte der Verteilung sowie an den Rändern existieren mitunter starke Abweichungen. So kann es sein, dass die beobachtete Verteilung in der Mitte wesentlich mehr Werte aufweist als das Modell vorgibt. Damit fällt die reale Verteilung gegenüber dem Modell steiler ab, besitzt aber gewichtigere Flanken, sogenannte fat tails (fette Verteilungsenden), die starke Kursschwankungen repräsentieren. Ein weiterer Nachteil besteht in der Nichtberücksichtigung firmenrelevanter Daten und anderer Faktoren wie Anlegermentalitäten oder unvorhersehbare Ereignisse.

7.7.3 Aktienkursverlaufshypothese nach Black-Scholes (Wiener-Prozess)

Der schottische Botaniker Robert Brown (1773-1858) hat im Jahre 1827 unter einem Mikroskop beobachtet, wie sich Blütenpollen in einem Wassertropfen unregelmäßig hin und her bewegen. Diese sogenannte Brownsche Molekularbewegung ist auf die zufällige Kollision der Blütenpollen mit den thermisch bewegten Wassermolekülen zurückzuführen. Nachdem im Jahre 1905 Albert Einstein (1879-1955) die physikalische Erklärung für die Brownsche Molekularbewegung lieferte, gelang es dem US-amerikanischen Mathematiker Norbert Wiener (1894-1964) im Jahre 1923 das Ereignis mathematisch als einen stochastischen Prozess zu beschreiben. Der Wiener-Prozess, auch *Brownsche Bewegung (Brownian Motion)* genannt, wird in zahlreichen Gebieten der Natur- und Wirtschaftswissenschaften als Grundlage zur Simulation zufälliger Bewegungen herangezogen.

Ein Wiener-Prozess $(W_t)_{t \geq 0}$ ist ein zeitstetiger stochastischer Prozess, der normalverteilte, unabhängige Zuwächse hat und der durch nachfolgende Eigenschaften charakterisiert ist:

1. $W_0 = 0$. Diese Eigenschaft bedeutet, dass der Prozess im Ursprung des Koordinatensystems beginnt.
2. Für $0 \leq s < t$ ist $W_t - W_s$ eine normalverteilte Zufallsgröße mit dem Erwartungswert 0 und der Varianz $t - s$, d. h. $W_t - W_s \approx N(0, t - s)$. Die Varianz der zufälligen Positionsänderung hängt damit nur von der Länge des Zeitintervalls $t - s$ und nicht von der Position $(X_s; Y_s)$ des Teilchens zur Zeit s ab. Die Bewegungen des Teilchens in x- und y-Richtung sind dabei voneinander unabhängig.
3. Für beliebige $0 \leq r < s \leq t < u$ sind die Zufallsgrößen $W_u - W_t$ und $W_s - W_r$ unabhängig. Die Positionsänderungen in sich nicht überlappenden Zeitintervallen sind voneinander unabhängig. Auf die Brownsche Bewegung bezogen bedeutet dies, dass sich die Richtung und Größe der Positionsänderungen nicht aus den vorangegangenen Teilchenbewegungen ableiten lässt. Die Positionsänderungen $W_t - W_s$ werden auch Zuwächse genannt und können positive und negative Werte annehmen.

Das Black-Scholes-Modell ist wie das Random-Walk-Modell (vgl. Kapitel 7.7.1) ein mathematisches Modell zur Beschreibung von Aktienkursentwicklungen. Dabei wird angenommen, dass sich der stochastische Prozess der Renditeentwicklung aus einem deterministischen zeitlich linearen und einem zufälligen Anteil zusammensetzt. Der deterministische Anteil des Renditeprozesses kann als erwartete Rendite interpretiert werden. Da jedoch Aktienkurse keinem deterministischen Muster folgen, sondern eine zufällige Irrfahrt (Random Walk) begehen, unterliegen die Renditen auch einem stochastischen Prozess, der durch den stochastischen Anteil beschrieben wird. Dabei wird unterstellt, dass der stochastische Prozess der stetigen Renditen einem Wiener-Prozess folgt. Damit gilt:

$$r_0^t = \mu t + \sigma W_t \,,$$

wobei $t \geq 0, \mu \in \mathbb{R}$ und $\sigma > 0$. Zudem sind μ und σ konstant.

Mit dem Black-Scholes-Modell kann die Verteilung der Rendite r_0^t bestimmt werden. Nach der zweiten Eigenschaft des Wiener-Prozesses und wegen $W_0 = 0$ ist die Zufallsgröße $W_t = W_t - W_0$ normalverteilt mit den Parametern 0 und t. Da die Renditeentwicklung r_0^t linear von W_t abhängt, folgt für den Erwartungswert von r_0^t:

$$\mathrm{E}\left(r_0^t\right) = \mathrm{E}\left(\mu t + \sigma W_t\right) = \mu t + \sigma \mathrm{E}\left(W_t\right) = \mu t$$

Analog dazu kann die Varianz von r_0^t bestimmt werden:

$$\mathrm{Var}\left(r_0^t\right) = \mathrm{Var}\left(\mu t + \sigma W_t\right) = \sigma^2 \mathrm{Var}\left(W_t\right) = \sigma^2 t$$

Damit folgt, dass die Rendite normalverteilt ist mit den Parametern μt und $\sigma^2 t$, d.h. $r_0^t \sim N(\mu t, \sigma^2 t)$. Dabei können die in Abschnitt 7.4.4 ermittelten statistischen Kennzahlen arithmetisches Mittel $\bar{r}$ und die Standardabweichung der stetigen Renditen s als Schätzwerte für die Modellparameter μ und σ im Black-Scholes-Modell herangezogen werden. Bei bekanntem Aktienkurs S_0 zum Zeitpunkt $t = 0$ und mit den Wahrscheinlichkeitsaussagen zu r_0^t können über den Zusammenhang $r_0^t = ln(S_t/S_0)$ Wahrscheinlichkeitsaussagen über den Kurs S_t der Aktie zum Zeitpunkt $t > 0$ gemacht werden:

$$S_t = S_0 \cdot e^{r_0^t}$$

Die Modellierung eines Aktienkurses mit dem Black-Scholes-Modell soll anhand der Adidas-Aktie aus dem Beispiel 7.5 aufgezeigt werden. Der Mittelwert der vergangenen stetigen Monatsrenditen betrug 0,0102, die Standardabweichung 0,0704 und der Aktienkurs war am 1.12.2015 bei 89,91 Euro. Gesucht ist die Wahrscheinlichkeit dafür, dass der Aktienkurs drei Monate später über 95,00 Euro steigt. Aufgrund der Modellannahmen gilt:

$r_0^3 \sim N(3 \cdot 0{,}0102, 3 \cdot 0{,}0704^2)$, also $r_0^3 \sim N(0{,}0306, 0{,}0149)$

Für die Wahrscheinlichkeit, dass der Aktienkurs 95,00 Euro übersteigt, gilt dann:

$$\begin{aligned} \mathrm{P}\left(S_3 > 95{,}00\right) &= \mathrm{P}\left(89{,}91 \cdot e^{r_0^3} > 95{,}00\right) \\ &= \mathrm{P}\left(r_0^3 > \ln\frac{95{,}00}{89{,}91}\right) = 1 - \mathrm{P}\left(r_0^3 < 0{,}0551\right) \\ &= 1 - \Phi\left(\frac{0{,}0551 - 3 \cdot 0{,}0102}{\sqrt{3 \cdot 0{,}0704^2}}\right) = 1 - \Phi\left(\frac{0{,}0551 - 0{,}0306}{0{,}1219}\right) \approx 0{,}42 \end{aligned}$$

Mit einer Wahrscheinlichkeit von 42% übersteigt der Aktienkurs in drei Monaten 89,91 Euro.

Bisher wurden die Renditen und Aktienkurse im Intervall [0; t] betrachtet. Zieht man für die Verteilung der Renditen im Black-Scholes-Modell ein anderes Intervall $[t;\ t + \Delta t]$ heran, dann gilt, dass die Rendite $r_t^{t+\Delta t}$ ebenfalls normalverteilt ist mit den Parametern μ und $\sigma^2 \Delta t$. Es gilt:

$$\ln\left(\frac{S_{t+\Delta t}}{S_t}\right) = ln\left(\frac{S_{t+\Delta t} / S_0}{S_t / S_0}\right) = \ln\left(\frac{S_{t+\Delta t}}{S_0}\right) - \ln\left(\frac{S_t}{S_0}\right) = r_0^{t+\Delta t} - r_0^t \cdot$$

Unter Nutzung von $r_0^t = \mu t + \sigma W_t$ erhält man für $r_0^{t+\Delta t}$ und r_0^t:

$$r_0^{t+\Delta t} - r_0^t = \mu(t + \Delta t) + \sigma W_{t+\Delta t} - \left(\mu t + \sigma W_t\right) = \mu u + \sigma\left(W_{t+\Delta t} - W_t\right)$$

Nach der zweiten Eigenschaft eines Wiener-Prozesses ist $\sigma(W_{t+\Delta t} - W_t)$ eine normalverteilte Zufallsgröße mit den Parametern 0 und $\sigma^2 \Delta t$. Damit ist die Rendite $r_t^{t+\Delta t} = ln\left(\frac{S_{t+\Delta t}}{S_t}\right)$ normalverteilt mit den Parametern $\mu \Delta t$ und $\sigma^2 \Delta t$.

Das Black-Scholes-Modell findet in der Praxis insbesondere bei der Optionspreisbewertung Verwendung. Aber auch dieses Modell weist wie andere mathematische Modelle kritische Stellen auf. So ist die zentrale Annahme normalverteilter Aktienrenditen nur eine grobe Annäherung. Statistische Analysen von Aktienrenditen zeigen, dass die Häufigkeitsverteilungen von Aktienrenditen in der Nähe des arithmetischen Mittels und an den Rändern im Vergleich zur Normalverteilung höher sind. Das heißt, dass insbesondere betragsmäßig kleine und betragsmäßig große Kursänderungen häufiger vorkommen als durch die Normalverteilung angenommen. Des Weiteren ist wie schon beim Random-Walk-Modell die im Zeitablauf als konstant angenommene Volatilität σ kritisch zu hinterfragen. Inzwischen kommen Modelle zur Anwendung, die die Aktienrenditen besser beschreiben und die Volatilität selbst als stochastischen Prozess betrachten.

7.7.4 Simulation eines Aktienkursprozesses

Bei der folgenden Simulation eines Aktienkursprozesses nach dem Black-Scholes-Modell wird wiederum unterstellt, dass sich die Renditen aus einem deterministischen und einem stochastischen Anteil zusammensetzen. Dabei wird angenommen, dass der stochastische Anteil der stetigen Renditen einem Wiener-Prozess folgt. Sei S_t der gegenwärtige Aktienkurs, $W_t = Z\sqrt{\Delta t}$ ein Wiener-Prozess, dann gilt für den Aktienkurs nach einem Zeitintervall Δt:

$$\frac{S_{t+\Delta t}}{S_t} = e^{\mu \Delta t + \sigma Z \sqrt{\Delta t}}$$

oder

$$\ln\left(\frac{S_{t+\Delta t}}{S_t}\right) = \mu \Delta t + \sigma Z \sqrt{\Delta t}$$

wobei Z eine standardnormalverteilte Zufallsvariable ist (Mittelwert$= 0$ und Standardabweichung 1).

Ist $\sigma = 0$, erhält man

$$\frac{S_{t+\Delta t}}{S_t} = e^{\mu \Delta t} \quad \text{oder} \quad S_{t+\Delta t} = S_t\, e^{\mu \Delta t}.$$

In diesem Fall kann die Aktie als risikofreie Anleihe mit einem stetigen Zinssatz μ interpretiert werden. Ist hingegen $\sigma > 0$, dann ist eine zufallsbedingte, normalverteilte Größe zu berücksichtigen. Die Simulation der Kursentwicklung soll das folgende Beispiel verdeutlichen.

Beispiel 7.15

Der Aktienkurs zum Zeitpunkt t sei $S_t = 38$. Der Mittelwert der vergangenen stetigen Jahresrenditen beträgt 15%, die Standardabweichung 30%. Diese Werte werden als Schätzwerte für die im Modell benötigten Parameter μ und σ verwendet. Eine Zeiteinheit Δt sei mit 0,004 ein Tag (1 Jahr / 250 Handelstage pro Jahr). Zur Simulation eines Aktienkurses zum Zeitpunkt $t + \Delta t$ wird mit dem in Excel implementierten Zufallsgenerator eine standardnormalverteilte Zufallsgröße erzeugt, die hier mit -0,3002 (gerundet auf vier Stellen) angenommen wird. Der Aktienkurs $S_{t+\Delta t}$ zum Zeitpunkt $t + \Delta t$ beträgt dann

$$S_{t+\Delta t} = S_0 e^{\mu \Delta t + \sigma Z \sqrt{\Delta t}}$$

$$= 38e^{0{,}18 \cdot 0{,}004 + 0{,}35 \cdot \left(-0{,}3002 \cdot \sqrt{0{,}004}\right)} = 37{,}78$$

Wäre eine andere Zufallszahl erzeugt worden, hätte sich ein anderer Aktienkurs ergeben.

Excel-Umsetzung

Bei der Umsetzung mit Excel bietet sich die folgende Vorgehensweise an:

1. Zunächst wird die durchschnittliche Wachstumsrate μ mit dem verstrichenen Zeitintervall Δt multipliziert. Dadurch erhält man den deterministischen Anteil des Renditeprozesses.
2. Anschließend wird mit dem in Excel implementierten Zufallsgenerator eine standardnormalverteilte Zufallsvariable erzeugt, die mit $\sigma\sqrt{\Delta t}$ multipliziert wird. Dadurch erhält man den zufälligen Anteil des Renditeprozesses.
3. Schließlich werden der deterministische und der stochastische Anteil aufaddiert und exponenziert. Die tägliche Rendite beträgt dann $e^{\mu \Delta t + \sigma Z \sqrt{\Delta t}}$.

Ist S_t der Aktienkurs zum Zeitpunkt t, dann lässt sich zum Zeitpunkt $t + \Delta t$ der Aktienkurs aus den derart bestimmten Renditen berechnen, denn es gilt:

$$S_{t+\Delta t} = S_t e^{\mu \Delta t + \sigma Z \sqrt{\Delta t}}$$

Der in Excel implementierte Zufallsgenerator wird mit Alt + V + Y4 aufgerufen. Aus den angezeigten *Analysetools* wird die Funktion *Zufallszahlengenerierung* ausgewählt. Das sich öffnende Fenster wird dann mit den unten aufgeführten Daten versehen und mit OK beendet. Als Ergebnis erhält man 250 standardnormalverteile Zufallszahlen. Der Aktienkursverlauf wird innerhalb des angegebenen Zeitraums in einem Diagramm dargestellt.

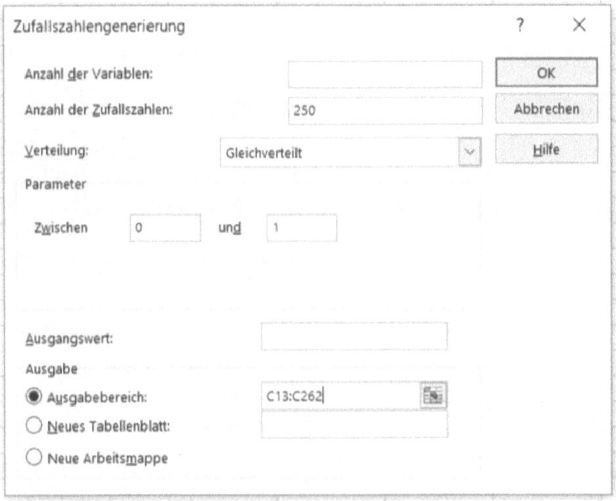

Bild 7.46 Zufallszahlengenerierung mit Microsoft Excel

Position	Inhalt	Excel-Umsetzung
E12	Startwert Aktienkurs	=D6
B13	Zeiteinheit (ein Tag)	=ZEILE(B2)
C13	standardnormalverteilte Zufallszahl	Erzeugung durch Excel-Funktion Zufallszahlengenerierung
D13	Rendite	=EXP($D$7*$D$9+$D$8*WURZEL($D$9)*C13)
E13	Aktienkurs	=E12*D13

E13 =E12*D13

	A	B	C	D	E
3					
4		**Simulation eines Aktienkursprozesses (Beispiel 7.15)**			
5					
6		Aktienkurs (Startwert)		38	
7		Mittelwert		15%	
8		Standardabweichung		30%	
9		Zeitintervall		0,004	
10					
11		Tag	Zufallszahl	Rendite	Aktienkurs
12		0			38,00
13		1	-0,3002321591	0,9949	37,81
14		2	-1,2776831682	0,9766	36,92
15		3	0,2442573077	1,0052	37,12
16		4	1,2764735402	1,0251	38,05
17		5	1,1983502191	1,0236	38,95
257		245	-1,7293677956	0,9683	59,49
258		246	1,2719942788	1,0250	60,98
259		247	-0,1997966592	0,9968	60,79
260		248	-1,1349015949	0,9793	59,53
261		249	-1,8790069589	0,9656	57,48
262		250	-0,8248866834	0,9851	56,62
263					

Bild 7.47 Simulation eines Aktienkursprozesses mit dem Black-Scholes-Modell (Beispiel 7.15)

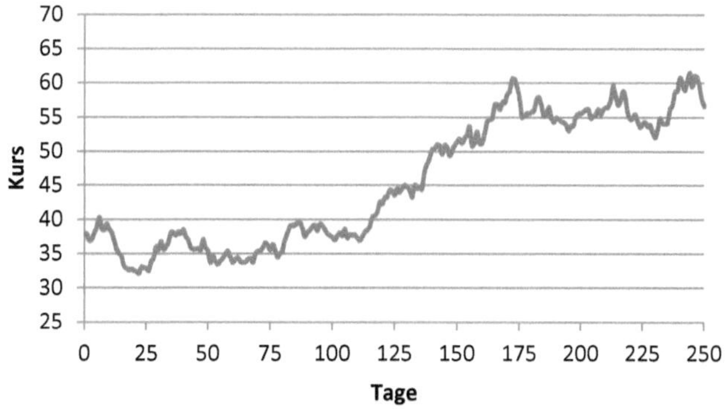

Bild 7.48 Simulierter Aktienkursverlauf mit dem Black-Scholes-Modell ($S_0 = 38$, $\Delta t = 0{,}004$, $\mu = 0{,}15$, $\sigma = 30$)

8 Optionen

8.1 Grundlagen des börsenmäßigen Optionshandels

Optionen finden in vielen Bereichen Anwendung, im Rechtswesen als Gestaltungsmöglichkeit bei Vertragsabschlüssen, im Warenhandel zur Verlagerung von Preisrisiken der Produzenten, Händler und Anbieter und vor allem weltweit im Bereich der Finanzmärkte, insbesondere an den Wertpapierbörsen und Terminbörsen.

Optionsgeschäfte zählen zu den Börsentermingeschäften, ihre Abgrenzung erfolgt nach dem dem Geschäft zugrundeliegenden Erfüllungszeitpunkt. Während bei *Kassageschäften* Abschluss und Erfüllung des Vertragsinhalts zeitlich unmittelbar aufeinander erfolgen, erfolgt bei *Börsentermingeschäften* die Erfüllung des Vertrages zu einem späteren Zeitpunkt als zu demjenigen, an dem der Preis (Kurs) vereinbart wurde. In Hinblick auf die inhaltliche Ausgestaltung und die unterschiedliche Risikostruktur der Geschäfte lassen sich Börsentermingeschäfte in unbedingte (auch Festgeschäft genannt) und bedingte Börsentermingeschäfte unterscheiden. Ein *unbedingtes* Börsentermingeschäft liegt vor, wenn von einem Vertragspartner die Erfüllung des Vertragsinhaltes unbedingt verlangt werden kann. Kann hingegen die Erfüllung von einem Vertragspartner bestimmt werden, und ist das Risiko zugunsten dieses Teils auf den Verlust einer Prämie begrenzt, dann spricht man von einem *bedingten* Börsentermingeschäft. Optionsgeschäfte zählen somit zu den bedingten Börsentermingeschäften, da der Optionsinhaber rechtlich nicht unbedingt zur Erfüllung des Geschäfts verpflichtet ist und sein Risiko wirtschaftlich auf den Verlust des Kaufpreises der Option begrenzt ist.

Börsentermingeschäfte lassen sich mit unterschiedlichen Objekten durchführen, z.B. mit Waren (Commodities), Wertpapieren (Securities) und Finanzkontrakten (Financial Instruments), die ihrerseits wiederum Bezugsobjekte börsengehandelter Optionen sein können. Im Folgenden wird das Börsentermingeschäft in Wertpapieren betrachtet und hier wiederum das Optionsgeschäft mit dem Wertpapier Aktie als ein Element der verschiedenen Arten von Wertpapieren als Bezugsobjekt. Die hier angewandte Terminologie gilt in analoger Weise für alle an den internationalen Börsen gehandelten Aktienoptionen und lässt sich auf Optionen mit anderen Basisobjekten (z.B. solche auf Waren, Devisen oder Aktienindizes) übertragen.

Unter einer Option wird das verbriefte Recht, aber nicht die Verpflichtung verstanden,

- eine bestimmte Anzahl (Kontraktgröße)
- eines zum Optionshandel zugelassenen Gegenstandes (Basiswert)
- zu einem vereinbarten Preis (Ausübungspreis, Basispreis)
- innerhalb einer bestimmten Frist (Optionsfrist, Optionslaufzeit)
- zu kaufen (Kaufoption, Call Option) oder zu verkaufen (Verkaufsoption, Put Option).

Der Preis, den der Käufer einer Option dem Verkäufer zu bezahlen hat, wird *Optionspreis* oder *Optionsprämie* genannt. Es muss zwischen zwei Arten von Optionen unterschieden werden, Call Optionen und Put Optionen, da sie dem Optionsinhaber verschiedene Rechte einräumen. Mit dem Kauf einer *Call Option* hat der Käufer der

Option dem Verkäufer (auch Stillhalter genannt) den an der Börse gehandelten Optionspreis zu entrichten. Der Optionsverkäufer verpflichtet sich, dem Optionskäufer die Aktien, auf die sich die Option bezieht, auf Verlangen (bei Ausübung) gegen Bezahlung des Basispreises zu verkaufen. Im Falle einer *Put Option* verpflichtet sich der Optionsverkäufer, bei Ausübung die Aktien vom Optionskäufer zum Basispreis zu kaufen und erhält dafür als Gegenleistung für die eingegangene Verpflichtung den Kaufpreis der Option.

Mit jedem Optionskontrakt ist ein Mindestabschluss über eine bestimmte Anzahl von Aktien verbunden. Die Liefermengen bzw. die der Abrechnung eines Optionskontraktes zugrunde gelegten Handelseinheiten bezeichnet man als *Kontraktgröße* (Contract Size). Die Kontraktgröße gibt demnach an, welche Menge vom zugrundeliegenden Basiswert bei Ausübung gekauft (Call Option) bzw. verkauft (Put Option) werden kann.

Der einem Optionskontrakt zugrundeliegende Gegenstand wird als *Basiswert* (Underlying), *Basisobjekt* oder auch als *Bezugsobjekt* bezeichnet und wird im Optionsvertrag nach Qualität und Quantität genau bestimmt. Bezugsobjekt kann jede handelbare Ware sein (z.B. Finanzinstrumente wie Aktien, Aktienindizes, Anleihen, Devisen, oder bestimmte Waren Gold, Silber, Kupfer, Sojabohnen, oder Schweinebäuche). Das Bezugsobjekt eines standardisierten Optionskontraktes wird durch die Kontraktgröße mengenmäßig genau bestimmt (so liegen beispielsweise einem standardisierten Optionskontrakt auf Aktien 100 Aktien zugrunde). Die qualitative Ausgestaltung des Bezugsobjektes erfolgt durch festgelegte Mindestanforderungen hinsichtlich ihrer Beschaffenheit. Die qualitative Ausstattung von Waren ist einfach zu erkennen. Bei einer Aktie als Basiswert werden nach dem Börsengesetz an das Unternehmen bestimmte Mindestanforderungen gestellt, z.B. hinsichtlich der Höhe des Aktienkapitals, der Anzahl der ausgegebenen Aktien und der Unternehmensgewinne. Finanzinstrumente, deren Preis oder Kurs von einem zugrundeliegenden Basiswert abgeleitet wird, werden als *Derivate* bezeichnet.

Derjenige Preis je Handelseinheit, zu dem der Inhaber der Option den Basiswert kaufen oder verkaufen kann, wird als *Basispreis* oder *Ausübungspreis* (Exercise Price, Striking Price) bezeichnet. Bei einer Aktienoption handelt es sich dabei um den Preis, zu dem der Inhaber einer Call Option (Put Option), der seine Option ausübt, kaufen (verkaufen) kann. Die möglichen Basispreise werden von den Optionsbörsen festgelegt und sind standardisiert.

Jede Option hat eine begrenzte Laufzeit. Die *Laufzeit* oder *Restlaufzeit* (Time to Maturity) bestimmt den Zeitraum, in dem der Optionsinhaber sein Recht ausüben kann. Der letzte Tag, an dem eine Option ausgeübt, d.h. das verbriefte Recht wahrgenommen werden kann, heißt *Verfallstag* oder *Verfalltermin* (Expiration Date). Eine Option, die nicht vor dem Verfallstag ausgeübt oder glattgestellt wird, hört auf zu existieren, d.h. nach dem Verfallstag verliert der Käufer der Option (Optionsinhaber) sein Optionsrecht, der Verkäufer (Aussteller der Option) hat keine Verpflichtung mehr und der Optionskontrakt ist wertlos.

Börsennotierte Kauf- und Verkaufsoptionen können ihrem Ausübungsmodus entsprechend in *Europäische, Amerikanische* und *Asiatische* Optionen diskriminiert werden. Optionen europäischen Typs können von Optionsinhaber nur innerhalb einer bestimmten Zeitperiode unmittelbar vor dem Verfallszeitpunkt der Option ausgeübt werden. Optionen amerikanischen Typs können zu jeder Zeit nach der Anschaffung bis hin zum Zeitpunkt des Verfalls ausgeübt werden. Eine Asiatische Option ist eine spezielle Form einer exotischen Option; ihr Hauptmerkmal ist, dass zum Ausübungstag der Wert der Option nicht durch den aktuellen Kurs des Basiswertes bestimmt wird, sondern über den Durchschnitt der Kurse bestimmter, in den Vertragsbedingungen spezifizierter vergangener Tage.

Werden während der Optionslaufzeit auf die zugrundeliegende Aktie *Bardividenden* ausgeschüttet, dann stellt sich die Frage, ob diese dem Optionsinhaber bei Ausübung mitgeliefert werden. In den USA wie auch in der Bundesrepublik Deutschland sind Aktienoptionen *nicht dividendengeschützt*, d.h. der Inhaber einer Option ist nicht dividendenberechtigt und es erfolgt auch keine Anpassung des Basispreises in Höhe der ausgeschütteten Bardividende. Wollte der Inhaber einer Call Option in den Genuss der Dividende kommen, müsste er die Option vor dem ex-Dividende-Tag ausüben. Der Inhaber einer Put Option, der die zugrundeliegenden Aktien besitzt, dürfte die Option erst nach dem ex-Dividende-Tag ausüben, will er die Dividende vereinnahmen. Fallen während der Optionslaufzeit Stockdividenden, Aktiensplits oder Bezugsrechte an, erfolgt eine entsprechende Anpassung des Basispreises, um den wirtschaftlichen Wert des Optionsrechts zu sichern.

Ein reibungsloser Börsenhandel setzt voraus, dass die Erfüllung der Kontrakte auch bei hohen Verlusten einer Partei gesichert ist. Um dies zu gewährleisten, verlangt das *Clearing-House* von dem Börsenmitglied, das den Kontrakt abgeschlossen hat, Sicherheiten (Geld oder Wertpapiere) in Form von Einschüssen (Margins). Seinerseits ist das Börsenmitglied verpflichtet, Sicherheiten in mindestens gleicher Höhe von dem Beteiligten zu verlangen, für die sie den Kontrakt abgeschlossen hat. Da der Käufer einer Option lediglich die Verpflichtung zur Zahlung des Optionspreises übernimmt und die Option nur dann ausübt, wenn damit ein Vermögenszuwachs verbunden ist, sind Solvenzprobleme ausgeschlossen. Eine Einschusspflicht des Optionskäufers besteht daher nicht. Demgegenüber kann die Ausübung der Option beim Optionsverkäufer zu einem Vermögensverlust führen. Die Erfüllung seiner Verpflichtungen wird daher durch einen Einschuss gesichert, der sich in einen *Anfangseinschuss* (Initial Margin) und einen potenziellen *Nachschuss* (Variation Margin), der bei eintretender Unterdeckung zu leisten ist, unterscheidet. Der Einschuss kann in Form der Hinterlegung bestimmter Wertpapiere oder in Form von Guthaben auf Konten erfolgen.

Auf eine weitere Besonderheit des Optionshandels sei noch hingewiesen. Am Kapitalmarkt werden zwecks Kapitalbildung eine festgelegte Anzahl neuer Wertpapiere (z.B. Aktien oder Anleihen) innerhalb einer bestimmten Ausgabefrist zugeteilt und nach Platzierung an den Sekundärmärkten der Börsen weitergehandelt, wo sie oft Jahrzehnte bestehen. Im Gegensatz dazu werden Optionen durch die *Marktteilnehmer* selbst kreiert, im Falle von Aktienoptionen also nicht durch das betreffende Unternehmen. Die Ausgabe erfolgt nicht emissionsweise und in unbestimmter Zahl durch eine Vielzahl von Marktteilnehmern, fortlaufend und in einer nicht vorgegebenen Zeit. Gleich wie durch eine *Eröffnungstransaktion* (Opening Transaction) ein Marktteilnehmer in der Funktion als Käufer oder Verkäufer einer Option eine neue Position am Markt etabliert, so kann mit einer *Glattstellungstransaktion* (Closing Transaction) durch den Kauf oder Verkauf einer identischen Option die eingegangene Position liquidiert werden, wodurch die Option wieder vom Markt verschwindet. Die Anzahl der sich am Markt befindlichen Optionen kann deshalb ständig variieren und ist nicht als feste Zahl definierbar. Auch unterscheidet sich eine Option von den üblichen

Kapitalanlagen dadurch, dass die Option ein *schwindender Wert* (Vasting Asset) ist. Kann die Option nicht spätestens am Verfallstag mit Gewinn ausgeübt werden, wird sie wertlos.

Im weiteren Verlauf dieses Kapitels wird nur insoweit auf die Spezifikationen und Usancen des Handels eingegangen, als es für das Verständnis der weiteren Ausführungen notwendig erscheint. Die vorausgegangene Darstellung erlaubt eine vollständige Beschreibung einer Option. Durch die Merkmale Optionstyp (Kauf- oder Put Option), zugrundeliegendes Wertpapier, Anzahl der Aktien, auf die sich die Option bezieht, Basispreis, Verfalltermin, Ausübungsmodus (europäischer oder amerikanischer Typ) und die Behandlung von Bardividenden und sonstiger Leistungen während der Optionsfrist ist eine Option hinreichend charakterisiert.

8.2 Elementare Bewertungsansätze

Der Wert einer Option kann gedanklich als Summe von innerem Wert (Intrinsic Value) und Zeitwert (Time Value) aufgefasst werden. Der *innere Wert* ist die positive Differenz, die unberücksichtigt der Transaktionskosten bei Ausübung und gleichzeitiger Veräußerung der durch die Ausübung bezogenen Aktien realisiert werden könnte. Der innere Wert wird deshalb auch als *Ausübungswert* (Exercise Value) bezeichnet. Der Wert einer Option ist im Verfallszeitpunkt, dem letztmöglichen Zeitpunkt der Optionsausübung, immer gleich dem inneren Wert der Option. Ist am Verfallstermin der Aktienkurs geringer als der Basispreis, so lohnt es sich für den Inhaber einer Call Option nicht, diese auszuüben, da ein Direktkauf der Aktie zum aktuellen Börsenkurs billiger ist, und die Option verfällt wertlos. Sind Aktienkurs und Basispreis gleich, ist es gleichgültig, ob die Option ausgeübt wird oder nicht. Berücksichtigt man, dass das Ausübungsprozedere einen nicht unerheblichen Zeit- und Verwaltungsaufwand mit sich bringt, sollte auf eine Ausübung verzichtet werden und die Aktie direkt am Markt gekauft werden. Ist der Aktienkurs höher als der Basispreis, dann entspricht der Wert einer Call Option der (positiven) Differenz zwischen Aktienkurs und Basispreis, und die Option wird ausgeübt. Dieser Zusammenhang lässt sich in Symbolen ausdrücken und mathematisch formulieren. Transaktionskosten bleiben dabei unberücksichtigt. Es seien

$C_T =$ der Wert der Kaufoption (Call Option)

$P_T =$ der Wert der Verkaufsoption (Put Option)

$S_T =$ der Aktienkurs im Verfallzeitpunkt

$K =$ der Basispreis,

dann erhält man den Wert einer Call Option zu

$$C_T = \begin{cases} S_T - K & \text{für} \quad S_T > K \\ 0 & \text{für} \quad 0 \le S_T \le K \end{cases}$$

oder

$$C_T = \max(0,\ S_T - K)$$

Der Wert einer Call Option im Verfallszeitpunkt entspricht demnach dem Maximum von Null und der Differenz zwischen dem geltenden Aktienkurs und dem Basispreis,

$S_T - K$. Ist $S_T > K$, so sagt man, die Call Option verfällt *im Geld* (in the money), ist $S_T < K$, dann sagt man, die Call Option verfällt *aus dem Geld* (out of the money). In Bild 8.1 ist der Wert einer Call Option im Verfallszeitpunkt der Option (Pay off Diagram) graphisch dargestellt.

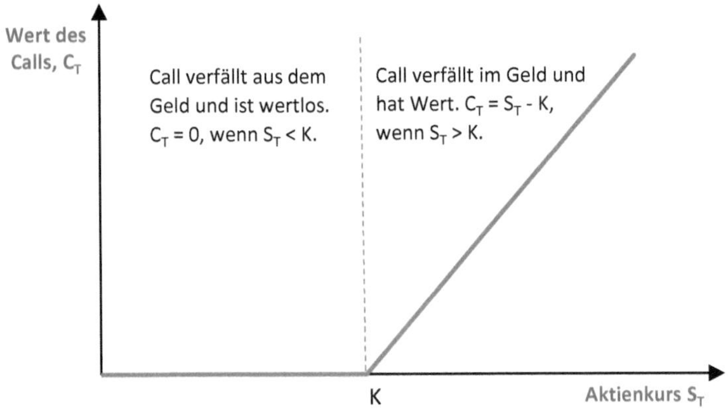

Bild 8.1 Wert einer Long Position in einer Call Option im Verfallszeitpunkt der Option

Die Tatsache, dass eine Call Option, die im Geld ist, am Verfallstermin genau einen Wert von $C_T = S_T - K$ haben muss, kann mit dem Arbitrage Argument bewiesen werden. Ist diese Beziehung verletzt, d.h. ist $C_T < S_T - K$ oder $-C_T + S_T - K > 0$, dann ist risikolose Arbitrage möglich, die es in perfekten Märkten nicht geben soll. Durch den Kauf der Calls, der unmittelbaren Ausübung des Calls und durch den Verkauf der durch die Ausübung bezogenen Aktie kann ein positiver Cash Flow realisiert werden, ohne dabei ein Risiko einzugehen. In Bild 8.2 sind die Transaktionen wiedergegeben (Teil A).

Das folgende Beispiel soll den Sachverhalt verdeutlichen. Angenommen, eine Call Option mit einem Basispreis von $K = 50$ wird am Verfallstag bei einem Aktienkurs von $S_T = 54$ für $C_T = 3{,}75$ gehandelt. Um einen Arbitragegewinn zu erzielen, könnte jemand den Call für 3,75 Euro kaufen, ihn unmittelbar danach ausüben und die Aktie zu 50 Euro beziehen und diese dann am Markt zu 54 Euro verkaufen. Dadurch erzielte er einen Arbitragegewinn von 0,25 Euro pro Aktie.

Teil A: $C_T < S_T - K$ oder $-C_T + S_T - K > 0$

Transaktionen	Cash Flow	
Kauf Call	$-C_T$	-3,75
Ausübung des Calls und Erwerb der Aktie	$-K$	-50,00
Verkauf der Aktie	$+S_T$	+54,00
Gesamt	> 0	+0,25

Bild 8.2 Beweis Teil A, dass $C_T = S_T - K$, wenn eine Call Option im Geld verfällt

Ist $C_T > S_T - K$ oder $C_T - S_T + K > 0$, dann lässt sich durch den Verkauf des Calls, den Kauf der zugrundeliegenden Aktie und der Lieferung der Aktie zum Basispreis, falls der im Geld liegende Call ausgeübt wird, ein risikoloser Arbitragegewinn erzielen. In Bild 8.2 sind die Arbitragetransaktionen zusammengefasst (Teil B).

Das folgende numerische Beispiel soll dies verdeutlichen. Angenommen, eine Call Option notiert bei $C_T = 4{,}25$ bei einem Aktienkurs von $S_T = 54$ und einem Basispreis von $K = 50$. Ein Arbitrageur kann den Call verkaufen und dabei 4,25 Euro vereinnahmen und die Aktie zu 54 Euro kaufen. Wird der im Geld liegende Call ausgeübt, kann er die Aktie zu 50 Euro liefern. Sein Arbitrageprofit beträgt dann 0,25 Euro pro Aktie.

Teil B: $C_T > S_T - K$ oder $C_T - S_T + K > 0$

Transaktionen	Cash Flows	
Verkauf Call	$+C_T$	+4,25
Kauf Aktie	$-S_T$	-54,00
Lieferung der Aktie, wenn Call ausgeübt wird	$+K$	+50,00
Gesamt	> 0	+0,25

Bild 8.3 Beweis Teil B, dass $C_T = S_T - K$, wenn eine Call Option im Geld verfällt

Entsprechend wird der Inhaber einer Put Option von seinem Ausübungsrecht Gebrauch machen, wenn der Aktienkurs am Verfallstag unter dem Basispreis liegt. Liegt der Aktienkurs über dem Basispreis, wird er sein Optionsrecht nicht ausüben und die Option verfallen lassen. Der Wert einer Put Option im Verfallszeitpunkt entspricht dann dem Maximum von Null und der Differenz zwischen Basispreis und geltendem Aktienkurs und lässt sich wie folgt formulieren:

$$P_T = \begin{cases} K - S_T & \text{für} \quad 0 \leq S_T < K \\ 0 & \text{für} \quad S_T \geq K \end{cases}$$

oder

$P_T = max(0, K - S_T)$. Ist $S_T < K$, verfällt die Put Option im Geld, ist $S_T > K$, verfällt die Put Option aus dem Geld. Ist $P_T > K - S_T$ oder $P_T < K - S_T$, dann kann auch hier analog zu der in den Bildern 8.2 und 8.3 beschriebenen Vorgehensweise gezeigt werden, dass risikolose Arbitrage möglich ist. In Bild 8.4 ist der Wert einer Put Option im Verfallszeitpunkt der Option (Pay off Diagram) graphisch dargestellt.

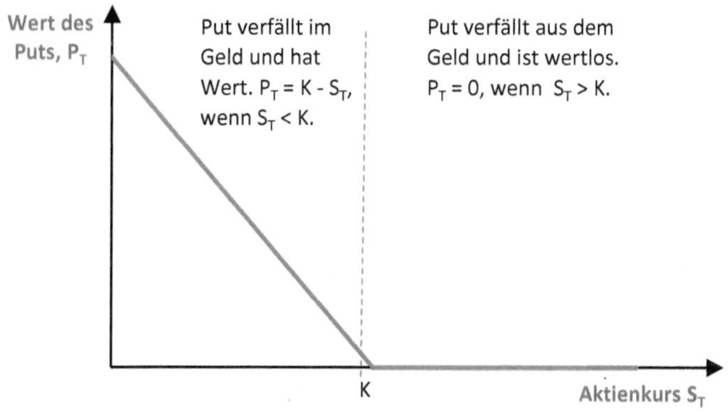

Bild 8.4 Wert einer Long Position in einer Put Option im Verfallszeitpunkt der Option

Vor dem Verfallstag wird der Gesamtwert der Aktienoption über dem Ausübungswert liegen, also ein positiver Zeitwert vorliegen, da es für die verbleibende Restlaufzeit immer eine positive Wahrscheinlichkeit gibt, dass bis zum Verfallszeitpunkt der innere Wert noch anwächst. Eine Option kann deshalb in der vor dem Verfallszeitpunkt liegenden Zeitperiode (Restlaufzeit) einen Zeitwert aufweisen, wenn noch die Möglichkeit einer Kursveränderung der Aktie gegeben ist. Der Wert einer Option wird also nicht nur von ihrem inneren Wert bestimmt, sondern zu einem wesentlichen Teil von der Modellierung der zukünftigen Aktienkursentwicklung.

Es ist einfach, eine Bewertung von Call und Put Optionen im Verfallszeitpunkt durch Gegenüberstellung von aktuellem Aktienkurs und Basispreis vorzunehmen, da sich zu diesem Zeitpunkt die verschiedenen Einflussfaktoren auf diese zwei Größen reduzieren. Die Ermittlung des Optionswertes vor Ablauf der Optionsfrist gestaltet sich weitaus schwieriger und ist Gegenstand der Optionspreistheorie. Hier soll es zunächst genügen, die Beziehung zwischen Aktienkurs und Basispreis vor dem Verfallstermin der Option darzustellen, wozu die nachfolgende Notation verwendet wird:

$C =$ der aktuelle Wert der Call Option

$P =$ der aktuelle Wert der Put Option

$S =$ der aktuelle Kurs der zugrundeliegenden Aktie

$K =$ der Basispreis

Betrachtet man eine Amerikanische Option, die jederzeit vor dem Verfallstermin ausgeübt werden kann, dann muss für den Wert einer Call Option mindestens gelten $C = max(0, S - K)$, und für den Wert einer Put Option $P = max(0, K - S)$. Mit $max(0, S - K)$ bzw. $max(0, K - S)$ wird der Ausübungswert oder *Paritätswert* (Parity Value) einer Call Option respektive einer Put Option bezeichnet. Da eine Option vor Ablauf der Optionsfrist unausgeübt mehr wert ist als ausgeübt, kann ihr Wert den Paritätswert übersteigen. Die Differenz $C - max(0, S - K)$ für eine Call Option und $P - max(0, K - S)$ für eine Put Option wird daher als *Prämie über dem Paritätswert* oder als *Zeitwert* bezeichnet. Der Marktwert einer Option ergibt sich dann als Summe von Ausübungswert und Zeitwert.

Ein Aktienkurs kann gegenüber dem Basispreis zu jeder Zeit drei Konstellationen einnehmen. Ist $S > K$, dann ist eine Call Option *im Geld* (in the money), ist $S = K$, dann ist sie *am Geld* (at the money) und ist $S < K$, dann ist sie *aus dem Geld* (out of the money). Entsprechendes gilt für eine Put Option. Ist $S < K$, dann ist sie im Geld, ist $S = K$, dann ist sie am Geld und ist $S > K$, dann ist die Put Option aus dem Geld.

8.3 Handelsstrategien mit Optionen

Primäres Ziel eines jeden Investors ist die Mehrung seines Vermögens während der Zeit seines Kapitaleinsatzes. Diese Zielsetzung wird zum einen durch die Einnahme laufender Erträge (z.B. Zinseinnahmen und Dividenden) und zum anderen durch Wertsteigerungen der Anlagen erreicht. Da jedoch in den wenigsten Fällen vollständige und sichere Informationen über die Ertragsentwicklung der Anlagealternativen vorliegen dürften, erfolgt die Entscheidung über eine Anlage unter Unsicherheit und ist mit dem Risiko verbunden, dass das erwartete Ertragsziel nicht erreicht wird. Ein Investor wird daher bestrebt sein, durch Streuung (Diversifikation) seiner Anlagen oder mittels Absicherungsstrategien dieses Risiko so weit wie möglich auszuschalten. Eine wesentliche Voraussetzung hierfür sind die Marktgängigkeit und Liquidierbarkeit der Anlagen.

Anders als beim Kauf und Verkauf von Aktien oder anderen Finanzprodukten kann mit Optionen als Terminmarktinstrumente wesentlich differenzierter auf die Markterwartung und die speziellen Bedürfnisse der Investoren eingegangen werden. Optionen eignen sich für Spekulations- und Absicherungszwecke. *Spekulationsgeschäfte* sind solche Wertpapiergeschäfte, durch die auf den Kassa- und Terminmärkten zur Gewinnerzielung aus erwarteten zeitlichen Preisunterschieden Kauf- und Verkaufspositionen eingegangen werden. *Hedgegeschäfte* dagegen beinhalten gleichzeitig gegensätzliche Positionen auf den Kassa- und Terminmarkt zum Zwecke der Absicherung drohender Verluste aus zeitlichen Preisunterschieden. Die Eignung von Optionen zu Spekulationszwecken ist insbesondere darin begründet, dass sich mit einem im Vergleich zu Kassamarktpositionen niedrigerem Kapitaleinsatz überdurchschnittliche Gewinne erzielen lassen (Leverage-Effekt), das Verlustrisiko jedoch auf das eingesetzte Kapital (Optionsprämie) beschränkt bleibt. Die Eignung zu Absicherungszwecken ist in der Möglichkeit begründet, Gegenpositionen zu Kassamarktpositionen derart aufzubauen, dass auch das gegen Diversifikationsmaßnahmen resistente marktabhängige Risiko (systematisches oder nicht diversifizierbares Risiko) neutralisiert werden kann.

Im Rahmen der Verwendung von Optionen für Spekulations- und Hedgezwecke lassen sich in Abhängigkeit der zukünftigen Kurseinschätzung der Aktie eine Vielzahl von Handelsstrategien ableiten. Zur Demonstration der Anwendungsvielfalt werden in den folgenden Abschnitten vornehmlich die in der Praxis angewandten Investitionsstrategien betrachtet und ihre Chancen und Risiken aufgezeigt. Die Darstellung beschränkt sich dabei auf die Investitionsobjekte zugrundeliegende Aktie, Call Option und Put Option. Die Diagramme zeigen den absoluten, und nicht den prozentualen, auf den Einsatz bezogenen Gewinn und Verlust. Der Einfachheit halber wird unterstellt, dass während der Restlaufzeit der Option auf die zugrundeliegende Aktie keine Dividendenzahlungen oder sonstige Nebenrechte anfallen. Transaktionen, Steuern, sowie erforderliche Einschüsse bleiben unberücksichtigt. Betrachtungszeitpunkt ist der Verfallstermin der Option. Ein Zeitwert, sowie die Möglichkeit der vorzeitigen Veräußerung oder Ausübung werden dadurch vernachlässigt. Es werden die folgenden Symbole verwendet:

$S =$ der Aktienkurs bei Positionseröffnung

$K =$ der Basispreis

$C =$ Marktpreis der Call Option

$P =$ Marktpreis der Put Option

$T =$ Zeitpunkt der Positionsschließung bzw. Verfallszeitpunkt der Option

$G =$ Gewinn

Die Gewinn- und Verlustfunktion der jeweiligen XY-Position in Abhängigkeit vom zukünftigen Aktienkurs S_T sei $G_{XY}(S_T)$.

8.3.1 Long- und Short-Position in einer Aktie

Mit dem Kauf einer Aktie (Long Position in einer Aktie) erwartet der Investor steigende Aktienkurse. Die Position wird durch den Kauf der Aktie zum Kurs S eröffnet und durch den Verkauf dieser Aktie zum Kurs S_T wieder geschlossen. Unter den gemachten Annahmen ergibt sich für $S_T \geq S$ ein Gewinn in Höhe $S_T - S$ und für $S_T < S$ ein Verlust von $S - S_T$. Mit einer Aktie Long Position ist der maximale Verlust auf das anfängliche Investment S limitiert, das Gewinnpotenzial dagegen ist (theoretisch) unbegrenzt. Damit ergibt sich in Abhängigkeit von dem bei Positionsschließung geltenden Aktienkurs S_T die folgende Gewinn-/Verlust-Funktion:

$$G_{LA}(S_T) = S_T - S, \quad \text{für } S_T \geq 0$$

Graphisch kann das Gewinn- und Verlustpotenzial durch eine 45° Gerade mit positiver Steigung veranschaulicht werden. Gewinn und Verlust verlaufen proportional zur Kursentwicklung der Aktie.

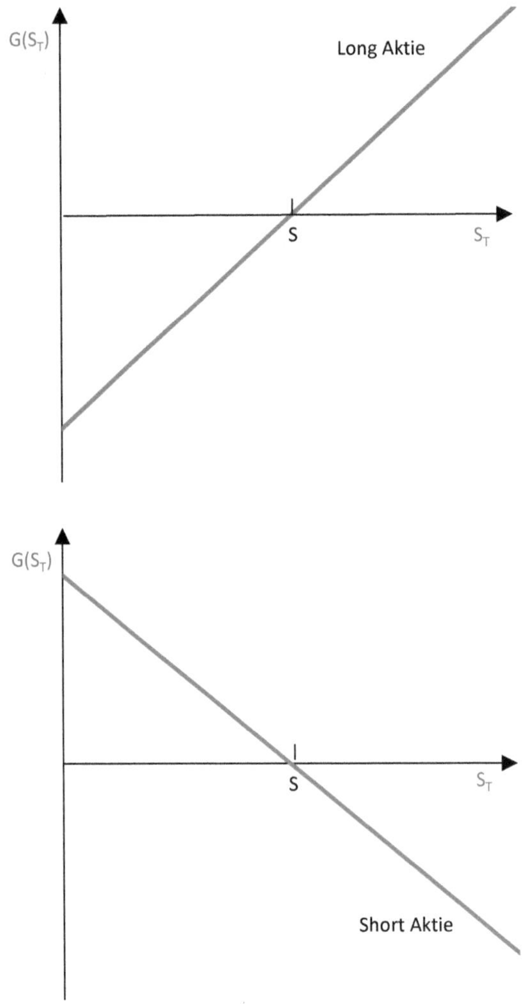

Bild 8.5 Gewinn-/Verlust-Profil einer Long- und Short-Position in einer Aktie

Eine Aktie-Leerverkaufsposition (Aktie Short-Position) wird durch den Verkauf einer ausgeliehenen Aktie zum Kurs von S eröffnet und durch den Kauf und die Rückgabe dieser Aktie zum Kurs S_T wieder geschlossen. Der Investor erwartet dabei fallende Aktienkurse. Ist $S_T \leq S$ ($S_T > S$) ergibt sich ein Gewinn (Verlust) in Höhe von $S - S_T$ ($S_T - S$). Im Gegensatz zu einer Long Position in einer Aktie ist hier das Gewinnpotenzial nach oben durch S begrenzt, während das Verlustpotenzial beliebig groß werden kann. Für die Gewinn-/Verlust-Funktion einer Short-Position in einer Aktie gilt demnach:

$$G_{SA}(S_T) = S - S_T, \quad \text{für } S_T \geq 0$$

Ein Leerverkauf bedingt den Verkauf einer Aktie, die man nicht besitzt. Dies wird dadurch bewerkstelligt, dass man sich die Aktie von einem Dritten, der die Aktie besitzt, ausleiht (in diesem Zusammenhang wird in Deutschland von einer Wertpapierleihe gesprochen). Das Ausleiheprozedere hierfür wird von der Bank oder dem Broker übernommen. Der Leerverkäufer ist verpflichtet, zu einem künftigen Zeitpunkt dieselbe Aktie wieder zurückzugeben. Er kann sie am Markt kaufen und dem Verkäufer liefern. Ganz offensichtlich profitiert der Verkäufer von einem Kursrückgang der ausgeliehenen Aktie. Werden während der Ausleihefrist Bardividenden gezahlt, ist der Leerverkäufer dem Verleiher gegenüber verpflichtet, diese in voller Höhe aus eigenen Mitteln zu vergüten, d.h. der Leerverkäufer erhält nicht nur nicht die Bardividenden, er muss sogar Ausgleichszahlungen vornehmen.

8.3.2 Long- und Short-Position in einer Call Option

Der Käufer einer Call Option erwirbt vom Verkäufer der Option das Recht, die der Option zugrundeliegenden Aktien innerhalb der Optionsfrist zum vereinbarter Basispreis zu kaufen. Der Käufer einer Call Option erwartet steigende Aktienkurse.

Mit dem Kauf des Calls (Long Call) ist der Optionspreis C zu entrichten. Befindet sich im Verfallszeitpunkt (bei Positionsschließung) der Kurs der zugrundeliegenden Aktie unter dem Basispreis, d.h. ist $S_T < K$, bleibt die Option unausgeübt und verfällt wertlos. Dadurch entsteht dem Optionskäufer ein Verlust in Höhe der gezahlten Optionsprämie C. Liegt dagegen der Aktienkurs über dem Basispreis, ist $S_T > K$, wird die Aktie durch Optionsausübung vom Optionsverkäufer (Stillhalter) zum Basispreis K erworben und gleichzeitig zum Preis von $S_T$verkauft. Dabei entsteht ein Ausübungsgewinn von $S_T - K$. Für den Optionskäufer ergibt sich immer dann ein Gewinn, wenn der Aktienkurs über der Gewinnschwelle $K + C$ liegt, wenn $S_T > K + C$ ist. Für den Fall $S_T = K + C$ (Break-Even-Point) ist das anfängliche Investment gerade verdient. Liegt der Aktienkurs im Verfallszeitpunkt zwischen Basispreis und der Gewinnschwelle, gilt $K < S_T < K + C$, wird der Käufer das Calls unter Einbeziehung der Transaktionskosten entscheiden, ob eine Optionsausübung vorteilhaft ist. Für eine Long-Call-Position ergibt sich die folgende Gewinn-/Verlust-Funktion:

$$G_{LC}(S_T) = \begin{cases} -C & \text{für} \quad 0 \leq S_T \leq K \\ S_T - K - C & \text{für} \quad S_T > K \end{cases}$$

Das Gewinn- und Verlustprofil einer Long Position in einer Call Option ist in Bild 8.6 dargestellt.

Der Verkäufer einer ungedeckten Call Option (Uncovered Call Writing) geht die Verpflichtung ein, eine bestimmte Anzahl Aktien zu einem bestimmten Preis bis zu einem festgelegten Zeitpunkt zu verkaufen, falls der Optionskäufer von seinem Recht Gebrauch macht. Für die eingegangene Verpflichtung erhält der Optionsverkäufer (Stillhalter) als Gegenleistung die Optionsprämie C. Der Verkäufer einer ungedeckten Call Option erwartet stagnierende oder fallende Aktienkurse (ein Investor, der stark fallende Aktienkurse erwartet, sollte jedoch eine Put Option kaufen).

Da mit der Eröffnung einer Long-Call-Position auf der Käuferseite gleichzeitig auf der Verkäuferseite eine Short-Call-Position eingegangen wird, ist der Gewinn (Verlust) des Verkäufers identisch mit dem Verlust (Gewinn) des Käufers. Abstrahiert man von den Transaktionskosten, dann sind Optionskontrakte Nullsummenspiele. Der Gewinn des einen, ist gleich dem Verlust des anderen. Ist im Verfallszeitpunkt $S_T \leq K$, bleibt die Option unausgeübt. Dadurch entsteht für den Call Verkäufer ein Gewinn in Höhe der vereinnahmten Optionsprämie C. Ist dagegen $S_T > K$, wird die Option durch den Käufer ausgeübt. Der Optionsverkäufer muss dann, um seiner eingegangenen Verpflichtung nachzukommen, die Aktie zum aktuellen Marktpreis kaufen und zum vereinbarten Basispreis liefern. Er wird immer dann einen Verlust erleiden, wenn der Aktienkurs über der Gewinnschwelle $K + C$, d.h. wenn $S_T > K + C$. Für ein Short Call Position ergibt sich damit die folgende Gewinn-/Verlust-Funktion:

$$G_{SC}(S_T) = \begin{cases} C & \text{für} \quad 0 \leq S_T \leq K \\ C + K - S_T & \text{für} \quad S_T > K \end{cases}$$

Das Gewinn- und Verlustprofil einer Short-Position in einer Call Option ist in Bild 8.6 dargestellt.

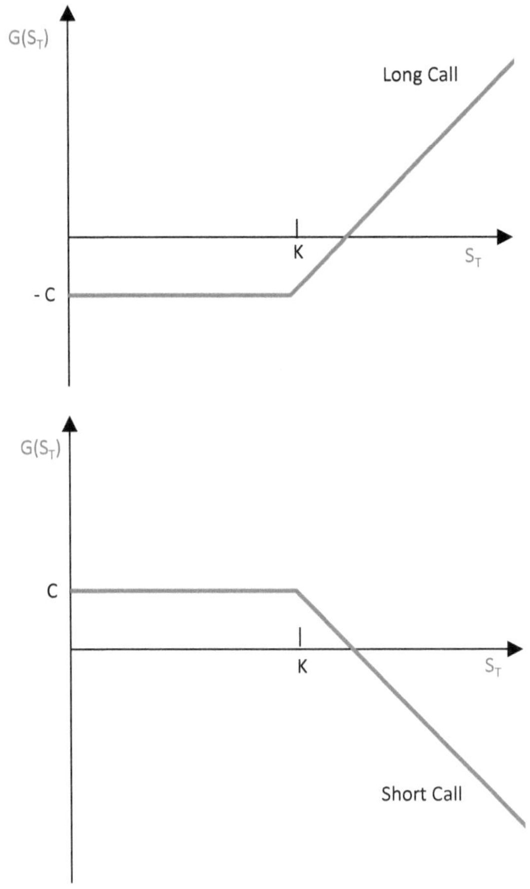

Bild 8.6 Gewinn-/Verlust-Profil einer Long- und Short-Position in einer Call Option

Beispiel 8.1

Die XYZ-Aktie notiert gegenwärtig bei 17 Euro. Ein Investor möchte auf diese Aktie eine Call Option mit einem Basispreis von 15 Euro und einer Restlaufzeit von 3 Monaten kaufen. Die Call-Prämie beträgt 2,50 Euro. Es sollen für einen Long Call und Short Call die Markterwartung des Investors, der innere Wert und der Zeitwert der Option, der maximale Gewinn, der maximale Verlust und der Break-Even-Point bestimmt werden. Zudem soll festgestellt werden, bei welchen Kursen zwischen 0 und 25 Euro der Call ausgeübt wird und wie hoch der jeweilige Gewinn bzw. Verlust in diesem Bereich ist.

Der Käufer (Verkäufer) einer Call Option erwartet steigende (stagnierende, leicht fallende) Kurse der zugrundeliegenden Aktie. Der innere Wert der Option beträgt 2 Euro und der Zeitwert 0,50 Euro. Der maximale Gewinn ist bei einem Long Call (Short Call) theoretisch unbegrenzt (auf die Optionsprämie von 2,50 Euro begrenzt), der maximale Verlust ist bei einem Long Call (Short Call) auf die Optionsprämie von 2 Euro begrenzt (theoretisch unbegrenzt). Der Break-Even-Point ist die Summe aus Basispreis und Optionspreis und liegt bei 17,50 Euro.

Excel-Umsetzung

Die Excel-Umsetzung bereitet keine Schwierigkeiten. Nach Eingabe der Input-Parameter Aktienkurs, Call Preis und Basispreis werden für die Positionen Long Call und Short Call die gesuchten Größen innerer Wert, Zeitwert, maximaler Gewinn und Verlust, sowie der Break-Even-Point berechnet und der Gewinn/Verlust im Kursbereich von 0 Euro bis 30 Euro modelliert.

Position	Inhalt	Excel-Umsetzung
D10	innerer Wert	=MAX(0;D6-D7)
D11	Zeitwert	=D8-D10
D12	maximaler Gewinn	unbegrenzt
D13	maximaler Verlust Long Call	=D8
D14	Break-Even-Point	=D7+D8
C18	Ausübung Long Call ja/nein	=WENN(B18>$D$7;"ja";"nein")
D18	Gewinn/Verlust Long Call	=WENN(B18>$D$7;B18-$D$7-$D$8;-$D$8)
H12	maximaler Gewinn Short Call	=H8
G19	Ausübung Short Call ja/nein	=WENN(F18>$D$7;"ja";"nein")
H19	Gewinn/Verlust Short Call	=WENN(F18>$H$7;-F18+$H$7+$H$8;$H$8)

D14 f_x =D7+D8

Long Call (Beispiel 8.1)		
Aktienkurs		17,00
Basispreis		15,00
Call Preis		2,50
Innerer Wert		2,00
Zeitwert		0,50
Maximaler Gewinn		unbegrenzt
Maximaler Verlust		2,50
Breakeven Point		17,50

Preis des Basiswertes	Ausübung ja/nein	Gewinn/ Verlust
0,00	nein	-2,50
5,00	nein	-2,50
10,00	nein	-2,50
15,00	nein	-2,50
20,00	ja	2,50
21,00	ja	3,50
22,00	ja	4,50
23,00	ja	5,50
24,00	ja	6,50
25,00	ja	7,50

Short Call (Beispiel 8.1)		
Aktienkurs		17,00
Basispreis		15,00
Call Preis		2,50
Innerer Wert		2,00
Zeitwert		0,50
Maximaler Gewinn		2,50
Maximaler Verlust		unbegrenzt
Breakeven Point		17,50

Preis des Basiswertes	Ausgeübt ja/nein	Gewinn/ Verlust
0,00	nein	2,50
5,00	nein	2,50
10,00	nein	2,50
15,00	nein	2,50
20,00	ja	-2,50
21,00	ja	-3,50
22,00	ja	-4,50
23,00	ja	-5,50
24,00	ja	-6,50
25,00	ja	-7,50

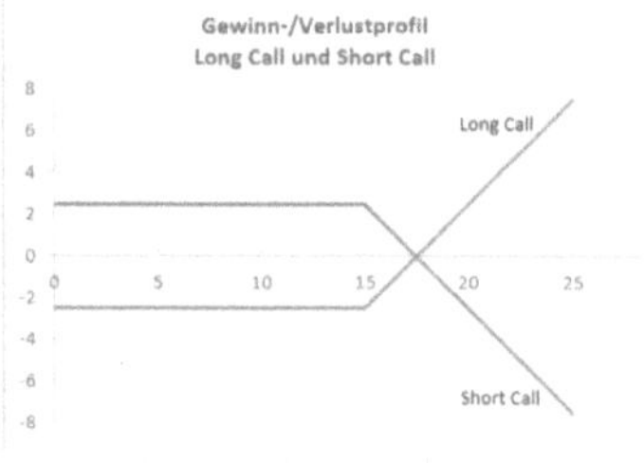

Bild 8.7 Gewinn-/Verlust-Profil einer Long- und Short-Position in einer Call Option (Beispiel 8.1)

8.3.3 Long- und Short-Position in einer Put Option

Der Käufer einer Put Option (Long Put) erwirbt gegen Zahlung des Optionspreises P das Recht, innerhalb der Optionsfrist die der Option zugrundeliegenden Aktien zum vereinbarten Basispreis zu verkaufen. Der Käufer einer Put Option erwartet fallende Aktienkurse.

Ist im Verfallszeitpunkt der Aktienkurs über dem Basispreis, d.h. $S_T > K$, bleibt die Option unausgeübt und verfällt wertlos. Dem Optionskäufer entsteht dadurch ein Verlust in Höhe des gezahlten Optionspreises. Ist $S_T \leq K$, wird die Aktie am Markt zum Kurs S_T erworben und durch Optionsausübung zum Basispreis K an den Optionsverkäufer (Stillhalter) geliefert. Hierbei entsteht ein Ausübungsgewinn von $K - S_T$. Für den Put Käufer ergibt sich jedoch erst dann ein Gewinn, wenn der Aktienkurs über der Gewinnschwelle $K - P$ liegt, wenn gilt, $S_T < K - P$. Für den Fall $S_T = K - P$ ist die Put Prämie gerade verdient. Damit erhält man die folgende Gewinn-/Verlust-Funktion:

$$G_{LP}(S_T) = \begin{cases} -P & \text{für} \quad S_T > K \\ K - S_T - P & \text{für} \quad 0 \leq S_T \leq K \end{cases}$$

Das Gewinn-/Verlust-Profil einer Long-Put-Position ist in Bild 8.7 dargestellt.

Der Verkäufer einer Put Option (Short Put) verpflichtet sich, gegen den Erhalt des Optionspreises eine bestimmte Anzahl Aktien innerhalb der Optionsfrist zum vereinbarten Basispreis zu übernehmen; er wird deshalb auch Stillhalter in Geld bezeichnet. Der Verkäufer einer Put Option erwartet stagnierende oder leicht steigende Aktienkurse.

Ist im Verfallszeitpunkt $S_T \geq K$, bleibt die Option unausgeübt und für den Optionsverkäufer entsteht ein Gewinn in Höhe der vereinnahmten Optionsprämie P. Ist $S_T < K$, wird die die Option durch den Käufer ausgeübt. Der Verkäufer muss die zugrundeliegende Aktie zum Basispreis übernehmen und kann sie am Markt zum Kurs von S_T verkaufen. Er wird immer dann einen Verlust erleiden, wenn der Aktienkurs unter der Gewinnschwelle $K - P$ liegt, wenn $S_T \leq K - P$ gilt. Daraus ergibt sich folgende Gewinn-/Verlust-Funktion:

$$G_{SP}(S_T) = \begin{cases} P & \text{für} \quad S_T > K \\ P + S_T - K & \text{für} \quad 0 \leq S_T \leq K \end{cases}$$

Das Gewinn-/Verlust-Profil einer Short-Put-Position ist in Bild 8.8 dargestellt.

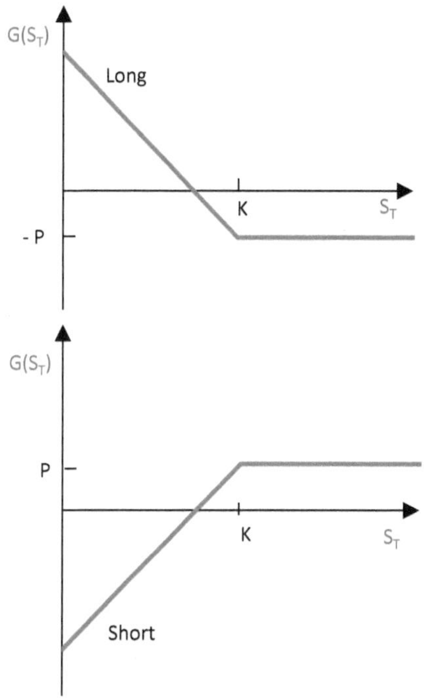

Bild 8.8 Gewinn-/Verlust-Profil einer Long- und Short-Position in einer Put Option

Beispiel 8.2

Die XYZ-Aktie notiert gegenwärtig bei 13,00 Euro. Ein Investor möchte auf diese Aktie eine Put Option mit einem Basispreis von 15,00 Euro und einer Restlaufzeit von 9 Monaten kaufen. Die Put Prämie beträgt 5,00 Euro. Es sollen für einen Long Put und Short Put die Markterwartung des Investors, der innere Wert und der Zeitwert der Option, der maximale Gewinn, der maximale Verlust und der Break-Even-Point bestimmt werden. Zudem soll festgestellt werden, bei welchen Kursen zwischen 0 und 40 Euro der Put ausgeübt wird und wie hoch der jeweilige Gewinn bzw. Verlust in diesem Bereich ist.

Der Käufer (Verkäufer) einer Put Option erwartet fallende (stagnierende, leicht steigende) Kurse der zugrundeliegenden Aktie. Der innere Wert der Option beträgt 2,00 Euro und der Zeitwert 3,00 Euro. Der maximale Gewinn beträgt beim Long Put beträgt 10,00 Euro und wird erreicht, wenn die Aktie auf Null fällt. Der maximale Gewinn des Short Put entspricht der Optionsprämie von 5,00 Euro. Der maximale Verlust bei einer

Long-Put-Position ist auf die bezahlte Optionsprämie von 5,00 Euro begrenzt; bei der Short-Put-Position entspricht der maximale Verlust der Differenz zwischen der vereinnahmten Optionsprämie und dem Basispreis, also 10,00 Euro, und wird erreicht, wenn der Aktienkurs auf Null fällt. Der Break-Even-Point liegt bei 10,00 Euro.

Excel-Umsetzung

Die Excel-Umsetzung bereitet keine Schwierigkeiten. Nach Eingabe der Input-Parameter Aktienkurs, Put Preis und Basispreis werden für die Positionen Long Put und Short Put die gesuchten Größen innerer Wert, Zeitwert, maximaler Gewinn und Verlust, sowie der Break-Even-Point berechnet und der Gewinn/Verlust im Kursbereich von 0 Euro bis 35 Euro modelliert.

Position	Inhalt	Excel-Umsetzung
D10	innerer Wert	=MAX(0;D7-D6)
D11	Zeitwert	=D8-D10
D12	maximaler Gewinn Long Put	=D7-D8
D13	maximaler Verlust Long Put	=D8
D14	Break-Even-Point	=D7-D8
C18	Ausübung Long Put ja/nein	=WENN(B18<$D$7;"ja";"nein")
D18	Gewinn/Verlust Long Put	=WENN(B18<$D$7;$D$7-B18-$D$8;-$D$8)
H12	maximaler Gewinn Short Put	=H8
G18	Ausübung Short Put ja/nein	=WENN(F18<$D$7;"ja";"nein")
H18	Gewinn/Verlust Short Put	=WENN(F18<$H$7;-$H$7+F18+$H$8 $H$8)

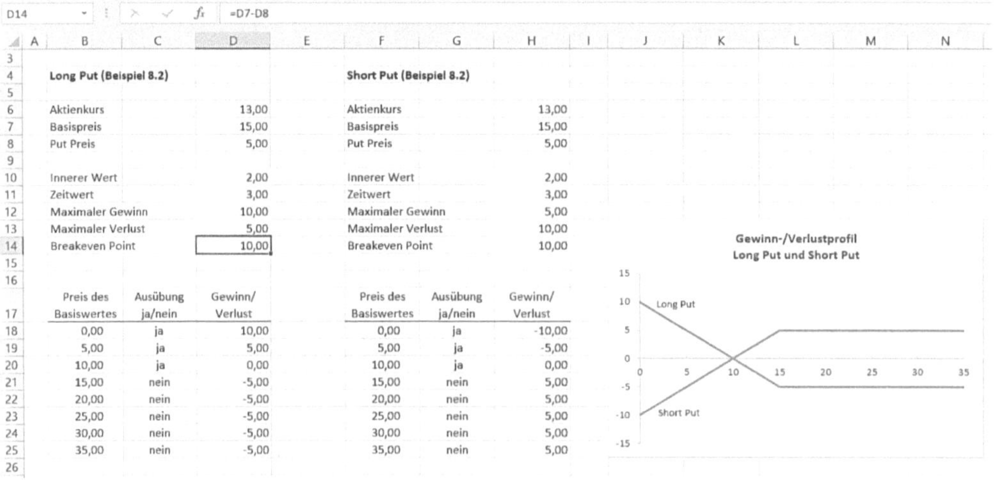
D14 =D7-D8

Long Put (Beispiel 8.2)			Short Put (Beispiel 8.2)		
Aktienkurs		13,00	Aktienkurs		13,00
Basispreis		15,00	Basispreis		15,00
Put Preis		5,00	Put Preis		5,00
Innerer Wert		2,00	Innerer Wert		2,00
Zeitwert		3,00	Zeitwert		3,00
Maximaler Gewinn		10,00	Maximaler Gewinn		5,00
Maximaler Verlust		5,00	Maximaler Verlust		10,00
Breakeven Point		10,00	Breakeven Point		10,00
Preis des Basiswertes	Ausübung ja/nein	Gewinn/ Verlust	Preis des Basiswertes	Ausübung ja/nein	Gewinn/ Verlust
0,00	ja	10,00	0,00	ja	-10,00
5,00	ja	5,00	5,00	ja	-5,00
10,00	ja	0,00	10,00	ja	0,00
15,00	nein	-5,00	15,00	nein	5,00
20,00	nein	-5,00	20,00	nein	5,00
25,00	nein	-5,00	25,00	nein	5,00
30,00	nein	-5,00	30,00	nein	5,00
35,00	nein	-5,00	35,00	nein	5,00

Bild 8.9 Gewinn-/Verlust-Profil einer Long- und Short-Position in einer Put Option (Beispiel 8.2)

8.3.4 Hedge-Strategien

Ein *Hedge* ist ein Portfolio aus der zugrundeliegenden Aktie und einer oder mehrerer Optionen(en) desselben Typs (Call oder Put Optionen) derart, dass die Aktie die Option(en) oder die Option(en) die Aktie gegen ungünstige Kursentwicklungen absichert. Die Absicherung einer Long Aktie (Short Aktie) erfolgt durch eine Short Call Position (Short-Put-Position) oder durch eine Long-Put-Position (Long-Call-Position).

8.3.4.1 Long Position in einer Aktie und Short-Position in einer Call Option

Eine Short Call Position gilt als gedeckt, wenn der Verkäufer der Call Option die zugrundeliegenden Aktien besitzt oder zeitgleich mit dem Verkauf der Call Option anschafft (Covered Call Writing). Der Verkäufer einer gedeckten Call Option (Covered Call Writer) erwartet unveränderte oder leicht steigende Aktienkurse und verfolgt das Ziel, durch den Verkauf des Calls zusätzliches Einkommen zu generieren, wodurch er in Höhe der vereinnahmten Optionsprämie gegen leichte Kursrückgänge der Aktie abgesichert ist.

Das Bild 8.10 zeigt das Gewinn- und Verlustprofil aus dem Verkauf einer gedeckten Call Option im Verfallszeitpunkt T für den Fall $S = K$ und $S > K$. Aus der Darstellung geht hervor, dass der maximal mögliche Gewinn auf die vereinnahmte Optionsprämie begrenzt ist. Ist $S > K$, wird die Option ausgeübt und der Verkäufer (Stillhalter) wird die als Sicherheit hinterlegte Aktie zum vereinbarten Basispreis liefern. Liegt der Aktienkurs zwischen dem Basispreis und der Gewinnschwelle $K - C$, ist $K - C < S_T < K$, entsteht für den Call Verkäufer noch ein Gewinn, der jedoch umso geringer ausfällt, je tiefer der Aktienkurs unter dem Basispreis liegt. Ist $S_T < K - C$, entsteht für den Verkäufer der Call Option ein Verlust. Die Gewinn-/Verlust-Funktion ergibt sich, wenn man die Gewinn-/Verlust-Funktionen der Long Aktie Position und der Short Call Position kombiniert. Damit erhält man für $S = K$ die folgende Gewinn-/Verlust-Funktion:

$$G_{LS,\,SC}(S_T) = \begin{cases} C & \text{für} \quad S_T > K \\ C + S_T - K & \text{für} \quad 0 \le S_T \le K \end{cases}$$

Das Gewinn- und Verlustpotenzial bzw. der Grad der Absicherung kann variiert werden, wird auf die Aktie eine Call Option verkauft, die im Geld ($S > K$) oder aus dem Geld ($S < K$) ist. Die Absicherung gegen fallende Aktienkurse ist umso größer (geringer), je teurer (billiger) die verkaufte Option ist. Diesem niedrigeren (höheren) Risiko stehen aber auch geringere (größere) Gewinnchancen gegenüber. Für $S \neq K$ ergibt sich die folgende Gewinn-/Verlust-Funktion:

$$G_{LS,\,SC}(S_T) = \begin{cases} C + K - S & \text{für} \quad S_T > K \\ C + S_T - S & \text{für} \quad 0 \le S_T \le K \end{cases}$$

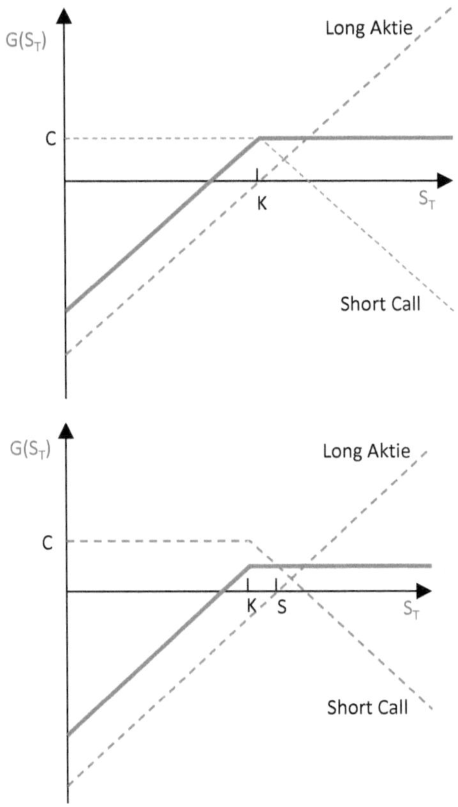

Bild 8.10 Gewinn-/Verlust-Profil einer Long Position in einer Aktie kombiniert mit einer Short Position in einer Call Option für $S = K$ und $S > K$.

Analog zur aufgezeigten Vorgehensweise kann eine Short-Position in einer Aktie durch eine Short-Put-Position abgesichert werden.

Beispiel 8.3

Ein Anleger kauft XYZ-Aktien zu 30 Euro und schreibt eine März-Call Option mit einer Restlaufzeit von 6 Monaten und einem Basispreis von 30 Euro für 2,00 Euro, um zusätzliches Einkommen zu generieren. Es sollen der maximale Gewinn, der maximale Verlust, der Break-Even-Point berechnet und die Cash Flows dieser Strategie im Bereich von 20 bis 40 Euro tabellarisch dargestellt werden.

Der maximale Gewinn ist auf die vereinnahmte Optionsprämie begrenzt, der maximale Verlust beträgt 30 Euro abzüglich der vereinnahmten Optionsprämie von 2,00 Euro und wird erreicht, wenn die Aktie auf Null fällt. Die Gewinnschwelle liegt bei 28,00 Euro. Der Cash Flow bei Eingehen der Positionen, CF, beträgt:

Kauf XYZ-Aktie	− 30,00
Verkauf XYZ März 30 Call	+ 2,00
Cash Flow	− 28,00

Aktienkurs in T, S_T	Verkauf XYZ-Aktie	Kauf März 30 Call	Cash Flow in T, CF_T	Gewinn/Verlust CF + CF_T
20	+ 20	0	+20	- 8
22	+22	0	+22	- 6
24	+24	0	+24	- 4
26	+26	0	+26	- 2
28	+28	0	+28	0
30	+30	0	+30	+2
32	+32	- 2	+30	+2
34	+34	- 4	+30	+2
36	+36	- 6	+30	+2
38	+38	- 8	+30	+2
40	+40	- 10	+30	+2

Bild 8.11 Cash Flows einer Long Position in einer Aktie und einer Short-Position in einer Call Option (Covered Call Writing) bei Positionsschließung.

Excel-Umsetzung

Nach Eingabe der Input-Parameter Kaufkurs der Aktie, Basispreis und Optionsprämie können die gesuchten Größen problemlos berechnet werden.

Position	Inhalt	Excel-Umsetzung
D10	Cash Flow bei Eingehen der Positionen	=-D6+D8
D11	maximaler Gewinn	=D8
D12	maximaler Verlust	=D6-D8
D13	Break-Even-Point	=D7-D8
D18	Kauf Call	=WENN(B18<=$D$7;0;$D$7-B18)
E18	Cash Flow in T	=C18+D18
F18	Gewinn/Verlust in T	=E18+$D$10

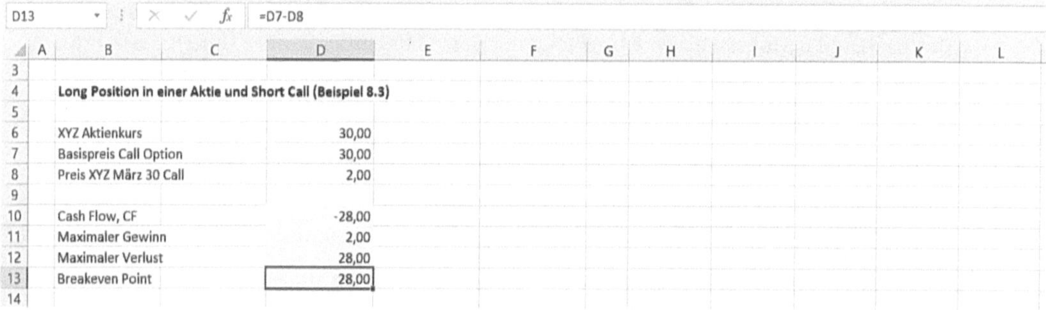

D13 =D7-D8

	B	D
4	**Long Position in einer Aktie und Short Call (Beispiel 8.3)**	
6	XYZ Aktienkurs	30,00
7	Basispreis Call Option	30,00
8	Preis XYZ März 30 Call	2,00
10	Cash Flow, CF	-28,00
11	Maximaler Gewinn	2,00
12	Maximaler Verlust	28,00
13	Breakeven Point	28,00

15	*Cash Flows bei Positionsschließung*				
16					
17	Preis der XYZ Aktie	Verkauf XYZ Aktie	Kauf XYZ März 30 Call	Cash Flow in T	Gewinn/Verlust $CF + CF_T$
18	20,00	20,00	0,00	20,00	-8,00
19	22,00	22,00	0,00	22,00	-6,00
20	24,00	24,00	0,00	24,00	-4,00
21	26,00	26,00	0,00	26,00	-2,00
22	28,00	28,00	0,00	28,00	0,00
23	30,00	30,00	0,00	30,00	2,00
24	32,00	32,00	-2,00	30,00	2,00
25	34,00	34,00	-4,00	30,00	2,00
26	36,00	36,00	-6,00	30,00	2,00
27	38,00	38,00	-8,00	30,00	2,00
28	40,00	40,00	-10,00	30,00	2,00
29					

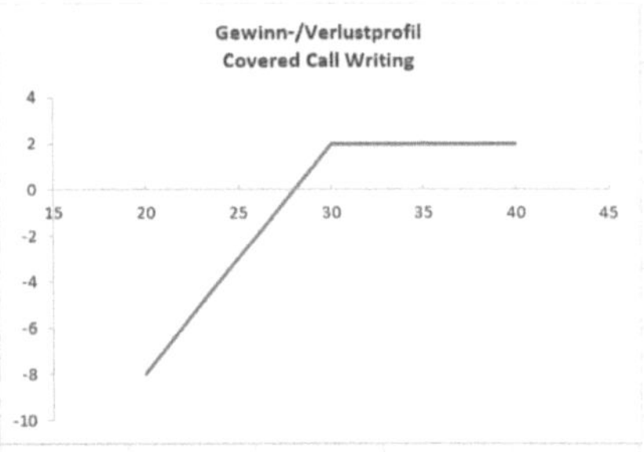

Bild 8.12 Gewinn-/Verlust-Profil einer Long Position in einer Aktie kombiniert mit einer Short-Position in einer Call Option für $S = K$ (Beispiel 8.3).

8.3.4.2 Long Position in einer Aktie und Long Position in einer Put Option

Durch den Kauf einer Put Option zur Absicherung einer Aktie Long Position (Protective Put) wird das Verlustrisiko der Aktie limitiert, die Gewinnchancen bleiben dagegen uneingeschränkt erhalten. Das Erfolgspotenzial dieser Hedge-Strategie ist in Bild 8.13 für $S = K$ und $S < K$ dargestellt. Ein Gewinn aus dieser Position ergibt sich immer dann, wenn $S_T > K + P$ ist, wenn also bei Positionsschließung der Aktienkurs über dem Break-Even-Point $K + P$ liegt. Für $S_T \leq K$ wird der maximal mögliche Verlust P realisiert. Damit erhält man für $S = K$ folgende Gewinn-/Verlust-Funktion:

$$G_{LS,LP}(S_T) = \begin{cases} -P & \text{für} \quad 0 \leq S_T \leq K \\ S_T - K - P & \text{für} \quad S_T > K \end{cases}$$

Ist $S \neq K$ ergibt sich folgende Gewinn-/Verlust-Funktion:

$$G_{LS,LP}(S_T) = \begin{cases} K - S - P & \text{für} \quad 0 \leq S_T \leq K \\ S_T - S - P & \text{für} \quad S_T > K \end{cases}$$

Analog zur aufgezeigten Vorgehensweise lässt sich eine Short-Position in einer Aktie durch eine Long Call Option absichern. Das Ergebnis der Absicherung kann zudem variiert werden, wenn die Anzahl der verkauften Optionen in einem ungleichen Verhältnis zur Anzahl der zugrundeliegenden Aktien steht. Man spricht dann von *variablen Hedge-Strategien.*

Beispiel 8.4

Vor Monaten kaufte ein Anleger XYZ-Aktien zu einem Preis von 15 Euro pro Aktie. Die Aktie wird gegenwärtig zu 22 Euro gehandelt. Der Anleger erwartet innerhalb der nächsten 6 Monate einen Kursrückgang der Aktie, möchte aber seinen Buchgewinn von 7 Euro pro Aktie nicht verlieren und auch von steigenden Kursen profitieren, sollte die Aktie wider Erwarten steigen. Deshalb entschließt er sich, eine Juni 20 Put Option auf die XYZ-Aktie zu kaufen. Die Put-Prämie beträgt 2 Euro. Es sollen der maximale Gewinn und Verlust sowie die Gewinnschwelle dieser Hedge-Strategie bestimmt werden. Welchen Gewinn bzw. Verlust würde der Anleger realisieren, wenn der Aktienkurs im Verfallszeitpunkt der Option bei 15, 20 und 30 Euro stünde?

Der Anleger sichert den gegenwärtigen Kurs von 22 Euro ab. Von 22 Euro auf 20 Euro erfolgt keine Absicherung, wodurch bei einem Aktienrückgang ein Verlust von 2 Euro entstehen kann. Ab 20 Euro erfolgt die Absicherung fallender Aktienkurse. Der maxi-

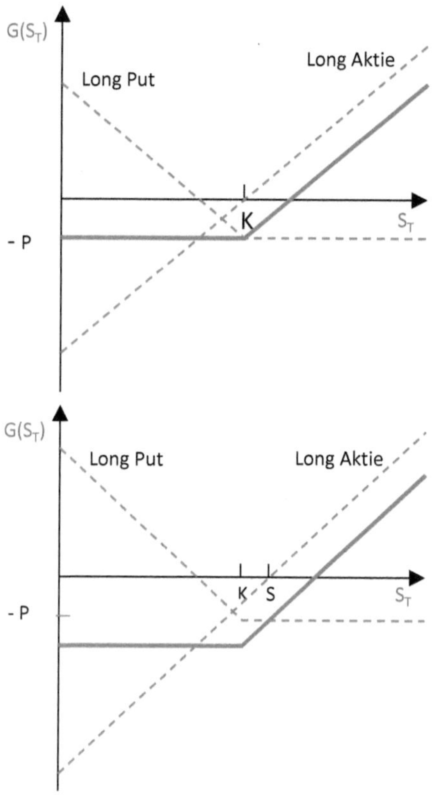

Bild 8.13 Gewinn-/Verlust-Profil einer Long Position in einer Aktie kombiniert mit einer Long Position in einer Put Option für $S = K$ und $S > K$.

male Gewinn ist theoretisch unbegrenzt, der maximale Verlust beträgt 4 Euro und die Gewinnschwelle liegt bei 24 Euro. Bei einem Aktienkurs von 15 und 20 Euro beträgt der Verlust 4 Euro, bei einem Kurs von 30 Euro entsteht ein Gewinn von 6 Euro.

Excel-Umsetzung

Nach Eingabe des gegenwärtigen Aktienkurses (dieser soll abgesichert werden), des Basispreises und der Put Prämie können die gesuchten Größen berechnet werden.

Position	Inhalt	Excel-Umsetzung
D10	Cash Flow bei Eingehen der Positionen	=-D6-D8
D11	maximaler Gewinn	unbegrenzt
D12	maximaler Verlust	=D6-D7+D8
D13	Break-Even-Point	=D6+D8
C18	Verkauf Aktie	=B18

D18	Verkauf Put Option	=WENN(B18<$D$7;$D$7-B18;0)
E18	Cash Flow in T	=C18+D18
F18	Gewinn/Verlust	=$D$10+E18

D10 | f_x =-$D$6-$D$8

Long-Position in einer Aktie und Long Put (Beispiel 8.4)

XYZ Aktienkurs	22,00
Basispreis Put Option	20,00
Preis XYZ Juni 30 Put	2,00
Cash Flow, CF	-24,00
Maximaler Gewinn	unbegrenzt
Maximaler Verlust	4,00
Breakeven Point	24,00

Cash Flows bei Positionsschließung der Hedge-Strategie

Preis der XYZ Aktie	Verkauf XYZ Aktie	Verkauf XYZ Juni 30 Put	Cash Flow in T	Gewinn/Verlust $CF + CF_T$
0,00	0,00	20,00	20,00	-4,00
10,00	10,00	10,00	20,00	-4,00
15,00	15,00	5,00	20,00	-4,00
20,00	20,00	0,00	20,00	-4,00
22,00	22,00	0,00	22,00	-2,00
24,00	24,00	0,00	24,00	0,00
26,00	26,00	0,00	26,00	2,00
28,00	28,00	0,00	28,00	4,00
30,00	30,00	0,00	30,00	6,00

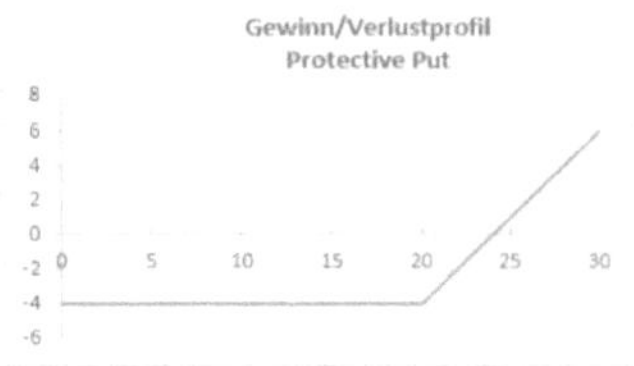

Bild 8.14 Long Position in einer Aktie kombiniert mit einer Long Position in einer Put Option für $S > K$ (Beispiel 8.4)

8.3.5 Spreads

Eine Spread-Position entsteht durch den gleichzeitigen Kauf und Verkauf von Optionen gleicher Klasse (Call oder Put Optionen), aber unterschiedlicher Serien (verschiedene Basispreise oder Laufzeiten). Der *Spread* ist die Differenz zwischen bezahlten und erhaltenen Optionspreis. Ein Spread kann je nach Wahl der verschiedenen Optionen nach steigenden, gleichbleibenden oder fallenden Kursen der zugrundeliegenden Aktie ausgerichtet sein. Im Allgemeinen kommen der Vertikal Spread (auch Money Spread oder Price Spread genannt), der Horizontal Spread (auch Kalender Spread genannt) und der Diagonal Spread zur Anwendung. Nachfolgend wird aus der Vielzahl der sich durch verschiedene Kombinationsmöglichkeiten ergebenden Spread-Positionen der Bullish Vertical Spread betrachtet.

Vertical Spreads können bullish (auf steigende Aktienkurse) oder bearisch (auf fallende Aktienkurse) ausgerichtet sein und mit Kauf- oder Verkaufsoptionen errichtet werden. Der Spread entsteht durch die unterschiedlichen Basispreise der Optionen. Die Funktionsweise von Spreads soll anhand eines Bullish Vertical Spreads mit Call und Put Optionen demonstriert werden.

Ein Bullish Vertical Spread wird durch den gleichzeitigen Kauf und Verkauf zweier Call Optionen (Put Optionen) derselben Basisaktie, derselben Laufzeit, aber unterschiedlicher Basispreise errichtet, wobei die Call Option C_1 (Put Option P_1) mit dem niedrigeren Basispreis K_1 gekauft und die Call Option C_2 (Put Option P_2) mit dem höheren Basispreis K_2 verkauft wird. Mit dem Eingehen eines Bullish Vertical Spreads werden leicht steigende Aktienkurse erwartet. Da der Preis der Call Option C_1 (Put

Option P_1) mit dem niedrigeren Basispreis teuer (billiger) ist als der Preis der Call Option C_2) (Put Option P_2) mit dem höheren Basispreis, entsteht bei Positionseröffnung eine Debit-Saldo (Credit-Saldo) von $C_1 - C_2$ ($P_2 - P_1$). Ist bei Positionsschließung $S_T \leq K_1$ ($S_T > K_2$), verfallen beide Optionen aus dem Geld und damit unausgeübt, und es entsteht ein maximaler Verlust (Gewinn) in Höhe von $C_2 - C_1$ ($P_2 - P_1$). Ist $K_1 < S_T \leq K_2$ ($K_1 < S_T \leq K_2$), wird die Aktie durch Ausübung von C_1 (P_2) vom Optionsverkäufer (Optionskäufer) zum Basispreis K_1 (K_2) gekauft (verkauft) und am Markt zu S_T verkauft (gekauft). Dadurch entsteht für den Optionskäufer (Optionsverkäufer) ein Ausübungsgewinn (Ausübungsverlust) von $S_T - K_1$ ($S_T - K_2$). C_2 (P_1) bleibt unausgeübt. Für den Optionskäufer (Optionsverkäufer) entsteht jedoch erst dann ein Gewinn (Verlust), wenn der Aktienkurs über (unter) die Gewinnschwelle von $K_1 - C_1 + C_2$ ($K_2 - P_2 + P_1$) liegt, d.h., wenn $S_T > K_1 - C_1 + C_2$ ($S_T < K_2 - P_2 + P_1$) ist. Ist $S_T > K_2$ ($S_T < K_1$), werden beide Optionen ausgeübt und es wird der maximal mögliche Gewinn (Verlust) von $K_2 - K_1 - C_1 + C_2$ ($K_1 - K_2 - P_1 + P_2$) realisiert. Für einen Bullish Vertical Spread, errichtet mit Call Optionen, ergibt sich dann folgende Gewinn-/Verlust-Funktion:

$$G_{LC_1,\,SC_2}(S_T) = \begin{cases} C_2 - C_1 & \text{für} \quad 0 \leq S_T \leq K_1 \\ S_T - K_1 + C_2 - C_1 & \text{für} \quad K_1 < S_T \leq K_2 \\ K_2 - K_1 + C_2 - C_1 & \text{für} \quad S_T > K_2 \end{cases}$$

Für einen Bullish Vertical Spread errichtet mit Put Optionen gilt:

$$G_{LP_1,\,SP_2}(S_T) = \begin{cases} P_2 - P_1 & \text{für} \quad S_T > K_2 \\ S_T - K_2 + P_2 - P_1 & \text{für} \quad K_1 < S_T \leq K_2 \\ K_1 - K_2 + P_2 - P_1 & \text{für} \quad 0 \leq S_T \leq K_1 \end{cases}$$

Beispiel 8.5

Ein Investor errichtet einen Bullish Vertical Spread mit Call Optionen auf die XYZ-Aktie. Die Prämie des Juli 15 Calls beträgt 4 Euro und die des Juli 20 Calls 2 Euro. Der gegenwärtige Kurs der Aktie liegt bei 17 Euro. Es sollen der maximale Gewinn, der maximale Verlust und der Break-Even-Point bestimmt werden. Zudem sollen der Gewinn bzw. Verlust des Spreads im Bereich zwischen 0 Euro und 30 Euro berechnet werden (siehe Excel-Darstellung).

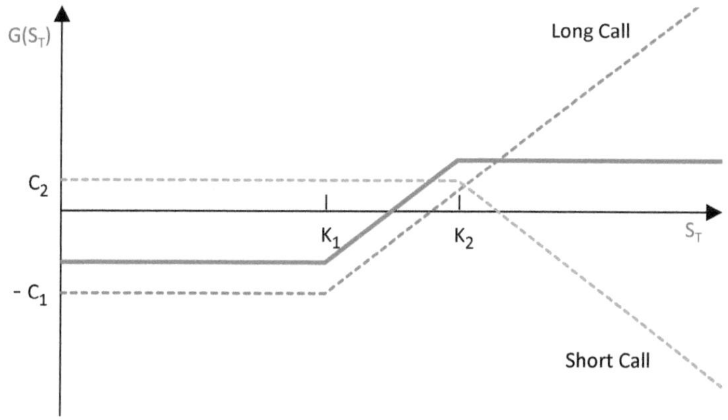

Bild 8.15 Gewinn-/Verlust-Profil eines Bullish Vertical Spreads mit Call Optionen

Der maximale Gewinn wird erreicht, wenn der Aktienkurs über 20 Euro liegt, und beträgt 3 Euro. Der maximale Verlust von 2 Euro wird realisiert, wenn die Aktie unter 15 Euro fällt. Der Break-Even-Point liegt bei 17 Euro.

Excel-Umsetzung

Nach Eingabe der Input-Parameter aktueller Aktienkurs, Basispreis des Long Calls, Basispreis des Short Calls und der Optionspreise können die gesuchten Größen berechnet werden.

Position	Inhalt	Excel-Umsetzung
D12	anfänglicher Cash Flow, CF	=-D9+D10
D13	maximaler Gewinn	=D8-D7-D9+D10
D14	maximaler Verlust	=D9-D10
D15	Break-Even-Point	=D7+D9-D10
C20	Verkauf Juli 15 Call	=WENN(B20<=$D$7;0;B20-$D$7)
D20	Kauf Juli 20 Call	=WENN(B20<$D$8;0;B20-$D$8)
E20	Cash Flow in T	=C20-D20
F20	Gewinn/Verlust in T	=E20+$D$12

D15 =D7+D9-D10

Bullish Vertical Spread errichtet mit Calls (Beispiel 8.5)

XYZ Aktienkurs	17,00
Basispreis K_1	15,00
Basispreis K_2	20,00
Preis XYZ Juli 15 Call	4,00
Preis XYZ Juli 20 Call	2,00
Cash Flow, CF	-2,00
Maximaler Gewinn	3,00
Maximaler Verlust	2,00
Breakeven Point	17,00

Cash Flows bei Positionsschließung

Preis der XYZ Aktie	Verkauf XYZ Juli 15 Call	Kauf XYZ Juli 20 Call	Cash Flow in T	Gewinn/Verlust $CF + CF_T$
0,00	0,00	0,00	0,00	-2,00
10,00	0,00	0,00	0,00	-2,00
15,00	0,00	0,00	0,00	-2,00
16,00	1,00	0,00	1,00	-1,00
17,00	2,00	0,00	2,00	0,00
18,00	3,00	0,00	3,00	1,00
19,00	4,00	0,00	4,00	2,00
20,00	5,00	0,00	5,00	3,00
21,00	6,00	1,00	5,00	3,00
22,00	7,00	2,00	5,00	3,00
23,00	8,00	3,00	5,00	3,00
24,00	9,00	4,00	5,00	3,00
30,00	15,00	10,00	5,00	3,00

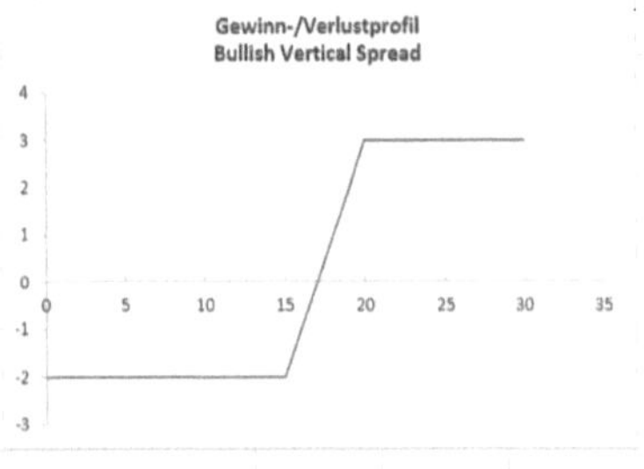

Bild 8.16 Gewinn-/Verlust-Profil eines Bullish Vertical Spread mit Call Optionen (Beispiel 8.5)

8.3.6 Straddles und Strangles

Straddles und Strangles sind Beispiele für Kombinationen. Eine *Kombination* entsteht durch die Verknüpfung von Optionen unterschiedlichen Typs (Call und Put Optionen) derselben Basisaktie solchermaßen, dass beide Optionen entweder gekauft (Long Straddle oder Strangle) oder verkauft (Short Straddle oder Strangle) werden. Die Anzahl der konstruierbaren Kombinationen ist nahezu unbegrenzt. Zur inhaltlichen Demonstration werden hier der Straddle und eine synthetische Long Position in einer Aktie demonstriert.

Ein *Long Straddle (Short Straddle)* wird durch den gleichzeitigen Kauf (Verkauf) eines Calls und eines Puts derselben Basisaktie, derselben Basispreise und derselben Laufzeit errichtet. Der Käufer (Verkäufer) eines Straddles erwartet stark steigende oder stark fallende (nahezu unveränderte) Kursveränderungen der zugrundeliegenden Aktie.

Bild 8.17 zeigt das Gewinn-/Verlust-Profil eines gekauften Straddles (Long Straddle) und verkauften Straddle (Short Straddle), wobei der Call und der Put Option jeweils der gleiche Basispreis zugrunde liegt. Bei Positionseröffnung entsteht durch den Kauf (Verkauf) der Call und Put Option ein Debit-Saldo (Credit-Saldo) von $-C - P$ $(C + P)$. Dieser Debit-Saldo (Credit-Saldo) stellt den maximal möglichen Verlust (Gewinn) dar und wird realisiert, wenn bei Positionsschließung der Kurs der Aktie S_T mit dem Basispreis identisch ist, wenn gilt, $S_T = K$. Ist hingegen $S_T > K + C + P$ oder $S_T < K - C - P$, ergibt sich aus der Position ein Gewinn. Für ein gekauften Straddle erhält man die folgende Gewinn-/Verlust-Funktion:

$$G_{LC,LP}(S_T) = \begin{cases} -C-P & \text{für} \quad S_T = K \\ S_T - K - C - P & \text{für} \quad S_T > K \\ K - S_T - C - P & \text{für} \quad 0 \leq S_T \leq K \end{cases}$$

Für einen Short Straddle erhält man:

$$G_{SC,SP}(S_T) = \begin{cases} C+P & \text{für} \quad S_T = K \\ K - S_T + C + P & \text{für} \quad S_T > K \\ S_T - K + C + P & \text{für} \quad 0 \leq S_T \leq K \end{cases}$$

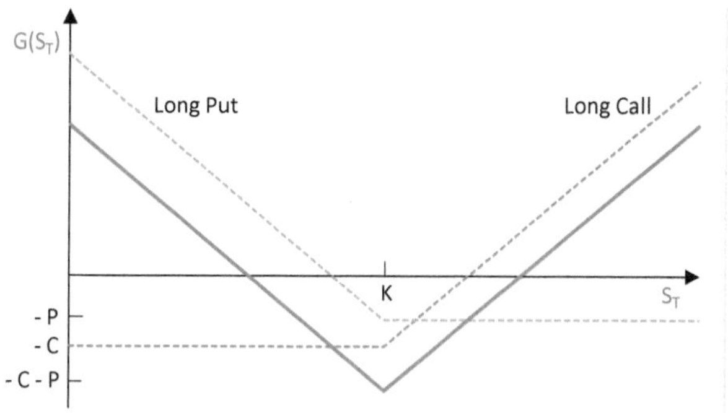

Bild 8.17 Long Straddle und Short Straddle mit Call Optionen

Ist der Basispreis der gekauften (verkauften) Call Option mit dem Basispreis der gekauften (verkauften) Put Option nicht identisch, ergibt sich das Profil eines Long Strangle (Short Strangle).

Beispiel 8.6

Der gegenwärtige Aktienkurs der XYZ-Aktie sei 20 Euro. Es wird ein Straddle mit einer XYZ Juni 15 Call Option und einer XYZ Juni 15 Put Option gekauft. Es sollen der maximal mögliche Gewinn und Verlust sowie der Break-Even-Point berechnet und der mögliche Gewinn bzw. Verlust im Bereich von 0 Euro bis 30 Euro dargestellt werden (siehe Excel-Darstellung).

Der anfängliche Cash Flow, wenn die Positionen eingegangen werden, kann wie folgt dargestellt werden:

Kauf XYZ Juni 15 Call	– 2,50
Kauf XYZ Juni 15 Put	+ 2,00
Cash Flow, CF	– 4,50

Der anfängliche Cash Flow von 4,50 Euro stellt den maximal möglichen Verlust dar und wird realisiert, wenn der Aktienkurs bei 20 Euro steht. Die Gewinnschwelle liegt bei 19,50 Euro bzw. bei 10,50 Euro. Liegt der Aktienkurs im Verfallszeitpunkt unter oder über einen dieser Kurse, dann entsteht für den Käufer des Straddle ein Gewinn.

Excel-Umsetzung

Nach Eingabe des Basispreises und der Optionsprämien für Juni 20 Call Option und die Juni 20 Put Option können die gesuchten Größen bestimmt werden.

Position	Inhalt	Excel-Umsetzung
E11	Cash Flow, CF	=-E8-E9
E13	maximaler Gewinn nach unten	=E7-E8-E9
E14	maximaler Verlust	=E8+E9
E15	Break-Even-Point nach oben	=E7+E8+E9
E16	Break-Even-Point nach unten	=E7-E8-E9
C21	Verkauf XYZ Juni 20 Call	=WENN(B21<=$E$7;0;B21-$E$7)
D21	Verkauf XYZ Juni 20 Put	=WENN(B21<$E$7;$E$7-B21;0
E21	Cash Flow in T	=C21+D21
F21	Gewinn/Verlust in T	=$E$11+C21+D21

E15 =E7+E8+E9

	A	B	C	D	E
3					
4		**Long Straddle (Beispiel 8.6)**			
5					
6		XYZ Aktienkurs			20,00
7		Basispreis			15,00
8		Kauf XYZ Juni 20 Call			2,50
9		Kauf XYZ Juni 20 Put			2,00
10					
11		Cash Flow, CF			-4,50
12		Maximaler Gewinn nach oben			unbegrenzt
13		Maximaler Gewinn nach unten			10,50
14		Maximaler Verlust			4,50
15		Breakeven Point nach oben			19,50
16		Breakeven Point nach unten			10,50
17					

	Cash Flows des Long Straddle bei Positionsschließung				
20	Preis der XYZ Aktie	Verkauf XYZ Juni 20 Call	Verkauf YXZ Juni 20 Put	Cash Flow in T	Gewinn/Verlust CF + CF_T
21	0,00	0,00	15,00	15,00	10,50
22	4,00	0,00	11,00	11,00	6,50
23	8,00	0,00	7,00	7,00	2,50
24	12,00	0,00	3,00	3,00	-1,50
25	15,00	0,00	0,00	0,00	-4,50
26	18,00	3,00	0,00	3,00	-1,50
27	22,00	7,00	0,00	7,00	2,50
28	26,00	11,00	0,00	11,00	6,50
29	30,00	15,00	0,00	15,00	10,50
30	34,00	19,00	0,00	19,00	14,50

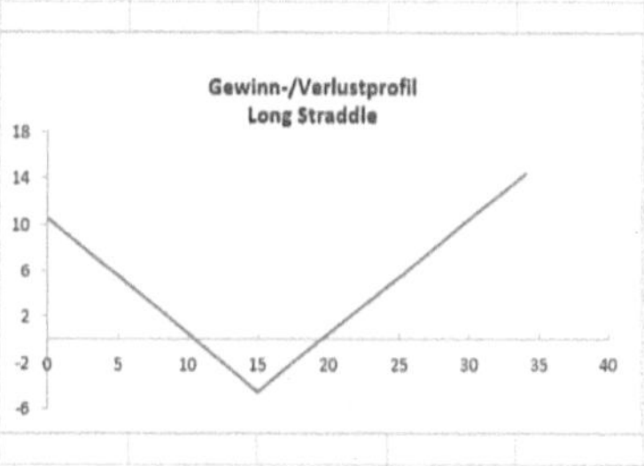

Bild 8.18 Long Straddle (Beispiel 8.6)

8.3.7 Synthetische Aktienposition

Eine synthetische Long (Short) Position in einer Aktie wird durch den gleichzeitigen Kauf (Verkauf) einer Call Option und den Verkauf (Kauf) einer Put Option desselben Basispreises und derselben Laufzeit erzeugt. Die Gewinn-/Verlust-Funktion ergibt sich aus der kombinierten Gewinn-/Verlust-Funktion der Long Call Position und der Short Put Position.

Long Call:

$$G_{LC}(S_T) = \begin{cases} -C & \text{für} \quad 0 \le S_T \le K \\ S_T - K - C & \text{für} \quad S_T > K \end{cases}$$

Short Put:

$$G_{SP}(S_T) = \begin{cases} P & \text{für} \quad S_T > K \\ P + S_T - K & \text{für} \quad 0 \le S_T \le K \end{cases}$$

Kombinierte Position:

$$G_{LS}(S_T) = \begin{cases} S_T - K - C + P & \text{für} \quad 0 \le S_T \le K \\ S_T - K - C + P & \text{für} \quad S_T > K \end{cases}$$

Das Gewinn- und Verlustprofil dieser synthetischen Long Stock Position ist in Bild 8.19 dargestellt.

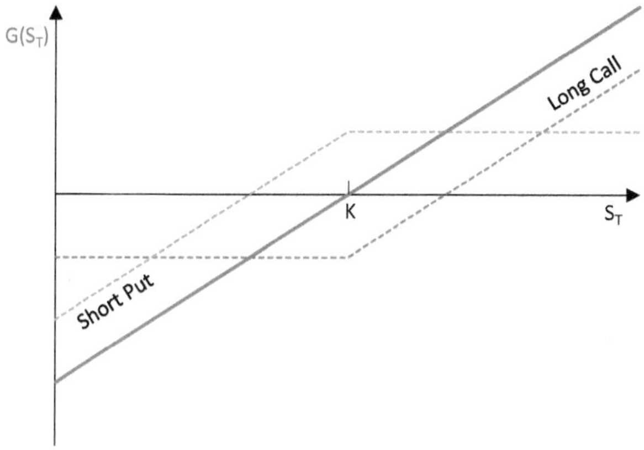

Bild 8.19 Synthetische Long Stock Position

Das folgende Beispiel soll verdeutlichen, dass das Eingehen einer synthetischen Long Position in einer Aktie gegenüber dem Direktkauf einer Aktie vorteilhaft sein kann.

Beispiel 8.7

Der gegenwärtige Aktienkurs der XYZ-Aktie steht bei 119,25 Euro. Es soll das Gewinn-/Verlust-Profil dieser Aktie durch den Kauf einer Juni 120 Call Option und den Verkauf einer Juni 120 Put Option, beide mit derselben Laufzeit, nachgebildet werden. Zudem soll gezeigt werden, dass das Eingehen einer synthetischen Long Position in der XYZ-Aktie gegenüber dem Direktkauf der Aktie vorteilhaft ist, wenn die Haltedauer 180 Tage beträgt und ein Jahreszinssatz von 8% zugrunde gelegt wird.

Der anfängliche Cash Flow, wenn die Positionen eingegangen werden, kann wie folgt dargestellt werden:

Kauf XYZ Juni 120 Call	– 6,75
Verkauf XYZ Juni 120 Put	+ 4,50
Cash Flow, CF	– 2,25

Damit ergibt sich für Aktienkurse zwischen 115 Euro und 127 Euro das in Bild 8.19 dargestellte Gewinn-/Verlust-Profil.

Excel Umsetzung

Nach Eingabe der erforderlichen Parameter können die gesuchten Größen problemlos berechnet werden.

Position	Inhalt	Excel-Umsetzung
E11	Cash Flow	=E8+E9
C16	Verkauf XYZ Juni 120 Call	=WENN(B16<=$E$7;0;B16-$E$7)
D16	Kauf XYZ Juni 120 Put	=WENN(B16<$E$7;$E$7-B16;0)
E16	Cash Flow in T	=C16-D16
F16	Gewinn/Verlust	=$E$11+E16

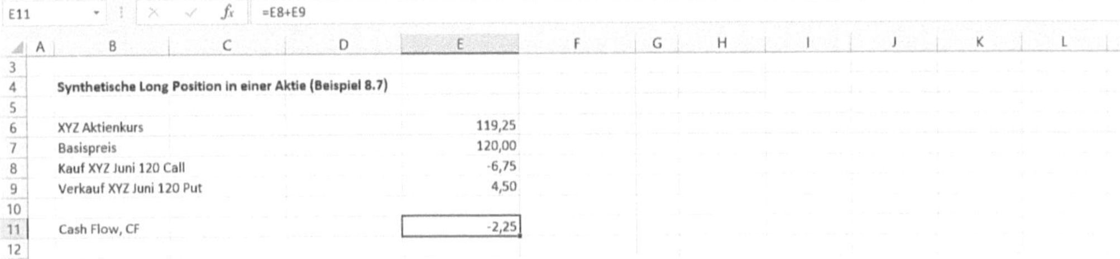

E11 =E8+E9

Synthetische Long Position in einer Aktie (Beispiel 8.7)	
XYZ Aktienkurs	119,25
Basispreis	120,00
Kauf XYZ Juni 120 Call	-6,75
Verkauf XYZ Juni 120 Put	4,50
Cash Flow, CF	-2,25

Cash Flows der synthetischen Long Position in der Aktie bei Positionsschließung

Preis der XYZ Aktie	Verkauf Juni XYZ 120 Call	Kauf YXZ Juni 120 Put	Cash Flow in T	Gewinn/Verlust CF + CF_T
115,00	0,00	5,00	-5,00	-7,25
116,00	0,00	4,00	-4,00	-6,25
117,00	0,00	3,00	-3,00	-5,25
118,00	0,00	2,00	-2,00	-4,25
119,00	0,00	1,00	-1,00	-3,25
120,00	0,00	0,00	0,00	-2,25
121,00	1,00	0,00	1,00	-1,25
122,00	2,00	0,00	2,00	-0,25
123,00	3,00	0,00	3,00	0,75
124,00	4,00	0,00	4,00	1,75
125,00	5,00	0,00	5,00	2,75
126,00	6,00	0,00	6,00	3,75
127,00	7,00	0,00	7,00	4,75

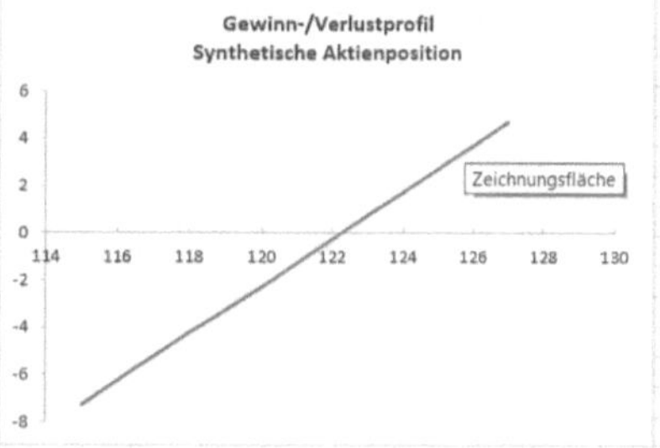

Bild 8.20 Synthetische Long Position in einer Aktie (Beispiel 8.7)

Zur Beantwortung der Frage, ob das Eingehen einer synthetischen Long Position in einer Aktie gegenüber dem Direktkauf vorteilhaft sein kann, kann folgende Überlegung angestellt werden. Da einer Option 100 Aktien zugrunde liegen, würde der Kauf von 100 XYZ-Aktien ein Kapital von 11.925 Euro binden, der Kauf der synthetischen Aktie jedoch nur 225 Euro. Unterstellt man einen jährlichen Zinssatz von 8%, dann beträgt der entgangene Zinsgewinn für 180 Tage 461,59 Euro:

$$(11.925 - 225) \cdot \frac{0,08 \cdot 180}{365} = 461,59$$

Damit wird der Verlust von 300,00 Euro (225 Euro anfänglicher Verlust durch die angeschafften Optionen und 75 Euro Verlust durch die Ausübung des Puts) mehr als kompensiert.

8.4 Optionspreis Determinanten

Von der Vielzahl der Faktoren, die den Wert bzw. den Preis einer Option beeinflussen, sollen hier die Faktoren analysiert werden, die einen direkten und messbaren Einfluss auf den Wert einer Option ausüben. Die Determinanten mit direktem Einfluss auf den Wert von Call und Put Optionen sind:

- der aktuelle Aktienkurs S,
- der Basispreis K,
- die Restlaufzeit t,
- der risikofreie Zinssatz, r,
- die Volatilität der Aktie, σ,
- die erwarteten Dividendenzahlungen, D.

Eine Variable übt dann einen direkten Einfluss auf den Wert einer Option aus, wenn die Änderung einer Variablen bei Konstanz der anderen Variablen den Optionswert verändert (Ceteris Paribus-Analyse). Mathematisch stellt dies die erste direkte partielle Ableitung des Optionspreises in Bezug auf die betrachtete Variable dar. So ergibt sich für eine Call Option:

$$\frac{\partial C}{\partial S} > 0 \quad \frac{\partial C}{\partial K} < 0 \quad \frac{\partial C}{\partial t} > 0 \quad \frac{\partial C}{\partial r} > 0 \quad \frac{\partial C}{\partial \sigma} > 0 \quad \frac{\partial C}{\partial D} < 0$$

Die Bezeichnung $\partial C/\partial S > 0$ bedeutet beispielsweise, wenn der Kurs der Aktie um einen kleinen Betrag steigt, dann wird der Wert des Calls voraussichtlich ebenfalls steigen, wobei alle anderen Variablen (K, T, r, σ, D) unverändert bleiben. Im Folgenden soll es zunächst genügen, den Einfluss der Variablen intuitiv zu erklären.

Der *Aktienkurs* und der *Basispreis* sind Variable, die sowohl vor Ablauf der Optionsfrist als auch im Verfallszeitpunkt der Option einen entscheidenden Einfluss auf den Optionswert ausüben. Je höher (niedriger) der der Aktienkurs für eine Call Option (Put Option), desto größer ist bezogen auf den Basispreis der Wert der Option. Der Einfluss des Aktienkurses auf den Wert der Option ist umso stärker, je weiter die Option im Geld liegt. Ist bei einer Call Option (Put Option) der Aktienkurs weit über (unter) dem Basispreis, so entspricht der Optionspreis hauptsächlich dem inneren Wert, und der Einfluss anderer preisbestimmender Faktoren ist gering. Der Zeitwert der Option wird geringer, je weiter die Option ins Geld kommt, und der Optionspreis schwankt annähernd gleich dem Aktienkurs. Die Option bekommt somit „Aktiencharakter", und das mit dem Optionsengagement verbundene Risiko gleicht aufgrund des hohen Kapitaleinsatzes immer mehr dem einer Aktie. Bei Optionen, die am Geld und aus dem Geld sind, besteht der Optionspreis nur aus dem Zeitwert. Der Einfluss des Aktienkurses ist dann nicht mehr primär maßgebend, dafür bestimmen aber andere Einflussfaktoren wie die Volatilität der Aktie oder die Restlaufzeit umso mehr den Wert einer Option. Die Wahl des Basispreises bei Eingehen der Position übt im Gegensatz zum Kurs der zugrundeliegenden Aktie einen konträren Einfluss auf den Optionswert aus. Ein höherer Basispreis verringert ceteris paribus den Wert einer Kauoption, wirkt sich aber positiv auf den Wert einer Verkaufsoption aus.

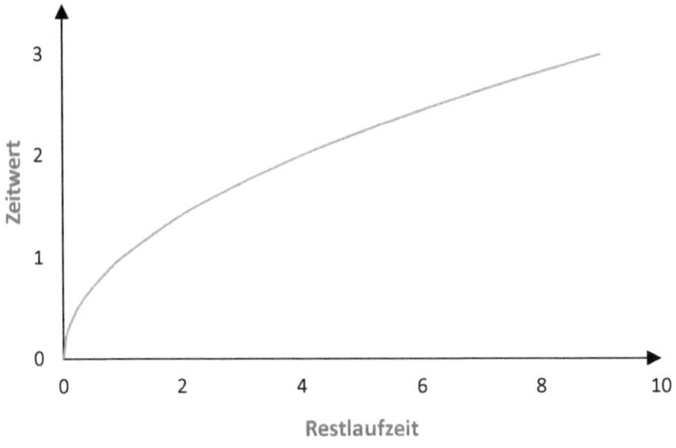

Bild 8.21 Zeitwert bei zunehmender Restlaufzeit

Die an den Börsen gehandelten Kauf- und Verkaufsoptionen haben eine begrenzte Laufzeit und verfallen wertlos, wenn sie nicht spätestens vor den Verfallstermin verkauft bzw. ausgeübt werden. Die Restlaufzeit beeinflusst den Zeitwert einer Option und hat eine ähnliche Wirkung auf den Optionswert wie die Volatilität der Aktie. Je länger die Laufzeit ist, desto größer ist auch die Wahrscheinlichkeit einer günstigen Kursentwicklung der Aktie, was aufgrund eines höheren Zeitwertes einen Wertzuwachs für die Option bedeutet. Mit zunehmend kürzer werdender Laufzeit nimmt der Zeitwert ständig ab, und der Wert der Option nähert sich tendenziell dem inneren Wert an. Dabei nimmt der Zeitwert nicht linear, sondern mit zunehmender negativer Steigung. Die Rate, mit der die Option an Zeitwert verliert, verhält sich proportional zur Quadratwurzel der verbleibenden Restlaufzeit. So verliert beispielsweise eine Option mit dreimonatiger Laufzeit zweimal so viel an Zeitwert wie eine neunmonatige Option. In Bild 8.21 ist der Zeitwert bei abnehmender Restlaufzeit dargestellt.

Neben dem das Kurspotenzial der zugrundeliegenden Aktie erhöhenden Zeiteffekt beeinflusst der Zeitfaktor den Barwert (Present Value) möglicher Basispreiszahlungen insbesondere bei Optionen europäischen Typs. Eine längere Laufzeit reduziert bei einer Call Option den bei Ausübung zu zahlenden bzw. den bei einer Put Option zu erhaltenden Barwert des Basispreises. Call und Put Optionen erfahren demnach eine unterschiedliche Bewertung. Der Käufer einer Call Option hat den Basispreis zum Ausübungszeitpunkt zu zahlen, für ihn sinkt die kapitalisierte Zahlungsbelastung bezogen auf frühere Auslauftermine, wodurch der Wert einer Call Option steigt. Für den Käufer einer Put Option ergibt sich der gegenteilige Effekt. Er vereinnahmt den Basispreis erst zum Ausübungszeitpunkt der Option. Durch diese spätere, von der Restlaufzeit abhängige Einnahme sinkt die Put Option im Wert. Es lässt sich feststellen, dass sich zusammen mit dem oben beschriebenen, das Kurspotenzial erhöhenden Zeiteffekt mit zunehmender Laufzeit der Wert einer Call Option erhöht. Diese Aussage kann eindeutig für Put Optionen nicht gemacht werden, da einerseits eine längere Laufzeit einen positiven Einfluss auf mögliche günstige Kursentwicklungen der Aktie ausübt, andererseits aber der Zeitfaktor über den Barwert eine Put Option ungünstig beeinflusst. Optionen amerikanischen Typs werden, da jederzeit ausübbar, durch die Diskontierung des Basispreises weniger stark beeinflusst, so dass eine längere Laufzeit den Wert von Call und Put Optionen gleichermaßen erhöht.

Der Einfluss des *Zinssatzes* auf den Optionswert kann am einfachsten aus der Sicht des Optionsverkäufers (Stillhalters) gezeigt werden. Im Falle einer Call Option hält dieser die Aktie bis zum Verfallstermin und verzichtet solange auf eine Verzinsung der bei Veräußerung der Aktie anlegbaren Mittel. Je höher der Zinsverzicht ist, desto höher muss der für das Eingehen einer Stillhalterposition geforderte Optionspreis sein. Der Verkäufer einer Put Option hingegen ist Stillhalter „im Gelde“. Je höher der Zinsertrag ist, der bei Anlage der liquiden Mittel während der Optionsfrist erzielt werden kann, desto geringer kann die geforderte Prämie für die Stillhalterposition sein.

Der Einfluss des Zinssatzes auf den Wert einer Option wird am deutlichsten, betrachtet man den Barwert des Basispreises, den der Käufer einer Call Option bei Ausübung zu zahlen verpflichtet ist bzw. den der Käufer einer Put Option bei Ausübung erhält. $K(1+r)^{-t}$ oder bei stetiger Verzinsung Ke^{-rt} ist der Barwert des Basispreises einer Call oder Put Option, wobei hier r der Zinssatz risikoloser Geldanlagen (z.B. Treasury Bills) bezogen auf ein Jahr ist. Der Effekt eines steigenden Zinssatzes oder einer Laufzeitverlängerung auf den Barwert des Basispreises ist offensichtlich: Steigende Zinsen vermindern den Barwert des Basispreises, dadurch erhöht sich der Wert einer Call Option, und der Wert einer Put Option nimmt ab. Eine Laufzeitverlängerung wirkt sich ebenfalls über den Diskontierungsfaktor wertmindernd auf den Barwert des Basispreises aus, dabei werden der Wert einer Call Option begünstigt und der Wert einer Put Option ungünstig beeinflusst.

Eine weitere Determinante ist die erwartete Kursentwicklung der Aktie während der Laufzeit der Option, die *Volatilität* der Aktie. Sie wird meist als Standardabweichung (oder Varianz) beobachteter oder geschätzter Aktienkurse gemessen. Je höher c.p. der Schwankungsbereich der Aktie ist, desto größer ist für den Optionskäufer die Wahrscheinlichkeit einer günstigen, sich profitabel auswirkenden Kursentwicklung, eines Kursanstiegs bei Call Optionen und eines Kursrückgangs bei Put Optionen während der Restlaufzeit der Option. Zwar nimmt mit zunehmender Volatilität auch die Wahrscheinlichkeit ungünstiger Aktienkurse zu, diese führen aber nicht zu niedrigeren Optionswerten, da in diesem Fall die Option unausgeübt bleibt.

Eine weitere Determinante, die den Kursverlauf der Aktie und somit auch den Optionspreis beeinflusst, sind die während der Optionsfrist erwarteten *Dividendenzahlungen*. Börsennotierte Call und Put Optionen werden Aktiensplits, Stockdividenden und sonstiger Nebenrechte angepasst, erfahren aber keinen Schutz gegen die Ausschüttung von Bardividenden. Die Auswirkungen hierfür auf nicht-dividendengeschützte Optionen zeigen sich in zweifacher Weise. Zum einen kommen Dividendenzahlungen einem Kursrückgang gleich, da sich der Kurs der Aktie am ex-Dividendetermin um den Betrag der gezahlten Dividende ermäßigt. Um dies zu verdeutlichen, sei S der Aktienkurs unmittelbar vor dem ex-Dividendetermin, S^{ex} der Aktienkurs unmittelbar danach und D die ausgeschüttete Dividende. Wäre $S^{ex} > S - D$, würde also der Aktienkurs um weniger als die Dividende fallen, ließe sich unter Vernachlässigung von Transaktionskosten, Steuern und Sicherheitsleistungen durch den Kauf der Aktie unmittelbar vor dem ex-Dividende Termin und den Verkauf unmittelbar danach ein Gewinn von $S^{ex} + D - S$ erzielen, da $S^{ex} + D > S$ gilt. Um diese Gewinnmöglichkeit auszuschließen, muss $S^{ex} < S - D$ gelten. In gleicher Weise ließe sich durch den Leerverkauf von S und den Rückkauf unmittelbar nach dem ex-Dividendetermin ein Gewinn erzielen, wäre $S^{ex} < S - D$. Da solche Gewinnstrategien aus Arbitragegründen in der Regel nicht möglich sind, wird am ex-Dividendetermin ein Rückgang des Aktienkurses um den Betrag der ausgezahlten Dividende erwartet. Die Auswirkungen hiervon sind für Call und Put Optionen unterschiedlich. Durch den Rückgang des Aktienkurses sinkt, soweit vorhanden, der innere Wert der Call Option und der potenzielle Gewinn dieser Anlage verringert sich. Umgekehrt verhält es sich mit Put Optionen, deren Wert wird durch Dividendenzahlungen positiv beeinflusst. Der Wert einer Call Option (Put Option) wird demnach umso niedriger (höher) sein, je höher die erwarteten Dividenden vor Ablauf der Optionsfrist ausfallen.

Die Ergebnisse, wenn sich eine dieser direkten Variablen ändern, während alle anderen konstant bleiben, sind in Bild 8.22 zusammengefasst. Dabei bedeutet ein +, dass eine Erhöhung im Wert der Variablen eine Erhöhung des Optionswertes zur Folge hat, ein - bedeutet, dass eine Erhöhung im Wert der Variablen eine Verringerung des Optionswertes zur Folge hat.

Variable	Call	Put
aktueller Aktienkurs	+	−
Basispreis	−	+
Restlaufzeit	+	+ −
risikoloser Zinssatz	+	−
Volatilität	+	−
Bardividenden	−	+

Bild 8.22 Zusammenfassung der Auswirkungen auf den Wert einer Aktienoption bei Erhöhung einer Variablen, wenn alle anderen Variablen konstant bleiben

Neben den aufgezeigten fundamentalen Einflussgrößen, die für den Wert einer Option immer von Bedeutung sind, gibt es andere signifikante Faktoren, die ebenfalls den Optionswert beeinflussen, aber nicht in direkter Weise. Es sind dies:

- die Erwartungen über die Aktienkursentwicklung
- die Risikoneigung der am Optionshandel Beteiligten
- Charakteristika alternativer Anlagemöglichkeiten
- Transaktionskosten, Steuern und Sicherheitsleistungen

Das Ergebnis, dass der Optionswert unabhängig davon ist, ob steigende oder fallende Aktienkurse erwartet werden, mag überraschen, da der Wert einer Call Option (Put Option) umso größer ist, je höher (niedriger) der Aktienkurs ist und es daher der Intuition entspräche, dass c.p. der aktuelle Wert einer Call Option (Put Option) umso größer ist, je höher (niedriger) der zukünftige Aktienkurs erwartet wird. Dies kann damit begründet werden, dass erwartete Aktienkurse, die sich nicht in der Volatilität niederschlagen, als risikolose Trends aufgefasst werden können und am Kassamarkt von den Marktteilnehmern eskomptiert werden und sich somit nicht im aktuellen Aktienkurs S niederschlagen. Insofern haben derartige Trenderwartungen keinen direkten, aber S einen indirekten Einfluss auf den Optionswert. Fasst man die Volatilität als multidimensionales Maß auf, das alle relevanten Informationen über die Wahrscheinlichkeitsverteilung zukünftiger Aktienkurse enthält, so sind weitere Variable überflüssig.

Die Risikoneigung der Marktteilnehmer, wie auch das Vorhandensein alternativer Kapitalanlagen, beeinflusst die Bewertung von Vermögensgegenständen, so auch den Wert einer Option. Tatsächlich wird der Optionswert dadurch beeinflusst, aber wiederum auch nur indirekt, mittels ihrer Einwirkung auf den Aktienkurs, die Volatilität und die Zinssätze,

Transaktionskosten, Steuern und Sicherheitsleistungen sind Variable, die dem institutionellen Umfeld zuzurechnen sind und deren Bedeutung für die Bewertung von Optionen sehr gering sein dürfte. Die mit dem Kauf und Verkauf von Optionen verbundenen, vom Umsatzvolumen abhängigen Kostenbelastungen in Form von Maklercourtage, Börsenumsatzsteuer, Gebühren der Liquidationskasse etc. üben auf den Ertrag der Optionsanlage und somit indirekt auf den Optionswert Einfluss aus. Dasselbe gilt für die Besteuerung der aus Optionsgeschäften anfallenden Gewinne und Verluste. Der Verkäufer einer Call oder Put Option hat, um die jederzeitige Erfüllung des Geschäftes zu gewährleisten, Sicherheitsleistungen in Form von Barmitteln oder in Form der Hinterlegung bestimmter Wertpapiere zu erbringen. Da im Allgemeinen der Ertrag aus hinterlegten Sicherheitsleistungen geringer ausfallen wird als der anderer Anlagemöglichkeiten, wird sich die (entgangene) Ertragsdifferenz über den Zinssatz, also auch wiederum nur indirekt, auf den Optionswert auswirken.

8.5 Wertober- und Wertuntergrenzen für Optionen

In diesem Abschnitt werden mit Hilfe des Dominanzkriteriums und unter Heranziehung von Arbitrageargumenten allgemeingültige Aussagen über mögliche Ober- und Untergrenzen für Kauf- und Verkaufsoptionen gemacht. Diese können schon als Handlungsgrundlage für Investoren angesehen werden, da bereits vor Eingehen einer Position abgeschätzt werden kann, in welcher absoluten Größenordnung sich der

Wert einer Kauf- oder Verkaufsoption während der Laufzeit bewegen kann. Die Analyse erfolgt unter der Annahme, dass die Märkte für Optionen, Anleihen und Aktien friktionslos und vollkommen sind, d.h., dass die Preisbildung nicht durch Transaktions- und Informationskosten, durch Sicherheitsleistungen und Steuern oder sonstige gesetzliche Vorschriften beeinträchtigt wird. Alle Marktteilnehmer streben nach Gewinn und haben uneingeschränkten Zugang zu den Märkten. Leerverkäufe sind unbegrenzt zulässig, und die Wertpapiere sind beliebig teilbar. Da diese Prämisse weder Annahmen über die Zeit- und Risikopräferenzen der Marktteilnehmer enthält, noch Annahmen über das stochastische Aktienkursverhalten, kann diese Bewertungsmethode als präferenz- und verteilungsfrei gelten.

Mit diesem Bewertungskonzept lässt sich der Optionswert bei Ablauf der Optionsfrist bestimmen. Vor Ablauf der Optionsfrist lässt sich hingegen kein exakter Lösungsansatz zur Bestimmung des Optionswertes ableiten, es kann lediglich eine Eingrenzung des Optionswertes vorgenommen werden. Im weiteren Verlauf werden folgende Symbole verwendet:

$S =$ aktueller Aktienkurs

$S_T =$ Aktienkurs im Verfallszeitpunkt der Option

$K =$ Basispreis

$r =$ diskreter, risikofreier Zinssatz für eine Laufzeit von T

$T =$ Restlaufzeit der Option, Verfallszeitpunkt der Option

$C =$ Wert einer amerikanischen Kaufoption

$P =$ Wert einer amerikanischen Verkaufsoption

$c =$ Wert einer europäischen Kaufoption

$p =$ Wert einer europäischen Verkaufsoption

$D =$ Bardividende

$t_j =$ verbleibende Restlaufzeit nach Dividendenzahlung $j, j = 1, 2, \ldots, n$

Es ist zu beachten, dass mit r der risikolose Nominalzinssatz und nicht der Realzinssatz zum Ansatz kommt. Zudem wird $r > 0$ vorausgesetzt, da sonst eine risikolose Anlage gegenüber Bargeld keine Vorteile aufweisen würde. Im Falle von $r < 0$ wäre in der Tat Bargeldhaltung einer risikolosen Anlage vorzuziehen.

8.5.1 Wertober- und Wertuntergrenzen für Kaufoptionen und die vorzeitige Ausübung amerikanischer Kaufoptionen

In diesem Abschnitt werden zunächst Wertober- und -untergrenzen für Kaufoptionen aufgezeigt. Diese Preisgrenzen sind unabhängig von besonderen Annahmen über die in Abschnitt 8.4 aufgezeigten Optionspreis-Determinanten, außer dass $r > 0$. Übersteigt eine Option die Wertobergrenze oder fällt sie unter die Wertuntergrenze, dann ergibt sich eine risikolose, gewinnbringende Arbitrage.

Restriktion 1: Der Wert einer Kaufoption ist nicht negativ. Aus den vorangegangenen Betrachtungen und gemäß der Definition eines Optionskontraktes – eine Option beinhaltet für den Käufer ein Recht und keine Verpflichtung – kann eine Kaufoption aufgrund der ihr eigentümlichen beschränkten Haftung einen negativen Wert annehmen. Es muss daher gelten:

$$c \geq 0 \quad \text{und} \quad C \geq 0$$

Restriktion 2: Eine amerikanische Kaufoption muss mindestens so hoch bewertet sein wie eine anderweitig identische europäische Kaufoption. Da eine amerikanische Kaufoption mit den gleichen Rechten ausgestattet ist wie eine europäische Kaufoption und zusätzlich noch das Privileg der vorzeitigen Ausübung besitzt, muss gelten:

$$c \leq C$$

Restriktion 3: Der Wert einer Kaufoption ist niemals höher als der Wert der zugrundeliegenden Aktie. Der Inhaber einer Kaufoption erwirbt das Recht, die zugrundeliegende Aktie zum Basispreis zu erwerben. Der Wert der Aktie kann größer sein als der Kaufoptionswert, da diese mit Dividenden, Stimmrechten und sonstigen Sonderrechten ausgestattet ist, die der Kaufoption nicht eigentümlich sind. Der Wert einer Kaufoption kann deshalb den Wert der Aktie nicht übersteigen, so dass gilt:

$$c \leq S \quad \text{und} \quad C \leq S$$

Restriktion 3 legt die Wertobergrenze für eine Kaufoption fest.

Restriktion 4: Im Verfallszeitpunkt T entspricht der Wert einer Kaufoption dem Maximum von Null und der Differenz zwischen geltenden Aktienkurs und dem Basispreis. Bei Ablauf der Optionsfrist, wenn $T = 0$, hat der Inhaber einer Kaufoption die Möglichkeit, diese auszuüben oder verfallen zu lassen. Eine Ausübung wird sinnvollerweise nur dann vorgenommen, wenn $S_T > K$. In allen anderen Fällen, wenn $S_T \leq K$, wird die Kaufoption unausgeübt verfallen ohne zusätzliche Auszahlungen zu verursachen. Im Verfallszeitpunkt der Option entspricht daher der Wert einer europäischen und amerikanischen Kaufoption dem Maximum von Null und der Differenz zwischen geltendem Aktienkurs und dem Basispreis, so dass gilt:

$$c = \max(0,\ S_T - K) \quad \text{und} \quad C = \max(0,\ S_T - K)$$

Restriktion 5: Vor Ablauf der Optionsfrist muss der Wert einer amerikanischen Kaufoption mindestens der Differenz zwischen Aktienkurs und Basspreis entsprechen. Da eine amerikanische Kaufoption vor Ablauf der Optionsfrist ($T > 0$) zu jedem beliebigen Zeitpunkt ausgeübt werden kann, kann ihr Wert nicht niedriger sein als der innere Wert $S - K$. Es muss daher gelten:

$$C \geq \max(0,\ S - K)$$

Restriktion 5 legt, bedingt durch die jederzeitige Ausübbarkeit, den Minimalwert bzw. die Wertuntergrenze für eine amerikanische Kaufoption fest. Wird diese Beziehung verletzt, wäre $C < S - K$, dann ließe sich durch den Kauf der Option, die sofortige Ausübung und den unmittelbaren Verkauf der durch die Ausübung bezogene Aktien ein risikoloser Gewinn erzielen.

Restriktion 5 muss nicht für europäische Kaufoptionen gelten, da diese während der Optionsfrist nicht ausgeübt werden können und somit keine Arbitrage möglich ist. Arbitrage ist erst am Verfallstag möglich.

Restriktion 6: Der Wert einer Kaufoption ist niemals niedriger als der Aktienkurs minus dem Barwert des Basispreises minus dem Barwert der während der Optionslaufzeit zur Ausschüttung kommenden Dividende(n). Die durch Restriktion 5 festgelegte Wertuntergrenze für Kaufoptionen lässt sich verfeinern, bezieht man den Zeitwert des

Geldes in die Analyse mit ein. Dies ist gerechtfertigt, da für eine Kaufoption europäischen Typs der Basispreis erst zum Zeitpunkt der Ausübung, d.h. am Verfallstag der Option, gezahlt werden muss. Wäre vor dem Verfallstermin ($T > 0$) $c = 0$, dann ließe sich durch den Kauf von c, den Leerverkauf von S und durch die Anlage von K zu Zinssatz i bei Ablauf der Optionsfrist ein risikoloser Arbitragegewinn in Höhe der Zinsen auf den Basispreis $K(1+r)^T - K$ mit einem Barwert von $[K(1+r)^T - K](1+r)^{-T} = K - K(1+r)^{-T}$ erzielen. Dieses Ergebnis wird erreicht, wenn zum Bewertungszeitpunkt der Barwert des Basispreises in Ansatz gebracht wird. Zusammen mit Restriktion 2 ergibt sich für eine europäische und amerikanische Kaufoption, die dividendengeschützt ist oder deren zugrundeliegende Aktie keine Dividende zahlt, unter Berücksichtigung des Zeitwertes:

$$c \geq \max\left[0,\ S - K(1+r)^{-T}\right] \quad \text{und} \quad C \geq \max\left[0,\ S - K(1+r)^{-T}\right]$$

Restriktion 6 ist eine strengere Bedingung als Restriktion 5. Da die Entscheidung über die Ausübung der Option grundsätzlich bis zum Verfallszeitpunkt T verschoben werden kann, bildet auch der Barwert des in T gültigen Optionswertes, $S - K(1+r)^{-T}$, eine Wertuntergrenze. In Bild 8.23 sind die Wertober- und Wertuntergrenze für europäische und amerikanische Kaufoptionen graphisch dargestellt.

Die Bestimmung der Wertuntergrenze für eine dividendenlose Aktie soll an einem Beispiel erläutert werden. Der Aktienkurs sei 61 Euro, der Basispreis 60 Euro, die Restlaufzeit betrage 6 Monate und der risikolose Zinssatz sei 10% per annum. Mit $S = 61$, $K = 60$, $T = 0{,}5$ und $r = 0{,}1$ berechnet sich die Wertuntergrenze zu $61 - 60\ (1{,}1)^{-0{,}5} = 3{,}79$ Euro.

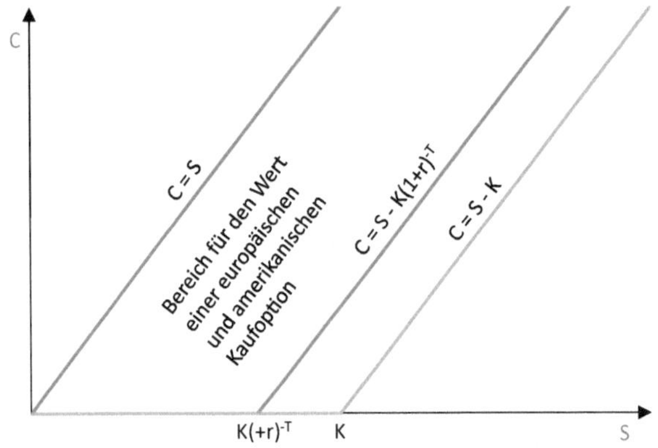

Bild 8.23 Wertober- und Wertuntergrenzen für eine Kaufoption auf dividendenlose Aktien

Die Gültigkeit von Restriktion 6 soll nun für den Fall $C < S - K(1+r)^{-T}$ bewiesen werden. Ist

$$C < S - K(1+r)^{-T} \text{ oder } -C + S - K(1+r)^{-T} > 0,$$

d.h. der Kaufoptionswert fällt unter die Wertuntergrenze, dann kann durch den Kauf des Calls, den Verkauf der Aktie und eine Geldanlage in Höhe von $K(1+r)^{-T}$ ein risikoloser Arbitragegewinn erzielt werden. Die Transaktionen sind in Bild 8.24 dargestellt.

Transaktionen heute		Cash Flow im Verfallstermin T	
		$S_T > K$	$S_T < K$
Kauf Call	$-C$	$+(S_T - K)$	0
Verkauf Aktie	$+S$	$-S_T$	$-S_T$
Geldanlage	$-K(1+r)^{-T}$	$+K$	$+K$
Gesamt	> 0	0	$-S_T + K > 0$

Bild 8.24 Arbitragetransaktionen bei Verletzung der Wertuntergrenze

Werden während der Optionsfrist Dividenden ausgeschüttet und ist die Kaufoption nicht dividendengeschützt, dann muss der nach Restriktion 6 ermittelte Minimalwert um den Betrag der gezahlten Dividenden nach unten korrigiert werden. Wird während der Optionslaufzeit einmalig eine Dividende in Höhe von D_1 bei einer verbleibenden Restlaufzeit von t_1 ausgeschüttet, dann muss für den Wert einer europäischen und amerikanischen Kaufoption gelten:

$$c \geq \max\left[0,\ S - D_1\left(1+r\right)^{-(T-t_1)} - K\left(1+t\right)^{-T}\right] \quad \text{und} \quad C \geq \max\left[0,\ S - D_1\left(1+r\right)^{-(T-t_1)} - K\left(1+t\right)^{-T}\right]$$

Werden während der Optionsfrist mehrere Dividenden $D_j, j = 1, 2, \ldots, n$ bei einer jeweils korrespondierenden Restlaufzeit von t_j ausgezahlt, dann erhält man:

$$c \geq \max\left[0,\ S - \sum_{j=1}^{n} D_j\left(1+r\right)^{-(T-t_j)} - K\left(1+r\right)^{-T}\right] \quad \text{und} \quad C \geq \max\left[0,\ S - \sum_{j=1}^{n} D_j\left(1+r\right)^{-(T-t_j)} - K\left(1+r\right)^{-T}\right]$$

Der Wert einer nicht dividendengeschützten Kaufoption muss demnach mindestens so groß sein wie die Differenz zwischen geltendem Aktienkurs und dem diskontierten Basispreis, vermindert um den diskontierten Wert der ausgeschütteten Dividende(n).

Aufgrund der bisher gewonnenen Ergebnisse ist der Wertebereich einer amerikanischen Kaufoption durch folgende Relation genau bestimmt:

$$S \geq C \geq \max\left[0,\ S - K,\ S - \sum_{j=1}^{n} D_j\left(1+r\right)^{-(T-t_j)} - K\left(1+r\right)^{-T}\right]$$

Die linke Seite der Ungleichung stellt den *Maximalwert* und die rechte Seite den *Minimalwert* des Kaufoptionswertes dar. Die gleiche Aussage lässt sich für eine europäische Kaufoption machen.

Die Gültigkeit der Wertuntergrenze soll nun für den Zwei-Dividenden-Fall bewiesen werden. Dabei wird angenommen, dass die während der Laufzeit der Option zu zahlenden Dividenden bekannt sind. Die Restriktion lautet dann:

$$C \geq S - D_1\left(1+r\right)^{-(T-t_1)} - D_2\left(1+r\right)^{-(T-t_2)} - K\left(1+r\right)^{-T}$$

Ist diese Beziehung verletzt, d.h. ist

$$C < S - D_1\left(1+r\right)^{-(T-t_1)} - D_2\left(1+r\right)^{-(T-t_2)} - K\left(1+r\right)^{-T}$$

oder

$$-C + S - D_1\left(1+r\right)^{-(T-t_1)} - D_2\left(1+r\right)^{-(T-t_2)} - K\left(1+r\right)^{-T} > 0,$$

dann ergeben sich die in Bild 8.25 aufgeführten Arbitrage-Transaktionen. Es ist ersichtlich, dass sich heute durch den Kauf einer Call Option, den Verkauf der Aktie und eine Geldanlage in Höhe des Barwertes der Dividenden und des Basispreises ein positiver Zahlungsstrom ergibt, dem bis zum Verfallstermin nicht negative Cash Flows folgen.

heute		t_1	t_2	Cash Flow in T	
				$S_T > K$	$S_T < K$
Kauf Call	$-C$			$+(S_T - K)$	0
Verkauf Aktie	$+S$	$-D_1$	$-D_2$	$-S_T$	$-S_T$
Geldanlage	$-D_1(1+r)^{(T-t_1)}$	$+D_1$			
Geldanlage	$-D_2(1+r)^{(T-t_2)}$		$+D_2$		
Geldanlage	$-K(1+r)^{-T}$			$+K$	$+K$
Gesamt	> 0	0	0	0	$-S_T + K > 0$

Bild 8.25 Arbitragetransaktionen bei Verletzung der Wertuntergrenze im Zwei-Dividenden-Fall

Die folgenden zwei Arbitragerestriktionen betreffen die vorzeitige Ausübung amerikanischer Kaufoptionen.

Restriktion 7: Es ist niemals optimal, eine dividendengeschützte amerikanische Kaufoption oder eine amerikanische Kaufoption auf eine dividendenlose Aktie vor Ablauf der Optionsfrist auszuüben. Aus Restriktion 7 lässt sich weiter ableiten, dass eine vorzeitige Ausübung einer amerikanischen Kaufoption grundsätzlich nicht vorteilhaft ist, werden während der Laufzeit der Option keine Dividenden gezahlt oder ist die Option dividendengeschützt, da bei nichtnegativem Zinssatz r, $r > 0$, und beliebigem T, $T \geq 0$, stets gilt:

$$\max\left[0, S - K(1+r)^{-T}\right] \geq \max\left[0, S - K\right]$$

Der mit der vorzeitigen Ausübung einer amerikanischen Kaufoption realisierbare Wert ist Null, wenn $S \leq K$, oder $S - K$, wenn $S > K$, d.h. $C \geq max[0, S - K]$. $Max[0, S - K]$, der innere Wert der Kaufoption, ist aber kleiner als $max[0, S - K(1+r)^{-T}]$, der Barwert des in T gültigen Optionswertes, da $(1+r)^{-T} < 1$, wenn $r > 0$ und $T > 0$. Der Wert der Kaufoption liegt demnach während der Laufzeit, solange sie unausgeübt bleibt, über dem inneren Wert $S - K$, so dass das Recht der vorzeitigen Ausübung keinen Wert hat und ein vorzeitiges Ausüben sich deshalb nicht lohnt.

Restriktion 8: Werden von der zugrundeliegenden Aktie während der Restlaufzeit Dividenden ausgeschüttet, kann eine vorzeitige Ausübung einer nicht dividendengeschützten amerikanischen Kaufoption unmittelbar vor dem ex-Dividendentermin optimal sein. Wird während der Laufzeit einer Kaufoption eine sichere Dividende D_1 bei einer noch verbleibenden Restlaufzeit t_1 gezahlt und ist die Option nicht dividendengeschützt, ist Restriktion 7 nicht länger haltbar, da je nach Höhe der Dividendenzahlung die

Summe aus diskontierter Dividende und diskontiertem Basispreis $D_1(1+r)^{-(T-t_1)} + K(1+r)^{-T}$ größer oder kleiner sein kann als der Basispreis K, so dass gilt:

$$max[0, S - D_1(1+r)^{-(T-t_1)} - K(1+r)^{-T}] \gtrless max[0, S - K]$$

Die vorzeitige Ausübung einer amerikanischen Kaufoption kann unter diesen Bedingungen eine rationale Handlungsweise darstellen. Entscheidungskriterium für eine vorzeitige Ausübung einer nicht dividendengeschützten Kaufoption amerikanischen Typs ist die Höhe der zur Ausschüttung kommenden Bardividende. Da nach Restriktion 7 bei nicht negativem Zinssatz r und beliebigen T, $T > 0$ stets $S - K < S - K(1+r)^{-T}$ gilt, kann die Entscheidung über eine vorzeitige Ausübung ohne finanziellen Verlust bis unmittelbar vor den ex-Dividendentermin verschoben werden.

Wird während der Optionsfrist einmalig eine sichere Dividende von D_1 bei t_1 verbleibender Restlaufzeit und einem geltenden Aktienkurs von S' ausgezahlt, dann wird die Option immer dann unmittelbar vor dem ex-Dividendentermin ausgeübt, wenn der Ausübungswert den Marktwert der Option übersteigt, d.h. wenn gilt, $S' - K > S' - D_1 - K(1+r)^{-t_1}$. Durch Umformung erhält man das Kriterium für eine optimale Ausübung einer amerikanischen Kaufoption bei einmaliger Dividendenzahlung:

$$D_1 > K\left[1 - (1+r)^{-t_1}\right]$$

wobei $K[1 - (1+r)^{-t_1}]$ der Barwert der auf den Basispreis nach t_1 angefallenen Zinsen ist. Die Ausübung einer nicht dividendengeschützten Kaufoption kann demnach optimal sein, wenn die Ausübung unmittelbar vor dem ex-Dividendentermin erfolgt und der zur Ausschüttung kommende Dividendenbetrag größer ist als die auf die verbleibende Restlaufzeit zu verdienenden Zinsen.

Unter Berücksichtigung des Zeitwertes ergibt sich zum gegenwärtigen Zeitpunkt bei T verbleibender Restlaufzeit als Optimalitätsbedingung für eine vorzeitige Ausübung einer nicht dividendengeschützten amerikanischen Kaufoption bei einmaliger Dividendenzahlung die Bedingung

$$D_1(1+r)^{-(T-t_1)} > \left\{K\left[1 - (1+r)^{-t_1}\right]\right\}(1+r)^{-(T-t_1)}$$

oder

$$D_1(1+r)^{-(T-t_1)} > K(1+r)^{-(T-t_1)} - K(1+r)^{-T}.$$

Diese Bedingung kann dahingehend interpretiert werden, dass bei rationalem Verhalten die Kaufoption nicht vor Ablauf der Optionsfrist ausgeübt wird, wenn der Barwert der durch die Ausübung vereinnahmten Dividenden geringer ist als der Barwert der nach Ausübung auf den Basispreis zu verdienenden Zinsen. Die Beziehung gibt weiter zu verstehen, dass der Inhaber einer Kaufoption bei Kenntnis des Zeitpunktes und der Höhe der zur Ausschüttung kommenden Dividenden bereits zum gegenwärtigen Zeitpunkt (bei Eingehen der Position) feststellen kann, ob eine vorzeitige Ausübung in Betracht kommt oder nicht. Ein Beispiel soll den Sachverhalt der vorzeitigen Ausübung verdeutlichen.

Betrachtet wird eine amerikanische Kaufoption mit einer Restlaufzeit von 9 Monaten und einem Basispreis von 60 Euro. Der risikolose Zinssatz sei 10%. Nach 6 Monaten wird eine sichere Dividende in Höhe von 1,30 Euro ausgeschüttet. Es soll festgestellt werden, ob sich eine vorzeitige Ausübung der Option optimal ist. Mit $D_1 = 1{,}30$, $K =$

60, $r = 0{,}1$ und $t_1 = 0{,}25$ ist eine Ausübung unmittelbar vor dem ex-Dividendentermin dann optimal, wenn gilt:

$$1{,}30 > 60\left[1 - 60(1{,}1)^{-0{,}25}\right]$$

Da jedoch in diesem Fall die Dividende von 1,30 Euro geringer ist als der Barwert der zwischen dem ex-Dividendentermin und dem Verfallszeitpunkt auf den Basispreis zu verdienenden Zinsen in Höhe von 1,41 Euro, sollte die Option nicht ausgeübt werden. Zum gleichen Ergebnis kommt man, wenn die Beurteilung bereits heute vorgenommen wird:

$$1{,}30(1{,}1)^{-(0{,}75-0{,}25)} < 60(1{,}1)^{-(0{,}75-0{,}25)} - 60(1{,}1)^{-0{,}75} \quad \text{oder} \quad 1{,}24 < 1{,}35$$

Für den Fall mehrmaliger Dividendenzahlungen während der Optionsfrist erhält man für $j = 1, 2, \ldots, n$ unmittelbar vor dem ex-Dividendentermin folgende Beziehung:

$$\sum_{j=1}^{n} D_j (1+r)^{-(t_1-t_j)} > K\left[1-(1+r)^{-t_1}\right]$$

Diskontiert auf den heutigen Zeitpunkt ergibt sich dann als Kriterium für die vorzeitige Ausübung einer nicht dividendengeschützten amerikanischen Kaufoption:

$$\sum_{j=1}^{n} D_j (1+r)^{-(T-t_j)} > K(1+r)^{-(T-t_1)} - K(1+r)^{-T}$$

Da börsennotierte Optionen eine Laufzeit von maximal neun Monaten aufweisen, werden in der Regel höchstens drei Dividenden zur Ausschüttung kommen.

8.5.2 Wertober- und Wertuntergrenzen für Verkaufsoptionen und die vorzeitige Ausübung amerikanischer Verkaufsoptionen

Analog zur Vorgehensweise der Bestimmung des Wertebereichs für Kaufoptionen lässt sich mit der gleichen Begründung der Wertebereich für Verkaufsoptionen durch Aufzeigen der Grenzwerte, die die Option während der Laufzeit annehmen kann, ermitteln. Da Verkaufsoptionen strukturell das Gegenstück von Kaufoptionen darstellen, lassen sich viele ihrer Werte einfach durch Umstellen der für Kaufoptionen gültigen Relationen ableiten. Um die Darstellung möglichst redundanzfrei zu halten, sollen hier nur die wichtigsten Restriktionen aufgezeigt werden.

Restriktion 1: Der Wert einer Verkaufsoption ist nicht negativ. Verkaufsoptionen sind, entsprechend der Definition für Kaufoptionen, zeitlich befristete Anrechte, deren Wert nicht negativ sein kann. Somit gilt:

$$p \geq 0 \quad \text{und} \quad P \geq 0$$

Restriktion 2: Eine amerikanische Verkaufsoption muss mindestens so hoch bewertet sein wie eine ansonsten identische europäische Verkaufsoption. Da eine amerikanische Verkaufsoption die gleichen Merkmale aufweist wie eine europäische Verkaufsoption und noch dazu das Recht der vorzeitigen Ausübung beinhaltet, muss gelten:

$$p \leq P$$

Restriktion 3: Im Verfallszeitpunkt T ist der Wert einer Verkaufsoption das Maximum von Null und der Differenz zwischen Basispreis und geltendem Aktienkurs. Bei Ablauf der Optionsfrist muss daher aus Arbitragegründen für den Verkaufsoptionswert gelten:

$$p = \max\left(0,\ K - S_T\right) \quad \text{und} \quad P = \max\left(0,\ K - S_T\right)$$

Restriktion 4: Vor Ablauf der Optionsfrist muss der Wert einer amerikanischen Verkaufsoption mindestens der Differenz zwischen Basispreis und geltenden Aktienkurs entsprechen. Bedingt durch die jederzeitige Ausübbarkeit muss daher gelten:

$$P \geq \max\left(0,\ K - S_T\right)$$

Restriktion 4 legt die Wertuntergrenze für eine amerikanische Verkaufsoption fest. Dies muss nicht für europäische Verkaufsoptionen gelten, da erst im Verfallszeitpunkt Arbitrage möglich ist.

Restriktion 5: Der Wert einer europäischen Verkaufsoption ist niemals niedriger als der Barwert des Basispreises minus dem Aktienkurs. Die durch Restriktion 5 festgelegte Wertuntergrenze verschiebt sich nach unten, bringt man den Barwert des Basispreises in Ansatz.

$$p \geq \max\left[0,\ K\left(1+r\right)^{-T} - S\right]$$

Eine europäische Verkaufsoption kann demnach einen niedrigeren Wert annehmen als ihren inneren Wert. Ist diese Beziehung verletzt, dann kann durch den Kauf der Verkaufsoption, eine Kreditaufnahme in Höhe des Barwertes des Basispreises und den Kauf der Aktie heute ein positiver Cash Flow und im Verfallszeitpunkte nicht negative Cash Flows erzielt werden.

Restriktion 6: Der Wert einer Verkaufsoption ist niemals niedriger als der Barwert des Basispreises, plus dem Barwert der während der Optionslaufzeit zur Ausschüttung kommenden Bardividenden, minus dem Aktienkurs. Die durch Restriktion 4 festgelegte Wertuntergrenze verschiebt sich nach unten, bringt man den Barwert des Basispreises in Ansatz. Ist die Verkaufsoption dividendengeschützt oder die zugrundeliegende Aktie dividendenlos, so gilt in Verbindung mit Restriktion 3:

$$P \geq p \geq \max\left[0,\ K\left(1+r\right)^{-T} - S\right]$$

$K(1+r)^{-T}$ist der über die Laufzeit der Option diskontierte Basispreis und p bzw. P der Barwert des in T gültigen Verkaufsoptionswertes. Da $K(1+r)^{-T} < K$ gilt, bildet auch die Restriktion 5 eine Wertuntergrenze. Demnach kann unter Vernachlässigung von Dividendenzahlungen und Transaktionskosten der Wert einer Verkaufsoption nicht kleiner sein als das Maximum von Null und der Differenz zwischen dem Barwert des Basispreises und dem Aktienkurs.

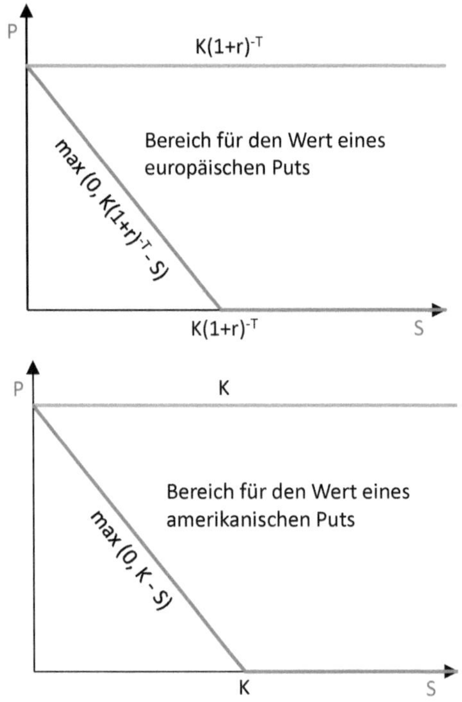

Bild 8.26 Wertober- und Wertuntergrenzen für europäische und amerikanische Verkaufsoptionen ohne Dividendenberücksichtigung

Werden während der Laufzeit der Option Dividenden ausgeschüttet und ist die Option nicht dividendengeschützt, so erhöht sich die nach Restriktion 6 ermittelte Wertuntergrenze noch um den Barwert der Dividende(n). Bei einer einmaligen, sicheren Dividendenzahlung von D_1 bei einer noch verbleibenden Restlaufzeit von t_1 erhält man für eine europäische respektive amerikanische Verkaufsoption die Beziehung:

$$p \geq \max\left[0,\ K(1+r)^{-T} + D_1(1+r)^{-(T-t_1)} - S\right] \quad \text{und} \quad P \geq \max\left[0,\ K(1+r)^{-T} + D_1(1+r)^{-(T-t_1)} - S\right]$$

Werden während der Optionsfrist mehrmals sichere Dividenden $D_j, j = 1, 2, \dots, n$, bei jeweils t_j verbleibender Restlaufzeit gezahlt, dann ergibt sich:

$$c \geq \max\left[0,\ S - \sum_{j=1}^{n} D_j(1+r)^{-(T-t_j)} - K(1+r)^{-T}\right] \quad \text{und}$$

$$C \geq \max\left[0,\ S - \sum_{j=1}^{n} D_j(1+r)^{-(T-t_j)} - K(1+r)^{-T}\right]$$

Diese Restriktion besagt, dass der Wert einer Verkaufsoption niemals kleiner sein kann als der Barwert des Basispreises, zuzüglich des Barwertes der bis zum Verfallszeitpunkt der Option zur Ausschüttung kommenden Dividenden, abzüglich des geltenden Aktienkurses.

Restriktion 7: Der Wert einer Verkaufsoption ist niemals höher als der zugrunde gelegte Basispreis. Der Käufer einer Verkaufsoption erwirbt das verbriefte Recht, die zugrunde-liegende Aktie vor Ablauf der Optionsfrist zum vereinbarten Basispreis zu verkaufen. Eine Verkaufsoption nimmt ihren größtmöglichen Wert für $S = 0$ an, so dass gilt:

$$p \leq K \quad \text{und} \quad P \leq K$$

Restriktion 7 legt die Wertobergrenze für Verkaufsoptionen fest. Der Wertebereich einer amerikanischen Verkaufsoption ist dann aufgrund der oben gewonnenen Ergebnisse durch die Relation

$$K \geq P \geq \max\left[0,\ K - S,\ K(1+r)^{-T} + \sum_{j=1}^{n} D_j (1+r)^{-(T-t_j)} - S\right]$$

festgelegt. Die linke Seite der Restriktion gibt den Maximalwert für eine Verkaufsoption an, die rechte Seite den Minimalwert. Den gleichen Wertebereich erhält man für den europäischen Verkaufsoptionswert.

Restriktion 8: Werden von der zugrundeliegenden Aktie während der Laufzeit Dividenden ausgeschüttet, dann kann es optimal sein, eine nichtdividendengeschützte amerikanische Verkaufsoption erst nach dem letzten Dividendentermin auszuüben. In Restriktion 5 wurde gezeigt, dass sich im Falle von Dividendenzahlungen der Wert einer Verkaufsoption um den Betrag der zur Ausschüttung kommenden Dividende(n) erhöht. Somit kann es sich unter Umständen lohnen, mit der Ausübung der Option zu warten, bis sich das ausschüttungsinduzierte Sinken des Aktienkurses auf den Verkaufsoptionswert werterhöhend ausgewirkt hat.

Betrachtet man eine Dividendenzahlung D_1, die bei einer noch verbleibenden Restlaufzeit von t_1 ausgezahlt wird, dann wird ein rational handelnder Investor bei einer noch verbleibenden Restlaufzeit von t' immer dann von einer vorzeitigen Ausübung absehen, wenn der Barwert der Dividende zum Zeitpunkt t', $D_1(1 + r)^{-(t'-t_1)}$, größer ist als die während der gleichen Zeitperiode auf den Basispreis zu verdienenden Zinsen. Mit

$$D_1 (1+r)^{-(t'-t_1)} > K\left[1 - (1+r)^{-(t'-t_1)}\right]$$

kann somit eine Vorteilsentscheidung über eine mögliche vorzeitige Ausübung getroffen werden. Erweitert man diese Bedingung auf mehrere Dividendenzahlungen, erhält man:

$$\sum_{j=1}^{n} D_j (1+r)^{-(t'-t_1)} > K\left[1 - (1+r)^{-(t'-t_j)}\right]$$

Diese Restriktion besagt, dass es niemals vorteilhaft ist, eine nichtdividendengeschützte amerikanische Verkaufsoption während einer nach t' endenden Zeitperiode vor dem letzten Dividendenzahlungstermin auszuüben, wenn der Barwert der während dieser Zeitperiode zur Ausschüttung kommenden Dividende(n) größer ist als der Barwert der während der gleichen Zeitperiode bis zum letzten Dividendentermin auf den Basispreis zu verdienenden Zinsen.

Obige Restriktion liefert eine zusätzliche Information von praktischem Wert. Betrachtet man eine zur Ausschüttung kommende Dividende D_1, die als sicher angesehen werden kann, so lässt sich t' bezogen auf t_1 als Zeitpunkt vor dem ex-Dividenden-termin bestimmen, vor dem eine vorzeitige Ausübung der Verkaufsoption nicht lohnend ist.

Die vorausgehende Darstellung hat gezeigt, dass sich die für amerikanische Kaufoptionen angestellten Überlegungen hinsichtlich der Ausübungsmodalitäten(nicht ohne weiteres auch auf amerikanische Verkaufsoptionen übertragen lassen und eine differenziertere Betrachtungsweise notwendig ist. Der wesentliche Unterschied beider Betrachtungsweisen besteht darin, dass die Tatsache, eine vorzeitige Ausübung (vorausgesetzt, sie ist überhaupt sinnvoll) nur zu einem spezifischen Zeitpunkt, nämlich unmittelbar vor dem ex-Dividendentermin vorzunehmen, wie es für amerikanische Kaufoptionen optimal sein mag, für amerikanische Verkaufsoptionen keine Gültigkeit hat. Die Frage der vorzeitigen Ausübung stellt sich für den Inhaber einer amerikanischen Verkaufsoption zu jeder Zeit, nicht nur zu wenigen bestimmten Zeitpunkten, den ex-Dividendenterminen. Auch wenn gezeigt werden konnte, dass der Faktor, der eine vorzeitige Ausübung begünstigt, aufgrund von Dividendenzahlungen zeitweise aufgehoben wird, kann eine vorzeitige Ausübung einer Verkaufsoption generell zu jedem Zeitpunkt während der Optionslaufzeit optimal sein.

8.6 Put-Call-Paritätsbeziehungen

8.6.1 Put-Call-Parität Europäischer Optionen ohne Dividendenberücksichtigung

In diesem Abschnitt werden die zwischen europäischen Kauf- und Verkaufsoptionen bestehenden Preisrelationen (Put-Call-Parität) behandelt. In Relation zueinander gesetzt werden zunächst der Wert von Kauf- und Verkaufsoptionen, die dividendengeschützt sind bzw. deren zugrundeliegende Aktie keine Dividende ausschüttet. Im Anschluss wird geprüft, welchen Einfluss Dividendenzahlungen auf die benannte Preisrelation haben. Dabei wird von deterministischen Dividendenzahlungen ausgegangen.

Unter denselben Prämissen, auf die sich die in Abschnitt 8.5 aufgeführten Arbitragebeziehungen stützen, kann auch hier gezeigt werden, dass durch Konstruktion eines äquivalenten Portfolios das Bewertungsproblem einer Verkaufsoption (Kaufoption) auf das einer sonst identischen Kaufoption (Verkaufsoption) zurückgeführt werden kann. Identisch in diesem Zusammenhang heißt, dass die betrachtete Kauf- und Verkaufsoption den gleichen Basispreis K und die gleiche Laufzeit T haben. Ergeben sich im Wert von Kauf- und Verkaufsoptionen Ungleichgewichte, dann lässt sich durch einen Arbitrageähnlichen Mechanismus, der sogenannten *Konversion* (Conversion), ohne Risiko eine Verkaufsoption in eine Kaufoption bzw. eine Kaufoption in eine Verkaufsoption transferieren. Um mit einem solchen Investitionsprogramm keine risikolosen Arbitragegewinne erzielen zu können, müssen der Kauf- und Verkaufsoptionswert in Relation zueinander gewisse Paritätsbeziehungen erfüllen.

Lässt man Dividendenzahlungen unberücksichtigt, dann kann im Fall einer europäischen Verkaufsoption (Kaufoption) der Verkaufsoptionswert p (Kaufoptionswert c) auch direkt über den Wert einer sonst identischen Kaufoption (Verkaufsoption) bestimmt werden. Durch Kombination einer Aktie-Kaufposition, einer Verkaufsoption-Kaufposition und einer Kaufoptions-Verkaufsposition ergibt sich die in Bild 8.27 dargestellte Gewinn-/Verlust-Funktion $G(S_T) = C - P$, $S_T \geq 0$, die unabhängig von der künftigen Aktienkursentwicklung ist, so dass im eigentlichen Sinne nicht mehr von einer Aktienposition gesprochen werden kann. Um mit dieser Investitionsstrategie keine risikolosen Arbitragegewinne erzielen zu können, müssen der Kauf- und Verkaufsoptionswert folgende Paritätsbeziehung erfüllen:

$$c - p = S - K(1+r)^{-T}$$

bzw.

$$c = p + S - K(1+r)^{-T} \text{ und } p = c - S + K(1+r)^{-T}$$

Durch diese Relation kann das Bewertungsproblem einer europäischen Verkaufsoption (Kaufoption) auf das einer sonst gleichen europäischen Kaufoption (Verkaufsoption) zurückgeführt werden. Die in Bild 8.27 dargestellte Kombinationsposition bildet die Grundlage zur Ableitung einer Paritätsbeziehung zwischen den Werten europäischer Kauf- und Verkaufsoptionen.

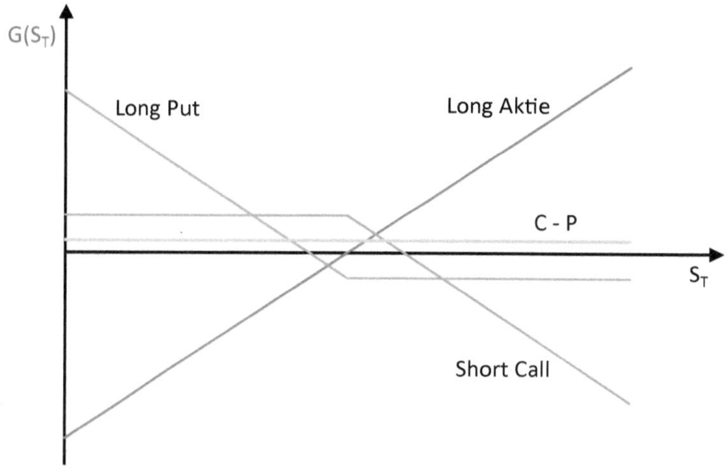

Bild 8.27 Gewinn-/Verlust-Profil einer Aktie-Kaufposition, Verkaufsoption-Kaufposition und Kaufoption-Verkaufsposition Kombinationsposition ($C > P, S = K$)

Die Put-Call-Parität kann aus den folgenden Arbitrageüberlegungen hergeleitet werden. Betrachtet werden zwei Portfolios A und B. Portfolio A besteht aus einer europäischen Verkaufsoption p und Portfolio B aus einer europäischen Kaufoption c, einer Aktie-Leerverkaufsposition zum Kurs von S und einem Discount-Bond (Anlagebetrag) mit einem Nennwert von $K, K(1+r)^{-T}$. Kann gezeigt werden, dass das Portfolio in jedem Zustand der Welt die gleichen Rückflüsse (Erträge) erzeugt wie die europäische Verkaufsoption, so lässt sich daraus der Verkaufsoptionswert ableiten. Ist im Verfallszeitpunkt T $S_T \leq K$, ergibt sich für Portfolio A ein Wert von $max(0, K - S_T) = K - S_T$ und für Portfolio B ein Wert von $max(0, S_T - K) - S_T + K = K - S_T$. Ist am Ende der Laufzeit $S_T > K$, beträgt der Wert von Portfolio A $max(0, K - S_T) = 0$, und der von Portfolio B ist $max(0, S_T - K) - S_T + K = 0$. In beiden Fällen zeigt sich, dass am Ende der Laufzeit der Optionen der Wert beider Portfolios unabhängig von der Höhe des Kurses der optierbaren Aktie S denselben Wert haben. Um zu verhindern, dass risikolose Arbitrage möglich ist und eine Investitionsstrategie als dominant eingeschätzt wird, müssen beide Portfolios auch zu Beginn, d.h. beim Aufbau der Positionen ausgeglichen bzw. gleich teuer sein. Setzt man Portfolio $A =$ Portfolio B, erhält man direkt die Put-Call-Paritätsbeziehung für europäische Optionen:

$$p = c - S + K(1+r)^{-T}$$

Analog zur aufgezeigten Vorgehensweise kann der Wert einer europäischen Kaufoption über den Wert einer europäischen Verkaufsoption bestimmt werden:

$$c = S + p - K(1+r)^{-T}.$$

Durch Umformen einer der beiden Beziehungen erhält man die Gleichung

$$c - S - p + K(1+r)^{-T} = 0,$$

die erfüllt sein muss, um risikolose Arbitragemöglichkeiten auszuschließen.

Ist die Relation in der Weise verletzt, dass die Kaufoption im Vergleich zu den übrigen Komponenten überbewertet, d.h. $c > S + p - K(1+r)^{-T}$, oder unterbewertet, d.h. $c < S + p - K(1+r)^{-T}$, ist und abstrahiert man annahmegemäß von Transaktionskosten, Steuern und Sicherheitsleistungen, so lässt sich ohne den Einsatz von Geldmitteln zum gegenwärtigen Zeitpunkt durch den Verkauf von c, und den gleichzeitigen Kauf von S und p und einer Kreditaufnahme von $K(1+r)^{-T}$ bzw. durch den Kauf von c bei gleichzeitigem Verkauf von S und p und der Anlage von Barmitteln in Höhe von $K(1+r)^{-T}$ein sicherer positiver Geldbetrag realisieren, da bis zum Verfall der Optionen unabhängig von der Aktienkursentwicklung keine weiteren Geldmittel zu- oder abfließen. Durch diese Arbitragetransaktionen wird im Fall der anfänglichen Überbewertung (Unterbewertung) der Wert der Kaufoption sinken (steigen), und der Wert der Aktie und der Verkaufsoption steigen (fallen), bis die Gleichung $c - S - p + K(1+r)^{-T} = 0$ erfüllt ist. Ein Beispiel soll den Sachverhalt verdeutlichen.

Sei $c = 3$ Euro der Preis der Kaufoption und $p = 2$ Euro der Preis der Verkaufsoption bei einer verbleibenden Restlaufzeit von jeweils vier Monaten ($t = 1/3$) und einem Basispreis von $K = 40$ Euro. Der Kurs der den Optionen zugrunde liegenden Aktie betrage $S = 40$ Euro und der auf Jahresbasis umgerechnete risikolose Zinssatz r für ein Darlehen (ein Darlehen ist aus der Perspektive des Investors ein Geldmittelzufluss) mit einer viermonatigen Laufzeit sei 5%. Mit $c = 3$ und $K(1+r)^{-T} = 39{,}35$ errechnet sich aus der Put-Call-Paritätsbeziehung ein Verkaufsoptionspreis von $p = 2{,}35$, demnach p mit 2 relativ zum Preis der Kaufoption unterbewertet ist. Damit gilt:

$$p < c - S + K(1+r)^{-T} \text{ bzw. } -p + c - S + K(1+r)^{-T} > 0$$

Daraus lässt sich sofort durch den Kauf der Verkaufsoption zu 2 Euro, den Verkauf der Kaufoption zu 3 Euro, den Kauf der Aktie zu 40 Euro und durch eine Darlehensaufnahme von 39,35 Euro zum jährlichen Zinssatz von 5%, rückzahlbar nach vier Monaten zu 40 Euro, ein risikoloser Arbitragegewinn von 0,35 Euro erzielen. Dieses Ergebnis ist unabhängig vom Kurs der Aktie am Ende der Optionslaufzeit, so dass sich keine weiteren Gewinne oder Verluste ergeben. Ist am Ende der Laufzeit $S_T = 40$ Euro, verfallen Kauf- und Verkaufsoption unausgeübt, und der Erlös aus dem Aktienverkauf kann exakt zur Darlehenstilgung (das Darlehen ist nach vier Monaten bei Ablauf der Optionsfrist auf 40 Euro angewachsen) verwendet werden. Ist am Ende der Optionsfrist $S_T < 40$ Euro, verfällt die Kaufoption unausgeübt, die Verkaufsoption wird ausgeübt, die Aktie geliefert und der Erlös zur Darlehenstilgung verwendet. Ist bei Fälligkeit der Option $S_T > 40$ Euro, ist die Verkaufsoption wertlos, die Aktie wird bei der Ausübung der Kaufoption durch die Gegenseite zum Basispreis von 40 Euro geliefert und der Erlös daraus (40 Euro) wiederum zur Darlehenstilgung verwendet. Bei keinem der Fälle ergibt sich am Ende der Optionsfrist ein Geldmittelzufluss oder Geldmittelabfluss, der anfängliche Gewinn von 0,35 Euro ist folglich sicher.

Mit der Put-Call-Parität kann auch gezeigt werden, dass der Kaufoptionswert über dem Wert einer sonst gleichen Verkaufsoption liegt, wenn die Basispreise mit dem Kurs der Basisaktie identisch sind. Ist $S = K$, dann kann die Gleichung $c = S + p - K(1+r)^{-T}$ auch umgeschrieben werden zu $c = K + p - K(1+r)^{-T}$. Nach Umformung erhält man:

$$c = p + K\left[1 - (1+r)^{-T}\right]$$

Da bei positivem Zinssatz r und endlicher Laufzeit T der Ausdruck $K[1-(1+r)^{-T}]$ stets positiv ist, ergibt sich für c ein um $K[1-(1+r)^{-T}]$ höherer Wert als für p. Das risikolose Hedge-Portefeuille, welches aus dem Kauf der Aktie S und der Verkaufsoption p sowie dem gleichzeitigen Verkauf der Kaufoption c besteht, ergibt im Kapitalmarktgleichgewicht die Verzinsung des Basispreises mit dem risikolosen Zinssatz r.

Beispiel 8.8

Eine Aktie notiert zum gegenwärtigen Zeitpunkt bei 198,00 Euro und eine Call Option auf diese Aktie mit einem Basispreis von 220,00 Euro und einer Fälligkeit von fünf Monaten ist bei 23,00 Euro. Der risikofreie Marktzinssatz sei 4,4% p.a.

a) Es soll zunächst der faire Wert der Put Option nach der Put-Call-Parität berechnet werden.

b) Angenommen, die Put Option notiert am Markt bei 37,90 Euro, ist also unterbewertet. Es soll gezeigt werden. dass bei dieser Konstellation eine risikolose Arbitrage-Position eingegangen werden kann, die zum heutigen Zeitpunkt zu einem Mittelzufluss führt und zu nicht-negativen Zahlungsströmen im Verfallszeitpunkt der Option.

a) Mit $C - P = S - K(1+r)^{-T}$ erhält man:

   $P = C - S + K(1+r)^{-T} = 23 - 198 + 220(1{,}044)^{-0{,}4167} = 41{,}09$

b) Ist die Put Option am Markt unterbewertet, d.h. ist $P < C - S + K(1+r)^{-T}$ oder $-P + C - S + K(1+r)^{-T} > 0$, dann ergeben sich die in der nachfolgenden Tabelle aufgeführten Arbitragetransaktionen, die zum gegenwärtigen Zeitpunkt zu einem Zahlungsmittelzufluss von 3,19 Euro führen und zu nicht-negativen Zuflüssen in Zukunft.

		Cash Flow in fünf Monaten	
Transaktionen heute		$S_T < K$	$S_T > K$
Kauf Put	**−37,90**	$220{,}00 - S_T$	0
Verkauf Call	+23,00	0	$220{,}00 - S_T$
Kauf Aktie	−198,00	$+S_T$	$+S_T$
Kreditaufnahme	+216,09	−220,00	−220,00
Gesamt	+3,19	0	0

Bild 8.28 Arbitrage mit unterbewerteter Put Option

Excel-Umsetzung

Nach Eingabe der Größen Call Preis, Aktienkurs, Basispreis, Zinssatz und Laufzeit der Option kann der Put Preis über die Put-Call-Parität berechnet werden. Zur Beantwortung der Frage b) muss zur Erstellung der Arbitrage-Tabelle zusätzlich der unterbewertete Put Preis eingegeben werden. Für Aktienkurse, die kleiner (größer) als der Basispreis sind, wird exemplarisch ein Kurs von 200 Euro (240 Euro) in Ansatz gebracht.

Position	Inhalt	Excel-Umsetzung
D12	Berechnung des Put Wertes mit der Put-Call-Parität	=D6-D7+D8*(1+D9)^-(D10/12)
D24	Kauf Aktie	=-D7
D25	Barwert des Kredits	=D8*(1+D9)^-(5/12)
D26	Arbitragegewinn bei Positionseröffnung	=SUMME(D22:D25)
E22	Verkauf Put bei $S_T < K$	=MAX(0;D8-D17)
E23	Kauf Call bei $S_T < K$	=MAX(0;D17-D8)
E24	Verkauf Aktie	=D17
E25	Kreditrückzahlung bei Fälligkeit	=-D25*(1+D9)^(5/12)
E26	Arbitragegewinn bei $S_T < K$	=SUMME(E22:E25)
F22	Verkauf Put bei $S_T > K$	=MAX(0;D8-D18)
F23	Kauf Call bei $S_T > K$	=-MAX(0;D18-D8)
F24	Verkauf Aktie	=D18
F25	Kreditrückzahlung bei Fälligkeit	=-D25*(1+D9)^(5/12)
F26	Arbitragegewinn bei $S_T > K$	=SUMME(F22:F25)

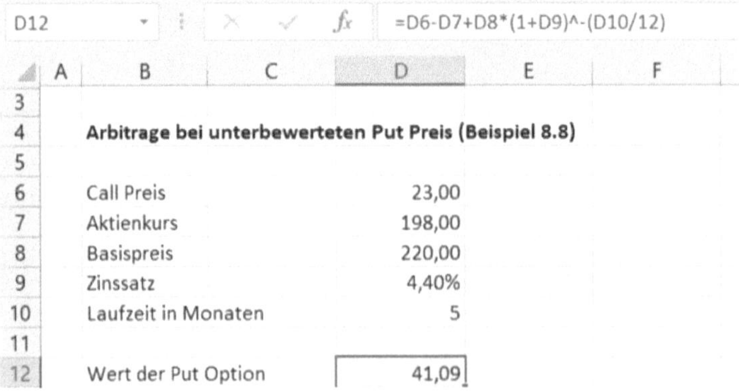
D12 =D6-D7+D8*(1+D9)^-(D10/12)

	A	B	C	D	E	F
3						
4		**Arbitrage bei unterbewerteten Put Preis (Beispiel 8.8)**				
5						
6		Call Preis		23,00		
7		Aktienkurs		198,00		
8		Basispreis		220,00		
9		Zinssatz		4,40%		
10		Laufzeit in Monaten		5		
11						
12		Wert der Put Option		41,09		

13				
14	*Arbitrage bei unterbewerteten Put*			
15				
16	Unterbewerteter Put Preis	37,90		
17	Aktienkurs < 220	200,00		
18	Aktienkurs > 220	240,00		
19				
20			Cash Flow in fünf Monaten	
21	Transaktionen heute		$S_T < K$	$S_T > K$
22	Kauf Put	-37,90	20,00	0,00
23	Verkauf Call	23,00	0,00	-20,00
24	Kauf Aktie	-198,00	200,00	240,00
25	Kreditaufnahme	216,09	-220,00	-220,00
26	Arbitragegewinn	3,19	0,00	0,00
27				

Bild 8.29 Arbitrage bei unterbewerteten Put Preis

Mit der Put-Call-Parität ist auch allgemein bewiesen, was über den Einfluss der Optionspreisdeterminanten auf den Optionspreis behauptet wurde (vgl. Kap. 8.4). Auf der linken Seite der Put-Call-Paritätsbeziehung befindet sich der Kaufoptionswert *c*, auf der rechten Seite der Gleichung der Verkaufsoptionswert *p* und fünf der fundamentalen Determinanten des Optionspreises, *S, K, D, r* und *t*. Wird nun bei Konstanz dieser fünf Determinanten irgendeine andere den Optionspreis beeinflussende Variable verändert, dann wirkt sich diese Änderung aufgrund der bestehenden Gleichgewichtsbeziehung gleichermaßen auf die Kaufoption und die Verkaufsoption aus.

Die Put-Call-Parität verdeutlicht auch, wie bei Kenntnis des Kaufoptionswertes (Verkaufsoptionswertes), des Kurses der zugrundeliegenden Aktie, des Zinssatzes und der Höhe der erwarteten Dividendenzahlungen der Verkaufsoptionswert (Kaufoptionswert) – gleiche Basispreise und Verfallzeiten vorausgesetzt – bestimmt werden kann. Dies impliziert auch, dass es grundsätzlich nur eine Optionsart gibt, eine Kaufoption oder eine Verkaufsoption, und dass alle sonstigen Positionen (Verkaufsoptionen bzw. Kaufoptionen, Spreads, Kombinationen) auf eine Optionsart zurückgeführt werden können. Die Put-Call-Relation trägt darüber hinaus zum tieferen Verständnis der Optionen bei, indem sie zeigt, dass eine europäische Kaufoption das Attribut einer teilweise fremdfinanzierten, durch die Einbeziehung einer Verkaufsoption gegen ungünstige Kursentwicklungen abgesicherten Aktie-Kaufposition (abzüglich des Einflusses der Dividenden, wenn die Optionen nicht dividendengeschützt sind) hat. Die europäische Verkaufsoption kann hierbei als Versicherung gegen das Absinken der Aktie unter den zugrunde gelegten Basispreis interpretiert werden. Die für diese Versicherungspolice zu zahlende Prämie stellt den Preis der Verkaufsoption dar. Analog zu dieser Interpretation einer europäischen Kaufoption lässt sich auch eine europäische Verkaufsoption erklären.

8.6.2 Put-Call-Parität Europäischer Optionen unter Berücksichtigung von Dividendenzahlungen

Werden *deterministische* Dividenden in Ansatz gebracht, dann reduziert sich am ex-Dividendentermin der Wert der Aktie um den zur Ausschüttung kommenden Dividende, was bewirkt, dass sich im Gegensatz zu dividendenadjustierten Optionen der

Verkaufsoptionswert erhöht und der Kaufoptionswert erniedrigt. Wird während der Optionslaufzeit T nur einmalig eine Dividende von D_1 bei einer verbleibenden Restlaufzeit von t_1 ausgeschüttet und wird der Dividendenabschlag genau in Höhe der Bardividende vorgenommen, dann ergeben sich die Preisrelationen:

$$p = c - S + D_1 (1+r)^{-(T-t_1)} + K(1+r)^{-T}$$

$$c = p + S - D_1 (1+r)^{-(T-t_1)} - K(1+r)^{-T}$$

Diese Relationen lassen sich für den Fall n-periodiger Dividendenzahlungen verallgemeinern. Es seien $D_j, j = 1, 2, \ldots, n$, die bis zum Ende der Optionsfrist anfallenden Dividendenzahlungen, t_j die jeweils verbleibende, korrespondierende Restlaufzeit nach Dividendenzahlung, und definiert man

$$\sum_{j=1}^{n} D_j (1+r)^{-(T-t_j)} = D_1 (1+r)^{-(T-t_1)} + \ldots + D_n (1+r)^{-(T-t_n)}$$

als die Summe der Barwerte aller bis zum Ablauf der Optionsfrist anfallenden Dividenden, so ergibt sich für den Verkaufsoptionswert:

$$p = c - S + \sum_{j=1}^{n} D_j (1+r)^{-(T-t_j)} + K(1+r)^{-T}$$

Der Kaufoptionswert c in Relation zum Verkaufsoptionswert p ist dann:

$$c = p + S - \sum_{j=1}^{n} D_j (1+r)^{-(T-t_j)} - K(1+r)^{-T}$$

Sind die zur Ausschüttung kommenden Dividenden *stochastisch*, d.h. es ist zwar der Zeitpunkt der Dividendenzahlungen bekannt, nicht aber deren Höhe, so lässt sich keine eindeutige Gleichgewichtsbeziehung zwischen dem Kauf- und Verkaufsoptionswert herstellen. Da für die Dividendenzahlungen jedoch Grenzwerte existieren, der Minimalwert ist Null, der Maximalwert ist S, kann aufgrund dieser Eingrenzung die Unsicherheitsproblematik auf einen nichtstochastischen Ansatz zurückgeführt werden, so dass sich auch für den Optionswert Extremwerte in Form von Ungleichungen ableiten lassen.

Es sei D^+ der Maximalwert und D^- der Minimalwert der erwarteten Dividendenzahlungen, dann gilt für den zur Ausschüttung kommenden Dividendenbetrag D_j, $D_j^+ > D_j > D_j^-$. Werden während der Laufzeit der Optionen mehrmals unsichere Dividendenzahlungen im Bereich D_j^+ und D_j^- mit einer jeweils verbleibenden Restlaufzeit von t_j vorgenommen, dann ergibt sich für p die Put-Call-Relation

$$c - S + \sum_{j=1}^{n} D_j^+ (1+r)^{-(T-t_j)} + K(1+r)^{-T} \geq p \geq c - S + \sum_{j=1}^{n} D_j^- (1+r)^{-(T-t_j)} + K(1+r)^{-T}$$

und für c erhält man:

$$p + S - \sum_{j=1}^{n} D_j^- (1+r)^{-(T-t_j)} - K(1+r)^{-T} \geq c \geq p + S - \sum_{j=1}^{n} D_j^+ (1+r)^{-(T-t_j)} - K(1+r)^{-T}$$

Die Gültigkeit dieser Wertebereiche kann wiederum mit dem Arbitrageargument bewiesen werden.

8.6.3 Put-Call-Parität Amerikanischer Optionen

Bei amerikanischen Kaufoptionen auf Aktien, die keine Dividenden ausschütten oder die dividendengeschützt sind, konnte gezeigt werden, dass eine vorzeitige Ausübung keine rationale Handlungsweise darstellt. In diesem Fall ist die Kaufoption zu jedem Zeitpunkt während der Optionslaufzeit unausgeübt mehr wert als ausgeübt. Diese Aussage trifft auf amerikanische Verkaufsoptionen nicht zu. Unabhängig von etwaigen Dividendenzahlungen besteht für eine amerikanische Verkaufsoption immer eine positive Wahrscheinlichkeit für eine vorzeitige Ausübung, d.h. für $T > 0$ gilt während der gesamten Laufzeit der Option $P \geq max(0, K - S)$ und $P \geq p$, wobei $P - p > 0$ ist und den Wert des Rechts der vorzeitigen Ausübung darstellt. Ausgehend von diesen Überlegungen muss für eine amerikanische Verkaufsoption gelten:

$$P = C - S + K(1+r)^{-T} \geq 0$$

Durch Umformung erhält man die Wertuntergrenze zu:

$$P \geq C - S + K(1+r)^{-T}$$

Betrachtet man den speziellen Fall der sofortigen Ausübung der Verkaufsoption P, so tendiert der Zinseffekt gegen Null. Da $K > K(1+r)^{-T}$, erhält man als Wertobergrenze:

$$P \leq C - S + K$$

Durch Kombination dieser Ungleichungen ergibt sich die Put-Call-Paritätsbeziehung der Form

$$C - S + K \geq P \geq C - S + K(1+r)^{-T}.$$

Der durch diese Beziehung definierte Wertebereich kann wiederum mit Hilfe des Arbitragearguments bewiesen werden. Ist die Wertuntergrenze $P > C - S + K(1+r)^{-T}$ dahingehend verletzt, dass $P < C - S + K(1+r)^{-T}$ oder $C - P - S + K(1+r)^{-T} > 0$, dann ließe sich durch den Verkauf des Calls, den Kauf des Puts, den Kauf der Aktie und durch eine Kreditaufnahme (z.B. durch den Verkauf risikofreier Null-Kuponanleihen) in Höhe von $K(1+r)^{-T}$ sofort ein positiver Geldbetrag vereinnahmen. Wird der verkaufte Call vor dem Verfallstag nicht ausgeübt, wird der Put bis zum Verfallstermin gehalten und es entsteht kein weiterer Gewinn oder Verlust. Wird hingegen der Call bei einer noch verbleibenden Restlaufzeit von t' ausgeübt, wird die Aktie geliefert und der Basispreis K vereinnahmt, der für die Rückzahlung des Kredits verwendet wird. Es verbleibt ein Betrag in Höhe von $K - K(1+r)^{-t'}$. Zudem verbleibt die Put Option, die immer noch einen positiven Wert hat.

Ist hingegen die Wertobergrenze $P < C - S + K$ dahingehend verletzt, dass $P > C - S + K$ oder $P - C + S - K > 0$ ist, dann wird die Put Option und die Aktie verkauft, der Call gekauft und der Betrag K angelegt. Dadurch kann heute ein positiver Betrag vereinnahmt werden. Wird der verkaufte Put am oder vor dem Verfallstermin ausgeübt, wird der Betrag K abgehoben und zur Bezahlung der Aktie verwendet. Die angediente Aktie wird zur Glattstellung der Aktie-Short Position verwendet. Es verbleiben die Call Option und die aufgelaufenen Zinsen auf K.

Entsprechend der obigen Vorgehensweise lässt sich der Wert der Kaufoption C auf eine sonst gleiche Verkaufsoption P zurückführen und begründen. Man erhält:

$$P + S - K(1+r)^{-T} \geq C \geq P + S - K$$

Auch hier kann die Gültigkeit der Beziehung durch mögliche Arbitrage nachgewiesen werden, wenn die Ungleichung verletzt ist.

8.6.4 Put-Call-Parität Amerikanischer Optionen unter Berücksichtigung von Dividendenzahlungen

Betrachtet man *deterministische* Dividendenzahlungen und geht man von einer einmaligen Dividendenzahlung D_1 bei t_1 verbleibender Restlaufzeit aus, dann ergibt sich für den Verkaufsoptionswert P die Paritätsbeziehung

$$C - S + K(1+r)^{-T} \leq P \leq C - S + D_1(1+r)^{-(T-t_1)} + K$$

Die linke Seite der Ungleichung stellt die Untergrenze für den Verkaufsoptionswert P dar. Die Dividendenzahlung D_1 bleibt dabei unberücksichtigt, da im Fall der Unterbewertung von P und damit der Überbewertung von C die Kaufoption C verkauft wird und dadurch die Möglichkeit der vorzeitigen Ausübung von C besteht, und die gesamte Position ohne Dividendeneinnahme bleibt. Die rechte Seite der Ungleichung bildet die Obergrenze für den Verkaufsoptionswert. Hierbei wird berücksichtigt, dass bei einer Überbewertung von P und damit Unterbewertung von C die Verkaufsoption P verkauft wird und möglicherweise unmittelbar nach dem ex-Dividendentermin optimal ausgeübt wird. D_1 ist deshalb Bestandteil der Wertobergrenze. Mit der gleichen Begründung bestimmt sich der Wertebereich für den amerikanischen Verkaufsoptionswert bei mehrmaligen deterministischen Dividendenzahlungen während der Optionslaufzeit:

$$C - S + K(1+r)^{-T} \leq P \leq C - S + \sum_{j=1}^{n} D_j(1+r)^{-(T-t_j)} + K$$

Für den Kaufoptionswert C relativ zum Verkaufsoptionswert P erhält man bei einmaliger Dividendenzahlung das Put-Call-Paritätstheorem

$$P + S - D_1(1+r)^{-(T-t_1)} - K \leq C \leq P + S - K(1+r)^{-T}$$

Der Wegfall des Barwertes der Dividendenzahlung bei der Wertobergrenze (rechte Seite der Ungleichung) des Kaufoptionswertes ist bedingt durch die mögliche optimale Ausübung der (überbewerteten und somit verkauften) Kaufoption vor dem ex-Dividendentermin. Die gesamte Position bleibt dann ohne Dividendeneinnahme. Die Wertuntergrenze (linke Seite der Ungleichung) von C wird durch die Tatsache festgelegt, dass im Fall der Unterbewertung von C und damit Überbewertung von P die Verkaufsoption verkauft und möglicherweise nach dem ex-Dividendentermin ausgeübt wird. D_1 ist deshalb Bestandteil der Wertuntergrenze des Kaufoptionswertes.

Bei mehreren *deterministischen* Dividendenzahlungen während der Optionsfrist erhält man für den Kaufoptionswert die Relation:

$$P + S - \sum_{j=1}^{n} D_j(1+r)^{-(T-t_j)} - K \leq C \leq P + S - K(1+r)^{-T}$$

Diese Ungleichung bildet die Ober- bzw. Untergrenze von C, wenn die Bedingungen für die vorzeitige Ausübung in die Überlegungen miteinbezogen werden. Die Richtigkeit der Beziehung kann mit dem Arbitrageargument bewiesen werden.

Sind die zur Ausschüttung kommenden Dividenden *stochastisch*, d.h. es ist zwar der Zeitpunkt der Dividendenzahlungen bekannt, nicht aber deren Höhe, so lässt sich auch bei amerikanischen Optionen keine eindeutige Gleichgewichtsbeziehung zwischen dem Kauf- und Verkaufsoptionswert herstellen. Da für die Dividendenzahlungen jedoch Grenzwerte existieren – der Minimalwert ist Null, der Maximalwert ist S – können auch hier für den Optionswert Extremwerte in Form von Ungleichungen angegeben werden. Man erhält schließlich für die Put Option bei mehrmaligen Dividendenzahlungen die Relation

$$C - S + K(1+r)^{-T} \leq P \leq C - S + \sum_{j=1}^{n} D_j^{+}(1+r)^{-(T-t_j)} + K$$

und für die Kaufoption ergibt sich:

$$P + S - \sum_{j=1}^{n} D_j^{+}(1+r)^{-(T-t_j)} - K \leq C \leq P + S - K(1+r)^{-T}$$

Die aufgezeigten Beziehungen für den Kauf- und Verkaufsoptionswert lassen sich anhand ertragsfähiger Arbitragegeschäfte bei Nichterfüllung der Relationen begründen. Exemplarisch soll der Beweis des Ungleichungssystems für den Verkaufsoptionswert durchgeführt werden.

Zur Begründung der Untergrenze nehme man an, der Wert von P läge unterhalb des Wertebereichs, d.h. $P < C - S + K(1+r)^{-T}$ oder $-P + C - S + K(1+r)^{-T} > 0$. Durch den Kauf des Puts, den Verkauf des Calls, den Kauf der Aktie und einer Kreditaufnahme von $K(1+r)^{-T}$ zum risikolosen Zinssatz ließe sich sofort ein Einzahlungsüberschuss realisieren. Wird die Kaufoption nicht vorzeitig ausgeübt, bleibt die Position bis zum Verfallstermin der Option bestehen. Die zwischenzeitlich vereinnahmten Dividenden werden zum risikofreien Zinssatz reinvestiert, so dass sich am Ende der Optionsfrist nach Auflösung der Position hieraus ein zusätzlicher Ertrag ergibt. Wird stattdessen der Call vor Ablauf der Optionsfrist bei einer noch verbleibenden Restlaufzeit von t', $t' < T$, optimal ausgeübt, werden die Aktie geliefert und der erhaltene Betrag K zur Tilgung des Darlehens verwendet, woraus sich eine Zinsersparnis von $K - K(1+r)^{-t'}$ ergibt. Zusätzlich verbleibt die Put Option, dessen Wert nicht negativ werden kann.

Zur Begründung der Obergrenze nehme man an, dass die Ungleichung derart verletzt sei, dass $P > C - S + \sum_{j=1}^{n} D_j^{+}(1+r)^{-(T-t_j)} + K$ oder $P - C + S - \sum_{j=1}^{n} D_j^{+}(1+r)^{-(T-t_j)} - K > 0$ gilt. Der Verkauf der Put Option, der Kauf der Call Option, der Leerverkauf der Aktie und die Anlage von $K + \sum_{j=1}^{n} D_j^{+}(1+r)^{-(T-t_j)}$ zum risikolosen Zinssatz ergibt sofort einen positiven Ertrag. Der angelegte Betrag der erwarteten Dividenden wird zur Bedienung der Dividendenerstattung auf den Leerverkauf der Aktie verwendet. Wird die Aktien-Leerverkaufsposition vor dem Verfallstermin glattgestellt oder sind die real ausgeschütteten Dividenden niedriger als angenommen, ergibt sich hieraus ein zusätzlicher Ertrag. Wird die Put Option nicht vorzeitig ausgeübt, bleibt die gesamte Position bestehen und wird dann am Verfallstag ohne Verlust liquidiert. Wird stattdessen die Put Option vor dem Verfallstermin ausgeübt, wird der angelegte Betrag K zur Bezahlung der angedienten Aktie verwendet, die wiederum zum Ausgleich der Aktie-Leerverkaufsposition verwendet wird. Es verbleiben von der ursprünglich eingegangenen Position die Call Option, die aufgelaufenen Zinsen auf den Basispreis und der Teil der angelegten Dividenden, der nicht zur Auszahlung gelangte.

Die in diesem Kapitel hergeleiteten Arbitragerestriktionen könnten durch Lockerung der Kapitalmarktprämissen erweitert werden, hätte man beispielsweise zusätzliche Informationen über die künftige Zinsentwicklung oder könnten weiter verallgemeinert werden, z.B. durch Zulassung unterschiedlich hoher Zinssätze für risikolose Geldanlagen und Kreditaufnahmen oder durch Miteinbeziehung von Transaktionskosten, Sicherheitsleistungen und Steuern. Es würden sich hierdurch jedoch nur geringfügige Variationen des als zulässig befundenen Wertebereichs ergeben, ohne dadurch nennenswerte risikolose Arbitragebeziehungen hervorzurufen.

8.7 Das Binomialmodell nach Cox/Ross/Rubinstein

8.7.1 Vorbemerkungen zur Optionspreistheorie

Der Preis einer Option bildet sich auf dem Optionsmarkt durch Angebot und Nachfrage und gibt an, wie die Marktteilnehmer die Gewinnchancen und Verlustrisiken einer Option bewerten. Dieser als Optionspreis bezeichnete Marktpreis unterliegt einer Vielzahl von Einflussfaktoren und richtet sich nach den Erwartungen und Entscheidungen der Markteilnehmer. Nicht alle dieser wertbestimmenden Einflussgrößen sind erfassbar und können quantifiziert werden, so dass der Preisbildungsprozess des Marktes mit Hilfe von Bewertungsmodellen, einem vereinfachten Abbild der ökonomischen Wirklichkeit, zu erklären versucht wird, aus denen ein als Optionswert bezeichneter Modellpreis logisch deduziert wird. In den Modellen der Kapitaltheorie wird das Gleichgewicht zwischen Anbietern und Nachfragern durch ein Annahmesystem erreicht, das den Markt und die Verhaltensweisen der Marktteilnehmer beschreibt. Enthalten die Modellannahmen weder individuelle Zeit- und Risikopräferenzen der Marktteilnehmer noch Annahmen über das stochastische Aktienkursverhalten, dann wird die resultierende Bewertung als präferenz- und verteilungsfrei bezeichnet.

Im Rahmen dieses präferenz- und verteilungsfreien Optionsbewertungskonzepts wurde in den vorhergehenden Kapiteln auf der Grundlage einer rationalen Bewertung ein System von Bedingungen entwickelt, die den Optionswert im Zusammenwirken mit den maßgeblichen Bestimmungsgrößen Aktienkurs, Basispreis, Restlaufzeit, Volatilität, Zinssatz und Bardividenden erfüllen muss, um unausgenutzte Arbitragemöglichkeiten auszuschließen. Die abgeleiteten Wertbeziehungen hatten die Form von Ungleichungen, und es bleibt festzustellen, dass der Optionswert nur bei Ablauf der Optionsfrist durch eine eindeutige, direkte Beziehung in Form der Gleichung $C = max(0, S - K)$ und $P = max(0, K - S)$ bestimmt werden konnte. Vor Ablauf der Optionsfrist hingegen konnte der Optionswert nur eingegrenzt werden und es war nicht möglich, eine Bewertungsgleichung (eine preisbestimmende Formel) für den Kauf- oder Verkaufsoptionswert anzugeben. Gegenstand der Optionsbewertungstheorie ist es, im Rahmen eines Gleichgewichtsmodells die wertbestimmenden Determinanten exakt zu quantifizieren und so zueinander in Beziehung zu setzen, dass mittels einer theoretisch einwandfreien Bewertungsmethode die Bestimmung des fairen Optionspreises möglich ist, damit die am börsenorganisierten Optionshandel Beteiligten die Vorteilhaftigkeit ihrer Engagements beurteilen können.

Um den Wert einer Option vor Ablauf der Optionsfrist bestimmen zu können, müssen über die vertraglich festgelegten Größen Basispreis und Restlaufzeit hinaus zusätzliche Annahmen über die unsichere, zukünftige Entwicklung des Kurses der zugrundeliegenden Aktie getroffen werden. Die Genauigkeit der Aktienkursprognose, die die entscheidend durch die angewandten Prognosemethoden und die ihr zur Verfügung stehenden Informationen bestimmt wird, und der Grad der Übereinstimmung der erwarteten mit der tatsächlich eintretenden Entwicklung hat fundamentale Bedeutung in der Einschätzung der Entwicklung der absoluten Höhe des Optionswertes, von dem wiederum der ertragsorientierte Investor seine Entscheidung über die anlagestrategische Verwendung des Instruments „Option" abhängig macht.

Die Kursprognose erfolgt entweder mit den traditionellen Ansätzen der fundamentalen und technischen Aktienanalyse oder mit den zu den traditionellen Methoden im Gegensatz stehenden, auf Effizienzthesen aufbauenden Random-Walk-Ansatz. Während die traditionellen Methoden einen gewissen Kausalzusammenhang zwischen den in der Vergangenheit zustande gekommenen Werten und der zukünftigen Kursentwicklung unterstellen, folgen bei der Random-Walk-Hypothese die Aktienkurse auf effizienten Kapitalmärkten einem nicht zu prognostizierenden Irrfahrtsprozess (Random-Walk). Demzufolge sind alle bewertungsrelevanten Tatsachen im Augenblick ihres Entstehens den Marktteilnehmern bekannt und im Kurs der Aktie eskomptiert. Der gegenwärtige Aktienkurs gilt als bester Schätzwert des künftigen Kurses und ist unabhängig von der Kenntnis der vergangenen Kursentwicklung. Der zukünftige Aktienkurs kann demnach als Zufallsprozess (stochastischer Prozess) aufgefasst werden, d.h. der künftige Aktienkurs ist von neuen, zufällig auftretenden bewertungsrelevanten Einflüssen abhängig, für die sich Wahrscheinlichkeiten angeben lassen.

Lösungsansätze zur Bewertung von Optionsrechten und ihrer spezifischen Ausgestaltungsformen (Optionsscheine, Optionsanleihen, börsennotierte Optionen auf Aktien und andere Finanztitel und sonstige Finanzierungsinstrumente mit Optionscharakter) zu entwickeln, ist seit Jahrzehnten Gegenstand zahlreicher wissenschaftlicher Untersuchungen. Erst 1973 gelang es Black/Scholes, in ihrem epochalen Aufsatz „The Pricing of Options and Corporate Liabilities" die Schwächen und Inkonsistenzen früherer Bewertungsmodelle zu eliminieren und ein auf einem vollständigen Kapitalmarktgleichgewicht beruhendes, geschlossenes Bewertungsmodell zu präsentieren, aus dem mit Hilfe des theoretischen Konstrukts eines teilweise fremdfinanzierten, aus Aktien und Aktienoptionen bestehenden, im Zeitablauf ständig anzupassenden und risikolose Arbitragemöglichkeiten ausschließenden Hedge-Portfolios, dessen erwarteter Ertrag auf einem im Gleichgewicht befindlichen Markt nur dem Ertrag einer risikolosen Anlage entsprechen darf (es darf nur der risikolose Zinssatz verdient werden), der Wert einer Option unabhängig von individuellen Zeit- und Risikopräferenzen der Marktteilnehmer und unabhängig auch von Annahmen hinsichtlich eines risikoadäquaten Diskontierungszinssatzes, deduziert werden kann. Diese von Black/Scholes begründete und von Merton im selben Jahr entscheidend erweiterte Optionsbewertungstheorie wird deshalb als präferenzfrei bezeichnet.

Das Optionspreismodell von Black und Scholes beruht auf der Annahme, dass die Aktien zeitkontinuierlich gehandelt werden (es wird eine geometrisch Brownsche

Bewegung der Aktienkurse angenommen), es baut somit auf einem stetigen Ansatz auf und erhält dadurch einen komplizierten mathematischen Überbau, was bewirkt, dass die eigentlichen ökonomischen Zusammenhänge des Modells schwer verständlich werden.

Eine besondere Bedeutung ist deshalb dem im Rahmen der präferenzfreien, verteilungsabhängigen Optionsbewertungstheorie von Cox/Ross/Rubinstein (1979) entwickelten diskreten Optionspreismodell beizumessen. Diesem Modell, das im Wesentlichen auf den gleichen Voraussetzungen wie das Black/Scholes-Modell beruht, liegt als Annahme über die zukünftige Aktienkursentwicklung eine nur zweiwertige (binomiale) Verteilungshypothese zugrunde. Der Vorteil des Binomischen Bewertungsmodells ist darin zu sehen, dass es wegen des relativ einfach zu handhabenden und mathematisch leicht nachvollziehbaren multiplikativen Binomialprozesses einen tiefen Einblick in die der Optionsbewertung zugrundeliegenden ökonomischen Zusammenhänge gewährt, einfach und verständlich die Grundidee des risikolosen Hedge-Portfolios zu erklären vermag und gezeigt werden kann, dass die zeitkontinuierlichen Modelle, so auch das Black/Scholes-Modell, als Grenzfälle des Binomialansatzes hergeleitet werden können. Bevor nun das Binomial-Modell explizit vorgestellt wird, soll an einem einfachen Beispiel die auf Black/Scholes (1973) und Merton (1973) zurückgehende Idee des risikolosen Hedge-Portfolios dargestellt werden.

Betrachtet wird eine Aktie mit einem gegenwärtigen Kurs von 30 Euro, die nach einem Jahr entweder um 30% gestiegen oder um 20% gefallen ist. Der Kauf der Aktie wird durch den Verkauf risikofreier Null-Kuponanleihen zum gegenwärtigen Kurs von 28,30 Euro mit einem Rückzahlungsbetrag (Nennwert) von 30 Euro (das entspricht einer Darlehensaufnahme von 28,30 Euro zum risikolosen Zinssatz von 6%, rückzahlbar nach Ablauf der betrachteten Periode von einem Jahr) finanziert. Aktien und Anleihen sind beliebig teilbar. Es soll der Wert einer Kaufoption auf die Aktie bestimmt werden, wenn der Basispreis 30 Euro beträgt. Da die Option durch ein Portfolio aus einer bestimmten Anzahl von Aktien und Null-Kuponanleihen nachgebildet (dupliziert) wird, werden keine weiteren Informationen benötigt.

Zur Berechnung des Kaufoptionswertes wird zunächst der Wert der Option am Laufzeitende betrachtet. Steigt der Aktienkurs um 30% auf 39 Euro, beträgt der Wert der Kaufoption 9 Euro. Fällt der Kurs um 20% auf 24 Euro, ist ihr Wert Null. Der Zerobond wird am Ende der Laufzeit einschließlich Zinsen mit 30 Euro zurückgezahlt. Der Wert der Kaufoption soll nun durch ein Portfolio aus Aktien und Zerobonds nachgebildet werden. Dazu werden x Aktien gekauft und durch y Zerobonds finanziert. Zur Bestimmung der Variablen x und y müssen folgende Gleichungen aufgestellt werden:

$39x + 30y = 9$ bei einem Kursanstieg und
$24x + 30y = 0$ bei einem Kursrückgang

Durch Lösen des Gleichungssystems erhält man $x = 0{,}6$ und $y = -0{,}48$. Mit dem Kauf von 0,6 Aktien finanziert mit 0,48 Zerobonds wird die Kaufoption nachgebildet. Da auf einem perfekten Markt ohne unausgenutzte Arbitragemöglichkeiten zwei Portfolios, die Kaufoption einerseits und das die Kaufoption abbildende Portfolio andererseits, die in jeder Zustandskonstellation identische Rückflüsse produzieren, auch denselben Preis haben müssen, lässt sich daraus der heutige Preis der Kaufoption ableiten:

$$C = 0{,}6 \cdot 30 - 0{,}48 \cdot 28{,}30 = 4{,}42$$

Die einzelnen Transaktionen sind in Bild 8.30 dargestellt. Es wird deutlich, dass eine im richtigen Verhältnis fremdfinanzierte Aktienposition die zukünftigen Erträge einer Kaufoption abbildet. Allein die Kenntnis des Aktienkurses, des Basispreises und die Schwankungsbreite des Aktienkurses und die Kenntnis des Zinssatzes genügen, um den Wert der Kaufoption exakt zu determinieren. Da annahmegemäß die Finanztitel beliebig teilbar sind, erhält man de facto im aufgeführten Beispiel eine Kaufoption, wenn man 0,6 Aktien hält und diese durch die Ausgabe von 0,48 Zerobonds finanziert. Zum gegenwärtigen Zeitpunkt müssen dann beide Anlageformen, die Kaufoption und das äquivalente Portfolio, den gleichen Wert aufweisen, d.h. es muss gelten, $C = 0{,}6 \cdot 30 - 0{,}48 \cdot 28{,}30 = 4{,}42$. Auch wird deutlich, dass das so konstruierte Portfolio unabhängig vom möglichen Kursniveau der Aktie am Ende der Optionsfrist weder einen Gewinn noch einen Verlust ausweist, somit also einen sicheren Zahlungsüberschuss von Null erbringt. Das so konstruierte Portfolio aus Kaufoptionen, Aktien und einem risikolosen Wertpapier ist ein perfektes Hedge-Portfolio.

		Cash Flow im Verfallstermin T	
Transaktionen heute		$S_T = 24$	$S_T = 39$
Verkauf Call	4,42	0	9,00
Kauf Aktie	18,00	14,40	23,40
Verkauf Zerobonds	13,58	14,40	14,40
Gesamt	0	0	0

Bild 8.30 Perfektes Hedge-Portfolio aus Kaufoptionen, Aktien und risikofreien Nullkupon-Anleihen

Weicht der tatsächliche Marktpreis von dem ermittelten Wert ab, ließe sich sofort ein sicherer Gewinn erzielen. Wäre beispielsweise $C = 5$ Euro, ergäbe sich zum gegenwärtigen Zeitpunkt durch den Verkauf des Calls zu 5 Euro, den Kauf von 0,6 Aktien zu 30 Euro und durch den Verkauf von 0,48 Zerobonds zu 28,30 Euro sofort ein Gewinn von 0,58 Euro ($5 - 0{,}6 \cdot 30 + 0{,}48 \cdot 28{,}30 = 0{,}58$), ohne dass in Zukunft weitere Gewinne oder Verluste anfielen. Wäre der Marktpreis der Kaufoption bei 3,84 Euro, also um 0,58 Euro unterbewertet, dann ließe sich durch den Kauf der Option zu 3,84 Euro, den Verkauf von 0,6 Aktien zu 30 Euro und durch den Kauf von 0,48 Zerobonds zu 28,30 Euro das gleiche Ergebnis erzielen ($-3{,}84 + 0{,}6 \cdot 30 - 0{,}48 \cdot 28{,}30 = 0{,}58$). Die weitere Vorgehensweise bei der Bestimmung des Optionswertes folgt im Wesentlichen dem oben beschriebenen Duplikationsprinzip (Pricing bei Duplication).

8.7.2 Bewertung von Kaufoptionen

Zur Bestimmung des Wertes einer Option vor Ablauf der Optionsfrist werden die folgenden grundlegenden Annahmen gemacht:

1. Die Märkte für Optionen, Anleihen und Aktien sind friktionslos und vollkommen.
2. Der Handel mit Aktien erfolgt zu diskreten, äquidistanten Zeitpunkten. Der zukünftige Aktienkursverlauf entspricht einem multiplikativen Binomialprozess mit dem Wahrscheinlichkeitsparameter q und den Wertänderungsparametern $1 + u$ und $1 + d$.

Zunächst wird die Bewertung von Kauf- und Verkaufsoptionen ohne die Berücksichtigung von Dividendenzahlungen vorgenommen. Im weiteren Verlauf werden dann auch Dividenden in das Bewertungsmodell integriert.

Unter der Annahme einer zweiwertigen (binomischen) Verteilungshypothese über die zukünftige Aktienkursentwicklung nimmt der gegenwärtige Aktienkurs S am Ende der betrachteten Periode mit der Wahrscheinlichkeit q den Wert $(1+u)S$ und mit der Wahrscheinlichkeit $1-q$ den Wert $(1+d)S$ an. Die Entwicklung des Aktienkurses lässt sich durch das folgende Zustandsdiagramm veranschaulichen.

S_{T-1}

$S_{T,u} = (1+u)S_{T-1}$ mit der Wahrscheinlichkeit q

$S_{T,d} = (1+d)S_{T-1}$ mit der Wahrscheinlichkeit $1-q$

Dabei entspricht u der Aktienrendite bei steigendem Aktienkurs und d der Aktienrendite bei fallendem Kurs am Ende der betrachteten Zeitperiode. Da annahmegemäß am Markt keine unausgenutzten Arbitragemöglichkeiten bestehen, muss für die Wertänderungsparameter u und d sowie für den risikolosen Zinssatz r gelten: $u > r > d$. Da Aktienkurse wegen ihres beschränkten Verbindlichkeitscharakters keine negativen Werte annehmen können, muss für d weiter $d \geq 0$ gelten. Um den Wert einer Kaufoption in Abhängigkeit der oben dargestellten zweiwertigen Verteilungsannahme für den Aktienkurs bestimmen zu können, wird zunächst der Fall der *einperiodigen Restlaufzeit* betrachtet.

Einperiodiges Modell

Es sei C_{T-1} der gegenwärtige Wert der Kaufoption (Kaufoptionswert bei einer verbleibenden Restlaufzeit von einer Periode), $C_{T,u}$ der Kaufoptionswert am Ende der einperiodigen Restlaufzeit bei einem Aktienkurs von $S_{T,u} = (1+u)S_{T-1}$ und $C_{T,d}$ der Kaufoptionswert bei einem Aktienkurs von $S_{T,d} = (1+d)S_{T-1}$ am Ende der einperiodigen Restlaufzeit. Da Dividendenzahlungen unberücksichtigt bleiben, ist eine vorzeitige Ausübung einer amerikanischen Kaufoption nicht vorteilhaft. Der Wert einer europäischen oder amerikanischen Kaufoption ergibt sich demnach aus den am Ende des betrachteten Zeitintervalls T möglichen Realisationen des Optionswertes:

$$C_{T,u} = \max\left(0,\ S_{T,u} - K\right) = \max\left[0,\ (1+u)S_{T-1} - K\right]$$

$$C_{T,d} = \max\left(0,\ S_{T,d} - K\right) = \max\left[0,\ (1+d)S_{T-1} - K\right].$$

Unbestimmt ist der gegenwärtige Wert der Kaufoption.

C_{T-1}

$C_{T,u} = max(0, S_{T,u} - K)$ mit der Wahrscheinlichkeit q

$C_{T,d} = max(0, S_{T,d} - K)$ mit der Wahrscheinlichkeit $1-q$

Würden sich alle Marktteilnehmer risikoneutral verhalten, könnte die Bestimmung von C_{T-1} einfach dadurch erfolgen, dass man den Erwartungswert $E(C_T)$ am Ende des Zeitintervalls bestimmt, d.h., dass man $C_{T,u}$ und $C_{T,d}$ mit den Realisationswahrscheinlichkeiten q und $1-q$ gewichtet und die Summe mit dem risikolosen Zinssatz r diskontiert. Damit erhielte man:

$$C_{T-1} = \frac{E(C_T)}{(1+r)} = \frac{\left[qC_{T,u} + (1-q)C_{T,d}\right]}{(1+r)}$$

Da jedoch keine Risikoneutralität vorausgesetzt ist und die Kenntnis der subjektiven Wahrscheinlichkeitsverteilung der zugrundeliegenden Aktie nicht übereinstimmend vorhergesagt werden kann, wird der Kaufoptionswert analog zu der in Abschnitt 8.7.1 aufgezeigten Vorgehensweise durch Bildung eines *äquivalenten Portfolios* bestimmt.

Definiert wird ein Portfolio $\Delta S_{T-1} + B$, das aus Δ Stück der zugrundeliegenden Aktie sowie einem Betrag B risikoloser Wertpapiere besteht. Den Wert dieses Portfolios am Ende der einperiodigen Restlaufzeit zeigt das folgende Diagramm.

$$\Delta(1+u)S_{T-1} + (1+r)B = \Delta S_{T,u} + (1+r)B$$

mit der Wahrscheinlichkeit q

$$\Delta S_{T-1} + B$$

$$\Delta(1+d)S_{T-1} + (1+r)B = \Delta S_{T,d} + (1+r)B$$

mit der Wahrscheinlichkeit $1-q$

Da die Anzahl der Aktien und der risikolosen Wertpapiere beliebig gewählt werden kann, muss das äquivalente Portfolio in jedem Zustand die gleichen Rückflüsse erzeugen wie die durch das äquivalente Portfolio duplizierte Kaufoption, d.h. es muss gelten:

$$C_{T,u} = \Delta(1+u)S_{T-1} + (1+r)B$$

$$C_{T,d} = \Delta(1+d)S_{T-1} + (1+r)B$$

Löst man das Gleichungssystem nach den beiden Variablen Δ und B auf, erhält man:

$$\Delta = \frac{C_{T,u} - C_{T,d}}{(u-d)S_{T-1}} = \frac{C_{T,u} - C_{T,d}}{S_{T,u} - S_{T,d}}$$

$$B = \frac{(1+u)C_{T,d} - (1+d)C_{T,u}}{(u-d)(1+r)}$$

Oder vereinfacht geschrieben:

$$\Delta = \frac{C_u - C_d}{(u-d)S} = \frac{C_u - C_d}{S_u - S_d}$$

$$B = \frac{(1+u)C_d - (1+d)C_u}{(u-d)(1+r)}$$

Der Wert von Δ bestimmt die Anzahl der zu kaufenden Aktien, um die Kaufoption zu replizieren, wobei $0 \leq \Delta \leq 1$. Der Wert von B, wobei $B \leq 0$, gibt an, wieviel risikolose Anleihen verkauft werden bzw. Fremdmittel zum risikolosen Zinssatz aufgenommen werden, um das Investment in die Aktie zu finanzieren.

Werden Δ und B auf die oben dargestellte Weise gewählt, dann ist das äquivalente Portfolio determiniert und es kann daraus der Kaufoptionswert berechnet werden.

Um risikolose Arbitrage auszuschließen, muss der gegenwärtige Wert der Kaufoption C_{T-1} im Marktgleichgewicht denselben Wert haben wie das äquivalente Portfolio zum Zeitpunkt $T-1$, d.h. es muss gelten:

$$C_{T-1} = \Delta S_{T-1} + B$$

oder

$$C = \Delta S + B$$

Wäre der Wert der Kaufoption kleiner als das äquivalente Portfolio, ließe sich durch den Kauf des Calls und den Verkauf des äquivalenten Portfolios (d.h. durch den Verkauf der Aktie und eine Geldanlage) heute (in $T-1$) ein positiver Cash Flow realisieren und ein nicht negativer Cash Flow in T, unabhängig davon, ob die Aktie steigt oder fällt. Wäre der Call überbewertet, ergäbe sich durch den Verkauf des Calls und den Kauf des äquivalenten Portfolios (d.h. Kauf der Aktie mittels Kreditaufnahme) ebenfalls ein risikoloser Arbitragegewinn erzielen.

Setzt man Δ und B wie oben determiniert in die Gleichung $C_{T-1} = \Delta S_{T-1} + B$ ein, dann erhält man:

$$C_{T-1} = \frac{\frac{r-d}{u-d} C_{T,u} + \frac{u-r}{u-d} C_{T,d}}{1+r}$$

Diese Gleichung lässt sich vereinfachen, definiert man

$$p = \frac{r-d}{u-d} \quad \text{und} \quad 1-p = \frac{u-r}{u-d}$$

Damit ergibt sich für den Wert einer Kaufoption auf eine dividendenlose oder dividendengeschützte Aktie mit einperiodiger Restlaufzeit, einem Basispreis von K und einem aktuellen Aktienkurs von S_{T-1} die Bewertungsgleichung

$$C_{T-1} = \frac{pC_{T,u} + (1-p)C_{T,d}}{1+r}$$

oder vereinfacht geschrieben

$$C = \frac{pC_u + (1-p)C_d}{1+r}$$

mit $C_u = max(0, uS - K)$ und $C_d = max(0, dS - K)$. Diese Gleichung ist eine exakte Formel zur Bewertung einer Kaufoption bei einer verbleibenden Restlaufzeit von *einer* Periode. Ihr Wert ist durch den aktuellen Aktienkurs S, den Basispreis K, der Restlaufzeit T, den risikolosen Zinssatz r und die Wertänderungsparameter u und d bestimmt. Dabei sind S, K, T *und* r beobachtbare bzw. festgelegte Größen, während u und d geschätzt werden müssen.

Die Bewertungsgleichung ist in verschiedener Hinsicht bemerkenswert. Der Wert der Kaufoption ist unabhängig von den Eintrittswahrscheinlichkeiten q und $1-q$, d.h. Marktteilnehmer, auch wenn sie bezüglich der Realisationswahrscheinlichkeiten q und $1-q$ für u (Ansteigen des Aktienkurses) bzw. d (Sinken des Aktienkurses) unterschiedliche subjektive Wahrscheinlichkeiten haben, gelangen dennoch im Marktgleichgewicht zum selben Optionspreis. Der Kaufoptionspreis ist auch unabhängig von den Risikopräferenzen der Marktteilnehmer und den Charakteristika anderer Vermögensanlagen, ausgenommen der zugrundeliegenden Aktie und dem risikolosen Wertpapier. Die Bewertungsgleichung gilt demnach für risikoaverse, risikoscheue und risikofreudige Investoren gleichermaßen. Die einzige Annahme, die über das Verhalten der Marktteilnehmer getroffen wurde, ist, dass sie mehr Geld höher einschätzen als weniger und daher risikolose, unausgenutzte Arbitragemöglichkeiten wahrnehmen. Schließlich soll der Faktor p noch näher betrachtet werden. Da $u > r > d$ gilt, kann p, $p = (r - d)/(u - d)$, nur Werte zwischen Null und Eins annehmen und hat somit die Eigenschaft einer Wahrscheinlichkeitsziffer. Da aber zur Bestimmung des Kaufoptionswertes weder die Risikopräferenzstruktur der Marktteilnehmer noch ihre individuellen Wahrscheinlichkeitsverteilungen benötigt werden, kann p bestenfalls als Pseudowahrscheinlichkeit interpretiert werden. Dass die Größe p tatsächlich der Wert ist, den q annehmen würde, wenn sich alle Marktteilnehmer risikoneutral verhielten, d.h. sich ausschließlich am Erwartungswert orientierten, kann man sich leicht überlegen, wenn man bedenkt, dass auf einem risikoneutralen Markt die erwartete Gleichgewichtsrendite aller risikobehafteten Anlagen der Rendite risikofreier Anlagen entspricht. Dies muss auch für die hier betrachteten risikobehafteten Titel Aktie und Option gelten. Die erwartete Aktienrendite ist demnach die Summe der möglichen, mit ihren Eintrittswahrscheinlichkeiten gewichteten Aktienrenditen, die dem risikolosen Zinssatz entsprechen muss. Es muss daher gelten,

$$q(uS) + (1-q)dS = (1+r)S$$

und $q = (r - d)/(u - d) = p$. Bei Risikoneutralität sind q und p identisch. Für die betrachtete Kaufoption ergibt sich

$$qC_u + (1-q)C_d = (1+r)C \cdot$$

Durch Umformen erhält man schließlich:

$$\frac{qC_u + (1-q)C_d}{1+r} = C, \quad \text{mit } q = p$$

Demnach kann der so ermittelte Kaufoptionswert als der auf einem risikoneutralen Markt mit dem risikolosen Zinssatz diskontierte Erwartungswert der am Ende der Optionsfrist möglichen Realisationen des Optionswertes interpretiert werden. Da diese Optionspreisformel weder die subjektiven Wahrscheinlichkeiten q und $1 - q$ enthält, sondern die aus den Größen u und d errechneten Werte p und $1 - p$, noch spezielle Annahmen über das Risikoverhalten der Marktteilnehmer, müssen Marktteilnehmer mit unterschiedlichen Risikopräferenzen ceteris paribus zum selben Gleichgewichtspreis der Option gelangen, so auch risikoneutrale Investoren. Die beschriebene Vorgehensweise bei der Ermittlung des Kaufoptionswertes soll nun anhand eines Beispiels dargestellt werden.

Der gegenwärtige Kurs einer Aktie sei $S = 80$. Es existiert eine Kaufoption mit einperiodiger Restlaufzeit, die es dem Optionsinhaber erlaubt, die Aktie am Verfallstag zum Basispreis von $K = 80$ zu erwerben. Es wird angenommen, dass der Aktienkurs am Ende der betrachteten Zeitperiode entweder zu $S_u = 120$ oder zu $S_d = 40$ notiert. Der risikolose Zinssatz über die einperiodige Restlaufzeit sei 10%.

Die Entwicklung des Aktienkurses und die korrespondierende Entwicklung des Wertes der Kaufoption zeigen die folgenden Zustandsdiagramme.

$$S_{T-1} = 80$$

$$S_{T,u} = (1+u)S_{T-1} = (1+0{,}5)80 = 120$$

$$S_{T,d} = (1+d)S_{T-1} = (1-0{,}5)80 = 40$$

$$C_{T-1}$$

$$C_{T,u} = max\big(0, S_{T,u} - K\big) = max(0, 120 - 80) = 4$$

$$C_{T,d} = max\big[0, S_{T,d} - K\big] = max(0, 40 - 80) = 0$$

Unbestimmt ist der gegenwärtige Wert der Kaufoption. Aus den gemachten Angaben lassen sich die zur Ermittlung des Kaufoptionswertes notwendigen Zwischenergebnisse ermitteln: Der Wert der Kaufoption ist am Verfallstag entweder $C_{T,u} = 40$ oder $C_{T,d} = 0$. Die Aktienrenditen betragen $u = 0{,}5$ und $d = -0{,}5$. Damit erhält man $p = 0{,}6$ und $1 - p = 0{,}4$ und der heutige Wert der Kaufoption errechnet sich zu:

$$C_{T-1} = \frac{0{,}6 \cdot 40 + 0{,}4 \cdot 0}{1{,}1} = 21{,}82$$

Der Kaufoptionswert C kann auch über das äquivalente Portfolio $\Delta S + B$ ermittelt werden. Die Anzahl der im Portfolio zu haltenden Aktien und die Höhe der aufzunehmenden Fremdmittel beträgt $\Delta = \frac{40-0}{120-40} = 0{,}5$ und $B = \frac{1{,}5 \cdot 0 - 0{,}5 \cdot 40}{(1{,}5-0{,}5) \cdot 1{,}1} = -18{,}18$.

Damit erhält man den Kaufoptionswert zu:

$$C_{T-1} = 0{,}5 \cdot 80 - 18{,}18 = 21{,}82$$

Weicht der tatsächliche Marktwert nach oben oder nach unten von dem theoretisch ermittelten Modellpreis ab, lassen sich risikolose Arbitragegewinne erzielen, indem man die Kaufoption verkauft und das äquivalente Portfolio kauft bzw. die Kaufoption kauft und das äquivalente Portfolio verkauft. Eine derartige Position wird als risikoloses Hedge-Portfolio bezeichnet. Wäre beispielsweise der Marktpreis der Kaufoption $C = 25$ und damit höher als der nach der Bewertungsgleichung ermittelte, ließe sich durch den Verkauf der Kaufoption und den gleichzeitigen Kauf des äquivalenten Portfolios sofort ein risikoloser Arbitragegewinn erzielen, wenn man $\Delta = 0{,}5$ Stück der Aktie kauft und dazu einen Kredit in Höhe von $B = 18{,}18$ aufnimmt. Der Arbitragegewinn je Option zum gegenwärtigen Zeitpunkt beträgt dann 3,18.

Einzahlung aus dem Verkauf der Option	+ 25,00
Auszahlung für 0,5 Aktien zu 80	– 40,00
Einzahlung durch Kreditaufnahme	+ 18,18
Arbitragegewinn	+ 3,18

Steigt der Aktienkurs bis zum Verfallstermin der Option auf $S_{T,u} = 120$, wird die Kaufoption ausgeübt und der Arbitrageur muss die Aktie liefern. Zusätzlich muss der Kredit zurückgezahlt werden. Es ergibt sich folgende Abrechnung:

Einzahlung aus der Lieferung der Aktie	+ 80,00
Auszahlung für 0,5 Aktien zu 120	– 60,00
Auszahlung für Kredittilgung	– 20,00
Arbitragegewinn	0,00

Sinkt der Aktienkurs auf $S_{T,d} = 40$, wird die Option nicht ausgeübt, der Arbitrageur muss die Aktie nicht liefern, kann aber die Aktie am Markt verkaufen. Es ergibt sich folgende Abrechnung:

Einzahlung für 0,5 Aktien zu 40	+ 20,00
Auszahlung für Kredittilgung	– 20,00
Arbitragegewinn	0,00

Unabhängig vom jeweiligen Stand des Aktienkurses am Verfallstag der Option ist der anfängliche Arbitragegewinn von 3,18 sicher.

Die oben angestellten Überlegungen zur Bestimmung des Optionswertes bei einer einperiodigen Restlaufzeit bilden auch die Grundlage zur Lösung n-periodiger Optionsbewertungsprobleme. Bevor jedoch das Modell auf die Bewertung von Optionen mit *n* Perioden angewendet wird, soll zur Verdeutlichung des Bewertungsprinzips der Kaufoptionswert anhand einer *zweiperiodigen* Restlaufzeit bestimmt werden.

Zweiperiodiges Modell

Wird die Restlaufzeit in zwei Zeitintervalle unterteilt und kann sich der Kurs der Aktie zu $n = 2$ diskreten Zeitpunkten zufällig ändern, und sind annahmegemäß die Wertänderungsparameter u und d sowie der risikolose Zinssatz r für jede der zwei Teilperioden konstant, so ergibt sich für die mögliche zufallsbedingte Aktienkursentwicklung das nachfolgende Zustandsdiagramm. Dabei sind T der Verfallstermin der Kaufoption und $T - 2$ der gegenwärtige Zeitpunkt.

$$S_{T-2} \quad \to \quad S_{T-1,u} = (1+u)S_{T-2} \quad \to \quad S_{T,uu} = (1+u)^2 S_{T-2}, \quad S_{T,ud} = (1+u)(1+d)S_{T-2}$$

$$S_{T-2} \quad \to \quad S_{T-1,d} = (1+d)S_{T-2} \quad \to \quad S_{T,ud} = (1+u)(1+d)S_{T-2}, \quad S_{T,dd} = (1+d)^2 S_{T-2}$$

Die möglichen Optionswerte $C_{T,uu}$, $C_{T,ud} = C_{T,du}$ und $C_{T,dd}$ am Ende der zweiten Periode werden determiniert von den sich am Ende der zweiten Periode (Verfallszeitpunkt der Option) ergebenden zufallsbedingten Endzuständen des Aktienkurses: $S_{T,uu}$ nach einem Anstieg des Aktienkurses in der ersten Periode und einem weiteren Anstieg in der zweiten Periode, $S_{T,ud}$ nach einem Anstieg des Aktienkurses in der ersten Periode aber einem Rückgang des Aktienkurses in der zweiten Periode, $S_{T,du}$ nach einem Rückgang des Aktienkurses in der ersten Periode, aber einem Anstieg in der zweiten Periode, und $S_{T,dd}$ nach einem Rückgang des Aktienkurses in der ersten Periode und einem weiteren Rückgang in der zweiten Periode. Da die möglichen Realisationen des Aktienkurses am Ende der zweiten Periode und der Basispreis bekannt sind, kann auch der Kaufoptionswert für jeden der möglichen Zustände des Aktienkurses ermittelt werden. Die Entwicklung des Kaufoptionswertes veranschaulicht das folgende Zustandsdiagramm.

$$C_{T,uu} = \max\left[0,\ (1+u)^2 S_{T-2} - K\right]$$

$$C_{T-2} \qquad C_{T-1,u} \qquad C_{T-1,d}$$

$$C_{T,ud} = \max\left[0,\ (1+u)(1+d) S_{T-2} - K\right]$$

$$C_{T,dd} = \max\left[0,\ (1+d)^2 S_{T-2} - K\right]$$

Der gegenwärtige Wert der Kaufoption C_{T-2} kann durch rekursive Anwendung des einperiodigen Modells ermittelt werden. Am Ende der ersten Periode ($T-1$), bei einer noch verbleibenden Restlaufzeit von einer Periode reduziert sich das Optionsbewertungsproblem auf ein einperiodiges Bewertungsproblem. Das folgende Diagramm zeigt die Kursentwicklung der Kaufoption vom Ende der ersten zur zweiten Periode nach gestiegenem Aktienkurs in der ersten Periode.

$$C_{T,uu} = \max\left[0,\ (1+u) S_{T-1,u} - K\right] = \max\left[0,\ (1+u)^2 S_{T-2} - K\right]$$

$$\ldots \quad C_{T-1,u}$$

$$C_{T,ud} = \max\left[0,\ (1+d) S_{T-1,u} - K\right] = \max\left[0,\ (1+u)(1+d) S_{T-2} - K\right]$$

Analog zur Vorgehensweise im Falle der einperiodigen Restlaufzeit kann man auch hier ein Portfolio aus Δ Stück der zugrundeliegenden Aktie und dem Betrag B risikoloser Wertpapiere bilden. Die Wertentwicklung dieses Portfolios über die betrachtete Zeitperiode (vom Ende der ersten zur zweiten Periode) zeigt das folgende Diagramm.

$$\Delta(1+u) S_{T-1,u} + (1+r)^2 B = \Delta(1+u)^2 S_{T-2} + (1+r)^2 B$$

$$\ldots \quad \Delta S_{T-1,u} + (1+r) B$$

$$\Delta(1+d) S_{T-1,u} + (1+r)^2 B = \Delta(1+u)(1+d) S_{T-2} + (1+r)^2 B$$

Weiterhin muss gelten:

$$C_{T,uu} = \Delta(1+u)^2 S_{T-2} + (1+r)^2 B$$

$$C_{T,ud} = \Delta(1+u)(1+d) S_{T-2} + (1+r)^2 B$$

Löst man die Gleichungen, erhält man:

$$\Delta = \frac{C_{T,uu} - C_{T,ud}}{(u-d) u S_{T-2}} \quad \text{und} \quad B = \frac{u C_{T,ud} - d C_{T,uu}}{(u-d)(1+r)^2}$$

Um risikolose Arbitragemöglichkeiten auszuschließen, muss am Ende der ersten Periode für den Kaufoptionswert und das äquivalente Portfolio gelten:

$$C_{T-1,u} = \Delta(1+u)S_{T-2} + (1+r)B$$

Durch Einsetzen der Werte für Δ und B erhält man:

$$C_{T-1,u} = \frac{\left(\frac{r-d}{u-d}\right)C_{T,uu} + \left(\frac{u-r}{u-d}\right)C_{T,ud}}{1+r}$$

Mit $p = \frac{r-d}{u-d}$ und $1-p = \frac{u-r}{u-d}$ erhält man den Kaufoptionswert zu:

$$C_{T-1,u} = \frac{pC_{T,uu} + (1-p)C_{T,ud}}{1+r}$$

Der Kaufoptionswert C_u am Ende der ersten Periode entspricht dem mit dem risikolosen Zinssatz diskontierten Erwartungswert der am Ende der Restlaufzeit möglichen Optionswerte. Dem Erwartungswert liegen wiederum nicht die subjektiven Wahrscheinlichkeiten q und $1-q$, sondern die aus den Größen u, d und r errechneten Wahrscheinlichkeiten p und $1-p$ zugrunde. Auch wird deutlich, dass die Struktur des äquivalenten Portfolios, das durch Δ, die Anzahl der im Portfolio zu haltenden Aktie und den zum risikolosen Zinssatz r aufzunehmenden Betrag B besteht, erhalten bleibt.

Entsprechend der aufgezeigten Vorgehensweise bei der Bestimmung von $C_{T-1,u}$ kann auch der Kaufoptionswert $C_{T-1,d}$ nach einem Aktienkursrückgang in der ersten Periode aus den am Ende der Restlaufzeit (zweiten Periode) möglichen Realisationen des Optionswertes ermittelt werden. Insgesamt erhält man am Ende der ersten Periode für die möglichen Kaufoptionswerte $C_{T-1,u}$ und $C_{T-1,d}$ die folgenden Bewertungsgleichungen:

$$C_{T-1,u} = \frac{pC_{T,uu} + (1-p)C_{T,ud}}{1+r}$$

$$C_{T-1,d} = \frac{pC_{T,du} + (1-p)C_{T,dd}}{1+r}$$

Aus den so ermittelten Optionswerten kann dann auch der gegenwärtige Wert der Kaufoption C_{T-2} als Lösung eines einperiodigen Bewertungsproblems analog zur aufgezeigten Vorgehensweise im Fall der einperiodigen Restlaufzeit bestimmt werden. Der gegenwärtige Wert der Kaufoption ergibt sich durch Einsetzen der Gleichungen für $C_{T-1,u}$und $C_{T-1,d}$ in die (bereits bekannte) Gleichung

$$C_{T-2} = \frac{pC_{T-1,u} + (1-p)C_{T-1,d}}{1+r}.$$

Berücksichtigt man noch, dass $C_{T,ud} = C_{T,du}$ ist, erhält man nach Umformung:

$$C_{T-2} = \frac{p^2 C_{T,uu} + 2p(1-p)C_{T,ud} + (1-p)^2 C_{T,dd}}{(1+r)^2}$$

Alle Variablen auf der rechten Seite der Gleichung sind bekannt. Der Wert von p ist $(r - d)/(u - d)$ und zum Zeitpunkt T kann die Kaufoption einen der folgenden Werte annehmen:

$$C_{T,uu} = \max\left[0,\ S_{T,uu} - K\right] = \max\left[0,\ (1+u)^2 S_{T-2} - K\right]$$

$$C_{T,ud} = C_{T,du} = \max\left[0,\ S_{T,ud} - K\right] = \max\left[0,\ (1+u)(1+d)S_{T-2} - K\right]$$

$$C_{T,dd} = \max\left[0,\ S_{T,dd} - K\right] = \max\left[0,\ (1+d)^2 S_{T-2} - K\right]$$

Die gemachten Bemerkungen im Ein-Periodenfall lassen sich auch auf die Bewertungsgleichung im Zwei-Periodenfall übertragen. Dennoch fällt auf, dass die bis zum Verfallstermin der Option verbleibenden Perioden n eine zusätzliche Optionspreisdeterminante darstellen, d.h. alle Variablen, die den Kaufoptionswert C determinieren sind S, K, n, u, d und r.

Bezugnehmend auf das vorhergehende Beispiel ($S = 80$, $K = 80$, $u = 0{,}5$, $d = -0{,}5$ und $r = 10\%$) soll nun die Restlaufzeit in zwei Zeitintervalle unterteilt werden. Für die Aktie ergibt sich dann die folgende Wertentwicklung:

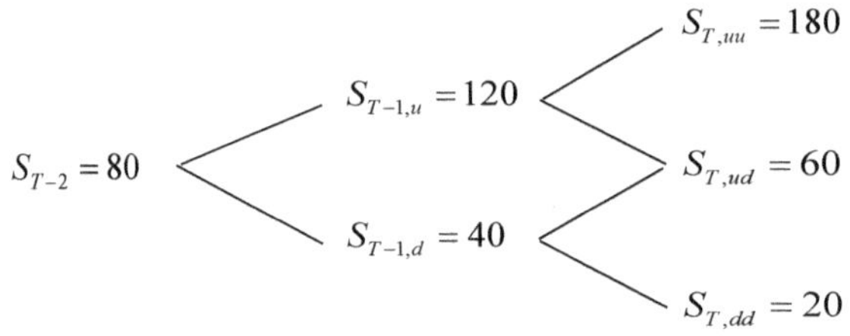

Die korrespondierende Kaufoption nimmt folgende Entwicklung:

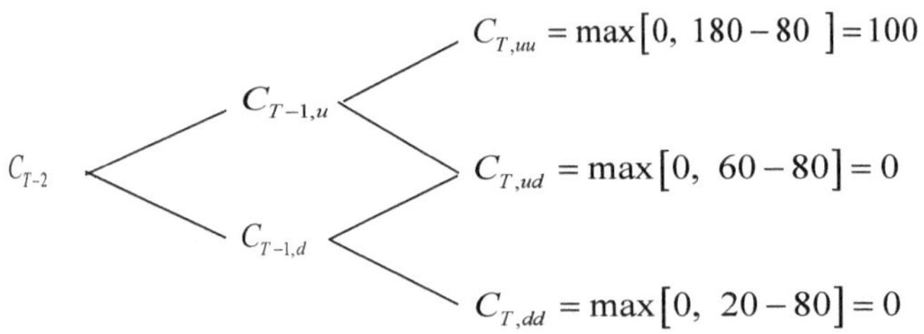

Der gegenwärtige Wert der Kaufoption kann rekursiv bestimmt werden. Dazu berechnet man zunächst die Werte von $C_{T-1,u}$ und $C_{T-1,d}$ am Ende der ersten Periode. Mit $p = (0{,}1 + 0{,}5)/(0{,}5 + 0{,}5) = 0{,}6$ und $1 - p = 0{,}4$ erhält man:

$$C_{T-1,u} = \frac{pC_{T,uu} + (1-p)C_{T,ud}}{1+r} = \frac{0{,}6 \cdot 100 + 0{,}4 \cdot 0}{1{,}1} = 54{,}55$$

$$C_{T-1,d} = \frac{pC_{T,du} + (1-p)C_{T,dd}}{1+r} = \frac{0{,}6 \cdot 0 + 0{,}4 \cdot 0}{1{,}1} = 0$$

Der gegenwärtige Wert der Kaufoption beträgt dann:

$$C_{T-2} = \frac{pC_{T-1,u} + (1-p)C_{T-1,d}}{1+r} = \frac{0{,}6 \cdot 54{,}55 + 0{,}4 \cdot 0}{1{,}1} = 29{,}75$$

oder

$$C_{T-2} = \frac{p^2 C_{T,uu} + 2p(1-p)C_{T,ud} + (1-p)^2 C_{T,dd}}{(1+r)^2} = \frac{0{,}6^2 \cdot 100 + 2 \cdot 0{,}6 \cdot 0{,}4 \cdot 0 + 0{,}4^2 \cdot 0}{1{,}1^2} = 29{,}75$$

Die Kaufoptionswerte $C_{T-1,u}$ und $C_{T-1,d}$ können auch über das äquivalente Portfolio berechnet werden.

$$\Delta S_{T-2} + B \quad\rightarrow\quad \Delta(1+r)S_{T-2} + (1+r)B \quad\rightarrow\quad \Delta(1+u)^2 S_{T-2} + (1+r)^2 B$$

$$\Delta(1+u)(1+d)S_{T-2} + (1+r)^2 B$$

$$\Delta S_{T-2} + B \quad\rightarrow\quad \Delta(1+d)S_{T-2} + (1+r)B \quad\rightarrow\quad \Delta(1+d)^2 S_{T-2} + (1+r)^2 B$$

Für das der Kaufoption $C_{T-1,u}$ äquivalente Portfolio müssen

$$\Delta = \frac{C_{T,uu} - C_{T,ud}}{(u-d)(1+u)S_{T-2}} = \frac{100-0}{(0{,}5+0{,}5) \cdot 1{,}5 \cdot 80} = 0{,}8333$$

Stück der Aktie und Fremdmittel in Höhe von

$$B = \frac{(1+u)C_{T,ud} - (1+d)C_{T,uu}}{(u-d)(1+r)^2} = \frac{1{,}5 \cdot 0 - 0{,}5 \cdot 100}{(0{,}5+0{,}5) \cdot 1{,}1^2} = -41{,}32$$

aufgenommen werden. Damit ergibt sich

$$\Delta(1+u)S_{T-2} + (1+r)B = 0{,}8333 \cdot 1{,}5 \cdot 80 + 1{,}1 \cdot (-41{,}32) = 54{,}55 = C_{T-1,u}$$

Für das der Kaufoption $C_{T-1,d}$ äquivalente Portfolio erhält man mit

$$\Delta = \frac{C_{T,ud} - C_{T,dd}}{(u-d)(1+d)S_{T-2}} = \frac{0}{(0{,}5+0{,}5) \cdot 0{,}5 \cdot 80} = 0$$

und

$$B = \frac{(1+u)C_{T,dd} - (1+d)C_{T,ud}}{(u-d)(1+r)^2} = \frac{1{,}5 \cdot 0 - 0{,}5 \cdot 0}{(0{,}5+0{,}5) \cdot 1{,}1^2} = 0$$

den Kaufoptionswert zu:

$$\Delta(1+d)S_{T-2} + (1+r)B = 0 = C_{T-1,d}$$

Der gegenwärtige Wert der Kaufoption C_{T-2} ergibt sich man durch Konstruktion des äquivalenten Portfolios $\Delta S_{T-2} + B$:

Mit

$$\Delta = \frac{C_{T-2,u} - C_{T-2,d}}{(u-d)S_{T-2}} = \frac{54,55 - 0}{(1,5 - 0,5) \cdot 80} = 0,6818$$

und

$$B = \frac{(1+u)C_{T,d} - (1+d)C_{T,u}}{(u-d)(1+r)} = \frac{1,5 \cdot 0 - 0,5 \cdot 54,55}{(0,5 + 0,5) \cdot 1,1} = -24,79$$

erhält man schließlich

$$\Delta S_{T-2} + B = 0,6818 \cdot 80 - 24,79 = 29,75 = C_{T-2}$$

Bisher wurden Kaufoptionen mit einer von ein und zwei Perioden betrachtet und es ergab sich für den Fall *zwei-periodiger* Restlaufzeit die folgende Bewertungsgleichung:

$$C_{T-2} = \frac{p^2 C_{T,uu} + 2p(1-p)C_{T,ud} + (1-p)^2 C_{T,dd}}{(1+r)^2}$$

wobei

$$C_{T,uu} = \max\left[0,\ (1+u)^2 S_{T-2}\right]$$

$$C_{T,ud} = \max\left[0,\ (1+u)(1+d) S_{T-2}\right]$$

$$C_{T,dd} = \max\left[0,\ (1+d)^2 S_{T-2}\right]$$

Mehrperiodiges Modell

Im Falle einer drei-periodigen Restlaufzeit erhält man:

$$C_{T-3} = \frac{p^3 C_{T,uuu} + 3p^2(1-p)C_{T,uud} + 3p(1-p)^2 C_{T,udd} + (1-p)^3 C_{T,ddd}}{(1+r)^3}$$

Die Koeffizienten bei den Wahrscheinlichkeiten geben an, wie viele Pfade zu einem bestimmten Optionswert in T führen. So bedeutet der Faktor 1 vor dem Term p^3, dass es einen Pfad mit dreimaliger Aufwärtsbewegung von u Prozent gibt, der Faktor 3 vor $p^2(1-p)$ bedeutet, dass es drei Pfade mit jeweils zwei Aufwärtsbewegungen von u Prozent und einer Abwärtsbewegung von d Prozent gibt, der Faktor von 3 vor $p(1-p)^2$ gibt an, dass drei Pfade mit jeweils einer Aufwärtsbewegung von u Prozent und zwei Abwärtsbewegungen von d Prozent existieren und schließlich gibt der Faktor 1 vor $(1-p)^3$ an, dass es einen Pfad mit drei Abwärtsbewegungen von d Prozent gibt.

Aufgrund dieser Überlegungen kann die Gleichung auch auf andere Weise dargestellt werden. Dazu wird zunächst die Anzahl der Pfade bestimmt, auf welchen der Aktienkurs im Binomialprozess während der n-periodigen Restlaufzeit j-mal eine Aufwärtsbewegung um u Prozent erfährt. Die Anzahl der möglichen Pfade lässt sich mit dem Binomialkoeffizienten bestimmen:

$$\binom{n}{j} = \frac{n!}{j!(n-j)!}$$

Da die Aktienkursentwicklung im Zeitablauf stationär ist, spielt die Reihenfolge, in der der Aufwärtstrend auftritt, keine Rolle, d.h. *uud, udu,* und *duu* ergeben denselben Aktienkurs in *T*. Wenn beispielsweise $n = 3$, dann gibt es

$$\binom{3}{2} = \frac{3!}{2!(3-2)!} = \frac{3 \cdot 2 \cdot 1}{(2 \cdot 1)(1)} = \frac{6}{2} = 3$$

Pfade, auf denen der Aktienkurs während der *n*-periodigen Restlaufzeit jeweils zwei Aufwärtsbewegungen ($j = 2$) und eine Abwärtsbewegung ($n - j = 3 - 2 = 1$) erfährt.

Die obige Gleichung im Fall einer *drei-periodigen* Restlaufzeit kann demnach wie folgt umgeschrieben werden:

$$C_{T-3} = \frac{\binom{3}{3} p^3 C_{T,uuu} + \binom{3}{2} p^2 (1-p) C_{T,uud} + \binom{3}{1} p(1-p)^2 C_{T,udd} + \binom{3}{0} (1-p)^3 C_{T,ddd}}{(1+r)^3}$$

wobei

$$C_{T,uuu} = \max\left[0,\ (1+u)^3 (1+d)^0 S_{T-3} - K\right]$$

$$C_{T,uud} = \max\left[0,\ (1+u)^2 (1+d)^1 S_{T-3} - K\right]$$

$$C_{T,udd} = \max\left[0,\ (1+u)^1 (1+d)^2 S_{T-3} - K\right]$$

$$C_{T,ddd} = \max\left[0,\ (1+u)^0 (1+d)^3 S_{T-3} - K\right]$$

Diese Gleichung kann auch wie folgt geschrieben werden:

$$C_{T-3} = \frac{1}{(1+r)^3} \sum_{j=0}^{3} \binom{3}{j} p^j (1-p)^{3-j} \max\left[0,\ (1+u)^j (1+d)^{3-j} S_{T-3} - K\right]$$

Das Binomische Optionspreis-Modell (BOPM) kann nun auf den Fall *n-periodiger* Restlaufzeit erweitert und verallgemeinert werden. Man erhält schließlich:

$$C = \frac{1}{(1+r)^n} \sum_{j=0}^{n} \binom{n}{j} p^j (1-p)^{n-j} \max\left[0,\ (1+u)^j (1+d)^{n-j} S_{T-n} - K\right]$$

wobei

n = Anzahl der Perioden

j = Anzahl der Aufwärtsbewegungen des Aktienkurses während der *n* Perioden

$n - j$ = Anzahl der Abwärtsbewegungen des Aktienkurses während der *n* Perioden

Ferner ist $p^j(1-p)^{n-j}$ die Wahrscheinlichkeit für einen Pfad mit *j* Aufwärtsbewegungen und $n - j$ Abwärtsbewegungen.

$\binom{n}{j} p^j (1-p)^{n-j}$ ist die Anzahl der möglichen Pfade mit j Aufwärtsbewegungen, von denen jeder die Wahrscheinlichkeit $p^j (1-p)^{n-j}$ besitzt.

$\sum_{j=0}^{n} \binom{n}{j} p^j (1-p)^{n-j}$ist die Summe der Wahrscheinlichkeiten für alle möglichen Pfade von j, $j = 1, 2, \dots, n$, die sich, wie für eine Wahrscheinlichkeitsverteilung notwendig, auf 1 summieren.

Dann ist $(1+u)^j (1+d)^{n-j} S_{T-n} = S_{T|j}$ der Aktienkurs in T nach j Aufwärtsbewegungen und $n-j$ Abwärtsbewegungen. Entsprechend ist $(1+u)^j (1+d)^{n-j} S_{T-n} - K$ der Kaufoptionswert in T nach j Aufwärtsbewegungen und $n-j$ Abwärtsbewegungen. Der Term

$$\sum_{j=0}^{n} \binom{n}{j} p^j (1-p)^{n-j} \max\left[0,\ (1+u)^j (1+d)^{n-j} S_{T-n} - K\right]$$

kann als Erwartungswert aller am Ende der Optionsfrist (in T) möglichen Realisationen des Optionswertes interpretiert werden. Der gegenwärtige Wert der Kaufoption C ist dann der mit dem risikolosen Zinssatz r diskontierte Erwartungswert in einer risikoneutralen Welt.

Die Gleichung lässt sich noch vereinfachen, wenn man bedenkt, dass alle am Ende der Restlaufzeit möglichen Aktienkursrealisationen, die nicht über dem Ausübungspreis liegen, also aus dem Geld sind, keinen Beitrag zum Wert einer Kaufoption leisten und deshalb vernachlässigt werden können. Definiert man a als die kleinste, nicht negative ganze Zahl, für die $(1+u)^a (1+d)^{n-a} S \geq K$ bzw. $a > ln[K/S(1+d)^n] / ln[(1+u)/(1+d)]$ mit $S > 0, K > 0$ und $1 + d > 0$ gilt, dann ist für alle j, $j < a$ die Kaufoption aus dem Geld und wertlos, d.h.

$$\max\left[0,\ (1+u)^j (1+d)^{n-j} S - K\right] = 0$$

und für alle j, $j \geq a$ verfällt die Option im Geld und hat Wert, d.h.

$$\max\left[0,\ (1+u)^j (1+d)^{n-j} S - K\right] = (1+u)^j (1+d)^{n-j} S - K\,.$$

Die allgemeine Bewertungsformel kann dann vereinfacht werden zu:

$$C = \frac{1}{(1+r)^n} \sum_{j=a}^{n} \binom{n}{j} p^j (1-p)^{n-j} \left[(1+u)^j (1+d)^{n-j} S_{T-n} - K\right]$$

Durch Aufspalten der Gleichung in zwei Terme erhält man:

$$C = S\left\{\sum_{j=a}^{n} \binom{n}{j} p^j (1-p)^{n-j} \left[\frac{(1+u)^j (1+d)^{n-j}}{(1+r)^n}\right]\right\}$$
$$-K(1+r)^{-n} \left[\sum_{j=a}^{n} \binom{n}{j} p^j (1-p)^{n-j}\right]$$

Die zweite Klammer beinhaltet die komplementäre Binomial-Verteilungsfunktion

$$\Phi[a;\ n, p] = \sum_{j=a}^{n} \binom{n}{j} p^j (1-p)^{n-j}\,.$$

$\Phi[a;\ n, p]$ ist die Summe der Einzelwahrscheinlichkeiten, für die der Aktienkurs am Ende der n-periodigen Restlaufzeit (in einer Welt risikoneutraler Investoren) über dem Basispreis liegt, d.h. $(1+u)^j(1+d)^{n-j}S > K$, und somit die Ausübung der Option am Ende der Laufzeit lohnend ist. Entsprechend lässt sich auch die Summe der ersten Klammer als Binomial-Verteilungsfunktion $\Phi[a;\ n, p']$ interpretieren, definiert man

$$p' \equiv \left(\frac{1+u}{1+r}\right)p \quad \text{und} \quad 1-p' = \left(\frac{1+d}{1+r}\right)(1-p).$$

Wegen $0 < p' < 1$ kann auch p' als Wahrscheinlichkeit betrachtet werden, denn es gilt $p < \frac{(1+r)}{(1+u)}$ und

$$p^j(1-p)^{n-j}\left[\frac{(1+u)^j(1+d)^{n-j}}{(1+r)^n}\right] = \left[\left(\frac{1+u}{1+r}\right)p\right]^j\left[\left(\frac{1+d}{1+r}\right)(p-1)\right]^{n-j} = p'^j(1-p')^{n-j}$$

Insgesamt erhält man dann die binomische Optionspreisformel zu:

$$C = \Delta S + B = S\Phi[a;\ n, p'] - K(1+r)^{-n}\,\Phi[a;\ n, p]$$

mit

$$p \equiv \left[\frac{(1+r)-(1+d)}{(1+u)-(1+d)}\right] \quad \text{und} \quad p' \equiv \left(\frac{1+u}{1+r}\right)p$$

$a \equiv$ die kleinste nicht negative ganze Zahl, für die $a > ln[K/S(1+d)^n]\,/\,ln\left(\frac{1+u}{1+d}\right)$

Ist $a > n$, dann ist $C = 0$.

Die binomische Optionspreisformel ist eine exakte Formel zur Berechnung dividendengeschützter europäischer und amerikanischer Kaufoptionen bzw. für Kaufoptionen, deren zugrundeliegende Aktie während der Laufzeit keine Dividende ausschüttet. Da sich unter den gemachten Annahmen die Wertentwicklung einer Kaufoption durch eine im Zeitablauf kontinuierlich anzupassende (dynamische) Anlagestrategie aus der zugrundeliegenden Aktie und einem risikolosen Wertpapier genau duplizieren lässt, kann der Kaufoptionswert in Abhängigkeit der Variablen S, K, u, d, r und n ohne Berücksichtigung individueller Risikopräferenzen und alternativer Finanztitel außer der zugrundeliegenden Aktie und dem risikolosen Wertpapier bestimmt werden und als der auf einem risikoneutralen Markt mit dem risikolosen Zinssatz diskontierte Erwartungswert der am Ende der Restlaufzeit möglichen Optionswerte interpretiert werden. Dem Erwartungswert liegen auch hier nicht die subjektiven Wahrscheinlichkeiten q und $1-q$, sondern die modellendogenen Wahrscheinlichkeiten p und $1-p$ zugrunde. Ein Beispiel soll nun den Sachverhalt verdeutlichen.

Beispiel 8.9

Es soll der Wert einer Kaufoption auf eine dividendenlose Aktie mit den folgenden Parametern bestimmt werden:

$S_{T-6} = 30$
$K = 25$
$n = 6$ Monate
$u = 0{,}05$/Monat
$d = -0{,}04$/Monat
$r = 0{,}01$/Monat

Bei der Auswahl von u und d sollte immer gelten, dass $u > |d|$ ist, da Aktien immer zu einem höheren Preis bewertet werden sollten. Aktien sind risikobehaftete Vermögensgegenstände und sollten in einem gut funktionierenden Markt so bewertet sein, dass sie eine positive, über dem risikolosen Zinssatz liegende Rendite bringen.

Die folgende Tabelle zeigt die Anzahl der Aufwärtsbewegungen (j), die Anzahl der möglichen Aufwärtsbewegungen, die realisiert werden können $\binom{n}{j}$, der sich daraus ergebende Aktienkurs S_T und der entsprechende Kaufoptionswert $C_T = S_T - K$. Der Wert von p ergibt sich aus

$$p = \frac{r-d}{u-d} = \frac{0{,}01-(-0{,}04)}{0{,}05-(-0{,}04)} = 0{,}5556$$

und $1 - p = 0{,}4444$.

Der Parameter a ist die minimale Anzahl von Aufwärtsbewegungen, die benötigt werden, dass die Kaufoption im Geld endet. Wenn $K = 25$, dann ist der Wert von a gleich 1; das heißt, bei einer Aufwärtsbewegung wird die Kaufoption im Geld enden. Wäre der Basispreis 30, dann ergäbe sich $a = 3$.

Die Berechnung von S_T und C_T im Rahmen des Binomialmodells ist aus der folgenden Tabelle ersichtlich:

j	$\binom{n}{j}$	S_T	C_T
0	$\frac{6!}{6!\,0!} = 1$	$30(1{,}05)^0(0{,}96)^6 = 23{,}4827$	0
1	$\frac{6!}{5!\,1!} = 6$	$30(1{,}05)^1(0{,}96)^5 = 25{,}6842$	0,6842
2	$\frac{6!}{4!\,2!} = 15$	$30(1{,}05)^2(0{,}96)^4 = 28{,}0921$	3,0921
3	$\frac{6!}{3!\,3!} = 30$	$30(1{,}05)^3(0{,}96)^3 = 30{,}7258$	5,7258
4	$\frac{6!}{2!\,4!} = 15$	$30(1{,}05)^4(0{,}96)^2 = 33{,}6063$	8,6063
5	$\frac{6!}{1!\,5!} = 6$	$30(1{,}05)^5(0{,}96)^1 = 36{,}7569$	11,7569
6	$\frac{6!}{0!\,6!} = 1$	$30(1{,}05)^6 = 40{,}2029$	15,2029

Das mehrperiodische BOPM zur Berechnung des Kaufoptionswertes kann dann wie folgt dargestellt werden:

$$C_{T-6} = \frac{1}{(1{,}01)^6}\left[\binom{6}{6}p^6(1-p)^0 C_{T|6} + \binom{6}{5}p^5(1-p)^1 C_{T|5} + \binom{6}{4}p^4(1-p)^2 C_{T|4} + \cdots\right]$$

Mit den obigen Zahlen erhält man:

$$\begin{aligned} C_{T-6} = \frac{1}{(1{,}06)^6}\Big[&(1)(0{,}5556)^6(0{,}4444)^0 15{,}2029 + (6)(0{,}5554)^5(0{,}4444)^1 11{,}7569 \\ &+(15)(0{,}5556)^4(0{,}4444)^2 8{,}6063 + (20)(0{,}5556)^3(0{,}4444)^3 5{,}7258 \\ &+(15)(0{,}5556)^2(0{,}4444)^4 3{,}0921 + (6)(0{,}5556)^1(0{,}4444)^5 0{,}6842 + 0\Big] \\ = 6{,}46 \end{aligned}$$

Der Kaufoptionswert beträgt 6,46 Euro.

Excel-Umsetzung

Zunächst werden die Eingabeparameter festgelegt. Es sind dies der aktuelle Aktienkurs S_{T-6}, der Basispreis K, die Anzahl der Perioden n, der Aufwärts- und Abwärtsparameter u und d und der risikolose Zinssatz r. Dann werden die modellendogenen Wahrscheinlichkeiten p und $1-p$ bestimmt. In einer Tabelle werden danach die in der Binomial-Formel enthaltenen Teilschritte berechnet. Der gegenwärtige Wert der Kaufoption wird schließlich als der mit dem risikolosen Zinssatz diskontierte Erwartungswert berechnet.

Position	Inhalt	Excel-Umsetzung
F13	modellendogene Wahrscheinlichkeit p für eine Aufwärtsbewegung (Kursanstieg)	=(F11-F10)/(F9-F10)
F14	Wert der Kaufoption als der mit dem risikolosen Zinssatz diskontierte Erwartungswert der in T möglichen Optionswerte.	=SUMME(K17:K23)/(1+F11)^F8
B18	Anzahl der Aufwärtsbewegungen	=1
C18	Anzahl der Abwärtsbewegungen	=$F$8-B18
D18	Anzahl der möglichen Pfade (Kombinationen), die bei 1 Aufwärtsbewegung und 5 Abwärtsbewegungen in 6 Perioden zu einem Aktienkurs von 25,6842 führen.	=KOMBINATIONEN($F$8;B18)
E18	Aktienkurs in T bei einer Aufwärtsbewegung und 5 Abwärtsbewegungen	=$F$6*(1+$F$9)^B18*(1+$F$10)^C18
F18	Kaufoptionswert in T	=MAX(0;E18-$F$7

G18	modellendogene Wahrscheinlichkeit p einer Aufwärtsbewegung potenziert mit der Anzahl der Aufwärtsbewegungen.	=$F$13^B18
H18	modellendogene Wahrscheinlichkeit 1 - p einer Abwärtsbewegung potenziert mit der Anzahl der Abwärtsbewegungen.	=(1-$F$13)^C18
I18	Wahrscheinlichkeit für 1 Aufwärtsbewegung und 5 Abwärtsbewegungen.	=G18*H18
J18	Anzahl der Möglichkeiten, wo denen jede einzelne die Wahrscheinlichkeit p^1 und $(1-p)^{6-1}$ besitzt.	=D18*I18
K18	Kaufoptionswert in T gewichtet mit der Anzahl der möglichen Pfade und der entsprechenden Wahrscheinlichkeiten.	=J18*F18
L18	kumulierte Wahrscheinlichkeit für 0 Aufwärtsbewegungen und 6 Abwärtsbewegungen und 1 Aufwärtsbewegung und 5 Abwärtsbewegungen.	=SUMME($J$17:J18

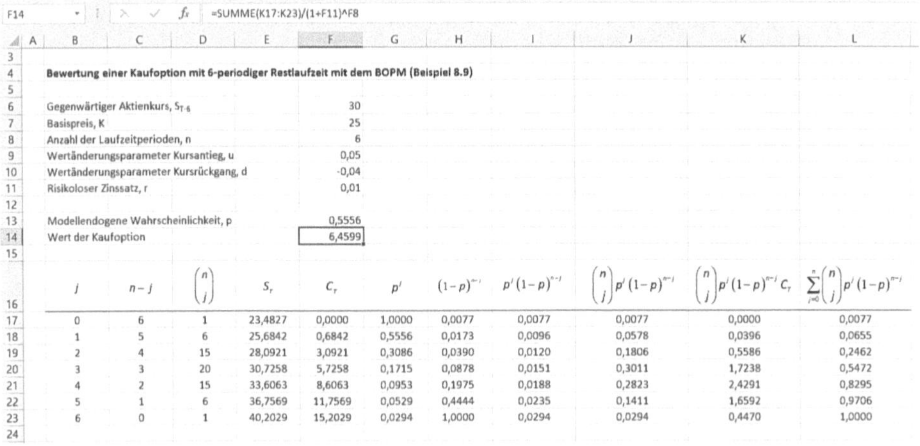

F14 =SUMME(K17:K23)/(1+F11)^F8

Bewertung einer Kaufoption mit 6-periodiger Restlaufzeit mit dem BOPM (Beispiel 8.9)

Gegenwärtiger Aktienkurs, S_{T-6}	30
Basispreis, K	25
Anzahl der Laufzeitperioden, n	6
Wertänderungsparameter Kursantieg, u	0,05
Wertänderungsparameter Kursrückgang, d	-0,04
Risikoloser Zinssatz, r	0,01
Modellendogene Wahrscheinlichkeit, p	0,5556
Wert der Kaufoption	6,4599

j	$n-j$	$\binom{n}{j}$	S_T	C_T	p^j	$(1-p)^{n-j}$	$p^j(1-p)^{n-j}$	$\binom{n}{j}p^j(1-p)^{n-j}$	$\binom{n}{j}p^j(1-p)^{n-j}C_T$	$\sum_{j=0}^{n}\binom{n}{j}p^j(1-p)^{n-j}$
0	6	1	23,4827	0,0000	1,0000	0,0077	0,0077	0,0077	0,0000	0,0077
1	5	6	25,6842	0,6842	0,5556	0,0173	0,0096	0,0578	0,0396	0,0655
2	4	15	28,0921	3,0921	0,3086	0,0390	0,0120	0,1806	0,5586	0,2462
3	3	20	30,7258	5,7258	0,1715	0,0878	0,0151	0,3011	1,7238	0,5472
4	2	15	33,6063	8,6063	0,0953	0,1975	0,0188	0,2823	2,4291	0,8295
5	1	6	36,7569	11,7569	0,0529	0,4444	0,0235	0,1411	1,6592	0,9706
6	0	1	40,2029	15,2029	0,0294	1,0000	0,0294	0,0294	0,4470	1,0000

Bild 8.31 Bewertung einer europäischen Kaufoption mit 6-periodiger Restlaufzeit mit dem BOPM (Beispiel 8.9)

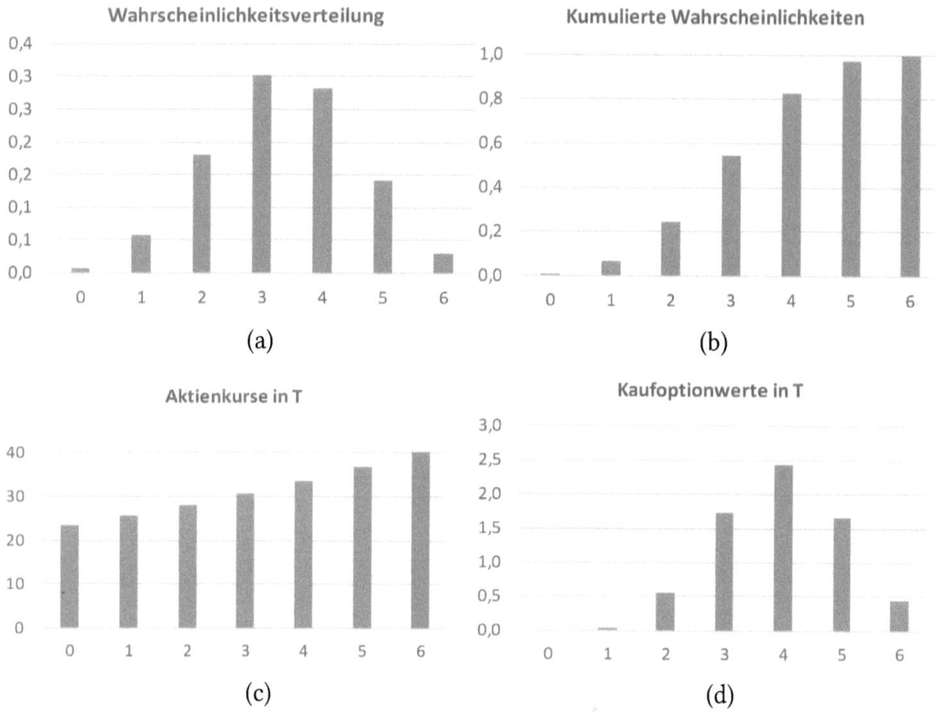

Bild 8.32 Bild (a) zeigt die diskrete Wahrscheinlichkeitsverteilung, Bild (b) die kumulierten diskreten Wahrscheinlichkeiten (diskrete Verteilungsfunktion), Bild (c) die möglichen Kaufoptionswerte und Bild (d) die möglichen Kaufoptionswerte im Verfallszeitpunkt

D47 | fx | =B49*(1+F9)^2

	A	B	C	D	E	F	G	H
42								
43								40,2029
44							38,2884	
45						36,4652		36,7569
46					34,7288		35,0066	
47				33,0750		33,3396		33,6063
48			31,5000		31,7520		32,0060	
49		30,0000		30,2400		30,4819		30,7258
50			28,8000		29,0304		29,2626	
51				27,6480		27,8692		28,0921
52					26,5421		26,7544	
53						25,4804		25,6842
54							24,4612	
55								23,4827
56								
57		n = 0	n = 1	n = 2	n = 3	n=4	n = 5	n = 6
58								

Bild 8.33 Entwicklung des Aktienkurses im Binomialmodell mit den Wertänderungsparametern u = 0,05, d = -0,04 und n = 6

D66 | =($F$13*E65+(1-$F$13)*E67)/(1+$F$11)

	A	B	C	D	E	F	G	H
61								
62								15,2029
63							13,5360	
64						11,9578		11,7569
65					10,4640		10,2541	
66				9,0505		8,8322		8,6063
67			7,7134		7,4872		7,2535	
68		6,4599		6,2155		5,9745		5,7258
69			5,0384		4,7656		4,5102	
70				3,6804		3,3618		3,0921
71					2,4066		2,0019	
72						1,2668		0,6842
73							0,3764	
74								0,0000
75								
76		n = 0	n = 1	n = 2	n = 3	n=4	n = 5	n = 6
77								

Bild 8.34 Entwicklung des Kaufoptionswertes im Binomialmodell mit p = 0,5556, 1- p = 0,4444 und r = 0,01

8.7.3 Bewertung von Verkaufsoptionen

Analog zur Vorgehensweise bei der Bestimmung des Kaufoptionswertes kann unter den gleichen Annahmen und mit derselben analytischen Methode der Verkaufsoptionswert bestimmt werden. Dies soll exemplarisch für eine *europäische Verkaufsoption* für den Fall der einperiodigen Restlaufzeit demonstriert werden. Dividendenzahlungen bleiben auch hier unberücksichtigt.

Die Entwicklung des Aktienkurses lässt sich durch das folgende Zustandsdiagramm veranschaulichen.

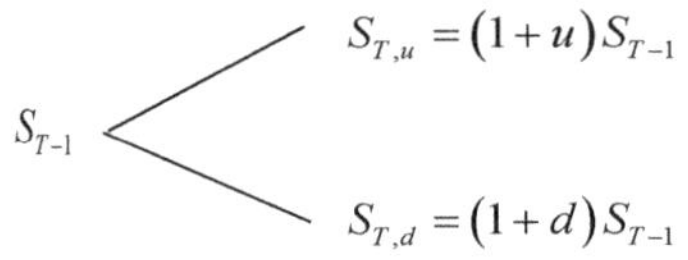

Ist *T* der Verfallstermin der Option, dann gilt für den Verkaufsoptionswert bei steigendem Aktienkurs

$P_{T,u} = max(0, K - S_{T,u})$. Fällt der Aktienkurs, dann ergibt sich für den Verkaufsoptionswert $P_{T,d} = max(0, K - S_{T,d})$.

Damit erhält man das folgende Zustandsdiagramm:

$$P_{T-1} \quad \begin{cases} P_{T,u} = max(0, K - S_{T,u}) \\ P_{T,d} = max(0, K - S_{T,d}) \end{cases}$$

Bildet man wiederum ein äquivalentes Portfolio aus der zugrundeliegenden Aktie und einem risikolosen Wertpapier, das die gleichen zustandsabhängigen Rückflüsse erzeugt wie die europäische Verkaufsoption, dann erhält man das folgende Zustandsdiagramm:

$$\Delta S_{T-1} + B \quad \begin{cases} \Delta(1+u)S_{T-1} + (1+r)B = \Delta S_{T,u} + (1+r)B \\ \Delta(1+d)S_{T-1} + (1+r)B = \Delta S_{T,d} + (1+r)B \end{cases}$$

Aus den Gleichungen

$$P_{T,u} = \Delta(1+u)S_{T-1} + (1+r)B = \Delta S_{T,u} + (1+r)B$$

$$P_{T,d} = \Delta(1+d)S_{T-1} + (1+r)B = \Delta S_{T,d} + (1+r)B$$

erhält man für das äquivalente Portfolio die Variablen

$$\Delta = \frac{P_{T,u} - P_{T,d}}{(u-d)S_{T-1}} = \frac{P_{T,u} - P_{T,d}}{S_{T,u} - S_{T,d}}, \text{ mit } \Delta \leq 0$$

$$B = \frac{(1+u)P_{T,d} - (1+d)P_{T,u}}{(u-d)(1+r)}, \text{ mit } B \geq 0$$

Oder vereinfacht geschrieben:

$$\Delta = \frac{P_u - P_d}{(u-d)S} = \frac{P_u - P_d}{S_u - S_d}$$

$$B = \frac{(1+u)P_d - (1+d)P_u}{(u-d)(1+r)}$$

Der Wert von Δ bestimmt die Anzahl der zu verkaufenden Aktien (short position), wobei $\Delta \leq 0$, und der Wert von B, wobei $B \geq 0$, gibt an, wieviel risikolose Anleihen gekauft werden bzw. welcher Betrag zum risikolosen Zinssatz ausgeliehen wird, um die Verkaufsoption zu replizieren.

Werden Δ und B in der dargestellten Weise gewählt, dann ist das äquivalente Portfolio determiniert und es kann daraus der Verkaufsoptionswert berechnet werden. Um risikolose Arbitrage auszuschließen, muss der gegenwärtige Wert der Verkaufsoption P_{T-1} im Marktgleichgewicht denselben Wert haben wie das äquivalente Portfolio zum Zeitpunkt $T-1$, d.h. es muss gelten:

$$P_{T-1} = \Delta S_{T-1} + B$$

Setzt man Δ und B wie oben determiniert in die Gleichung $P_{T-1} = \Delta S_{T-1} + B$ ein, dann erhält man:

$$P_{T-1} = \frac{\frac{r-d}{u-d} P_{T,u} + \frac{u-r}{u-d} P_{T,d}}{1+r}$$

Diese Gleichung lässt sich vereinfachen, definiert man

$$p = \frac{r-d}{u-d} \quad \text{und} \quad 1-p = \frac{u-r}{u-d}$$

Damit ergibt sich für den Wert einer europäischen Verkaufsoption auf eine dividendenlose oder dividendengeschützte Aktie mit einperiodiger Restlaufzeit, einem Basispreis von K und einem aktuellen Aktienkurs von S_{T-1} die Bewertungsgleichung

$$P_{T-1} = \frac{pP_{T,u} + (1-p)P_{T,d}}{1+r}$$

oder vereinfacht geschrieben

$$P = \frac{pP_u + (1-p)P_d}{1+r}.$$

mit $P_u = max[0, K - (1+u)S]$ und $P_d = max[0, K - (1+d)S]$. Diese Gleichung ist eine exakte Formel zur Bewertung einer europäischen Verkaufsoption bei einer verbleibenden Restlaufzeit von einer Periode. Ihr Wert ist durch den aktuellen Aktienkurs S, den Basispreis K, der Restlaufzeit T, den risikolosen Zinssatz r und die Wertänderungsparameter u und d bestimmt. Dabei sind S, K, T *und* r beobachtbare bzw. festgelegte Größen, während u und d geschätzt werden müssen.

Für den Fall n-periodiger Restlaufzeit erhält man schließlich die Bewertungsgleichung

$$P = \frac{1}{(1+r)^n} \sum_{j=0}^{n} \binom{n}{j} p^j (1-p)^{n-j} \max\left[0,\ K - (1+u)^j (1+d)^{n-j} S\right].$$

Der Wert einer europäischen Verkaufsoption kann auch direkt über den Wert einer ansonsten identischen Kaufoption ermittelt werden. Die Beziehung lautete:

$$P = C - S + K(1+r)^{-T}$$

Für die Bewertung einer *amerikanischen Verkaufsoption* gilt bei einperiodiger Restlaufzeit

$$P = \max\left[K - S,\ \frac{pP_u + (1-p)P_d}{1+r}\right].$$

Das heißt, ist der Wert von

$$P = \frac{pP_u + (1-p)P_d}{1+r}$$

vor dem Verfallstermin kleiner als $K - S$ (der innere Wert der Verkaufsoption), dann wird der Inhaber der Verkaufsoption diese vorzeitig ausüben und den inneren Wert von $K - S$ realisieren. Da es wegen der Möglichkeit der vorzeitigen Ausübung keine geschlossene Formel für die Bewertung amerikanischer Verkaufsoptionen gibt, muss ihr Wert rekursiv (von rechts nach links) mittels Anwendung des einperiodige BOPM ermittelt werden. Auf diese Weise können die Zeitpunkte und Situationen identifiziert werden, in denen die Verkaufsoption vorzeitig ausgeübt wird.

8.7.4 Berücksichtigung von Dividendenzahlungen

Unter Berücksichtigung von Dividendenzahlungen ergeben sich für Kauf- und Verkaufsoptionen zusätzliche Bewertungsprobleme. Unterstellt man, dass die während der Optionsfrist zur Ausschüttung kommenden Dividenden bekannt sind und auf die Aktie pro Periode (das Periodenende ist gleichzeitig der Dividendentermin) ein konstanter Wert $\delta = D/S$ ausgeschüttet werden kann, dann ergibt sich im Fall einer einperiodigen Restlaufzeit am Periodenende ein Aktienkurs nach Dividende von $(1-\delta)\cdot uS$ oder $(1-\delta)dS$.

$$S \begin{cases} S_{T,u} = (1+\delta)uS \\ S_{T,d} = (1-\delta)dS \end{cases}$$

Im Falle *europäischer Kaufoptionen* kann bei konstanter Dividendenrendite eine Bewertung analog der aufgezeigten Vorgehensweise im Nichtdividendenfall vorgenommen werden. Es ist lediglich der gegenwärtige Aktienkurs S um die während der Restlaufzeit zur Ausschüttung kommenden Dividenden $(1-\delta)^m$ zu kürzen, wobei m die Anzahl der ex-Dividende Termine angibt. Damit erhält man:

$$C = \frac{1}{(1+r)^n}\sum_{j=a}^{n}\binom{n}{j}p^j(1-p)^{n-j}\left[(1+u)^j(1+d)^{n-j}(1-\delta)^m S_{T-n} - K\right]$$

Im Gegensatz zu europäischen Kaufoptionen, die nur am Ende der Restlaufzeit ausgeübt werden können, kann sich im Dividendenfall die vorzeitige Ausübung nicht dividendengeschützter *amerikanischer Kaufoptionen* als vorteilhaft erweisen. Es genügt dann nicht mehr, wie in den Ansätzen zur Bewertung europäischer Optionen, den Erwartungswert der am Ende der Restlaufzeit möglichen Optionswerte zu ermitteln und auf den Bewertungszeitpunkt zu diskontieren. Vielmehr muss dann durch Rekursivrechnung für jede der n Teilperioden und für alle möglichen Zustände von S geprüft werden, ob der Ausübungswert den Wert der nichtausgeübten Option übersteigt. Bewertungsrelevant sind im Gegensatz zu europäischen Kaufoptionen die Höhe des Dividendenabschlags und auch die zeitliche Abfolge der Dividendenzahlungen. Um eine genaue Abgrenzung zu erhalten, für welche Aktienkurse der Ausübungswert größer ist als der Wert der nichtausgeübten Option, kann für den Fall des diskreten Optionsbewertungsmodels mit binomialer Verteilung der Aktienkurse das Problem mittels eines rekursiven Algorithmus gelöst werden, indem für jede der n Perioden und für alle Zustände von S das Maximum von dem Ausübungswert und dem Wert der nicht ausgeübten Option ermittelt wird (vgl. Cox/Ross/Rubinstein 1979, S. 256-258 und Cox/Rubinstein 1985, S. 240).

Für *europäische Verkaufsoptionen* kann im Dividendenfall eine Bewertung entsprechend der aufgezeigten Vorgehensweise im Nichtdividendenfall vorgenommen werden; der Aktienkurs ist lediglich um die zur Ausschüttung kommenden Dividenden zu kürzen.

Für *amerikanische Verkaufsoptionen* besteht unabhängig von Dividendenzahlungen die Möglichkeit der vorteilhaften vorzeitigen Ausübung. Dies ist insbesondere dann der Fall, wenn der Aktienkurs erheblich unter den Basispreis gefallen ist und während der Restlaufzeit ein weiteres Absinken für wenig wahrscheinlich gehalten wird. Man überlege sich den Grenzfall, wenn $S = 0$, dann kann nach Ausübung der Option K sofort verzinslich angelegt werden und ein Hinauszögern der Ausübung würde nur zu Zinsverlusten führen. Durch Dividendenzahlungen kann eine vermeintlich vorteilhafte Ausübung hinausgeschoben oder verhindert werden. Dividendenzahlungen erhöhen aufgrund des damit verbundenen Rückgangs des Aktienkurses den inneren Wert einer Verkaufsoption, wodurch eine potenzielle vorzeitige Ausübung erst nach dem ex-Dividende Termin optimal sein kann. Der in Abschnitt 8.7.2 für Kaufoptionen aufgezeigte rekursive Algorithmus kann auch auf Verkaufsoptionen übertragen werden, es ist dabei lediglich die Differenz zwischen Aktienkurs und Ausübungspreis umzustellen.

8.8 Das kontinuierliche Optionspreismodell nach Black-Scholes

8.8.1 Darstellung des Modells

Das bisher im Rahmen despräferenzfreien Bewertungskonzepts vorgestellte verteilungsabhängige Optionsbewertungsmodell betrachtete den Aktienhandel als zeitdiskreten Vorgang, bei dem der Kurs der Aktie am Ende einer Teilperiode nur zwei Werte annehmen kann (binomische Verteilungshypothese). Diese Betrachtungsweise ist gemessen an der Realität zu restriktiv, da die Aktien während der Börsenzeit nahezu kontinuierlich gehandelt werden und weit mehr als nur zwei Werte pro Zeitintervall annehmen können. In der nachfolgenden Betrachtung werden diese Annahmen aufgehoben und es wird das kontinuierliche Optionsbewertungsmodell nach Black und Scholes betrachtet.

Fischer Black, Myron Scholes und Robert Merton gelang es Anfang der siebziger Jahre erstmals, eine präferenzfreie, geschlossene Bewertungsformel für europäische Kaufoptionen abzuleiten. Das Modell der drei Wissenschaftler erwies sich als so erfolgreich, dass Merton und Scholes dafür 1997 der Wirtschaftsnobelpreis erhielten, Black war 1995 verstorben. Das vereinfacht als Black-Scholes-Optionspreis-Modell (BSOPM) bezeichnete Bewertungsverfahren hat zwar immer wieder Veränderungen erfahren, ist jedoch in seiner Grundkonzeption mehr oder weniger gleichgeblieben und wird auch heute noch in der Praxis zur Berechnung des Optionswertes verwendet.

Zur Bestimmung des Wertes einer Option vor Ablauf der Optionsfrist werden die folgenden grundlegenden Annahmen gemacht:

1. Die Märkte für Optionen, Anleihen und Aktien sind arbitragefrei und friktionslos.
2. Dividendenzahlungen bleiben unberücksichtigt.
3. Die zukünftige Aktienkursentwicklung folgt einem kontinuierlichen und stationären Zufallsprozess (Random Walk). Die Wahrscheinlichkeitsverteilung der potenzi-

ellen Aktienkurse entspricht einer Lognormalverteilung und die Varianz der Aktienkursrenditen ist im Zeitablauf konstant.

Die Akienkursverlaufshypothese kann wie folgt interpretiert werden: Hinsichtlich des Aktienkursverlaufs wird die Random-Walk-Hypothese unterstellt. Da weiterhin angenommen wird, dass die Aktien kontinuierlich gehandelt werden, kann die Kursentwicklung durch einen zeit- und zustandskontinuierlichen stochastischen Prozess beschrieben werden. Black und Scholes nehmen zur Beschreibung des zukünftigen Aktienkursverlaufs einen Gauß-Wiener-Prozess (Brownsche Bewegung) an, dessen Kursänderungen durch einen Itô-Prozess, auch geometrisch Brownsche Bewegung genannt, beschrieben werden können. Unter diesen Annahmen folgt die zukünftige Aktienkursentwicklung den in den Abschnitten 7.7.3 und 7.7.4 beschriebenen und in Bild 8.35 dargestellten Zufallspfad ohne Sprungstellen (Pure Diffusion Process).

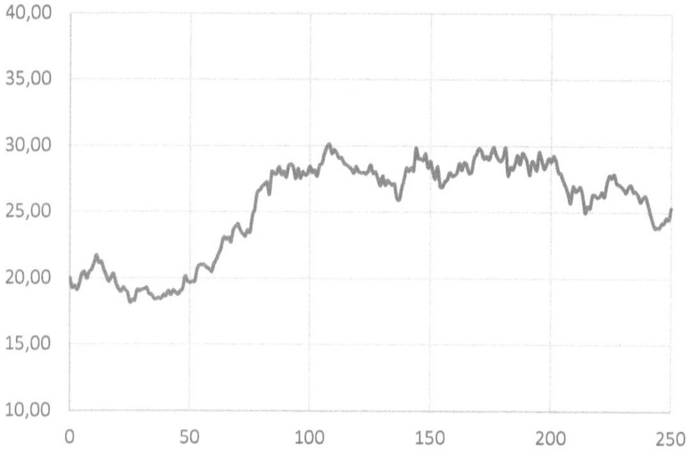

Bild 8.35 Aktienkursverlauf nach Black-Scholes (Pure Diffusion Process)

Formal lässt sich die Kursentwicklung im Zeitablauf durch die stochastische Differenzialgleichung der Form

$$\frac{dS}{S} = \mu dt + \sigma dz$$

darstellen. Dabei bezeichnet S den gegenwärtigen Aktienkurs, dS die Kursänderung während des Zeitintervalls, μ die erwartete relative Kursänderungsrate, σ die Standardabweichung der Kursänderungsrate μ und z einen standardisierten Wiener-Prozess. Unter diesen Annahmen entspricht die Aktienkursentwicklung einem zeit- und zustandskontinuierlichen stochastischen Prozess, bei dem die relativen Kursänderungen (Periodenrenditen) infinitesimal kleiner Zeitintervalle voneinander unabhängige, stationär normalverteilte Zufallsvariable sind, deren Erwartungswert und Standardabweichung proportional zur Länge des betrachteten Zeitintervalls sind. Unter diesen Voraussetzungen sind die zukünftigen Aktienkurse logarithmisch normalverteilte Zufallsvariablen.

Unter Zugrundelegung der Annahme über die zukünftige Verteilung der Aktienkurse lag die Möglichkeit der Ableitung einer präferenzfreien Bewertungsformel in der Tatsache begründet, dass es Black und Scholes gelang, durch eine geeignete, im Zeitablauf kontinuierlich anzupassende Kombination aus von Aktie-Kaufpositionen und Kaufoption-Verkaufspositionen ein risikoloses Hedge-Portfolio zu bilden, mit dem sich im Marktgleichgewicht ein von der Aktienkursentwicklung unabhängiger Ertrag erzielen lässt, der dem risikolosen Zinssatz entspricht. Die Anzahl der je Aktie zu verkaufenden Kaufoptionen, das *Hedge-Verhältnis*, ergibt sich durch den reziproken Wert der partiellen Differentiation des Optionswertes in Bezug auf den Aktienkurs, $1/(dC/dS)$.

8.8.2 Bewertung von Kaufoptionen

Werden die unterstellte Kursentwicklung und der Grundgedanke des risikolosen Hedge-Portfolios in Ansatz gebracht, dann kann mit Hilfe stochastischer Differenzial- und Integralrechnung die folgende Bewertungsformel (Black/Scholes-Formel) für europäische und für nichtdividendenberechtigte amerikanische Kaufoptionen abgeleitet werden.

$$C = SN(d_1) - Ke^{-rT}N(d_2)$$

$$d_1 = \frac{ln(S/K) + (r + \sigma^2/2)T}{\sigma\sqrt{T}}$$

$$d_2 = \frac{ln(S/K) + (r - \sigma^2/2)T}{\sigma\sqrt{T}} = d_1 - \sigma\sqrt{T}$$

wobei

$S =$ gegenwärtiger Kurs der zugrundeliegenden Aktie

$K =$ Basispreis der Kaufoption

$T =$ Restlaufzeit

$r =$ risikoloser Zinssatz

$\sigma =$ Standardabweichung (Volatilität) der zukünftigen Aktienrenditen

$N(d) =$ kumulative Verteilungsfunktion einer standard-normalverteilten Zufallsvariablen

Der Wert der Option ergibt sich im kontinuierlichen Fall als Funktion des gegenwärtigen Aktienkurses *S*, des Basispreises *K*, der Restlaufzeit *T*, des risikolosen Zinssatzes *r* und der Standardabweichung der Aktienrenditen σ. Da *S*, *K*, *T* und *r* beobachtbare Größen sind, ist die Bestimmung des Optionswertes allein von der Schätzung der als stationär angenommenen Standardabweichung σ abhängig (so wie auch *u* und *d* im BOPM geschätzt werden mussten). Der vom BSOPM berechnete Kaufoptionswert ist demnach nur so gut wie das in der Gleichung verwendete σ. Die relative Kursänderungsrate μ ist dagegen nicht Bestandteil der Bewertungsformel und somit ist der Optionswert unabhängig von der erwarteten Rendite. Ebenso gibt es im BSOPM keine Variablen, die den Grad der Risikoaversion in der Wirtschaft widerspiegeln.

In der Regel ist es am besten, einen jährlichen Zinssatz zu verwenden, die Verfallszeit *T* in Jahren anzugeben und σ sollte als Standardabweichung der Jahresrenditen der Aktie definiert werden. Es kann jedoch auch Fälle geben, in denen man andere Zeitintervalle verwenden möchte. So kann beispielsweise *r* als der monatliche risikolose

Zinssatz, T als die Anzahl der Monate bis zum Verfallstermin und σ als die Standardabweichung der Monatsrenditen der Aktie angegeben werden. Als risikoloser Zinssatz r kann über eine risikofreie Geldanlage (z.B. US Treasury Bills) mit etwa gleicher Laufzeit wie die zu bewertende Option ermittelt werden.

Beispiel 8.10

Der gegenwärtige Kurs einer Aktie sei 59. Der risikolose Zinssatz betrage 8% p.a. Es soll der Wert einer europäischen Kaufoption mit einem Ausübungspreis von 60 und einer noch verbleibenden Restlaufzeit von 9 Monaten berechnet und graphisch dargestellt werden. Die Standardabweichung der jährlichen Aktienrenditen sei 50%.
Mit den gegebenen Informationen erhält man mit

$S = 59,\ K = 60,\ T = 0{,}75$ Jahre, $r = 0{,}08\,/\,$Jahr und $\sigma = 0{,}50\,/\,$Jahr

$$d_1 = \frac{\ln(59/60) + (0{,}08 + 0{,}5^2/2)0{,}75}{0{,}5\sqrt{0{,}75}} = 0{,}3163$$

$$d_2 = 0{,}3163 - 0{,}5\sqrt{0{,}75} = -0{,}1168$$

Mit Hilfe der Tabellen für die kumulierte Standardnormalverteilung, die in allen einschlägigen Statistikwerken veröffentlicht sind, erhält man:

$$N(d_1) = 0{,}6241$$

$$N(d_2) = 0{,}4535$$

Damit errechnet sich der Kaufoptionswert zu:

$$C = 59(0{,}6241) - 60e^{-(0{,}08)(0{,}75)}(0{,}4535) = 11{,}1948$$

Excel-Umsetzung

Zunächst werden der aktuelle Aktienkurs, der Basispreis der Option, die Restlaufzeit, der risikolose Zinssatz und die Standardabweichung als Input-Parameter festgelegt. Dabei sind die Restlaufzeit, der risikolose Zinssatz und die Standardabweichung annualisiete Größen. Nach Berechnung von d_1 und d_2 wird mit Alt + M2 + M die Excel-Funktion NORM.S.VERT aufgerufen und die Werte der Normalverteilungsfunktion $N(d_1)$ und $N(d_2)$ ermittelt. Die gewonnenen Ergebnisse werden in die Black-Scholes-Gleichung für den Kaufoptionswert eingesetzt und erhält so den Optionswert für die europäische und nicht dividendenberechtigte amerikanische Kaufoption.

Zur graphischen Darstellung des Optionswertes (Bild 8.34) wird der Black-Scholes-Wert mittels der Datentabelle, die über die über die Was-wäre-wenn-Analyse (Alt + V + 5 + T) aufgerufen wird, in Abhängigkeit verschiedener Aktienkurse modelliert. Der innere Wert der Option wird durch die Funktion max(0, S − K) bestimmt.

Position	Inhalt	Excel-Umsetzung
C12	$d_1 = \frac{\ln(S/K) + (r + \sigma^2/2)T}{\sigma\sqrt{T}}$	=((LN(E6/E7)+(E9+E10^2/2)*E8))/(E10*E8^0,5)

C13	$= d_1 - \sigma\sqrt{T}$	=C12-E10*E8^0,5
C14	$N(d_1)$ = Verteilungsfunktion einer standard-normalverteilten Zufallsvariablen mit d_1	=NORM.S.VERT(C12;WAHR)
C15	$N(d_2)$ = Verteilungsfunktion einer standard-normalverteilten Zufallsvariablen mit d_2	=NORM.S.VERT(C13;WAHR)
C17	Wert der Kaufoption	=E6*C14-E7*EXP(-E9*E8)*C15
C20	Wert der Kaufoption	=C17
B21	Aktienkurs	=1
C21	Black-Scholes-Optionswert	={MEHRFACHOPERATION(;E6)}
D21	innerer Wert der Kaufoption	=MAX(0;B21-$E$7)

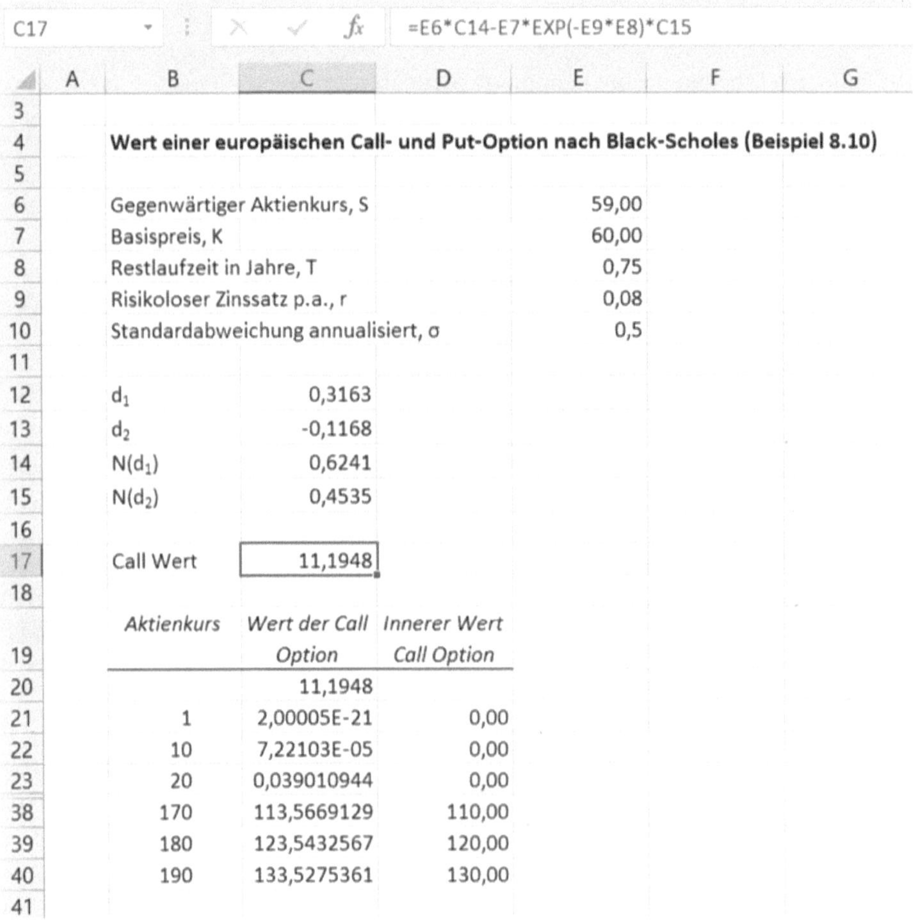
C17 =E6*C14-E7*EXP(-E9*E8)*C15

	A	B	C	D	E	F	G
3							
4		**Wert einer europäischen Call- und Put-Option nach Black-Scholes (Beispiel 8.10)**					
5							
6		Gegenwärtiger Aktienkurs, S			59,00		
7		Basispreis, K			60,00		
8		Restlaufzeit in Jahre, T			0,75		
9		Risikoloser Zinssatz p.a., r			0,08		
10		Standardabweichung annualisiert, σ			0,5		
11							
12		d_1	0,3163				
13		d_2	-0,1168				
14		$N(d_1)$	0,6241				
15		$N(d_2)$	0,4535				
16							
17		Call Wert	11,1948				
18							
19		*Aktienkurs*	*Wert der Call Option*	*Innerer Wert Call Option*			
20			11,1948				
21		1	2,00005E-21	0,00			
22		10	7,22103E-05	0,00			
23		20	0,039010944	0,00			
38		170	113,5669129	110,00			
39		180	123,5432567	120,00			
40		190	133,5275361	130,00			
41							

Bild 8.36 Wert einer europäischen Call- und Put-Option nach Black-Scholes (Beispiel 8.10)

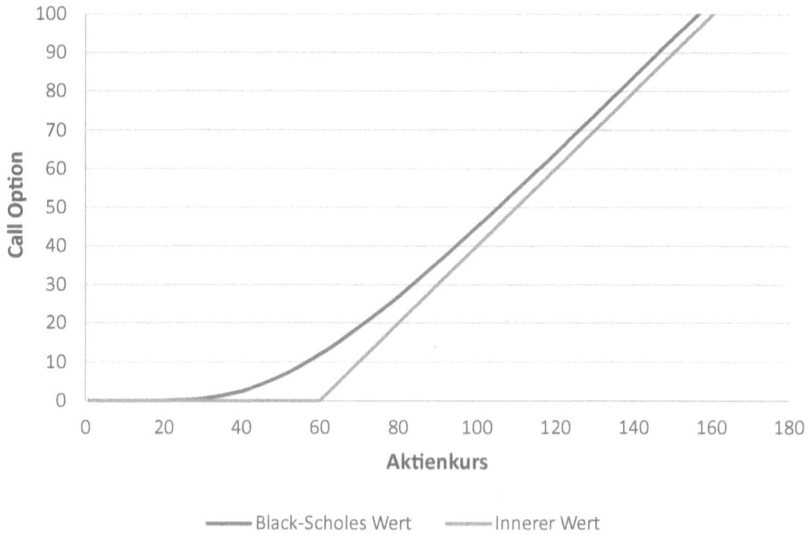

Bild 8.37 Black-Scholes-Kaufoptionswert als Funktion des Aktienkurses und innerer Wert der Option ($S = 59, K = 60, T = 0{,}75, r = 0{,}08, \sigma = 0{,}5$) (Beispiel 8.10)

Die mathematische Herleitung der Black-Scholes-Formel ist komplex und daher intuitiv nur schwer verständlich. Dennoch kann die Formel anhand einfacher Überlegungen näher interpretiert werden. Betrachtet man den extremen (aber unrealistischen) Fall, dass die zukünftige Aktienrendite bekannt ist, so ist die Standardabweichung $\sigma = 0$. Die beiden Ausdrücke d_1 und d_2 gehen dann gegen unendlich und die Werte der Normalverteilungsfunktion $N(d_1)$ und $N(d_2)$ gegen eins. In diesem Fall reduziert sich die Black-Scholes-Formel auf die Differenz zwischen Aktienkurs und Basispreis, d.h. $C = S - Ke^{-rT}$. Dies entspricht dem Mindestwert der Kaufoption vor Ablauf der Restlaufzeit. Ist der Aktienkursverlauf unsicher, so ist $\sigma > 0$. Die Werte der Normalverteilungen liegen dann zwischen Null und Eins und gewichten den Aktienkurs S und den Barwert des Ausübungspreises Ke^{-rT}. Die Differenz der gewichteten Werte von S und Ke^{-rT} ergibt dann den gegenwärtigen Wert der Kaufoption. Die Gewichte $N(d_1)$ und $N(d_2)$ lassen sich somit als Wahrscheinlichkeiten interpretieren, dass die Option im Verfallszeitpunkt im Geld endet, d.h. der Aktienkurs am Verfallstermin über dem Basispreis liegt.

Stellt man den zeit-diskreten Binomialansatz der Form

$$C = S\Phi[a;\ n, p'] - K(1+r)^{-n}\,\Phi[a;\ n, p]$$

dem zeit-kontinuierlichen (stetigen) Bewertungsansatz nach Black-Scholes

$$C = SN(d_1) - Ke^{-rT}N(d_2)$$

gegenüber, so erkennt man, dass sich die Gleichungen hinsichtlich der Gewichtungsfaktoren des gegenwärtigen Aktienkurses und des diskontierten Basispreises sowie hinsichtlich des Diskontierungsfaktors unterscheiden. Um das mehrperiodige Binomialmodell in den stetigen Bewertungsansatz nach Black/Scholes zu transferieren, wird die Restlaufzeit in mehr und mehr Zeitintervalle unterteilt, so dass man einem kontinuierlichen Aktienhandel sehr nahekommt, und zeigt auf, dass unter gewissen Bedingungen die Binomialverteilung gegen die Normalverteilung konvergiert.

Wird die Restlaufzeit T in n Teilintervalle der Länge T/n unterteilt, dann ergibt sich als Diskontierungsfaktor pro Teilperiode $(1+r)^{-T/n}$ und erhält dann nach n Teilperioden den Diskontierungsfaktor $(1+r)^{-(T/n)n} = (1+r)^{-T}$. Mit Hilfe des Grenzwertsatzes von Moivre-Laplace kann nun gezeigt werden, dass eine auf den Summenhäufigkeiten diskret verteilter Aktienkurse beruhende Binomialverteilung in eine auf einer stetigen Aktienkursverteilung beruhende und als Integrale berechnete Normalverteilung überführt werden kann, wenn für $n \to \infty$ $nq \to \infty$ strebt und sich für die Parameter u, d und q (Wahrscheinlichkeit eines Kursanstiegs) Werte ergeben, die diese Bedingungen erfüllen. Mit den von Cox und Rubinstein (1985, S. 200) vorgeschlagenen Substitutionen

$$u = e^{\sigma\sqrt{T/n}} - 1$$

$$d = e^{-\sigma\sqrt{T/n}} - 1$$

$$q = \frac{1}{2} + \frac{1}{2}(\mu / \sigma)\sqrt{T/n}$$

sind diese Voraussetzungen erfüllt und man erhält mit

$$\lim_{n\to\infty} \Phi\,(a;\ n, p') = N(d_1) \text{ und } \lim_{n\to\infty} \Phi\,(a;\ n, p) = N(d_2)$$

die folgende Darstellung:

$$\begin{aligned} C &= S\Phi(a;\ n,\ p') - K(1+r)^{-(T/n)n}\,\Phi(a;\ n,\ p) \\ &= SN(d_1) - Ke^{-rT}N(d_2) \end{aligned}$$

mit

$$p = \left[(1+r)^{T/n} - d\right] / (u-d)$$

$$p' = \left[u/(1+r)^{T/n}\right] p$$

$$a > ln\left(K / Sd^n\right) / ln(u / d)$$

$$d_1 = \frac{ln(S/K) + (r + \sigma^2/2)T}{\sigma\sqrt{T}}$$

$$d_2 = d_1 - \sigma\sqrt{T}$$

Wenn beispielsweise $T = 6$ Monate $= 0{,}5$ Jahre, $n = 4$, die auf ein Jahr hochgerechnete Streuung der Aktienrenditen $\sigma = 0{,}6$ und die jährlich erwartete Rendite $\mu = 0{,}20$ ist, dann stimmt mit den folgenden Werten das BOPM mit dem BSOPM überein:

$$u = e^{\sigma\sqrt{T/n}} - 1 = e^{(0{,}6)\sqrt{0{,}125}} - 1 = 0{,}23631$$

$$d = e^{-\sigma\sqrt{T/n}} - 1 = e^{-(0{,}6)\sqrt{0{,}125}-1} - 1 = -0{,}19114$$

$$q = \frac{1}{2} + \frac{1}{2}(\mu / \sigma)\sqrt{T / n} = \frac{1}{2} + \frac{1}{2}(0{,}2 / 0{,}6)\sqrt{0{,}125} = 0{,}55893$$

Mit diesen Werten ist für $n \to \infty$ der Aktienkurs logarithmisch normalverteilt.

8.8.3 Bewertung von Verkaufsoptionen

Analog zur Vorgehensweise bei der Bewertung europäischer Kaufoptionen leiteten Black und Scholes eine Bewertungsformel für europäische Verkaufsoptionen her. Einfacher ist es jedoch, den Wert einer europäischen Verkaufsoption direkt über den einer ansonsten identischen Kaufoption zu bestimmen. Setzt man den nach Black-Scholes ermittelten Kaufoptionswert in die Put-Call-Paritätsbeziehung

$$P = C - S + Ke^{-rT}$$

ein, erhält man

$$P = SN(d_1) - Ke^{-rT}N(d_2) - S + Ke^{-rT}$$

mit

$$d_1 = \frac{ln(S / K) + (r + \sigma^2 / 2)T}{\sigma\sqrt{T}}$$

$$d_2 = d_1 - \sigma\sqrt{T}\ .$$

Zusammengefasst ergibt sich dann:

$$P = Ke^{-rT}\left[1 - N(d_2)\right] - S\left[1 - N(d_1)\right]$$

Unter Anwendung der Symmetrieeigenschaft der Normalverteilung $1 - N(d) = N(-d)$ erhält man schließlich die Black-Scholes-Bewertungsformel der Form

$$P = Ke^{-rT}N(-d_2) - SN(-d_1)\,.$$

Die Wertentwicklung einer Verkaufsoption kann wie bei einer Kaufoption durch eine dynamische Portfoliostrategie aus der zugrundeliegenden Aktie und einem risikolosen Wertpapier dupliziert werden. Hier bestimmt $N(-d_1)$ die Anzahl der während der Restlaufzeit leer zu verkaufenden Aktien und $N(-d_2)$ den Anlagebetrag in risikolosen Wertpapieren. Wird die Revision dieser Anteile im Zeitablauf entsprechend der Entwicklung der Zufallsvariablen d_1 und d_2 kontinuierlich durchgeführt, dann stimmt die Wertentwicklung des Portfolios mit der Verkaufsoption jederzeit überein, so auch zu Beginn der Restlaufzeit (Bewertungszeitpunkt) und ist unabhängig von der erwarteten Aktienrendite, den Risikopräferenzen der Marktteilnehmer und den Eigenschaften anderer Finanztitel. Die Wertentwicklung des Portfolios wird lediglich von der zugrundeliegenden Aktie und dem risikolosen Wertpapier bestimmt.

Beispiel 8.11

Mit den gegebenen Daten von Beispiel 8.10 soll der Wert der Verkaufsoption mit dem Black-Scholes-Modell und über die Put-Call-Parität berechnet und graphisch dargestellt werden.

Mit $S = 59$, $K = 60$, $T = 0{,}75$, $r = 0{,}08$/Jahr und $\sigma = 0{,}5$/Jahr erhält man

$$-d_1 = \frac{\ln(59/60) + (0{,}08 + 0{,}5^2/2)0{,}75}{0{,}5\sqrt{0{,}75}} = -0{,}3163$$

$$-d_2 = 0{,}3163 - 0{,}5\sqrt{0{,}75} = -(-0{,}1168) = 0{,}1168$$

$$N(-d_1) = 0{,}3759$$

$$N(-d_2) = 0{,}5465$$

$$P = 60e^{-(0{,}08)(0{,}75)}(0{,}5465) - 59(0{,}3759) = 8{,}7006$$

Derselbe Wert ergibt sich mit der Put-Call-Parität. Mit $C = 11{,}1948$ erhält man:

$$P = 11{,}1948 - 59 + 60e^{-(0{,}08)(0{,}75)} = 8{,}7006$$

Excel-Umsetzung

Zunächst werden der aktuelle Aktienkurs, der Basispreis der Option, die Restlaufzeit, der risikolose Zinssatz und die Standardabweichung als Input-Parameter festgelegt. Dabei sind die Restlaufzeit, der risikolose Zinssatz und die Standardabweichung annualisiete Größen. Nach Berechnung von $-d_1$ und $-d_2$ wird mit Alt + M2 + M die Excel-Funktion NORM.S.VERT aufgerufen und die Werte der Normalverteilungsfunktion $N(-d_1)$ und $N(-d_2)$ ermittelt. Die gewonnenen Ergebnisse werden in die Black-Scholes-Gleichung für den Kaufoptionswert eingesetzt und erhält so den Optionswert für die europäische Verkaufsoption.

Zur graphischen Darstellung des Verkaufsoptionswertes (Bild 8.38) wird der Black-Scholes-Wert mittels der Datentabelle, die über die Was-wäre-wenn-Analyse (Alt + V + 5 + T) aufgerufen wird, in Abhängigkeit verschiedener Aktienkurse modelliert. Der innere Wert der Option wird durch die Funktion $max(0, Ke^{-rT} - S)$ bestimmt.

Position	Inhalt	Excel-Umsetzung
C12	$d_1 = \frac{\ln(S/K) + (r + \sigma^2/2)T}{\sigma\sqrt{T}}$	=((LN(E6/E7)+(E9+E10^2/2)*E8))/(E10*E8^0,5)
F12	$-d_1$	=-C12
C13	$d_2 = d_1 - \sigma\sqrt{T}$	=C12-E10*E8^0,5
F13	$-d_2$	=-C13
F14	$N(-d_1)$ = Verteilungsfunktion einer standard-normalverteilten Zufallsvariablen mit d_1	=NORM.S.VERT(F12;WAHR)
F15	$N(-d_2)$ = Verteilungsfunktion einer standard-normalverteilten Zufallsvariablen mit d_2	=NORM.S.VERT(F13;WAHR)
E17	Wert der Kaufoption	=E6*C14-E7*EXP(-E9*E8)*C15

E18	Wert der Verkaufsoption	=E7*EXP(-E9*E8)*F15-E6*F14
E19	Wert der Verkaufsoption (Put-Call-Parität)	=E17-E6+E7*EXP(-E9*E8)
C22	Wert der Verkaufsoption	=E18
B23	Aktienkurs	=0.5
C23	Mehrfachoperation	={MEHRFACHOPERATION(;E6)}
D23	innerer Wert der Verkaufsoption	=MAX(0;$E$7*EXP(-$E$9*$E$8)-B23)

E18 =E7*EXP(-E9*E8)*F15-E6*F14

	A	B	C	D	E	F	G
3							
4		**Wert einer europäischen Kauf- und Verkaufsoption nach Black-Scholes (Beispiel 8.11)**					
5							
6		Gegenwärtiger Aktienkurs, S			59,00		
7		Basispreis, K			60,00		
8		Restlaufzeit in Jahre, T			0,75		
9		Risikoloser Zinssatz p.a., r			0,08		
10		Standardabweichung annualisiert, σ			0,5		
11							
12		d_1	0,3163		$-d_1$	-0,3163	
13		d_2	-0,1168		$-d_2$	0,1168	
14		$N(d_1)$	0,6241		$N(-d_1)$	0,3759	
15		$N(d_2)$	0,4535		$N(-d_2)$	0,5465	
16							
17		Kaufoptionswert, C			11,1948		
18		Verkaufsoptionswert, P			8,7006		
19		Verkaufsoptionswert mit Put-Call-Parität, P			8,7006		
20							
21		Aktienkurs	*Wert der Put Option*	*Innerer Wert Put Option*			
22			8,7006				
23		0,5	56,00587202	56,01			
24		5,5	51,00587206	51,01			
25		10,5	46,00599324	46,01			
41		126,5	0,439397873	0,00			
42		136,5	0,287011615	0,00			
43							

Bild 8.38 Wert einer europäischen Kauf- und Verkaufsoption nach Black-Scholes (Beispiel 8.11)

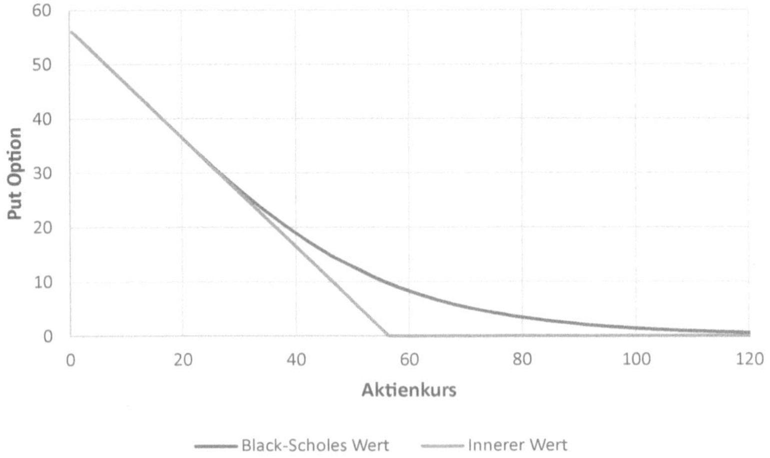

Bild 8.39 Black-Scholes-Verkaufsoptionswert als Funktion des Aktienkurses und innerer Wert der Option ($S = 59$, $K = 60$, $T = 0{,}75$, $r = 0{,}08$, $\sigma = 0{,}5$) (Beispiel 8.11)

8.8.4 Verteilung der Aktienkursrenditen

Die Entwicklung ökonomischer Größen wie die Kurse von Aktien, Anleihen und Zinssätzen kann als *stochastischer Prozess* in stetiger Zeit aufgefasst werden. In einem zeitstetigen Modell wird die Kursänderung im Zeitablauf in Form einer stochastischen Differenzialgleichung (Stochastic Differential Equation) beschrieben, die eine zufallsabhängige (stochastische) Komponente enthält.

Der Modellannahme für den Aktienkursverlauf nach Black/Scholes ist ein zeitstetiges Modell und die Kursänderung wird im Zeitablauf durch folgende stochastische Differenzialgleichung definiert:

$$dS = \mu S dt + \sigma S dW$$

oder umgeformt

$$\frac{dS}{S} = \mu dt + \sigma dW$$

Dabei ist μ die erwartete Rendite des Aktienkurses (auch *Driftrate* genannt), die positive Konstante σ ist die (annualisierte) die Volatilität und W ist ein Wiener-Prozess (auch Brownsche Bewegung genannt) mit $dW = Z\sqrt{dt}$ und $Z \sim N(0,1)$.

In der Realität können jedoch derartige Prozesse mit stetigem Wertebereich in stetiger Zeit bei Aktienkursen nicht beobachtet werden. Aktienkurse sind vielmehr auf diskrete Werte (z.B. auf das Vielfache eines Cent) beschränkt und können sich nur ändern, wenn die Börse für den Handel geöffnet ist. Da bereits in Kapitel 7.7.4 die Simulation eines Aktienkursprozesses nach dem Black-Scholes-Modell aufgezeigt wurde, soll nachfolgend das Modell für diskrete Zeitpunkte näher betrachtet und an einem Beispiel erläutert werden.

Die Formulierung des Modells für *diskrete* Zeitpunkte lautet:

$$\frac{\Delta S}{S} = \mu \Delta t + \sigma \Delta W$$

bzw.

$$\frac{\Delta S}{S} = \mu \Delta t + \sigma \Delta W$$

Dabei beschreibt ΔS die Änderung des Aktienkurses S in einem kleinen Zeitintervall Δt und $\Delta S/S = (S_{t+\Delta t} - S_t)/S_t$ ist die Aktienrendite. Der Parameter μ ist die erwartete Aktienrendite pro Zeiteinheit, und der Parameter σdie Volatilität des Aktienkurses während einer Zeiteinheit. Die beiden Parameter μ und σ werden als konstant angesehen.

W ist eine zufällige Variable, die normalverteilt ist mit einem Erwartungswert von Null und einer Varianz von t (d.h. ein zufälliger Wert aus einer Standardnormalverteilung). W ist ein Wiener-Prozess. Über kleine Zeitintervalle sind Änderungen in W, ΔW, ebenfalls normalverteilte Zufallsvariable mit einem Erwartungswert von Null, $E(\Delta W) = 0$, und einer Varianz von Δt, $var(\Delta t) = \Delta t$ bzw. einer Standardabweichung von$\sqrt{\Delta t}$. Die Kovarianz zweier ΔW ist Null, d.h. $cov(\Delta W_{t2}, \Delta W_{t1}) = 0$, andererseits wäre der Aktienkurs prognostizierbar.

Mit $\Delta W = Z\sqrt{\Delta t}$ kann die Gleichung für die Aktienkursrendite auch wie folgt geschrieben werden:

$$\frac{\Delta S}{S} = \mu \Delta t + \sigma Z \sqrt{\Delta t}$$

Die linke Seite der Gleichung gibt die Rendite an, welche die Aktie in einem kurzen Zeitintervall Δt liefert. Der Term $\mu\Delta t$ ist der Erwartungswert dieser Rendite und der Ausdruck $\sigma Z\sqrt{\Delta t}$ gibt die stochastische Komponente dieser Rendite wieder. Ist keine Unsicherheit vorhanden, ist also $\sigma = 0$, dann reduziert sich die Gleichung auf den deterministischen Term $\mu\Delta t$.

Beispiel 8.12

Betrachtet wird eine dividendenlose Aktie mit einem gegenwärtigen Kurs von $S_t = 1$ Euro. Die erwartete jährliche Rendite sei 20% und die jährliche Standardabweichung betrage 50%. Das Zeitintervall Δt sei ein Tag, wobei das Jahr mit 250 Börsentagen angenommen wird. Es soll ein möglicher Kursverlauf über ein Jahr durch wiederholtes Ziehen einer standardnormalverteilten Zufallszahl simuliert werden.

Für den ersten Tag wird ein Z von 0,056963 ermittelt. Die Änderung des Aktienkurses beträgt dann

$$\Delta S = 0{,}20 \cdot 0{,}004 + 0{,}50 \cdot \left(-0{,}569634\right)\sqrt{0{,}004} = -0{,}017213$$

und der Aktienkurs ist nach einem Tag bei

$$S_{t+\Delta t} = 20 \cdot e^{0{,}20 \cdot 0{,}004 + 0{,}50 \cdot (-0{,}569634)\sqrt{0{,}004}} = 19{,}66\,.$$

Für den zweiten Tag wird ein Zufallswert von $Z = -1{,}087667$ ermittelt. Der Aktienkurs am Ende des zweiten Tages beträgt dann

$$S_{t+\Delta t} = 19{,}66 \cdot e^{0{,}20 \cdot 0{,}004 + 0{,}50 \cdot (-1{,}087667)\sqrt{0{,}004}} = 19{,}01$$

In der folgenden Tabelle sind die Ergebnisse der ersten zwei Tage zusammengefasst.

Zeit-intervall 1 Tag	Aktienkurs zu Beginn des Zeit-intervalls	normal-verteilte Zufallsvariable ΔZ	Änderung des Aktienkurses während des Zeitintervalls ΔS	Aktienkurs am Ende des Zeit-intervalls $S_{t+\Delta t}$
1	20,00	0,056963	-0,017213	19,66
2	19,66	-1,087667	-0,033595	19,01

Bild 8.40 Aktienkurs durch Ziehen einer standardnormalverteilten Zufallszahl (Beispiel 8.12)

Es bleibt anzumerken, dass die ermittelten Zufallszahlen *Z* unabhängig voneinander sind und andere Zufallszahlen zu anderen Preisbewegungen führen würden. Auch kann bei der Simulation jedes beliebige Zeitintervall Δt verwendet werden. Im Grenzübergang, wenn $\Delta t \to 0$, erreicht man die vollständige Simulation des stochastischen Prozesses. Dieser Prozess stellt einen *Markov*-Prozess dar, d.h. nur der aktuelle Wert der Aktie ist für die Prognose des zukünftigen Aktienkurses relevant, und die historischen Kurse und die Art und Weise, wie diese entstanden sind, sind ohne Bedeutung. Der letzte in der Tabelle aufgeführte Aktienkurs von 18,98 kann als Zufallswert der Aktienkursverteilung nach Ablauf von zwei Tagen interpretiert werden.

Excel-Umsetzung

Bei der Eingabe der Inputdaten erwartete Aktienrendite und Standardabweichung ist zu beachten, dass diese in Tagesdaten umgerechnet werden, da das betrachtete Zeitintervall ein Tag ist. Ein möglicher Kursverlauf über 250 Tage kann durch wiederholtes Ziehen einen zufälligen *Z* aus $\Phi(0,1)$ und Einsetzen in die Gleichung

$$\frac{\Delta S}{S} = \mu \Delta t + \sigma Z \sqrt{\Delta t}$$

generiert werden. In Excel stellt mehrere Funktionen zur Erzeugung von Zufallszahlen zur Verfügung.

Das folgende Spreadsheet greift auf Daten|Analyse|Zufallszahlengenerierung zurück, um 250 Zufallszahlen zu erzeugen.

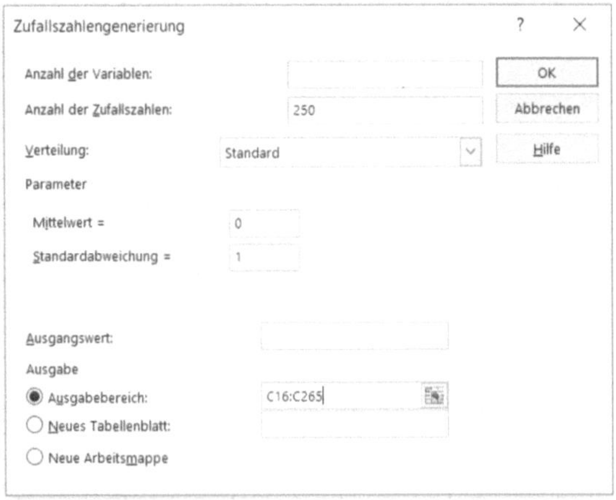

Bild 8.41 Erzeugung von Zufallszahlen mittels Microsoft Excel

In nachfolgender Excel-Tabelle gibt die erste Spalte die Tageszahl an. Die zweite Spalte befindet sich die Realisierung von ΔZ aus der Normalverteilung mit einem Mittelwert von Null und einer Varianz von Eins. Die dritte Spalte zeigt an, wie sich der Aktienkurs entwickeln würde, wenn seine Rendite keine stochastische Komponente enthielte; die Rendite der Aktie liegt bei $\mu = 0{,}20 \cdot 0{,}004 = 0{,}08$ Prozent/Tag. Die vierte Spalte gibt die stochastische Komponente $\sigma \Delta Z$ an, wobei $\sigma = 0{,}50 \cdot \sqrt{0{,}004} = 0{,}031622$ Prozent/Tag beträgt. Die tägliche Rendite R aus deterministischer und stochastischer Komponente beträgt dann $R = \mu \Delta t + \sigma \Delta Z$. Spalte fünf listet die täglichen Aktienpreise auf, wobei $S_{t+\Delta t} = S_t \cdot e^R$ ist. Auch hier sei darauf hingewiesen, dass die Tabelle nur *einen* möglichen Verlauf der Aktienkursentwicklung aufzeigt. Andere Zufallszahlen würden zu anderen Kursbewegungen führen.

Die Simulation des Aktienkursverlaufs, wenn der Kurs einer logarithmischen Preisverteilung folgt, kann folgendermaßen zusammengefasst werden:

1. Multiplizieren Sie μ (durchschnittliche Wachstumsrate) mit Δt (das verstrichene Zeitintervall). Damit erhält man den deterministischen Teil der Rendite.

2. Nehmen Sie ein Z aus einer Zufallsvariablen, die standardnormal verteilt ist, und multiplizieren Sie dieses Z mit $\sigma\sqrt{\Delta t}$. Dies ergibt den ungewissen Teil der Rendite (die Quadratwurzel impliziert, dass die Varianz der Aktienrendite proportional zur Zeit ist).

3. Addieren Sie die beiden Ergebnisse und potenzieren Sie. Die tägliche Rendite beträgt dann $e^{\mu\Delta t + \sigma Z\sqrt{\Delta t}}$. Ist der Aktienkurs am Tag t S_t, dann ist der Kurs am Tag $t+1$ $S_{t+1} = S_t e^{\mu\Delta t + \sigma Z\sqrt{t}}$.

Position	Inhalt	Excel-Umsetzung
D13, F13	aktueller Aktienkurs	=E7
D14	deterministischer Kursverlauf	=D13*EXP($E$8*$E$6)
E14	stochastische Komponente	=$E$9*$E$6^0,5*C14
F14	simulierter Aktienkurs	=F13*EXP($E$8*$E$6+$E$9*$E$6^0,5*C14)

F14 =F13*EXP($E$8*$E$6+$E$9*$E$6^0,5*C14)

	A	B	C	D	E	F
3						
4		**Realisation eines Kursverlaufs (Diffusionsprozess) ohne Sprungstelle (Beispiel 8.12a)**				
5						
6		Zeitintervall 1 Tag, Δt			0,004	
7		Gegenwärtiger Aktienkurs, S_t			20	
8		Erwartete jährliche Aktienrendite, μ			20%	
9		Standardabweichung der jährlichen Aktienrenditen σ			50%	
10						
11						
12		Zeitintervall 1 Tag	Normalverteilte Zufallsvariable Z	Deterministischer Kursverlauf $S_{t+\Delta t}=S_t e^{\mu\Delta t}$	Stochastische Komponente (0,0316228)Z	$S_{t+\Delta t} = S_t e^R$ $R = \mu\Delta t + \sigma Z(\Delta t)^{0,5}$ Δt = 1 Tag
13		0		20,00		20,00
14		1	-0,569634	20,016006	-0,018013	19,66

15	2	-1,087667	20,032026	-0,034395	19,01
16	3	1,175299	20,048058	0,037166	19,74
17	4	1,787130	20,064103	0,056514	20,91
18	5	0,345854	20,080160	0,010937	21,16
258	245	-0,588905	24,330538	-0,018623	45,03
259	246	0,904263	24,350010	0,028595	46,38
260	247	-0,598759	24,369498	-0,018934	45,54
261	248	-0,635314	24,389002	-0,020090	44,67
262	249	1,751278	24,408521	0,055380	47,25
263	250	-1,023955	24,428055	-0,032380	45,78
264					

Bild 8.42 Eine Realisation eines Diffusionsprozesses (Beispiel 8.12 a)

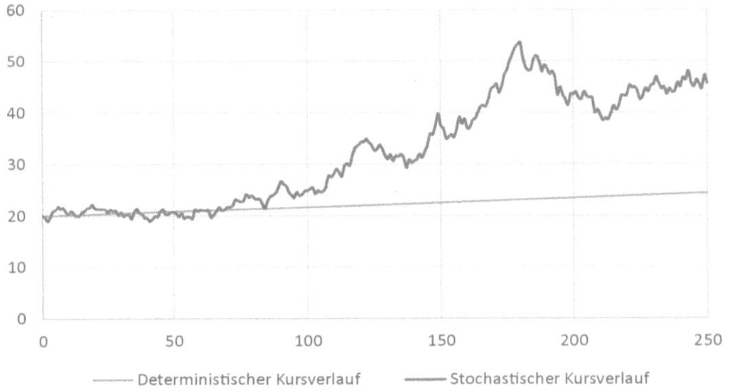

Bild 8.43 Simulierter Aktienkursverlauf (Beispiel 8.12 a)

Bezugnehmend auf Beispiel 8.12 soll nachfolgend eine weitere Möglichkeit der Aktienkurssimulation aufgezeigt werden. Hier wird zur Erzeugung einer Zufallszahl aus der Standardnormalverteilung die Excel-Funktion NORM.INV(ZUFALLSZAHL();0;1) verwendet.

Durch Drücken der F9-Taste können andere Zufallszahlen erzeugt werden. Um die automatische Berechnung von Zufallszahlen in einer bestimmten Excel-Arbeitsmappe anzuhalten, geht man auf Optionen, dann Formeln und klickt unter Berechnungsoptionen Manuell an. Dadurch wird die automatische Änderung von Zufallszahlen gestoppt.

D14 | fx | =D13*EXP($E$8*$E$6+$E$9*$E$6^0,5*C14)

	A	B	C	D	E	F
3						
4		**Realisation eines Kursverlaufs (Diffusionsprozess) ohne Sprungstelle (Beispiel 8.12b)**				
5						
6		Zeitintervall 1 Tag, Δt			0,004	
7		Gegenwärtiger Aktienkurs, S_t			20	
8		Erwartete jährliche Aktienrendite, μ			20%	
9		Standardabweichung der jährlichen Aktienrenditen σ			50%	
10						
11						
12		Zeitintervall	Zufallszahl	Aktienkurs		
13		0		20		
14		1	-0,099125	19,95		
15		2	0,491303	20,28		

16	3	0,852260	20,85	
17	4	-0,951718	20,25	
18	5	0,339684	20,49	
258	245	0,351106	47,00	
259	246	-0,009517	47,03	
260	247	1,145810	48,80	
261	248	0,901807	50,25	
262	249	-0,050342	50,21	
263	250	-0,534663	49,41	
264				

Bild 8.44 Eine Realisation eines Diffusionsprozesses (Beispiel 8.12 b)

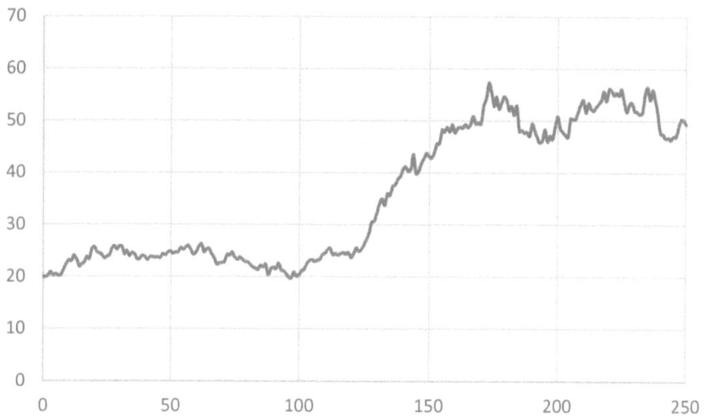

Bild 8.45 Simulierter Aktienkursverlauf (Beispiel 8.12 b)

Die vorausgehende Analyse zeigt zwei Dinge: Zum einen ist der vom BSOPM vorhergesagte Wert einer Option unabhängig von der erwarteten Rendite μ, obwohl die Aktie eine erwartete Renditekomponente aufweist. Zum anderen ist die Varianz der Aktienrendite proportional zur Zeit, wenn der Aktienkurs einem Diffusionsprozess folgt. Entsprechend ist die Standardabweichung der Aktienrenditen proportional zur Quadratwurzel der Zeit.

Ist beispielsweise die tägliche Varianz der Aktienrenditen σ_d^2 gegeben, dann ist die wöchentliche Varianz sieben Mal der täglichen Varianz, also $\sigma_w^2 = 7\sigma_d^2$. Entsprechend ist die wöchentliche Standardabweichung der Aktienrenditen $\sigma_w = \sqrt{7}\sigma_d$. Ähnlich verhält sich der Aktienkurs. Ist der heutige Aktienkurs 50 Euro und folgt er einem Diffusionsprozess, dann könnte der Kurs nach einem Tag bei 48 Euro oder 53 Euro liegen, nach einem Monat bei zwischen 40 Euro und 65 Euro und nach einem Jahr bei 30 Euro oder 65 Euro. Die Varianz der Aktienrenditen wird umso größer, je länger das betrachtete Zeitintervall ist. Die Varianz der jährlichen Aktienrenditen sollte demnach 250-mal größer sein als die tägliche Varianz.

Bild 8.46 veranschaulicht die Renditeverteilung unterschiedlicher Zeitintervalle. Man erkennt, dass die Renditen nicht normalverteilt sind. Folgt eine Aktie einem Diffusionsprozess, dann sind die Renditen lognormal verteilt. Die Aussage, dass die Renditen lognormal verteilt sind, ist äquivalent mit der Aussage, dass die natürlichen Logarithmen der relativen Preise, $\ln\left(S_{t+1}/S_t\right)$, normal verteilt sind.

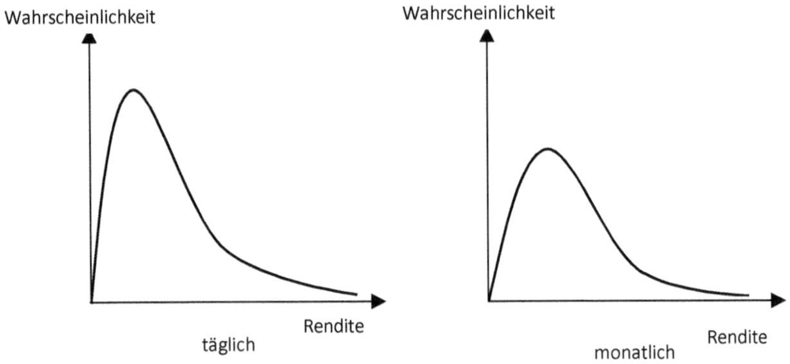

Bild 8.46 Wahrscheinlichkeitsverteilungen von Aktienrenditen über verschiedene Zeitintervalle. Jede Verteilung ist eine Lognormalverteilung.

Die Annahme logarithmisch verteilter Aktienrenditen ist aus zwei Gründen realistisch. Erstens haftet ein Aktionär nur eingeschränkt. Aus diesem Grund können Aktionäre nicht mehr als das Kapital verlieren, das sie für den Erwerb ihrer Aktien gezahlt haben. Aktien können niemals einen negativen Marktwert haben und die niedrigste Rendite einer Periode ist -100%. Sind hingegen die Renditen normal verteilt, dann gibt es eine gewisse Wahrscheinlichkeit, dass die Renditen weniger als -100% betragen. Beträgt beispielsweise die Aktienrendite während eines bestimmten Zeitintervalls -100%, dann ist der Endwert der Aktie am Ende der Periode, S_{t+1}, gleich Null und $\ln(S_{t+1}/S_t) = \ln(1+R) = \ln(0) = -\infty$, und das stellt den linken Rand einer Normalverteilung dar. Das linke Ende einer logarithmischen Normalverteilung ist bei Null verankert, wenn R, die Rendite, -100 Prozent beträgt. Zweitens sind logarithmische Verteilungen rechtsschief. Die niedrigste Rendite ist −100% und die höchste Rendite kann +100% übersteigen. Je länger das betrachtete Zeitintervall ist, desto gültiger wird die letztere Aussage, d.h. jährliche Renditen sind stärker rechtsschief ausgerichtet als monatliche Renditen und monatliche Renditen sind stärker nach rechts geneigt als tägliche Renditen.

8.8.5 Berücksichtigung von Dividendenzahlungen

Werden Dividenden auf die Aktie geleistet und ist die Option nicht dividendengeschützt, dann muss dies in der Bewertungsformel berücksichtigt werden. Die erste Anpassung des Modells an Dividendenzahlungen geht auf Merton (1973) zurück und ist auf europäische Optionen anwendbar. Merton unterstellt, dass die Dividenden bekannt sind, kontinuierlich gezahlt werden und die Dividendenrendite $\delta = D/S$ über die Restlaufzeit der Option konstant bleibt. Unter diesen Annahmen kann die Black-Scholes-Formel für Kaufoptionen wie folgt geschrieben werden:

$$C = S^* N(d_1) - Ke^{-rT} N(d_2)$$

Mit

$$S^* = Se^{-dT}$$

$$d_1 = \frac{\ln(S^*/K) + \left[r - \delta + (\sigma^2/2)\right]t}{\sigma\sqrt{t}}$$

$$d_2 = d_1 - \sigma\sqrt{t}\ .$$

Diese Formel ist nur für europäische Kaufoptionen gültig und kann nicht auf amerikanische Kaufoptionen angewendet werden, da wegen der Dividendenzahlungen immer die Möglichkeit der vorzeitigen Ausübung besteht.

Eine einfachere, weniger genaue Methode, die Bewertungsformel an Dividendenzahlungen anzupassen, besteht darin, den gegenwärtigen Aktienkurs um den Barwert der zur Ausschüttung kommenden Dividenden zu kürzen. Werden während der Optionsfrist mehrere diskrete Dividenden $D_t, t = 1, 2, ..., T$, ausgezahlt, dann lässt sich die Formel wie folgt darstellen:

$$C = S^* N(d_1) - Ke^{-rT} N(d_2)$$

Dabei ist $S^* = S - \sum_{t=1}^{T} D_t\,(1+t)^{-t}$, D_t die Dividende zum Zeitpunkt t und T der Verfallstermin der Option.

Exemplarisch soll der Wert einer europäischen Kaufoption berechnet werden, wenn in 39 Tagen eine Dividende in Höhe von 1,10 Euro ausgeschüttet wird. Der Aktienkurs sei 44 Euro, der Basispreis 40 Euro, der risikolose Zinssatz betrage 8% per annum, die Restlaufzeit der Option sei 67 Tage und die Aktie habe eine Volatilität von jährlich 30%.

Mit

$$S^* = 44 - 1{,}1(1{,}08)^{-0{,}10685} = 42{,}909$$

$$d_1 = \frac{ln\left[S^* / K\right] + \left(r + \sigma^2 / 2\right)T}{\sigma\sqrt{T}}$$
$$= \frac{ln(42{,}909/40) + (0{,}08 + 0{,}09/2)0{,}184}{0{,}3\sqrt{0{,}184}} = 0{,}725$$

$$N(d_1) = 0{,}7658$$

$$d_2 = d_1 - \sigma\sqrt{T} = 0{,}725 - 0{,}3\sqrt{0{,}184} = 0{,}5965$$

$$N(d_2) = 0{,}7246$$

erhält man den Kaufoptionswert zu

$$C = S^* N(d_1) - Ke^{-rT} N(d_2)$$
$$= 42{,}909(0{,}7658) - 40e^{-(0{,}08)(0{,}184)}(0{,}7246)$$
$$= 4{,}299$$

8.8.6 Sensitivitätskennzahlen von Optionen

In Kapitel 8.4 wurden die Optionspreisdeterminanten vorgestellt, die einen direkten und messbaren Einfluss auf den Optionswert ausüben. Direkter Einfluss bedeutet dabei, dass die Änderung einer Variablen bei Konstanz der restlichen Variablen den Wert einer Option verändert. Mit der nachfolgenden Sensitivitätsanalyse soll gezeigt werden, wie der Optionspreis durch partielle Variation der Bestimmungsgrößen (dies geschieht durch partielle Differentiation des Optionswertes in Bezug auf die betrachtete Variable) reagiert. Ausgehend von der funktionalen Beziehung $C = f(S, K, t, r, \sigma)$ für Kaufoptionen bzw. $P = f(S, K, t, r, \sigma)$ für Verkaufsoptionen wird beim Black-Scholes-Modell ceteris paribus jeweils nur eine Bestimmungsgröße verändert und die restlichen Variablen konstant gehalten. Die daraus resultierenden Sensitivitätskennzahlen werden als griechische Variablen oder Greeks bezeichnet, da jede Kennzahl nach einem griechischen Buchstaben benannt ist.

Die Berechnung der Sensitivitätskennzahlen und die dazugehörigen Graphiken beziehen sich auf die Daten des folgenden Beispiels.

Beispiel 8.13

Mit den Input-Parametern S =100 EUR, K = 100 EUR, T = 0,75 Jahre, r = 5% und σ =20% sollen der Kaufoptionswert und das Delta berechnet werden. Eine Dividende wird nicht ausgeschüttet.

$$d_1 = \frac{\ln(100/100) + (0{,}05 + 0{,}2^2/2)0{,}75}{0{,}2\sqrt{^\wedge 0{,}75}} = 0{,}3031$$

$$N(d_1) = 0{,}6191$$

$$d_2 = 0{,}2273 - 0{,}2\sqrt{0{,}75} = 0{,}1299$$

$$N(d_2) = 0{,}5517$$

$$C = 100 \cdot 0{,}5899 - 100e^{-0{,}05 \cdot 0{,}75} \cdot 0{,}5216 = 8{,}77$$

Delta

Die Sensitivität einer Option bezüglich der Veränderung des zugrundeliegenden Aktienkurses kommt durch den Delta-Wert (Δ) zum Ausdruck. Mathematisch gesehen ergibt sich Delta aus der ersten partiellen Ableitung des Optionswertes nach dem Aktienkurs. Für eine europäische Kaufoption auf eine dividendenlose Aktie gilt:

$$\text{Delta (Call)} = \frac{\partial C}{\partial S} = N(d_1)$$

Dabei ist d_1 definiert wie im Black-Scholes-Modell und $N(x)$ ist die kumulierte Verteilungsfunktion der Standardnormalverteilung. Das Delta einer Short-Position in einer Kaufoption beträgt $-N(d_1)$. Im Black-Scholes-Modell gibt der Delta-Wert an, wie viele Aktien benötigt werden, um die Preisänderung der Option neutralisieren und wird deshalb auch als Hedge Ratio oder Hedge-Verhältnis bezeichnet. Der Delta-Wert nimmt Werte zwischen Null und Eins an.

Für eine europäische Verkaufsoption auf eine dividendenlose Aktie erhält man:

$$\text{Delta (Put)} = \frac{\partial P}{\partial S} = N(d_1) - 1 = -N(-d_1)$$

Der Delta-Wert einer Verkaufsoption liegt zwischen minus Eins und Null.

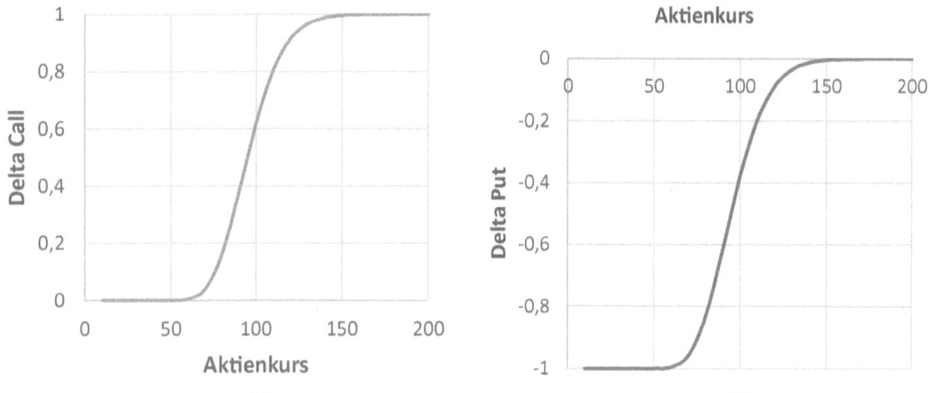

(a) (b)

Bild 8.47 Veränderung des Delta einer europäischen Kaufoption (a) und Verkaufsoption (b) in Abhängigkeit vom Aktienkurs einer dividendenlosen Aktie

Den Bildern 8.47 (a) und (b) ist zu entnehmen, dass sich die Delta-Werte bei Optionen, die am Geld sind, am schnellsten ändern. Bei Kaufoptionen, die tief im Geld liegen, liegen die Delta-Werte nahe bei Eins, während weit aus dem Geld liegende Kaufoptionen nahe Null liegen. Ähnlich verhält es sich bei dem Delta-Wert für Verkaufsoptionen, die Werte liegen jedoch zwischen Null und minus Eins. Auch hier ist die Sensitivität des Optionswertes hinsichtlich der Veränderungen des Aktienkurses bei am Geld liegenden Optionen am größten.

Bleibt noch anzumerken, dass der Delta-Wert nicht nur von den Veränderungen des zugrundeliegenden Aktienkurses abhängt, sondern auch von den anderen Optionspreisdeterminanten des Black-Scholes-Modells.

Im Beispiel 8.13 beträgt der Delta-Wert der Kaufoption

Delta (Call) $= N(d_1) = 0{,}6191$.

Wenn sich der Aktienkurs um € 1 auf € 101 ändert, dann ändert sich der Optionspreis nach der Kurssteigerung um € 0,6191 auf € 9,3914 (8,7723 + 0,6191).

Excel-Umsetzung

Nach Eingabe der Input-Parameter werden zunächst die Funktionswerte der kumulativen Verteilungsfunktion für die Standardnormalverteilung an den Stellen d_1 und d_2 bestimmt und der Kaufoptionswert berechnet. Delta entspricht dabei dem Funktionswert der kumulativen Verteilungsfunktion der Standardnormalverteilung an der Stelle d_1, $N(d_1)$, und beträgt 0,6191. Zur Generierung der graphischen Darstellung von Delta werden mittels Datentabelle (Alt + V + 5 + T) Aktienkurse zwischen 10 und 200 simuliert.

Position	Inhalt	Excel-Umsetzung
D14	kumulierte Normalverteilungsfunktion	=NORM.S.VERT(D13;WAHR)
D18	Kaufoptionspreis	=D6*D14-D7*EXP(-D9*D8)*D16
D14, D19	Delta-Wert der Kaufoption	=NORM.S.VERT(D13;WAHR)

D19 =NORM.S.VERT(D13;WAHR)

	B	D	F	G	H
3					
4	**Sensitivitätskennzahl Delta Call des Black-Scholes Modells (Beispiel 8.13)**				
5					
6	Aktienkurs S	100		Call	Delta
7	Basispreis K	100		8,77227	0,61910
8	Restlaufzeit T in Jahren	0,75	10	8,9661E-40	6,8923E-39
9	Risikoloser Zinssatz r	5%	20	4,6099E-20	1,2476E-19
10	Volatilität σ	20%	30	1,0868E-11	1,4852E-11
11	Dividende D	0	40	3,848E-07	3,0646E-07
12			50	0,00021699	0,00010832
13	d_1	0,3031	60	0,01249532	0,00407075
14	$N(d_1)$	0,6191	70	0,18165687	0,03953099
15	d_2	0,1299	80	1,10008988	0,16226022
16	$N(d_2)$	0,5517	90	3,75524898	0,3801106
17			100	8,77226826	0,61909656
18	Call	8,7723	110	15,9470673	0,80327638
19	Delta Call	0,6191	120	24,5831855	0,91240951
20			130	34,0079449	0,96545797
21			140	43,7905634	0,98763942
22			150	53,7153195	0,99590413
23			160	63,6910211	0,99872219
24			170	73,68359	0,99961962
25			180	83,6814114	0,99989079
26			190	93,6807931	0,99996949
27			200	103,680622	0,99999165
28					

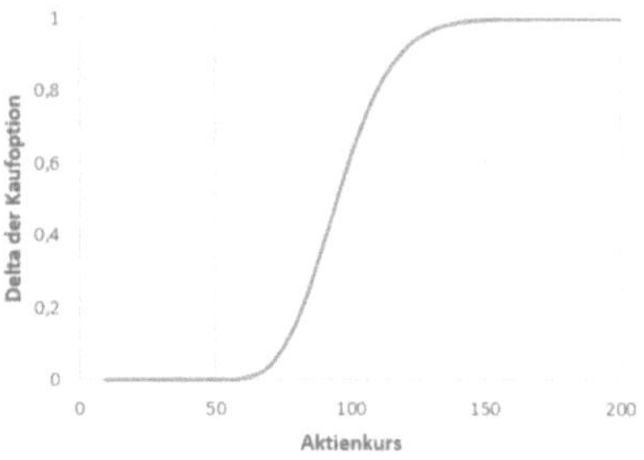

Bild 8.48 Berechnung und graphische Darstellung des Delta-Wertes einer Kaufoption (Beispiel 8.13)

Der Delta-Wert der Verkaufsoption beträgt

$$\text{Delta (Put)} = N(d_1) - 1 = -0{,}3809.$$

Sinkt der Aktienkurs um € 1, dann steigt die Verkaufsoption um € 0,3809. Steigt hingegen der Aktienkurs um € 1, dann verliert die Put Option € 0,3809 an Wert.

Excel-Umsetzung

Die Excel-Umsetzung für die Berechnung des Delta-Wertes der Verkaufsoption ist vergleichbar mit der Vorgehensweise bei der Kaufoption.

Position	Inhalt	Excel-Umsetzung
D14	kumulierte Normalverteilungsfunktion	=NORM.S.VERT(D13;WAHR)
D21	Verkaufsoptionspreis	=D18-D6+D7*EXP(-D9*D8)
D22	Delta-Wert der Verkaufsoption	=D14-1

D22 =D14-1

	B	D	G	H
3				
4	**Sensitivitätskennzahl Delta Put des Black-Scholes Modells (Beispiel 8.13)**			
5				
6	Aktienkurs S	100	Put	Delta
7	Basispreis K	100	5,09171003	-0,380903

8	Restlaufzeit T in Jahren	0,75	10	86,3194418	-1
9	Risikoloser Zinssatz r	5%	20	76,3194418	-1
10	Volatilität σ	20%	30	66,3194418	-1
11	Dividende D	0	40	56,3194422	-0,99999969
12			50	46,3196588	-0,99989168
13	d_1	0,3031	60	36,3319371	-0,99592925
14	$N(d_1)$	0,6191	70	26,5010986	-0,96046901
15	d_2	0,1299	80	17,4195316	-0,83773978
16	$N(d_2)$	0,5517	90	10,0746908	-0,6198894
17			100	5,09171003	-0,38090344
18	Call	8,7723	110	2,26650909	-0,19672362
19	Delta Call	0,6191	120	0,90262724	-0,08759049
20			130	0,3273867	-0,03454203
21	Put	5,0917	140	0,11000517	-0,01236058
22	Delta Put	-0,3809	150	0,03476124	-0,00409587
23			160	0,0104629	-0,00127781
24			170	0,00303179	-0,00038038
25			180	0,00085318	-0,00010921
26			190	0,00023485	-3,0507E-05
27			200	6,3611E-05	-8,3494E-06
28					

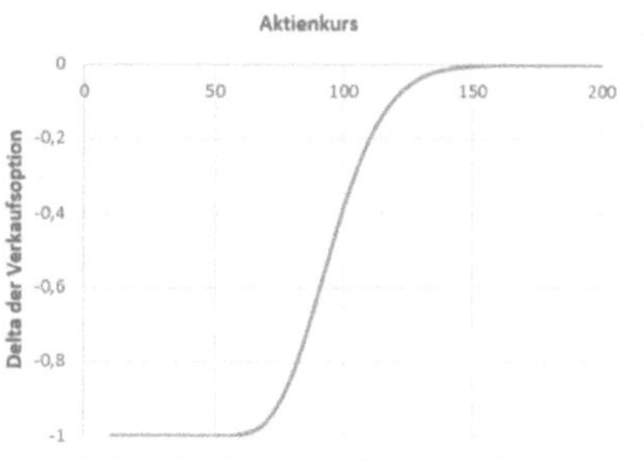

Bild 8.49 Berechnung und graphische Darstellung des Delta-Wertes einer Verkaufsoption (Beispiel 8.13)

Gamma

Gamma ist die zweite Ableitung der Black-Scholes-Funktion nach dem Aktienkurs und ist ein Maß für die erwartete Veränderung des Delta der Option auf die Änderung der zugrundeliegenden Aktie um eine Einheit. Der Gamma-Wert für Kauf- und Verkaufsoptionen ist identisch, und es gilt:

$$\text{Gamma}(\text{Call}) = \frac{\partial \text{Delta}(\text{Call})}{\partial S} = \text{Gamma}(\text{Put}) = \frac{\partial \text{Delta}(\text{Put})}{\partial S} = \frac{N'(d_1)}{S\sigma\sqrt{T}}$$

wobei

$$N'(x) = \frac{1}{\sqrt{2\pi}} e^{-x^2/2}$$

die Wahrscheinlichkeitsdichtefunktion für die Standardnormalverteilung ist.

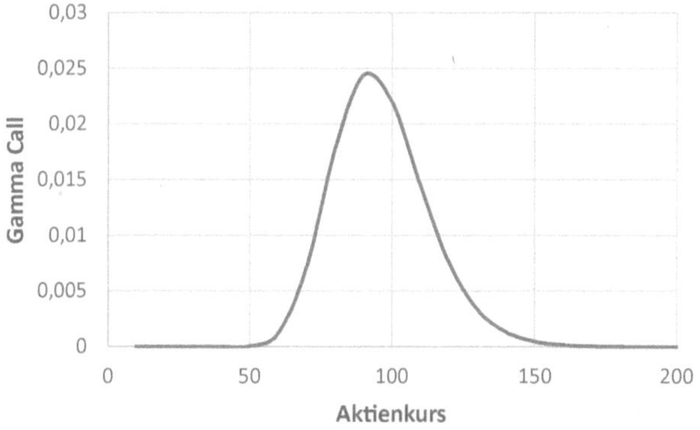

Bild 8.50 Options-Gamma in Abhängigkeit des Aktienkurses

Aus Bild 8.50 ist ersichtlich, dass der Gamma-Wert immer positiv und dort am größten ist, wo der Basispreis und der Aktienkurs ungefähr gleich groß sind (leicht unterhalb des Basispreises). Diese Kennzahl findet bei Absicherungsstrategien in Form des Gamma-Hedging Berücksichtigung.

Mit den Daten von Beispiel 8.13 erhält man für Gamma folgenden Wert:

$$\text{Gamma (Call)} = \frac{N'(x)}{S\sigma\sqrt{T}} = \frac{\frac{1}{\sqrt{2\pi}}e^{-x^2/2}}{S\sigma\sqrt{T}} = \frac{\frac{e^{-(0{,}3031)^2/2}}{\sqrt{2\cdot 3{,}1416}}}{100\cdot 0{,}2\cdot\sqrt{0{,}75}} = \frac{0{,}3810}{17{,}3205} = 0{,}0219988$$

Eine weitere Berechnungsmöglichkeit wird bei der Excel-Umsetzung angewandt. Ein Gamma von 0,0219 besagt, dass eine Änderung des Aktienkurses um eine Einheit eine Änderung des Delta der Option um 0,0219 zur Folge hat.

Rho

Das Rho einer Option gibt die Sensitivität des Optionswertes gegenüber dem Zinssatz an. Für eine europäische Kaufoption gilt:

$$\text{Rho (Call)} = \frac{\partial C}{\partial r} = KTe^{-rT}N(d_2)$$

Und für eine europäische Verkaufsoption erhält man:

$$\text{Rho (Put)} = \frac{\partial P}{\partial r} = -KTe^{-rT}N(-d_2)$$

Der Wert von Rho (Call) ist immer größer oder gleich Null, während der Rho (Put)-Wert stets kleiner oder gleich Null ist.

In Bild 8.51 sind die Rho-Werte graphisch dargestellt. Es ist ersichtlich, dass der Rho-Wert bei Optionen, die im Geld liegen, größer ist als bei Optionen, die aus dem Geld liegen.

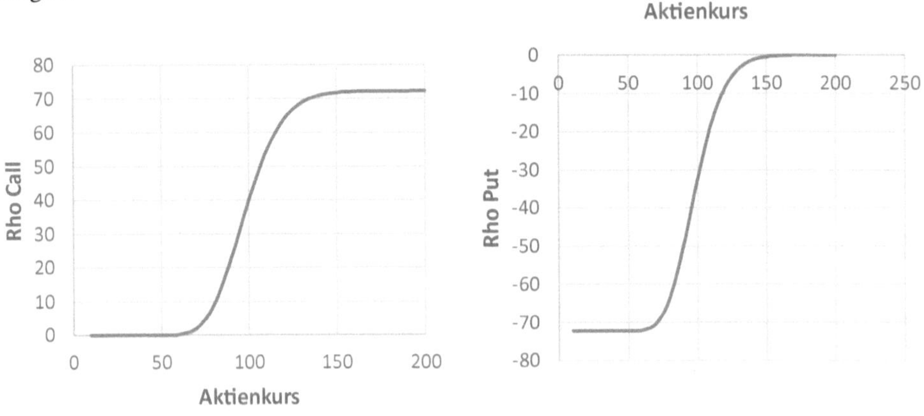

Bild 8.51 Veränderung des Rho einer europäischen Kauf- und Verkaufsoption in Abhängigkeit vom Aktienkurs einer dividendenlosen Aktie

Im Beispiel 8.13 errechnet sich der Rho-(Call-)Wert zu:

$$KTe^{-rT}N(d_2) = 100 \cdot 0,75 \cdot e^{-0,05 \cdot 0,75}N(0,1299) = 39,85$$

Ein Anstieg des Zinssatzes um 1% von 5% auf 6% erhöht den Wert der Kaufoption um 0,3985 (= 0,01 · 39,85). Der Rho-Wert für die Verkaufsoption beträgt im Beispiel -32,3865.

Theta

Der Theta-Wert einer Option misst die Sensitivität des Optionswertes gegenüber der Restlaufzeit. Theta ist demnach ein Maß für den Zeitwertverfall von Optionen.

$$\text{Theta}(\text{Call}) = -\frac{\partial C}{\partial T} = -\frac{SN'(d_1)\sigma}{2\sqrt{T}} - rKe^{-rT}N(d_2)$$

Für Verkaufsoptionen gilt:

$$\text{Theta}(\text{Put}) = -\frac{\partial P}{\partial T} = -\frac{SN'(d_1)\sigma}{2\sqrt{T}} + rKe^{-rT}N(-d_2)$$

wobei $N'(x) = \frac{1}{\sqrt{2\pi}}e^{-x^2/2}$

In der Black-Scholes-Formel wird die Zeit in Jahren angegeben. Bei der Angabe von Theta wird die Zeit gewöhnlich in Tagen gemessen, so dass Theta die Veränderung der Option an einem Tag misst. Will man Theta pro Kalendertag erhalten, muss der Theta-Wert durch 365 dividiert werden. Will man hingegen Theta pro Handelstag erhalten, muss man durch 252 dividieren.

In Bild 8.52 ist die Veränderung des Theta in Abhängigkeit des Aktienkurses graphisch dargestellt.

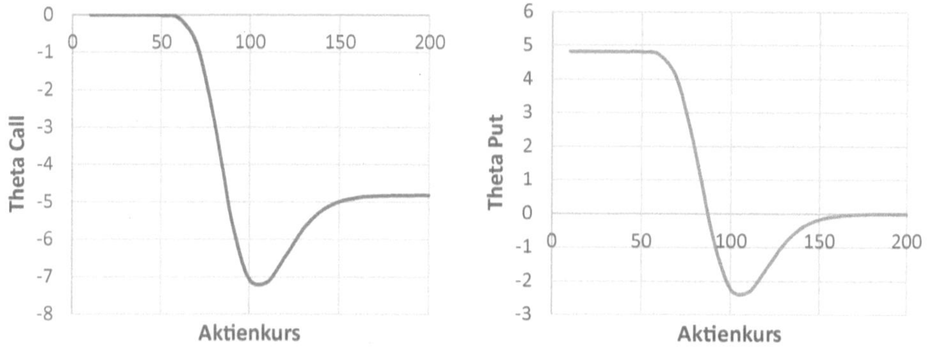

Bild 8.52 Veränderung des Theta einer europäischen Kauf- und Verkaufsoption in Abhängigkeit vom Aktienkurs einer dividendenlosen Aktie

Bei sehr niedrigem Aktienkurs ist Theta nahezu Null. Für Kaufoptionen am Geld hat Theta einen sehr niedrigen negativen Wert. Bei weiterem Anstieg der Aktie nähert sich Theta dem Wert $-rKe^{-rT}$ an. Bei tief im Geld liegenden Verkaufsoptionen liegt

Theta über Null, d.h. Verkaufsoptionen, die weit im Geld liegen erfahren bei einer Verkürzung der Restlaufzeit einen Wertzuwachs.

Im Beispiel beträgt das Theta der Kaufoption

$$\text{Theta}(\text{Call}) = -\frac{SN'(d_1)\sigma}{2\sqrt{T}} - rKe^{-rT}N(d_2) = -\frac{100 \cdot 0{,}3810 \cdot 0{,}2}{2\sqrt{0{,}75}} - 0{,}05 \cdot 100 \cdot e^{-0{,}05 \cdot 0{,}75} \cdot 0{,}5517$$
$$= -7{,}0566$$

Das Theta beträgt pro Kalendertag $-7{,}0566/365 = -0{,}0193$ bzw. $-7{,}0566/252 - 0{,}0280$ pro Handelstag.

Für Verkaufsoptionen gilt:

$$\text{Theta}(\text{Put}) = -\frac{SN'(d_1)\sigma}{2\sqrt{T}} + rKe^{-rT}N(-d_2) = -\frac{100 \cdot 0{,}3810 \cdot 0{,}2}{2\sqrt{0{,}75}} + 0{,}05 \cdot 100 \cdot e^{-0{,}05 \cdot 0{,}75} \cdot 0{,}4483$$
$$= -2{,}2407$$

Vega

Neben der zugrundeliegenden Aktie hat die Volatilität der Aktie den größten Einfluss auf den Optionswert. Mit dem Options-Vega wird die Sensitivität des Optionswertes auf Änderungen der Volatilität gemessen. Eine hohe Volatilität führt zu steigenden Optionspreisen und umgekehrt. Für Kauf- und Verkaufsoptionen gilt:

$$\text{Vega}(\text{Call}) = \frac{\partial C}{\partial \sigma} = \text{Vega}(\text{Put}) = \frac{\partial P}{\partial \sigma} = S\sqrt{T}N'(d_1)$$

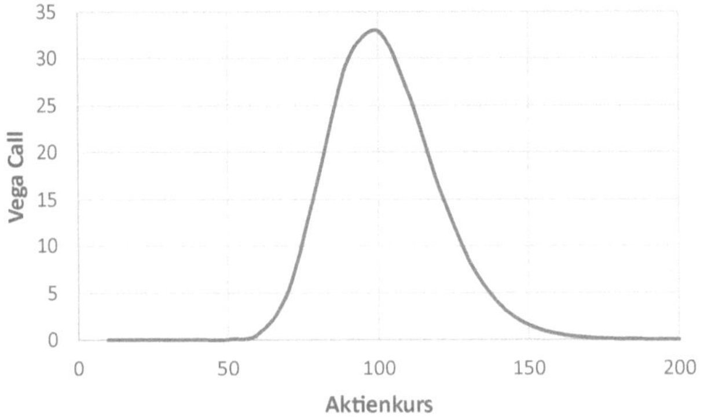

Bild 8.53 Veränderung des Vega einer europäischen Kauf- und Verkaufsoption in Abhängigkeit vom Aktienkurs einer dividendenlosen Aktie

Wie aus Bild 8.53 ersichtlich ist, nimmt das Options-Vega bei am Geld liegenden Optionen den größten Wert an.

Mit den Daten von Beispiel 8.13 erhält man folgenden Vega-Wert:

$$\text{Vega}(\text{Call}) = \text{Vega}(\text{Put}) = S\sqrt{T}N'(d_1) = 100 \cdot \sqrt{0{,}75} \cdot 0{,}3810 = 32{,}9982$$

Bei einem Anstieg der Volatilität um 1% von 20% auf 21% erhöht sich der Wert der Option um $0{,}3299$ (= $32{,}9982 \cdot 0{,}01$).

Omega

Das Omega einer Option ist ein Maß für die Elastizität des Optionswertes bezüglich der Veränderungen des Aktienkurses. Es stellt das prozentuale Wertänderungsverhältnis zwischen Option und Aktie dar. Gelegentlich wird für Omega auch der Begriff Hebel oder Leverage-Faktor verwendet. Omega wird berechnet, indem man die prozentuale Veränderung des Optionswertes zu der prozentualen Veränderung des Aktienkurses ins Verhältnis setzt.

Für das Omega einer Kaufoption gilt:

$$\text{Omega}\ (\text{Call}) = \frac{\partial C / C}{\partial S / S} = N(d_1)\frac{S}{C}$$

Für eine Verkaufsoption erhält man:

$$\text{Omega}\ (\text{Call}) = \frac{\partial P / P}{\partial S / S} = \left[N(d_1) - 1\right]\frac{S}{P}$$

In den Formeln beider Optionen findet das Options-Delta Verwendung.

Aus Bild 8.54 ist ersichtlich, dass das Call-Omega umso größer ist, je mehr die Option aus dem Geld ist bzw. je niedriger der innere Wert der Option ist. Das Put-Omega nimmt einen spiegelbildlichen Verlauf zum Call-Omega. Verkaufsoptionen, die weit aus dem Geld liegen, weisen die höchsten Omega-Werte und damit den größten Hebel aus.

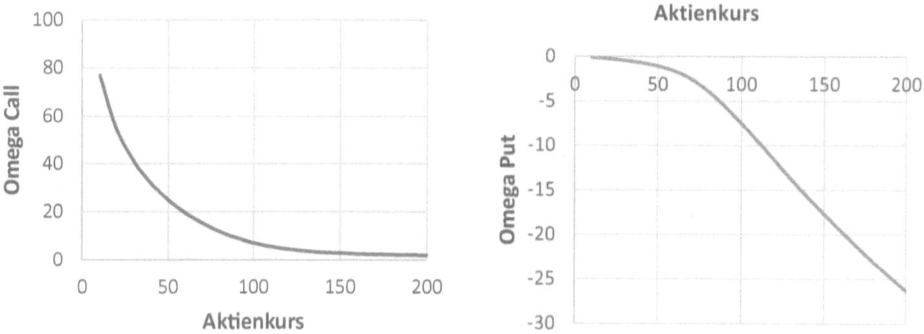

Bild 8.54 Omega einer Kauf- und Verkaufsoption in Abhängigkeit des Aktienkurses

Im Beispiel 8.13 errechnet sich das Omega der Kaufoption zu:

$$\text{Omega}\ (\text{Call}) = N(d_1)\frac{S}{C} = 0{,}6191 \cdot \frac{100}{8{,}77} = 7{,}05$$

Für das Omega der Verkaufsoption erhält man:

$$\text{Omega}\ (\text{Call}) = \left[N(d_1) - 1\right]\frac{S}{P} = (0{,}6191 - 1) \cdot \frac{100}{5{,}09} = -7{,}48$$

Steigt der Aktienkurs um 1% von 100 auf 101, dann erhöht sich der Wert der Kaufoption um 7,05% von 8,77 auf 9,39.

In den Bildern 8.55 und 8.56 sind die numerischen Ergebnisse der in den Graphiken dargestellten Sensitivitätskennzahlen für Kauf- und Verkaufsoptionen dargestellt.

D20 =NORM.S.VERT(D13;WAHR)

	B	D	F	G	H	I	J	K	L	M
5										
6	Aktienkurs S	100		Call	Delta	Gamma	Rho	Theta	Vega	Omega
7	Basispreis K	100		8,77227	0,61910	0,0219988	39,8530	-7,0566	32,998203	7,05742851
8	Restlaufzeit T in Jahren	0,75	10	8,9661E-40	6,8923E-39	5,1997E-38	5,1E-38	-1,074E-37	7,7996E-37	76,8709523
9	Risikoloser Zinssatz r	5%	20	4,6099E-20	1,2476E-19	3,2766E-19	1,84E-18	-2,7437E-18	1,9659E-17	54,1275301
10	Volatilität σ	20%	30	1,0868E-11	1,4852E-11	1,9414E-11	3,26E-10	-3,7119E-10	2,6209E-09	40,9982892
11	Dividende D	0	40	3,848E-07	3,0646E-07	2,2887E-07	8,91E-06	-7,9175E-06	5,4929E-05	31,8571535
12			50	0,00021699	0,00010832	4,9272E-05	0,003899	-0,00272353	0,01847685	24,9594664
13	d_1	0,3031	60	0,01249532	0,00407075	0,00115802	0,173812	-0,09496493	0,62533071	19,5469453
14	$N(d_1)$	0,6191	70	0,18165687	0,03953099	0,00703966	1,939134	-0,81916272	5,1741534	15,2329444
15	$N'(d_1)$	0,3810	80	1,10008988	0,16226022	0,01772097	8,910546	-2,86232058	17,0121315	11,7997791
16	d_2	0,1299	90	3,75524898	0,3801106	0,02442764	22,84103	-5,48001363	29,6795879	9,10990297
17	$N(d_2)$	0,5517	100	8,77226826	0,61909656	0,0219988	39,85304	-7,05662984	32,9982034	7,05742851
18			110	15,9470673	0,80327638	0,01454845	54,31	-7,1413918	26,405438	5,54085589
19	Call	8,772268	120	24,5831855	0,91240951	0,00765673	63,67947	-6,45043503	16,5385295	4,45382234
20	Delta	0,619097	130	34,0079449	0,96545797	0,00339477	68,62619	-5,72251201	8,60574322	3,69059456
21	Gamma	0,021999	140	43,7905634	0,98763942	0,00132154	70,85922	-5,24199085	3,8853232	3,1575186
22	Rho	39,8530	150	53,7153195	0,99590413	0,00046577	71,75272	-4,99310933	1,5719576	2,78106173
23	Theta	-7,0566	160	63,6910211	0,99872219	0,0001521	72,0784	-4,88309942	0,5840474	2,50891801
24	Vega	32,9982034	170	73,68359	0,99961962	4,684E-05	72,18881	-4,83966097	0,20305256	2,30628469
25	Omega	7,05742851	180	83,6814114	0,99989079	1,3792E-05	72,2242	-4,82388394	0,06703058	2,15078043
26			190	93,6807931	0,99996949	3,925E-06	72,23506	-4,81850439	0,02125399	2,028102
27			200	103,680622	0,99999165	1,0888E-06	72,23828	-4,81675642	0,00653255	1,92898467
28										

Bild 8.55 Zusammenfassung der numerischen Ergebnisse der in den Graphiken dargestellten Sensitivitätskennzahlen für Kaufoptionen

D22 =D14-1

	B	D	F	G	H	I	J	K	L	M
3										
4	**Sensitivitätskennzahlen für europäische Put Optionen auf eine dividendenlose Aktie (Beispiel 8.13)**									
5										
6	Aktienkurs S	100		Put	Delta	Gamma	Rho	Theta	Vega	Omega
7	Basispreis K	100		5,091710	-0,380903	0,021999	-32,386540	-2,240658	32,998203	-7,480855
8	Restlaufzeit T in Jahren	0,75	10	86,3194418	-1	5,1997E-38	-72,2395813	4,81597209	7,7996E-37	-0,11584876
9	Risikoloser Zinssatz r	5%	20	76,3194418	-1	3,2766E-19	-72,2395813	4,81597209	1,9659E-17	-0,26205642
10	Volatilität σ	20%	30	66,3194418	-1	1,9414E-11	-72,2395813	4,81597209	2,6209E-09	-0,45235604
11	Dividende D	0	40	56,3194422	-0,99999969	2,2887E-07	-72,2395724	4,81596417	5,4929E-05	-0,71023409
12			50	46,3196588	-0,99989168	4,9272E-05	-72,2356821	4,81324856	0,01847685	-1,07933835
13	d_1	0,3031	60	36,3319371	-0,99592925	0,00115802	-72,0657688	4,72100716	0,62533071	-1,644717
14	$N(d_1)$	0,6191	70	26,5010986	-0,96046901	0,00703966	-70,3004473	3,99680936	5,1741534	-2,53698279
15	$N'(d_1)$	0,3810	80	17,4195316	-0,83773978	0,01772097	-63,3290356	1,95365151	17,0121315	-3,84735846
16	$N(-d_1)$	0,3809	90	10,0746908	-0,6198894	0,02442764	-49,3985527	-0,66404154	29,6795879	-5,53764353
17	d_2	0,1299	100	5,09171003	-0,38090344	0,0219988	-32,3865405	-2,24065775	32,9982034	-7,4808549
18	$N(d_2)$	0,5517	110	2,26650909	-0,19672362	0,01454845	-17,9295804	-2,32541971	26,405438	-9,54754527
19	$N(-d_2)$	0,4483	120	0,90262724	-0,08759049	0,00765673	-8,56011488	-1,63446294	16,5385295	-11,6447397
20			130	0,3273867	-0,03454203	0,00339477	-3,61338764	-0,90653992	8,60574322	-13,716084
21	Put	5,091710	140	0,11000517	-0,01236058	0,00132154	-1,38036493	-0,42601876	3,8853232	-15,7309098
22	Delta	-0,380903	150	0,03476124	-0,00409587	0,00046577	-0,48685664	-0,17713724	1,5719576	-17,6743127
23	Gamma	0,021999	160	0,0104629	-0,00127781	0,0001521	-0,1611848	-0,06712733	0,5840474	-19,5404906
24	Rho	-32,386540	170	0,00303179	-0,00038038	4,684E-05	-0,05077195	-0,02368888	0,20305256	-21,3287098
25	Theta	-2,240658	180	0,00085318	-0,00010921	1,3792E-05	-0,01538343	-0,00791185	0,06703058	-23,0409582
26	Vega	32,998203	190	0,00023485	-3,0507E-05	3,925E-06	-0,0045234	-0,00253231	0,02125399	-24,6806022
27	Omega	-7,480855	200	6,3611E-05	-8,3494E-06	1,0888E-06	-0,00130012	-0,00078433	0,00653255	-26,2516239
28										

Bild 8.56 Zusammenfassung der numerischen Ergebnisse der in den Graphiken dargestellten Sensitivitätskennzahlen für Verkaufsoptionen

In der vorausgehenden Analyse wurden ausschließlich Optionen auf den Basiswert Aktie betrachtet. Damit sind jedoch die Anwendungsmöglichkeiten der für die Bewertung von Aktienoptionen entwickelten Ansätze bei Weitem nicht erschöpft. Optionen können auf unterschiedliche Basiswerte ausgestellt werden, wie beispielsweise auf Aktienindizes, Anleihen und Devisen, Waren- und Futures-Kontrakte. Allgemein kann jeder bedingte Anspruch (Contingent Claim), der von der Entwicklung eines anderen Finanztitels abhängig ist, mit der Optionspreistheorie bewertet werden. Das Instrumentarium der Optionsbewertung lässt sich auch auf wirtschaftliche Bereiche anwenden, die zunächst keinen Zusammenhang mit Optionen erkennen lassen, wie die Analyse der Erfolgsbeteiligung von Fondsmanagern, die Bewertung von Leasingverträgen und Lebensversicherungen und die Bewertung des Eigen- und Fremdkapitals einer Unternehmung.

9 Forward- und Futures-Kontrakte

9.1 Forward-Kontrakte

Forward-Kontrakte verkörpern das klassische Termingeschäft. Beim Forward-Kontrakt vereinbaren die beteiligten Parteien, zu einem späteren Zeitpunkt, dem Termin, den zugrundeliegenden Vermögensgegenstand (Underlying) in einer bestimmten Qualität und Quantität zu liefern und zu bezahlen. Charakteristisch hierfür ist, dass die Einzelheiten des Forward-Kontraktes von den beiden Parteien innerhalb eines gegebenen rechtlichen Rahmens frei ausgehandelt werden und die Bezahlung des zu liefernden Gegenstandes ausschließlich zum Termin zu erfolgen hat. Bei Vertragsabschluss wird der am Termin zu zahlende Preis so festgelegt, dass er mit dem Wert des zu liefernden Gegenstandes übereinstimmt, d.h. zum Zeitpunkt des Vertragsabschlusses erfolgt keine Zahlung.

Bei einem Forward-Kontrakt nimmt eine Vertragspartei eine Kaufposition (Long Position) ein und verpflichtet sich damit, den zugrundeliegenden Vermögensgegenstand zu einem in der Zukunft festgelegten Zeitpunkt zu einem festgelegten Preis zu kaufen. Die Gegenpartei nimmt die Verkaufsposition (Short Position) ein und verpflichtet sich damit, den Vermögensgegenstand zum gleichen Zeitpunkt und zum festgelegten Preis zu verkaufen. Das folgende Beispiel soll den Sachverhalt verdeutlichen. Ein Unternehmen in den USA muss in sechs Monaten eine Zahlung von 1 Million EUR leisten. Um sich Wechselkursschwankungen abzusichern, vereinbart der Finanzmanager den Kauf von 1 Million Euro in sechs Monaten zum Wechselkurs von 1,0978 EUR von der Bank. Die Bank ist einen Terminverkauf eingegangen und wird in sechs Monaten 1 Million EUR für 1,0978 verkaufen. Ist nach 6 Monaten der Kassawechselkurs auf 1,12 EUR gestiegen, dann hätte der Kontrakt für das Unternehmen einen Wert von $(1{,}1200 - 1{,}0978)1.000.000 = 22.200$ EUR, da der EUR zu 1,0978 gekauft werden könnte. Wäre hingegen der Wechselkurs nach sechs Monaten auf 1,0800 EUR gefallen, ergäbe sich für das Unternehmen ein Verlust von 17.800 EUR, da das Unternehmen gegenüber dem Marktpreis 17.800 EUR mehr bezahlen müsste. Im Allgemeinen ergibt sich die Auszahlung eines Forward-Kontraktes für *eine Einheit* des zugrundeliegenden Vermögensgegenstandes für eine Long Position zu

$$S_T - K,$$

wobei S_T der Wert des zugrundeliegenden Gegenstandes am Erfüllungstag (Termin) ist (Spot-Kurs bei Fälligkeit des Kontraktes) und K der (Abrechnungs-)Preis des Forward-Kontraktes am Abschlusstag. Im obigen Beispiel hält das Unternehmen die Long Position und $K = 1{,}0978$. Ist bei Fälligkeit $S_T = 1{,}12$, dann beträgt die Auszahlung 0,0222 je EUR, bei $S_T = 1{,}08$ beträgt sie $-0{,}0178$je EUR. Für eine Short-Position in einem Terminkontrakt erhält man für eine Einheit des zugrundeliegenden Gegenstandes

$$K - S_T.$$

Wie in Bild 9.1 dargestellt, kann die Auszahlung positiv oder negativ sein. Sie stellt zugleich den Gesamtgewinn bzw. den Gesamtverlust des Händlers dar, da der Abschluss eines Terminkontraktes nichts kostet.

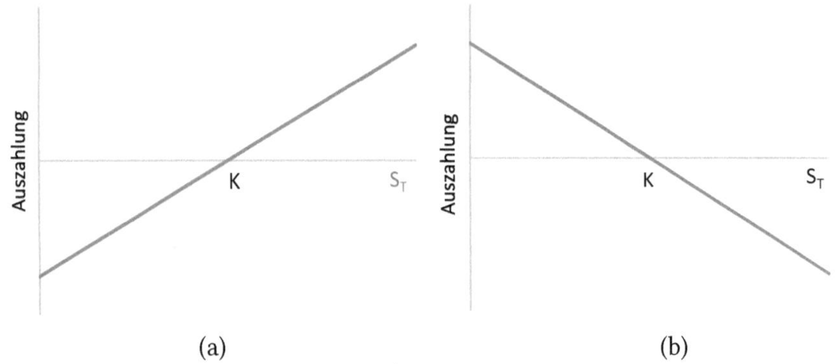

Bild 9.1 Auszahlungsprofile von Forward-Kontrakten: (a) Long Position, (b) Short-Position

9.2 Futures-Kontrakte

Im Gegensatz zum Forward-Kontrakt handelt es sich beim standardisierten Futures-Kontrakt um einen mit spezifischen Merkmalen ausgestatteten börsengehandelten Kontrakt. Die Standardisierung bedeutet, dass lediglich bestimmte Vermögensgegenstände Vertrags- bzw. Handelsgegenstand sein können, nur gewisse Liefertermine vereinbart werden können, und die Liefermenge (Handelseinheit) pro Kontrakt festgelegt ist. Der am Termin zu zahlende Preis, der Futures-Preis, wird an der Börse gemäß den geltenden Gesetzen, Bestimmungen und Usancen der Börse ermittelt. Die Abwicklung und Überwachung des Handels obliegt der Liquidationskasse (Clearing-House); sie tritt bei jedem Futures-Kontrakt als Vertragspartner auf und unterliegt den Gesetzen und Bestimmungen der Börse. Um die Erfüllung des Kontraktes und um einen reibungslosen Ablauf des Börsenhandels zu gewährleisten, wird die Hinterlegung von Sicherheiten durch Einschüsse (Margins) gefordert. Das Clearing-House verlangt pro abgeschlossenen Kontrakt vom Börsenmitglied einen Einschuss. Seinerseits verlangt das Börsenmitglied von seinem Auftraggeber einen Einschuss, der in Form der Hinterlegung bestimmter (börsengängiger) Wertpapiere oder in Form von Guthaben auf Konten erbracht werden kann. Die Höhe des Einschusses wird von der Börse festgelegt und ist abhängig von der Volatilität des zugrundeliegenden Vermögensgegenstandes, der Laufzeit der Kontrakte, der Anzahl der eingegangen Kontrakte und vom Geschäftszweck (Absicherung oder Spekulation). Haben die aufgelaufenen Verluste eine bestimmte Höhe (Maintenance Margin) überschritten, dann müssen diese Verluste durch Nachschüsse (Variation Margin) ausgeglichen werden, damit der bei Abschluss des Kontraktes zu leistende (Anfangs-)Einschuss (Initial Margin) wieder erbracht ist.

Hieraus ergibt sich auch der wesentliche Unterschied zum Forward-Kontrakt. Beim Forward-Kontrakt erfolgt die Abrechnung von Gewinnen und Verlusten erst bei Erfüllung des Kontraktes, d.h. zum vereinbarten Termin, beim standardisierten Futures-

Kontrakt dagegen werden Gewinn und Verluste börsentäglich errechnet und der Kontraktpartei gutgeschrieben bzw. belastet (Marking to Market).

Futures-Preise hängen vom Kursverlauf des ihnen zugrundeliegenden Gegenstandes ab. Charakteristisch für Futures-Kontrakte ist, dass ihr Preis im Verfallszeitpunkt genau dem Preis des dazugehörigen Kassainstruments entspricht. Abstrahiert man von Margin-Zahlungen, dann erweist sich der Futures-Kauf gegenüber dem direkten Kauf des zugrundeliegenden Gegenstandes als vorteilhaft, da während der Laufzeit des Kontraktes keinerlei Zahlungen zu leisten sind. Der direkte Erwerb des Vermögensgegenstandes führt hingegen zum sofortigen Abfluss von Barmitteln, wodurch Finanzierungskosten entstehen. Wird der Kauf mit Eigenkapital finanziert, fallen Opportunitätskosten an, da das für den Erwerb verwendete Eigenkapital nicht mehr anderweitig angelegt werden kann. Wird der Kauf mit Kredit finanziert, fallen Kreditzinsen an. Der direkte Kauf des Vermögensgegenstandes hat aber auch Vorteile in Form von Erträgen gegenüber dem Kauf eines Futures-Kontraktes, z.B. in Form von Kuponzahlungen oder Dividendenzahlungen.

9.3 Motive für den Handel mit Terminkontrakten

Der Terminmarkt bietet einzelnen Marktteilnehmern eine zusätzliche Möglichkeit zur Realisierung ihrer Anlageziele. Terminkontrakte können für Absicherungszwecke (Hedging), Spekulationszwecke und zur Ausnutzung von Preisungleichgewichten (Arbitrage) eingesetzt werden.

9.3.1 Hedging

Beim *Hedging* sollen mit Termingeschäften bestehende Kassapositionen (z.B. Aktien, Anleihen, Wertpapierdepots) oder für die Zukunft geplante Kassapositionen abgesichert werden. Dabei wird am Terminmarkt eine Gegenposition zur Kassaposition eingenommen. Die folgenden zwei Beispiele sollen die Vorgehensweise verdeutlichen.

Ein in Europa ansässiger Investmentfonds möchte in sechs Monaten bei der Hauptversammlung einer US-amerikanischen Aktiengesellschaft stimmberechtigt sein und benötigt dazu Aktien dieses Unternehmens. Die Aktien werden an der New York Stock Exchange gehandelt und sollen unmittelbar vor der Hauptversammlung erworben werden. Die Fondsgesellschaft kann nun folgende Strategien anwenden, um in Besitz der Aktien zu kommen:

1. Tausch EUR gegen USD in sechs Monaten zu dem dann gültigen Kassawechselkurs und Kauf der Aktien zum Kassakurs.
2. Abschluss eines Währungstermingeschäfts, durch das der zukünftige Wechselkurs von EUR/USD fixiert wird. Der Kauf der Aktien erfolgt in sechs Monaten zum Kassapreis.
3. Abschluss eines Termingeschäfts auf die zu erwerbende Aktie, um den zukünftigen Aktienkurs zu fixieren. Der Tausch EUR gegen USD erfolgt zum Kassakurs in sechs Monaten.
4. Abschluss von zwei Termingeschäften, bei denen der zukünftige Aktienkurs und auch der zukünftige Kassawechselkurs fixiert werden.

Im ersten Fall ist der in EUR quantifizierte zukünftige Aktienkurs sowohl dem Preisals auch dem Währungsrisiko ausgesetzt. Für den zweiten und dritten Fall kann durch den Einsatz von Terminkontrakten entweder das Währungsrisiko (Fall 2) oder das Kursrisiko der Aktien (Fall 3) eliminiert werden. Im vierten Fall werden der Aktien- und Wechselkurs bereits heute genau determiniert und die Fondsgesellschaft ist weder dem Aktienkursrisiko noch dem Währungsrisiko ausgesetzt.

Beim Hedging wird zwischen Short Hedge und Long Hedge unterschieden. Unter einem Short Hedge wird eine Absicherung verstanden, bei der der eine Short-Position in Futures eingenommen wird. Bei einem Long Hedge wird eine Long Position in Futures eingegangen. Beide Absicherungsstrategien dienen der Reduzierung bzw. Eliminierung des Preisrisikos. In diesem Zusammenhang kommt der Hedge-Ratio eine besondere Bedeutung zu. Sie determiniert die Anzahl der Futures-Kontrakte, die nötig sind, um eine möglichst genaue Absicherung des Vermögenswerts zu erreichen, und ist wie folgt definiert:

$$\text{Hedge Ratio} = \frac{\text{Volumen der Absicherungsposition}}{\text{Volumen der abzusichernden Position}} = \frac{N \times F}{S}$$

Dabei ist S der Vermögenswert, der abgesichert werden soll, F der Wert eines zur Absicherung verwendeten Futures-Kontrakts und N die Anzahl der zur Absicherung benötigten Futures-Kontrakte. Das folgende Beispiel soll den Sachverhalt veranschaulichen.

Heute ist der 14. Mai und der Kassapreis von Gold liegt bei $1.834 pro Fein-Unze. Ein Unternehmen erwartet, am oder kurz vor dem 30. Juli 500 Fein-Unzen Gold zu erhalten. Das Unternehmen will das Gold sofort nach Erhalt auf dem freien Markt verkaufen. Das Unternehmen ist einem Risiko durch einen möglichen Rückgang des Goldpreises ausgesetzt. Wenn es heute einen Short-Futures-Kontrakt eingeht (um Gold zu verkaufen) und der Goldpreis fällt, macht das Unternehmen einen Verlust aus dem Verkauf des Goldes, erzielt aber einen Gewinn aus dem Futures-Kontrakt. Steigt jedoch der Goldpreis, erzielt es einen Gewinn aus dem Verkauf des Goldes und einen Verlust aus dem Futures-Kontrakt. Es soll nun gezeigt werden, wie diese Strategie verwendet werden kann, um das Risiko eines fallenden Marktes zu beseitigen (oder zu verringern) und dem Unternehmen heute ein ungefährer Preis gegeben werden kann, den es aus dem Verkauf von Gold erhalten wird.

Terminkontrakte auf Gold sind für jeden Liefermonat an der NYME (Comex Division) verfügbar. Die Kontraktgröße beträgt 100 Feinunzen. Der Preis pro Feinunze für einen Gold-Futures-Kontrakt im August beträgt $1.837. Das Unternehmen geht fünf August-Futures-Kontrakte short, die es am Tag des Goldverkaufs glattstellt. Da dieser Tag voraussichtlich spät im Juli liegen wird, wird zur Absicherung ein August-Futures-Kontrakt verwendet.

Es soll gezeigt werden, dass diese Strategie dem Unternehmen einen Preis von etwa $1.837 garantieren wird.

Am 30. Juli gibt es zwei Möglichkeiten.

(a) Der Spot-Preis am 30. Juli ist größer oder gleich $1.837.

Angenommen, der Spot-Preis an diesem Tag beträgt $1.840. Da bei Fälligkeit der Kassapreis und der Terminpreis konvergieren, sollte der Schlusskurs für die Terminkontrakte etwa $1.840 betragen. Da die Terminkontrakte für $1.837 verkauft werden sollen, verliert das Unternehmen bei den Terminkontrakten pro Feinunze. Aus dem

Verkauf des Goldes erhält das Unternehmen \$1.840 pro Feinunze. Damit erzielt das Unternehmen (ungefähr) 1.840 – (1.840 – 1.837) = \$1.837 pro Feinunze.

(b) Der Spot-Preis am 30. Juli liegt unter \$1.837.

Angenommen, der Spot-Preis beträgt \$1.830 je Feinunze. Der Schlusskurs der Futures-Kontrakte sollte dann etwa \$1.830 betragen, sodass das Unternehmen aus den Futures-Kontrakten einen Gewinn von 1.837 – 1.830 = \$7 je Feinunze erzielt. Aus dem Verkauf des Goldes erhält das Unternehmen 1.830 US-\$ pro Feinunze. Damit erzielt das Unternehmen (ungefähr) 1.830 + (1.837 – 1.830) = \$1.837 pro Feinunze.

In einem weiteren Beispiel soll die Anzahl der für einen Hedge notwendigen Kontrakte bestimmt werden.

Ein Unternehmen plant, 3.000.000 US-Dollar in ein neues Erfrischungsgetränk zu investieren. Das Unternehmen glaubt, dass der Preis von gefrorenem Orangensaft und der Verkauf des neuen Getränks stark korrelieren werden. Daher verwendet es Long-Futures-Kontrakte auf gefrorenen Orangensaft, um seine Ausgaben abzusichern. Terminkontrakte (auf 15.000 Pfund gefrorenen Orangensaft) sind bei der Intercontinental Exchange (IEC) erhältlich. Der heutige Terminpreis für gefrorenen Orangensaft beträgt 148,70 Cents per lb. Jeder Kontrakt hat einen Wert von 15.000 lbs. Es wird davon ausgegangen, dass eine Hedge Ratio von 0,85 angemessen wäre. Wie viele Long-Futures-Kontrakte sollte das Unternehmen kaufen, um seine Ausgaben abzusichern?

Mit $S = \$3.000.000, F = \$0{,}1487 \times 15.000 = \$22.305$ und $\mathrm{h} = 0.85$ erhält man die Anzahl der Kontrakte zu

$$N = \frac{0.85 \times 3.000.000}{22.305} = 76{,}22$$

Es sollten 76 Long Futures-Kontrakte gekauft werden.

In vielen Fällen wird beim Hedging wegen der Standardisierung der Futures der Futures-Kontrakt F nicht exakt zum Grundgeschäft S passen. In diesem Falle muss der Investor oder Risikomanager den Hedge so gut wie möglich dem Absicherungsbedarf anpassen. Ist keine Übereinstimmung der Laufzeit möglich, dann sollte die Laufzeit des Futures etwas länger gewählt werden als es der Absicherungsbedarf erfordert. Auch sollte die Wahl des Kontraktes möglichst genau mit der Qualität und Quantität des abzusichernden Vermögensgegenstandes übereinstimmen. Gibt es keinen Futures-Kontrakt auf das abzusichernde Asset, dann kann man einen Kontrakt wählen, der mit dem Asset am stärksten korreliert. In diesem Fall spricht man von Cross-Hedging. Wird hingegen ein Asset mit einem sehr ähnlichen Futures-Kontrakt abgesichert, spricht man von einem Proxi-Hedge. Da der Absicherungserfolg von der Entwicklung des Futures und des Spot-Preises gleichermaßen abhängt, kann mit Hilfe der Standardabweichung und Korrelation die optimale Hedge-Ratio (Steigung der Regressionsgeraden) bestimmt werden:

$$h^* = \rho \frac{\sigma_S}{\sigma_F}$$

Dabei ist h^* die optimale Hedge-Ratio, σ_S die Standardabweichung des Basiswertes ΔS (ΔS ist die Veränderung des Spot-Preises während der Haltedauer des Futures), σ_F ist die Standardabweichung des Futures ΔF (ΔF ist die Veränderung des Futures Preises während der Haltedauer des Futures) und ρ ist der Korrelationskoeffizient zwischen dem Basiswert ΔS und dem Future ΔF.

Die Berechnung der optimalen Hedge-Ratio soll nun an einem Beispiel veranschaulicht werden.

Beispiel 9.1

Die folgenden Daten (Monate, Wert des Futures-Kontrakts und der Wert des Vermögensgegenstandes) sind gegeben:

Monate	Wert des Futures F-Werte	Basiswert S-Werte
0	5,9	11,428
1	5,985	11,502
2	6,023	11,796
3	6,1	11,801
4	6,099	11,903
5	6,078	11,66
6	6,045	11,47
7	6,271	12,063
8	6,25	11,878

Im ersten Schritt werden die Differenzen zwischen den F Werten und die Differenzen zwischen den S Werten berechnet.

Monate	Wert des Futures F-Werte	Basiswert S-Werte	x (Differenz in F)	y (Differenz in S)
0	5,9	11,428		
1	5,985	11,502	0,085	0,074
2	6,023	11,796	0,038	0,294
3	6,1	11,801	0,077	0,005
4	6,099	11,903	-0,001	0,102
5	6,078	11,66	-0,021	-0.243
6	6,045	11,47	-0,033	-0,19
7	6,271	12,063	0,226	0,593
8	6,25	11,878	-0,021	-0,185

Im nächsten Schritt werden die Standardabweichung von x (Differenz in F) und y (Differenz in S), und die Korrelation zwischen x und y berechnet. Man erhält folgende Werte:

$$\sigma_F = 0{,}08647$$

$$\sigma_S = 0{,}28235$$

$\rho = 0{,}86213$

Damit ergibt sich die optimale Hedge-Ratio zu:

$$h^* = 0{,}86213 \frac{0{,}28235}{0{,}08647} = 2{,}81528$$

Die optimale Hedge-Ratio ist demnach 2,8; es sollten zur Absicherung 3 Futures-Kontrakte gekauft werden. Das optimale Absicherungsverhältnis hängt vom Zusammenhang zwischen der Entwicklung des Futures-Preises und des Basiswertes ab. Wäre die Standardabweichung des Futures-Kontrakts und des Assets gleich ($\sigma_F = \sigma_S$) und wäre die Korrelation der beiden gleich eins ($\rho = 1$), dann ergäbe sich eine Hedge-Ratio von 1,0. Veränderte sich beispielsweise der Futures-Preis doppelt so stark wie das Asset ($\sigma_F = 2\sigma_S$), dann wäre die optimale Hedge-Ratio nur noch 0,5.

Excel-Umsetzung

Nach Eingabe der Input-Daten Monate (in Dezimal), Werte für den Futures-Kontrakt (F-Werte) und Werte für den Basiswert (S-Werte) werden die Kursdifferenzen bestimmt. Diese dienen als Grundlage für die Berechnung der Varianz bzw. der Standardabweichung und der Berechnung des Korrelationskoeffizienten (hier mit den Formeln von Microsoft Excel). Durch Einsetzen in die Formel

$$h^* = \rho \frac{\sigma_S}{\sigma_F}$$

erhält man die Steigung der Regressionsgeraden, die die optimale Hedge-Ratio repräsentiert.

Position	Inhalt	Excel-Umsetzung
D6	Standardabweichung F-Werte	=STABW.S(E13:E20)
D7	Standardabweichung S-Werte	=STABW.S(F13:F20)
D8	Korrelationskoeffizient	=KORREL(E13:E20;F13:F20)
D9	optimale Hedge-Ratio	=D8*D7/D6
E13	Preisdifferenz F-Werte	=C13-C12
F13	Preisdifferenz S-Werte	=D13-D12
E14	Preisdifferenz F-Werte	=C14-C13
F14	Preisdifferenz S-Werte	=D14-D13

D9 f_x =D8*D7/D6

Optimale Hedge-Ratio (Beispiel 9.1)

Standardabweichung σ_F (F Werte)	0,08647
Standardabweichung σ_S (S Werte)	0,28235
Korrelation ρ	0,86213
Optimale Hedge-Ratio	2,81528

Monat	F Werte	S Werte	x (Differenz F Werte)	y (Differenz S Werte)
0	5,900	11,428		
1	5,985	11,502	0,085	0,074
2	6,023	11,796	0,038	0,294
3	6,100	11,801	0,077	0,005
4	6,099	11,903	-0,001	0,102
5	6,078	11,660	-0,021	-0,243
6	6,045	11,470	-0,033	-0,190
7	6,271	12,063	0,226	0,593
8	6,250	11,878	-0,021	-0,185

Bild 9.2 Bestimmung der optimalen Hedge-Ratio (Beispiel 9.1)

9.3.2 Spekulationsgeschäfte

Spekulationsgeschäfte sind solche Termingeschäfte, durch die auf den Kassa- oder Terminmärkten zur Gewinnerzielung aus erwarteten zeitlichen Preisunterschieden Kauf- und Verkaufspositionen eingegangen werden. Der spekulative Einsatz von Terminkontrakten soll durch folgendes Beispiel veranschaulicht werden.

Ein Marktteilnehmer ist der Meinung, dass Gold derzeit überbewertet ist und erwartet in Zukunft sinkende Marktpreise. Um von dieser Markteinschätzung zu profitieren, tritt er als Verkäufer eines unbedingten Gold-Terminkontraktes auf. Da er weder am Besitz von Gold interessiert ist noch über das Gold verfügt, das verkauft werden könnte, wird für die Erfüllung des Kontraktes ein Barausgleich vereinbart. Zwei Szenarien sind nunmehr denkbar.

1. Ist am Verfalltag des Termingeschäfts der Kassakurs von Gold entsprechend der Erwartung des Marktteilnehmers gesunken, erhält er aus dem Termingeschäft eine Zahlung in Höhe der Differenz zwischen dem vereinbarten Terminpreis und dem eingetretenen Gold-Kassapreis.
2. Ist am Verfalltag der Kassakurs wider Erwarten des Marktteilnehmers gestiegen, ist er zu einer Zahlung an den Inhaber der Long Position des Terminkontrakts in Höhe der Differenz zwischen dem eingetretenen Goldpreis und dem vereinbarten Terminpreis verpflichtet (unbedingtes Termingeschäft).

Würde anstelle eines Barausgleichs die tatsächliche Lieferung des Edelmetalls vereinbart, ergäben sich die gleichen finanziellen Verpflichtungen. Am Verfalltag ist der Marktteilnehmer zum Verkauf von Gold verpflichtet. Da er dieses jedoch nicht besitzt, muss er das Gold am Kassamarkt zum gültigen Kassakurs kaufen und es unmittelbar danach an den Vertragspartner zum vereinbarten Terminpreis liefern. Der Gewinn bzw. Verlust ergibt sich wiederum aus der Differenz des Einkaufspreises (des Kassakurses) und des Verkaufspreises (des Terminkurses).

9.3.3 Arbitrage

Der Einsatz von Termingeschäften für *Arbitrage* ist in der Möglichkeit begründet, Gewinne durch die Ausnutzung von Preisungleichgewichten auf den Märkten zu erzielen, die durch falsche Bewertung von Vermögensgegenständen entstehen. Ein einfaches Beispiel soll die Vorgehensweise verdeutlichen. Die Aktien eines Unternehmens werden an zwei Börsen, in den USA und Europa, gehandelt (Dual Listings). Der Kurs an der US-amerikanischen Börse betrage $65,03. Bei einem Wechselkurs EUR/USD von 1,1868 errechnet sich ein Preis für die Aktie in Euro von 54,79. Der Aktienkurs an der europäischen Börse werde jedoch aktuell mit 54,82 EUR gehandelt. Ein Arbitrageur kann dieses Preisverhältnis nun dahingehend ausnutzen, dass er die Aktien in New York kauft und zeitgleich an der europäischen Börse verkauft. Damit vereinnahmt der Arbitrageur je Aktie einen risikolosen Gewinn von 0,03 EUR. Die praktische Umsetzung dieser Strategie setzt jedoch voraus, dass die Transaktionskosten den Betrag von 0,03 EUR nicht überschreiten.

9.4 Preisbildung von Forward- und Futures-Kontrakten

Der Preisbildungsprozess von Forward- und Futures-Kontrakten beruht auf folgenden Annahmen:

1. Die beim Handel mit den Marktteilnehmern entstehenden Transaktionskosten werden vernachlässigt.
2. Alle Marktteilnehmer unterliegen dem gleichen Steuersatz.
3. Alle Marktteilnehmer können zum gleichen risikolosen Zinssatz Geld aufnehmen und anlegen.
4. Arbitragemöglichkeiten werden von den Marktteilnehmern ausgenutzt, sollten sich solche ergeben.

Bei der Analyse von Forward- und Futures-Kontrakten muss zwischen Investitions- und Konsumgütern unterschieden werden. Investitionsgüter wie beispielsweise Aktien, Anleihen, aber auch Gold, Platin und Silber (letztere können auch industriell verarbeitet werden) werden von den Anlegern für Anlagezwecke gehalten, während Konsumgüter wie Aluminium, Kupfer, Öl oder Schweinebäuche in erster Linie für den Verbrauch genutzt werden. Der Grund der Unterscheidung zwischen Investitions- und Konsumgüter besteht in der Tatsache, dass bei Investitionsgütern mittels Arbitrageargumenten aus den Spot-Kursen und anderen beobachtbaren Marktvariablen Forward- und Futures-Preise bestimmt werden können, was für Forward- und Futures-Preise auf Konsumgütern nicht möglich ist.

9.4.1 Forward-Preis für Investitionsgüter ohne Ertrag

Betrachtet wird der Kurs eines Forward-Kontraktes auf ein Investitionsgut, das keine zusätzlichen Erträge erzeugt. Bezeichnet man mit S_0 den aktuellen Kurs des Forward-Kontraktes, mit T die Zeit bis zum Liefertermin (in Jahren) und r als die risikolose

Spot Rate per annum (bei stetiger Verzinsung), dann besteht zwischen dem Forward-Preis F_0 und S_0 die Beziehung

$$F_0 = S_0 e^{rT}$$

Ist diese Relation verletzt, ist $F_0 > S_0 e^{rT}$, dann kann durch den Kauf des Vermögensgegenstandes und den gleichzeitigen Verkauf des Forward-Kontraktes ein risikoloser Arbitragegewinn erzielt werden. Das folgende Beispiel soll den Sachverhalt verdeutlichen. Der aktuelle Aktienkurs sei bei $50, der risikolose Zinssatz für sechsmonatige Anlagen bei 2% p.a. und der Forward-Preis liege bei $52. In diesem Fall kann sich ein Arbitrageur $50 zum risikolosen Zinssatz von 2% leihen, eine Aktie zu $50 kaufen und einen Forward-Kontrakt zum Verkauf von $52 in sechs Monaten eingehen. Nach Ablauf der sechs Monate liefert der Arbitrageur die Aktie und erhält $52. Davon benötigt er zur Rückzahlung des Darlehens $50e^{0{,}02\cdot 0{,}5} = \$50{,}50$ und erwirtschaftet somit einen Gewinn von $\$52 - \$50{,}50 = \$1{,}5$.

Ist hingegen $F_0 < S_0 e^{rT}$, können Arbitrageure den Vermögensgegenstand leerverkaufen und darauf einen Forward-Kontrakt abschließen. Ist beispielsweise der Forward-Preis bei $48, dann kann ein Arbitrageur die Aktie zu $50 leerverkaufen, die Einnahmen aus diesem Leerverkauf für sechs Monate zum Zinssatz von 2% anlegen und eine Long Position in einem Forward-Kontrakt mit Fälligkeit sechs Monate eingehen. Die Einkünfte aus der Leerverkaufsposition einschließlich der Zinsen für sechs Monate betragen $50,50. Nach Ablauf von sechs Monaten bezahlt der Arbitrageur $48, erhält eine Aktie aus dem Forward-Kontrakt und benutzt diese, um die Short-Position zu schließen. Dadurch ergibt sich nach sechs Monaten ein Gewinn von $\$50{,}50 - \$48 = \$2{,}50$.

9.4.2 Forward-Preis auf ein Investitionsgut mit Ertrag

Wirft ein Investitionsgut während der Laufzeit eines Forward-Kontraktes einen bekannten Ertrag mit Barwert I ab, dann gilt:

$$F_0 = (S_0 - I)e^{rT}$$

Auch hier ergeben sich Arbitragemöglichkeiten, wenn die obige Beziehung verletzt ist.

Beispiel 9.2

Betrachtet wird ein 10-Monats-Forward-Kontrakt ($T = 10$) auf eine Aktie mit einem gegenwärtigen Kurs von 30 $, die nach drei, sechs und neun Monaten jeweils eine Dividende in Höhe von 0,50 $ auszahlen wird. Der risikofreie (stetige) Zinssatz sei für den betrachteten Zeitraum 2% per annum. Der Barwert der Dividenden beträgt

$$I = 0{,}50\mathrm{e}^{-0{,}02\cdot 3/12} + 0{,}50\mathrm{e}^{-0{,}02\cdot 6/12} + 0{,}50e^{-0{,}02\cdot 9/12} = 1{,}485$$

Damit ergibt sich nach obiger Formel ein Forward-Preis von

$$F_0 = (30 - 1{,}485)e^{0{,}02\cdot 10/12} = 28{,}99\ \$.$$

Wäre der Forward-Preis niedriger, dann würde ein Arbitrageur die Aktie leerverkaufen und den Forward-Kontrakt kaufen. Wäre der Forward-Preis höher, würde ein Arbitrageur die Aktie kaufen und Forward-Kontrakte verkaufen.

Ist zum Zeitpunkt der Zahlung des Ertrags der Ertrag als Prozentsatz des Kurses (= Rendite) bekannt, dann gilt für den Forward-Preis:

$$F_0 = S_0 e^{(r-q)\cdot T}$$

Dabei ist q die Durchschnittsrendite per annum des betrachteten Vermögensgegenstandes während der Laufzeit des Forward-Kontraktes.

Excel-Umsetzung

Zur Bestimmung des Forward-Preises muss zunächst der Barwert der Dividenden berechnet werden. Anschließend kann der Forward-Preis berechnet werden.

Position	Inhalt	Excel-Umsetzung
E14	Barwert der Dividenden	=E8*EXP(-E7*E9)+E8*EXP(-E7*E10) +E8*EXP(-E7*E11)
E15	Forward-Preis	=(E6-E14)*EXP(E7*E12)

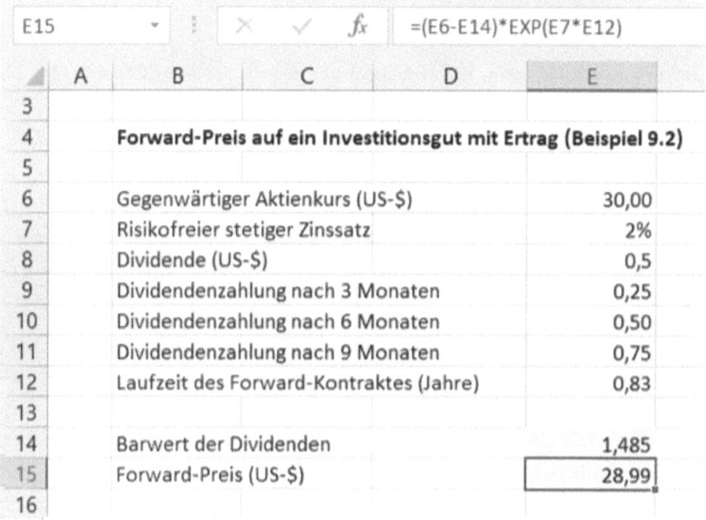
E15 =(E6-E14)*EXP(E7*E12)

	A	B	C	D	E
3					
4		**Forward-Preis auf ein Investitionsgut mit Ertrag (Beispiel 9.2)**			
5					
6		Gegenwärtiger Aktienkurs (US-$)			30,00
7		Risikofreier stetiger Zinssatz			2%
8		Dividende (US-$)			0,5
9		Dividendenzahlung nach 3 Monaten			0,25
10		Dividendenzahlung nach 6 Monaten			0,50
11		Dividendenzahlung nach 9 Monaten			0,75
12		Laufzeit des Forward-Kontraktes (Jahre)			0,83
13					
14		Barwert der Dividenden			1,485
15		Forward-Preis (US-$)			28,99
16					

Bild 9.3 Forward-Preis auf ein Investitionsgut mit Ertrag (Beispiel 9.2)

Beispiel 9.3

Betrachtet wird ein 6-Monats-Forward-Kontrakt auf einen Vermögensgegenstand, welcher in diesem Zeitraum eine Rendite von 2% des Kurses abwerfen soll. Der (risikofreie) Zinssatz beträgt 8% p.a., der Kurs des Vermögensgegenstandes sei 30 $. Damit ergibt sich $S_0 = 30, r = 8\%$ und $T = 0{,}5$. Die Rendite beträgt 4% p.a. mit halbjährlicher Verzinsung, was einer stetigen Verzinsung von 3,96% entspricht. Damit ist $q = 3{,}96\%$ und es ergibt sich ein Forward-Preis von

$$F_0 = 30e^{(0{,}08-0{,}0396)\cdot 0{,}5} = 30{,}61\ \$.$$

Excel-Umsetzung

Nach Eingabe der gegebenen Daten ergibt sich der Forward-Preis bei gegebener Rendite.

Position	Inhalt	Excel-Umsetzung
E11	Forward-Preis	=E6*EXP((E7-E8)*E9)

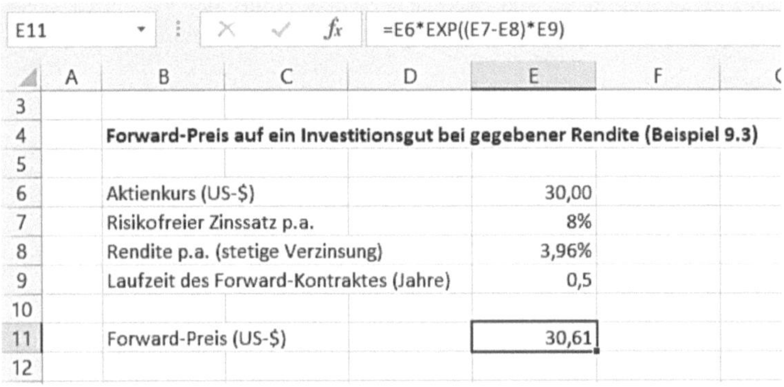

Bild 9.4 Forward-Preis auf ein Investitionsgut bei gegebener Rendite (Beispiel 9.3)

9.4.3 Zur Bewertung von Forward-Kontrakten

Zum Zeitpunkt des Vertragsabschlusses ist der Wert eines Forward-Kontraktes Null. Während der Laufzeit kann dann der Wert positiv oder negativ werden. Für Banken und andere Finanzinstitute ist es wichtig, den Kontrakt an jedem Tag zu bewerten (Marking to Market).

Legt man die oben aufgeführte Notation zugrunde, dann ist F_0 der Forward-Preis, K der Lieferpreis und f der Wert des Kontraktes. Bei Eingehen eines Forward-Kontraktes wird der Forward-Preis dem Lieferpreis gleichgesetzt und der Wert des Kontraktes f ist Null. Später bleibt K (er ist Teil der Kontraktbestimmungen) konstant, der Forward-Preis aber ändert sich und damit auch der Wert des Kontraktes. Allgemein gilt für den heutigen Wert einer Long Position eines Forward-Kontraktes auf Investitions- und Konsumgüter:

$$f = (F_0 - K)e^{-rT}$$

Beispiel 9.4

Vor einiger Zeit wurde ein Forward-Kontrakt über den Kauf einer dividendenlosen Aktie abgeschlossen, der in 9 Monaten fällig ist. Der risikolose Zinssatz liege bei 5% p.a., der Aktienkurs sei 30 € und der Lieferpreis 27 €. Damit sind $S_0 = 30, r = 0{,}05, T = 0{,}75$ und $K = 27$. Der 9-Monats-Preis F_0 ist dann gegeben durch

$$F_0 = S_0 e^{rT} = 30e^{0{,}05 \cdot 0{,}75} = 31{,}15\ €$$

und für den Wert des Forward-Kontrakts erhält man

$$f = (31{,}15 - 27)e^{-0{,}05 \cdot 0{,}75} = 3{,}99\ €.$$

Excel-Umsetzung

Mit den gegebenen Daten erhält man den Wert des Forward-Kontraktes.

Position	Inhalt	Excel-Umsetzung
E11	9-Monats-Future-Preis	=E6*EXP(E8*E9)
E12	Wert des Forward-Kontraktes	=(E11-E7)*EXP(-E8*E9)

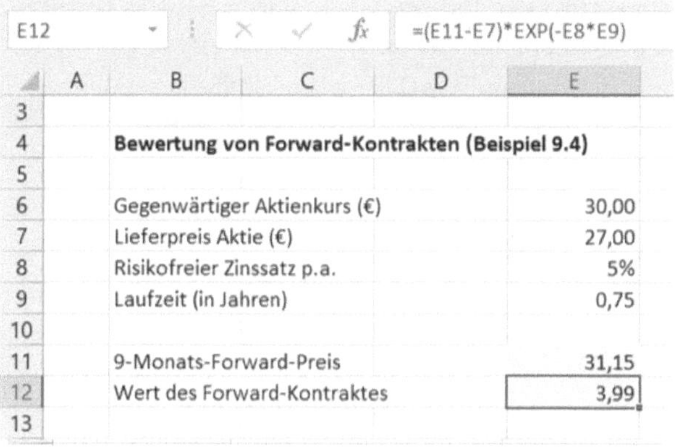
E12 =(E11-E7)*EXP(-E8*E9)

	A	B	C	D	E
3					
4		**Bewertung von Forward-Kontrakten (Beispiel 9.4)**			
5					
6		Gegenwärtiger Aktienkurs (€)			30,00
7		Lieferpreis Aktie (€)			27,00
8		Risikofreier Zinssatz p.a.			5%
9		Laufzeit (in Jahren)			0,75
10					
11		9-Monats-Forward-Preis			31,15
12		Wert des Forward-Kontraktes			3,99
13					

Bild 9.5 Wert eines Forward-Kontraktes (Beispiel 9.4)

Für eine Short-Position in einem Forward-Kontrakt erhält man:

$$f = (K - F_0)e^{-rT}$$

Es wird deutlich, dass eine Long Position eines Forward-Kontraktes auf einen Vermögensgegenstand durch die Annahme bewertet werden kann, dass der Preis des Vermögensgegenstandes bei Fälligkeit mit dem Forward-Kontrakt übereinstimmt. Demnach gewährt eine Long Position eines Forward-Kontraktes zum Zeitpunkt T eine Auszahlung von $F_0 - K$. Diese hat heute einen Barwert von $(F_0 - K)e^{-rT}$, was dem Wert von f in der obigen Gleichung entspricht. Analog kann der Wert einer Short-Position eines Forward-Kontraktes bestimmt werden, indem man annimmt, dass der aktuelle Forward-Preis des Vermögensgegenstandes realisiert wird.

Verbindet man die Gleichung $f = (F_0 - K)e^{-rT}$ mit der Gleichung $F_0 = S_0 e^{rT}$, dann ergeben sich für die unterschiedlichen Forward-Kontrakte folgende Werte:

Für den Wert eines Forward-Kontraktes über den Kauf eines ertragslosen Investitionsguts ergibt sich

$$f = S_0 - Ke^{-rT}.$$

Für den Wert eines Forward-Kontrakts über den Kauf eines Investitionsguts, welches einen bekannten Ertrag mit Barwert I bringt, erhält man

$$f = S_0 - I - Ke^{-rT}.$$

Und für den Wert eines Forward-Kontrakts über den Kauf eines Investitionsguts mit bekannter Rendite q erhält man

$$f = S_0 e^{-qT} - Ke^{-rT}.$$

Wenn sich ein Futures-Preis ändert, dann wird der sich daraus ergebende Gewinn bzw. Verlust berechnet, indem man die Änderung des Futures-Preises mit der Kontraktgröße multipliziert.

9.5 Preisbildung ausgewählter Futures-Kontrakte

Es gibt zwei verschiedene Formen von Futures-Kontrakten. Zu den Financial Futures (auch Finanzterminkontrakte genannt) gehören Termingeschäfte, deren Basiswert Aktien, Zinsen, Devisen oder Indizes sind. Waren-Futures betreffen hingegen Termingeschäfte auf Edelmetalle und andere Rohstoffe sowie Agrargüter.

In diesem Abschnitt wird exemplarisch die Preisbildung von Futures-Kontrakten auf Aktienindizes, Währungen und Waren näher betrachtet.

9.5.1 Aktienindex-Futures

Ein *Aktienindex-Future* (*Stock Index Future)* bildet die Änderungen im Wert eines fiktiven Aktienportfolios nach und beinhaltet die vertragliche Verpflichtung, den zugrundeliegenden Indexwert (z.B. Standard & Poor's 500 Index) zu einem festgelegten Zeitpunkt zu kaufen oder zu verkaufen. Da es sich bei dem Indexwert um ein fiktives Aktienportfolio handelt, ist eine physische Lieferung des Basiswertes ausgeschlossen und die Erfüllung des Vertrages erfolgt durch Barausgleich.

Der Aktienindex kann als Preis eines Investitionsgutes mit Dividendenausschüttung interpretiert werden (vgl. Abschnitt 9.4.2). Ist die Dividendenrendite q bekannt, dann kann der Futures-Preis F_0 mit folgender Formel ermittelt werden:

$$F_0 = S_0 e^{(r-q)T}$$

Es ist zu beachten, dass q der durchschnittlichen annualisierten Dividendenrendite während der Laufzeit des Futures-Kontraktes entspricht.

Ist die obige Beziehung nicht erfüllt, dann kann durch Index-Arbitrage ein Gewinn erzielt werden. Ist $F_0 > S_0 e^{(r-q)T}$, dann werden die dem Index zugrundeliegenden Aktien gekauft und gleichzeitig der Futures-Kontrakt verkauft. Ist hingegen $F_0 < S_0 e^{(r-q)T}$, werden die dem Index zugrundeliegenden Aktien verkauft und der Futures-Kontrakt gekauft.

Beispiel 9.5

Betrachtet wird ein 6-Monats-Futures-Kontrakt auf einen Aktienindex mit einem gegenwärtigen Indexstand von 4.500. Die Aktien, die dem Index zugrunde liegen, weisen eine Dividendenrendite von 2,5% p.a. aus. Der stetige risikolose Zinssatz beträgt 5% p.a. Damit ergibt sich ein Futures-Preis von

$$F_0 = 4.500 e^{(0{,}05-0{,}025)0{,}5} = 4.556{,}60.$$

Excel-Umsetzung

Die Berechnung mit Excel bereitet keine Schwierigkeiten. Nach Eingabe der Parameter erhält man den Futures-Preis.

Position	Inhalt	Excel-Umsetzung
D11	Futures-Preis	=D6*EXP((D8-D7)*0,5)

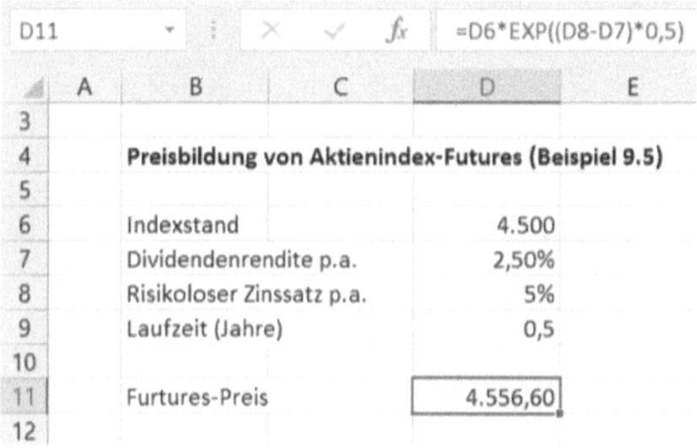

Bild 9.6: Berechnung des Preises eines Aktien-Futures (Beispiel 9.5)

9.5.2 Futures auf Währungen

Ein Währungs-Forward oder Währungs-Futures-Kontrakt (Currency Forward oder Futures Contract) beinhaltet die unbedingte vertragliche Verpflichtung, einen Währungsbetrag zu einem bestimmten Preis und zu einem festgelegten Termin zu kaufen oder zu verkaufen. Wird die Position nicht vor dem Fälligkeitstermin liquidiert, muss bei Fälligkeit die effektive Lieferung bzw. Übernahme des Währungsbetrages erfolgen.

Der Preisbildung eines Forward- oder Futures-Kontrakts auf Währungen bestimmt sich aus der Zinsparität (Covered Interest Rate Parity). Definiert man S_0 als den aktuellen Spot-Preis einer Einheit Fremdwährung in Dollar, F_0 als den Forward- oder Futures-Preis einer Einheit Fremdwährung in Dollar, r und r_f als den inländischen bzw. ausländischen risikolosen Zinssatz für eine Geldanlage der Dauer T, erhält man

$$F_0 = S_0 e^{(r-r_f)T}.$$

Eine Fremdwährung kann auch wie oben beschrieben als Vermögensgegenstand mit bekannter Rendite interpretiert werden, wenn man r_f durch q ersetzt. Beträgt beispielsweise der Zinssatz einer Anlage in Euro 2% per annum, dann liefert der Euro für einen US-Investor einen Ertrag in Höhe von 2% p.a. des Wertes dieser Anlage in Euro.

Beispiel 9.6

Ein deutsches Unternehmen hat in einem halben Jahr (180 Tagen) einen Betrag von 1 Mio. US-Dollar zu zahlen. Der Euro-US$ Wechselkurs beträgt heute 1,1580 US$/€ (Preisnotierung). Der 6-Monats-EURIBOR betrage 1,829% p.a. und der 6-Monats-US-$-Zinssatz sei bei 1,2370% p.a. Es soll der 6-Monats-Terminkurs berechnet werden.

Mit $S_0 = 1{,}1580 \text{US\$/€}$, $r = 0{,}0183$ und $r_f = 0{,}0124\%$ p.a. errechnet sich der 6-Monats-Terminkurs zu

$$F_0 = 1{,}158e^{(0{,}0138-0{,}0124)0{,}5} = 1{,}1614\,.$$

Das Unternehmen kann zum heutigen Terminkurs von 1,1614 1 Mio. US$ kaufen.

Excel-Umsetzung

Nach Einsetzen der entsprechenden Daten erhält man den 6-Monats-Devisen-Terminkurs.

Position	Inhalt	Excel-Umsetzung
E11	Futures-Preis	=E6*EXP((E7-E8)*E9))

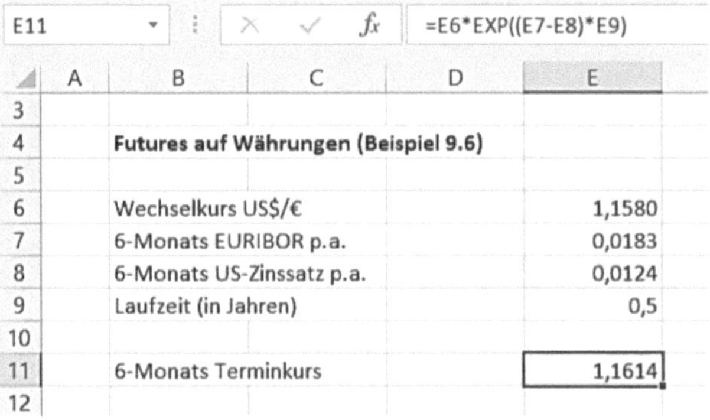

	A	B	C	D	E
3					
4		Futures auf Währungen (Beispiel 9.6)			
5					
6		Wechselkurs US$/€			1,1580
7		6-Monats EURIBOR p.a.			0,0183
8		6-Monats US-Zinssatz p.a.			0,0124
9		Laufzeit (in Jahren)			0,5
10					
11		6-Monats Terminkurs			1,1614
12					

Bild 9.7 Berechnung des Preises eines 6-Monats-Devisen-Futures (Beispiel 9.6)

9.5.3 Futures auf Waren

Bei der Preisfindung von Futures auf Waren *(Commodities)* muss zunächst geprüft werden, ob diese lagerfähig sind. Für lagerfähige Waren ist neben den Bestandshaltekosten *(Cost of Carry)* auch die Vorteilhaftigkeit einer Bestandshaltung, die sogenannte *Convenience Yield*, in Ansatz zu bringen. Sind die Lagerhaltungskosten, die während der Laufzeit eines Futures-Kontraktes anfallen, pro Einheit ein konstanter Anteil u des Spot-Preises, und y als die Convenience Yield, dann ergibt sich für den Futures-Preis

$$F_0 = S_0 e^{(r+u-y)T}\,.$$

Ist keine Convenience Yield vorhanden, was bei hohen Lagerbeständen der Fall ist, dann erhält man den Futures-Preis zu

$$F_0 = S_0 e^{(r+u)T}\,.$$

Beispiel 9.7

Betrachtet wird ein 1-Jahres-Futures-Kontrakt auf einen Vermögensgegenstand ohne Einkommen. Der Spot-Preis des Vermögensgegenstandes sei $S_0 = 800$, die Lagerhaltungskosten 5% p.a., die Convenience Yield 10% p.a. und der risikolose Zinssatz 3% p.a. Die Laufzeit des Futures-Kontraktes betrage 1 Jahr. Damit erhält man als Futures Preis

$$F_0 = 800e^{(0,03+0,05-0,1)1} = 784,16 \cdot$$

Excel-Umsetzung

Nach Eingabe der Daten ergibt sich der Preis des Waren-Futures.

Position	Inhalt	Excel-Umsetzung
D12	Futures-Preis	=D6*EXP((D9+D7-D8)*D10)

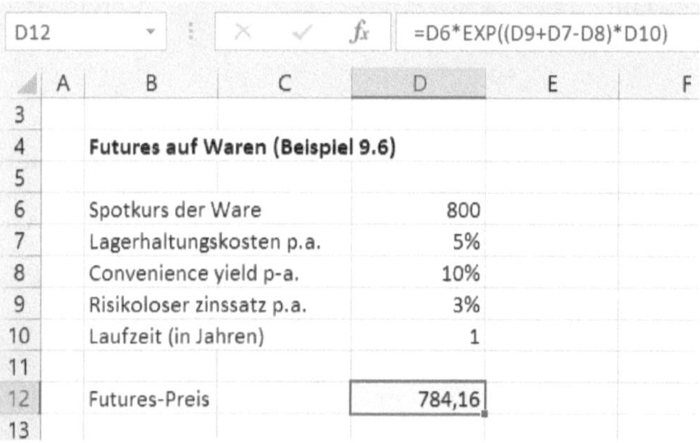

Bild 9.8 Preis eines Waren-Futures (Beispiel 9.7)

9.5.4 Zins-Futures

Zins-Futures sind vertragliche Vereinbarungen, ein hinsichtlich Basiswert, Menge und Laufzeit standardisiertes Zinsinstrument wie beispielsweise der Euro-Bund Future an der EUREX oder der Treasury-Bond-Future an der CBOT in der Zukunft zu einem vorab vereinbarten Preis zu kaufen oder zu verkaufen. Wie alle Terminkontrakte werden sie für Spekulations- Arbitrage und Absicherungszwecke eingesetzt. Erwartet beispielsweise ein Teilnehmer für die nächste Zeit rückläufige Marktzinsen und damit steigende Anleihekurse und Futures-Preise, wird er eine Long Position eingehen. Erwartet er steigende Marktzinsen und damit fallende Anleihe- und Futures-Preise, wird er eine Short-Position eingehen.

Zins-Futures werden im Gegensatz zu Index-Futures physisch beliefert. Da es viele Anleihen gibt, die in einem Treasury-Bond-Futures-Kontrakt geliefert werden können, jedoch hinsichtlich Kupon und Laufzeit Unterschiede aufweisen, werden die lieferbaren Anleihen über einen Preisfaktor, den sogenannten *Konversionsfaktor*, vergleichbar gemacht. Dabei kann die Partei in der Short-Position sich aussuchen, welche der verfügbaren Anleihen die günstigste für die Lieferung (Cheapest to Deliver, CtD) ist. Da die Partei mit der Short-Position den Betrag

$$(\text{Aktueller Abrechnungspreis} \times \text{Konversionsfaktor}) + \text{aufgelaufene Stückzinsen}$$

erhält und die Kosten des Anleihekaufs

$$(\text{Clean Price} + \text{aufgelaufene Stückzinsen})$$

betragen, ist die CtD-Anleihe diejenige, für die der

$$\text{Clean Preis der Anleihe} - (\text{Aktueller Abrechnungspreis} \times \text{Konversionsfaktor})$$

minimal wird.

Die Bestimmung des Preises eines Treasury-Bond-Futures-Kontrakts ist wegen des Zeitpunkts der Lieferung und der Wahl der zu liefernden Anleihe schwierig. Unter der Annahme, dass die CtD-Anleihe und der Liefertermin bekannt sind, kann der Treasury-Bond-Futures-Kontrakt als ein Futures-Kontrakt auf ein Wertpapier (hier Anleihe) mit bekanntem Ertrag interpretiert werden. Damit ergibt sich ein Futures-Preis F_0 von

$$F_0 = (S_0 - I)e^{rT}.$$

Dabei ist S_0 der Spot-Preis der Anleihe, I der Barwert der Kupons während der Laufzeit des Futures-Kontrakts, T die Laufzeit des Futures-Kontrakts und r der risikofreie Zinssatz für den Zeitraum T.

Das folgende Beispiel (in Anlehnung an Hull, J., 2012, S. 183 ff.) soll die Vorgehensweise zur Berechnung des Futures-Kurses veranschaulichen.

Gegeben sei eine CtD-Anleihe in einen Treasury Bond mit einem Kupon von 10% und einem Konversionsfaktor von 1,3000. Die Lieferung soll in 270 Tagen erfolgen und die Kuponzahlungen erfolgen halbjährlich. Diese Daten werden als bekannt vorausgesetzt. Die letzte Kuponzahlung liegt 50 Tage zurück, die nächste Zahlung erfolgt in 132 Tagen und die übernächste in 315 Tagen (Tageszählkonvention Actual/Actual). Die Zinsstruktur sei flach und der stetige Zinssatz betrage 8% p.a. Der Kurs der Anleihe (Clean Price) betrage 110 $.

Zunächst wird der Dirty Price berechnet.

$$\text{Dirty Price} = 110 + 5 \cdot \frac{50}{50 + 132} = 111{,}37.$$

Nach 132 Tagen (= 0,3616 Jahre) erfolgt die Kuponzahlung von 5 $. Der Barwert dieser Zahlung beträgt

$$5e^{-0{,}08 \cdot 0{,}3616} = 4{,}857$$

Der Futures-Kontrakt hat eine Laufzeit von 270 Tagen (=0,7397 Jahre). Der Futures-Preis bezogen auf diese 10%-Anleihe beträgt dann nach Abzug der aufgelaufenen Stückzinsen:

$$\text{Futures-Kurs} = (111{,}37 - 4{,}857)e^{0{,}08 \cdot 0{,}7397} = 113{,}01$$

Zum Lieferzeitpunkt sind Zinsen für 138 Tage aufgelaufen. Der Futures-Kurs, wenn der Kontrakt auf die 10%-Kupon-Anleihe ausgestellt wäre, wird durch den Abzug der aufgelaufenen Stückzinsen berechnet:

$$\text{Futures-Kurs} = 113{,}01 - 5 \cdot \frac{138}{138+45} = 109{,}239$$

Der Konversionsfaktor beträgt 1,3000, d.h. zu jeder 10%-Kuponanleihe werden 1,3000 Standardanleihen als äquivalent angesehen. Damit ergibt sich ein Futures-Kurs von

$$\text{Futures-Kurs} = \frac{109{,}239}{1{,}3000} = 84{,}03.$$

Literaturverzeichnis

Benninga, S. (2014), Financial Modeling, MIT Press, Cambridge, Massachusetts, London, England

Berk, J. / DeMarzo, P. (2017), Corporate Finance, Pearson, London

Bitz, M., Stark, G. (2008), Finanzdienstleistungen, Oldenburg Verlag, München

Brauer, K-U. (2013), Grundlagen der Immobilienwirtschaft, SpringerGabler, Wiesbaden

Brauneis, A. / Mestel, R. (2015), Finanzmarktinstrumente, Bank Verlag, Wien

Cox, J. C., Rubinstein, M. (1985), Options Markets, Prentice-Hall, Englewood Cliffs, New Jersey

Daume, P. (2009), Finanzmathematik im Unterricht, Vieweg + Teubner, Wiesbaden

Ernst, D., Häcker, J. (Hrsg.), Financial Modeling, Schäffer-Poeschel Verlag, Stuttgart

Fabozzi, F. (1996), Bond Markets, Analysis and Strategies, Prentice-Hall, New Jersey

Fabozzi, F. (1997), Fixed Income Mathematics, Irwin Professional Publishing, London

Geyer, Hanke, Littich, Nettekoven (2003), Linde Verlag, Wien

Gießen, S., Nakanishi, H. (2010), Excel 2010, Formeln und Funktionen, Franzis Verlag, Poing

Grundmann, Wolfgang (2013), Leasing und Factoring, Gabler Verlag Wiesbaden

Heidorn, T. (2002), Finanzmathematik in der Bankpraxis, Gabler Verlag, Wiesbaden

Hull, J. C. (2013), Fundamentals of Futures and Options Markets, Pearson Education Limited

Hull, J. C. (2014), Optionen, Futures und andere Derivate, Pearson Verlag, München

Luderer, B. (2013), Mathe, Märkte und Millionen, Springer Spektrum, Wiesbaden

Madura, J. (2010), International Financial Management, Mason OH: South-Western-Division of Thomson Learning

Markowitz, H. M. (1952), Portfolio Selection, Journal of Finance, S.77-91

Matthäus, W.-G., Schulze, J. (2008), Statistik mit Excel, Teubner Verlag / GWV Fachverlage, Wiesbaden

Olfert, K., Reichel, Chr. (2005), Finanzierung, Kiel Verlag, Ludwigshafen

Plötz, G. (1991), Optionsmarkt-Ansätze, Bewertungsprobleme börsennotierter Optionen, Deutscher Universitätsverlag Gabler, Vieweg, Westdeutscher Verlag

Poding, Th., Brinkmann, U., Seiler, K. (2002), Portfoliomanagement, Uhlenbruch Verlag, Bad Soden/Ts.

Poding, Th., Brinkmann, U., Seiler, K. (2009), Portfoliomanagement, Uhlenbruch Verlag, Bad Soden/Ts.

Reilly, F. K., Brown K. C. (2012), Analysis of Investments & Management of Portfolios, South Western, Cengage Learning

Renger, K. (2011), Finanzmathematik mit Excel, Gabler Verlag, Wiesbaden

Rudolph, B., Schäfer, B. (2005), Derivate Finanzmarktinstrumente, Springer Verlag, Berlin, Heidelberg, New York

Schira, J. (2005), Statistische Methoden der VWL und BWL, Pearson, München

Schüler, A. (2011), Finanzmanagement mit Excel, Verlag Franz Vahlen, München

Sengupta, C. (2010), Financial Analysis and Modeling using Excel and VBA, John Wiley & Sons, New Jersey

Sharp, W. (1964), Capital Asset Prices: A Theory of Market Equilibrium under Conditions of Risk. The Journal of Finance, 19 (3), 425-442

Steiner, M., Bruns, C., Stöckl, S. (2012), Wertpapiermanagement, Schäffer Poeschel Verlag, Stuttgart

Tolkmitt, V. (2004), Neue Bankbetriebslehre: Basiswissen zu Finanzprodukten und Finanzdienstleistungen, Gabler Verlag, Wiesbaden 2007

Wilmott, P. (2014), Quantitative Finance, John Wiley & Sons Ltd., New York, USA

Zantow, R., Dinauer, J., Schäffler, Ch. (2016). Finanzwirtschaft des Unternehmens: Die Grundlagen des modernen Finanzmanagements, Pearson, München

Stichwortverzeichnis